Giving
happy names
to girls
by
Tamiya Norio

世界にはばたく　女の子の名前

田宮規雄　著

高橋書店

本書の使い方

漢字から考える！

「千」という字を使いたい場合

おすすめ漢字800
(231～311ページ)

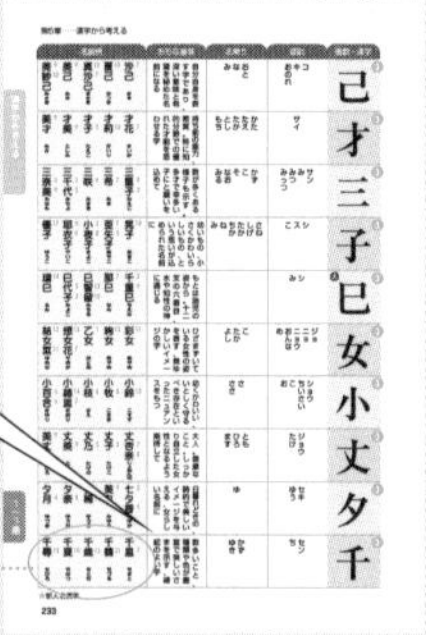

「千」に合う漢字を探す

画数と運勢をチェック

漢字の意味をチェック

音から考える！

「あきな」という名前をつけたい場合

音から選ぶ名前1200
(65～173ページ)

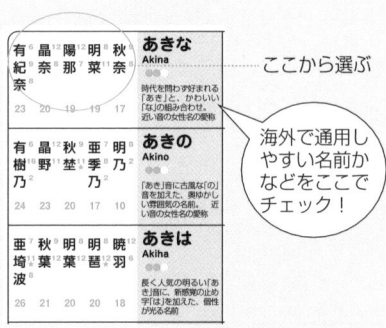

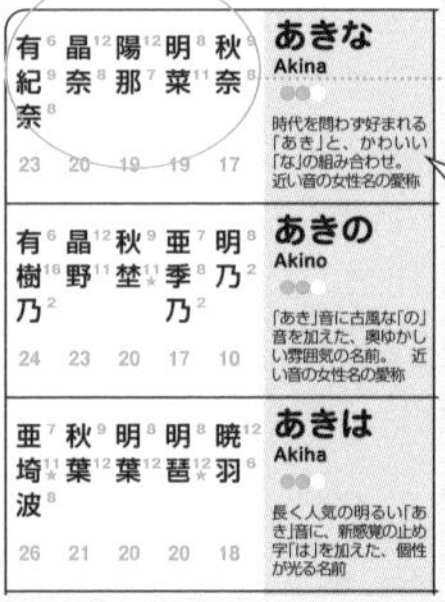

読み	名前	画数
あきな Akina	有紀奈	23
	晶奈	20
	陽那	19
	明菜	19
	秋奈	17
時代を問わず好まれる「あき」と、かわいい「な」の組み合わせ。近い音の女性名の愛称		
あきの Akino	有樹乃	24
	晶野	23
	秋埜	20
	亜季乃	17
	明乃	10
「あき」音に古風な「の」音を加えた、奥ゆかしい雰囲気の名前。近い音の女性名の愛称		
あきは Akiha	亜埼波	26
	秋葉	21
	明葉	20
	明琶	20
	暁羽	18
長く人気の明るい「あき」音に、新感覚の止め字「は」を加えた、個性が光る名前		

自分で漢字の組み合わせを考えるなら

音から引く漢字一覧
(177～205ページ)

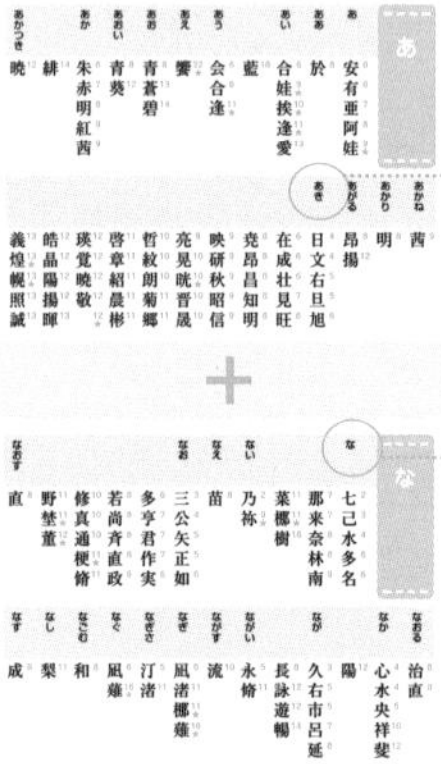

画数と運勢をチェック

本書はどんなこだわりからも名前を選べ、考えられる構成になっています。本書を活用して、ぜひ、すてきな名前を贈ってあげてください。

画数から考える！

「川口」さんが吉名をつけたい場合

姓別 吉数リスト
(374〜399ページ)

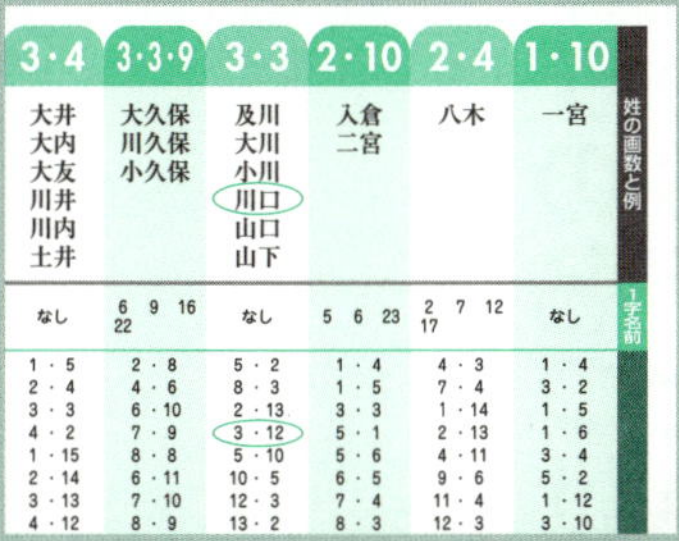

3·4	3·3·9	3·3	2·10	2·4	1·10	姓の画数と例
大井 大内 大友 川井 川内 土井	大久保 川久保 小久保	及川 大川 小川 川口 山口 山下	入倉 二宮	八木	一宮	
なし	6 9 16 22	なし	5 6 23	2 7 12 17	なし	1字名前
1·5 2·4 3·3 4·2 1·15 2·14 3·13 4·12	2·8 4·6 6·10 7·9 8·8 6·11 7·10 8·9	5·2 8·3 2·13 3·12 5·10 10·5 12·3 13·2	1·4 1·5 3·3 5·1 5·6 6·5 7·4 8·3	4·3 7·4 1·14 2·13 4·11 9·6 11·4 12·3	1·4 3·2 1·5 1·6 3·4 5·2 1·12 3·10	

↓ 3画・12画で探すなら

画数別 名前リスト
(400〜431ページ)

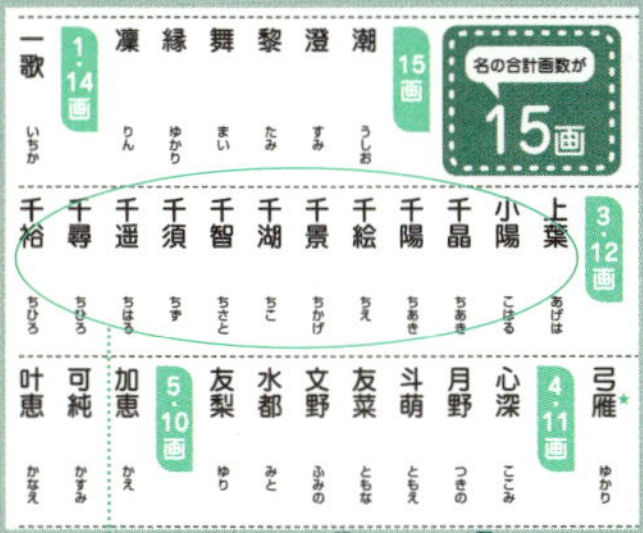

名の合計画数が15画

15画: 潮（うしお） 澄（すみ） 黎（たみ） 舞（まい） 縁（ゆかり） 凜（りん）

1·14画: 一歌（いちか）

3·12画: 上葉（あげは） 小陽（こはる） 千晶（ちあき） 千陽（ちあき） 千絵（ちえ） 千景（ちかげ） 千湖（ちこ） 千智（ちさと） 千須（ちず） 千遥（ちはる） 千尋（ちひろ） 千裕（ちひろ）

4·11画: 弓雁★（ゆかり） 心深（ここみ） 月野（つきの） 斗萌（ともえ） 友菜（ともな） 文野（ふみの） 水都（みと） 友梨（ゆり）

5·10画: 加恵（かえ） 可純（かすみ） 叶恵（かなえ）

ここから選ぶ

イメージから考える！

「幸せな子になってほしい」
といった願いを込める場合

イメージから考える
(346〜349ページ)
将来像から考える
(350〜352ページ)

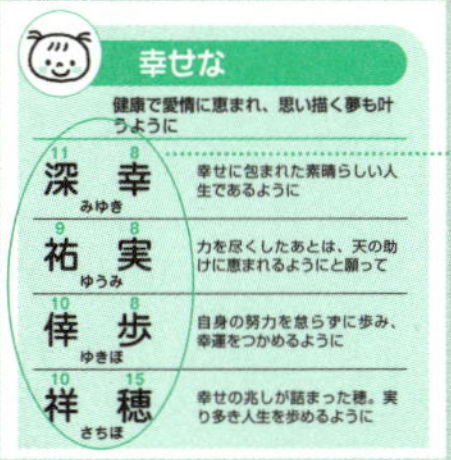

幸せな

健康で愛情に恵まれ、思い描く夢も叶うように

深11 幸8	みゆき	幸せに包まれた素晴らしい人生であるように
祐9 実8	ゆうみ	力を尽くしたあとは、天の助けに恵まれるようにと願って
倖10 歩8	ゆきほ	自身の努力を怠らずに歩み、幸運をつかめるように
祥10 穂15	さちほ	幸せの兆しが詰まった穂。実り多き人生を歩めるように

ここから選ぶ

イメージから引く漢字
(314〜317ページ)

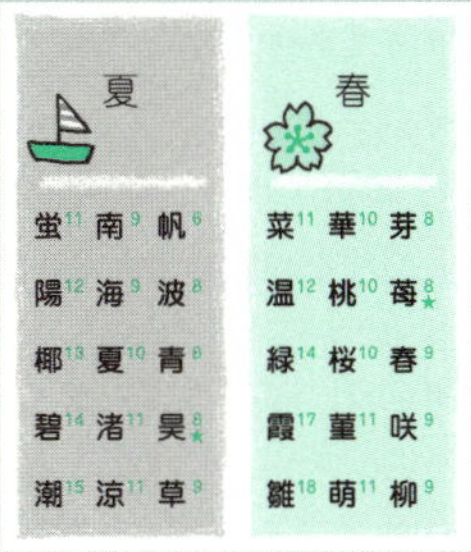

夏			春		
蛍11	南9	帆6	菜11	華10	芽8
陽12	海9	波8	温12	桃10	苺8★
椰13	夏10	青8	緑14	桜10	春9
碧14	渚11	昊8★	霞17	菫11	咲9
潮15	涼11	草9	雛18	萌11	柳9

運勢をチェック

ほかの組み合わせを考えるなら

漢字の意味をチェック

画数と運勢をチェック

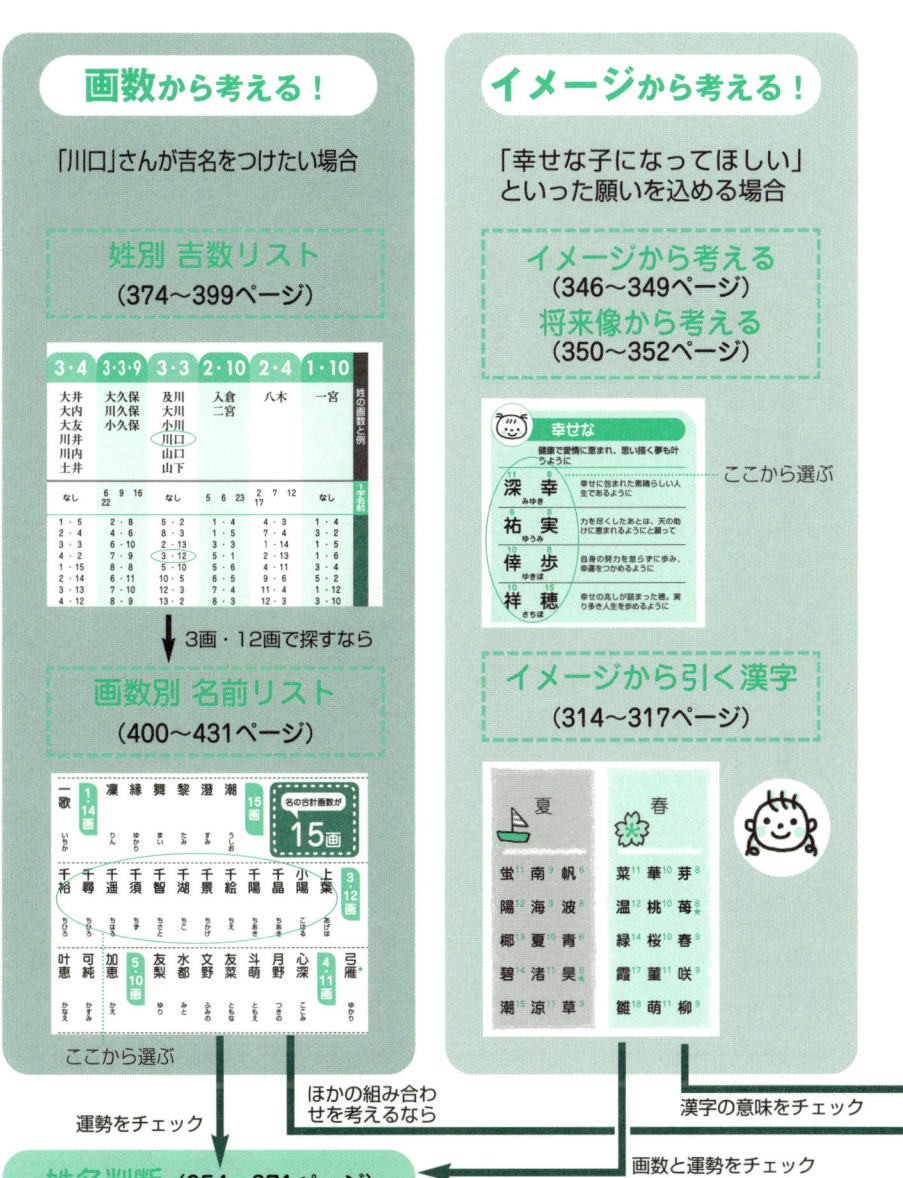

姓名判断(354〜371ページ)
姓名判断について、計算方法、画数による運勢などを詳しく解説しています。

もくじ

第1章

女の子の名づけで知っておきたいこと …… 11
●名前の森に咲く一輪の花を探そう …… 12
●名づけの発想法 …… 14
①音(呼び名) …… 14
②漢字 …… 19
③イメージ …… 27
④画数 …… 30
⑤国際化 …… 31
column 赤ちゃんのお祝い行事① お七夜と命名書 32

第2章

世界にはばたく女の子の名前 …… 33

●世界にはばたく女の子の名前とは …… 34
●英語圏における名づけ事情 …… 36
●正しい読み方が伝わるスペルは？ …… 38
●覚えやすく親しみ深い名前に …… 40
フランス…42／ドイツ…43／イタリア…44
スペイン…45／中国…46／韓国…47
▼ヘボン式ローマ字表記一覧表 …… 38

第3章

音から考える …… 49

●音から名前を考えるとき …… 50
●言霊に注目して名づける …… 52

五十音別　響きでみる名前 …… 56

音から考える名前1200 …… 65

人気の名前10　クローズアップ …… 66

音から考える名前 …… 72

あ …… 72　い …… 78　う …… 81　え …… 82　お …… 85
か …… 86　き …… 91　く …… 94　け …… 96　こ …… 96
さ …… 98　し …… 102　す …… 105　せ …… 107　そ …… 108
た …… 109　ち …… 112　つ …… 115　て …… 116　と …… 117
な …… 120　に …… 123　ぬ …… 124　ね …… 124　の …… 124
は …… 126　ひ …… 129　ふ …… 132　へ …… 134　ほ …… 135
ま …… 136　み …… 142　む …… 150　め …… 151　も …… 152
や …… 155　ゆ …… 157　よ …… 162
ら …… 163　り …… 164　る …… 169　れ …… 171　ろ …… 172
わ …… 173

▼うしろの音から引く名前一覧 …… 174

音から引く漢字一覧 …… 177
▼音のイメージから考える名前 …… 206
column 赤ちゃんのお祝い行事② 内祝い 208

第4章 こだわり名づけ体験談

こだわり名づけ体験談 …… 209

まっすぐに突き進む凜とした女性に！／８人の意見がまとまり「好香」に決定！／運命の子はまさに天使だった!?／音の響きが気に入って直感で決定！／あやうく友人の子どもと同じ名前に!?／身近なものから、かわいい音発見！／ママの名前を逆に読むユニークな名づけ法！／米国人のパパと日本人のママがこだわったことは？／パパとママから託された願いとは!?／ママは意味にこだわり、パパは音にこだわった！／ビルマ語の意味を考えて日本語にアレンジ／ドンデン返しにパパ、ボーゼン!?／英語圏でＯＫでも、日本語としてはＮＧ？／日本から遠く離れたシンガポールで命名！／幼いお兄ちゃんが名づけ親に!?／花が大好きなママの意見で決定！／３人そろってジャスミンティー三姉妹／タンザニアに暮らすママが考えた名前は？／結婚したときから名前は決まっていた!?／両親同様、海が好きな子に育ってほしい！／名前に込められたママの気持ち／海好きのカップルが選んだ国際的な名前

第5章

漢字から考える

漢字から考える …… 225

●とびっきりの漢字を探そう! …… 226

おすすめ漢字800から考える名前 …… 231

●人気漢字一覧 …… 312

●イメージから引く漢字 …… 314

春/夏/秋/冬/光/風/気象/海/川や水辺/山と大地/動物・虫・魚/鳥/植物/樹木/色彩/ファッション/天空宇宙/世界/平和/音楽/理数/スポーツ

▼止め字一覧 …… 318

column 赤ちゃんのお祝い行事③ 初節句 320

漢字から考えるさまざまなアプローチ …… 321
- 漢字1字の名前 …… 322
- 漢字3字の名前 …… 328
- やさしい漢字の名前 …… 330
- 姉妹の名前 …… 332
- 当て字の名前 …… 334

column 赤ちゃんのお祝い行事④ お食い初め 336

第6章

夢を託す こだわりの名前 …… 337
- 名前の由来を話してあげよう …… 338
- 由来にこだわる …… 340
- イメージから考える …… 346
- 将来像から考える …… 350

第7章

画数から考える …… 353
●姓名判断で考える …… 354
●姓名の5部位 …… 356
画数による運勢 …… 360
姓別 吉数リスト …… 374
吉名がすぐに引ける画数別 名前リスト …… 400
ひらがなの画数表・カタカナの画数表 …… 432

第8章

知っておきたい決まり事 …… 433
●出生届の出し方 …… 434
●出生届の書き方 …… 436
●こんなときは、どうするの? …… 440
●出産のときにもらえるお金 …… 442
●健康保険が使えるとき …… 444
●出生通知とお礼状 …… 446

第1章

女の子の名づけで知っておきたいこと

名前の森に咲く一輪の花を探そう

名前の森の中で、わが子のためのたった一つの花を見つけるように、名前を考えてみましょう。

赤ちゃんの輝く将来を考えて

インターネットをはじめとする通信機器の急速な普及に伴い、自宅や会社にいながらにして世界中から情報を収集できる時代となりました。国際交流も盛んとなり、世界を身近に感じる機会が、日々増えつつあります。

外資系企業で働く人や、海外で活躍するスポーツ選手も少なくありません。さらなる次世代を担う赤ちゃんの名前に国際感覚が求められるのも、ごく自然なことといえるでしょう。実際、「佳音（カノン）」や「沙羅（サラ）」など、海外で通用する音をもち、日本でもしゃれた印象を与える名前の人気が高くなってきています。

また、かつて主流を占めていた「子」のつく名前は今では少数派となり、替わって「桜（サクラ）」「葵（アオイ）」「陽菜（ヒナ）」といった、豊かな自然のイメージや日本的な情趣に満ちた名前が好まれるなど、全体的な傾向にも変化が見られます。

名前は両親からの最初のプレゼント

名前は、一生にわたって使い続けていく、大切なものです。それは、パパとママが赤ちゃんに贈る、最初のプレゼントでもあります。女の子の場合、結婚によって将来姓が変わる可能性が高いので、生涯変わることのない名前は、アイデンティティーそのものといえるかもしれません。そのことを充分に踏まえたうえでの発想やアプローチが必要といえるでしょう。

実際、名前は無数にあるといっ

ても過言ではありません。現在、名前に使える漢字は、常用漢字１９４５字と人名用漢字７７８字、これに旧字体２０５字を加えた、計２９２８字あります。さらに、ひらがなとカタカナが加わって、合計で３０００字強の文字が使えることになり、ほぼ無限に組み合わせが考えられる計算となります。名づけという作業は、その膨大な候補の中から、赤ちゃんにふさわしいたった一つの名前を選び出すことにほかなりません。

かわいいわが子のために、最高のプレゼントを選ぶ……名づけは、パパとママにとってもビッグイベントといえるでしょう。それだけに、どこから手をつけてよいのか、どんなふうに発想すればよいのか、戸惑ってしまうかもしれません。また、力みすぎて袋小路に入り込んでしまったり、ときには夫婦の意見が合わず喧嘩になってしまったり、ということもあるでしょう。

しかし、心配はいりません。本書では、名づけの手がかりとなる、さまざまな発想法を紹介しています。

また第2章では、国際社会を意識した名づけについて、解説や実例を載せました。豊富な実例を参考に、とびっきりの一つを見つけ出すのもよし、各章の発想法に沿って、夫婦で考えるのもよし。名づけというビッグイベントを、おおいに楽しんでください。それは、赤ちゃんがパパとママにくれたプレゼント、親としての最大の特権でもあるのですから。

名前は両親からの
最初のプレゼント
海外でも通用する名前がいいなあ。
サラ
カノン
自然をイメージできる名前がいいな。
桜
陽菜

名づけの発想法

まずは発想を整理してみましょう。いろいろなアプローチを駆使し、最高の名前を見つけましょう。

名づけを助ける5つの発想法

名づけは、いわば創作活動ですから、漠然と考えていても、なかなか思いつくものではありません。何か手がかりやヒントが必要です。

名づけのための発想法には、大きく分けて、音（呼び名）、漢字の意味、イメージ、画数、国際化の5つがあります。

1 音（呼び名）

名前は書き記す機会以上に、呼んだり呼ばれたりすることのほうがはるかに多く、名前の印象の大半は、音に左右されます。音から名前を考える、具体的な発想法や手がかりは第3章に譲るとして、ここでは発想のチェックポイントを挙げておきます。

発音上の同姓同名を減らすには

同姓同名というと、漢字表記の一致と考えがちですが、発音上の同姓同名になってしまうケースもあります。たとえば、「伊藤」と「伊東」、「川口」と「河口」などは、字は違っても耳から入れば、発音はまったく同じです。こうした姓に、人気の高い呼び名「ユウカ」などとつけると、発音上の同姓同名が生じやすくなります。

名づけの代表的な発想法

1 音（呼び名）

まず呼び名を考え、あとから字を当てはめる方法で、今の名づけの主流となっています。妊娠6か月目くらいから赤ちゃんの名前を考えはじめるママが多いようですが、おなかの赤ちゃんに呼びかける際にも、名前が決まっていれば、いっそう愛情が込められます。女の子は長じても愛称で呼ばれることが多いので、「チーちゃん」など、愛称から入ってもよいでしょう。あとはその愛称に合った名前のバリエーションを考え、字を当てはめていくようにします。

2 漢字

漢字は、その成り立ちから見ても、実に多彩な意味を秘めています。最近では、意味をあまり気にかけない、音優先の名前も見受けられますが、ネガティブな意味をもつ漢字は、やはり名前にはおすすめできません。とくに女の子の名前には、優しさややわらかさといった要素も求められ、使用できる漢字も限られてきます。使おうと考えている漢字は、辞典などで意味や語源を確認しておきましょう。気に入った漢字を使う以外に、親や祖父母の名前から1字もらうなど、家族で同じ漢字を共有するといった考え方も、よく見られます。

3 イメージ

赤ちゃんの生まれた季節や夫婦の思い出、こんなふうに育ってほしいといった願いなどを名前に織り込む方法です。パパとママの共通の趣味にちなんだ名前も、人気があります。手がかりは豊富といえるでしょう。

4 画数

名づけにおける画数とは、姓名判断のことです。自分の名前の画数は気にしない人でも、いざ赤ちゃんの名前となると、やはり気になってくるようです。どの程度こだわるかは人それぞれですが、画数は今や音に次ぐ、名づけの大きな要素となっています。占い的な要素というより、名づけの発想法の一つとして、利用してみてもよいでしょう。

5 国際化

これからの社会では、活動の拠点を海外に置いたり、ビジネスシーンで外国人を相手にしたりする機会も、ますます増えてくるでしょう。その際、外国人にとって発音しづらい名前であったり、奇異な意味をもつ音の名前、性別を間違えやすい名前などは、スムーズなコミュニケーションの障害になりかねません。①の音や③のイメージと合わせ、考慮しておきたいポイントです。

日本人に多い姓 ベスト10

第 1 位	佐藤
第 2 位	鈴木
第 3 位	高橋
第 4 位	田中
第 5 位	渡辺
第 6 位	伊藤
第 7 位	山本
第 8 位	中村
第 9 位	小林
第10位	加藤

（インターネット「苗字館」調べ）

女の子の名前 ベスト10

第 1 位	陽菜
第 2 位	美羽
第 3 位	美咲
第 4 位	さくら
第 5 位	愛
〃	葵
〃	七海
第 8 位	真央
第 9 位	優衣
第10位	愛美、杏、結菜、優奈

女の子の名前の読み方 ベスト10

第 1 位	ハルカ
第 2 位	ミユ
第 3 位	モモカ
第 4 位	ハルナ
〃	ヒナ
第 6 位	アオイ
〃	ユイ
〃	ユウナ
第 9 位	ナナミ
第10位	ユナ

（明治安田生命調べ）

日本人に多い姓

右は、日本人に多い姓ベスト10と、2006年の女の子の人気名前ランキングです。

時代を反映した人気名前は、たしかにスマートな印象を与えますが、同時に多く見られて平凡となってしまう恐れもあります。とくに、日本人に多い姓の人がこれらの人気名前をつけると、幼稚園や学校で同姓同名の子にあう可能性も高くなります。どうしても人気名前をつけたい場合は、少しアレンジするなど、工夫してみるとよいでしょう。

人気名前の「美咲（ミサキ）」も、「美沙紀」と表記したり、「千咲（チサキ）」「満咲（マサキ）」「咲美（サクミ）」などとすれば、かなり違った印象になります。

もちろん、必ずしも同姓同名がいけないというわけではありませんが、名前には「個の識別」という重要な役割もあります。できればオリジナリティーを主張できる名前を考えたいものです。

音のイメージを取り入れる

名前の音にもイメージがあり、

時代ごとに好感度の高い音が変わります。ここ最近の傾向としては、「アオイ」や「サクラ」など「ア段」で始まる名前に人気があります。

母音にも、それぞれイメージがあります。たとえば「アヤカ」と聞いたとき、明るく愛らしい魅力にあふれたイメージを抱くのではないでしょうか。これが母音のもつイメージで、おもに左図のようにいわれています。

「アヤカ」は、ア段の母音と子音で構成されているため、前述のようなイメージになるわけです。

ほかに、拗音・促音・撥音もイメージをつくりやすい音です。

「拗音」とは、「キョウカ・ジュリ・ショウコ」などに含まれる、小文字の「ャ・ュ・ョ」のことです。人気名前にも見られ、音楽的で、流れるようなイメージをもっています。

「促音」とは、小さな「ッ」のことです。一瞬息を詰めたあとに吐き出すような瞬発力や集中力を感じさせる、躍動感に満ちた音です。促音は女の子の名前では、「アッちゃん」などの愛称のほかにはまず見られません。「イッセイ・テッペイ」など、男の子の名前に特有の発音といってもよいでしょう。

「撥音」とは「ン」のことで、きっぱりと言いきるような歯切れのよさがあります。「アン・シオン・マリン」など、洋風の響きをつくるのも特徴です。

各段の音のもつイメージ

ア段	明朗 活発 開放的
イ段	知的 デリケート クール
ウ段	情熱的 内向的 持続性
エ段	慎重 努力 忍耐力
オ段	温和 優しい 穏やか

濁音を入れすぎない

濁音とは、文字どおり濁った音です。濁音には、姓名に安定感や重量感をもたせる効果もありますが、多すぎると、いかめしい印象になります。「板藤」という濁音を2つ含む姓の場合を考えてみましょう。「板藤亜純（バンドウ・アズミ）」よりも「板藤里美（バンドウ・サトミ）」としたほうが、ずっとすっきりした印象になります。目安としては、濁音は姓名合わせて2音まで、と考えておきましょう。

硬い音感のカ・サ・タ行

「カサカサ」「カタカタ」といった擬音語からもわかるように、カ・サ・タ行は乾いた硬い音感をもっています。そのため、使いすぎると耳障りな響きの名前になってしまうので、注意が必要です。「ササキ・キリコ」や「カクタ・チカ」も、「ササキ・ナルミ」「カクタ・マヒロ」などとすれば、耳から受ける印象は、ずいぶんやわらかくなります。

また、カ・サ・タ行の音が多くなりすぎると、発音がしづらいという難点も出てきます。

音のダブりに注意

姓名の音は多くの場合、全部で10音にも満たないものです。その中でいくつも同じ音が重なっていると、いかにも不注意で名づけてしまったかのような印象を与えかねません。

とくに「タカハシ・タカコ」や「ハシモト・モトカ」のように、2音以上のダブりをもつと、発音もしづらくなってきます。名前ばかりを集中して考えていると、こうした事態を起こしがちです。名前を思いついたら、一度姓と合わせてかな書きにしてみることをおすすめします。音のダブりは1音くらいにとどめるとよいでしょう。

「音」からのまとめ

- □ 発音上の同姓同名を減らす
- □ 音のもつイメージを取り入れる
- □ 濁音を入れすぎない
- □ 硬い音感のカ・サ・タ行を入れすぎない
- □ 音のダブりは1音程度に

かな書きすると
ダブりが
わかるわね
高橋貴子
タカハシ タカコ

2 漢字

漢字を選ぶときの基本

呼び名や発音から名づけに入ったとしても、どう表記するかを決めて、初めて名前が完成します。漢字を考えるに当たってのチェックポイントを、以下に述べます。

「止め字」を上手に用いる

名前を締めくくる文字を「止め字」といいます。女の子の名前に伝統的に用いられてきた「子」に替わり、最近では「カ」「ナ」音の止め字が多用されるようになってきました。

止め字は名づけの基本中の基本ともいえるテクニックで、使いたい漢字が決まっているときには、とくに便利です。人気音の「花・香・華」や「菜・奈・那」などのほか、「亜」「沙」「音」といった新感覚の止め字も増え、バリエーションが多くなってきました。一覧表を318ページに掲載しましたので、参考にしてください。

1字名と人気の字

シンプルでスピード感にあふれた1字名は、時代性にも合い、人気を集めています。女の子の名前では、とくに「葵」「萌」「凜」「愛」「舞」「唯」「遥」が、人気の1字名です。人気があるということは、言い換えれば平凡に見えてしまうことにも通じるので、慎重に選びましょう。1字名はアレンジが難しそうに思われますが、人気の名前をチェックして、それ以外の漢字

人気の1字名前

遥（はるか）　唯（ゆい）　舞（まい）　愛（あい）　凜（りん）　萌（もえ）　葵（あおい）

を用いるようにすれば、個性的な名前をつけることができます。

難しい姓には読みやすい名前を

平凡になることを恐れるあまり、凝りすぎた名前にしてしまうのも考えものです。とくに何と読むのかわかりにくい難しい姓の場合、名前に凝りすぎてしまうと、常にフリガナや説明が必要になるなど、社会生活にも不便をきたしてしまいます。たとえば、「食芽賀（シカマ）」姓。知らない人は、まず読めないでしょう。この姓に「諒歩」などと名づけると、初対面の相手には、まったく読めない姓名となってしまいます。名前は、謎かけではありません。赤ちゃんが将来、快適な社会生活を送ることができるように配慮してあげましょう。

また、こうした難しい姓には、かえって人気名前やシンプルな名前が生きてきます。平凡になる心配のない長所を引き立てる名前を考えましょう。

迷いが生じる複数読み

多くの漢字は、複数の読み方をもっています。たとえば、「角田」という姓は、「カクタ・カドタ・ツノダ」などと読めます。こうした姓に複数の読み方ができる名前をつけると、たとえ難しい字を用いていなくても、何と読んでいいのか迷ってしまうことになります。「友佳」の場合、「トモカ・ユカ・ユウカ」など3通り以上の読み方ができるため、角田姓と組み合わせると、実に9通り以上の読みが可能になってしまいます。複数の読み方ができる姓の人は、スムーズに読める名前を考えたほうがよいでしょう。

「名乗り」は、ほどほどに

漢和辞典を見ると、漢字には音訓読み以外に「名乗り」という項があります。辞典によっては「人の名」ともあるとおり、名前のみに許された読み方で、「一」を「カズ」と読むことなどがこれに当たります。しかしこれも、一般的なもの以外は、なかなか読めないものが少なくありません。

前述の「諒歩」ですが、「諒」の名乗りには「アキ・アサ・マサ」があるので、「アキホ」「アサホ」「マサホ」などの読み方が考えられます。名乗りは、辞典に載っているからと、無理に探し出してまで用いるものではありません。一般的なもの、読みが類推できるものにとどめておいたほうが無難でしょう。

2004年に大幅に追加された人名用漢字の中にも、名乗りをもつものが多くあります。漢和辞典を選ぶ際には、追加された人名用漢字に対応しているかどうかも気をつける必要があります。本書では、第5章でそれらの漢字についても名乗りを取り上げていますので、参考にしてください。

字を当てるときの工夫

とくに、つけたい名前の音が決まっていて、あとから漢字を当てはめる場合などは、ストーリー性をもたせたり、共通するイメージを含む漢字を集めたりすることも、よい手がかりになります。たとえ

ば、「ユノカ」に漢字を当てたいなら、「由乃花」としてもよいのですが、「柚乃香」とすると、名前自体が一まとまりとして意味をもち、ぐっとすてきな印象になります。同様に「琴音（コトネ）」「桃花（モモカ）」なども考えられます。

また、たとえば「サキホ」に漢字を当てる場合、「咲穂」とすれば、野の優しいイメージになり、「冴輝帆」とすれば、さわやかな海のイメージになります。このように、当てる漢字によって、その名前の雰囲気を自在に操ることができるのです。さらに、これらの名前には、意味や名づけの工夫点を説明しやすいという利点もあります。

将来パパとママが名前の由来を話すときはもちろん、子ども本人が自己紹介するときにも、役立つことでしょう。

姓と名の区切り

たとえば「松江美子」の場合、「マツエ・ミコ」と「マツ・エミコ」2通りの読み方が可能です。名前の1文字目に、姓に続けて読むことのできる漢字を用いると、このように、姓と名の区切りがはっきりせず、人に正しく覚えてもらえない恐れもあります。思いついた名前は、必ず姓と続けて書き出し、確かめましょう。

まつ えみこ
松江美子
へ
松江美子
へ
まつえ みこ
松江美子
名字と名前を続けて書いてみると、こんなふうに読めるね
これはやめたほうがいいね…
あらら

姓と名の、字面のダブりに注意

漢字がもつ意味のチェックはしても、意外に忘れがちなのが、姓名の字形のバランスです。名前ばかりを単独で考えていると、姓とのバランスが悪かった、という問題も起こりかねないので、気をつ

けましょう。

たとえば、「桂花」と名づけたいと思った場合。姓が「梅村」なら、考え直したほうがよいかもしれません。姓と合わせて文字にしてみるとわかりますが、姓も名も「木ヘン」ばかりで、いかにもバランスが悪くなってしまうからです。

姓と名の部首のダブりは、意外に見落としがちです。また、部首は違っても、「梅村」という姓に「葵」や「百合」といった名前を合わせると、姓名の中で植物名が複数出てくることになってしまいます。植物には季節感をもつものも多く、春を思わせる「桜田」姓に、秋のイメージの「楓」とつけたりすると、季節がばらばらで違和感を覚える組み合わせとなってしまいます。

ほかにも「海老原鮎」の「魚介類」という要素、「土屋圭香」の「土」の字形など、ダブりはいろいろなところで生じます。名前を考えたら、必ず姓と合わせて書き出してみましょう。

姓名の「縦割れ」を避ける

「縦割れ」とは、姓名を構成する漢字が、すべて左右に分かれてしまうものをいいます。「北村珠緒」「松林理沙」などがそうで、縦書きにしたときに、すべての字が「ヘン」と「ツクリ」に分かれるため、ばらばらな印象を与えてしまいます。

縦割れの姓の場合、「北村多真央」「松林李左」のように、名前には左右をつなぐ線のある漢字を取り入れると、落ちついた印象になります。

数字の入った姓

「一ノ瀬」「二宮」「三浦」といった、数字を含む姓があります。こうした姓の場合、名前には数字を入れないほうがよいでしょう。「一ノ瀬一美」「三浦不二子」といった姓名は、落ちつかない印象に加え、縦書きにすると罫線で上下を仕切られているような印象を与えてしまいます。また、「千田万沙代」のような数字のダブりも同様で、特定の要素ばかりが姓名の中で重なると、うるさい印象になってしまいます。

字形が偏っていないか

たとえば「田口由里」のような姓名を見たとき、どんな印象をもつでしょうか。縦横の線ばかりが強く、まるで定規を使って書いたかのような印象があります。「田口祐李」のように斜線の入った字を用いると、ずいぶん見え方が変わってきます。

同様に、「大木未来」は線対称で左右にはねた形ばかりが続き、落ちつきませんが、「未来」は別の字を当てるなどのアレンジが難しい名前です。こうしたケースでは、最初に決めた名前にこだわりすぎず、ほかの候補を再考することも大切でしょう。

姓に多い漢字を避ける

女の子の場合、将来結婚で姓が変わる可能性が高く、どんな姓になるかはわかりません。姓と名の、文字のダブりをできる限り避けるためには、姓に多い漢字をあまり用いないようにすることです。日本人の姓に多出する漢字には、「田・藤・山・野・川・木・井・村・本・中」などがあります。

名前の適正文字数

1字姓

森　愛
つまった印象に…

森　愛子
森　亜衣子
2字名か3字名が安定する

3字姓

佐々木　愛
頭でっかちな印象に…

佐々木　亜衣子
長すぎる印象に…

佐々木　愛子
2字名が安定する

ただし、どんなに気をつけても、未知の将来のことだけに、完全に避けることは不可能です。あまり神経質にならなくてもよいでしょう。

名前の文字数は？

名前で最も多いのは2字名ですが、女の子には1字や3字の名前も少なくありません。名前の文字数は、姓の文字数とのバランスを考えて決めましょう。1字姓に1字名を合わせると、寸づまりな印象を与えるので、2字名か3字名がよいでしょう。1字姓3字名はバランスが悪いと思われがちですが、名前の文字数が多いぶん、安定感が出ます。2字姓には、1字名・2字名・3字名のいずれもよく合います。3字姓の場合、1字名は頭でっかちで不安定な印象になり、3字名では全体的に長い感じがします。2字名でまとめるのがよいでしょう。

画数のバランスを考える

通常、姓と名前を合わせた画数は、30画前後が最多域となります。こうしたことを押さえておくと、「小川」のような少画数姓（10画未満）や、「藤嶋」のような多画数姓（25画以上）に合わせる名前を考えるときに役立ちます。姓名の画数が少なすぎたり多すぎたりすると、見た目のバランスが悪くなるので、合計の画数が標準の範囲内に収まるよう、調整しながら考えるのも一案です。

画数差がある姓の名づけ

姓を構成している漢字に画数差（10画以上）がある場合には、それを踏まえて名前の漢字の配置を考えたほうがよいでしょう。たとえば、「大橋」は3画・16画と、画数に差があります。「大橋優花」とすると、真ん中だけが重くなってしまいますが、「大橋由夏」のように、画数の多い字と少ない字が交互にくるように配置すると、バランスよく落ちつきます。

「多画数漢字」の使い方

「多画数漢字」とは、15画以上のものをいいます。標準的な姓名の合計画数が20～30画台であるのに、多画数漢字は2つ重ねただけで30画以上になってしまいます。多画数漢字を使いたいときは、1字名にしたり、組み合わせる字を15画未満のものにしたりするほうが、字面がよくなります。15画の「穂」を止め字に用いて「マホ」と名づけたい場合には、「摩穂」（＋15画）とするより「茉穂」（＋8画）としたほうが、すっきりと見えます。

ひらがな名前・カタカナ名前

漢字だけでなくひらがな・カタカナ名前もあります。曲線が多く、やわらかいイメージをもつひらがなは、とくに女の子の名づけに好まれます。読み間違えられることもなく、画数の多少にかかわらず、どんな姓にも合うという利点もあります。カタカナは、ひらがなほど多用されていませんが、それだけに個性的で目立つ名前となります。人気音の名前も、「ももか」「はるか」「ユイ」「サクラ」と表記すると、印象が変わります。

「漢字」からのまとめ

- □「止め字」から発想する
- □読みにくい姓には、読みやすい名前を
- □「名乗り」の使用は、ほどほどに
- □姓と名の区切りはわかりやすくする
- □ストーリー性をもたせて字を当てる
- □姓名の、字面のダブりに注意
- □姓名の「縦割れ」を避ける
- □姓に多い漢字を避ける
- □数字を含む姓には、数字のない名前を
- □字形の偏りを避ける
- □名前の文字数は姓とのバランスを考えて
- □画数のバランスを考えて文字を配置する
- □「多画数漢字」は入れすぎない
- □画数差がある姓では文字の配置に注意
- □ひらがな・カタカナを上手に使う

3 イメージ

赤ちゃんが生まれた季節や新婚旅行の思い出の地、夫婦の共通の趣味、こうなってほしいという願い――これらに基づいて名前を考えるのが「イメージ名づけ」です。イメージ名づけでは、辞典類がおおいに役に立ちます。

生まれた季節を取り入れる

生まれた季節を一つの記念として、赤ちゃんの名前を考える人は多いようです。日本の四季については、俳句の分け方にならうのがよいでしょう。

季節を名前に取り入れたいときには、季語辞典が便利です。折々の季節を映し出す美しい日本語を見つける助けとなるでしょう。生

四季の区分

春	3、4、5月
夏	6、7、8月
秋	9、10、11月
冬	12、1、2月

旧暦の月名

一月	睦月	むつき
二月	如月	きさらぎ
三月	弥生	やよい
四月	卯月	うづき
五月	皐月	さつき
六月	水無月	みなづき
七月	文月	ふづき
八月	葉月	はづき
九月	長月	ながつき
十月	神無月	かんなづき
十一月	霜月	しもつき
十二月	師走	しわす

まれ月の異名をそのまま名前とするほか、「睦美」「紗月」「カンナ」のように、アレンジすることもできます。

地名を生かす

日本の地名には、そのまま名づけに使うことのできる美しい響きをもつものも少なくありません。

地図のほか、地名辞典などもあるととても便利です。まずは、故郷や思い出の地などから考えてみてはいかがでしょう。名前になりそうな国内の地名の一部を左に示しましたので、参考にしてください。

また、外国の地名から発想してもよいでしょう。新婚旅行で訪れた国や場所を思い出しながら名前を考えるのも、楽しい作業になります。倫敦（ロンドン）・紐育（ニューヨーク）・巴里（パリ）・和蘭（オランダ）・越南（ベトナム）など、パソコンの変換キーで漢字表記の出せる地名もあります。これらをアレンジして、「倫果（リンカ）」「育虹（イクコ）」「巴緒（トモオ）」「美蘭（ミラン）」「奈南（ナナ）」といった名前をつくることもできます。

美しい響きの地名

礼文	れぶん（北海道）
留萌	るもい（北海道）
千歳	ちとせ（北海道）
榛名	はるな（群馬県）
朝霞	あさか（埼玉県）
三郷	みさと（埼玉県）
信濃	しなの（長野県）
恵那	えな（岐阜県）
志摩	しま（三重県）
鈴鹿	すずか（三重県）
和泉	いずみ（大阪府）
吉野	よしの（奈良県）
紀伊	きい（和歌山県・三重県）
瑞穂	みずほ（島根県）
八雲	やくも（島根県）
伊予	いよ（愛媛県）
萩	はぎ（山口県）
穂波	ほなみ（福岡県）

夫婦の趣味を生かす

パパとママの共通の趣味を名前に取り入れる方法も、人気があります。サーフィンやテニス、登山、絵画といったモチーフから、イメージできる漢字や音を名前に入れ込んでいくのです。赤ちゃんが大きくなったら、いっしょにスポーツや演奏を楽しみたい、と夫婦で名前を考える作業は楽しく、心がウキウキするものでしょう。

趣味に関することだけに知識は豊富で、イメージできる言葉はたくさんあるかもしれませんが、用字用語辞典などがあるといっそう便利です。「真凛（マリン）」「凪砂（ナギサ）」「楽舞（ラブ）」「夏野（ナツノ）」「峰花（ミネカ）」「和音（カズネ）」「美歌子（ミカコ）」「虹絵（ニジエ）」など、自由にイメージをふくらませてみましょう。

子どもへの願いを託す

赤ちゃんへの夢や願いを名前に託す場合、重宝するのが類語辞典です。まず、どんな子に育ってほしいかを、じっくり考えます。「思いやりのある子に」「美しい女性に」「健やかな成長を」「幸運に恵まれるように」など、いろいろあるでしょう。このときの注意点は、あれもこれもとあまり欲張りすぎないことです。テーマはシンプルなほうが、かえって発想が広がり、よい名前が生まれます。

ここでは「思いやりのある子に」を例として取り上げてみましょう。キーワードの「思いやり（思いやる）」を類語辞典で引くと、「哀れむ・いたわる・いとおしむ・人情・憐憫・慈しむ・仁慈・心を汲む」などの類語が載っています。これらをもとに、「愛佳」「朋葉」「慈乃」「仁恵」「心美」といった名前を考えることもできるでしょう。

また、夫婦で連想ゲームのように発想を広げていくのも楽しいでしょう。キーワードをもとにして、ふたりで思いつく言葉を出し合っていきます。あとはその言葉をヒントに、名前をつくっていくのです。このようにして考えた名前は、愛着もひとしおでしょう。

「イメージ」からのまとめ

- □生まれた季節を取り入れる
- □地名を生かす
- □夫婦の趣味を生かす
- □子どもへの願いを託す

4 画数

赤ちゃんの名前を考えるとき、画数、つまり姓名判断を意識するかどうかは、人それぞれですが、画数から名前を考えることのメリットも、たくさんあります。

第一に、ほとんど無数ともいえる名前の大海から、候補をかなり絞り込めるということです。赤ちゃんのために選び出すべき名前はたった一つなのですから、候補が絞り込めれば、名づけは大変楽になります。

第二に、人気名前への過度な集中が避けられることが挙げられます。たとえば、「未来」や「七海」は、ここ最近の女の子の名前ランキングで上位に見られる名前ですが、姓に合わせて吉数となる名前を考えようとした場合、これらの名前をつけられないことも、もちろんあります。そのため、画数の違う漢字を用いる、止め字をアレンジするといった工夫が必要となり、オリジナリティーのある名前が生まれやすいのです。

第三に、吉数に合わせて漢字を探し、名前を組み立てるわけですから、常識的な発想や個人の思いつきでは出てこないような、新感覚の名前が生まれる可能性もあるということです。思いもよらなかったすばらしい字との出合いに、導かれるかもしれません。

ただし、人の運勢は、名前の画数だけでは決まりません。運勢を左右する要因には、次の4つがあるといわれます。

これを見るとわかるように、あらゆる開運法を合わせても、その影響力は10パーセント程度です。画数の吉凶だけに一喜一憂するのも考えものでしょう。画数は、あくまでも名づけのための1テクニックととらえ、活用していくのが賢明といえるでしょう。

●人の運命を構成する要素

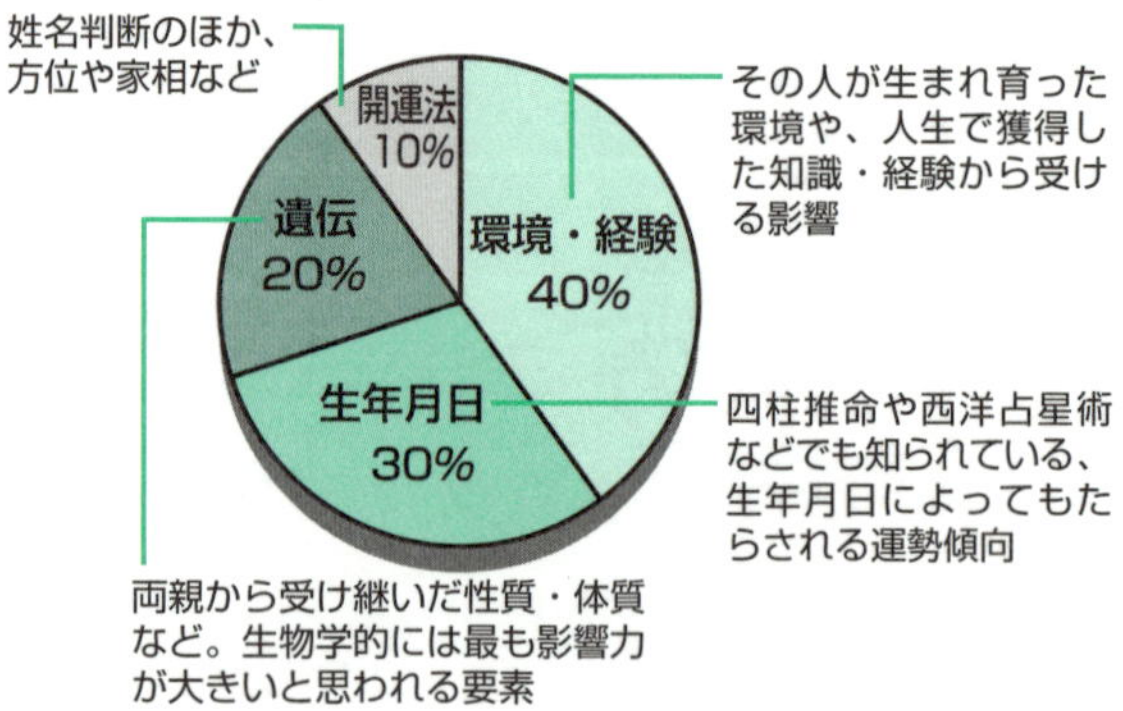
姓名判断のほか、方位や家相など
開運法 10%
その人が生まれ育った環境や、人生で獲得した知識・経験から受ける影響
環境・経験 40%
遺伝 20%
生年月日 30%
四柱推命や西洋占星術などでも知られている、生年月日によってもたらされる運勢傾向
両親から受け継いだ性質・体質など。生物学的には最も影響力が大きいと思われる要素

5 国際化

赤ちゃんが活躍する20～30年後の時代には、海外との交流もますます盛んになっていることでしょう。そんなとき、海外でも通用する名前なら、コミュニケーションもスムーズになります。

国際感覚を意識して名づける場合に、まず気をつけたいのが、外国人が奇異に感じたり、勘違いしたりしやすい名前です。

実際に、自動車メーカーのTOYOTAが海外に進出したとき、「トイ・オータ」と読まれて、おもちゃメーカーと間違われたそうです。しかし、だからといって、すべての外国語をチェックするわけにもいきません。本書では、こうした注意点や発想法についても第2章で述べていますので、参考にしてください。

一番簡単なのが、「亜莉須（アリス）」「芽衣（メイ）」のように、外国人の名前や外国語の発音を、そのまま漢字に置き換える方法です。

有名なところでは、文豪・森鷗外が子どもにつけた名前があります。長男「於菟（オト）」＝オットー、長女「茉莉（マリ）」＝マリー、次女「杏奴（アンヌ）」＝アンヌ、次男「不律（フリツ）」＝フリッツ、三男「類（ルイ）」＝ルイと、5人の子どもすべてに、西洋人の名前をもじった名前をつけています。

もう一つの方法は、「当て読み」です。「海」を「マリン」、「真珠」を「パール」と読ませるような名前で、多くはありませんが、現実に存在します。名前の読みに関しては法的な制限はなく、どんな読ませ方をしても自由です。こうした名前はオリジナリティーに富んでいますが、行きすぎると読めなくなってしまうので気をつけましょう。

未知の可能性を秘めて生まれてくる赤ちゃんのために、すばらしい名前を考えてあげてください。

COLUMN

赤ちゃんのお祝い行事①

お七夜（しちや）と命名書

赤ちゃんの健康を祝い、さらなる成長を願う「お七夜」という儀式を、生まれて7日目に行います。昔は、生後わずかしか生存できなかった新生児が多かったため、7日間元気に育ったことを喜ぶ祝宴が開かれていました。

現在では、母子の退院記念日として祝う家庭が多いようです。赤飯と尾頭つきの鯛が昔ながらの祝い膳ですが、産後まもないママの体調に合わせて、食べやすいメニューを考えてもよいでしょう。

赤ちゃんの命名も、この日に行います。正式な「命名書」は、奉書紙を横に二つ折り、縦に三つ折りにして折り目をつけ、「命名」の文字、「赤ちゃんの名前」「生年月日」を毛筆で書き、「三方（さんぼう）」という台に載せて神棚に供えます。

略式で行うなら、半紙か市販の命名書を利用するとよいでしょう。同様に赤ちゃんの名前と生年月日を書いて、神棚に飾るか、床の間の鴨居（かもい）、または赤ちゃんが寝ているそばの壁やベビーベッドの枕元など、見やすいところに貼ります。

命名書は、ママの床上げのときか出生届の提出後に下げ、へその緒といっしょに、大切に保管しておきましょう。

第2章

世界にはばたく女の子の名前

世界にははばたく女の子の名前とは

海外で通じやすい名前を考えるために、必要なことは？　「音」「スペル」「文化」に注目してみましょう。

国際人として魅力的な女性に

世界は今、どんどん身近なものになっています。ホームステイや海外赴任など、外国生活を体験する人も、数年前に比べ、ぐっと増えました。さらにインターネットや衛星通信などのIT技術により、情報が国境を越え、世界の国々を瞬時に結ぶ時代となりました。日本人の活躍の場も、今後いっそう広がっていくことが予想されます。

可愛いわが子が国際線の乗務員となり世界をめぐる、同時通訳として国際会議に立ち会う…夢は限りなく広がります。そうした交流に際して受け入れられやすい名前、親しまれる名前とするためには、どんなことに気をつければよいのでしょうか。

英語の「th」の音が日本語にはないように、日本語の中にも外国語にはない発音のものが少なくありません。スペルにおいても、日本が採用しているローマ字表記が、かえって発音上の誤解を招いてしまうケースが見られます。

名前は、コミュニケーションの第一歩を担うものです。世界に通用する名前を考えることは、長い目で見れば、その子の活躍を手助けすることにも通じるでしょう。

名づけ事情を知ることから始めよう

海外で受け入れられやすい名前を考えるためには、その国のことを知る必要があります。西欧では「ファーストネーム」と呼ばれる名前と「ファミリーネーム」という姓の間に、「ミドルネーム」をもつ伝統があります。聖人の日が記されたカレンダーに従い、出生日の聖人にちなんで名づけが行われることも、キリスト教文化圏の特徴といえますし、「母国語の語感になじむ、美しい響きの名前を」というのは、表音文字であるアルファベットを用いる国ならではの考え方でしょう。

また、同系統の言語と宗教をもつ西欧では、名前にも共通するものが見られます。英語名の「キャサリン」は、フランス語の「カトリーヌ」に、イタリア語では「カテリーナ」に相当するのです。

一方、表意文字である漢字文化をもつ中国や韓国では、日本と同様、名前には「よい意味をもつものを」と考えます。名づけに占い的な要素が加わるのも、その特徴でしょう。

次ページ以降に、英語圏をはじめ、6つの言語を母国語とする各国の名づけ事情を紹介しています。世界には、ほかにも異なる文化をもつ国が多くありますが、まずはこれらの国について、その様子をのぞいてみましょう。名づけについての考え方やトレンドのほか、その国で一般的な名前の音を利用した名前例も紹介しています。楽しみながら、参考にしてください。

英語圏における名づけ事情

身近にあふれている英語は、一番なじみの深い外国語。辞書を手に楽しみながら考えてみましょう。

英語を通して世界にはばたく名前を

英語は、北半球ではアメリカ・カナダ・イギリス、南半球でもオーストラリア・ニュージーランドなど、広範囲にわたる国々で主要言語とされています。国際語としての性格も強く、いわゆる英語圏と呼ばれる国以外にも、アフリカの大国ナイジェリアや、アジアでもシンガポールの公用語のひとつであるなど、広く国境を越えて話されている言語です。

また、英語は西欧で話されている各国語と同系統にあるため、英語圏における名づけの基本的な感覚は、西欧においても生かすことができると考えられます。同様に英語圏で通用しやすい名前であれば、西欧社会でもスムーズに受け入れられることでしょう。

私たち日本人にとっても、多くの場合、英語は初めて触れる外国語であり、日常よく見聞きする、比較的身近な言語といえます。そこで、世界への入り口として、英語を意識した名づけのポイントについてまとめますので、参考にしてください。

まずは短く、発音と意味に注意して

海外のどの国においても共通する、通用しやすい名前のポイントがあります。それは、「あまり長い名前をつけない」ということです。「カオルコ」より「カオル」のほうが呼びやすく、さらに「カオ」とすれば、より発音も簡単で、なじみをもってもらえます。日本人の名前は、とくに4音節以上になると、発音がとても難しくなってしまいます。短めが基本と考えましょう。

もうひとつのポイントは、「発音と意味」です。日本語でよい意味をもつ音でも、英語としては、奇妙な意味となってしまう名前があります。たとえば「ゆう」は英語の「you（あなた）」と同じ音なので、名前を呼ばれると周りの人がみな振り向くといったことが起こります。そうした事態を避けるためには、日本語として通用する音で、なおかつ英語でもよい意味をもつ音を探したり、英語の人名や愛称に漢字を当てはめたりする方法を、取り入れるとよいでしょう。

●日本語として通用する音で、よい意味をもつ英単語を名前に

lily	ユリ	李理衣	りりい
marine	海の	真鈴	まりん
Yuma	都市の名前	由麻	ゆま
Nile	川の名前	菜衣琉	ないる

●英語名に漢字を当てはめて名前に

Mary	メアリ	芽亜梨	めあり
Sara	サラ	沙羅	さら
Karen	カレン	可憐	かれん
Aileen	アイリーン	愛鈴	あいりん

●英語では違和感のある意味となる名前

優	ユウ	you（あなた）と聞くと、自分が呼ばれたと勘違いしやすい
未唯	ミイ	me（私）を示す語と紛らわしい
麗文	レモン	lemon（果実名）のほかに、不良品・欠陥品という意味もある
絵里	エリ	eerie（不気味）を連想させる
良舞	ラブ	love（愛）は名前には使われない単語

正しい読み方が伝わるスペルは？

問題点・注意点を知ることから解決策も考えやすくなり、海外に行ったときにも役立ちます。

ローマ字表記と英語との違い

英語には、「子音―母音―子音―母音」と続くスペルでは最初の母音をアルファベットの読みにする、という法則があります。たとえば「cake」は、「c」の次の「a」がアルファベットの読みで「エイ」となるため、「ケイク」と読みます。このため、ローマ字表記で「Kana」と書く日本人の名前「カナ」は、英語圏の人には「ケイナ」と読まれてしまいます。

アルファベットという同じ文字を用いたスペルでも、日本語のローマ字表記と英語とでは、これだけ読みが変わってしまうのです。

また、ローマ字表記のままでは、英語としては読めない、あるいは発音が難しい、といった名前もあります。母音が続くスペルや、「h」で始まる名前、「tsu」や「su」の音などがそうです。これらの例については、左ページの表にまとめました。

難しいスペルは英語風に置き換えて

こうした問題点の解決策として、英語風のスペルを取り入れる方法があります。たとえば、「Keiko」という名前の場合、「カイコ」と読まれがちですが、英語風に「e」を「a」に、「i」を「y」に置き換えて「Kayko」とすれば、「ケイコ」と読んでもらえます。

ほかにも「ジュリ」なら「r」を「l」に置き換えて「Juli」としたり、「Aska（アスカ）」「Kazsa（カズサ）」のように「su」を「s」、「zu」を「z」と表記したりすることで、正しく読まれる名前もあります。「Kana-e

英語圏における名づけ事情

（カナエ）」と、音節をハイフンで区切るのもよい方法でしょう。また、「エミ」といった英語名に近い音をもつ名前の場合には、思いきって「Emy」のように、英語のスペルを取り入れることを考えてみてはいかがでしょうか。これらのほかにも、65～173ページに、置き換え表記の具体的な例を載せていますので、参考にしてください。

ただし、パスポートなど国が発行する公的文書に載せる名前については、ローマ字表記を用いるように定められていますので、注意が必要です。

●読みにくい名前

Aoi	アオイ	母音が連なるスペルは、英語にはないので読みにくい
Hatsuko	ハツコ	「hatsu」というスペルは読みにくい
Ryoko	リョウコ	「ryo」を「リョウ」と読むのが難しい

●違った発音をされてしまう名前

Keiko	ケイコ	「kei」が「ケイ」と読まれず「カイコ」となりがち
Utako	ウタコ	「u」は「ユ」と発音されてしまう
Fumiko	フミコ	「fu」は「ヒュ」と発音されがち
Kuniha	クニハ	「kuni」は「キュニ」と発音されやすく、また「h」は発音されないので「キュニア」になりやすい
You	ヨウ	「ユー」と思われる
Kazumi	カズミ	「mi」が「マイ」と発音されやすく、「カズマイ」に
Shuri	シュリ	「shu」は「シャ」と発音され、「シャリ」に
Namie	ナミエ	「na」は「ネイ」と発音されることが多く、「ネイミ」に
Serina	セリナ	「e」は「イ」と発音され、「シリナ」に

●発音が難しいスペル

tsu	ツ
su	ス
sho	ショウ
ryo	リョウ
hi	ヒ

覚えやすく親しみ深い名前に

覚えやすい音と、スマートな自己紹介が、名前を早く覚えてもらう秘訣です。

日本のブランド名にあやかって

日本人の名前を正しく理解することは、英語圏の人にとって、かなり難しいことだといえるでしょう。しかし、読み方や発音がどんなに難しくても、広く親しまれている名前もあります。精密機器や自動車といった工業製品や、ビールなどの人気商品で世界的に知られる日本の企業名、いわゆるジャパニーズ・ブランド名と、海外で活躍するアーティストやスポーツ選手の名前、ヒットしたアニメーションのキャラクター名などがそうです。

暮らしの中に溶け込んだ日用品の企業名や、映像などのメディアに繰り返し登場する人物の名前は、自然に親しみをもたれ、なじみ深いものとなっています。こうした名前は、既に好感度が高いわけですから、同音の名前をもつ日本人が初めて自己紹介する場合でも、すぐに覚えてもらえるでしょう。

また、世界的に有名なブランドや魅力的な人物にあやかった名づけには、「あの人のようになってほしい」といった、パパとママの願いを込めることもできます。

印象に残る説明方法から考える

ほかに、英訳した意味を説明しやすいような名前を、と考える方法もあります。この場合、名前の一部をとったり、アレンジを加えたりして、英語の愛称で覚えてもらうように考慮してもよいでしょう。

たとえば、「鈴音（スズネ）」なら「私の名前は、〈tinkle of a bell〉を意味します。〈Bell〉と呼んでください」と自己紹介することで、より親しみをもってもらえるでしょう。

また、英単語の音を含む名前の場合には、「私の名前は潤です。June(6月)と覚えてください」と説明すれば、とても印象に残りやすくなり、早く覚えてもらえるはずです。

もし、外国人の友人がいるなら、積極的に相談してみてください。赤ちゃんの幸せを願う親心は世界共通ですから、理解も深まり、名づけに協力してもらえるかもしれません。名づけを通して、パパやママ自身が国際交流を深めれば、赤ちゃんの将来のためにも、きっと役立つに違いありません。

●よく知られる名前

Isuzu	イスズ	自動車会社
Asahi	アサヒ	ビール会社
Kirin	キリン	ビール会社
Seiko	セイコ	精密機器会社
Yoko	ヨウコ	アーティスト(オノ・ヨーコ)
Akira	アキラ	アニメーションのキャラクター

●説明しやすい音をもつ名前

May	メイ	5月
Marin	マリン	海の
Hero	ヒロ	英雄
Micky	ミキ	ミッキーマウス ただし、西欧ではキャラクター名としてより、「ねずみ」の印象を強くもたれる場合もあるので、慎重さを要します

フランス France

妊娠中から時間をかけて考えます

生後3日以内に出生届を出さなくてはならないので、妊娠がわかったら、楽しみながら何か月もかけて名前を考えます。最近ではハリウッドスターの名前など、英語風の名前をつける人も増えてきましたが、奇抜な名前だと、洗礼を拒否されることもあります。子どもが苦労しそうなケースでは、裁判所に申し立てれば、名前だけでなく姓も変更できます。

フランス人は通常、3つくらい名前をもっています。最初の名前を両親が決め、ミドルネームは、祖母や、洗礼式に立ち会ったゴッドマザーの名前をもらうことが多く、その中から日常的に使う名前を自分で選べます。

また、聖マリーの日に生まれたら「マリー」、クリスマス生まれは「ノエル」と名づけるなど、カトリックのカレンダーの聖人の名前をもらうことも多く、とくに上流階級の家庭では、今もこうした伝統的な名前が好まれます。

日本人の名前では、「アミ・エマ・ナオミ・マリ」といったフランスにもある名前なら、すぐ覚えられ、「アイ・ミキ」などの短い名前や、「アキコ・ユウコ」などもわかりやすいです。また、「舞」のように、「日本語でダンスの意味です」と説明できる名前も覚えてもらいやすいでしょう。しかし「カノン・ナナ」は、あまりよい意味になりません。

また、「アスカ・サヤカ・アヤカ」など、似ている人気の名前は、覚えるのが難しいです。スペルでいうと「r」の入る名前は、フランス語では「l」に近い発音となり、どう発音してよいのか迷います。「chi」は「シ」と読み、「h」は発音しないので、「Chihiro」は「シイホ」に近い発音となるほか、「Miwa」など「w」の入っている名前も読むのが難しいです。

お話 小川フロランス（明治大学商学部助教授）

フランスで親しまれている名前からの名づけ

カミュ	香(9)美(9)由(5)
クララ	玖(7)楽(13)々(3)
サラ	沙(7)羅(19)
ジェイド	滋(12)瑛(12)瞳(17)
ノア	野(11)亜(7)
ノラ	乃(2)羅(19)
マノン	磨(16)音(9)
マリー	真(10)理(11)
リュシー	留(10)枝(8)衣(6)
ロラ	楼(13)良(7)

ドイツ
Germany

ドイツでも名づけ本を参考にします

20年くらい前までは5つ〜6つもっていたミドルネームも、今では1つだけの人が多くなり、かつてのように家族の名前をもらうのではなく、新しい名前を考えるようになってきました。ファーストネームもそうですが、名前自体に意味を与えることはなく、独創的でドイツ語の語感になじむ、音として美しい名前を考えます。もっとも、オリジナリティーにこだわりすぎて風変わりな名前となり、裁判所で却下されるケースもあるようです。

ロシアやアラビアの名前例が載っている名づけ事典を見て探すこともありますが、「迷信的な悪い名前はない」という前提で名づけるため、日本の画数のような占いは見られません。だれもつけていない、よい名前を見つけることに魅力を感じますので、映画スターやアーティストの名前をつけることも、さほどありません。

日本人の名前の「フミ」は、ドイツの発音法にはなく、「リョウ」も難しいですが、ほかの名前を耳から聞いたとおりに発音することは、それほど難しくありません。しかし、日本のローマ字とはだいぶ違い、「Misuzu」は「ミズツ」と読まれてしまいます。また、「ショウコ」と読ませるには「Schoko」と書く必要があり、「サ行」で始まる名前を正しく読むのは、難しいかもしれません。

ほかに「アイ」はドイツ語で「Ei」と書き「卵」の意味に、「レイ(Reh)」は「鹿」の意味になります。このようなドイツ語の意味をもつ名前も、誤解を招きやすいでしょう。呼びやすいのは、「マキ、エミ、アヤ、ジュンコ、サヤカ、ミナミ、ミカ、ミホ、ノリカ」といった名前です。

お話 アンドレアス　レフェスボルツ（ドイツ語教師）

ドイツで親しまれている名前からの名づけ

アンネ	杏(7) 音(9)
エリカ	絵(12) 梨(11) 加(5)
エルケ	江(6) 瑠(14) 景(12)
カリン	花(7) 梨(11)
クリスタ	栗(10) 州(6) 多(6)
マリー	鞠(17) 依(8)
モニカ	茂(8) 似(7) 花(7)
レア	玲(9) 亜(7)
レオニー	礼(5) 緒(14) 丹(4)
レナ	怜(8) 菜(11)

イタリア Italy

クラシカルな名前が好まれています

最近は、カトリックのカレンダーによる、その日に生まれた聖人名や、家族の名前をミドルネームにもらう習慣も少なくなりました。洗礼名をミドルネームとする人、ミドルネームをもつ人自体も減っています。

ギリシャ時代の「エレナ」、ローマ時代の「クラウデュース」に由来する「クラウディア」などのクラシカルな名前は、今も人気があります。基本的には聖人名からきているので、名前のバリエーションは少なく、日本の半分くらいでしょう。

好きな映画や書物をもとに名づける人もいたり、国際結婚が増えるにつれて新しい名前も見られたりするようになりましたが、独創的な名前をつけようとする人は、多くはありません。歴史のある国なので、やはり伝統的な名前のほうが好まれます。

日本人の名前では、「ハ行」と「ツ」の発音が難しいです。「ショウ」という響きや、「リョウ」のような短すぎる名前も、なじみがありません。「カツ」はスラングにあり、「カ行」の連続音は、よくない意味になりかねません。スペルでは、日本語の「カ行」はイタリアでは「ca・chi・cu・che・co」となり、「h」は発音しません。「j」もないので、「ザ行」は「za・gi・zu・ze・zo」となります。ただし、アニメで人気が高い「ルパン三世」の峰不二子の「Fujiko」や、コマーシャルで親しまれている「Kaori」は、「k」や「j」が入っていても、わかります。

「Akira」も映画の名前として有名です。「サラ・ユキ・ミナ・ミカ・リサ・マリカ・アンナ」なども、なじみやすい名前です。

お話 クラウディア　ベルジェシオ
（日伊文化交流サロン・アッティコ　イタリア語講師）

イタリアで親しまれている名前からの名づけ

エレナ	恵(10) 玲(9) 奈(8)
カテリーナ	香(9) 照(13) 奈(8)
サラ	沙(7) 良(7)
ジュリア	樹(16) 里(7) 亜(7)
ソフィア	蒼(13) 楓(13) 亜(7)
マリア	麻(11) 李(7) 亜(7)
フランカ	風(9) 藍(18) 花(7)
モニカ	茂(8) 丹(4) 歌(14)
ラウラ	羅(19) 羽(6) 藍(18)
ロザンナ	路(13) 山(3) 菜(11)

スペイン Spain

母娘で同じ名前も、珍しくありません

最近の傾向として、「エレナ・アナ」といった短めの名前が増えているようです。年配の人の中には聖書に由来する名前をもつ人がいますが、長い名前が多いので、今はあまり使われません。

スペインでは、女の子の名前は母親がつけることが多く、日本人には不思議でしょうが、母と娘で同じ名前をもつことも少なくありません。そんなわけで、同じ名前の子がクラスに複数いても気にしません。

名前そのものに意味をもたせることはなく、音の美しさを優先して考えます。外国映画スターの名前などもつけず、流行も見られませんが、皇太子妃殿下となられたレティシアさんの名前は、例外的に出身地の女の子に多くつけられました。

スペイン語の名前は、基本的に名前の最後の母音が「a」なら女性、「o」なら男性となるため、日本人の名前の「Mariko」や「Miho」は男性、「Takamasa」や「Yuya」は女性のイメージになります。

また、日本で人気の名前である「アイ」は、スペイン語の「hay(ある・いる)」と同音で、日常生活で多用するため、発音はしやすいものの、名前としてはあまりなじめません。

ほかにも、「h」を発音しないので、「Hana」は「アナ」という発音に、さらに、南の地域では「ya・yu・yo」を「ja・ju・jo」と発音するため、「Ayaka」は「アジャカ」、「Mayumi」は「マジュミ」と読まれてしまいます。

覚えやすい日本人の名前は、「サナエ、ミドリ、マドカ、サオリ、カオリ、マリ、チエ、ナオミ、レイナ」などです。

お話 アランチャ ラペーニャ
（(財)日本スペイン協会常任講師）

スペインで親しまれている名前からの名づけ

アナ	亜(7) 那(7)
エバ	枝(8) 葉(12)
エレナ	江(6) 玲(9) 奈(8)
カルメン	歌(14) 留(10) 女(3)
ソフィア	奏(9) 風(9) 亜(7)
マリサ	万(3) 理(11) 佐(7)
マリベル	鞠(17) 辺(5) 留(10)
ルイサ	琉(11) 衣(6) 沙(7)
ルシア	留(10) 枝(8) 亜(7)
ロサ	露(21) 沙(7)

中　国 China

今までにない名前をつける新たな動きも

かつて男の子の名づけには、儒教の精神を受けた決まりごとがありました。名前を見れば家系や世代がすぐわかるように、2字名の最初の文字を統一したものですが、女の子の場合、一部の名家以外ではそれほど厳密ではありませんでした。

中国では、名づけは時代の変化の影響を受け、1949年の建国の年生まれの子どもには、「建紅・小建」など「建」を用いた名前が多く、50人のクラス中20人に見られたほどです。

50年代ごろからは、封建的なイメージを払拭する1字名が増えるなど、名前の選択肢が広がりました。時代にそぐわない名前は、変えることもできます。

中国は姓の種類が少なく、「王・李・張」という3つの姓が非常に多い上、女性も結婚によって姓が変わることがないので、同姓同名も多く、最近では個別化を図るためにも、両親の姓から1字ずつとって子どもの2字姓をつくったり、子どもの姓と名に振り分けたりする動きも見られるようになりました。

漢字は、よい意味のものを選んでつけます。「リンリン」など、同じ字を重ねる名前もありますし、姓と続けて読んだとき、縁起のよい言葉と同音となるものも好まれています。

日本の名前に使われる「子(ツー)」は、中国では接尾語的に用いるので、名前には使いません。通用しやすい名前は、中国でも多い1字名でしょう。「麗(リー)・恵(フェイ)・楓(フォン)・南(ナン)・晶(ジィン)」などです。ほかに「美玲(メイリン)・尚華(シャンフォア)・暁華(シャオフォア)・麗美(リーメイ)」も、なじみやすい名前です。

お話 斉　霞（中国語教師）

中国で親しまれている名前からの名づけ

ジィン	晶(12)	あきら
シャーリン	夏(10) 林(8)	かりん
シャオフォア	暁(12) 華(10)	あきか
シャンフォア	尚(8) 華(10)	なおか
ナン	南(9)	みなみ
フェイ	恵(10)	めぐみ
フォン	楓(13)	かえで
メイリン	美(9) 玲(9)	みれい
リー	麗(19)	うらら
リーメイ	麗(19) 美(9)	れいみ

韓国 Korea

「作名所」で名前をつけてもらうこともあります

祖父や両親が名づけるときは、よい意味の漢字を考えてつけます。女の子は、やわらかい印象の「美(ミ)・喜(ヒ)・眞(ジン)・恩(ウン)」が入った、似た名前が多く、姉妹で「ヒジョン・ヒソン」「ウンジョン・ヒジョン」など、共通する音を取り入れることもよくあります。愛称で呼ばれることは、ほとんどありません。

ほかに生年月日や出生時刻を告げて「作名所」で命名してもらったり、キリスト教徒の人は聖堂でつけてもらったりします。伝統的な名前も人気がありますが、流行も見られます。以前は「子(ザ)」で結ぶ名前もありましたが、今はあまりいません。

「アルム(美しい)・ナリ(花の一種)」や、「ナム(木)・バダ(海)・ハヌル(空)」といった自然にちなんだ名前も流行りました。有名人にあやかって名づけることもあり、時代に合わない、占いで悪いといった理由でも改名することができ、普段、戸籍上とは違う名前で呼ばれている人もいます。

日本人の名前の「チエ・ユミ・アミ」は、韓国にもある音です。短いものや「子」のつく名前、「マリ・マミ」など、英語に似た発音をもつものも覚えやすいです。「木・雪・星」といった単語が入っていたり、意味を説明しやすい名前、「知恵(ジヘ)・由美(ユミ)・恵美(ヘミ)・京子(キョンザ)・幸恵(ヘンヘ)・美保(ミホ)・真理(ジンリ)・真美(ジンミ)」も受け入れやすい名前です。逆に、長い名前や、「ツ」や促音「ッ」の発音、長音と短音、清音と濁音の区別や発音が難しいです。

お話 高 槿旭(東京外国語大学外国語学部研究生)

韓国では、近年漢字表記を使わなくなってきていますが、漢字を使ったもので日本でも通用する名前を紹介しています。

韓国で親しまれている名前からの名づけ

エシル	愛実	13 8	まなみ
ジウ	志宇	7 6	しう
ジヒョン	智賢	12 16	ちさと
ソンエ	善愛	12 13	よしあ
ソラ	曙羅	17 19	あきら
ジンシル	真実	10 8	まみ
ウナ	銀河	14 8	ぎんか
スハ	秀夏	7 10	ひでか
チェミ	彩美	11 9	あやみ
カヒョン	嘉賢	14 16	よしか

ヘボン式ローマ字表記一覧表

あ	A	い	I	う	U	え	E	お	O
か	KA	き	KI	く	KU	け	KE	こ	KO
さ	SA	し	SHI	す	SU	せ	SE	そ	SO
た	TA	ち	CHI	つ	TSU	て	TE	と	TO
な	NA	に	NI	ぬ	NU	ね	NE	の	NO
は	HA	ひ	HI	ふ	FU	へ	HE	ほ	HO
ま	MA	み	MI	む	MU	め	ME	も	MO
や	YA	い	I	ゆ	YU	え	E	よ	YO
ら	RA	り	RI	る	RU	れ	RE	ろ	RO
わ	WA	ゐ	I	う	U	ゑ	E	を	O
ん	N(M)								
が	GA	ぎ	GI	ぐ	GU	げ	GE	ご	GO
ざ	ZA	じ	JI	ず	ZU	ぜ	ZE	ぞ	ZO
だ	DA	ぢ	JI	づ	ZU	で	DE	ど	DO
ば	BA	び	BI	ぶ	BU	べ	BE	ぼ	BO
ぱ	PA	ぴ	PI	ぷ	PU	ぺ	PE	ぽ	PO

きゃ	KYA	きゅ	KYU	きょ	KYO
しゃ	SHA	しゅ	SHU	しょ	SHO
ちゃ	CHA	ちゅ	CHU	ちょ	CHO
にゃ	NYA	にゅ	NYU	にょ	NYO
ひゃ	HYA	ひゅ	HYU	ひょ	HYO
みゃ	MYA	みゅ	MYU	みょ	MYO
りゃ	RYA	りゅ	RYU	りょ	RYO
ぎゃ	GYA	ぎゅ	GYU	ぎょ	GYO
じゃ	JA	じゅ	JU	じょ	JO
びゃ	BYA	びゅ	BYU	びょ	BYO
ぴゃ	PYA	ぴゅ	PYU	ぴょ	PYO

ヘボン式ローマ字表記の注意点

- **撥音（「ん」と弾む音）**
  B・M・Pの前の場合は、「N」ではなく「M」になる
  RAMMA（らんま）
  SHIMPI（しんぴ）
- **促音（「っ」とつまる音）**
  つまる音はそのあとの子音を重ねる
  YUKKO（ゆっこ）
  KOKKO（こっこ）
- **長音（「いー」「おー」と伸ばす音）**
  基本的に母音ひとつで表す
  MINA（みーな）
  YOKO（ようこ）

第3章

音から考える

音から名前を考えるとき

それぞれの「音」がもつ響きや意味、発音のしやすさも、名づけの決め手。呼びやすさを考え、すてきな名前を。

印象に残る心地よい音から探す

朝起きたときから夜寝るときまで、名前は一日のうち何度となく呼ばれます。そのため、呼ばれてうれしく、かつ呼びやすくて印象に残る音を探すのは、名づけ作業の大切な要素といえるでしょう。

国際化が進む現代では、海外の人にとって発音しやすい音というのも考慮しておきたいものです。

まず、気に入った響きを声に出し、その音がもつ印象を確認してみましょう。おなかの中にいるときから、ニックネームで呼びかけている場合は、その音から発想するのも一案です。

響きのイメージにふさわしい文字を

音の響きに対する好みには個人差がありますが、女の子の場合、かわいらしさや優しさ、美しさやさわやかさが感じられる名前に人気が集まっているようです。

気に入った音を見つけたら、その響きに一番ピッタリくる漢字をあてはめていきます。女の子なら、ひらがなやカタカナを使っても、個性的な印象になり、すてきです。字面、響きともに、姓と名のバランスもしっかりチェックしましょう。

音がなかなか決まらない場合は、56ページの「五十音別 響きでみる名前」を参考に、それぞれの音が独自にもつ意味から検討するのも、一案です。このとき、「あ」から順に「あい」「あう」と組み合わせながら発音してみると、意外に響きのいい音に出合えることがあります。一度試してみてください。

音から考えるときの流れ

1 声に出しながら気に入った響きを選定する

- 気に入っている響きを挙げる
- 「音から考える名前1200」(65ページ〜)を見ながら探す
- 「五十音別 響きでみる名前」(56ページ〜)を見ながら自由に組み合わせる

↓

2 字をあてはめる

- 「音から考える名前1200」(65ページ〜)の例から探す
- 「音から引く漢字一覧」(177ページ〜)を見ながら自由に組み合わせる

↓

3 チェックする

- 「おすすめ漢字800から考える名前」(231ページ〜)で漢字の意味もチェック！
- 姓とのバランスを確認
- 画数にもこだわるなら「画数による運勢」(360ページ〜)でチェック！

最初の音が性格を左右する

名前で一番初めにくる音は、とりわけ母音の影響が強く、性格形成に作用するといわれています。それぞれの母音が示す性格の特徴としては、以下が挙げられます。

- **あ** 元気、明朗、活発
- **い** クール、知的、繊細
- **う** 情熱的、保守的、内向的
- **え** 忍耐強い、慎重、努力家
- **お** 温和、優しさ、おっとり

言霊に注目して名づける

言霊（ことだま）とは、言葉や音に宿っている、太古からの不思議なパワーのこと。音のもつ神秘の力が運命を開きます。

名前の第1音に秘められた未知の力

文字が画数のパワーを備えているように、言葉や音に宿るといわれるのが「言霊」です。文字を繰り返し書くと画数のパワーが強まるように、言霊は名乗ったり呼ばれたりするたび、その潜在力を増幅させていくものなのです。

名前は、書かれることよりも声に出されることのほうがはるかに多く、それだけに、言霊の力は重要になってくるのです。

なかでも名前の第1音は、強く発音され耳に残ることが多いぶん、言霊パワーがひときわ発揮されやすくなります。いうまでもなく、言霊は愛称にも宿るため、愛称に使われる点からも、名前の第1音は名づけにおいて非常に重要な要素といえるでしょう。

言霊がパワーを発揮する名前に

言霊には、万物を5つに分類した五行があります。左ページの五行相関図で、「相生」となる流れに沿って、隣り合う五行どうしが好影響を及ぼすとされています。名づけでは、姓の一番下の音（末音）と隣り合う五行の音を、名前の第1音（頭音）に用いるとよいでしょう。

たとえば「タミヤ」という姓なら、土性に属す「ヤ」が一番下で、土性と隣り合う火性のタ行やナ行か、金性のサ行で始まる名が好相性。姓の末音と名の頭音が同性の場合は「小吉」です。言霊を生かした名づけでは、名前の第1音を「理想的な性格」、第2音を「自然体の性格」、第3音や一番下の音を「やがて到達する性格」とみる考えもあります。

五行の考え方

●言霊早見表

木	カキクケコ
火	タチツテト ナニヌネノ ラリルレロ
土	アイウエオ ヤユヨ ワ(ヰ)(ヱ)ヲ ン
金	サシスセソ
水	ハヒフヘホ マミムメモ

＊「ば」などの濁音や、「ぱ」などの半濁音も、清音の「は」と同じ性(五行)に属します。また、「しょ」「いっ」といった拗音や促音は「し」や「い」でみます。

●五行相関図

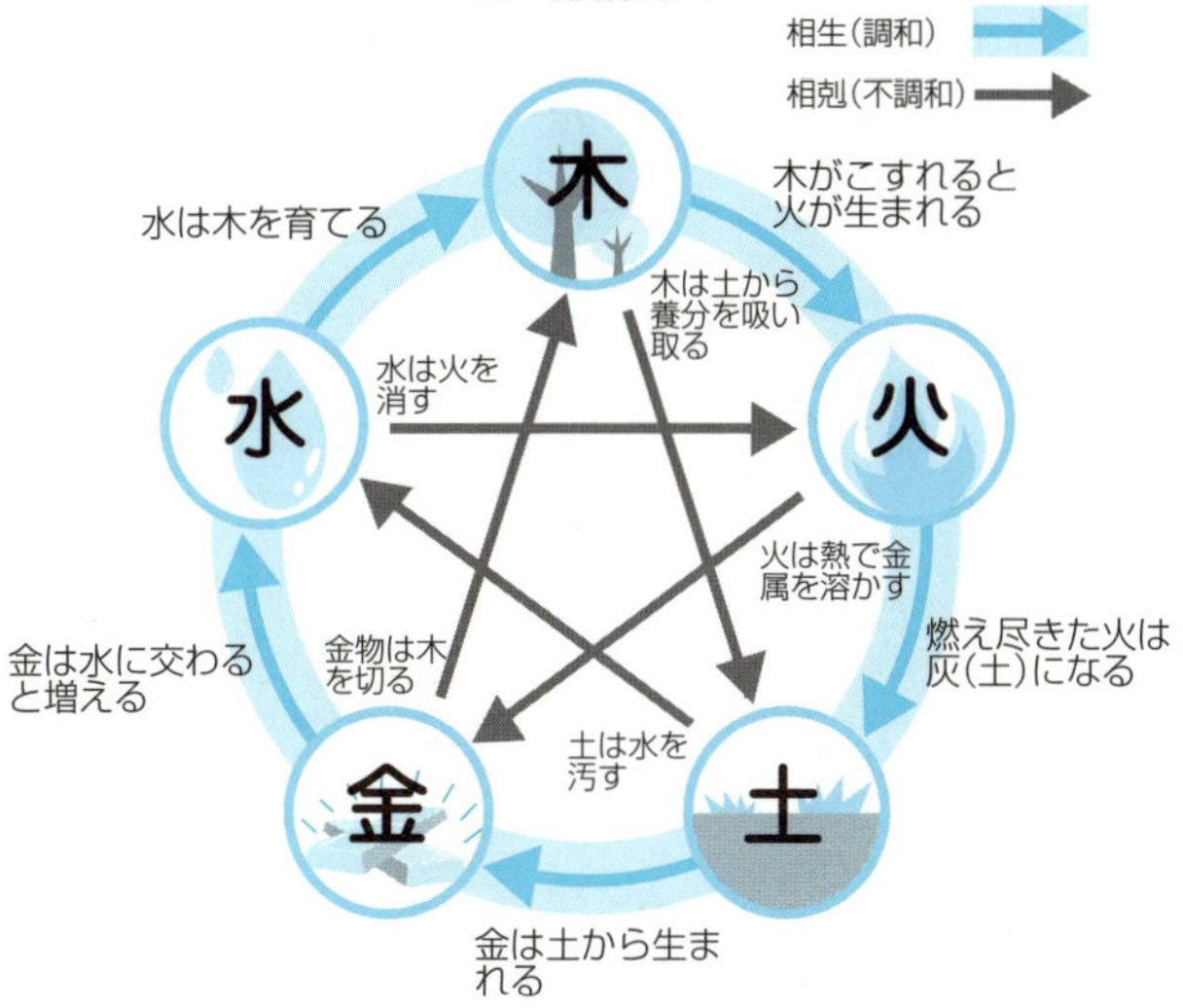
相生(調和)
相剋(不調和)
木
火
土
金
水
木がこすれると火が生まれる
燃え尽きた火は灰(土)になる
金は土から生まれる
金は水に交わると増える
水は木を育てる
木は土から養分を吸い取る
土は水を汚す
水は火を消す
火は熱で金属を溶かす
金物は木を切る

言霊の五行でみるそれぞれの性格

木 名前の第1音が…カキクケコ

木性に属すカ行の音は、奥歯に息が触れて発する「牙音(がおん)」です。第1音に木性音をもつ人は、確かな意志と向上心を備えています。柔和で人当たりがよく、話し上手。万人に愛され、豊かな人間関係が望めるでしょう。社会的信用も得られるので、若い頃から開運が期待できます。

一方、考えすぎな面があるため、重大な局面で優柔不断になり、チャンスを逸してしまうことも。また、人のよさや旺盛な好奇心が逆に作用すると、器用貧乏になることが懸念されます。常に自分の意見を確かめ、考え込んでしまう前に実行する意欲をもつよう心がけましょう。

カ行から始まる女の子の名前には、「カオル」「クミ」「キョウカ」などがありますが、「カズキ」「コウタ」「コウキ」など、男の子の名前に比較的多いようです。

火

名前の第1音が…タチツテト、ナニヌネノ、ラリルレロ

火性に属すタ行・ナ行・ラ行の音は、舌の部分で発する「舌音（ぜつおん）」です。第1音に火性音をもつ人は、優秀な頭脳と豊かな感性を備えています。並はずれた行動力と旺盛な知識欲で、学業や研究に精を出し、識者と呼ばれるでしょう。流行をすばやくとらえ、美的センスを磨いていける、ファッショナブルな人でもあるようです。

それだけに、金銭面では要注意。華美な生活を好みがちなため、浪費に走ったりすることも。また、感情的にもなりがちです。広く浅くの人間関係になる場合が多いので、自分の気持ちを抑え、周囲との交流を大事にするよう心がけましょう。

火性音から始まる名前には、「チヒロ」「ナルミ」「リナ」などがあり、女の子の名前に比較的多く用いられている音だといえます。

土

名前の第1音が…アイウエオ、ヤユヨ、ワ(ヰ)(ヱ)ヲ、ン

土性に属すア行・ヤ行・ワ行の音は、喉（のど）から発する「喉音（こうおん）」です。第1音に土性音をもつ人は、温和で優しく、人の和を大切にします。組織の中でも献身的に尽くし、人と人とを円満につなぐでしょう。着実に努力を積み重ね、やがて大きな成功へと発展させる力量があります。

ただし、まじめゆえの思い込みの激しさには、くれぐれも気をつけましょう。また、保守的な面があるので、新たなことには足踏みしがちです。視野を広げ、未知の分野にも乗り出していけるよう、日ごろから周囲の意見に耳を傾けることが大切です。

土性音から始まる名前には「アオイ」「アミ」など、明るい「ア」音を使うのが好まれています。また、やわらかな印象をもつヤ行音も多用されており、現在最も人気があるのが土性音です。

金 名前の第1音が…サシスセソ

金性に属すサ行の音は、前歯に息が触れて発する「歯音（しおん）」です。第1音に金性音をもつ人は、前向きで統率力にたけ、リーダーの資質が備わっています。活発に動くほど運気が上がり、実力者からの支援も受けられそうです。経済観念が発達しているので、お金に困らず、充足した暮らしを望めるでしょう。

ただし、自分の器量を超えた高望みをすると、社会的信用を失いかねません。さらに、過労や暴飲暴食といった不摂生をしがちな面もあるので、健康には細心の注意を払うようにしましょう。

硬質な音感が特徴的な金性音には、現代的な響きがあり、女の子の名前としては「サクラ」「セリナ」などがあります。全体的に、さわやかで理知的な印象を与える音だといえます。

水 名前の第1音が…ハヒフヘホ、マミムメモ

水性に属すハ行・マ行の音は、唇に触れて発する「唇音（しんおん）」です。第1音に水性音をもつ人は、いつでもどこでも環境にすっとなじんでいける、しなやかさと順応性をもっています。周囲の心模様を敏感に察知し、臨機応変に対処する力をもっています。また、小さなきっかけを大きく育てていく、起業家や創業者の素質があり、ふと気づいたときには成功を手にしていることでしょう。

反対に、気苦労が重なると、自ら心を閉ざしたり、楽な方向へ逃避したりする傾向があります。マイナス思考に陥らないよう、心身をリラックスさせ、ゆったりと物事に取り組んでいくとよいでしょう。

水性音から始まる名前には、「ヒナ」「ミサキ」などがあり、土性音に次いで人気です。

五十音別 響きでみる名前

最初の音が最も強く発声され、人々の印象に刻み込まれます。言霊も考慮して、すてきな響きを見つけましょう。

あ　前向きで意欲的なリーダーの資質

発想が豊かで決断力があります。何物にもひるまず、周囲をぐいぐい引っ張ってリーダーシップを発揮します。半面、強引に物事を進めようとして、孤立することも。自己主張を抑え、周囲との協調を心がければ成功します。

い　清楚ながら芯の強さも秘める

楚々として穏やかですが、内に秘めた意志は困難にあっても折れません。その粘り強さで成功しますが、引っ込み思案な面が出ると運を逃がすことも。優柔不断にならないように注意しましょう。異性は相手をよく見てつきあって。

う　思いやりにあふれ人に尽くすタイプ

優しい性格で、自分の家族や大事なものを守るために奉仕します。社交下手なので、率先して大事業を進めたりはしませんが、縁の下の力持ちとして、役割を几帳面にこなします。くよくよ悩まないことが開運への道でしょう。

え　苦難にもめげない明朗で活発な人

トラブルにも明るい笑顔で立ち向かい、成功を手にするでしょう。その一方、移り気で集中力を欠く面もあるので、スランプなど、逆境のときこそ心を強くもって脱出を。人に利用されることがあるので、つきあいは慎重に。

お・を　自分のこだわりを大切にする

細心の計画を立て、ゆるぎない熱意で打ち込むので、仕事でも成果が出ます。ただし、自分の信条に固執しすぎると、トラブルを招くことも。強情にならず、人を受け入れる柔軟さを身につけていくとよいでしょう。

け

明るく快活で困難にもめげない

トラブルに見舞われてもくよくよせず、いつも前向きに物事に対処できるしっかり者です。周囲が沈んでいるときも、持ち前の元気で、場を明るくします。情に厚く、人から慕われるでしょう。人間関係を大切にするのがポイントです。

か

気配り上手でステップアップ

万事に気が利き、的確な判断ができるので信頼されます。一度始めたことは最後までやり抜く能力も秘めています。とはいえ、しっかり者のようで気弱な一面があるので、無理をせず、事に当たるのが、躍進へのカギでしょう。

こ

好感をもたれ堅実に歩む人生

清楚にして物静か。誠実な行動により、誰からも好印象を抱かれます。根が小心なので、大きなリスクを避け、波乱の少ない堅実な生活を選ぶでしょう。用心深さと遠慮がちな性格から、せっかくのチャンスを逃がさないよう注意。

き

外見は華やかで内面は寂しがり屋

黙っていても華があり、衆目を集めます。知力、体力ともにある、才色兼備型といえます。しかし、何でも自分の思い通りにしようとするため、孤立することも。にぎやかな交友の陰で寂しい思いを味わわないよう、広い心を。

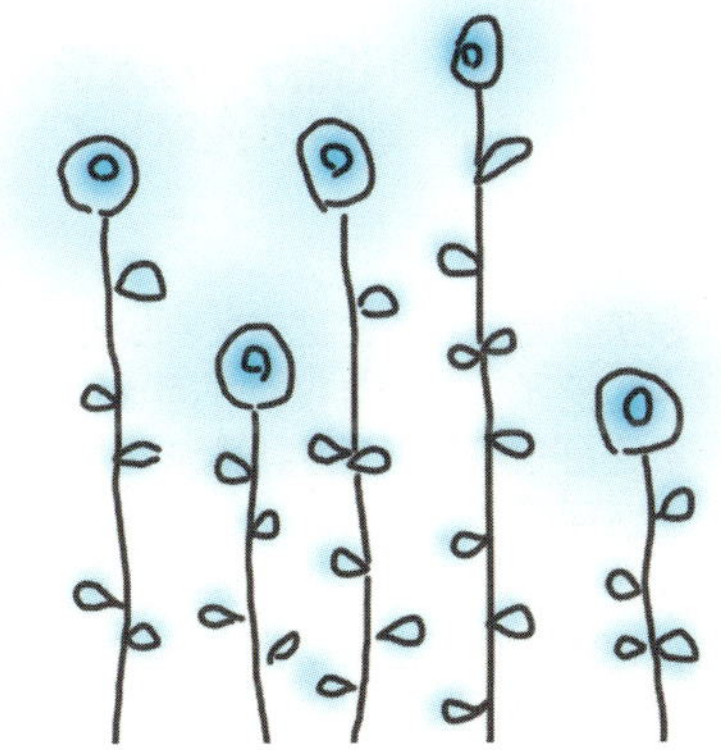

く

周囲の手を借り成功を収める

負けず嫌いで意志も強く、才気が光ります。社交性があるので、周りの人からの引き立てにより、目的を達成できます。飽きっぽい面ももっているため、「継続は力なり」を肝に銘じれば、道は開けるでしょう。

せ

野心が強く情熱的 波乱含みで成功も

意欲や知性に非凡さがうかがえ、さまざまなことに果敢に挑む、野心家タイプ。学業や仕事によい成績を上げる反面、高望みや自負がすぎると失敗することも。地道な努力を怠らなければ、安泰と幸運が訪れるでしょう。

さ

未知の土地で大きくはばたく

陽気で快活、華やかなことが好きです。向上心と実行力を備え、周囲のまとめ役として頼もしい存在となります。故郷を離れた土地で飛躍する暗示があり、明るささえ失わなければ、旺盛な独立心と自己アピールで成功します。

し

理解し合える心の交流を大切に

温厚な接し方で好感をもたれますが、内心は頑固で警戒心の強い人。少数の人との、長く深い交友を大事にし、誠実な関係を築きます。潜在能力はとても高いので、不満を抑えるよう心がければ、運気が上がるでしょう。

そ

温和な平和主義者 誰とでも仲よし

人を差別することなく、穏やかな友好の輪を発展させていきます。たまに八方美人と誤解される面もありますが、よく考え、慎重に対応することで、切り抜けられるでしょう。人との争いを好まないので、競技や競争にはやや不向き。

す

世話好きな人情家 散財に注意して

頼まれるとイヤとは言えないお人よしタイプ。損な役目が回ってくることも多そうです。気前のよさと派手好きから、ついつい散財しがち。「ノー」と言える意志をもち、細かなことに惑わされなければ、幸運が訪れるでしょう。

た 正義感を旗印に猪突猛進する

温和な印象とは裏腹に、走り出すと止まらない闘争心あふれる熱血タイプ。意欲もあり勤勉なので、仕事などでも成功を収めます。曲がったことが大嫌い。それゆえ衝突もありますが、恋愛となれば思い込んだら一途でしょう。

て 物事に真剣で交際もスマート

難題も一生懸命に取り組み、乗り越えられます。人当たりがよく、安定した対人関係が成功へのベースとなるでしょう。見栄を張ったり金遣いが荒くなったりすると、せっかくの努力が水の泡になるので、堅実さを忘れずに。

ち 知識や技術を身につけ大器晩成

手抜きをしない、志の高い人。探究心や知識欲にあふれ、高度な技術や知識を着実に身につけていきます。多少の山谷はあっても、それまで蓄えてきたことが、年齢を重ねるにつれて実を結び、経済的にも豊かになるでしょう。

と 配慮と根気が運勢を高める

冷静沈着で、根気強さも特長です。細かいところまで目が行き届き、忍耐力も強いので、消極的にさえならなければ、望みを叶えられるでしょう。用心深く人を観察する半面、気の多さが異性関係にトラブルを招きがち。

つ 協調性をもてば強気を生かせる

自我の強い人です。それが困難を克服する原動力になりますが、虚栄心や頑固さが強まると、対人関係でトラブルを生じ、独裁者と見られるケースも。人の意見に耳を貸すようにすれば、成功への道が開けるでしょう。

ぬ

少しの勇気で幸運を手にできる

知性が高く才能にも恵まれていながら、生来の消極性が潜在的なパワーを下げてしまうことがあります。ここぞというときには自分を叱咤激励し、迷わず踏ん張りましょう。目標への地道な努力が、大きな幸運を引き寄せます。

ね

和を重んじる家庭的なタイプ

争いを好まない優しい性質で、どんな人にも好かれます。家庭も円満で、力量のある上司や先輩に助けられる運勢です。同時に、万事に対し受け身なところがあるため、物事を中途半端で終わらせない、意志の強さを養いましょう。

な

常に前進あるのみ人一倍の努力家

何に対しても全身全霊で向かう、がんばり屋。他の人より一歩先のポジションを取ろうとする負けず嫌いでもあります。こうした全力疾走が成果をもたらす一方、短気で意地悪と見られてトラブルになることもあるので、用心して。

の

包容力がある冷静沈着な賢者

広い懐と視野をもち、情けにも厚いので慕われます。知恵と寛容さを備えたリーダー格ですが、それを利用しようとする人も現れるので注意。冷静さが表に出すぎると敬遠されたりしますが、総じて幸福な一生といえるでしょう。

に

責任感に満ちたサブリーダー

先頭で人を指揮するより、脇に控えて参謀になるほうが向いている性格です。思慮深く責任感があり、人望も集まるので、ブレーンとして能力を発揮できるでしょう。まれに起こす怠け心で、チャンスをふいにしないよう気をつけて。

へ 焦らず機を待てば晩年に運が開ける

いつでもどこでも、変わらぬ努力と慎重さが取り柄。経済観念にたけた倹約家でもあります。中年期まで苦労がありますが、目を背けず立ち向かえば不運は去り、年とともに恵まれた生活を送れるようになるでしょう。

は わが道を信じてすばやく行動する

思い立ったら即実行に移す、アクティブ派。社交性と積極性があり、自力で道を切り開き、成功へと導くでしょう。意志が強い半面、独りよがりな態度で家族や友人との間にヒビを入れるケースがあるので、ときには自重が必要です。

ほ クリエイティブな才能を発揮

創造力に裏打ちされた技術を獲得できます。派手なパフォーマンスこそないものの、日々の着実な研鑽が実を結びます。他者に心を許さない孤独な芸術家肌なので、人の輪を大事にすれば、さらなる幸福が期待できるでしょう。

ひ 強運に守護されて望む生活を手中に

あらゆる困難にくじけず、地道な努力を積んでいく信念の人。強い運気に守られ、物質、精神の両面で満足感を得られるでしょう。ただ、頑固が過ぎると、努力が報われず嘆く結果になるので、対人関係には配慮を。

ふ 理想の実現に全力を傾ける

勘が鋭く聡明。他人の言葉に影響されず選択に迷いがないので、交渉事はスムーズかつ有利に運べます。理想が高すぎるゆえの失敗も起こすため、持ち前の判断力に磨きをかけつつ、アクシデントを未然に防いでいきましょう。

ま　しゃれたトークで人気の中心に

頭の回転がよく、会話の冴えが周囲を引きつけます。才知におごらず、生来の誠実さで仕事に臨めば、確かな成果につながります。逆に、口先ばかりで努力をおろそかにすると、不遇な結果を招くので、気をつけましょう。

め　感情の安定を心がければ運気アップ

温和でやわらかな印象を与えながら、感情の起伏が激しい一面をもっています。悲観的にならず、その情熱的ともいえる内心のエネルギーを前向きに使えば、成功を収められるでしょう。ふだんから、勇気と平常心を心がけて。

み　美的才能も備えた明るい情熱家

楽しく明るくにぎやかな事柄を好み、その陽気さが仕事や家庭生活を充実させます。素直な裏表ない発言で好感をもたれる一方、軽はずみな言葉や陰口でトラブルを招くこともあります。「口は災いのもと」と自戒しましょう。

も　明るい性格で人脈を広げる

生来の社交性で人を魅了し、豊かなネットワークを築くでしょう。体も丈夫で精力的な仕事ぶり。能力への過信や情のもろさで、脇道にそれてしまうことがあるので注意。異性へのかたくななまでの一途さが、少々心配なところです。

む　おっとり見えながら精神的にはタフ

控えめで静かな印象ですが、一度決めたことは最後までやり遂げる芯の強さを秘めています。家族への愛情にも富んだ優しい人。謙虚は美徳ではありますが、慎重で思慮深くなるあまり、出遅れてしまうことがあるので注意して。

ら 財産も築ける世渡り上手

明晰な頭脳で、物事を有利に進められます。蓄財の手腕や才覚も豊富。ただし、気まぐれな態度が不誠実に思われ、寂しい晩年を送る可能性も。対人関係も誠意をモットーとすれば、心安らかに暮らせるでしょう。

や やり手といわれる聡明な実力派

時代のニーズをつかみ、精力的に行動します。見識も広く、物事をやり遂げる強い意志をもっていますが、わがままを通して問題を起こす可能性も。才気があるので、状況に応じて謙虚さを示し、失敗しないよう心がけましょう。

り さっぱりした明朗快活な性格

大勢の人に囲まれた、にぎやかな生活を好みます。明朗でくよくよしませんが、あまりに自分の方針に固執すると、敬遠されるケースも。交流は広く浅いタイプですが、協調性を備えていけば、実りあるつきあいが生まれるでしょう。

ゆ 優れた感性と先見の明をもつ

鋭い感受性で次の事態を予測し、成功を手にするでしょう。忍耐力をはぐくめば、どんな困難も克服できるでしょう。とはいえ、未知の分野への挑戦には保守的。思い込みが激しい面があるため、人の意見を聞くよう心がけて。

る おしとやかなおっとりタイプ

平凡であっても、心穏やかな生活を送りたいと願い、人を出し抜いたりしません。おとなしく誠実な人柄から、目上の人に助けられ、仕事運が上がります。ただし、依存心の強いところがあり、異性関係に悪影響を及ぼすことも。

よ 笑顔で周囲に幸福の種をまく

人のためになることは何でも喜んでやり、思いやりにあふれています。円満な性格ゆえに、人と人とをうまく取り持つまとめ役になれます。人徳と賢さで成功しますが、異性関係では、情の深さで思わぬ深みにはまる危うさも。

わ 気配りが財運を開花させる

精神的にも打たれ強く、頭のいい人。金銭面で抜群の才覚を発揮し、一生お金に困りません。こまやかな配慮で目的を達成しますが、物欲に走るしたたかな印象を与えがちなので、周りへの気遣いを常に心がけましょう。

れ 知恵と見識でブレーンになる

洞察力と実務の処理能力に優れ、リーダーの補佐役に適した知性派です。その優秀さに、周囲から嫉妬されることもありますが、人を許し受け入れる、おおらかな心があれば、未来は明るく開けるでしょう。

ん 回り道でもやがて確かな幸せが

派手さはなく、コツコツと努力を積むまじめな性格。他人にも優しいので、好かれこそすれ嫌われることはありません。自分の決めたことは簡単に変えず、遠回りもしますが、苦労のぶんだけ人生の花を咲かせることができるでしょう。

ろ 責任感が強く尊敬の対象に

人を束ね頂点に立つ才能があります。誠実で責任感が強く、指導者として能力を存分に生かせるでしょう。生涯、地位や財産に恵まれますが、自分のプライドにばかりこだわると、周囲に敬遠されることもあるので注意しましょう。

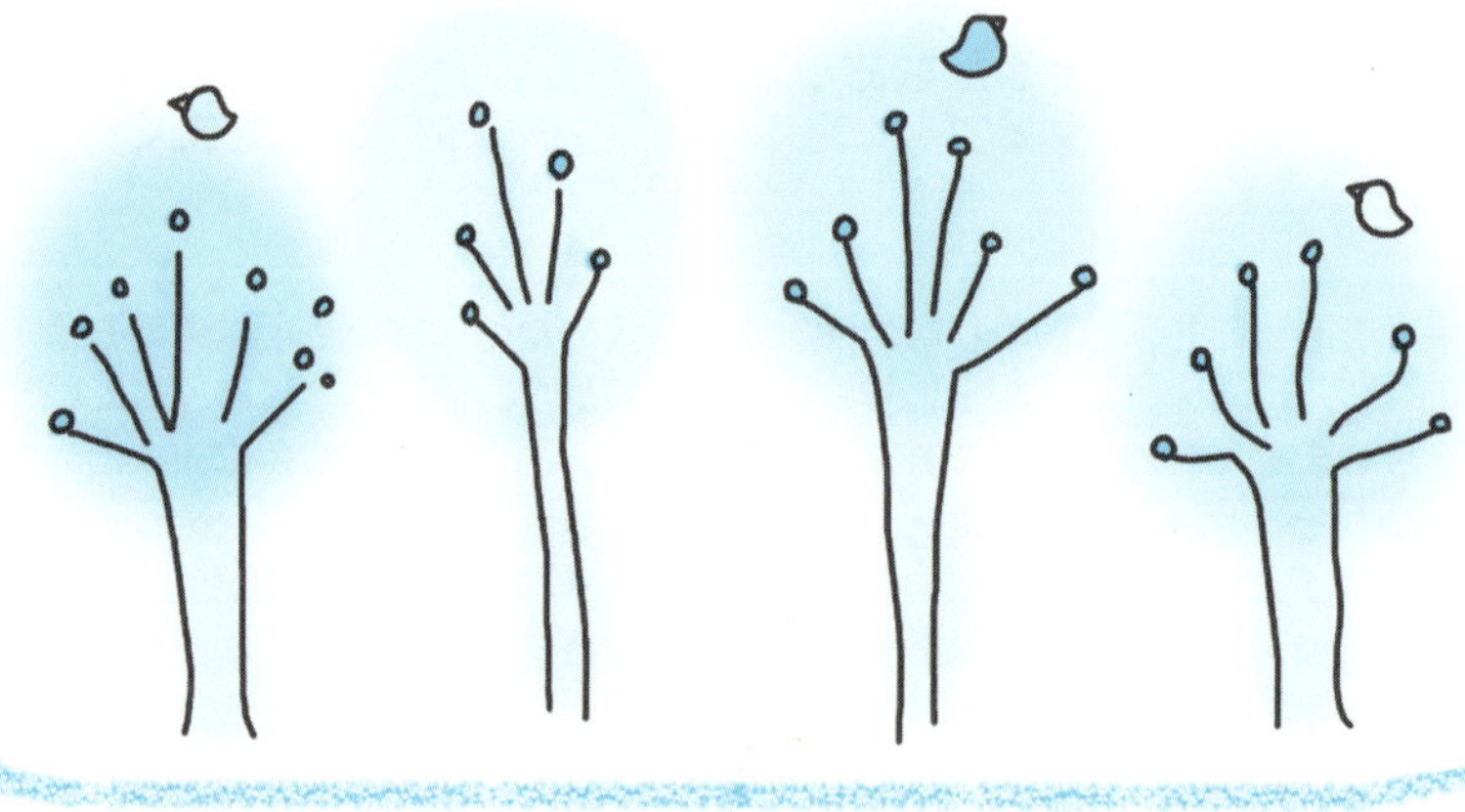

音から考える名前1200

音による名前例を1200種掲載しています。英語圏の人にもそのローマ字表記を読んでもらい、発音のしやすさをチェック！ 3段階で表し、よりわかりやすい欧文表記も考えてもらいました。世界の国々で、その音がもつ意味や、その名前があるかについても表示しています。名前を考える際の参考にしてください。

人気の名前10 クローズアップ

まずは、人気の名前を10ピックアップしました。人気の音を用いるなら、個性を出すには漢字の組み合わせを工夫することです。あなたの赤ちゃんにピッタリの名前はどれでしょうか。

72ページ以降の表の見方

※67〜71ページについても、見方は同様です

名前の実例

画数

名前 名前を音から引けるよう五十音順に並べています

有 6 樹 16 乃 2	晶 12 野 11	秋 9 埜 11★	亜 7 季 8 乃 2	明 8 乃 2	あきの Akino ●●○ 「あき」音に古風な「の」音を加えた、奥ゆかしい雰囲気の名前。Ⓢ近い音の女性名の愛称
24	23	20	17	10	

名前の欧文表記
基本はヘボン式のローマ字表記(48ページ参照)ですが、本書では英語圏の人に読んでもらい、より読みやすく覚えやすい表記のアイデアを出してもらいました。公式文書には使えませんが、英語圏の人とのやりとりには便利です。ヘボン式ローマ字から表記を変更しているものには*をつけています。

発音のしやすさ
英語圏の人にとっての発音のしやすさの目安
●●●…発音しやすく覚えやすい名前
●●○…やや発音しにくいが、慣れれば発音できる名前
●○○…英語圏の人にとって発音しにくいので、愛称を考えるなど工夫したほうがよいと思われる名前

地画(名の合計画数)
その人の人格を表し、出生から中年期までの運命を支配します。詳しくは357ページ参照

新人名漢字
新人名漢字には★をつけています

印象
音を中心にした名前の印象を解説

「印象」のところに出てくる以下の記号は、国名を表しています。本章に掲載した1200の名前を各国の人に読んでもらい、同じ音または似た音の名前や単語があるかを聞き、記号で示してあります。単語があるものについてはその意味も確認しながら、名づけの際の参考にしてください。

Ⓔ英語圏 Ⓕフランス Ⓓドイツ Ⓘイタリア Ⓢスペイン Ⓒ中国 Ⓚ韓国 Ⓡロシア Ⓖギリシャ Ⓑベトナム

<例>
Ⓔ女性名…英語圏に、同音の女性名があることを示します
Ⓕ近い音の女性名…フランス語に、似た音の女性名があることを示します
Ⓘ女性名の愛称…イタリア語に、同音の女性名の愛称があることを示します
Ⓢ友だち…スペイン語で「友だち」という意味になることを示します

人気の名前10 クローズアップ

ななみ

Nanami

可憐でやわらかい「な」と「み」の音で構成された、明るい響きをもつ、優しげな印象の名前

名前	画数	総画
奈波	8・8	16
奈々未	8・3・5	16
七箕	2・14★	16
七海	2・9	11
七美	2・9	11
那々美	7・3・9	19
菜々壬	11・3・4★	18
奈浪	8・10	18
那々実	7・3・8	18
南波	9・8	17
南々海	9・3・9	21
奈々海	8・3・9	20
菜並	11・8	19
菜波	11・8	19
奈々弥	8・3・8	19
撫々美	15★・3・9	27
那々魅	7・3・15	25
菜々美	11・3・9	23
名奈美	6・8・9	23
菜々実	11・3・8	22

人気の名前10 クローズアップ

あやか

Ayaka

美しくまとまった「あ行音」どうしが、明るくフレッシュな印象を与える、女の子らしく愛らしい名前

名前	画数	総画
純花	10・7	17
礼珂	5・9★	14
文華	4・10	14
朱伽	6・7	13
礼果	5・8	13
絢佳	12・8	20
彩香	11・9	20
絢花	12・7	19
彩佳	11・8	19
彩花	11・7	18
斐夏	12・10	22
絢華	12・10	22
綾花	14・7	21
彩華	11・10	21
彩夏	11・10	21
絢弥花	12・8・7	27
綾華	14・10	24
亜弥香	7・8・9	24
綾香	14・9	23
綾佳	14・8	22

★新人名漢字

人気の名前10 クローズアップ

ひな

Hina

●●○

小さく愛らしいものを称する「雛鳥」「雛人形」などを連想させる響き。風雅な音ながら、現代的な感覚をもつ名前

日4 南9 (13)	妃6 名6 (12)	比4 奈8 (12)	日4 奈8 (12)	比4 七2 (6)
毘9★ 那7 (16)	枇8★ 奈8 (16)	日4 棚11★ (15)	妃6 奈8 (14)	妃6 那7 (13)
琵12★ 那7 (19)	雛18 (18)	毘9★ 奈8 (17)	妃6 棚11★ (17)	飛9 那7 (16)
陽12 菜11 (23)	緋14 那7 (21)	陽12 南9 (21)	琵12★ 奈8 (20)	斐12 奈8 (20)

人気の名前10 クローズアップ

はるか

Haruka

●●○

明るく楽しげな印象の「か」音が、温かくやわらかな「はる」音に、弾むような余韻を添える

春9 香9 (18)	春9 佳8 (17)	春9 花7 (16)	遥12 (12)	悠11 (11)
遥12 佳8 (20)	陽12 花7 (19)	遥12 花7 (19)	悠11 佳8 (19)	悠11 花7 (18)
榛14 花7 (21)	晴12 香9 (21)	陽12 香9 (21)	遥12 香9 (21)	陽12 佳8 (20)
杷8★ 瑠14 花7 (29)	羽6 琉11 華10 (27)	榛14 夏10 (24)	晴12 夏10 (22)	陽12 夏10 (22)

英語圏の人にとっての発音のしやすさの目安　●●● しやすい　●●○ ややしにくい　●○○ しにくい

人気の名前10 クローズアップ

みく

Miku

●●●

個性的な響きのかわいい音どうしを組み合わせた、女の子らしい雰囲気をもつ名前。Ⓔ「おとなしい」に近い音

未5 玖7	巳3 紅9	弥8 久3	実8 久3	壬4★ 玖7
12	12	11	11	11
泉9 玖7	未5 紅9	壬4★ 紅9	未5 来7	美9 久3
16	14	13	12	12
美9 空8	海9 空8	弥8 紅9	実8 紅9	美9 来7
17	17	17	17	16
魅15 駈15★	瀰17 久3	深11 紅9	魅15 久3	美9 紅9
30	20	20	18	18

人気の名前10 クローズアップ

ほのか

Honoka

●●○

温かさと、「わずかに感じられる」の意味をもつ、まとまりのよい音。優しさに満ちた、女の子らしい響き

歩8 乃2 香9	歩8 乃2 佳8	帆6 乃2 華10	帆6 乃2 夏10	歩8 乃2 花7
19	18	18	18	17
保9 乃2 華10	圃10★ 乃2 佳8	保9 乃2 香9	補12 乃2 加5	保9 乃2 佳8
21	20	20	19	19
穂15 乃2 香9	穂15 乃2 佳8	葡12★ 乃2 香9	浦10 乃2 夏10	帆6 乃2 歌14
26	25	23	22	22
穂15 野11 香9	穂15 埜11★ 果8	圃10★ 野11 華10	保9 野11 河8	穂15 乃2 華10
35	34	31	28	27

★新人名漢字

人気の名前10 クローズアップ

ももか

Momoka

●●○

女の子らしい「もも」音と、可憐な「か」音の組み合わせ。明るくかわいらしい雰囲気に満ちた名前

百々香	6・3・9	18
桃花	10・7	17
百果	6・8	14
百佳	6・8	14
百花	6・7	13
桃香	10・9	19
茂々果	8・3・8	19
百々華	6・3・10	19
桃佳	10・8	18
茂々花	8・3・7	18
百々歌	6・3・14	23
百々樺	6・3・14	23
茂々華	8・3・10	21
桃華	10・10	20
百樺	6・14	20
萌々霞	11・3・17	31
萌々樺	11・3・14	28
茂々榎	8・3・14★	25
萌々夏	11・3・10	24
萌々香	11・3・9	23

人気の名前10 クローズアップ

みさき

Misaki

●●●

元気な印象と、女らしさを併せもつ響き。「み」音のやわらかさと、シャープな「さき」音がバランスよくなじむ

美埼	9・11★	20
深幸	11・8	19
美咲	9・9	18
未咲	5・9	14
岬	8	8
深福	11・13	24
美早紀	9・6・9	24
海佐希	9・7・7	23
美冴来	9・7・7	23
美沙希	9・7・7	23
美紗紀	9・10・9	28
海沙喜	9・7・12	28
深早紀	11・6・9	26
美咲希	9・9・7	25
魅咲	15・9	24
魅沙綺	15・7・14	36
美彩樹	9・11・16	36
深沙喜	11・7・12	30
操貴	16・12	28
深紗希	11・10・7	28

英語圏の人にとっての発音のしやすさの目安　●●● しやすい　●●○ ややしにくい　●○○ しにくい

音から考える

人気の名前10 クローズアップ ゆうか

Yuka

やわらかい響きの「ゆう」音を、明るく華やかな印象をもつ「か」音が受け止めた、元気な女の子を思わせる響き

名前(画数)	総画数
佑7 香9	16
由5 有6 加5	16
有6 香9	15
有6 果8	14
夕3 佳8	11
結12 花7	19
祐9 夏10	19
佑7 華10	17
柚9 花7	16
侑8 佳8	16
悠11 夏10	21
佑7 榎14★	21
結12 果8	20
悠11 香9	20
夕3 霞17	20
優17 霞17	34
優17 香9	26
釉12★ 榎14★	26
木4 綿14 花7	25
優17 花7	24

人気の名前10 クローズアップ ゆい

Yui

優しい響きの「ゆ」音と、控えめな「い」音が簡潔にまとまった、一途なひたむきさを秘める初々しい響き。Ⓕ8

名前(画数)	総画数
弓3 依8	11
由5 生5	10
夕3 伊6	9
夕3 衣6	9
由5	5
由5 依8	13
結12	12
有6 衣6	12
夕3 泉9	12
惟11	11
有6 維14	20
柚9 泉9	18
由5 泉9	14
弓3 惟11	14
佑7 衣6	13
優17 惟11	28
優17 衣6	23
優17 生5	22
佑7 維14	21
柚9 惟11	20

★新人名漢字

あい
Ai

●●○

やわらかく愛らしい音で、長く人気の音。Ⓒ女性名Ⓔ私、目Ⓓ卵Ⓢそこ Ⓚ子ども

亜7 伊6	13
亜7 衣6	13
愛13	13
亜7 唯11	18
藍18	18

あいか
Aika

●●○

愛らしくやわらかい「あい」音に、現代的な響きの止め字「か」を添えた、可憐な雰囲気の名前

娃9★ 花7	16
亜7 衣6 伽7	20
愛13 花7	20
亜7 以5 香9	21
愛13 佳8	21
愛13 珈9★	22
愛13 華10	23
藍18 加5	23
藍18 花7	25
藍18 夏10	28

あいこ
Aiko

●●○

人気の「あい」音を和風に。「日本のリトル・プリンセス」の名前として世界的に知られる

亜7 衣6 子3	16
愛13 子3	16
藍18 子3	21
亜7 以5 瑚13	25
愛13 瑚13	26

あいね
Ainee*

●●○

やわらかい「あい」音に添えた、和風の優しい「ね」音が、新鮮で個性的な響きをつくる

有6 以5 祢9★	20
亜7 衣6 音9	22
愛13 音9	22
愛13 峯10★	23
娃9★ 嶺17	26

あいみ
Aimi

●●○

「あい」音のもつ素直な愛らしさを、やわらかい「み」音が受け止め、効果的に生かす

娃9★ 美9	18
亜7 衣6 弥8	21
愛13 実8	21
愛13 美9	22
藍18 海9	27

あいら
Ira*

●●○

洋風のしゃれた響きをもつ「ら」を止め字に用いた、華麗な雰囲気を漂わせる名前

亜7 以5 良7	19
娃9★ 楽13	22
愛13 楽13	26
愛13 羅19	32
有6 依8 羅19	33

あいり
Iri*

●●○

かわいい「あい」音に涼やかな「り」音が、気品を添える。Ⓔアイリスの花、虹

亜7 以5 里7	19
愛13 李7	20
愛13 梨11	24
愛13 理11	24
藍18 里7	25

あいりん
Aileen*

●●●

エキゾチックな響きをもつ、新感覚の愛らしい名前。Ⓒ女性名Ⓔ近い音の女性名

愛13 琳12	25
亜7 伊6 鈴13	26
愛13 鈴13	26
愛13 凛15★	28
藍18 綸14	32

あえか
Aeka

●●○

新鮮な組み合わせの2音「あ」「え」に、可憐な止め字「か」を添えた、個性的な名前

有6 江6 華10	22
安6 英8 果8	22
亜7 江6 香9	22
亜7 瑛12 加5	24
亜7 恵10 佳8	25

あおい
Aoi

●●○

母音の連なりが、優しい温もりをもって響く。古くから愛されてきた植物「葵」と同音

葵12	12
亜7 央5 以5	17
青8 泉9	17
碧14 衣6	20
亜7 桜10 衣6	23

あおば
Aoba

●●○

みずみずしいイメージで、明るく活発な女の子を思わせる。新緑のすがすがしさも漂う

青8 芭7★	15
青8 葉12	20
蒼13 杷8★	21
碧14 波8	22
亜7 桜10 葉12	29

英語圏の人にとっての発音のしやすさの目安　●●●しやすい　●●○ややしにくい　●○○しにくい

あかね
Akané*

日本古来の色彩名「茜」と同音。伝統的な奥ゆかしさを秘めた、深い情趣が漂う

名前（画数）	総画
茜9	9
朱6 音9	15
茜9 音9	18
有6 華10 音9	25
亜7 香9 音9	25

あかり
Akari

控えめの優しい明るさを感じさせる響きで、ほっとする温もりや安心感に満ちた名前

名前（画数）	総画
灯6	6
朱6 里7	13
朱6 莉10	16
亜7 香9 里7	23
明8 璃15	23

あき
Aki

はっきりした音の連なりが、明るく快活に響く。Ⓒ女性名Ⓕだれに Ⓢここ

名前（画数）	総画
秋9	9
瑛12	12
晶12	12
安6 紀9	15
亜7 季8	15

あきえ
Aki-e

明朗な「あき」音に、安心感を与える止め字の「え」音を加えた、しっかりした印象の名前

名前（画数）	総画
秋9 枝8	17
瑛12 衣6	18
亜7 季8 江6	21
亜7 希7 恵10	24
亜7 紀9 絵12	28

あきか
Akika

明るく軽快な音で構成された、はつらつとしたイメージの名前。Ⓢ近い音の女性名の愛称

名前（画数）	総画
秋9 花7	16
明8 香9	17
秋9 果8	17
瑛12 夏10	22
亜7 季8 華10	25

あきこ
Akiko

明朗快活な「あき」音に、伝統的な止め字「こ」が落ちつきを添える。Ⓢ近い音の女性名の愛称

名前（画数）	総画
明8 子3	11
瑛12 子3	15
有6 季8 子3	17
亜7 希7 子3	17
明8 虹9	17
亜7 紀9 子3	19
明8 瑚13	21
顕18 子3	21
亜7 季8 湖12	27
娃9★ 輝15 子3	27

あきな
Akina

時代を問わず好まれる「あき」と、かわいい「な」の組み合わせ。Ⓢ近い音の女性名の愛称

名前（画数）	総画
秋9 奈8	17
明8 菜11	19
陽12 那7	19
晶12 奈8	20
有6 紀9 奈8	23

あきの
Akino

「あき」音に古風な「の」音を加えた、奥ゆかしい雰囲気の名前。Ⓢ近い音の女性名の愛称

名前（画数）	総画
明8 乃2	10
亜7 季8 乃2	17
秋9 埜11★	20
晶12 野11	23
有6 樹16 乃2	24

あきは
Akiha

長く人気の明るい「あき」音に、新感覚の止め字「は」を加えた、個性が光る名前

名前（画数）	総画
暁12 羽6	18
明8 琶12★	20
明8 葉12	20
秋9 葉12	21
亜7 埼11★ 波8	26

あきほ
Akiho

軽快な「あき」音に、優しい「ほ」音がよくなじみ、親しみやすい雰囲気を醸し出す

名前（画数）	総画
明8 歩8	16
暁12 帆6	18
秋9 葡12★	21
亜7 季8 歩8	23
秋9 穂15	24

あきみ
Akimi

やわらかい「み」音が、「あき」音のもつ、まっすぐで素直な響きを優しくまとめる

名前（画数）	総画
秋9 実8	17
晶12 実8	20
亜7 紀9 未5	21
暁12 海9	21
亜7 季8 美9	24

あきら
Akira

健康的で明朗な響きが、元気な女の子を思わせる。同音のアニメで、世界的にも有名

名前（画数）	総画
瑛12	12
晶12	12
亜7 希7 良7	21
爽11 楽13	24
亜7 季8 羅19	34

★新人名漢字

あぐり
Aguri

●●●

エキゾチックで個性的な響きをもつ。性別を越えた名前に。❶おめでとう

- 安[6]久[3]利[7] 16
- 阿[8]久[3]里[7] 18
- 吾[7]紅[9]里[7] 23
- 愛[13]来[7]莉[10] 30
- 愛[13]久[3]璃[15] 31

あけの
Akeno

●●○

控えめな「あけ」音と、古風な「の」音を組み合わせた、しっとりとした印象の名前

- 朱[6]乃[2] 8
- 明[8]乃[2] 10
- 有[6]華[10]乃[2] 18
- 明[8]野[11] 19
- 緋[14]埜[11★] 25

あげは
Ageha

●●○

美しい蝶の名称と同じ、艶やかな音。自然を愛し敬う、日本人の精神性にも通じる

- あ[3]げ[5]は[4] 12
- 上[3]葉[12] 15
- 揚[12]羽[6] 18
- 安[6]芸[7]波[8] 21
- 有[6]夏[10]葉[12] 28

あけみ
Akemi

●●○

「あけ」音のもつ控えめな輝きに、「み」音のやわらかさがよくなじむ、親しみ深い名前

- 朱[6]実[8] 14
- 明[8]海[9] 17
- 明[8]美[9] 17
- 暁[12]海[9] 21
- 緋[14]美[9] 23

あこ
Ako

●●●

五十音の最初の音「あ」と、伝統的な「こ」音の組み合わせ。簡潔なかわいらしさをもつ

- 亜[7]子[3] 10
- 娃[9★]仔[5★] 14
- 有[6]虹[9] 15
- 亜[7]湖[12] 19
- 阿[8]瑚[13] 21

あさえ
Asa-e

●○○

明るくさわやかな「あさ」音の特性を、「え」音がストレートな余韻に生かす

- 麻[11]衣[6] 17
- 朝[12]枝[8] 20
- 吾[7]早[6]枝[8] 21
- 麻[11]恵[10] 21
- 朝[12]栄[9] 21
- 娃[9★]沙[7]江[6] 22
- 安[6]沙[7]笑[10] 23
- 亜[7]紗[10]衣[6] 23
- 麻[11]瑛[12] 23
- 阿[8]佐[7]絵[12] 27

あさか
Asaka

●●○

スマートな響きの「あさ」に、「か」音を合わせ、女の子らしい可憐さを強調

- 麻[11]佳[8] 19
- 朝[12]香[9] 21
- 朝[12]夏[10] 22
- 亜[7]沙[7]華[10] 24
- 亜[7]紗[10]花[7] 24

あさき
Asaki

●●○

「あさ」のもつさわやかさに、「き」音のシャープさを加えた、知的な印象の響き

- 亜[7]咲[9] 16
- 麻[11]希[7] 18
- 亜[7]早[6]紀[9] 22
- 亜[7]沙[7]葵[12] 26
- 朝[12]輝[15] 27

あさこ
Asako

●●●

スマートな「あさ」音と、伝統的な止め字「こ」が、落ちつきのある聡明さを思わせる

- 麻[11]子[3] 14
- 朝[12]子[3] 15
- 亜[7]佐[7]子[3] 17
- 麻[11]瑚[13] 24
- 亜[7]冴[7]湖[12] 26

あさの
Asano

●●○

さわやかな「あさ」と和風情趣のある「の」音の組み合わせ。洗練された印象をもつ名前

- 麻[11]乃[2] 13
- 亜[7]沙[7]乃[2] 16
- 吾[7]咲[9]乃[2] 18
- 朝[12]野[11] 23
- 亜[7]紗[10]埜[11★] 28

あさひ
Asahi

●●●

光に満ちたイメージをもつ音。ビールのブランド名として、欧米でもよく知られる

- 旭[6] 6
- 朝[12]日[4] 16
- 安[6]沙[7]飛[9] 22
- 有[6]彩[11]妃[6] 23
- 亜[7]沙[7]緋[14] 28

あさみ
Asami

●●○

明るくさわやかな「あさ」音が、優しい「み」音を得て、より親しみやすい印象に

- 麻[11]美[9] 20
- 朝[12]美[9] 21
- 亜[7]沙[7]美[9] 23
- 有[6]咲[9]美[9] 24
- 安[6]紗[10]海[9] 25

あさよ
Asayo

●○○

軽やかな「あさ」音に、「よ」の止め字が落ちつきを与える、温和なイメージの名前

- 麻[11]世[5] 16
- 亜[7]沙[7]世[5] 19
- 有[6]紗[10]代[5] 21
- 麻[11]葉[12] 23
- 朝[12]葉[12] 24

英語圏の人にとっての発音のしやすさの目安　●●● しやすい　●●○ ややしにくい　●○○ しにくい

あすか
Aska*

はっきりした明るい3音のまとまりが、清々しく希望に満ちたイメージの響きをつくる

名前（画数）	総画
明8 日4 歌14	26
明8 日4 香9	21
飛9 鳥11	20
安6 寿7 花7	20
明8 日4 花7	19

あずさ
Azsa*

弓の材料となる樹木名と同じ優雅な音で、しなやかな強さと伝統的な気品を漂わせる

名前（画数）	総画
有6 瑞13 咲9	28
安6 寿7 紗10	23
亜7 寿7 冴7	21
亜7 寿7 沙7	21
梓11	11

あすな
Asuna

希望を感じさせる「あす」音と、愛らしい響きの止め字「な」の、やわらかな組み合わせ

名前（画数）	総画
明8 日4 菜11	23
安6 寿7 奈8	21
明8 日4 奈8	20
亜7 砂9	16
有6 沙7	13

あずな
Azna*

「あ行音」の中央に重みのある「ず」を置いた、現代的かつ粋な響きをもつ名前

名前（画数）	総画
有6 珠10 菜11	27
安6 純10 奈8	24
亜7 寿7 南9	23
吾7 寿7 名6	20
亜7 珠10 七2	19

あずみ
Azmee*

五十音の最初の音「あ」とやわらかい「み」に挟まれた「ず」音が、奥深さを感じさせる

名前（画数）	総画
安6 曇16	22
有6 寿7 美9	22
有6 澄15	21
亜7 泉9	16
安6 純10	16

あつき
Atsuki

深い落ちつきを感じさせる「あつ」音に、「き」音が聡明なキレのよさを添える

名前（画数）	総画
有6 都11 姫10	27
亜7 津9 季8	24
有6 津9 妃6	21
温12 妃6	18
亜7 月4	11

あつこ
Atsuko

「あつ」という穏やかな音に、伝統的な止め字「こ」を添えた、温かな印象の名前

名前（画数）	総画
有6 津9 瑚13	28
亜7 都11 子3	21
篤16 子3	19
敦12 子3	15
温12 子3	15

あづさ
Azusa

和風の趣のなかにも、はつらつとした明るさを感じさせる、バランスのよい名前

名前（画数）	総画
亜7 津9 咲9	25
亜7 津9 沙7	23
亜7 津9 早6	22
安6 津9 沙7	22
梓11	11

あつの
Atsuno

「あつ」音のもつ落ちついた雰囲気に、古風な止め字「の」がなじみ、なめらかに響く

名前（画数）	総画
厚9 野11	20
亜7 都11 乃2	20
篤16 乃2	18
斡14★ 乃2	16
淳11 乃2	13

あつみ
Atsumi

親しみやすさを感じさせる音で構成。優しい人となりに通じる、温かさに満ちた名前

名前（画数）	総画
篤16 美9	25
亜7 津9 泉9	25
安6 津9 弥8	23
温12 美9	21
純10 実8	18

あづみ
Azmee*

日本的な奥ゆかしさを漂わせる響きをもつ。多用されていない「づ」音の個性が光る

名前（画数）	総画
阿8 鶴21 美9	38
愛13 積16	29
亜7 都11 実8	26
亜7 津9 海9	25
安6 摘14	20

あなみ
Anami

やわらかな3音の新鮮な組み合わせが、まろやかに響く。女の子らしく愛らしい名前

名前（画数）	総画
安6 菜11 美9	26
有6 南9 美9	24
亜7 那7 未5	19
阿8 波8	16
有6 波8	14

★新人名漢字

あめり
Ameri

●●●

耳新しい組み合わせが、個性的でエキゾチックに響く、新感覚の名前。ⒻⓈ女性名

名前	総画
亜7 萌11 璃15	33
有6 芽8 梨11	25
亜7 芽8 利7	22
天4 璃15	19
天4 莉10	14

あや
Aya

●●○

「あ」の明るさを「や」がしなやかに受けた、かわいく艶のある名前。Ⓒ女性名Ⓢブナ

名前	総画
亜7 椰13	20
亜7 耶9	16
綾14	14
絢12	12
彩11	11

あやこ
Ayako

●●○

艶やかな「あや」音に、伝統的な止め字「こ」を続けた、和風の趣を感じさせる名前

名前	総画
絢12 子3	15
亜7 矢5 子3	15
彩11 子3	14
紋10 子3	13
文4 子3	7
亜7 耶9 湖12	28
彩11 湖12	23
亜7 弥8 子3	18
有6 耶9 子3	18
綾14 子3	17

あやせ
Ayase

●○○

かわいらしさが人気の2音「あや」に添えた、新感覚の止め字「せ」が、個性を演出

名前	総画
綾14 瀬19	33
綾14 世5	19
絢12 世5	17
亜7 矢5 世5	17
彩11 世5	16

あやな
Ayana

●●○

古典調の愛らしさをもつ「あや」音に、現代的な止め字「な」を合わせた、新鮮な響き

名前	総画
綾14 菜11	25
亜7 矢5 菜11	23
絢12 奈8	20
彩11 奈8	19
采8 名6	14

あやね
Ayane

●○○

長く好まれる2音「あや」に、和風の止め字「ね」。古色を帯びた響きがかえって新感覚

名前	総画
綾14 音9	23
絢12 祢9★	21
亜7 矢5 音9	21
彩11 祢9★	20
彩11 音9	20

あにか
Anika

●●●

個性的な響きで、印象に残りやすい。プロゴルファー名としても有名。Ⓢ女性名

名前	総画
安6 似7 華10	23
阿8 仁4 香9	21
亜7 似7 花7	21
有6 似7 花7	20
亜7 仁4 茄8	19

あまぎ
Amagi

●●○

やわらかい「あ」と「ま」を「ぎ」音がまとめ、古風で落ちついた印象に。「天城峠」のイメージも

名前	総画
亜7 麻11 輝15	33
安6 真10 貴12	28
安6 満12 希7	25
海9 葵12	21
天4 城9	13

あまね
Amané*

●●○

古語「あまねし」は「すべてに行き渡る」の意。しっとりとしたロマンチックな余韻を残す名前

名前	総画
亜7 麻11 音9	27
有6 真10 祢9★	25
海9 峯10★	19
天4 音9	13
周8	8

あみ
Ami

●●●

簡潔な明るさと柔軟性を感じさせる、かわいらしい音。Ⓒ女性名Ⓕ友だち

名前	総画
娃9★ 美9	18
亜7 美9	16
亜7 実8	15
亜7 未5	12
安6 未5	11

あみい
Ami

●○○

明朗な「あみ」音に「い」が流れを添える、愛称のようなかわいさをもつ。Ⓒ女性名Ⓕ友だち

名前	総画
亜7 美9 泉9	25
阿8 美9 伊6	23
亜7 未5 唯11	23
亜7 美9 衣6	22
安6 未5 以5	16

あみこ
Amiko

●●○

快活なイメージの「あみ」音に、伝統的な止め字「こ」で、たおやかな和風の魅力をプラス

名前	総画
亜7 泉9 子3	19
亜7 海9 子3	19
吾7 美9 子3	19
亜7 実8 子3	18
有6 美9 子3	18
亜7 美9 瑚13	29
安6 未5 湖12	23
娃9★ 美9 子3	21
阿8 美9 子3	20
有6 望11 子3	20

英語圏の人にとっての発音のしやすさの目安　●●● しやすい　●●○ ややしにくい　●○○ しにくい

あゆか
Ayuka

鮎[16]夏[10]	亜[7]由[5]歌[14]	安[6]悠[11]伽[7]	亜[7]友[4]華[10]	歩[8]果[8]
26	26	24	21	16

生き生きとした2音「あゆ」に、明るい「か」音を加えた、元気な女の子を思わせる名前

あやの
Ayano

朱[6]埜[11]★	綾[14]乃[2]	彩[11]乃[2]	亜[7]也[3]乃[2]	礼[5]乃[2]
17	16	13	12	7

控えめな止め字「の」でまとめられた、しっとりとした和風の艶を感じさせる名前

あゆこ
Ayuko

歩[8]湖[12]	鮎[16]子[3]	有[6]柚[9]子[3]	亜[7]佑[7]子[3]	歩[8]子[3]
20	19	18	17	11

「こ」がつくる控えめな響きのなかに、「あゆ」音のしなやかな生命力を秘める名前

あやは
Ayaha

有[6]弥[8]葉[12]	亜[7]耶[9]波[8]	朱[6]葉[12]	彩[11]羽[6]	文[4]葉[12]
26	24	18	17	16

艶のあるかわいらしさをもつ「あや」に、現代的な止め字「は」を添えた、快活な印象の名前

あゆな
Ayuna

有[6]裕[12]奈[8]	鮎[16]那[7]	亜[7]由[5]菜[11]	歩[8]菜[11]	歩[8]南[9]
26	23	23	19	17

はつらつとした音が人気の「あゆ」と、かわいい「な」音の組み合わせが、新鮮に響く

あやほ
Ayaho

綾[14]穂[15]	亜[7]矢[5]穂[15]	絢[12]歩[8]	彩[11]保[9]	彩[11]帆[6]
29	27	20	20	17

優しい「ほ」音を得て、かわいい「あや」音が、静かな落ちつきを醸し出す

あゆみ
Ayumi

亜[7]夕[3]実[8]	歩[8]美[9]	歩[8]実[8]	有[6]弓[3]	歩[8]
18	17	16	9	8
有[6]柚[9]実[8]	亜[7]由[5]美[9]	鮎[16]水[4]	有[6]由[5]美[9]	歩[8]望[11]
23	21	20	20	19

やわらかく愛らしい3音がなじんだ、女の子らしさを感じさせる名前。「歩み」と同音

あやみ
Ayami

亜[7]弥[8]美[9]	綾[14]美[9]	亜[7]也[3]実[8]	絢[12]水[4]	彩[11]未[5]
24	23	18	16	16

愛らしい「あや」音に添えた「み」音の柔軟性が、生き生きとしなやかな魅力を放つ

あやめ
Ayame

菖[11]蒲[13]★	有[6]耶[9]芽[8]	彩[11]芽[8]	絢[12]女[3]	菖[11]
24	23	19	15	11

美女の代名詞ともされる、艶やかな花の名と同音。大和撫子を思わせる響きが愛らしい

あゆむ
Ayumu

鮎[16]夢[13]	亜[7]夕[3]夢[13]	歩[8]夢[13]	歩[8]睦[13]	歩[8]
29	23	21	21	8

人気の2音「あゆ」に続く、強い意志を秘めた「む」音が個性的。「歩む」と同音

あゆ
Ayu

亜[7]悠[11]	阿[8]柚[9]	鮎[16]	有[6]由[5]	歩[8]
18	17	16	11	8

日本人に愛される香魚の名前でもあり、弾けるような若々しさを思わせる。Ⓒ女性名

あゆり
Ayuri

安[6]悠[11]梨[11]	鮎[16]里[7]	亜[7]夕[3]莉[10]	有[6]百[6]合[6]	歩[8]李[7]
28	23	20	18	15

かわいらしい音で人気の高い「あゆ」に、「り」の涼しげな音が新鮮な個性を添える

★新人名漢字

ありえ
Arié*

●●○

しゃれた響きの「あり」音と、安心感を与える止め字「え」の組み合わせ。Ⓕ結びつき

表記	画数	総画
有恵	6・10	16
有絵	6・12	18
亜里江	7・7・6	20
有里絵	6・7・12	25
亜理恵	7・11・10	28

ありか
Arika

●●○

華やかで新鮮な響き。「在り処」と同音で、雅語的なイメージも併せもつ

表記	画数	総画
在花	6・7	13
有華	6・10	16
亜李香	7・7・9	23
安梨花	6・11・7	24
亜莉珈	7・10・9★	26

ありさ
Arisa

●●●

明るくさわやかな3音で構成された名前。モダンでしゃれたイメージの響きをもつ

表記	画数	総画
有沙	6・7	13
有咲	6・9	15
亜莉沙	7・10・7	24
亜理沙	7・11・7	25
安璃咲	6・15・9	30

ありす
Alice*

●●●

上品で女の子らしい名前。童話の主人公名としても有名。Ⓔ女性名、貴族Ⓘ女性名

表記	画数	総画
有寿	6・7	13
有栖	6・10★	16
亜里寿	7・7・7	21
亜梨栖	7・11・10★	28
亜莉須	7・10・12	29

ありな
Arena*

●●●

明るく清涼感をもつ音どうしの、多用されていない組み合わせが、新鮮な響きをつくる

表記	画数	総画
有奈	6・8	14
有菜	6・11	17
安里菜	6・7・11	24
亜理奈	7・11・8	26
亜璃那	7・15・7	29

あん
Ann*

●●●

簡潔で愛らしい響き。Ⓔ女性名Ⓚ姓Ⓕ近い音の女性名、1Ⓓ近い音の女性名Ⓑ安らかな

表記	画数	総画
安	6	6
杏	7	7
按	9★	9
晏	10	10
庵	11★	11

あんじゅ
Anju

●●●

モダンさと、「山椒太夫」伝説・安寿姫の古風な印象を併せもつ。Ⓒ女性名Ⓕ天使

表記	画数	総画
安寿	6・7	13
杏珠	7・10	17
晏寿	10・7	17
庵寿	11★・7	18
杏樹	7・16	23

あんな
Anna

●●●

弾む「あん」音に、明るい「な」音がかわいらしい。ⒺⒻⒾⓀⒸ女性名ⒹⓈ近い音の女性名

表記	画数	総画
安那	6・7	13
安奈	6・8	14
杏奈	7・8	15
安菜	6・11	17
杏菜	7・11	18

あんり
Anri

●●●

軽やかな「あん」音と、涼しげな「り」音の、洗練された響きをもつ名前。Ⓒ女性名Ⓕ男性名

表記	画数	総画
安里	6・7	13
安莉	6・10	16
杏梨	7・11	18
杏理	7・11	18
安璃	6・15	21

いおな
Iona

●●●

控えめの穏やかな音で構成された名前。繊細で神秘的な響きが、印象に残りやすい

表記	画数	総画
衣央菜	6・5・11	22
唯央那	11・5・7	23
伊於菜	6・8・11	25
伊緒奈	6・14・8	28
衣穂那	6・15・7	28

いおり
Iori

●●○

同音の日本語「庵」から、閑居を味わい楽しむ、日本人の精神性と情趣を感じさせる

表記	画数	総画
いおり	2・4・2	8
庵	11★	11
衣織	6・18	24
泉央梨	9・5・11	25
衣織里	6・18・7	31

いく
Equ*

●●○

穏やかな「い」音と、親しみやすい「く」音の簡潔な組み合わせ。素直な印象をもつ名前

表記	画数	総画
育	8	8
伊久	6・3	9
郁	9	9
衣玖	6・7	13
泉紅	9・9	18

英語圏の人にとっての発音のしやすさの目安　●●●しやすい　●●○ややしにくい　●○○しにくい

いさみ
Isami

●●●

明るい「いさ」音に「み」が続き、さわやかさとやわらかさを併せもつ響きをつくる

伊(6)佐(7)美(9)	22
衣(6)咲(9)実(8)	23
伊(6)砂(9)海(9)	24
伊(6)紗(10)実(8)	24
泉(9)冴(7)美(9)	25

いすず
Isuzu

●●●

かわいらしい「すず」音を含みながら、大人びた知性も秘めた、古風な響きの名前

伊(6)寿(7)々(3)	16
衣(6)紗(10)	16
五(4)十(2)鈴(13)	19
依(8)涼(11)	19
泉(9)鈴(13)	22

いずみ
Izumi

●●●

「泉」と同じ、みずみずしい清楚なイメージの音。濁音が適度な重みをプラス

泉(9)	9
和(8)泉(9)	17
泉(9)美(9)	18
伊(6)豆(7)海(9)	22
衣(6)瑞(13)美(9)	28

いせな
Isena

●●○

和風の繊細な「いせ」音に、かわいい音で人気の止め字「な」を合わせた、個性的な名前

衣(6)世(5)那(7)	18
唯(11)世(5)奈(8)	24
伊(6)勢(13)菜(11)	30
衣(6)瀬(19)奈(8)	33
泉(9)聖(13)菜(11)	33

いそね
Isoné*

●●○

古風な情趣を感じさせる「いそ」と「ね」、両音を合わせた、静かな古典文学調の響き

衣(6)曽(11)★音(9)	26
磯(17)音(9)	26
磯(17)祢(9)★	26
磯(17)峯(10)★	27
伊(6)楚(13)★音(9)	28

いちか
Ichika

●●○

新鮮な音のなかに、スマートな知性と凛としたかわいらしさを、バランスよく内包する

一(1)花(7)	8
一(1)歌(14)	15
泉(9)千(3)花(7)	19
衣(6)知(8)佳(8)	22
依(8)智(12)香(9)	29

いくえ
Iku-e

●○○

「いく」音の明るく元気なイメージに、「え」音がほどよい落ちつきをプラス

郁(9)江(6)	15
育(8)枝(8)	16
郁(9)恵(10)	19
育(8)瑛(12)	20
衣(6)玖(7)絵(12)	25

いくこ
Ikuko

●●○

まっすぐな「いく」音を、「こ」の落ちつきが支えた、健やかな成長を思わせる響き

育(8)子(3)	11
衣(6)久(3)子(3)	12
郁(9)子(3)	12
泉(9)久(3)子(3)	15
伊(6)紅(9)子(3)	18

いくの
Ikuno

●●○

ともに落ちつきのある「いく」音と「の」音の組み合わせが、和風の奥ゆかしさを思わせる

育(8)乃(2)	10
郁(9)乃(2)	11
育(8)埜(11)★	19
衣(6)久(3)埜(11)★	20
唯(11)久(3)野(11)	25

いくみ
Ikumi

●●○

はつらつとした印象と落ちつきを併せもつ「いく」音を、「み」音が優しくまとめ上げる

育(8)実(8)	16
育(8)美(9)	17
郁(9)実(8)	17
郁(9)美(9)	18
唯(11)久(3)未(5)	19

いこ
Iko

●●●

伝統的な止め字「こ」を用いた簡潔な響きのなかに、「い」音の知性が光る個性的な名前

衣(6)子(3)	9
依(8)子(3)	11
泉(9)子(3)	12
伊(6)湖(12)	18
泉(9)瑚(13)	22

いさえ
Isa-e

●○○

知的でさわやかな「いさ」音に、慎重さを感じさせる「え」音が、バランスよくなじむ

泉(9)冴(7)	16
衣(6)沙(7)江(6)	19
伊(6)咲(9)枝(8)	23
衣(6)砂(9)恵(10)	25
泉(9)紗(10)枝(8)	27

いさこ
Isako

●●○

「いさ」音の爽快な明るさに、「こ」音の重みが加わった、温厚な落ちつきを醸し出す名前

沙(7)子(3)	10
以(5)早(6)子(3)	14
衣(6)早(6)子(3)	15
伊(6)佐(7)子(3)	16
依(8)砂(9)子(3)	20

★新人名漢字

いちこ
Ichiko

●●○

伝統的な穏やかさをもつ止め字「こ」が、「いち」音のもつかわいらしさを強調する

漢字（画数）	総画
一1 瑚13	14
伊6 知8 子3	17
泉9 茅8 子3	20
衣6 智12 子3	21
依8 智12 子3	23

いちご
Ichigo

●●○

世界各地で広く愛される果実名と同音。なじみ深く、かわいい響きで印象に残りやすい

漢字（画数）	総画
苺8★	8
一1 瑚13	14
一1 檎17★	18
壱7 瑚13	20
伊6 知8 冴7	21

いちる
Ichiru

●●○

「一本の細糸」の雅語的表現と同音。かわいい「いち」音を、「る」音がキレよくまとめる

漢字（画数）	総画
一1 琉11	12
一1 瑠14	15
壱7 琉11	18
衣6 知8 留10	24
伊6 智12 留10	28

いつき
Itsuki

●○○

控えめの「い」音に、はっきりした「つ」「き」が続き、より効果的に明るく響く

漢字（画数）	総画
一1 祈8	9
伊6 月4	10
逸11 季8	19
逸11 姫10	21
衣6 津9 希7	22

いつこ
Itsuko

●○○

なじみ深い3音が、多用されない組み合わせで、親しみを感じさせつつも新鮮に響く

漢字（画数）	総画
一1 子3	4
乙1 子3	4
伊6 都11 子3	20
逸11 瑚13	24
衣6 鶴21 子3	30

いづみ
Izumi

●●○

清楚な響きのなかにも、中心となる重めの「づ」音の存在が、芯の強さを思わせる

漢字（画数）	総画
伊6 津9 美9	24
衣6 津9 美9	24
伊6 都11 美9	26
泉9 津9 美9	27
唯11 都11 未5	27

いと
Ito

●●●

繊細さをはじめ、多様なたとえに用いられる「糸」と同音。古風な魅力が光る名前

漢字（画数）	総画
糸6	6
絃11	11
綸14	14
衣6 登12	18
泉9 都11	20

いとえ
Ito-e

●●○

多様なイメージを秘める古風な「いと」音を、「え」音が静かにまとめた、穏やかな響き

漢字（画数）	総画
糸6 重9	15
糸6 恵10	16
絃11 江6	17
糸6 絵12	18
綸14 枝8	22

いのり
Inori

●●○

「祈り」と同音。ストレートに敬虔な印象を与え、慈しみや思いやりの心を感じさせる

漢字（画数）	総画
祈8	8
伊6 乃2 里7	15
衣6 乃2 理11	19
祈8 璃15	23
唯11 乃2 莉10	23

いぶき
Ibuki

●●●

呼吸、または比喩的に生命をも意味する「息吹」と同じ、秘めた可能性を思わせる音

漢字（画数）	総画
伊6 吹7	13
依8 吹7	15
伊6 芙7 紀9	22
伊6 蕗16	22
衣6 舞15 姫10	31

いほせ
Ihose

●●○

優しい3音を個性的に組み合わせた、和風の響きをもつ名前。Ⓢ男性名(ホセ)

漢字（画数）	総画
伊6 歩8 世5	19
伊6 保9 世5	20
泉9 歩8 聖13	30
伊6 帆6 瀬19	31
伊6 保9 瀬19	34

いほみ
Ihomi

●●○

やわらかい音の止め字「み」が、「いほ」という個性的な音に、親しみやすさをプラス

漢字（画数）	総画
衣6 歩8 未5	19
伊6 帆6 海9	21
衣6 歩8 見7	21
伊6 歩8 実8	22
衣6 歩8 実8	22
伊6 保9 泉9	24
伊6 保9 美9	24
衣6 保9 美9	24
伊6 穂15 実8	29
依8 穂15 美9	32

英語圏の人にとっての発音のしやすさの目安　●●● しやすい　●●○ ややしにくい　●○○ しにくい

いまり
Imari

古風で優雅な雰囲気を漂わせつつ、新鮮に響く名前。磁器の名称としても知られる

名前（画数）	総画数
伊6 万3 里7	16
伊6 毬11	17
衣6 茉8 莉10	24
依8 茉8 莉10	26
衣6 麻11 理11	28

いよ
Iyo

控えめな「い」音と温和な「よ」音が、簡潔かつ優しくまとまった名前。Ⓢ私

名前（画数）	総画数
伊6 予4	10
伊6 世5	11
伊6 代5	11
泉9 世5	14
唯11 予4	15

いりあ
Iria

2つの母音「い」「あ」が、「り」音の清涼感を際立たせる。Ⓢ女性名Ⓕ〜がある

名前（画数）	総画数
伊6 利7 亜7	20
依8 里7 阿8	23
衣6 梨11 亜7	24
依8 梨11 阿8	27
伊6 璃15 亜7	28

いりさ
Irrisa*

知的な「い」音と、さわやかな「り」「さ」音を組み合わせた、新鮮でスマートな印象の名前

名前（画数）	総画数
伊6 里7 沙7	20
依8 里7 佐7	22
衣6 理11 沙7	24
伊6 理11 紗10	27
伊6 璃15 砂9	30

いりな
Irena*

人気の止め字「な」に、多用されない2音「いり」を合わせた、フレッシュな響き

名前（画数）	総画数
入2 奈8	10
入2 菜11	13
伊6 里7 菜11	24
伊6 理11 那7	24
衣6 梨11 奈8	25

いろは
Iroha

日本の古典「いろは歌」から、風流で奥ゆかしいイメージと、親しみを感じさせる

名前（画数）	総画数
色6 羽6	12
色6 芭7★	13
衣6 芦7★ 巴4	17
彩11 羽6	17
彩11 芭7★	18
色6 葉12	18
衣6 呂7 羽6	19
伊6 呂7 波8	21
彩11 葉12	23
伊6 路13 芭7★	26

う【U】

ういな
Uina

「初々しい」を思わせる可憐な「うい」音に、「な」音を添えて愛らしさを強調

名前（画数）	総画数
初7 那7	14
初7 南9	16
卯5 衣6 那7	18
初7 菜11	18
羽6 衣6 奈8	20

うしお
Ushio

「海水」の別名でもある。控えめな音のなかに、大自然の力強さを感じさせる名前

名前（画数）	総画数
有6 汐6	12
潮15	15
宇6 潮15	21
羽6 紫12 央5	23
有6 志7 緒14	27

うたえ
Utae

古典的、文芸的な響きの「うた」音に「え」音がなじんだ、親しみやすく素直な印象の名前

名前（画数）	総画数
詩13 江6	19
唄10 恵10	20
羽6 多6 恵10	22
歌14 枝8	22
唱11 絵12	23

うたこ
Utako

「和歌」も意味する風雅な「うた」に、伝統的な止め字の「こ」を添えた、格調高い響きの名前

名前（画数）	総画数
唄10 子3	13
卯5 多6 子3	14
羽6 多6 子3	15
詩13 子3	16
歌14 子3	17

うたよ
Utayo

粋な和風の音をもつ「うた」に、「よ」音が落ちつきを加えた、艶のある風流な響き

名前（画数）	総画数
羽6 多6 世5	17
詠12 代5	17
詩13 世5	18
歌14 世5	19
歌14 代5	19

★新人名漢字

うてな
Utena

●●○

同音で「御殿」の意味ももつ。エキゾチックな音ながら古風でもあり、耳になじみよく響く

う 2 て 2 な 5	9
卯 5 手 4 奈 8	17
羽 6 天 4 奈 8	18
卯 5 手 4 菜 11	20
佑 7 手 4 菜 11	22

うの
Uno

●●●

やわらかい2音を簡潔にまとめた、スピード感のある新感覚の名前。ⒾⓈ1Ⓓ国連

う 2 の 1	3
卯 5 乃 2	7
羽 6 乃 2	8
卯 5 埜 11★	16
羽 6 野 11	17

うみ
Umi

●●●

ストレートに「海」を連想させる、ゆったりとした魅力に満ちた響き。Ⓚ女性名

海 9	9
有 6 未 5	11
羽 6 実 8	14
海 9 未 5	14
羽 6 美 9	15

うみえ
Umie

●●○

「うみ」のロマンチックな響きを、「え」音が寄り添うように支えた、優しい印象の名前

海 9 江 6	15
海 9 映 9	18
海 9 恵 10	19
海 9 瑛 12	21
羽 6 美 9 絵 12	27

うみの
Umino

●●○

しっとりと落ちつきのある「の」音が、「うみ」音を受け止め、やわらかくまとめた名前

海 9 乃 2	11
有 6 未 5 乃 2	13
卯 5 美 9 乃 2	16
羽 6 実 8 乃 2	16
海 9 埜 11★	20

うみほ
Umiho

●●○

ともにやわらかい「う」「み」の音に、優しい「ほ」を合わせた、女の子らしい響き

海 9 帆 6	15
羽 6 未 5 歩 8	19
海 9 浦 10	19
海 9 葡 12★	21
海 9 穂 15	24

うめか
Umeka

●●○

古くから愛される花名「うめ」の音に、「か」の止め字を添え、現代的な華やかさをプラス

梅 10 花 7	17
梅 10 香 9	19
梅 10 華 10	20
羽 6 芽 8 果 8	22
梅 10 歌 14	24

うらら
Urara

●●○

「うららか」に端を発するかわいい音。個性的で、晴れやかな明るさを放つ名前

卯 5 良 7 々 3	15
宇 6 良 7 々 3	16
麗 19	19
卯 5 羅 19 々 3	27
羽 6 羅 19 々 3	28

えいか
Eika

●●○

「えい」音のもつシャープな流れを、人気の止め字「か」が華やかな響きにまとめる

英 8 香 9	17
映 9 佳 8	17
永 5 泉 9 花 7	21
瑛 12 華 10	22
詠 12 歌 14	26

えいこ
Eiko

●●●

さわやかな流れをもつ「えい」に「こ」が落ちつきを添えた、聡明な響きの名前。Ⓔドングリ

永 5 子 3	8
英 8 子 3	11
映 9 子 3	12
栄 9 子 3	12
江 6 伊 6 子 3	15
瑛 12 子 3	15
詠 12 子 3	15
恵 10 衣 6 子 3	19
絵 12 以 5 子 3	20
映 9 湖 12	21

英語圏の人にとっての発音のしやすさの目安　●●●しやすい　●●○ややしにくい　●○○しにくい

えいみ
Amy*

親しみやすい止め字「み」を使ったまとまりのよい名前。ⒺⒻ近い音の女性名

名前	画数	総画
永実	5・8	13
英美	8・9	17
映泉	9・9	18
瑛海	12・9	21
詠美	12・9	21

えこ
Eko

安心感のある簡潔な音。Ⓒ女性名Ⓔ生態学、こだまⓈこだまⒻⒹ環境Ⓘここに

名前	画数	総画
依子	8・3	11
恵子	10・3	13
笑子	10・3	13
永虹	5・9	14
恵瑚	10・13	23

えつ
Etsu

素直な「え」音が、しっかりした「つ」の音を引き立てる、まじめで前向きな印象の響き

名前	画数	総画
悦	10	10
江津	6・9	15
恵津	10・9	19
絵津	12・9	21
瑛都	12・11	23

えつこ
Etsuko

元気なイメージをもつ「えつ」音と、女の子らしい「こ」音で、かわいらしさを強調

名前	画数	総画
悦子	10・3	13
永津子	5・9・3	17
江都子	6・11・3	20
恵津子	10・9・3	22
悦湖	10・12	22

えつよ
Etsuyo

明るい「えつ」音に、和風の深みと艶をもつ「よ」音を合わせた、バランスのよい名前

名前	画数	総画
悦世	10・5	15
悦代	10・5	15
悦葉	10・12	22
枝都世	8・11・5	24
恵津代	10・9・5	24

えとな
Etona

穏やかな3音で構成された、優しくエキゾチックな響きの個性的な名前。Ⓕすばらしい

名前	画数	総画
江都奈	6・11・8	25
絵斗菜	12・4・11	27
恵都奈	10・11・8	29
恵登那	10・12・7	29
絵都名	12・11・6	29

えな
Ena

洋風のしゃれた響きが明るく、かわいらしい。ⒻⓀⒸ女性名Ⓕ国立行政学院

名前	画数	総画
映南	9・9	18
恵奈	10・8	18
笑奈	10・8	18
枝菜	8・11	19
瑛那	12・7	19

えなみ
Enami

親しみやすい3音の、多用されていない組み合わせ。やわらかく新鮮なイメージで響く

名前	画数	総画
絵波	12・8	20
江那海	6・7・9	22
枝奈美	8・8・9	25
恵奈泉	10・8・9	27
恵菜美	10・11・9	30

えま
Emma*

控えめな気品と優しさを感じさせる、簡潔な音。ⒺⒹⒾⒸ女性名Ⓕ近い音の女性名

名前	画数	総画
江麻	6・11	17
恵茉	10・8	18
枝満	8・12	20
恵真	10・10	20
恵麻	10・11	21
笑満	10・12	22
瑛真	12・10	22
絵真	12・10	22
瑛麻	12・11	23
絵麻	12・11	23

えみ
Emmy*

明るくかわいらしい響きで、なじみの深い名前。ⒻⒹⒸ女性名Ⓔ近い音の女性名

名前	画数	総画
衣美	6・9	15
枝実	8・8	16
映泉	9・9	18
恵美	10・9	19
瑛美	12・9	21

えみい
Emmy*

やわらかい「えみ」音に「い」音の流れを添えた、親しみやすい響き。ⒻⒹ女性名

名前	画数	総画
江美伊	6・9・6	21
永美唯	5・9・11	25
恵美衣	10・9・6	25
瑛美伊	12・9・6	27
愛美衣	13・9・6	28

えみか
Emmyka*

かわいい音が長く人気の「えみ」に、可憐な響きの「か」を添えた、現代的な印象の名前

名前	画数	総画
江見佳	6・7・8	21
恵美加	10・9・5	24
枝美果	8・9・8	25
永海歌	5・9・14	28
絵美花	12・9・7	28

★新人名漢字

えりか
Erica*
●●●

ラテン語の植物名と同じ、明るくかわいらしい響きで、長く好まれる。ⒻⒹⓈⒾ女性名

枝(8) 梨(11) 香(9)	28
枝(8) 梨(11) 花(7)	26
江(6) 梨(11) 香(9)	26
江(6) 里(7) 佳(8)	21
江(6) 里(7) 加(5)	18
絵(12) 李(7) 歌(14)	33
詠(12) 里(7) 歌(14)	33
恵(10) 理(11) 佳(8)	29
絵(12) 里(7) 香(9)	28
映(9) 梨(11) 果(8)	28

えみこ
Emiko
●●●

ともになじみの深い「えみ」音と「こ」音が、明るく素直な女の子を思わせる響きをつくる

映(9) 美(9) 湖(12)	30
絵(12) 美(9) 子(3)	24
絵(12) 実(8) 子(3)	23
恵(10) 美(9) 子(3)	22
江(6) 美(9) 子(3)	18

えみり
Emily*
●●●

人気の「えみ」音に涼しげな「り」音を添えた、洋風の響き。ⒺⒻⒹ女性名Ⓘ近い音の女性名

恵(10) 美(9) 理(11)	30
恵(10) 美(9) 梨(11)	30
江(6) 美(9) 璃(15)	30
瑛(12) 美(9) 里(7)	28
枝(8) 美(9) 梨(11)	28

えりこ
Eriko
●●●

「えり」の清らかな響きと、伝統的な止め字「こ」音の、純粋で美しい組み合わせ

恵(10) 理(11) 子(3)	24
絵(12) 里(7) 子(3)	22
英(8) 理(11) 子(3)	22
江(6) 梨(11) 子(3)	20
江(6) 里(7) 子(3)	16

えみる
Emil*
●●●

快活な「えみ」音を「る」音がすっきりとまとめた名前。Ⓓ男性名Ⓔ近い音の男性名

絵(12) 美(9) 瑠(14)	35
恵(10) 美(9) 留(10)	29
映(9) 美(9) 琉(11)	29
枝(8) 実(8) 留(10)	26
江(6) 未(5) 瑠(14)	25

えりさ
Elisa*
●●●

明るくかわいい「えり」音と、スマートな「さ」音の組み合わせ。ⒻⓈ女性名

絵(12) 理(11) 佐(7)	30
江(6) 璃(15) 砂(9)	30
絵(12) 莉(10) 沙(7)	29
恵(10) 理(11) 沙(7)	28
枝(8) 里(7) 紗(10)	25

えむ
Em*
●●●

簡潔でまとまりがよく、愛称のように呼びやすい音。Ⓕ女性名の愛称Ⓔ弟、妹

慧(15) 夢(13)	28
絵(12) 夢(13)	25
詠(12) 夢(13)	25
恵(10) 夢(13)	23
え(3) む(4)	7

えりな
Erina
●●●

清楚な「えり」音に、明るい「な」を加え、かわいらしさをアピール。ⒻⒾ女性名

絵(12) 莉(10) 奈(8)	30
瑛(12) 里(7) 菜(11)	30
絵(12) 理(11) 名(6)	29
恵(10) 里(7) 奈(8)	25
江(6) 莉(10) 奈(8)	24

えり
Eri
●●●

優しく清涼感のある2音が、清楚な印象を与える。ⒻⓀⒸ女性名Ⓔ近い音の女性名

絵(12) 梨(11)	23
恵(10) 理(11)	21
江(6) 璃(15)	21
恵(10) 莉(10)	20
絵(12) 里(7)	19

える
El*
●●●

素直な「え」音と明るく愛らしい「る」音が、活発そうな響きをつくる。Ⓕ彼女、翼

愛(13) 瑠(14)	27
絵(12) 瑠(14)	26
瑛(12) 琉(11)	23
恵(10) 留(10)	20
依(8) 琉(11)	19

えりい
Ellie*
●●●

長く人気の「えり」音に同系の母音「い」を添え、余韻をもたせて。ⒺⒻⒸ女性名

枝(8) 理(11) 唯(11)	30
恵(10) 梨(11) 衣(6)	27
絵(12) 里(7) 衣(6)	25
恵(10) 李(7) 衣(6)	23
江(6) 里(7) 伊(6)	19

えるざ
Elza*
●●●

明るく元気な「える」音となじむ、止め字「ざ」の個性が光る。ⒺⒻⒹ女性名

瑛(12) 瑠(14) 紗(10)	36
絵(12) 琉(11) 沙(7)	30
恵(10) 留(10) 砂(9)	29
枝(8) 留(10) 咲(9)	27
江(6) 留(10) 砂(9)	25

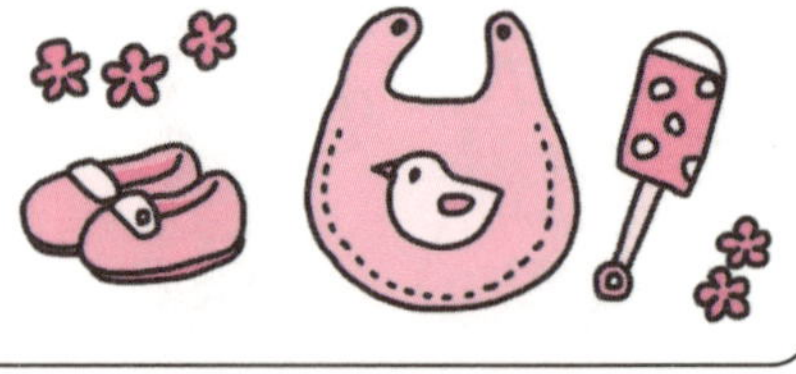

英語圏の人にとっての発音のしやすさの目安　●●●しやすい　●●○ややしにくい　●○○しにくい

えるな
Elna*
●●●

やわらかい止め字「な」が、「える」音のかわいらしさを全面に。Ⓕ女性名Ⓔ近い音の女性名

表記	画数
江[6]瑠[14]那[7]	27
枝[8]瑠[14]奈[8]	30
恵[10]留[10]菜[11]	31
瑛[12]琉[11]奈[8]	31
絵[12]瑠[14]名[6]	32

えれな
Erena
●●●

大人びた「れ」音が、やわらかいまとまりに華麗な響きをつくる。ⒻⓈ女性名

表記	画数
江[6]玲[9]菜[11]	26
映[9]玲[9]南[9]	27
恵[10]玲[9]奈[8]	27
絵[12]怜[8]奈[8]	28
恵[10]麗[19]奈[8]	37

えれん
Ellen*
●●●

「れん」のもつスピード感を、素直な「え」音が効果的に生かした名前。ⒺⒸ女性名

表記	画数
英[8]恋[10]	18
恵[10]恋[10]	20
映[9]漣[14★]	23
恵[10]蓮[13]	23
瑛[12]蓮[13]	25

おぎこ
Ogiko
●○○

優麗な花穂が愛される「荻」と同じ音に、「こ」を合わせた、伝統美を漂わせる響き

表記	画数
お[4]ぎ[6]子[3]	13
荻[10★]子[3]	13
荻[10★]仔[5★]	15
荻[10★]湖[12]	22
荻[10★]瑚[13]	23

おきの
Okino
●●○

古風で上品な響きに、「き」音がしなやかなアクセントを加えた、印象的な名前

表記	画数
お[4]き[4]の[1]	9
沖[7]乃[2]	9
沖[7]埜[11★]	18
桜[10]妃[6]乃[2]	18
緒[14]希[7]乃[2]	23

おと
Otto*
●●●

簡潔でありながら古典的な雰囲気をもつ響き。優雅でしとやかなイメージの名前

表記	画数
乙[1]	1
音[9]	9
於[8]都[11]	19
緒[14]音[9]	23
緒[14]登[12]	26

おとえ
Oto-e
●○○

穏やかな音どうしを組み合わせた、しっとりした和風情緒を感じさせる名前

表記	画数
乙[1]恵[10]	11
乙[1]絵[12]	13
音[9]江[6]	15
音[9]枝[8]	17
緒[14]都[11]江[6]	31

おとか
Otoka
●●○

しとやかな響きをもつ「おと」と、明るい「か」が、女の子らしい可憐な印象をつくり出す

表記	画数
乙[1]花[7]	8
乙[1]佳[8]	9
乙[1]香[9]	10
音[9]花[7]	16
央[5]都[11]夏[10]	26

おとは
Otoha
●●○

「おと」という和風のたおやかさをもつ音に、新感覚の止め字「は」で軽やかさを演出

表記	画数
乙[1]羽[6]	7
乙[1]葉[12]	13
音[9]芭[7★]	16
音[9]葉[12]	21
央[5]都[11]葉[12]	28

おとめ
Otome
●●○

雅語的に「少女」を意味する、清純で初々しいイメージをまとう名前。Ⓕ「秋」に近い音

表記	画数
乙[1]女[3]	4
お[4]と[2]め[2]	8
乙[1]芽[8]	9
音[9]芽[8]	17
桜[10]斗[4]芽[8]	22

おりえ
Ori-ye*
●○○

優しく素直な印象を与える響きの名前。Ⓕ近い音の女性名Ⓔ「東洋」に近い音

表記	画数
織[18]江[6]	24
於[8]里[7]恵[10]	25
央[5]璃[15]江[6]	26
織[18]恵[10]	28
緒[14]理[11]恵[10]	35

おりか
Orica*
●●●

清楚なイメージの「おり」音に、明るい響きで人気の止め字「か」を添え、快活さをプラス

表記	画数
織[18]佳[8]	26
織[18]香[9]	27
桜[10]里[7]歌[14]	31
織[18]歌[14]	32
緒[14]璃[15]夏[10]	39

★新人名漢字

おりな
Orina

●●●

織18 奈8	26
桜10 梨11 名6	27
緒14 里7 奈8	29
織18 菜11	29
緒14 璃15 那7	36

ともに愛らしい音の「おり」と「な」の、新鮮な組み合わせ。初々しいイメージの名前。Ⓕ女性名

おりは
Oriha

●●○

織18 羽6	24
織18 杷8★	26
織18 葉12	30
緒14 莉10 琶12★	36
緒14 梨11 葉12	37

優しい「おり」に、新感覚の止め字「は」を加えた、フレッシュな魅力を感じさせる響き

おりほ
Oriho

●●○

央5 莉10 保9	24
織18 歩8	26
於8 里7 穂15	30
織18 穂15	33
緒14 梨11 保9	34

ともにしとやかな「おり」と「ほ」を合わせた、大和撫子にも通じる新感覚の名前

かいら
Caira*

●●●

カ2 イ2 ラ2	6
花7 伊6 良7	20
海9 羅19	28
華10 伊6 楽13	29
香9 衣6 羅19	34

「かい」というキレのよい音に、華麗な響きをもつ「ら」を続けた、新感覚の名前

かえ
Kae

●●●

加5 枝8	13
花7 恵10	17
香9 枝8	17
歌14 江6	20
夏10 絵12	22

「か」音のもつ華やかさと、「え」音のもつ安定感が、バランスのよい簡潔な響きをつくる

かえこ
Kaeko

●○○

華10 永5 子3	18
夏10 衣6 子3	19
花7 恵10 子3	20
香9 枝8 子3	20
香9 瑛12 子3	24

伝統的な止め字「こ」の落ちつきが、明るく優しい2音「か」「え」の特性を全面にアピール

かえで
Kaedé*

●○○

か3 え3 で4	10
楓13	13
夏10 枝8 出5	23
香9 恵10 出5	24
華10 絵12 手4	26

秋に美しく紅葉する高木と同音。深い情趣を含む、しとやかで気品のある響きをもつ

かえら
Caera*

●●○

加5 江6 良7	18
佳8 恵10 良7	25
海9 恵10 良7	26
花7 枝8 羅19	34
香9 枝8 羅19	36

華やかな音に挟まれた「え」音が、素直な落ちつきを加えた、バランスのよい名前

かお
Kao

●●●

夏10 央5	15
華10 於8	18
香9 桜10	19
果8 緒14	22
香9 緒14	23

静かな「お」音が、はっきりした「か」音を生かした、明るい名前。シャープな印象も

かおこ
Kaoko

●●○

花7 央5 子3	15
夏10 央5 子3	18
香9 桜10 子3	22
佳8 緒14 子3	25
華10 緒14 子3	27

明るい「か」と「こ」で穏やかな母音「お」を挟んだ、個性的なかわいらしい響き

かおり
Kaori

●●○

香9	9
花7 央5 莉10	22
花7 桜10 里7	24
香9 央5 理11	25
花7 於8 梨11	26
香9 桜10 里7	26
華10 音9 里7	26
香9 織18	27
歌14 織18	32
果8 緒14 梨11	33

「香り」と同音のなじみ深い音。清楚なかわいらしさをもつ、女の子らしい名前

英語圏の人にとっての発音のしやすさの目安　●●● しやすい　●●○ ややしにくい　●○○ しにくい

かおる
Kaoru
●●○

「か」の明るさを、「お」「る」が包み込むようにまとめた、快活で収まりのよい名前

夏10 織18	28
馨20	20
薫16	16
香9	9
郁9	9

かおるこ
Kaoruko
●○○

かわいい音で人気の名前「かおる」に加えた「こ」音の一拍が、格調高い響きをつくる

夏10 織18 子3	31
香9 織18 子3	30
馨20 子3	23
薫16 子3	19
香9 子3	12

かこ
Kako
●●○

「か行」のはっきりした音を重ねながらも、愛称的な親しみやすさを感じさせる名前

華10 瑚13	23
花7 湖12	19
夏10 子3	13
佳8 子3	11
伽7 子3	10

かさね
Kasané*
●●○

奥深く、風雅な響きをもつ、和風情趣に富んだ名前。Ⓔ近い音の女性名

歌14 沙7 音9	30
夏10 紗10 音9	29
佳8 沙7 音9	24
花7 沙7 祢9★	23
笠11★ 音9	20

かず
Kaz*
●●●

明るさとやわらかな重みをもつ音を組み合わせた、素直な女の子を思わせる名前

歌14 鶴21	35
花7 瑞13	20
和8 津9	17
和8	8
か3 ず5	8

かずえ
Kazué*
●○○

「え」の素直な音が、「かず」音の特性を生かした、聡明で落ちついたイメージの名前

嘉14 寿7 絵12	33
和8 絵12	20
和8 江6	14
一1 恵10	11
一1 枝8	9

かずき
Kazki*
●●●

懐かしさをもつ「かず」音に、シャープな「き」音を合わせた、意志の強さを感じさせる名前

夏10 寿7 妃6	23
和8 喜12	20
和8 葵12	20
和8 希7	15
一1 希7	8

かずこ
Kazko*
●●●

知的な「かず」音に伝統的な止め字「こ」を合わせた、なじみ深く安心感のある名前

果8 鶴21 子3	32
夏10 瑞13 子3	26
加5 寿7 子3	15
一1 瑚13	14
和8 子3	11

かずさ
Kazsa*
●●○

「か」音の明るさ、「ず」音のやわらかさ、「さ」音のさわやかさのバランスが絶妙

香9 瑞13 砂9	31
和8 彩11	19
和8 咲9	17
和8 砂9	17
一1 紗10	11

かずな
Kazna*
●●●

なじみ深い「かず」音に、かわいい音で人気の「な」を添えた、現代的な感覚の名前

華10 瑞13 奈8	31
和8 南9	17
和8 奈8	16
和8 那7	15
一1 菜11	12

かずね
Kazuné*
●●○

静かな「かず」音に、古風な響きの「ね」を加えた、和風情趣漂う新感覚の名前

華10 寿7 祢9★	26
和8 津9 音9	26
和8 音9	17
か3 ず5 ね4	12
一1 音9	10

かずは
Kazuha
●●○

「かず」のもつ落ちついた雰囲気に、「は」音が若々しい明るさと軽やかさをプラス

夏10 瑞13 波8	31
和8 葉12	20
和8 羽6	14
一1 葉12	13
一1 巴4	5

★新人名漢字

かすみ
Kasumi
●●○

「薄雲」を意味する音で、優しく風流に響く。豊かな自然の力を秘め、軽やかな印象ももつ

名前	画数	総画
霞	17	17
加寿美	5・7・9	21
佳澄	8・15	23
香澄	9・15	24
夏澄	10・15	25

かずみ
Kazumi
●●○

落ちついた印象の「かず」音に、やわらかい「み」音がなじんだ、優しい雰囲気の名前

名前	画数	総画
一泉	1・9	10
一美	1・9	10
和実	8・8	16
和美	8・9	17
華寿美	10・7・9	26

かずよ
Kazuyo
●●○

耳なじみのよい「かず」音に、「よ」という温和な音の止め字を添えた、ほっとする響き

名前	画数	総画
一葉	1・12	13
和代	8・5	13
加寿代	5・7・5	17
和葉	8・12	20
歌津代	14・9・5	28

かずら
Kazura
●●○

繊細ななかにも強さを秘める「つる草」と同音。日本的な風情を秘めた名前

名前	画数	総画
一羅	1・19	20
果寿良	8・7・7	22
和螺	8・17★	25
和羅	8・19	27
香津楽	9・9・13	31

かつき
Katsuki
●●○

それぞれ主張性の強い、はっきりした3音をリズムよく連ねた、元気で勢いのある名前

名前	画数	総画
花月	7・4	11
果月	8・4	12
香月	9・4	13
歌月	14・4	18
夏都希	10・11・7	28

かづき
Kazki*
●●○

前向きな強さを秘める「か」と「き」を、クラシカルな「づ」音が抑えた、バランスのよい名前

名前	画数	総画
佳月	8・4	12
華月	10・4	14
果津希	8・9・7	24
香津妃	9・9・6	24
夏都希	10・11・7	28

かつみ
Katsumi
●●○

しっかりとした「かつ」音と、やわらかい「み」音、強さと優しさを併せもつ名前

名前	画数	総画
克美	7・9	16
花摘	7・14	21
加津美	5・9・9	23
夏都未	10・11・5	26
香津海	9・9・9	27

かづみ
Kazumi
●●○

なじみ深い響きのなかの、多用されていない「づ」音が、詩的な個性を光らせる

名前	画数	総画
香摘	9・14	23
花津海	7・9・9	25
香積	9・16	25
夏津美	10・9・9	28
歌都実	14・11・8	33

かづよ
Kazuyo
●○○

落ちついた響きの名前に、クラシカルな「づ」音が、さらに大人びた個性をプラス

名前	画数	総画
佳津代	8・9・5	22
花都代	7・11・5	23
夏津世	10・9・5	24
香都世	9・11・5	25
華鶴世	10・21・5	36

かな
Kana
●●●

ともに元気で明るい印象をもつ音の組み合わせが、快活に響く。Ⓚ Ⓒ女性名

名前	画数	総画
佳那	8・7	15
香奈	9・8	17
夏奈	10・8	18
果菜	8・11	19
華菜	10・11	21

かなえ
Kana-e
●●○

「かな」という楽しげな音と、「え」音の親しみやすさがよくなじんだ、愛らしい名前

名前	画数	総画
花苗	7・8	15
叶絵	5・12	17
加菜恵	5・11・10	26
香奈重	9・8・9	26
夏奈絵	10・8・12	30

かなこ
Kanako
●●●

明るい「か」「な」の連なりを、落ちつきのある「こ」が締め、リズミカルに響く

名前	画数	総画
奏子	9・3	12
可那子	5・7・3	15
加奈子	5・8・3	16
可南子	5・9・3	17
果南子	8・9・3	20
香南子	9・9・3	21
耶南子	9・9・3	21
夏奈子	10・8・3	21
華南子	10・9・3	22
香菜子	9・11・3	23

英語圏の人にとっての発音のしやすさの目安　●●● しやすい　●●○ ややしにくい　●○○ しにくい

かほ
Kaho

●●●

「か」音の可憐さと、優しい止め字「ほ」が、おとなしく女の子らしい余韻を残す

名前	画数	総画
華穂	10・15	25
佳穂	8・15	23
夏歩	10・8	18
果歩	8・8	16
香帆	9・6	15

かなみ
Kanami

●●○

活発そうな「かな」音と、素直でやわらかい「み」音の、バランスのよい組み合わせ

名前	画数	総画
夏南美	10・9・9	28
可奈美	5・8・9	22
夏波	10・8	18
奏美	9・9	18
叶美	5・9	14

かほこ
Kahoko

●●○

穏やかなかわいらしさをもつ2音「かほ」に「こ」音を添え、和風の伝統色をプラス

名前	画数	総画
香穂子	9・15・3	27
可穂子	5・15・3	23
佳保子	8・9・3	20
夏帆子	10・6・3	19
果歩子	8・8・3	19

かなよ
Kanayo

●●○

「かな」音のもつ快活な響きを、古風な落ちつきをもった「よ」音が美しくまとめる

名前	画数	総画
夏南葉	10・9・12	31
佳奈代	8・8・5	21
花那代	7・7・5	19
可奈世	5・8・5	18
奏世	9・5	14

かほり
Kahori

●●○

清楚な響きで長く好まれる「かおり」に、古語的な「ほ」音を活用し、個性を光らせて

名前	画数	総画
佳保梨	8・9・11	28
夏帆莉	10・6・10	26
花圃★里	7・10・7	24
果歩利	8・8・7	23
花保里	7・9・7	23
嘉保里	14・9・7	30
華帆浬★	10・6・10	26
歌歩里	14・8・7	29
香保理	9・9・11	29
花穂里	7・15・7	29

かなん
Kanan

●●○

明るいかわいらしさを含む「かな」音を、「ん」音が受けた、新感覚の名前。Ⓒ女性名

名前	画数	総画
夏楠	10・13	23
夏南	10・9	19
佳南	8・9	17
花南	7・9	16
可南	5・9	14

かねこ
Kaneko

●●○

はっきりした「か」「こ」で、和風の優しさをもつ「ね」音を挟んだ、懐かしげな雰囲気の名前

名前	画数	総画
歌音子	14・9・3	26
佳峰子	8・10・3	21
果音子	8・9・3	20
花音子	7・9・3	19
兼子	10・3	13

かや
Kaya

●●○

可憐な「か」音を「や」音が優しく受け止めた、和風情趣あふれる名前。Ⓒ女性名

名前	画数	総画
香埜★	9・11	20
果弥	8・8	16
佳弥	8・8	16
佳矢	8・5	13
佳也	8・3	11

かの
Kano

●●●

可憐な「か」音に「の」を合わせた、和風情趣漂う名前。大人びた音がかえって愛らしい

名前	画数	総画
夏野	10・11	21
歌乃	14・2	16
香乃	9・2	11
果乃	8・2	10
佳乃	8・2	10

かやこ
Kayako

●○○

親しみ深い2音「かや」に、伝統的な「こ」音を加え、和風のかわいらしさをアピール

名前	画数	総画
華矢子	10・5・3	18
夏也子	10・3・3	16
萱★子	12・3	15
珂★也子	9・3・3	15
茅子	8・3	11

かのこ
Kanoko

●●○

日本人の「かわいい」感覚の原点ともいえる、小さな白い水玉模様「鹿の子」と同音

名前	画数	総画
香埜★子	9・11・3	23
花埜★子	7・11・3	21
香乃子	9・2・3	14
佳乃子	8・2・3	13
叶子	5・3	8

かのん
Kanon

●●●

気品のある可憐な響きが好まれる、新感覚の名前のひとつ。Ⓓカノン(楽曲名)Ⓖ規範

名前	画数	総画
歌音	14・9	23
果音	8・9	17
佳音	8・9	17
花音	7・9	16
かのん	3・1・2	6

★新人名漢字

かりな
Karina
●●●
詩情を感じさせる「かり」に人気の「な」を添え、個性的な愛らしさを演出。ⒻⓈ女性名

香9 梨11 奈8	28
佳8 理11 奈8	27
花7 里7 奈8	22
可5 梨11 名6	22
加5 里7 奈8	20

かりん
Karin
●●●
芳香のある果実と同音。明るさと涼やかな弾みをもって響く。Ⓕ「愛らしい」に近い音

花7 綸14	21
華10 倫10	20
香9 梨11	20
花7 梨11	18
果8 林8	16
夏10 鈴13	23
香9 鈴13	22
佳8 綸14	22
花7 凛15★	22
伽7 綸14	21

かるな
Karuna
●●○
軽やかなイメージでまとめた、多用されていない音の組み合わせが、新鮮で印象的

珂9★ 瑠14 南9	32
香9 瑠14 奈8	31
香9 留10 菜11	30
夏10 琉11 奈8	29
花7 琉11 奈8	26

かれん
Karen
●●●
そのまま「可憐」さを思わせる、収まりのよい響きの名前。ⒺⒸ女性名

華10 蓮13	23
香9 蓮13	22
可5 憐16★	21
夏10 恋10	20
花7 恋10	17

かんな
Kan-na
●●●
色鮮やかで華麗なラテン語の花名と同音。響き自体も弾む音を含み、華やかで美しい

環17 奈8	25
寛13 菜11	24
栞10 菜11	21
柑9★ 南9	18
柑9★ 奈8	17

かやな
Kayana
●○○
優しい「な」音が、「かや」の古風な響きから、女の子らしいイメージを引き出す

夏10 耶9 名6	25
香9 矢5 菜11	25
萱12★ 奈8	20
加5 矢5 奈8	18
茅8 奈8	16

かやの
Kayano
●○○
和風の「かや」音と、しとやかな「の」音の組み合わせが、静かな情趣を感じさせる

香9 也3 野11	23
夏10 矢5 乃2	17
果8 矢5 乃2	15
珈9★ 也3 乃2	14
茅8 乃2	10

かよ
Kayo
●●○
温もりのあるかわいい音の組み合わせで、ノスタルジックな響きをもつ。Ⓚ歌謡

夏10 葉12	22
香9 代5	14
佳8 代5	13
花7 世5	12
加5 代5	10

かよこ
Kayoko
●○○
なじみ深い「かよ」に、伝統的な止め字「こ」を添えた、かわいく懐かしい響き

香9 世5 子3	17
佳8 代5 子3	16
可5 世5 子3	13
加5 代5 子3	13
加5 世5 子3	13
夏10 葉12 子3	25
歌14 代5 子3	22
夏10 洋9 子3	22
香9 夜8 子3	20
可5 葉12 子3	20

かよみ
Kayomi
●○○
やわらかい「み」音が、ノスタルジックな「かよ」音のもつ温もりを、優しく包み込む

香9 葉12 美9	30
歌14 代5 美9	28
夏10 洋9 美9	28
佳8 世5 実8	21
加5 世5 美9	19

かり
Kari
●●●
渡り鳥「雁」と同じ音で、詩的な印象をもつ。Ⓒ女性名Ⓢカリ(コロンビアの都市名)

歌14 里7	21
果8 梨11	19
佳8 梨11	19
夏10 李7	17
花7 莉10	17

英語圏の人にとっての発音のしやすさの目安　●●● しやすい　●●○ ややしにくい　●○○ しにくい

きあら
Kiara

●●●

漢字	総画数
紀(9)阿(8)良(7)	24
樹(16)亜(7)良(7)	30
希(7)亜(7)羅(19)	33
紀(9)亜(7)羅(19)	35
貴(12)亜(7)羅(19)	38

主張性のある、はっきりした音の連なりが、個性的な響きをつくる。Ⓘ姓

きえ
Kiye*

●○○

漢字	総画数
希(7)枝(8)	15
希(7)恵(10)	17
紀(9)恵(10)	19
希(7)慧(15)	22
喜(12)絵(12)	24

キレのよい「き」と、安定した「え」がよいバランスを保つ。仏教語「帰依」と同音。Ⓕ安らか

きお
Kio

●●●

漢字	総画数
希(7)央(5)	12
希(7)桜(10)	17
輝(15)央(5)	20
希(7)緒(14)	21
貴(12)緒(14)	26

シャープな「き」音と、対照的に温和な「お」音を重ねた個性的な名前。Ⓚ男性名

ききょう
Kikyo

●○○

漢字	総画数
希(7)京(8)	15
貴(12)杏(7)	19
桔(10★)梗(11★)	21
樹(16)杏(7)	23
喜(12)響(20)	32

秋の七草に数えられる、可憐な花名と同じ音。愛らしく清楚な印象を与える和風の名前

きく
Kiku

●●○

漢字	総画数
希(7)久(3)	10
菊(11)	11
鞠(17)	17
喜(12)玖(7)	19
貴(12)玖(7)	19

日本人に長く愛される花の名と同音。秋の象徴ともされ、落ちついた強さを含んで響く

きくえ
Kikue

●○○

漢字	総画数
掬(11★)枝(8)	19
菊(11)恵(10)	21
希(7)久(3)絵(12)	22
菊(11)瑛(12)	23
鞠(17)江(6)	23

落ちつきと芯の強さを感じさせる「きく」音に、「え」音が親しみやすい柔軟性をプラス

きくこ
Kikuko

●●○

漢字	総画数
菊(11)子(3)	14
紀(9)久(3)子(3)	15
喜(12)久(3)子(3)	18
季(8)紅(9)子(3)	20
貴(12)玖(7)子(3)	22

しっかりした3音の組み合わせ。「か行」の音どうしでバランスよく、落ちついた印象をもつ

きくの
Kikuno

●●○

漢字	総画数
掬(11★)乃(2)	13
菊(11)乃(2)	13
希(7)玖(7)乃(2)	16
鞠(17)乃(2)	19
樹(16)久(3)埜(11★)	30

古風な印象の止め字「の」が、「きく」音の強さにしなやかさを加えた女らしい名前

きくみ
Kikumi

●●○

漢字	総画数
掬(11★)美(9)	20
菊(11)泉(9)	20
菊(11)美(9)	20
喜(12)久(3)実(8)	23
希(7)紅(9)美(9)	25

強さを秘める「きく」音を、やわらかい「み」音が受けた、人柄のよさを思わせる響き

きこ
Kiko

●●●

漢字	総画数
妃(6)子(3)	9
希(7)子(3)	10
紀(9)子(3)	12
貴(12)子(3)	15
輝(15)湖(12)	27

はっきりとした響き。秋篠宮文仁親王妃殿下の名前として知られる。Ⓢ女性名の愛称

★新人名漢字

きの
Kino
●●●

シャープな「き」音と、和風の「の」音が個性的。Ⓒ女性名Ⓢ女性名の愛称、映画館Ⓓ映画

名前	画数	総画
希乃	7・2	9
季乃	8・2	10
紀乃	9・2	11
輝埜	15・11★	26
樹埜	16・11★	27

きのか
Kynoca*
●●○

やわらかい「の」音が、はっきりした「き」「か」に、ほどよいやわらかさをプラス

名前	画数	総画
季乃花	8・2・7	17
季乃果	8・2・8	18
希乃夏	7・2・10	19
姫乃華	10・2・10	22
喜乃歌	12・2・14	28

きはや
Kyhaya*
●○○

知性的な「き」、優しい「は」、やわらかい「や」を個性的に連ねた、新感覚の名前

名前	画数	総画
葵早	12・6	18
季波矢	8・8・5	21
希羽耶	7・6・9	22
樹早	16・6	22
希葉耶	7・12・9	28

きほ
Kiho
●●●

利発そうな「き」音と、穏やかな「ほ」音がバランスよくなじむ。Ⓒ女性名Ⓚ男性名

名前	画数	総画
希歩	7・8	15
季葡	8・12★	20
貴保	12・9	21
輝帆	15・6	21
季穂	8・15	23

きみ
Kimi
●●●

シャープな「き」とやわらかい「み」、対照的な2音の特性が生きた、簡潔でなじみ深い響き

名前	画数	総画
木実	4・8	12
希美	7・9	16
季実	8・8	16
祈美	8・9	17
紀美	9・9	18

きみか
Kimika
●●○

知的な「きみ」に、人気の止め字「か」で、新鮮なかわいらしさをプラス。Ⓘ化学

名前	画数	総画
君歌	7・14	21
希未夏	7・5・10	22
紀美加	9・9・5	23
貴美果	12・9・8	29
輝海夏	15・9・10	34

きさ
Kisa
●●●

キレのよい「き」音と知的な「さ」音が、りりしく聡明な響きをつくる。Ⓒ女性名

名前	画数	総画
妃沙	6・7	13
紀沙	9・7	16
葵早	12・6	18
貴紗	12・10	22
綺咲	14・9	23

きさき
Kisaki
●●○

「王侯の奥方」を意味する音でもあり、りりしく華やかで高貴なイメージをまとう

名前	画数	総画
妃	6	6
祈咲	8・9	17
季咲	8・9	17
葵咲	12・9	21
貴咲	12・9	21
希早紀	7・6・9	22
姫沙希	10・7・7	24
樹咲	16・9	25
貴沙紀	12・7・9	28
輝佐記	15・7・10	32

きさこ
Kisako
●●○

きっぱりとした音の個性的な組み合わせで、知性と気品を感じさせる響きをもつ名前

名前	画数	総画
希沙子	7・7・3	17
紀早子	9・6・3	18
希彩子	7・11・3	21
姫紗子	10・10・3	23
葵咲子	12・9・3	24

きさら
Kisara
●●○

りりしく聡明な響きをもつ「き」「さ」に、「ら」音を添えた、軽快で明るい印象の名前

名前	画数	総画
貴更	12・7	19
輝更	15・7	22
希沙羅	7・7・19	33
季沙羅	8・7・19	34
紀沙羅	9・7・19	35

きぬえ
Kinue
●○○

美しく上品な艶をもつ「絹」と同じ音に、優しい響きの「え」を添えた、しなやかな印象の名前

名前	画数	総画
衣枝	6・8	14
衣恵	6・10	16
衣瑛	6・12	18
絹衣	13・6	19
絹恵	13・10	23

きぬよ
Kinuyo
●○○

ともに落ちついた「きぬ」と「よ」の音の組み合わせ。しっとりとした美しさを思わせる

名前	画数	総画
衣世	6・5	11
衣代	6・5	11
絹世	13・5	18
絹代	13・5	18
絹葉	13・12	25

英語圏の人にとっての発音のしやすさの目安　●●●しやすい　●●○ややしにくい　●○○しにくい

きみこ
Kimiko

耳になじみのよい「きみ」音に続く、伝統的な止め字の「こ」が、安心感をもって響く

名前	画数	総画
君子	7・3	10
希未子	7・5・3	15
祈美子	8・9・3	20
喜美子	12・9・3	24
希美瑚	7・9・13	29

きみよ
Kimiyo

聡明な響きの「きみ」に、落ちつきのある「よ」がなじんだ、大人びた和風の雰囲気をもつ名前

名前	画数	総画
希美世	7・9・5	21
紀美世	9・9・5	23
貴美世	12・9・5	26
樹実代	16・8・5	29
輝美葉	15・9・12	36

きよ
Kiyo

懐かしさを覚える響きのなかに、初々しく、清らかな女の子のイメージを秘める名前

名前	画数	総画
汐	6	6
聖	13	13
紀代	9・5	14
喜代	12・5	17
希誉	7・13	20

きょうか
Kyoka

気品のある「きょう」音と、現代的な止め字の「か」を合わせた、可憐で華やかな響き

名前	画数	総画
今日花	4・4・7	15
杏夏	7・10	17
京香	8・9	17
恭佳	10・8	18
京歌	8・14	22

きょうこ
Kyoko

洗練された印象の「きょう」音と、伝統的な「こ」音が、深い落ちつきを醸し出す

名前	画数	総画
杏子	7・3	10
今日子	4・4・3	11
恭子	10・3	13
梗子	11★・3	14
響子	20・3	23

きょうな
Kyona

前向きな強さを秘める「きょう」音を、「な」音が和らげた、優しい余韻の名前。Ⓒ女性名

名前	画数	総画
杏南	7・9	16
京奈	8・8	16
今日南	4・4・9	17
梗那	11★・7	18
響奈	20・8	28

きよえ
Kiyo-e

古風で清楚な「きよ」音を、素直な「え」音がまとめ、ほっとする親しみを感じさせる

名前	画数	総画
祈与恵	8・3・10	21
清恵	11・10	21
希夜枝	7・8・8	23
希世絵	7・5・12	24
紀代恵	9・5・10	24

きよか
Kiyoka

可憐な音で人気の「か」音を添え、「きよ」の古風な響きを新鮮な印象にアレンジ

名前	画数	総画
清佳	11・8	19
妃世香	6・5・9	20
聖香	13・9	22
希世歌	7・5・14	26
貴夜花	12・8・7	27

きよこ
Kiyoko

清らかさに至上の美を見出した、日本人の精神性を感じさせる、なじみの深い名前

名前	画数	総画
きよ子	4・3・3	10
清子	11・3	14
希代子	7・5・3	15
紀世子	9・5・3	17
貴世子	12・5・3	20

きよね
Kiyone

「きよ」という清純な響きと古風な止め字「ね」が、初々しい愛らしさを感じさせる

名前	画数	総画
清音	11・9	20
清祢	11・9★	20
希世祢	7・5・9★	21
希夜音	7・8・9	24
喜与音	12・3・9	24

きよの
Kiyono

古風な落ちつきをもつ「きよ」音と「の」を合わせた、清楚なイメージの名前

名前	画数	総画
清乃	11・2	13
聖乃	13・2	15
清世乃	11・5・2	18
貴代乃	12・5・2	19
清埜	11・11★	22

きよみ
Kiyomi

初々しい「きよ」音と、なじみのよい「み」音が、純粋なかわいらしさを強調する

名前	画数	総画
季与実	8・3・8	19
清海	11・9	20
清美	11・9	20
希代美	7・5・9	21
季世美	8・5・9	22

★新人名漢字

きよら
Kiyora

●●○

「清らか」を思わせる新鮮な響き。清楚さと華麗さを併せもつ、和風情趣漂う名前

名前	画数
聖(13)羅(19)	32
清(11)羅(19)	30
希(7)与(3)羅(19)	29
希(7)世(5)楽(13)	25
聖(13)良(7)	20

きらら
Kilala*

●●●

きらめく様子を表す音で、「雲母」の別名でもある。華麗な「ら」音の繰り返しが愛らしい

名前	画数
輝(15)羅(19)々(3)	37
綺(14)羅(19)々(3)	36
貴(12)羅(19)々(3)	34
希(7)楽(13)々(3)	23
紀(9)良(7)々(3)	19

きらり
Kirari

●●●

瞬間的な輝きを形容する音。スピード感あふれる響きに、鋭い感性を秘めた名前

名前	画数
綺(14)良(7)莉(10)	31
希(7)楽(13)莉(10)	30
輝(15)良(7)里(7)	29
祈(8)良(7)里(7)	22
き(4)ら(3)り(2)	9

きりあ
Kiria

●●○

神秘性と鋭敏さを併せもつ「きり」音に、個性的な止め字「あ」を合わせた、洋風の響き

名前	画数
綺(14)莉(10)亜(7)	31
紀(9)璃(15)亜(7)	31
季(8)梨(11)亜(7)	26
希(7)理(11)阿(8)	26
桐(10)亜(7)	17

きりえ
Kirie

●○○

ラテン語で歌名「憐れみの賛歌」を指す。知的で清楚な、格調高いイメージを与える名前

名前	画数
希(7)理(11)恵(10)	28
桐(10)恵(10)	20
希(7)李(7)衣(6)	20
桐(10)枝(8)	18
桐(10)永(5)	15

きりこ
Kiriko

●●○

「き」「こ」の鋭敏な響きに涼やかな「り」音を合わせた、崇高な印象の名前。Ⓘ姓

名前	画数
霧(19)湖(12)	31
紀(9)理(11)子(3)	23
季(8)梨(11)子(3)	22
希(7)莉(10)子(3)	20
桐(10)子(3)	13

きりん
Kirin

●●●

駿馬や一角獣の別名で、華やかな響き。Ⓕ近い音の女性名Ⓒ姓Ⓚキリン

名前	画数
麒(19★)麟(24)	43
綺(14)鈴(13)	27
喜(12)鈴(13)	25
季(8)凛(15★)	23
希(7)鈴(13)	20

きわ
Kiwa

●●●

シャープな「き」音に、和風音「わ」を合わせた、柔軟さを秘めた名前。Ⓒ女性名

名前	画数
姫(10)和(8)	18
岐(7)波(8)	15
希(7)和(8)	15
季(8)羽(6)	14
希(7)羽(6)	13

きわこ
Kiwako

●●○

はっきりした3音の個性的な組み合わせが、日本的なしとやかさと落ちつきをつくる

名前	画数
紀(9)羽(6)子(3)	18
岐(7)波(8)子(3)	18
際(14)子(3)	17
希(7)羽(6)子(3)	16
木(4)和(8)子(3)	15
希(7)環(17)子(3)	27
綺(14)羽(6)子(3)	23
貴(12)和(8)子(3)	23
黄(11)羽(6)子(3)	20
季(8)和(8)子(3)	19

くにえ
Kuni-e

●○○

素直な響きの止め字「え」が、やわらかく耳になじみのよい「くに」音の特性を生かす

名前	画数
玖(7)仁(4)恵(10)	21
国(8)瑛(12)	20
邦(7)瑛(12)	19
那(7)恵(10)	17
邦(7)枝(8)	15

くにか
Kunica*

●●○

温かさをもつ「くに」音に、はっきりした「か」音を合わせた、明るい余韻をもつ名前

名前	画数
邦(7)夏(10)	17
那(7)香(9)	16
久(3)仁(4)香(9)	16
那(7)佳(8)	15
邦(7)花(7)	14

英語圏の人にとっての発音のしやすさの目安　●●●しやすい　●●○ややしにくい　●○○しにくい

くにこ
Kuniko
●●○

親しみやすい響きの「くに」に、なじみ深い「こ」音を添えた、落ちついた印象の名前

名前	総画
く(1) に(3) 子(3)	7
邦(7) 子(3)	10
邦(7) 仔(5★)	12
玖(7) 仁(4) 子(3)	14
邦(7) 湖(12)	19

くによ
Kuniyo
●○○

「くに」の落ちつきに、「よ」音の安定感が加わり、しとやかな女らしさを感じさせる

名前	総画
久(3) 仁(4) 代(5)	12
邦(7) 世(5)	12
邦(7) 代(5)	12
邦(7) 葉(12)	19
国(8) 葉(12)	20

くみ
Kumi
●●●

やわらかい音どうしを組み合わせた、女の子らしいかわいい響き。Ⓒ女性名

名前	総画
久(3) 実(8)	11
久(3) 美(9)	12
玖(7) 美(9)	16
空(8) 美(9)	17
紅(9) 美(9)	18

くみか
Kumica*
●●○

「くみ」と「か」、ともに人気の高い明るい音を組み合わせた、愛らしさの際立つ名前

名前	総画
久(3) 美(9) 佳(8)	20
久(3) 実(8) 夏(10)	21
久(3) 美(9) 香(9)	21
玖(7) 美(9) 花(7)	23
紅(9) 美(9) 果(8)	26

くみこ
Kumiko
●●○

かわいい「くみ」音に、伝統的な止め字「こ」で落ちつきを加えた、長く人気の名前

名前	総画
久(3) 実(8) 子(3)	14
久(3) 美(9) 子(3)	15
玖(7) 未(5) 子(3)	15
玖(7) 泉(9) 子(3)	19
紅(9) 美(9) 子(3)	21

くゆみ
Kuyumi
●●○

かわいい「く」、やわらかい「ゆ」「み」、女の子らしい3音の個性的な組み合わせ

名前	総画
玖(7) 弓(3)	10
久(3) 由(5) 美(9)	17
紅(9) 夕(3) 実(8)	20
久(3) 悠(11) 美(9)	23
久(3) 優(17) 美(9)	29

くゆり
Kuyuri
●●○

それぞれ人気の音ながら、多用されていない組み合わせ。愛らしさや柔軟性を秘める名前

名前	総画
久(3) 百(6) 合(6)	15
久(3) 柚(9) 里(7)	19
紅(9) 百(6) 合(6)	21
玖(7) 友(4) 梨(11)	22
紅(9) 夕(3) 莉(10)	22

くゆる
Kuyuru
●○○

「燃えて煙が立つ」の意味をもつ雅やかな響き。緩やかな動きと変化する表情を併せもつ

名前	総画
久(3) 由(5) 留(10)	18
玖(7) 由(5) 留(10)	22
紅(9) 有(6) 留(10)	25
久(3) 柚(9) 瑠(14)	26
紅(9) 夕(3) 瑠(14)	26

くらこ
Kurako
●●○

なじみ深い3音の新鮮な組み合わせ。中心となる「ら」音が、個性的な明るさを放つ

名前	総画
久(3) 良(7) 子(3)	13
玖(7) 良(7) 子(3)	17
玖(7) 良(7) 仔(5★)	19
久(3) 麗(19) 子(3)	25
紅(9) 羅(19) 子(3)	31

くるみ
Kurumi
●●○

ストレートに「胡桃」を思わせる音。自然にちなんだ、まとまりのよい響きが愛らしい

名前	総画
く(1) る(3) み(3)	7
胡(9) 桃(10)	19
久(3) 留(10) 美(9)	22
来(7) 留(10) 美(9)	26
玖(7) 瑠(14) 未(5)	26

くれあ
Clare*
●●●

優雅で気品のある響きが印象的な名前。Ⓔ近い音の女性名Ⓕ「明るい」に近い音

名前	総画
久(3) 玲(9) 亜(7)	19
来(7) 礼(5) 亜(7)	19
玖(7) 礼(5) 阿(8)	20
玖(7) 怜(8) 亜(7)	22
久(3) 麗(19) 亜(7)	29

★新人名漢字

こいと
Koito
●●○

愛らしさを強調する「こ」を頂き、古風でしとやかな「いと」音が、女の子らしく響く

漢字	総画
湖(12)紘(11)	23
瑚(13)糸(6)	19
恋(10)音(9)	19
小(3)綸(14)	17
小(3)糸(6)	9

こう
Kou*
●●○

控えめな2音が穏やかな流れをつくり、自然体の印象を与える。Ⓒ女性名Ⓚ姓

漢字	総画
煌(13★)	13
虹(9)	9
紅(9)	9
幸(8)	8
光(6)	6

こうこ
Koko
●●●

「こう」という大人びた音に、同系の「こ」音を重ねた、クラシカルな印象の名前。Ⓒ女性名

漢字	総画
香(9)湖(12)	21
煌(13★)子(3)	16
梗(11★)子(3)	14
洸(9)子(3)	12
香(9)子(3)	12

ここ
Coco*
●●●

繰り返し音が明るく響く、新感覚の名前。Ⓒ女性名ⒺⓈココヤシⒻⒾかわいい子

漢字	総画
瑚(13)子(3)	16
湖(12)子(3)	15
湖(12)々(3)	15
虹(9)子(3)	12
コ(2)コ(2)	4

ここみ
Kokomi
●●○

かわいらしい響きの「ここ」に「み」音を添えた、やわらかく包み込むような雰囲気の名前

漢字	総画
瑚(13)々(3)実(8)	24
虹(9)々(3)未(5)	17
此(6★)美(9)	15
心(4)美(9)	13
心(4)海(9)	13

けい
Kay*
●●●

さわやかな音の簡潔なまとまりで、好感度が高い。Ⓔ女性名、「K」Ⓒ女性名

漢字	総画
慶(15)	15
蛍(11)	11
啓(11)	11
恵(10)	10
佳(8)	8

けいか
Kayka*
●●○

明るさと理性を併せもつ「けい」音に、人気の止め字「か」を合わせた、快活な印象の名前

漢字	総画
蛍(11)華(10)	21
啓(11)佳(8)	19
渓(11)花(7)	18
桂(10)花(7)	17
京(8)香(9)	17

けいこ
Kayko*
●●●

好感度の高い「けい」と伝統的な止め字の「こ」の、なじみ深くかわいらしい響き

漢字	総画
慶(15)子(3)	18
蛍(11)子(3)	14
啓(11)子(3)	14
桂(10)子(3)	13
圭(6)子(3)	9

けいと
Kate*
●●●

温もり感のある「毛糸」を思わせる、しゃれた印象の名前。Ⓒ女性名Ⓔ女性名の愛称

漢字	総画
桂(10)都(11)	21
恵(10)都(11)	21
京(8)都(11)	19
佳(8)都(11)	19
佳(8)杜(7)	15

けいな
Kayna*
●●○

さわやかな「けい」音の流れを、かわいい「な」音がやわらかく受け止める。Ⓒ女性名

漢字	総画
慶(15)菜(11)	26
恵(10)那(7)	17
佳(8)奈(8)	16
京(8)那(7)	15
圭(6)奈(8)	14

英語圏の人にとっての発音のしやすさの目安　●●●しやすい　●●○ややしにくい　●○○しにくい

こころ
Kokoro

●●○

日本人の精神性を象徴する「心」と同じ、奥深い音をもつ印象的な名前。❶かわいい子

心(4)	4
心(4)路(13)	17
湖(12)々(3)芦(7★)	22
紅(9)々(3)路(13)	25
瑚(13)々(3)路(13)	29

こずえ
Kozu-e

●●○

「枝の先端」を表す音。詩的な響きをもち、繊細でしなやかなイメージを与える

こ(2)ず(5)え(3)	10
梶(11★)	11
梢(11)	11
槙(14)	14
瑚(13)寿(7)恵(10)	30

こすず
Kosuzu

●●○

始まりの「こ」音の初々しさに、和風の響きをもつ「すず」を続けた、愛らしい印象の名前

こ(2)す(3)ず(5)	10
小(3)寿(7)々(3)	13
小(3)鈴(13)	16
小(3)珠(10)洲(9)	22
瑚(13)鈴(13)	26

こと
Koto

●●●

「箏」や「古都」など、日本文化になじみ深い音をもつ、しとやかな印象の名前。Ⓢ保護地域

こ(2)と(2)	4
琴(12)	12
古(5)都(11)	16
瑚(13)音(9)	22
湖(12)都(11)	23

ことえ
Koto-e

●●○

和風の趣にあふれる「こと」音と「え」音が、しっとりと落ちついた響きをつくる

琴(12)江(6)	18
琴(12)枝(8)	20
言(7)慧(15)	22
琴(12)恵(10)	22
琴(12)絵(12)	24

ことね
Kotoné*

●●○

「こと」音と相性のよい「ね」音を止め字に添えた、古風な情趣を感じさせる名前

こ(2)と(2)ね(4)	8
言(7)峯(10★)	17
琴(12)音(9)	21
琴(12)祢(9★)	21
琴(12)嶺(17)	29

ことみ
Kotomi

●●○

古風な落ちつきをもつ「こと」音に、「み」音がのびのびとした明るさをプラス

言(7)美(9)	16
琴(12)実(8)	20
琴(12)美(9)	21
詞(12)美(9)	21
古(5)都(11)泉(9)	25

こなつ
Konatsu

●●○

愛らしい「こ」音に続く「なつ」音が、明るく弾けるような魅力をアピール

小(3)夏(10)	13
小(3)南(9)津(9)	21
湖(12)夏(10)	22
瑚(13)夏(10)	23
湖(12)名(6)都(11)	29

こなみ
Konami

●●●

優しく潤いのある響きをもつ。海外では、ゲームメーカー名としても広く知られる音

小(3)波(8)	11
虹(9)波(8)	17
木(4)菜(11)実(8)	23
湖(12)那(7)美(9)	28
湖(12)奈(8)美(9)	29

このは
Konoha

●●○

「木の葉」をイメージさせる音。季節によって表情を変える、深みを感じさせる名前

こ(2)の(1)は(4)	7
木(4)葉(12)	16
虹(9)乃(2)羽(6)	17
湖(12)乃(2)波(8)	22
木(4)野(11)杷(8★)	23

このみ
Konomi

●●○

ストレートに自然の「木の実」を思わせる、まとまりのよいかわいらしい響き

木(4)実(8)	12
木(4)の(1)実(8)	13
木(4)乃(2)実(8)	14
来(7)乃(2)美(9)	18
湖(12)乃(2)美(9)	23

こはる
Koharu

●●○

「陰暦10月」の異称でもある古風な響きがかえって新しく、初々しい愛らしさをもつ

こ(2)は(4)る(3)	9
小(3)春(9)	12
小(3)遥(12)	15
小(3)陽(12)	15
小(3)羽(6)留(10)	19
小(3)波(8)留(10)	21
湖(12)春(9)	21
湖(12)晴(12)	24
小(3)葉(12)琉(11)	26
虹(9)羽(6)琉(11)	26

★新人名漢字

こふゆ
Kofuyu
●●○

「ふゆ」音のやわらかな情趣を、「こ」音が引き立てた、優しさに満ちた響き

表記	総画数
小(3)冬(5)	8
こ(2)ふ(4)ゆ(3)	9
小(3)布(5)由(5)	13
湖(12)冬(5)	17
小(3)芙(7)柚(9)	19

こまき
Komaki
●●○

かわいさを光らせる「こ」音と、主張性のある「まき」音を合わせた、さわやかな響き

表記	総画数
こ(2)ま(4)き(4)	10
小(3)牧(8)	11
小(3)巻(9)	12
小(3)真(10)紀(9)	22
瑚(13)麻(11)貴(12)	36

こまこ
Comaco*
●●●

「こ」音の愛らしさと「ま」音の素直さを感じさせる、クラシカルな響きの名前

表記	総画数
こ(2)ま(4)子(3)	9
木(4)茉(8)子(3)	15
小(3)真(10)子(3)	16
駒(15)子(3)	18
湖(12)真(10)子(3)	25

こゆき
Koyuki
●●○

「粉雪」と同音。優しい「ゆき」音の前についた「こ」が、愛しさをもって響く

表記	総画数
こ(2)ゆ(3)き(4)	9
小(3)雪(11)	14
此(6★)幸(8)	14
湖(12)雪(11)	23
湖(12)夕(3)輝(15)	30

こゆり
Coyullie*
●●○

かわいい「こ」、やわらかい「ゆ」、涼しげな「り」で構成された、清楚な響きの名前

表記	総画数
こ(2)ゆ(3)り(2)	7
小(3)百(6)合(6)	15
小(3)友(4)梨(11)	18
湖(12)夕(3)里(7)	22
湖(12)百(6)合(6)	24

さ【Sa】

さあや
Saya
●●○

明るい3音の流れるような組み合わせで、愛称的なかわいらしさを醸す。Ⓒ女性名

表記	総画数
早(6)亜(7)矢(5)	18
沙(7)彩(11)	18
紗(10)亜(7)矢(5)	22
紗(10)斐(12)	22
沙(7)亜(7)耶(9)	23

さいか
Saika
●●○

さわやかな一途さを思わせる「さい」音に、人気の止め字「か」の可憐な響きを添えて

表記	総画数
采(8)佳(8)	16
沙(7)衣(6)加(5)	18
彩(11)花(7)	18
菜(11)夏(10)	21
彩(11)歌(14)	25

さえ
Sae
●○○

控えめな母音「え」が「さ」音を引き立たせた、シャープな透明感のある響き

表記	総画数
冴(7)衣(6)	13
早(6)瑛(12)	18
紗(10)英(8)	18
沙(7)瑛(12)	19
咲(9)恵(10)	19

さえこ
Saeko
●○○

聡明な印象の2音「さえ」に、伝統的な止め字「こ」を続けた、穏やかな気品の漂う名前

表記	総画数
冴(7)子(3)	10
小(3)枝(8)子(3)	14
佐(7)恵(10)子(3)	20
冴(7)瑚(13)	20
早(6)瑛(12)子(3)	21

さお
Sao
●●●

さわやかな「さ」に、落ちつきのある「お」、簡潔な2音の組み合わせに個性が光る

表記	総画数
紗(10)央(5)	15
早(6)桜(10)	16
紗(10)桜(10)	20
沙(7)緒(14)	21
紗(10)緒(14)	24

英語圏の人にとっての発音のしやすさの目安　●●●しやすい　●●○ややしにくい　●○○しにくい

さおり
Saori

まとまりがよく、繊細な少女を思わせる清楚な響きが心地よい、なじみ深い名前

名前	総画
紗(10)穂(15)里(7)	32
沙(7)緒(14)理(11)	32
紗(10)織(18)	28
沙(7)央(5)梨(11)	23
早(6)桜(10)李(7)	23

さかえ
Sakae

明るい音の連なりに、のびのびと元気なイメージを感じさせる、まとまりのよい名前

名前	総画
紗(10)華(10)衣(6)	26
紗(10)夏(10)衣(6)	26
栄(9)慧(15)	24
咲(9)花(7)枝(8)	24
栄(9)	9

さき
Saki

さわやかな「さ」とキレのよい「き」がつくる、明るく元気な印象の名前。Ⓒ女性名

名前	総画
沙(7)樹(16)	23
紗(10)貴(12)	22
紗(10)妃(6)	16
沙(7)希(7)	14
咲(9)	9

さきえ
Sakie

明るい音で好感度の高い「さき」に、素直な「え」音を加えた、穏やかな印象の名前

名前	総画
沙(7)紀(9)絵(12)	28
早(6)紀(9)恵(10)	25
紗(10)希(7)江(6)	23
冴(7)季(8)衣(6)	21
咲(9)枝(8)	17

さきこ
Sakiko

快活な「さき」音と、伝統的な止め字「こ」がバランスよく響く、安心感のある名前

名前	総画
佐(7)貴(12)子(3)	22
咲(9)湖(12)	21
早(6)季(8)子(3)	17
早(6)希(7)子(3)	16
咲(9)子(3)	12

さきの
Sakino

明朗な「さき」音と、落ちついた「の」音の特性を併せもつ、和風情趣の漂う名前

名前	総画
紗(10)姫(10)乃(2)	22
咲(9)埜(11★)	20
早(6)葵(12)乃(2)	20
佐(7)希(7)乃(2)	16
咲(9)乃(2)	11

さきほ
Sakiho

明るく快活な「さき」に、やわらかな印象をもつ「ほ」音を添えて、安心感をプラス

名前	総画
紗(10)妃(6)穂(15)	31
早(6)季(8)穂(15)	29
沙(7)輝(15)帆(6)	28
沙(7)希(7)歩(8)	22
咲(9)歩(8)	17

さぎり
Sagiri

始まりの「さ」音で一拍置いた、和風の響きが美しい。「霧」の優美な呼び名でもある

名前	総画
沙(7)霧(19)	26
早(6)霧(19)	25
咲(9)季(8)里(7)	24
紗(10)桐(10)	20
沙(7)桐(10)	17

さくみ
Sakumi

陽気な「さく」音と、優しい「み」音を組み合わせた、温かいイメージの名前

名前	総画
紗(10)玖(7)美(9)	26
沙(7)久(3)実(8)	18
早(6)玖(7)未(5)	18
早(6)久(3)美(9)	18
咲(9)実(8)	17

さくや
Sakuya

「さく」という軽快な音に、やわらかく明朗な「や」音を添えた、典雅な響き

名前	総画
紗(10)玖(7)耶(9)	26
咲(9)紅(9)矢(5)	23
咲(9)椰(13)	22
咲(9)耶(9)	18
早(6)久(3)矢(5)	14

さくら
Sakura

日本人に深く愛される国花「桜」と同じ音の名前。独特の美しさと風情を感じさせる

名前	総画
咲(9)羅(19)	28
早(6)久(3)羅(19)	28
咲(9)楽(13)	22
沙(7)久(3)良(7)	17
桜(10)	10

さこ
Sako

なじみ深い止め字「こ」が引き立てる、「さ」のさわやかな響きが印象的。Ⓢ大きな袋

名前	総画
咲(9)瑚(13)	22
早(6)虹(9)	15
紗(10)子(3)	13
咲(9)子(3)	12
沙(7)子(3)	10

さち
Sachi

かわいらしさとスマートさを併せもつ、広く「幸」を思わせる音が、長く好まれる

名前	総画
紗(10)知(8)	18
早(6)智(12)	18
咲(9)千(3)	12
祥(10)	10
幸(8)	8

さちえ
Sachie

親しみ深い「さち」音に「え」音を添えた、思いやりに満ちた優しい響きをもつ名前

名前	総画
沙(7)知(8)衣(6)	21
祥(10)恵(10)	20
倖(10)恵(10)	20
幸(8)瑛(12)	20
幸(8)江(6)	14

★新人名漢字

さと
Sato
●●●

「さ」音のさわやかさに、のどかな「と」音を加えた、懐かしさを感じさせる響き

名前	画数
里[7]	7
郷[11]	11
咲[9]都[11]	20
紗[10]都[11]	21
紗[10]登[12]	22

さとえ
Sato-e
●○○

温かさをもつ「さと」音に、「え」音の素直さが相性よくなじんだ、穏やかな響き

名前	画数
智[12]江[6]	18
聡[14]江[6]	20
紗[10]十[2]重[9]	21
聡[14]恵[10]	24
沙[7]都[11]英[8]	26

さとこ
Satoko
●●○

穏やかな「さと」音と伝統的な止め字「こ」が、なじみ深くノスタルジックな響きをつくる

名前	画数
郷[11]子[3]	14
智[12]子[3]	15
聡[14]子[3]	17
里[7]瑚[13]	20
沙[7]登[12]子[3]	22

さとみ
Satomi
●●○

「さと」音がもつ温かさを、やわらかい止め字「み」が、さらに優しく包む

名前	画数
里[7]弥[8]	15
里[7]泉[9]	16
里[7]美[9]	16
怜[8]美[9]	17
早[6]斗[4]実[8]	18
怜[8]深[11]	19
理[11]美[9]	20
智[12]美[9]	21
聡[14]美[9]	23
慧[15]実[8]	23

さなえ
Sanae
●○○

やわらかい音で構成された、懐かしさを覚える名前。「若い苗」を意味する音でもある

名前	画数
早[6]苗[8]	14
沙[7]苗[8]	15
早[6]那[7]恵[10]	23
紗[10]南[9]江[6]	25
咲[9]菜[11]枝[8]	28

さなみ
Sanami
●●○

明るい「さ」「な」を受ける「み」音がしなやかな個性を放つ、バランスのよい名前

名前	画数
早[6]波[8]	14
早[6]奈[8]美[9]	23
沙[7]那[7]海[9]	23
咲[9]南[9]美[9]	27
紗[10]南[9]美[9]	28

さちか
Sachica*
●●○

長く人気の愛らしい「さち」音に、現代的な止め字「か」を添え、女の子らしさを強調

名前	画数
早[6]千[3]香[9]	18
幸[8]夏[10]	18
幸[8]華[10]	18
沙[7]千[3]夏[10]	20
紗[10]知[8]佳[8]	26

さちこ
Sachiko
●●○

利発そうな響きの「さち」と、落ちつきのある「こ」音を合わせた、なじみ深い名前

名前	画数
幸[8]子[3]	11
倖[10]子[3]	13
祥[10]子[3]	13
早[6]茅[8]子[3]	17
咲[9]茅[8]子[3]	20
早[6]智[12]子[3]	21
紗[10]知[8]子[3]	21
佐[7]智[12]子[3]	22
沙[7]智[12]子[3]	22
咲[9]智[12]子[3]	24

さちほ
Sachiho
●●○

知的な「さち」音に、優しくおとなしい「ほ」音を加えた、初々しく清楚な響き

名前	画数
幸[8]帆[6]	14
祥[10]歩[8]	18
幸[8]葡[12★]	20
幸[8]穂[15]	23
早[6]知[8]浦[10]	24

さちよ
Sachiyo
●○○

スマートな「さち」音と、穏やかな優しさをもつ止め字「よ」が、上品な響きをつくる

名前	画数
幸[8]世[5]	13
幸[8]代[5]	13
咲[9]千[3]代[5]	17
祥[10]葉[12]	22
紗[10]知[8]世[5]	23

さつき
Satsuki
●○○

「陰暦5月」の別称。多彩な花の名でもある。はっきりした音が爽快感を与える名前

名前	画数
冴[7]月[4]	11
皐[11]	11
砂[9]月[4]	13
紗[10]月[4]	14
紗[10]津[9]希[7]	26

英語圏の人にとっての発音のしやすさの目安　●●● しやすい　●●○ ややしにくい　●○○ しにくい

さゆき
Sayuki
●●○
優しい「ゆき」音に、「さ」音が愛らしい1拍を添えた、繊細なイメージの名前

名前	総画
小(3)雪(11)	14
早(6)夕(3)希(7)	16
早(6)雪(11)	17
紗(10)雪(11)	21
早(6)柚(9)季(8)	23

さほ
Saho
●●●
「さ」というさわやかな音と、静かな「ほ」音が、清楚な落ちつきを醸し出す

名前	総画
沙(7)帆(6)	13
早(6)葡(12★)	18
早(6)穂(15)	21
沙(7)穂(15)	22
咲(9)穂(15)	24

さゆみ
Sayumi
●●○
やわらかい3音の連なりが、かわいい響きのなかにも、静かな和風の趣を感じさせる

名前	総画
早(6)弓(3)	9
紗(10)弓(3)	13
沙(7)友(4)美(9)	20
紗(10)由(5)未(5)	20
彩(11)優(17)美(9)	37

さほこ
Sahoko
●●○
優しくおとなしい響きの名前。「ほ」の音が、古風なイメージと静かな気品を与える

名前	総画
早(6)帆(6)子(3)	15
紗(10)保(9)子(3)	22
早(6)穂(15)子(3)	24
沙(7)穂(15)子(3)	25
彩(11)穂(15)子(3)	29

さゆり
Sayuri
●●○
可憐な美しさが愛される花「ユリ」の異名。初々しい響きで、長く好まれる名前

名前	総画
小(3)百(6)合(6)	15
早(6)百(6)合(6)	18
彩(11)夕(3)里(7)	21
紗(10)友(4)梨(11)	25
沙(7)由(5)璃(15)	27

さほり
Saholy*
●●●
女の子らしい優しい響きのなかに、「ほ」音が和風の気品と詩情を感じさせる

名前	総画
小(3)穂(15)里(7)	25
紗(10)歩(8)里(7)	25
沙(7)穂(15)里(7)	29
早(6)浦(10)璃(15)	31
早(6)穂(15)梨(11)	32

さよ
Sayo
●●●
「夜」の意味をもつ。「さ」音が、さりげなく抒情詩を思わせる響きを添える。Ⓢ上着

名前	総画
小(3)夜(8)	11
沙(7)代(5)	12
紗(10)世(5)	15
咲(9)夜(8)	17
早(6)葉(12)	18

さや
Saya
●●●
「さ」音のもつさわやかな広がりを、「や」音が明るくまとめた名前。Ⓒ女性名

名前	総画
早(6)矢(5)	11
清(11)	11
紗(10)矢(5)	15
沙(7)耶(9)	16
彩(11)弥(8)	19

さよこ
Sayoko
●●○
詩的な響きの「さよ」に伝統的な「こ」音を続けた、ノスタルジックな印象の名前

名前	総画
小(3)夜(8)子(3)	14
佐(7)代(5)子(3)	15
沙(7)代(5)子(3)	15
紗(10)世(5)子(3)	18
早(6)葉(12)子(3)	21

さやか
Sayaka
●●○
「あ行音」を母音とする、快活な3音で構成。「澄んだ」という意味をもつ人気の名前

名前	総画
さ(3)や(3)香(9)	15
清(11)花(7)	18
清(11)芳(7)	18
爽(11)佳(8)	19
清(11)香(9)	20
爽(11)香(9)	20
早(6)矢(5)夏(10)	21
沙(7)矢(5)香(9)	21
清(11)夏(10)	21
沙(7)埜(11★)花(7)	25

さより
Sayori
●●○
日本人に愛される、優美な海魚名と同音。たおやかな響きには、繊細な女性のイメージも

名前	総画
紗(10)依(8)	18
紗(10)代(5)里(7)	22
沙(7)世(5)梨(11)	23
沙(7)頼(16)	23
彩(11)葉(12)里(7)	30

さら
Sara
●●●
「新しいもの」「沙羅双樹」を表す澄んだきれいな音。ⒺⒻⓈⒾⓀⒸ女性名

名前	総画
サ(3)ラ(2)	5
沙(7)良(7)	14
冴(7)良(7)	14
沙(7)羅(19)	26
咲(9)羅(19)	28

さやこ
Sayako
●●○
明るくさわやかな「さや」音に、伝統的な止め字「こ」を合わせ、和風の雰囲気を強調

名前	総画
沙(7)也(3)子(3)	13
早(6)矢(5)子(3)	14
彩(11)矢(5)子(3)	19
早(6)椰(13)子(3)	22
紗(10)耶(9)子(3)	22

★新人名漢字

さらさ
Sarasa
●●○

もとはポルトガル語の「美しい布」。清らかでエキゾチックな個性が光る、新感覚の名前

名前	画数
彩11 良7 沙7	25
早6 良7 紗10	23
更7 紗10	17
更7 砂9	16
更7 沙7	14

さり
Sari
●●●

明るくさわやかな「さ」音に、「り」音が涼やかな余韻を添える。Ⓒ女性名

名前	画数
沙7 璃15	22
紗10 里7	17
早6 梨11	17
咲9 里7	16
沙7 李7	14

さりい
Sally*
●●●

インド婦人の民族衣装と同じ、美しい音。ⒻⒸ女性名Ⓔサリー(高地のユーカリの木の名)

名前	画数
紗10 梨11 伊6	27
沙7 莉10 衣6	23
沙7 里7 衣6	20
佐7 里7 以5	19
早6 李7 衣6	19

さりな
Sarena*
●●●

好感度の高い3音が、エキゾチックな響きをつくる。ⒺⒻ女性名Ⓘ近い音の女性名

名前	画数
彩11 璃15 那7	33
紗10 理11 奈8	29
咲9 梨11 名6	26
沙7 里7 菜11	25
砂9 里7 奈8	24

さわ
Sawa
●●●

さわやかで明るい「さ」音と、日本をイメージさせる「わ」音の組み合わせ。Ⓒ女性名

名前	画数
咲9 環17	26
沙7 環17	24
彩11 和8	19
紗10 羽6	16
爽11	11

さわこ
Sawako
●●○

穏やかな3音で構成された、清らかで大人びた響きが、奥深い和風の雰囲気を漂わせる

名前	画数
爽11 湖12	23
紗10 和8 子3	21
彩11 羽6 子3	20
紗10 羽6 子3	19
佐7 和8 子3	18

さわな
Sawana
●●○

和風のさわやかさをもつ「さわ」音に、人気の止め字「な」で、現代的な響きをプラス

名前	画数
咲9 和8 菜11	28
紗10 和8 那7	25
砂9 和8 奈8	25
爽11 菜11	22
爽11 那7	18

しいな
Shina
●●○

「しい」と伸ばす優美な音が、謙虚な美しさを思わせる。Ⓒ女性名Ⓕ近い音の女性名

名前	画数
梓11 衣6 菜11	28
詩13 伊6 奈8	27
椎12 菜11	23
椎12 南9	21
椎12 那7	19

しいら
Shira
●●○

静かな流れを感じさせる「しい」音に続く、華やかな「ら」音が個性を放つ。Ⓕ女性名

名前	画数
紫12 伊6 羅19	37
志7 衣6 羅19	32
椎12 羅19	31
史5 唯11 良7	23
椎12 良7	19

しえ
Shie
●●○

高徳の僧のみ着用が許された「紫色の法衣」を意味する、高貴で格調高い音。Ⓓ美しい

名前	画数
詞12 瑛12	24
詩13 恵10	23
詩13 衣6	19
志7 恵10	17
史5 江6	11

しえり
Shieri
●○○

控えめの3音が、清楚で優しい響きをつくる。Ⓔ女性名Ⓕかわいい人、恋人

名前	画数
詩13 永5 莉10	28
梓11 江6 梨11	28
紫12 枝8 里7	27
志7 絵12 里7	26
史5 恵10 梨11	26

しおみ
Shiomi
●●○

澄んだ「し」音を受ける、「お」「み」のやわらかさが生きた、清純な優しさを思わせる名前

名前	画数
潮15 美9	24
潮15 海9	24
志7 於8 美9	24
志7 央5 未5	17
汐6 美9	15

英語圏の人にとっての発音のしやすさの目安　●●● しやすい　●●○ ややしにくい　●○○ しにくい

しおり
Shiori
●●○

書物に挟む「栞」と同音。清楚な響きのなかに、しとやかな知性と深い詩情を秘める

名前	総画数
栞[10]	10
汐[6]莉[10]	16
史[5]織[18]	23
志[7]桜[10]里[7]	24
詩[13]音[9]梨[11]	33

しおん
Shee-on*
●●●

優雅な薄紫の花の名と同じ、美しい音。しっとりとした優雅な雰囲気をまとった名前

名前	総画数
梓[11]音[9]	20
紫[12]苑[8]	20
史[5]穏[16]	21
詩[13]音[9]	22
紫[12]薗[16]★	28

しき
Shiki
●●●

日本文化の基盤である「四季」と同じ音。スピード感のある、新感覚の名前。Ⓒ女性名

名前	総画数
史[5]妃[6]	11
四[5]季[8]	13
志[7]紀[9]	16
詩[13]季[8]	21
志[7]輝[15]	22

しげの
Shigeno
●●○

古風で優しい止め字「の」が、「しげ」音の温もりを生かし、ほっとする響きをつくる

名前	総画数
成[6]乃[2]	8
茂[8]乃[2]	10
慈[13]乃[2]	15
繁[16]乃[2]	18
志[7]華[10]乃[2]	19

しげみ
Shigemi
●●○

親しみのある「しげ」音に、優しい「み」音を添えた、包み込むような温かさをもつ名前

名前	総画数
成[6]美[9]	15
茂[8]美[9]	17
重[9]美[9]	18
慈[13]美[9]	22
繁[16]美[9]	25

しず
Shizu
●●○

控えめの落ちついた音を簡潔に重ねた、和風情趣の漂う名前。親しみ深い響きをもつ

名前	総画数
静[14]	14
史[5]都[11]	16
志[7]津[9]	16
梓[11]津[9]	20
詩[13]鶴[21]	34

しずか
Shizuka
●●○

清楚にして華やか、古風で現代的という相対する特性をまとめもつ、人気の名前

名前	総画数
静[14]	14
静[14]花[7]	21
寧[14]香[9]	23
静[14]珂[9]★	23
静[14]華[10]	24

しずく
Shizuku
●●○

ストレートに「雫」を思わせる、みずみずしい潤い感に満ちた風流な響きをもつ

名前	総画数
し[1]ず[5]く[1]	7
雫[11]★	11
滴[14]	14
史[5]津[9]玖[7]	21
静[14]玖[7]	21

しずこ
Shizuko
●●○

優しい「しず」音と伝統的な止め字の「こ」がなじみ、穏やかな安心感をもって響く

名前	総画数
史[5]津[9]子[3]	17
志[7]寿[7]子[3]	17
静[14]子[3]	17
梓[11]都[11]子[3]	25
詩[13]瑞[13]子[3]	29

しずね
Shizune
●●○

しとやかな「しず」音と、「ね」音を組み合わせた古風な響きが、かえって新鮮な印象をつくる

名前	総画数
静[14]音[9]	23
静[14]祢[9]★	23
静[14]峰[10]	24
詩[13]津[9]音[9]	31
紫[12]瑞[13]音[9]	34

しずほ
Shizuho
●●○

しっとりした落ちつきのある「しず」「ほ」両音が、奥ゆかしいイメージをつくる

名前	総画数
史[5]津[9]帆[6]	20
静[14]歩[8]	22
静[14]穂[15]	29
寧[14]穂[15]	29
詩[13]瑞[13]歩[8]	34

しづ
Shizu
●●○

耳になじみのよい音のなかに、「し」音のしなやかさと「づ」音の奥深さを併せもつ

名前	総画数
史[5]津[9]	14
志[7]津[9]	16
梓[11]瑞[13]	24
詩[13]都[11]	24
志[7]鶴[21]	28

★新人名漢字

しづえ
Shizue
●○○

穏やかな優しい響きのなかに、「づ」音が個性を添えた、芯の強さを感じさせる名前

表記	画数
静[14]江[6]	20
志[7]津[9]江[6]	22
志[7]津[9]枝[8]	24
史[5]都[11]恵[10]	26
詩[13]津[9]江[6]	28

しなこ
Shinako
●●○

耳新しく個性的な響きが、和風のしなやかさを感じさせる、大人びた印象の名前

表記	画数
科[9]子[3]	12
姿[9]子[3]	12
品[9]子[3]	12
史[5]奈[8]子[3]	16
志[7]菜[11]子[3]	21
紫[12]那[7]子[3]	22
詩[13]名[6]子[3]	22
詩[13]奈[8]子[3]	24
梓[11]菜[11]子[3]	25
詩[13]菜[11]子[3]	27

しの
Shino
●●●

細くしなやかな「篠竹」を意味する和風の音。古風で大人びた、美しい雰囲気をもつ

表記	画数
し[1]の[1]	2
志[7]乃[2]	9
紫[12]乃[2]	14
詩[13]乃[2]	15
篠[17]★	17

しのぶ
Shinobu
●●○

まとまりのよい伝統的な名前で、しっとりした響きのなかにも、芯の強さを感じさせる

表記	画数
忍[7]	7
偲[11]	11
梓[11]乃[2]歩[8]	21
紫[12]乃[2]芙[7]	21
詩[13]乃[2]風[9]	24

しほ
Shiho
●●●

優しくおとなしい「し」「ほ」を重ねた、素直な愛らしさをもつ響き。Ⓚ男性名

表記	画数
史[5]葡[12]★	17
詩[13]歩[8]	21
志[7]穂[15]	22
詩[13]保[9]	22
紫[12]穂[15]	27

しほり
Shihori
●●○

清らかな響きに溶け込んだ「ほ」音の個性が光り、和風の古典的な詩情を醸し出す

表記	画数
史[5]歩[8]里[7]	20
志[7]保[9]梨[11]	27
詩[13]帆[6]理[11]	30
志[7]穂[15]莉[10]	32
紫[12]穂[15]里[7]	34

しま
Shima
●●●

「ま」音の明るさが、「し」音の親しみやすさを際立たせる、簡潔で快い和風の名前

表記	画数
縞[16]★	16
志[7]麻[11]	18
詩[13]茉[8]	21
志[7]摩[15]	22
梓[11]麻[11]	22

しまこ
Shimako
●●○

「しま」という和風音に「こ」を続けた、ノスタルジックな響きがかわいらしい名前

表記	画数
史[5]真[10]子[3]	18
志[7]茉[8]子[3]	18
縞[16]★子[3]	19
志[7]摩[15]子[3]	25
紫[12]麻[11]子[3]	26

しゅうこ
Shuko
●○○

「しゅう」という流れるような洗練された音に、「こ」音がよくなじんだ、聡明な印象の名前

表記	画数
秀[7]子[3]	10
洲[9]子[3]	12
秋[9]子[3]	12
柊[9]子[3]	12
萩[12]子[3]	15

じゅな
Juna
●●●

古風な重みを感じさせる「じゅ」音と、人気の止め字「な」の、新感覚の名前。ⓀⒸ女性名

表記	画数
寿[7]名[6]	13
寿[7]奈[8]	15
珠[10]那[7]	17
珠[10]南[9]	19
樹[16]奈[8]	24

じゅり
Juli*
●●●

エキゾチックな雰囲気と清涼感を併せもつ音。ⓀⒸ女性名ⒺⒻ女性名に近い音Ⓓ7月

表記	画数
寿[7]里[7]	14
珠[10]莉[10]	20
樹[16]李[7]	23
樹[16]里[7]	23
珠[10]璃[15]	25

じゅりあ
Julia*
●●●

華麗で艶やかな響きをもった、印象に残りやすい名前。ⒺⒻⒹⒾ女性名

表記	画数
朱[6]李[7]亜[7]	20
寿[7]利[7]亜[7]	21
寿[7]里[7]阿[8]	22
珠[10]莉[10]亜[7]	27
樹[16]理[11]亜[7]	34

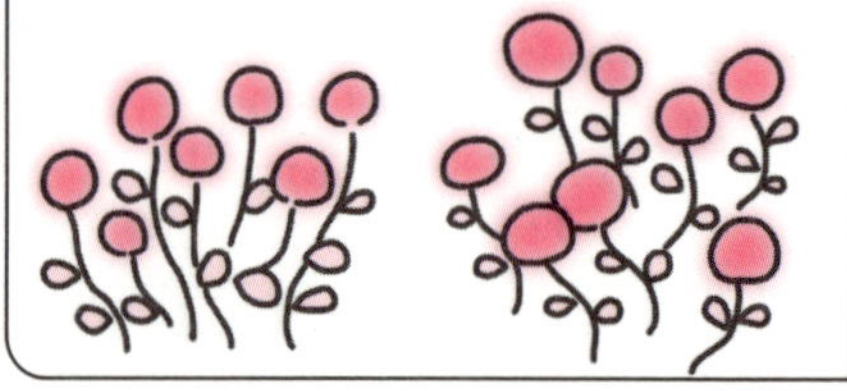

英語圏の人にとっての発音のしやすさの目安　●●● しやすい　●●○ ややしにくい　●○○ しにくい

じゅりな
Julina*

●●●

「じゅり」音のしゃれたスピード感を、人気の「な」音がやわらかく受け止める

表記	総画
寿(7)莉(10)名(6)	23
寿(7)梨(11)那(7)	25
珠(10)里(7)菜(11)	28
樹(16)里(7)奈(8)	31
樹(16)理(11)奈(8)	35

じゅん
Jun

●●●

スピードと潤いを感じさせる、なじみ深い音。ⓀⒸ女性名Ⓕ近い音の女性名

表記	総画
洵(9)	9
純(10)	10
絢(12)	12
順(12)	12
潤(15)	15

しゅんこ
Shunko

●●○

活発なイメージの「しゅん」音に伝統的な「こ」音を合わせた、エネルギッシュな名前

表記	総画
旬(6)子(3)	9
俊(9)子(3)	12
春(9)子(3)	12
峻(10)子(3)	13
春(9)湖(12)	21

じゅんこ
June-ko*

●●○

潤い感のある「じゅん」音を、「こ」音が落ちつきをもって受け止める、なじみ深い名前

表記	総画
洵(9)子(3)	12
純(10)子(3)	13
淳(11)子(3)	14
順(12)子(3)	15
潤(15)子(3)	18

じゅんな
Jun-na

●●●

なじみ深い「じゅん」音に、やわらかく現代的な音の止め字「な」を加えた、新感覚の名前

表記	総画
洵(9)名(6)	15
純(10)奈(8)	18
順(12)那(7)	19
惇(11)菜(11)	22
潤(15)那(7)	22

しょうこ
Shoko

●●○

快活な流れをもつ「しょう」音と、穏やかな「こ」音がよくなじむ、きれいな響きの名前

表記	総画
祥(10)子(3)	13
梢(11)子(3)	14
笙(11)子(3)	14
翔(12)子(3)	15
彰(14)子(3)	17

しるく
Shiruku

●●○

まとまりのよい個性的な響きで、なめらかな透明感のあるイメージをもつ。Ⓔ生糸、絹

表記	総画
知(8)玖(7)	15
志(7)留(10)久(3)	20
志(7)留(10)紅(9)	26
詩(13)琉(11)久(3)	27
梓(11)留(10)紅(9)	30

すず
Suzu

●●●

同音の「鈴」を思わせる、ノスタルジックな2音名前。繰り返し音がかわいらしい

表記	総画
す(3)ず(5)	8
紗(10)	10
涼(11)	11
鈴(13)	13
寿(7)瑞(13)	20

すずえ
Suzu-e

●○○

かわいらしい響きの「すず」に、素直な「え」を合わせた、やわらかさのある名前

表記	総画
寿(7)々(3)枝(8)	18
涼(11)恵(10)	21
鈴(13)枝(8)	21
鈴(13)恵(10)	23
珠(10)洲(9)江(6)	25

すずか
Suzuka

●●○

「すず」のもつ涼しげな音と、可憐な「か」音の組み合わせ。サーキット名として知られる

表記	総画
紗(10)華(10)	20
鈴(13)花(7)	20
鈴(13)果(8)	21
珠(10)洲(9)加(5)	24
鈴(13)歌(14)	27

すずこ
Suzuko

●●○

明るくかわいい「すず」音に、深みのある止め字「こ」を添えた、愛らしさを秘めた響き

表記	総画
寿(7)々(3)子(3)	13
涼(11)子(3)	14
鈴(13)子(3)	16
珠(10)洲(9)子(3)	22
紗(10)湖(12)	22

すずな
Suzuna

●●○

春の七草に数えられる植物のひとつと同音。明るく、なじみ深い響きがかわいらしい

表記	総画
寿(7)々(3)那(7)	17
涼(11)那(7)	18
涼(11)南(9)	20
紗(10)菜(11)	21
鈴(13)奈(8)	21

★新人名漢字

すみ
Sumi
●●●

澄んだ「す」音と、やわらかな「み」音の組み合わせが、清らかに響く。Ⓕ従順な

名前	画数
澄(15)泉(9)	24
須(12)美(9)	21
純(10)美(9)	19
澄(15)	15
純(10)	10

すみえ
Sumie
●○○

おとなしいイメージの「すみ」と「え」両音の重なりが、清純な響きの名前をつくる

名前	画数
寿(7)美(9)瑛(12)	28
澄(15)恵(10)	25
純(10)慧(15)	25
澄(15)江(6)	21
清(11)恵(10)	21

すみか
Sumika
●●○

「すみ」音の透明感に、「か」音の華やかさを加えた、澄んだ輝きを感じさせる響き

名前	画数
澄(15)歌(14)	29
朱(6)美(9)夏(10)	25
澄(15)花(7)	22
純(10)香(9)	19
純(10)佳(8)	18

すみこ
Sumiko
●●○

清らかな「すみ」に、「こ」音が穏やかに添う、優しい透明感をもつ名前。Ⓢ彼(彼女)の猫

名前	画数
澄(15)湖(12)	27
純(10)美(9)子(3)	22
寿(7)美(9)子(3)	19
澄(15)子(3)	18
純(10)子(3)	13

すみよ
Sumiyo
●○○

「すみ」音の落ちつきに、「よ」音の女らしい深みが加わり、さりげない艶を醸し出す

名前	画数
澄(15)葉(12)	27
須(12)美(9)世(5)	26
栖(10★)美(9)代(5)	24
寿(7)美(9)世(5)	21
澄(15)代(5)	20

すみれ
Sumire
●●○

小さく可憐な花名、および「濃い紫色」を表す風雅な音。かわいさと高貴さを併せもつ名前

名前	画数
寿(7)美(9)鈴(13)	29
澄(15)鈴(13)	28
澄(15)礼(5)	20
菫(11)	11
す(3)み(3)れ(3)	9

すわこ
Suwako
●●○

落ちついた3音で構成されたまとまりのなかで、「わ」音の和風の雰囲気が個性を放つ

名前	画数
須(12)環(17)子(3)	32
諏(15★)訪(11)子(3)	29
栖(10★)和(8)子(3)	21
寿(7)和(8)子(3)	18
朱(6)羽(6)子(3)	15

すずね
Suzune
●○○

古風な音の止め字「ね」が、「すず」音を効果的に引き立てた、愛らしさに満ちた名前

名前	画数
鈴(13)峯(10★)	23
鈴(13)音(9)	22
涼(11)音(9)	20
紗(10)音(9)	19
寿(7)々(3)祢(9★)	19

すずの
Suzuno
●●○

しっとりした落ちつきのある「の」音により、「すず」のもつ涼やかさが際立って響く

名前	画数
涼(11)埜(11★)	22
寿(7)珠(10)乃(2)	19
錫(16★)乃(2)	18
鈴(13)乃(2)	15
紗(10)乃(2)	12

すずほ
Suzuho
●○○

かわいらしい「すず」音に、優しい「ほ」音がなじんだ、温かい安心感を与える名前

名前	画数
鈴(13)穂(15)	28
紗(10)穂(15)	25
寿(7)珠(10)歩(8)	25
鈴(13)歩(8)	21
紗(10)浦(10)	20

すずみ
Suzumi
●○○

「み」のやわらかな響きが、「すず」音に自然になじんだ、涼やかなイメージの名前

名前	画数
鈴(13)泉(9)	22
紗(10)深(11)	21
涼(11)泉(9)	20
涼(11)実(8)	19
紗(10)美(9)	19

すずよ
Suzuyo
●○○

愛らしい「すず」音に、落ちつきのある止め字「よ」を合わせ、穏やかな女らしさをプラス

名前	画数
珠(10)洲(9)代(5)	24
鈴(13)夜(8)	21
紗(10)夜(8)	18
涼(11)代(5)	16
紗(10)世(5)	15

すなお
Sunao
●●○

やわらかくまとまった音が、ストレートに「素直」さを感じさせる。Ⓢ彼(彼女)の船

名前	画数
紗(10)緒(14)	24
素(10)奈(8)央(5)	23
寿(7)南(9)央(5)	21
素(10)直(8)	18
紗(10)央(5)	15

すまこ
Sumako
●●○

「源氏物語」の光源氏隠居の地「須磨」と同音。「こ」音で、さらに古風な優美さをプラス

名前	画数
須(12)磨(16)子(3)	31
須(12)麻(11)子(3)	26
須(12)真(10)子(3)	25
寿(7)麻(11)子(3)	21
朱(6)真(10)子(3)	19

英語圏の人にとっての発音のしやすさの目安　●●● しやすい　●●○ ややしにくい　●○○ しにくい

せいら
Sarah*

●●●

洋風の響きをもつ、華麗な印象の名前。Ⓚ女性名Ⓘ女性名、「晩」に近い音Ⓔ船乗り

聖 13 羅 19	32
清 11 螺 17★	28
青 8 羅 19	27
静 14 良 7	21
セ 2 イ 2 ラ 2	6

せしる
Cecile*

●●●

優しい3音が、繊細でしゃれたイメージを与える、女の子らしい名前。Ⓕ女性名

瀬 19 詩 13 留 10	42
聖 13 詩 13 琉 11	37
世 5 詩 13 瑠 14	32
世 5 史 5 瑠 14	24
セ 2 シ 3 ル 2	7

せつ
Setsu

●●○

控えめな音の組み合わせが、温和な強さを感じさせる。古風な響きがかわいらしい

瀬 19 都 11	30
瀬 19 津 9	28
聖 13 都 11	24
節 13	13
雪 11	11

せつこ
Setsuko

●○○

芯の強さを秘めた穏やかな「せつ」音に、親しみのある「こ」を合わせた、なじみ深い名前

瀬 19 都 11 子 3	33
世 5 鶴 21 子 3	29
世 5 津 9 子 3	17
節 13 子 3	16
摂 13 子 3	16

せな
Sena

●●●

優しく軽やかなイメージの名前。Ⓚ女性名Ⓕ「元老院」「セーヌ川」に近い音

瀬 19 南 9	28
瀬 19 那 7	26
聖 13 奈 8	21
世 5 菜 11	16
世 5 奈 8	13

せい
Sei

●●●

清々しい「せ」と「い」音が合い、きれいな流れをつくる、スマートな名前。Ⓒ女性名

世 5 唯 11	16
静 14	14
聖 13	13
栖 10★	10
星 9	9

せいか
Seika

●●○

流れるような清楚な「せい」音に、「か」の可憐な響きを加えた、かわいらしい名前

清 11 夏 10	21
聖 13 花 7	20
清 11 香 9	20
栖 10★ 華 10	20
青 8 夏 10	18
静 14 歌 14	28
星 9 歌 14	23
聖 13 香 9	22
晴 12 夏 10	22
聖 13 佳 8	21

せいこ
Seiko

●●●

清純な響きの名前。セイコー(精密機器のブランド名)に近い音で、世界的に知られる

清 11 瑚 13	24
青 8 湖 12	20
誓 14 子 3	17
誠 13 子 3	16
聖 13 子 3	16

せいな
Seina

●●○

清らかな「せい」音と、しなやかな止め字「な」で、さわやかに。Ⓕ「セーヌ川」に近い音

静 14 那 7	21
聖 13 奈 8	21
世 5 衣 6 奈 8	19
晟 10 那 7	17
星 9 七 2	11

★新人名漢字

せなみ
Senami

●●○

瀬19 南9 美9	37
勢13 南9 美9	31
聖13 那7 美9	29
瀬19 波8	27
世5 奈8 美9	22

やわらかい音どうしの多用されていない組み合わせ。温もりに満ちた個性的な響きをもつ

せり
Seri

●●●

瀬19 理11	30
瀬19 莉10	29
世5 璃15	20
世5 梨11	16
芹7	7

春の七草のひとつ「芹」と同音。涼やかな余韻をもつ。Ⓚ女性名Ⓕ「まじめな」に近い音

そ 【So】

そうこ
Soko

●●○

颯14 子3	17
想13 子3	16
湊12★ 子3	15
惣12 子3	15
奏9 子3	12

さわやかな落ちつきをもつ「そう」音と、伝統的な止め字「こ」の、まとまりのよい名前

そえみ
So-amy*

●●○

楚13★ 恵10 美9	32
素10 笑10 美9	29
素10 江6 実8	24
添11 美9	20
添11 実8	19

おとなしい「そ」、素直な「え」、やわらかい「み」で構成された、女の子らしい名前

その
Sono

●●●

薗16★	16
想13 乃2	15
園13	13
曽11★ 乃2	13
苑8	8

優しい2音がつくる優雅で上品な響きが、しっとりとした和風の趣を漂わせる。Ⓕ音の

そのえ
Sonoe

●○○

園13 恵10	23
薗16★ 江6	22
園13 江6	19
園13 永5	18
苑8 枝8	16

「その」音のもつ穏やかな品のよさを、優しい「え」音が、素直に生かした名前

そのか
Sonoka

●●○

園13 香9	22
園13 花7	20
苑8 華10	18
苑8 佳8	16
苑8 花7	15

明るい音で人気の止め字「か」が、おとなしい「その」音に、活発な華やかさをプラス

せりあ
Celia*

●●●

瀬19 里7 亜7	33
瀬19 李7 杏7	33
聖13 梨11 阿8	32
世5 梨11 亜7	23
世5 李7 亜7	19

清涼感あふれる「せり」音に、新感覚の止め字「あ」が相性よくなじむ。Ⓢ女性名

せりか
Celica*

●●●

瀬19 梨11 花7	37
瀬19 里7 佳8	34
世5 李7 果8	20
芹7 夏10	17
芹7 花7	14

明るくさわやかな響きの名前。スポーツカーの名称として、広く知られる音でもある

せりな
Serena*

●●●

瀬19 里7 奈8	34
聖13 里7 那7	27
芹7 菜11	18
芹7 南9	16
芹7 奈8	15

明るい爽快なイメージと、やわらかさを併せもつ。Ⓕ女性名ⒺⒾ近い音の女性名

せんり
Senri

●●○

泉9 李7	16
茜9 里7	16
千3 梨11	14
千3 莉10	13
千3 里7	10
茜9 浬10★	19
千3 璃15	18
扇10 李7	17
染9 里7	16
泉9 里7	16

はるかな距離を象徴する「千里」と同音。落ちついた静かな響きのなかに、力強さも秘める

英語圏の人にとっての発音のしやすさの目安　●●●しやすい　●●○ややしにくい　●○○しにくい

そのこ
Sonoko

●●○

名前	画数
苑(8)子(3)	11
園(13)子(3)	16
楚★(13)乃(2)子(3)	18
薗★(16)子(3)	19
曽★(11)野(11)子(3)	25

優美な伝統音「その」と「こ」の組み合わせ。深窓の令嬢を思わせる上品な響き

そのみ
Sonomi

●●○

名前	画数
苑(8)未(5)	13
苑(8)美(9)	17
園(13)実(8)	21
園(13)美(9)	22
楚★(13)乃(2)実(8)	23

やわらかさのある「み」音を得て、しとやかで格調高い「その」音が、親しみやすく響く

そよか
Soyoka

●○○

名前	画数
そ(3)よ(3)香(9)	15
そ(3)よ(3)夏(10)	16
爽(11)代(5)香(9)	25
素(10)葉(12)香(9)	31
楚★(13)世(5)歌(14)	32

静かに風がそよぐようなやわらかい響きと、可憐な止め字「か」が、かわいらしい

そら
Sola*

●●●

名前	画数
空(8)	8
宙(8)	8
楚★(13)良(7)	20
想(13)羅(19)	32
楚★(13)羅(19)	32

「空」と同じ、さわやかなイメージの音。Ⓚ女性名Ⓢ彼女ひとりでⒻ「太陽の」に近い音

そらみ
So-rummy*

●●○

名前	画数
宙(8)未(5)	13
空(8)実(8)	16
空(8)美(9)	17
宙(8)美(9)	17
楚★(13)良(7)美(9)	29

スケールの大きさを感じさせる「そら」音に、優しい「み」音が、女らしさをプラス

た【Ta】

たえ
Tae

●●○

名前	画数
妙(7)	7
多(6)英(8)	14
多(6)枝(8)	14
多(6)瑛(12)	18
多(6)絵(12)	18

「た」音の静かな明るさを、慎重な響きの「え」が支え、穏やかな温かさをつくる

たえこ
Taeko

●●○

名前	画数
た(4)え(3)子(3)	10
妙(7)子(3)	10
多(6)依(8)子(3)	17
多(6)恵(10)子(3)	19
多(6)瑛(12)子(3)	21

親しみやすい温もりをもつ「たえ」音と、伝統的な「こ」音がなじむ、安心感のある名前

たお
Tao

●●●

名前	画数
多(6)央(5)	11
汰(7)央(5)	12
多(6)音(9)	15
多(6)桜(10)	16
多(6)緒(14)	20

しっかりした「た」音と、穏やかな「お」音を簡潔に合わせた、新感覚の2音名前

たかえ
Taka-e

●○○

名前	画数
孝(7)江(6)	13
孝(7)枝(8)	15
孝(7)恵(10)	17
孝(7)詠(12)	19
多(6)禾★(5)恵(10)	21
多(6)佳(8)枝(8)	22
貴(12)恵(10)	22
貴(12)瑛(12)	24
多(6)香(9)恵(10)	25
多(6)佳(8)絵(12)	26

素直な音の止め字「え」が、「たか」音のもつ明るく元気なイメージを引き立てる

★新人名漢字

たかこ
Takako

●●○

はっきりした「たか」音が、強い意志を秘めた、明るく活発な女の子を思わせる名前

名前	画数
孝(7)子(3)	10
高(10)子(3)	13
貴(12)子(3)	15
敬(12)子(3)	15
多(6)香(9)子(3)	18

たかね
Takane

●●○

古風な響きの止め字「ね」が、高貴な印象の「たか」音に、日本的な情趣を添える

名前	画数
貴(12)音(9)	21
貴(12)峯(10★)	22
多(6)佳(8)音(9)	23
多(6)香(9)祢(9★)	24
高(10)嶺(17)	27

たかの
Takano

●●○

はっきりした「たか」音と、和風の奥ゆかしさをもつ「の」音が、バランスよく引き立て合う

名前	画数
孝(7)乃(2)	9
尭(8)乃(2)	10
貴(12)乃(2)	14
尭(8)埜(11★)	19
多(6)歌(14)乃(2)	22

たかほ
Takaho

●●○

「たか」というしっかりした響きに、「ほ」音が優しさと温もり感に満ちた余韻を添える

名前	画数
昂(8)帆(6)	14
貴(12)帆(6)	18
孝(7)穂(15)	22
崇(11)穂(15)	26
貴(12)穂(15)	27

たかみ
Takami

●●○

「たか」音の明るさに「み」音のやわらかさが加わった、親しみやすいイメージの名前

名前	画数
孝(7)美(9)	16
尭(8)美(9)	17
貴(12)美(9)	21
敬(12)海(9)	21
多(6)賀(12)美(9)	27

たかよ
Takayo

●○○

明るく活発な「たか」音と、奥深い落ちつきをもつ「よ」音が、絶妙のバランスを保つ

名前	画数
孝(7)代(5)	12
多(6)加(5)代(5)	16
敬(12)代(5)	17
多(6)佳(8)世(5)	19
崇(11)葉(12)	23

たから
Takara

●●●

「大切なもの」のニュアンスを秘める音。海外ではゲームメーカー名として知られる

名前	画数
宝(8)	8
た(4)か(3)ら(3)	10
敬(12)良(7)	19
多(6)華(10)良(7)	23
貴(12)螺(17★)	29

たき
Taki

●●●

快活な「た」音とシャープな「き」音の簡潔な組み合わせ。知性と積極性を感じさせる名前

名前	画数
多(6)希(7)	13
多(6)季(8)	14
多(6)葵(12)	18
瀧(19★)	19
多(6)綺(14)	20

たきこ
Takiko

●●○

はっきりした強めの3音で構成された響きが、一途なひたむきさを感じさせる

名前	画数
滝(13)子(3)	16
多(6)季(8)子(3)	17
多(6)喜(12)子(3)	21
多(6)輝(15)子(3)	24
多(6)樹(16)子(3)	25

たきの
Takyno*

●●○

前向きな強さを秘めた「たき」音と、古風な止め字「の」が、穏やかな日本女性を思わせる

名前	画数
多(6)姫(10)乃(2)	18
瀧(19★)乃(2)	21
多(6)綺(14)乃(2)	22
多(6)輝(15)乃(2)	23
多(6)季(8)埜(11★)	25

たくみ
Takumi

●●○

「たく」の快活な印象を、やわらかい止め字の「み」が、優しくまとめ上げた名前

名前	画数
多(6)久(3)実(8)	17
卓(8)美(9)	17
拓(8)海(9)	17
拓(8)望(11)	19
琢(11)美(9)	20

たづこ
Tazuko

●●○

和風の上品な響きのなかで、適度な重さをもつ「づ」音が、芯の強さを光らせる

名前	画数
多(6)杜(7)子(3)	16
多(6)津(9)子(3)	18
多(6)瑞(13)子(3)	22
田(5)鶴(21)子(3)	29
多(6)鶴(21)子(3)	30

英語圏の人にとっての発音のしやすさの目安　●●● しやすい　●●○ ややしにくい　●○○ しにくい

たまみ
Tamami
●●○

明るくやわらかな「たま」音と「み」音の連なりが、弾むように快活な女の子を思わせる

名前	画数	総画
環美	17・9	26
多真美	6・10・9	25
瑶美	13・9	22
珠美	10・9	19
珠海	10・9	19

たつみ
Tatsumi
●○○

適度な重さと強さを感じさせる「たつ」音に、「み」を添えて、やわらかい響きをプラス

名前	画数	総画
多鶴水	6・21・4	31
多都美	6・11・9	26
樹美	16・9	25
多津美	6・9・9	24
辰巳	7・3	10

たまよ
Tamayo
●○○

親しみのある「たま」音に、温和な「よ」音を添えた、のどかな雰囲気の名前。Ⓢ姓

名前	画数	総画
瑶葉	13・12	25
碧代	14・5	19
瑶代	13・5	18
玲世	9・5	14
玉代	5・5	10

たまえ
Tamae
●○○

「たま」音のもつ明るい響きに、「え」音の安定感を合わせて、より親しみやすく

名前	画数	総画
瑶詠	13・12	25
瑶依	13・8	21
玲瑛	9・12	21
珠重	10・9	19
玉枝	5・8	13

たみ
Tammy*
●●●

明るい「た」とやわらかい「み」を合わせた、親しみやすい和風の名前。ⒺⒻ近い音の女性名

名前	画数	総画
多望	6・11	17
多美	6・9	15
多海	6・9	15
多実	6・8	14
民	5	5

たまお
Tamao
●●○

明るい「たま」音に、しっとりした止め字「お」を添えた、古風で格調高い響きの名前

名前	画数	総画
玲緒	9・14	23
瑶音	13・9	22
玉緒	5・14	19
瑶央	13・5	18
珠央	10・5	15
多麻織	6・11・18	35
碧桜	14・10	24
珠緒	10・14	24
圭織	6・18	24
多茉音	6・8・10	24

たみえ
Tamie
●○○

明るくやわらかい音で構成され、ノスタルジックな雰囲気をもつ。Ⓕ近い音の女性名

名前	画数	総画
多美絵	6・9・12	27
多美恵	6・9・10	25
多弥依	6・8・8	22
民恵	5・10	15
民江	5・6	11

たみこ
Tamiko
●●○

温かい印象を与える「たみ」音に、奥深い「こ」音を合わせた、落ちついた和風の名前

名前	画数	総画
多深子	6・11・3	20
多美子	6・9・3	18
多弥子	6・8・3	17
多実子	6・8・3	17
民子	5・3	8

たまき
Tamaki
●●○

はっきりした明るい音の組み合わせ。古代の「腕飾り」を意味する、優美な音でもある

名前	画数	総画
碧葵	14・12	26
瑞姫	13・10	23
瑶妃	13・6	19
環	17	17
珠希	10・7	17

たみよ
Tammyo*
●●○

親しみやすい響きの「たみ」音と、静かな「よ」音がなじみ、しっとりとした印象を与える

名前	画数	総画
多美葉	6・9・12	27
多美代	6・9・5	20
多弥代	6・8・5	19
民代	5・5	10
民世	5・5	10

たまこ
Tamako
●●○

まろやかな「たま」音と「こ」音の組み合わせが、かわいらしく落ちついたイメージをつくる

名前	画数	総画
多磨子	6・16・3	25
多摩子	6・15・3	24
碧子	14・3	17
瑶子	13・3	16
珠子	10・3	13

だりあ
Dahlia*
●●●

美しく艶やかな花の名と同じ音で、存在感のある響きをもつ。Ⓢ女性名

名前	画数	総画
舵★浬★亜	11・10・7	28
那理有	7・11・6	24
那里亜	7・7・7	21
那李亜	7・7・7	21
ダリア	5・2・2	9

★新人名漢字

ちあき
Chiaki

●●○

知的ですっきりした「ち」音と、明るく元気な「あき」音の、まとまりのよい組み合わせ

千3 亜7 希7	千3 晶12	千3 暁12	千3 秋9	千3 明8
17	15	15	12	11
知8 亜7 貴12	智12 亜7 妃6	智12 秋9	知8 晶12	千3 亜7 紀9
27	25	21	20	19

ちいこ
Chiko

●●●

「ち」とその母音「い」を、伝統的な止め字「こ」が受けた、愛称的なかわいらしい響き。Ⓢ少年

知8 唯11 子3	智12 衣6 子3	知8 依8 子3	茅8 衣6 子3	千3 依8 子3
22	21	19	17	14

ちえ
Chie

●●●

まとまりのよい簡潔な音のなかに、素朴で親しみやすい、少女らしいイメージを秘める

智12 慧15	智12 江6	千3 詠12	千3 瑛12	千3 恵10
27	18	15	15	13

ちえこ
Chieko

●●○

なじみ深い「ちえ」音に、伝統的な止め字「こ」を合わせた、和風の落ちつきをもった名前

智12 絵12 子3	智12 恵10 子3	知8 絵12 子3	茅8 恵10 子3	千3 枝8 子3
27	25	23	21	14

ちえみ
Chiemi

●●○

明るい「ちえ」音に、やわらかい「み」音がなじみ、気さくで優しい人柄を思わせる

智12 絵12 実8	千3 恵10 美9	千3 重9 美9	千3 枝8 美9	千3 江6 海9
32	22	21	20	18

ちえり
Chieri

●●○

「り」音の余韻が新鮮な印象をつくる。Ⓕ男子名に近い音Ⓔ「桜」「さくらんぼ」に近い音

智12 慧15 里7	知8 枝8 璃15	知8 恵10 理11	千3 絵12 莉10	知8 英8 李7
34	31	29	25	23

ちか
Chika

●●●

はっきりとキレのよい「ち」と「か」両音が、知的で華やかな雰囲気をつくる。Ⓢ少女

千3 華10	千3 夏10	千3 香9	千3 佳8	千3 花7
13	13	12	11	10
智12 花7	知8 香9	千3 歌14	千3 嘉14	知8 佳8
19	17	17	17	16

ちかえ
Chickae*

●●○

「ちか」という明確な音に、「え」音の安心感が加わった、聡明なイメージをもつ名前

智12 香9 恵10	知8 佳8 絵12	千3 歌14 枝8	千3 華10 衣6	千3 佳8 江6
31	28	25	19	17

ちかげ
Chikage

●●○

「かげ」の古風な響きが、「ち」音の秘めた知性を際立たせ、洗練された印象を与える

智12 景12	知8 景12	芽8 景12	千3 花7 夏10	千3 景12
24	20	20	20	15

ちかこ
Chikako

●●○

はっきりした個々の音が、意志の強さを感じさせるとともに、一途なまとまりをつくる

知8 香9 子3	茅8 香9 子3	千3 歌14 子3	知8 佳8 子3	千3 花7 子3
20	20	20	19	13

英語圏の人にとっての発音のしやすさの目安　●●● しやすい　●●○ ややしにくい　●○○ しにくい

ちかね
Chicane*
●●○

しっかりした「ちか」音に、和風の止め字「ね」を続けた、しとやかな強さを感じさせる名前

名前	画数	総画
知花峰	8・7・10	25
茅佳祢★	8・8・9	25
知果音	8・8・9	25
千歌音	3・14・9	26
智佳音	12・8・9	29

ちぐさ
Chigusa
●●○

「いろいろな草」または「青緑色」を優雅に言い表す音。日本人好みの風流な響き

名前	画数	総画
ちぐさ	3・3・3	9
千草	3・9	12
千種	3・14	17
茅草	8・9	17
智玖沙	12・7・7	26

ちこ
Chiko
●●●

伝統的な止め字の「こ」音が生きた、愛称のようなかわいらしさが光る響き。Ⓢ少年

名前	画数	総画
チコ	3・2	5
茅子	8・3	11
知子	8・3	11
智子	12・3	15
千瑚	3・13	16

ちさ
Chisa
●●●

「ち」のシャープな響きに、「さ」音がさわやかさを加える、スピード感のある名前

名前	画数	総画
千咲	3・9	12
千彩	3・11	14
茅咲	8・9	17
知紗	8・10	18
智沙	12・7	19

ちさこ
Chisako
●●○

明るい知性を感じさせる「ちさ」音に、伝統的な止め字「こ」で、落ちつきをプラス

名前	画数	総画
千佐子	3・7・3	13
千咲子	3・9・3	15
知早子	8・6・3	17
知冴子	8・7・3	18
智紗子	12・10・3	25

ちさと
Chisato
●●○

シャープな「ち」音に優しい「さと」音がなじんだ、知性と懐かしさを感じさせる名前

名前	画数	総画
千里	3・7	10
千怜	3・8	11
千彗	3・11	14
知里	8・7	15
千佐登	3・7・12	22

ちず
Chizu
●●○

知的な「ち」音と奥深い「ず」音の古風な響きが、優雅でしとやかな女性を思わせる

名前	画数	総画
千杜	3・7	10
千津	3・9	12
智津	12・9	21
智逗★	12・11	23
千鶴	3・21	24

ちずこ
Chizuko
●●○

たおやかで知的なイメージと、伝統を踏まえた品格を漂わせる、優美な響きの名前

名前	画数	総画
千寿子	3・7・3	13
知寿子	8・7・3	18
知津子	8・9・3	20
智寿子	12・7・3	22
千鶴子	3・21・3	27

ちせ
Chise
●●●

知的な「ち」音と、さわやかな「せ」音の、新鮮な組み合わせ。軽やかな響きが愛らしい

名前	画数	総画
千世	3・5	8
千勢	3・13	16
智世	12・5	17
知聖	8・13	21
千瀬	3・19	22

ちづえ
Chizue
●○○

和風のしとやかな音のなかで、芯の強さを感じさせる「づ」音の存在が、個性的に光る

名前	画数	総画
千津枝	3・9・8	20
千津恵	3・9・10	22
知津依	8・9・8	25
知津絵	8・9・12	29
千鶴恵	3・21・10	34

ちづる
Chizuru
●●○

優美な姿で愛される鳥「鶴」の名を含んだ名前。まとまりがよく、和風の趣をもつ

名前	画数	総画
千弦	3・8	11
千鶴	3・21	24
千津瑠	3・9・14	26
知津琉	8・9・11	28
智津留	12・9・10	31

ちとせ
Chitose
●●○

「長い年月」を意味する「千歳」と同音。優雅で、ゆったりとした風流な印象を与える

名前	画数	総画
ちとせ	3・2・3	8
千歳	3・13	16
千登世	3・12・5	20
知都世	8・11・5	24
千登勢	3・12・13	28

ちな
China
●●○

シャープな「ち」音と、温かい「な」音が絶妙のバランスを保つ。Ⓢ中国、中国人女性、小石

名前	画数	総画
千南	3・9	12
千菜	3・11	14
知那	8・7	15
知奈	8・8	16
智奈	12・8	20

★新人名漢字

ちふみ
Chi-humi*
●●○
知性と優しさを併せもつ「ち」、温かい「ふ」、やわらかい「み」の新鮮な組み合わせ

表記	画数	合計
千史	3・5	8
千郁	3・9	12
茅文	8・4	12
千歩美	3・8・9	20
千風海	3・9・9	21

ちなつ
Chinatsu
●○○
「なつ」音の、はつらつとした明るいイメージを、「ち」音が女の子らしく生かした名前

表記	画数	合計
千夏	3・10	13
知夏	8・10	18
千南津	3・9・9	21
智夏	12・10	22
知奈都	8・8・11	27

ちふゆ
Chifuyu
●●○
かわいい「ち」と、やわらかい「ふ」「ゆ」音の連なりが、ふわりと優しいイメージに

表記	画数	合計
千冬	3・5	8
知冬	8・5	13
千芙友	3・7・4	14
智布由	12・5・5	22
知富由	8・12・5	25

ちなみ
Chinami
●●○
「ち」音のかわいらしさと、「なみ」音のもつやわらかさが、互いに引き立て合う名前

表記	画数	合計
千波	3・8	11
知南	8・9	17
千菜実	3・11・8	22
知奈美	8・8・9	25
茅南海	8・9・9	26

ちほ
Chiho
●●●
「ち」のシャープな響きを、おとなしい「ほ」音が静かに受け止め、安心感をプラス

表記	画数	合計
千歩	3・8	11
知帆	8・6	14
千葡	3・12★	15
茅歩	8・8	16
知穂	8・15	23

ちの
Chino
●●○
古風な止め字「の」が、「ち」音の秘める愛しさを効果的に響かせる。
Ⓢ中国人男性

表記	画数	合計
千乃	3・2	5
茅乃	8・2	10
知乃	8・2	10
千埜	3・11★	14
知野	8・11	19

ちほこ
Chihoko
●●○
しっかりした2音「ち」「こ」の間の「ほ」音が、優しい和風の落ちつきを加える

表記	画数	合計
千歩子	3・8・3	14
茅帆子	8・6・3	17
知秀子	8・7・3	18
千穂子	3・15・3	21
智歩子	12・8・3	23

ちはや
Chihaya
●○○
和歌の枕詞を思わせる古風な響きで、その意味合いから格調高く洗練された印象をもつ

表記	画数	合計
千早	3・6	9
智早	12・6	18
千杷夜	3・8★・8	19
知羽矢	8・6・5	19
千駿	3・17	20

ちやこ
Chiyako
●●○
やわらかい「や」音を挟む、しっかりした「ち」「こ」のまとまりが、リズミカルに響く

表記	画数	合計
千矢子	3・5・3	11
千弥子	3・8・3	14
知矢子	8・5・3	16
茅夜子	8・8・3	19
智耶子	12・9・3	24

ちはる
Chiharu
●●○
「はる」音のもつ穏やかな温かさを、かわいい「ち」音の1拍で、さらにアピール

表記	画数	合計
千春	3・9	12
千温	3・12	15
知晴	8・12	20
智遥	12・12	24
千葉瑠	3・12・14	29

ちゆき
Chiyuki
●●○
奥ゆかしく耳になじみのよい「ゆき」音が、「ち」音と合わさり、新鮮に響く

表記	画数	合計
千雪	3・11	14
千夕喜	3・3・12	18
千悠季	3・11・8	22
知由貴	8・5・12	25
智由紀	12・5・9	26

ちひろ
Chihiro
●●○
かわいさを光らせる「ち」が、おおらかな優しさをもつ「ひろ」音と相性よくまとまる

表記	画数	合計
千紘	3・10	13
千容	3・10	13
千尋	3・12	15
千裕	3・12	15
千妃呂	3・6・7	16
知日呂	8・4・7	19
知尋	8・12	20
智紘	12・10	22
千緋路	3・14・13	30
千飛鷺	3・9・24★	36

英語圏の人にとっての発音のしやすさの目安 ●●● しやすい ●●○ ややしにくい ●○○ しにくい

ちゆら
Chiyura

●●○

沖縄地方の方言で「清らかで美しい」を意味する「ちゅら」に似た、個性的な音の名前

名前	画数
知8 優17 良7	32
千3 由5 羅19	27
智12 由5 良7	24
千3 結12 良7	22
千3 夕3 楽13	19

ちゆり
Chiyuri

●●○

知的な響きの「ち」音と、清純なイメージが好まれる「ゆり」音を合わせた、新感覚の名前

名前	画数
知8 夕3 莉10	21
知8 百6 合6	20
茅8 由5 里7	20
千3 友4 梨11	18
千3 百6 合6	15
智12 悠11 里7	30
智12 有6 理11	29
知8 由5 璃15	28
千3 優17 里7	27
知8 由5 梨11	24

ちよ
Chiyo

●●●

縁起のよい意味合いが好まれる「千代」と同じ音。深い落ちつきと伝統を感じさせる

名前	画数
知8 葉12	20
智12 世5	17
千3 晶12	15
知8 代5	13
千3 代5	8

ちよか
Chiyoka

●●○

和風の落ちつきをもつ「ちよ」音に、「か」音を添え、古典調のたおやかさをプラス

名前	画数
知8 葉12 夏10	30
智12 世5 佳8	25
千3 夜8 花7	18
千3 代5 華10	18
千3 代5 花7	15

ちよみ
Chiyomi

●●○

「ちよ」という古風な音に、やわらかい「み」音を加えた、優しい気品を感じさせる名前

名前	画数
智12 葉12 美9	33
知8 世5 実8	21
千3 夜8 海9	20
千3 代5 泉9	17
千3 世5 実8	16

ちりこ
Chiriko

●●○

親しみのある3音の、耳新しい組み合わせ。「り」音の個性が際立つ、印象的な響き

名前	画数
智12 利7 瑚13	32
知8 璃15 子3	26
智12 李7 子3	22
千3 莉10 子3	16
千3 里7 子3	13

つかさ
Tsukasa

●○○

明るい音で構成されたまとまりのなかに、愛らしさと聡明なイメージを併せもつ

名前	画数
都11 華10 沙7	28
都11 果8 咲9	28
津9 花7 彩11	27
津9 佳8 冴7	24
司5	5

つきこ
Tsukiko

●○○

優しい月の光を思わせるロマンチックな音が、しとやかな女の子を思わせる

名前	画数
鶴21 妃6 子3	30
都11 希7 子3	21
津9 季8 子3	20
月4 湖12	16
月4 子3	7

つきね
Tsukine

●●○

静かな明るさをもつ「つき」音に、新感覚の止め字「ね」を加えた、しゃれた響きの名前

名前	画数
都11 紀9 音9	29
槻15 峯10★	25
槻15 祢9★	24
月4 嶺17	21
月4 音9	13

つきの
Tsukino

●○○

古風な音の止め字「の」が、「つき」音の自然な美しさを支え、穏やかに響かせる

名前	画数
都11 綺14 乃2	27
津9 輝15 乃2	26
槻15 乃2	17
月4 野11	15
月4 乃2	6

つぐみ
Tsugumi

●○○

冬鳥の名前と同音。明るく元気に飛び回る小鳥の、かわいらしい姿をイメージさせる

名前	画数
津9 玖7 美9	25
嗣13 美9	22
承8 美9	17
亜7 海9	16
つ1 ぐ3 み3	7

★新人名漢字

つねか
Tsuneka

●●○

しっかりした古風な「つね」音に、可憐な響きで人気の止め字「か」を合わせた、個性的な響き

表記	画数	総画
恒香	9・9	18
常花	11・7	18
恒夏	9・10	19
常佳	11・8	19
恒歌	9・14	23

つばき
Tsubaki

●●○

早春を彩る花として愛される「椿」と同じ控えめの音が、奥ゆかしい美しさを思わせる

表記	画数	総画
つばき	1・6・4	11
椿	13	13
津羽己	9・6・3	18
都羽貴	11・6・12	29
津葉紀	9・12・9	30

つばさ
Tsubasa

●○○

ストレートに飛翔するイメージにつながる「翼」と同じ、夢や希望にあふれた快活な音

表記	画数	総画
つばさ	1・6・3	10
翼	17	17
津芭紗	9・7★・10	26
都羽紗	11・6・10	27
津葉沙	9・12・7	28

つむぎ
Tsumugi

●○○

控えめの艶が美しい絹織物を示す、まとまりのよい音。りりしさと優しさを併せもつ

表記	画数	総画
紡	10	10
つむぎ	1・4・6	11
紬	11	11
津麦	9・7	16
摘葵	14・12	26

つやこ
Tsuyako

●○○

奥ゆかしい日本の伝統美を表す「つや」音に、「こ」音を添えた、大和撫子を思わせる名前

表記	画数	総画
都矢子	11・5・3	19
艶子	19・3	22
津野子	9・11・3	23
津椰子	9・13・3	25
鶴耶子	21・9・3	33

つゆ
Tsuyu

●●○

わずかなものや涙の詩的表現ともされる「露」と同音の、かわいらしく潤い感をもつ名前

表記	画数	総画
津弓	9・3	12
都由	11・5	16
都柚	11・9	20
津結	9・12	21
露	21	21

つゆこ
Tsuyuko

●○○

女の子らしい「こ」音が、「つゆ」音の愛らしい響きを引き立てた、詩情に満ちた名前

表記	画数	総画
津友子	9・4・3	16
都夕子	11・3・3	17
津有子	9・6・3	18
露子	21・3	24
津優子	9・17・3	29

つゆみ
Tsuyumi

●○○

やわらかく潤いのある3音がまとまった、穏やかな優しい響き。「つ」音の個性が光る

表記	画数	総画
津有海	9・6・9	24
都由実	11・5・8	24
露泉	21・9	30
露美	21・9	30
都悠美	11・11・9	31

ていこ
Teiko

●●○

しっかりした流れを感じさせる「てい」音に、落ちつきのある「こ」音が相性よくなじむ

表記	画数	総画
汀子	5・3	8
貞子	9・3	12
禎子	13・3	16
綴子	14★・3	17
醍子	16★・3	19

てつこ
Tetsuko

●○○

親しみやすく、芯の強さを思わせる「てつ」音と、伝統的な止め字「こ」の組み合わせ

表記	画数	総画
てつ子	2・1・3	6
哲子	10・3	13
哲仔	10・5★	15
綴子	14★・3	17
徹子	15・3	18

てるえ
Terue

●○○

晴れやかで明るい「てる」音に、「え」音が素直に添った、飾り気のない自然体の響き

表記	画数	総画
映枝	9・8	17
輝依	15・8	23
照絵	13・12	25
煌絵	13★・12	25
輝瑛	15・12	27

てるか
Teruka

●○○

ともに明朗な音をもつ「てる」と「か」両音の連なりが、光り輝くような響きをつくる

表記	画数	総画
照花	13・7	20
瑛香	12・9	21
照佳	13・8	21
輝夏	15・10	25
耀花	20・7	27

英語圏の人にとっての発音のしやすさの目安　●●● しやすい　●●○ ややしにくい　●○○ しにくい

てるこ
Teruko
●○○

明るい音ながら落ちつきのある「て」と「こ」の音が、「る」音のかわいらしさを引き立てる

名前	画数	総画
輝子	輝15 子3	18
照子	照13 子3	16
瑛子	瑛12 子3	15
旭子	旭6 子3	9
てる子	て2 る3 子3	8

てるは
Teruha
●●○

なじみ深い「てる」音に、軽やかな止め字「は」を添えた、新感覚のしゃれた名前

名前	画数	総画
照葉	照13 葉12	25
輝波	輝15 波8	23
輝芭	輝15 芭7★	22
瑛芭	瑛12 芭7★	19
光波	光6 波8	14

てるみ
Terumi
●●○

「てる」の晴れやかな音を、止め字「み」が生かした、快活な響き。Ⓔ「私に話して」に近い音

名前	画数	総画
照泉	照13 泉9	22
瑛泉	瑛12 泉9	21
輝水	輝15 水4	19
光海	光6 海9	15
てるみ	て2 る3 み3	8
耀美	耀20 美9	29
輝深	輝15 深11	26
輝海	輝15 海9	24
輝実	輝15 実8	23
照美	照13 美9	22

てるよ
Teruyo
●○○

明るい「てる」音に、和風の奥深さをもつ「よ」音が加わり、艶めいた響きをつくる

名前	画数	総画
瑛葉	瑛12 葉12	24
輝世	輝15 世5	20
照代	照13 代5	18
照世	照13 世5	18
てる代	て2 る3 代5	10

てんか
Tenka
●●●

おおらかな音が印象的な「てん」と、人気の「か」を合わせた、明るく個性的な名前

名前	画数	総画
天華	天4 華10	14
天夏	天4 夏10	14
天香	天4 香9	13
天佳	天4 佳8	12
天花	天4 花7	11
典歌	典8 歌14	22
添華	添11 華10	21
添香	添11 香9	20
添花	添11 花7	18
典佳	典8 佳8	16

とうこ
Tohko*
●●●

穏やかで洗練された「とう」音と、伝統ある止め字「こ」が、よくなじむ。Ⓢ私が弾く

名前	画数	総画
橙子	橙16★ 子3	19
塔子	塔12 子3	15
萄子	萄11★ 子3	14
桃子	桃10 子3	13
柊子	柊9 子3	12

とき
Toki
●●○

「ニッポニア・ニッポン」という学名をもつ美しい鳥、またその羽色を表す音。Ⓚウサギ

名前	画数	総画
朱鷺	朱6 鷺24★	30
登希	登12 希7	19
都希	都11 希7	18
暁	暁12	12
季	季8	8

ときえ
Tokie
●○○

意志の強さを感じさせる「とき」音を、穏やかな印象の「え」音がバランスよくまとめる

名前	画数	総画
登貴恵	登12 貴12 恵10	34
都紀江	都11 紀9 江6	26
十輝栄	十2 輝15 栄9	26
時重	時10 重9	19
季恵	季8 恵10	18

ときこ
Tokiko
●●○

日本の伝統的な色彩名「とき」と、止め字の「こ」が、優雅で上品なイメージを醸し出す

名前	画数	総画
朱鷺子	朱6 鷺24★ 子3	33
登稀子	登12 稀12 子3	27
登紀子	登12 紀9 子3	24
都妃子	都11 妃6 子3	20
時子	時10 子3	13

とこ
Toko
●●●

「お行音」のはっきりした子音を重ねた名前。愛称的な響きがかわいらしい。Ⓢ私が弾く

名前	画数	総画
登虹	登12 虹9	21
都仔	都11 仔5★	16
十湖	十2 湖12	14
兎仔	兎7★ 仔5★	12
斗子	斗4 子3	7

★新人名漢字

とみ

Tomi

●●●

なじみ深く、古風でやわらかい響きをもつ、落ちついた名前。Ⓔ近い音の男性名

登[12]望[11]	23
登[12]美[9]	21
都[11]末[5]	16
富[12]	12
十[2]美[9]	11

とみえ

Tomie

●●○

ともにやわらかい「とみ」と「え」の音が自然になじみ、親しみやすい印象を与える

登[12]美[9]恵[10]	31
富[12]絵[12]	24
富[12]恵[10]	22
富[12]栄[9]	21
富[12]江[6]	18

とみこ

Tomiko

●●○

気品の漂う古典調の優雅な音で、奥ゆかしい魅力を備えた聡明な女性を思わせる

登[12]美[9]子[3]	24
渡[12]海[9]子[3]	24
都[11]美[9]子[3]	23
富[12]子[3]	15
と[2]み[3]子[3]	8

とみな

Tomina

●●○

落ちつきのある「と」音を、やわらかい「み」「な」音が支える、新鮮な組み合わせ

登[12]美[9]奈[8]	29
都[11]美[9]南[9]	29
富[12]菜[11]	23
富[12]奈[8]	20
富[12]那[7]	19

とも

Tomo

●●●

ほっとするような温もりと落ちつきに満ちた、親しみやすい名前。Ⓢ私が飲む(食べる)

斗[4]萌[11]	15
朝[12]	12
智[12]	12
朋[8]	8
友[4]	4

ともえ

Tomoe

●○○

穏やかな「え」音が、温かな「とも」音の特性を生かした、優しく親しみやすい響きの名前

登[12]萌[11]	23
智[12]恵[10]	22
知[8]栄[9]	17
友[4]恵[10]	14
巴[4]	4

ともか

Tomoka

●●○

温もり感のある「とも」に、人気の止め字「か」を添えて、明るい活発さをプラス

朋[8]歌[14]	22
智[12]香[9]	21
朝[12]佳[8]	20
知[8]華[10]	18
友[4]夏[10]	14

とし

Toshi

●●○

奥ゆかしい知性や忍耐強さといった、日本の美徳を感じさせる、なじみ深い音の名前

登[12]志[7]	19
淑[11]	11
季[8]	8
利[7]	7
寿[7]	7

としえ

Toshie

●○○

ともに静かな安心感をもつ、「とし」と「え」両音が、落ちついた円熟味を漂わせる

季[8]瑛[12]	20
俊[9]恵[10]	19
寿[7]絵[12]	19
淑[11]衣[6]	17
敏[10]江[6]	16

としか

Toshika

●●○

古風な響きをもつ「とし」音に、可憐な音で人気の「か」を合わせた、現代的な印象の名前

駿[17]珈[9]★	26
俊[9]歌[14]	23
稔[13]佳[8]	21
敏[10]香[9]	19
寿[7]華[10]	17

としこ

Toshiko

●●○

奥ゆかしい伝統を感じさせる「とし」「こ」両音を重ねた、静かな聡明さを秘めた響き

登[12]志[7]子[3]	22
淑[11]子[3]	14
敏[10]子[3]	13
利[7]子[3]	10
寿[7]子[3]	10

としみ

Toshimi

●●○

やわらかい「み」音の余韻が、「とし」音のもつ奥深い安心感と相まって優しく響く

登[12]志[7]実[8]	27
敏[10]美[9]	19
俊[9]美[9]	18
季[8]美[9]	17
利[7]美[9]	16

としよ

Toshiyo

●○○

なじみ深く知性的な「とし」音に、「よ」音が大人びた女らしさをプラスする

稔[13]葉[12]	25
淑[11]葉[12]	23
敏[10]代[5]	15
俊[9]世[5]	14
寿[7]代[5]	12

とと

Toto

●●●

簡潔な繰り返し音がかわいらしい。幼児語で「魚」を意味する音でもある。Ⓢ女性名の愛称

都[11]渡[12]	23
杜[7]都[11]	18
登[12]々[3]	15
都[11]々[3]	14
兎[7]★々[3]	10

英語圏の人にとっての発音のしやすさの目安　●●● しやすい　●●○ ややしにくい　●○○ しにくい

ともり
Tomori

●●○

「灯る」に端を発する、温もりを感じさせるかわいらしい音。個性的で印象的な名前

名前	画数	総画
友里	4・7	11
友梨	4・11	15
朋莉	8・10	18
侶浬	9★・10★	19
智理	12・11	23

とよえ
Toyoe

●●○

「とよ」のもつやわらかな艶のある響きに、素直な「え」音が静かな余韻を与える

名前	画数	総画
とよ恵	2・3・10	15
富江	12・6	18
豊恵	13・10	23
富詠	12・12	24
豊絵	13・12	25

とよか
Toyoka

●●○

落ちついた印象の「とよ」音と、可憐で明るい止め字「か」が、バランスよく引き立て合う

名前	画数	総画
とよ佳	2・3・8	13
豊佳	13・8	21
富夏	12・10	22
豊香	13・9	22
豊歌	13・14	27

とよこ
Toyoko

●●○

控えめな3音で構成された、なじみ深い響きのなかに、穏やかな艶を秘める名前

名前	画数	総画
豊子	13・3	16
登与子	12・3・3	18
東洋子	8・9・3	20
登世子	12・5・3	20
豊湖	13・12	25

とよみ
Toyomi

●●○

ともにやわらかい響きの「とよ」と「み」を合わせた、しなやかなイメージをもつ名前

名前	画数	総画
豊水	13・4	17
富海	12・9	21
富美	12・9	21
豊美	13・9	22
豊深	13・11	24

とわ
Towa

●●●

「永遠」と同じ、ふわりとしたロマンチックな音をもつ、新感覚のしゃれた名前。Ⓕ君

名前	画数	総画
杜羽	7・6	13
都羽	11・6	17
永遠	5・13	18
斗輪	4・15	19
百環	6・17	23

とわこ
Towako

●●○

落ちつきのある和風の音で構成された、しっとりとロマンチックな響きをもつ名前

名前	画数	総画
十和子	2・8・3	13
都羽子	11・6・3	20
登羽子	12・6・3	21
登和子	12・8・3	23
登環子	12・17・3	32

ともこ
Tomoko

●●○

「お」音を母音とするまとまりで、なじみ深くかわいい名前。温かい人柄を思わせる

名前	画数	総画
巴子	4・3	7
友子	4・3	7
知子	8・3	11
朋子	8・3	11
智子	12・3	15
朝子	12・3	15
友湖	4・12	16
都茂子	11・8・3	22
登茂子	12・8・3	23
十藻子	2・19・3	24

ともな
Tomona

●●○

温かく、親しみやすい「とも」音に、人気の止め字「な」を合わせた、現代的な印象の名前

名前	画数	総画
友菜	4・11	15
朋奈	8・8	16
知菜	8・11	19
朋菜	8・11	19
朝南	12・9	21

ともね
Tomone

●●○

長く親しまれる「とも」音と、古風なイメージが逆に新感覚の「ね」音の組み合わせ

名前	画数	総画
巴音	4・9	13
友音	4・9	13
友祢	4・9★	13
朋祢	8・9★	17
朋峰	8・10	18

ともは
Tomoha

●●○

優しく女の子らしい「とも」音に、軽やかな「は」音を合わせた、個性的な響き

名前	画数	総画
巴波	4・8	12
知羽	8・6	14
友葉	4・12	16
智芭	12・7★	19
朋葉	8・12	20

ともみ
Tomomi

●●●

懐かしさを感じさせる「とも」音と、やわらかい音の止め字「み」がつくる、優しい響き

名前	画数	総画
友美	4・9	13
知未	8・5	13
朋実	8・8	16
智美	12・9	21
朝海	12・9	21

ともよ
Tomoyo

●○○

親しみやすく温かな「とも」音と、母音を同じくする止め字「よ」が、よくなじむ

名前	画数	総画
知世	8・5	13
知代	8・5	13
智代	12・5	17
朋晶	8・12	20
朝葉	12・12	24

★新人名漢字

ないる
Nile*

●●●

古代エジプト文明発祥の地として知られる「ナイル川」と同音の、まとまりのよい響き

名前	画数	総画
梛★依琉	11・8・11	30
奈伊瑠	8・6・14	28
奈衣留	8・6・10	24
那衣留	7・6・10	23
乃留	2・10	12

なえ
Nae

●○○

「幼い草木」を示すやわらかい音。幼いもの、育つものへの慈しみを感じさせる名前

名前	画数	総画
菜恵	11・10	21
南絵	9・12	21
奈絵	8・12	20
那江	7・6	13
苗	8	8

なお
Nao

●●●

やわらかい「な」音と優しい「お」音の、温もりを感じさせる組み合わせ。Ⓢ船Ⓑどれ、どの

名前	画数	総画
菜緒	11・14	25
奈緒	8・14	22
南桜	9・10	19
奈央	8・5	13
那央	7・5	12

なおえ
Nao-ye*

●○○

やわらかな「なお」音に「え」音が自然に添った、素直な優しさを漂わせる響き

名前	画数	総画
菜緒江	11・14・6	31
奈央恵	8・5・10	23
尚絵	8・12	20
尚瑛	8・12	20
尚恵	8・10	18

なおか
Naoka

●●○

温和な印象の「なお」に、可憐な響きの「か」を合わせ、素直なかわいらしさを強調

名前	画数	総画
菜緒香	11・14・9	34
奈央夏	8・5・10	23
直歌	8・14	22
尚佳	8・8	16
直花	8・7	15

なおこ
Naoko

●●○

ふわりとやわらかい「なお」音が、なじみ深い「こ」音に落ちつく、親しみやすい名前

名前	画数	総画
奈緒子	8・14・3	25
菜桜子	11・10・3	24
奈於子	8・8・3	19
直子	8・3	11
尚子	8・3	11

なおみ
Naomi

●●●

素直な優しさとやわらかさに包まれた、なじみ深い名前。ⒺⒻⓈ女性名

名前	画数	総画
菜緒美	11・14・9	34
直美	8・9	17
尚美	8・9	17
直実	8・8	16
直己	8・3	11

なかこ
Nakako

●●○

なめらかな「な」音と、はっきりと明るい「か」「こ」音の、バランスのよい組み合わせ

名前	画数	総画
菜香子	11・9・3	23
南夏子	9・10・3	22
奈果子	8・8・3	19
那佳子	7・8・3	18
央子	5・3	8

なぎさ
Nagisa

●●○

「波打ち際」を意味する、美しい音。ロマンチックな詩情に満ちたイメージをもつ

名前	画数	総画
渚咲	11・9	20
梛★沙	11・7	18
凪冴	6・7	13
渚	11	11
汀	5	5

なごみ
Nagomi

●●○

「和やかな」に通じる音が、穏やかな優しさ、温かい思いやりを感じさせる名前

名前	画数	総画
奈檎★美	8・17・9	34
菜冴美	11・7・9	27
那呉美	7・7・9	23
なごみ	5・4・3	12
和	8	8

なずな
Nazna*

●●○

春の七草のひとつである草名と同音。やわらかい「な」音の繰り返しがかわいらしい

名前	画数	総画
奈砂	8・9	17
南沙	9・7	16
那砂	7・9	16
奈沙	8・7	15
なずな	5・5・5	15
菜津奈	11・9・8	28
奈瑞那	8・13・7	28
菜砂	11・9	20
菜沙	11・7	18
南砂	9・9	18

英語圏の人にとっての発音のしやすさの目安　●●● しやすい　●●○ ややしにくい　●○○ しにくい

なたり
Natalie*

「り」音が涼やかな余韻を残す、しゃれた響きの名前。Ⓕ女性名Ⓢ女性名の愛称

名前	総画数
南(9)多(6)璃(15)	30
菜(11)汰(7)梨(11)	29
菜(11)多(6)里(7)	24
菜(11)多(6)李(7)	24
奈(8)多(6)莉(10)	24

なち
Nachi

やわらかい「な」音が優しさを、「ち」音が知性を秘めて響く。熊野の「那智」にも通じる

名前	総画数
奈(8)稚(13)	21
那(7)智(12)	19
南(9)知(8)	17
奈(8)知(8)	16
那(7)千(3)	10

なつ
Natsu

明るい「な」音に、しっかりした「つ」音を合わせた、安心感を与えるかわいい響き

名前	総画数
梛(11)★都(11)	22
菜(11)津(9)	20
名(6)都(11)	17
七(2)都(11)	13
夏(10)	10

なつえ
Natsue

明るく元気なイメージの「なつ」音に、素直な「え」音を添えて、より親しみやすく

名前	総画数
七(2)鶴(21)恵(10)	33
南(9)津(9)江(6)	24
七(2)都(11)枝(8)	21
夏(10)江(6)	16
夏(10)衣(6)	16

なつお
Natsuo

「なつ」音のさわやかさと、「お」音の安定感を併せもつ、粋な響きがかわいらしい名前

名前	総画数
菜(11)都(11)緒(14)	36
奈(8)都(11)音(9)	28
夏(10)緒(14)	24
那(7)津(9)央(5)	21
夏(10)央(5)	15

なつか
Natsuka

快活なイメージの「なつ」音に、明るい「か」音を加え、元気なかわいらしさをアピール

名前	総画数
菜(11)都(11)香(9)	31
夏(10)霞(17)	27
夏(10)歌(14)	24
七(2)都(11)花(7)	20
夏(10)花(7)	17

なつき
Natsuki

明るくシャープな響きの連なりが、はつらつとした元気な女の子を思わせる名前

名前	総画数
夏(10)希(7)	17
菜(11)月(4)	15
南(9)月(4)	13
奈(8)月(4)	12
七(2)月(4)	6
奈(8)都(11)綺(14)	33
奈(8)津(9)紀(9)	26
夏(10)姫(10)	20
夏(10)紀(9)	19
夏(10)季(8)	18

なつこ
Natsuko

なじみ深い響きで、はじけるような明るい魅力を振りまく、元気な女の子を思わせる名前

名前	総画数
南(9)鶴(21)子(3)	33
菜(11)津(9)子(3)	23
名(6)都(11)子(3)	20
七(2)都(11)子(3)	16
夏(10)子(3)	13

なつね
Natsune

さわやかな「なつ」音と、しっとりした風情を感じさせる「ね」音の、絶妙な組み合わせ

名前	総画数
菜(11)津(9)音(9)	29
奈(8)都(11)音(9)	28
夏(10)嶺(17)	27
夏(10)峰(10)	20
夏(10)音(9)	19

なつの
Natsuno

落ちつきのある「の」音が、「なつ」音の元気なイメージを際立たせて、新鮮に響く

名前	総画数
菜(11)津(9)乃(2)	22
夏(10)野(11)	21
奈(8)津(9)乃(2)	19
七(2)都(11)乃(2)	15
夏(10)乃(2)	12

なつみ
Natsumi

優しく、女の子らしさに満ちた響きをもつ。親しみやすい音のまとまりが、かわいらしい

名前	総画数
奈(8)津(9)美(9)	26
菜(11)摘(14)	25
那(7)津(9)海(9)	25
夏(10)美(9)	19
夏(10)実(8)	18

なつめ
Natsume

植物名、または茶道具のひとつにもある音。和風の愛らしい響きをもつ、印象的な名前

名前	総画数
菜(11)都(11)萌(11)	33
奈(8)津(9)芽(8)	25
七(2)都(11)芽(8)	21
捺(11)芽(8)	19
夏(10)芽(8)	18

★新人名漢字

なつよ
Natsuyo

●●○

さわやかな「なつ」と大人びた「よ」音の組み合わせが、深みのある魅力を思わせる

漢字	総画
夏(10)世(5)	15
名(6)都(11)代(5)	22
奈(8)津(9)代(5)	22
七(2)都(11)葉(12)	25
菜(11)津(9)世(5)	25

なな
Nana

●●●

やわらかな繰り返し音がかわいい、なじみ深い名前。ⒺⒸ女性名Ⓕ女の子Ⓢ子守唄

漢字	総画
那(7)々(3)	10
奈(8)々(3)	11
菜(11)々(3)	14
梛(11★)々(3)	14
那(7)南(9)	16

ななえ
Nanae

●○○

幾重にも重なっている様子を示す「七重」と同音。愛らしく、和風情緒を漂わせる名前

漢字	総画
七(2)重(9)	11
奈(8)苗(8)	16
奈(8)々(3)江(6)	17
菜(11)苗(8)	19
菜(11)々(3)恵(10)	24

ななお
Nanao

●●●

やわらかい「なな」音に、静かな気品を思わせる「お」音がなじんだ、しゃれた響き

漢字	総画
七(2)々(3)桜(10)	15
七(2)緒(14)	16
奈(8)々(3)於(8)	19
菜(11)々(3)央(5)	19
那(7)々(3)緒(14)	24

ななこ
Nanako

●●○

和風の落ちついた愛らしさをもつ名前。日本の伝統工芸・彫金に同音の技法がある

漢字	総画
那(7)々(3)子(3)	13
奈(8)々(3)子(3)	14
七(2)瑚(13)	15
菜(11)々(3)子(3)	17
那(7)南(9)子(3)	19

ななせ
Nanase

●●○

多用されていない止め字「せ」が、かわいい響きのなかにしなやかな個性を光らせる

漢字	総画
七(2)星(9)	11
南(9)々(3)世(5)	17
奈(8)那(7)世(5)	20
七(2)瀬(19)	21
奈(8)々(3)聖(13)	24

ななの
Nanano

●●●

止め字「の」が、「なな」という繰り返し音の愛らしさを際立たせつつ、きれいにまとめる

漢字	総画
七(2)乃(2)	4
奈(8)々(3)乃(2)	13
菜(11)々(3)乃(2)	16
梛(11★)々(3)乃(2)	16
那(7)奈(8)野(11)	26

なのか
Nanoka

●●○

明るい黄色が好まれる「菜の花」を思わせる、かわいらしさと華やかさに満ちた響き

漢字	総画
奈(8)乃(2)佳(8)	18
菜(11)乃(2)花(7)	20
菜(11)乃(2)香(9)	22
菜(11)乃(2)華(10)	23
奈(8)之(3)歌(14)	25

なほ
Naho

●●●

やわらかく、温かい音どうしの組み合わせ。ほっとする、女の子らしいイメージをもつ

漢字	総画
奈(8)帆(6)	14
南(9)帆(6)	15
奈(8)保(9)	17
南(9)穂(15)	24
菜(11)穂(15)	26

なほこ
Nahoko

●●○

「ほ」のもつ和風の優しい響きが、やわらかく伝統的な音感に生きた、しとやかな印象の名前

漢字	総画
奈(8)歩(8)子(3)	19
奈(8)保(9)子(3)	20
菜(11)保(9)子(3)	23
奈(8)穂(15)子(3)	26
南(9)穂(15)子(3)	27

なほみ
Nahomi

●●○

優しい「ほ」音の個性が光る、しっとりとした繊細な響き。たおやかな女性を思わせる名前

漢字	総画
南(9)帆(6)海(9)	24
奈(8)保(9)美(9)	26
南(9)保(9)実(8)	26
奈(8)萄(11★)実(8)	27
菜(11)穂(15)美(9)	35

なみ
Nami

●●●

やわらかな「な」「み」両音を簡潔に合わせた、しなやかな力をもつ名前。Ⓚ女性名

漢字	総画
奈(8)未(5)	13
奈(8)美(9)	17
南(9)海(9)	18
南(9)泉(9)	18
菜(11)美(9)	20

なみえ
Namie

●○○

柔軟性に富んだ「な」と「み」に、素直な雰囲気の「え」が自然に添った、リズミカルな響き

漢字	総画
波(8)恵(10)	18
名(6)美(9)枝(8)	23
那(7)美(9)恵(10)	26
菜(11)美(9)江(6)	26
奈(8)美(9)恵(10)	27

なみこ
Namiko

●●○

しなやかな力を秘める「なみ」音に、伝統的な止め字「こ」で、落ちつきをプラス

漢字	総画
那(7)実(8)子(3)	18
菜(11)未(5)子(3)	19
奈(8)美(9)子(3)	20
南(9)美(9)子(3)	21
菜(11)美(9)子(3)	23

英語圏の人にとっての発音のしやすさの目安　●●● しやすい　●●○ ややしにくい　●○○ しにくい

なゆ
Nayu

●●●

なめらかな響きの「な」と、奥深い落ちつきをもつ「ゆ」音が、バランスよくなじむ

那7 優17	菜11 悠11	菜11 由5	名6 柚9	奈8 由5
24	22	16	15	13

なよこ
Nayoko

●●○

「女竹」を思わせる「なよ」音と、愛しさを込めた伝統的な「こ」音の、趣深い組み合わせ

菜11 葉12 子3	那7 葉12 子3	南9 洋9 子3	奈8 代5 子3	七2 夜8 子3
26	22	21	16	13

なりみ
Narimi

●●○

優しくやわらかいまとまりのなかに、「り」音のもつ清涼感が快活な印象をつくる

那7 李7 実8	奈8 利7 未5	成6 美9	成6 実8	也3 美9
22	20	15	14	12
菜11 里7 美9	奈8 理11 実8	南9 里7 美9	名6 梨11 実8	鳴14 美9
27	27	25	25	23

なる
Naru

●●●

「な」音のなめらかな柔軟性が、楽しげな響きをもつ「る」で、明るくまとまる

南9 瑠14	奈8 瑠14	菜11 留10	那7 琉11	成6 留10
23	22	21	18	16

なるは
Naruha

●○○

明朗な響きの「なる」に、新感覚の止め字「は」を加えた、軽やかな余韻をもつ名前

菜11 瑠14 波8	奈8 留10 葉12	南9 瑠14 羽6	南9 留10 波8	鳴14 波8
33	30	29	27	22

なるみ
Narumi

●●○

明るく柔軟な「なる」と、やわらかい「み」、女の子らしい音がまとまりよく響く

菜11 瑠14 未5	奈8 留10 美9	鳴14 海9	成6 美9	成6 実8
30	27	23	15	14

にいな
Nina

●●●

繊細な「にい」音に優しい止め字「な」を続けた、神秘的なイメージの名前。ⒾⓇ女性名

新13 菜11	仁4 依8 菜11	仁4 伊6 奈8	仁4 衣6 那7	弐6 奈8
24	23	18	17	14

にじか
Nijika

●○○

ロマンチックな「にじ」音に、可憐な「か」音を添えた、愛らしさにあふれた名前

虹9 歌14	仁4 滋12 花7	虹9 夏10	虹9 香9	虹9 花7
23	23	19	18	16

にじこ
Nijiko

●●○

ストレートに「虹」を思わせる2音と、女の子らしい止め字「こ」がロマンチックになじむ

虹9 湖12	仁4 慈13 子3	虹9 胡9	虹9 仔5★	虹9 子3
21	20	18	14	12

にじほ
Nijiho

●●○

個性的な「にじ」音と、優しい「ほ」音の連なりが、穏やかで新鮮な響きをつくる

仁4 慈13 穂15	虹9 穂15	虹9 保9	虹9 歩8	虹9 帆6
32	24	18	17	15

にちか
Nichika

●●●

長く親しまれる「ちか」音が「に」音を頂き、明るく突き抜けた響きの新感覚の名前に

二2 知8 香9	二2 千3 華10	日4 佳8	二2 千3 花7	日4 花7
19	15	12	12	11

★新人名漢字

ねねか
Neneka

●●●

やわらかい「ね」とはっきりした「か」、両音の特性が生きた、リズミカルな名前

漢字	画数	合計
寧々香	14・3・9	26
音々歌	9・3・14	26
寧々佳	14・3・8	25
寧々花	14・3・7	24
音々佳	9・3・8	20

ねねこ
Neneko

●●●

繰り返し音のかわいさと、「こ」音の女の子らしさが、愛しさを感じさせる響きをつくる

漢字	画数	合計
嶺々子	17・3・3	23
峰音子	10・9・3	22
寧々子	14・3・3	20
祢★々子	9・3・3	15
音々子	9・3・3	15

ぬい
Nui

●●●

和風の神秘的な雰囲気をもつ、簡潔で個性的な響きの名前。Ⓒ女性名Ⓕ夜Ⓑ山

漢字	画数	合計
縫依	16・8	24
縫衣	16・6	22
繍★	19	19
縫	16	16
ぬい	4・2	6

のあ
Noah*

●●●

優しい音でなめらかに流れるように響く、印象的な名前。ⒺⒹⓈⓀ女性名Ⓕ女性名、胡桃

漢字	画数	合計
野亜	11・7	18
埜★亜	11・7	18
乃亜	2・7	9
乃有	2・6	8
のあ	1・3	4

のい
Noe*

●●●

簡潔で控えめな響きのなかに、知性と気品を備えた新感覚の名前。Ⓓ新しいⒾ私たち

漢字	画数	合計
野唯	11・11	22
野依	11・8	19
野衣	11・6	17
埜★衣	11・6	17
乃唯	2・11	13

ねお
Neo

●●●

まろやかな音どうしが、スピーディーにまとまった、新感覚のしゃれた名前。ⒺⒻ新

漢字	画数	合計
寧緒	14・14	28
嶺央	17・5	22
音於	9・8	17
祢★央	9・5	14
音央	9・5	14

のえ
Noe

●●○

謙虚な響きをもつ音どうしの、新鮮な組み合わせ。Ⓢ女性名Ⓕ近い音の女性名

漢字	画数	合計
埜★絵	11・12	23
乃愛	2・13	15
乃瑛	2・12	14
乃恵	2・10	12
乃依	2・8	10

ねね
Nené*

●●●

可憐な繰り返し音が、愛称のようにかわいらしく響く。Ⓒ女性名Ⓢ赤ん坊

漢字	画数	合計
寧々	14・3	17
峯★々	10・3	13
音々	9・3	12
ネネ	4・4	8
ねね	4・4	8

英語圏の人にとっての発音のしやすさの目安 ●●●しやすい ●●○ややしにくい ●○○しにくい

のぶ
Nobu

●●●

飾り気のない親しみやすさをもつ音で、ノスタルジックな雰囲気も感じさせる名前

名前	画数	総画
のぶ	1・6	7
暢	14	14
乃舞	2・15	17
埜★芙	11・7	18
野葡★	11・12	23

のえる
Noelle*

●●●

聖夜を連想させる、ロマンチックなイメージの名前。ⒺⒻ女性名、クリスマス

名前	画数	総画
ノエル	1・3・2	6
乃永留	2・5・10	17
乃瑛琉	2・12・11	25
之詠瑠	3・12・14	29
野恵瑠	11・10・14	35

のぶえ
Nobue

●○○

なじみの深い「のぶ」音に、素直な「え」音を添えた、自然体を思わせる響き

名前	画数	総画
伸枝	7・8	15
信江	9・6	15
信栄	9・9	18
信恵	9・10	19
暢江	14・6	20

のぞみ
Nozomi

●●○

「希望」を意味する好ましい音。濁音がほどよい重みを添え、安定感を与える

名前	画数	総画
希	7	7
のぞみ	1・5・3	9
望	11	11
希望	7・11	18
望泉	11・9	20

のぶか
Nobuka

●●○

謙虚な「のぶ」音と明るい「か」音が、控えめの美徳を秘めた、現代的な名前をつくる

名前	画数	総画
のぶ佳	1・6・8	15
伸香	7・9	16
信佳	9・8	17
暢花	14・7	21
野葡★花	11・12・7	30

のどか
Nodoka

●●○

「穏やかな」と同義の音。安心感に満ちた、優しい女の子らしさを感じさせる名前

名前	画数	総画
のどか	1・4・3	8
和	8	8
温	12	12
和香	8・9	17
温花	12・7	19

のぶこ
Nobuko

●●○

親しみやすく、だれからも好かれる素直な人柄をイメージさせる、なじみの深い名前

名前	画数	総画
のぶ子	1・6・3	10
伸子	7・3	10
延子	8・3	11
乃舞子	2・15・3	20
野葡★子	11・12・3	26

のの
Nono

●●●

しとやかな響きの「の」を重ねた、和風のかわいらしさを思わせる名前。Ⓢ9番目の

名前	画数	総画
のの	1・1	2
乃々	2・3	5
野乃	11・2	13
埜★々	11・3	14
野埜★	11・11	22

のぶよ
Nobuyo

●●○

穏やかな「のぶ」音に、静かな艶を含んだ「よ」音がよくなじみ、しとやかに女らしく響く

名前	画数	総画
のぶ代	1・6・5	12
伸代	7・5	12
信世	9・5	14
伸葉	7・12	19
暢代	14・5	19

ののか
Nonoka

●●○

かわいい「のの」音に、人気の止め字「か」を合わせて、元気なイメージをプラス

名前	画数	総画
乃々佳	2・3・8	13
埜★乃佳	11・2・8	21
野々花	11・3・7	21
野々香	11・3・9	23
埜★乃歌	11・2・14	27

のり
Nori

●●●

しっとりした「の」音に、涼やかな「り」音を合わせた、懐かしく優しげな印象の名前

名前	画数	総画
典	8	8
紀	9	9
乃浬★	2・10	12
乃璃	2・15	17
野李	11・7	18

ののは
Nonoha

●●●

古風な響きがかえって新しい「のの」に、「は」音を連ねた、しゃれた雰囲気の名前

名前	画数	総画
ののは	1・1・4	6
乃々波	2・3・8	13
乃々葉	2・3・12	17
埜★々巴	11・3・4	18
野々羽	11・3・6	20

のりえ
Norie

●○○

「のり」音のやわらかくなめらかな響きを、「え」音が自然な流れに乗って生かす

名前	画数	総画
典衣	8・6	14
法枝	8・8	16
典栄	8・9	17
紀依	9・8	17
紀恵	9・10	19

ののみ
Nonomi

●●●

やわらかい音どうしで自然になじむ組み合わせ。穏やかな響きが女の子らしい

名前	画数	総画
乃々実	2・3・8	13
乃々美	2・3・9	14
野々実	11・3・8	22
埜★々海	11・3・9	23
野々珠	11・3・10	24

★新人名漢字

のりか
Norika

●●○

しとやかな響きをもつ「のり」に、明るい止め字「か」を添え、現代的な魅力をプラス

名前	画数	総画
典佳	8・8	16
法佳	8・8	16
紀佳	9・8	17
紀香	9・9	18
紀珈	9・9★	18
則香	9・9	18
乃梨花	2・11・7	20
乃梨香	2・11・9	22
紀榎	9・14★	23
紀歌	9・14	23

のりこ
Noriko

●●○

やわらかい「のり」音と、伝統的な止め字「こ」音の、しとやかな女性らしい響き

名前	画数	総画
典子	8・3	11
紀子	9・3	12
乃莉子	2・10・3	15
範子	15・3	18
憲子	16・3	19

のりな
Norina

●●○

なめらかな「の」「な」両音と、「り」音の清涼感が互いに引き立て合う、愛らしい響き

名前	画数	総画
紀奈	9・8	17
紀南	9・9	18
典菜	8・11	19
乃梨那	2・11・7	20
徳菜	14・11	25

のりみ
Norimi

●●○

「のり」音の明るさに「み」音の親しみやすさがなじんだ、やわらかく女の子らしい名前

名前	画数	総画
典美	8・9	17
紀実	9・8	17
紀美	9・9	18
徳美	14・9	23
野梨実	11・11・8	30

のりよ
Noriyo

●○○

落ちつきのある「よ」音が、さわやかな「のり」音に、大人びた魅力をプラス

名前	画数	総画
典世	8・5	13
紀代	9・5	14
乃俐世	2・9★・5	16
範代	15・5	20
乃璃世	2・15・5	22

は【Ha】

はぎ
Hagi

●●●

秋の七草のひとつである「萩」と同じ、和風の音。優美な花のイメージをもつ名前

名前	画数	総画
はぎ	4・6	10
萩	12	12
巴葵	4・12	16
羽葵	6・12	18
葉葵	12・12	24

はすな
Hasuna

●●○

「はす」は「蓮」と同音。東洋や天上界をイメージさせる花の名が、神秘的に響く

名前	画数	総画
芙那	7・7	14
芙奈	7・8	15
芙南	7・9	16
蓮奈	13・8	21
蓉菜	13・11	24

はすみ
Hasumi

●●○

美しく神秘的な花名「はす」に、やわらかい「み」音を添えた、優しさに満ちた響き

名前	画数	総画
芙海	7・9	16
芙深	7・11	18
蓉泉	13・9	22
蓮美	13・9	22
葉澄	12・15	27

はつえ
Hatsu-e

●○○

「初めて」を示す「はつ」音と「え」音の組み合わせ。素直な初々しさを感じさせ、愛らしい

名前	画数	総画
初江	7・6	13
初依	7・8	15
初枝	7・8	15
初恵	7・10	17
葉津恵	12・9・10	31

はつか
Hatsuka

●○○

かわいい「はつ」音と、止め字「か」の明るい余韻が、屈託のない笑顔の女の子を思わせる

名前	画数	総画
初佳	7・8	15
初果	7・8	15
初夏	7・10	17
初華	7・10	17
羽津花	6・9・7	22

英語圏の人にとっての発音のしやすさの目安　●●● しやすい　●●○ ややしにくい　●○○ しにくい

はなか
Hanaka

優しい「はな」音と、きっぱりとした「か」の止め字が、だれにでも優しい女の子を思わせる

名前（画数）	総画
葉12 奈8 夏10	30
羽6 奈8 花7	21
華10 佳8	18
花7 珈9★	16
花7 香9	16

はづき
Hazuki

「陰暦8月」の異名。生き生きとしたイメージと、穏やかで日本的な風情を併せもつ

名前（画数）	総画
羽6 津9 希7	22
巴4 津9 妃6	19
葉12 月4	16
波8 月4	12
杷8★ 月4	12

はなこ
Hanako

あらゆるかわいらしさを内包する響きをもち、日本の代表的な女性名として親しまれる

名前（画数）	総画
葉12 奈8 子3	23
羽6 奈8 子3	17
巴4 奈8 子3	15
華10 子3	13
花7 子3	10

はつこ
Hatsuko

「最初」を示す優美な音「はつ」と、伝統的な止め字「こ」が、和風のかわいらしさを醸し出す

名前（画数）	総画
初7 瑚13	20
芭7★ 津9 子3	19
羽6 津9 子3	18
肇14 子3	17
初7 子3	10

はなの
Hanano

優しい「はな」と「の」音がなじみ、はんなりとやわらかい温かさを感じさせる響きをつくる

名前（画数）	総画
華10 野11	21
波8 南9 乃2	19
華10 乃2	12
英8 乃2	10
花7 乃2	9

はつせ
Hatsuse

「はつ」と「せ」という素直な音どうしの組み合わせが、古風で清純な雰囲気をつくる

名前（画数）	総画
波8 津9 勢13	30
琶12★ 津9 世5	26
初7 瀬19	26
初7 聖13	20
巴4 都11 世5	20

はなみ
Hanami

女の子らしい響きをもつ「はな」と「み」が連なった、やわらかく華やかな印象の名前

名前（画数）	総画
波8 菜11 美9	28
華10 実8	18
英8 美9	17
花7 美9	16
花7 実8	15

はつね
Hatsune

季節を告げる鳥の鳴き声「初音」と同音。日本人の感性に根ざした、趣深い風流な名前

名前（画数）	総画
葉12 津9 祢9★	30
華10 津9 音9	28
羽6 津9 音9	24
初7 峯10★	17
初7 音9	16

はなよ
Hanayo

「はな」音の色香を「よ」音が支え、落ちついた響きのなかにも、艶やかさを秘める

名前（画数）	総画
葉12 奈8 世5	25
花7 葉12	19
華10 代5	15
花7 代5	12
花7 世5	12

はつみ
Hatsumi

「み」音のやわらかさが、「はつ」という初々しい響きを生かした、かわいらしい響き

名前（画数）	総画
葉12 摘14	26
羽6 津9 美9	24
初7 美9	16
初7 海9	16
初7 実8	15

はな
Hana

美しいものや魅力の意味ももつ「花」と同じ音。Ⓚ女性名、1Ⓒ女性名 ⒺⒹ近い音の女性名

名前（画数）	総画
波8 菜11	19
杷8★ 那7	15
華10	10
英8	8
花7	7

はなえ
Hanae

素直な「え」音が、「はな」の優しい響きによくなじみ、穏やかな雰囲気を醸し出す

名前（画数）	総画
華10 絵12	22
華10 恵10	20
花7 恵10	17
花7 苗8	15
英8 江6	14

★新人名漢字

はまの Hamano
●●○

「浜辺」を思わせる「はま」音に、古風な「の」音を添えた、静かな詩情に満ちた、趣深い名前

名前	画数
浜10 乃2	12
羽6 麻11 乃2	19
波8 真10 乃2	20
波8 舞15 乃2	25
葉12 麻11 乃2	25

はや Haya
●●●

軽やかで優しい音の簡潔なまとまりが、個性的な名前をつくる。Ⓒ女性名

名前	画数
羽6 也3	9
羽6 矢5	11
羽6 椰13	19
葉12 弥8	20
杷8★ 椰13	21

はやみ Hayami
●●○

勢いのある「はや」音を、「み」がやわらかな響きで受け止め、快活にまとめる

名前	画数
早6 実8	14
早6 美9	15
羽6 也3 美9	18
羽6 矢5 美9	20
逸11 美9	20

はる Haru
●●●

気候のよい華やかな季節である「春」と同音。明るく晴れやかな響きの名前。Ⓚ一日

名前	画数
春9	9
晴12	12
巴4 瑠14	18
葉12 琉11	23
葉12 瑠14	26

はるえ Harue
●○○

「はる」のもつ晴れやかな明るい響きに、素直な「え」音がなじみ、自然にまとまる

名前	画数
遥12 江6	18
陽12 江6	18
春9 恵10	19
羽6 留10 枝8	24
晴12 絵12	24

はるこ Haruko
●●○

「はる」という軽快な音を、なじみのある止め字「こ」が、親しみ深く響かせる

名前	画数
春9 子3	12
遥12 子3	15
春9 湖12	21
晴12 湖12	24
葉12 瑠14 子3	29

はるな Haruna
●●○

やわらかい「な」音が、なじみ深い「はる」音の優しさを生かした、可憐なイメージの名前

名前	画数
春9 奈8	17
晴12 那7	19
春9 菜11	20
榛14 名6	20
葉12 流10 那7	29

はるね Harune
●●○

「はる」音のさわやかさと、「ね」音のしっとりとした趣を併せもつ、和風の名前

名前	画数
春9 音9	18
春9 峯10★	19
陽12 音9	21
羽6 琉11 祢9★	26
晴12 寧14	26

はるの Haruno
●●○

穏やかな響きの「の」が、やわらかい2音「はる」に相性よく連なった、のどかな印象の名前

名前	画数
治8 乃2	10
春9 乃2	11
晴12 乃2	14
春9 埜11★	20
羽6 瑠14 乃2	22

はるひ Haruhi
●○○

軽やかな音のなかに温かいイメージをもつ、「はる」と「ひ」両音の組み合わせ

名前	画数
晴12 日4	16
春9 飛9	18
春9 陽12	21
春9 緋14	23
葉12 留10 日4	26

はるほ Haruho
●●○

ともに優しい温もりに満ちた、「はる」と「ほ」が、安心感を与える愛らしい響きをつくる

名前	画数
春9 帆6	15
遥12 歩8	20
陽12 歩8	20
晴12 保9	21
春9 穂15	24

はるみ Harumi
●●○

おおらかな「はる」音とやわらかい「み」音が、軽快な温かさをつくる、なじみ深い響きの名前

名前	画数
は4 る3 み3	10
は4 る3 美9	16
治8 美9	17
春9 海9	18
春9 美9	18
晴12 海9	21
晴12 美9	21
遥12 海9	21
羽6 琉11 美9	26
葉12 留10 美9	31

英語圏の人にとっての発音のしやすさの目安　●●●しやすい　●●○ややしにくい　●○○しにくい

はるよ
Haruyo

●○○

明るく軽やかな「はる」音と、和風の深みを思わせる「よ」音が、バランスよく響く

名前	画数
葉[12]琉[11]代[5]	28
晴[12]代[5]	17
晴[12]世[5]	17
春[9]代[5]	14
治[8]世[5]	13

はんな
Hanna

●●●

しっとりした音のまとまりで、上品な印象をもつ名前。ⒺⒹⓀⒸ女性名❶近い音の女性名

名前	画数
絆★[11]菜[11]	22
汎★[6]奈[8]	14
帆[6]奈[8]	14
帆[6]那[7]	13
帆[6]名[6]	12

ひおり
Hiori

●●○

まとまりのよい響きのなかで、「ひ」音が個性を放ち、静かな和風の情趣を感じさせる

名前	画数
飛[9]央[5]璃[15]	29
緋[14]央[5]里[7]	26
妃[6]織[18]	24
日[4]桜[10]莉[10]	24
ひ[2]お[4]り[2]	8

ひかり
Hikari

●○○

「光」と同じ音。明るく輝くイメージから、快活な魅力と躍動感を感じさせる名前

名前	画数
緋[14]花[7]里[7]	28
飛[9]雁★[12]	21
日[4]花[7]里[7]	18
光[6]浬★[10]	16
光[6]	6

ひかる
Hikaru

●○○

「光る」と同音の、明るい希望に満ちた名前。「る」音が前向きな積極性を醸し出す

名前	画数
飛[9]夏[10]瑠[14]	33
緋[14]花[7]留[10]	31
陽[12]香[9]留[10]	31
妃[6]佳[8]留[10]	24
光[6]	6

ひさ
Hisa

●●●

はつらつとした軽快さと優しさを併せもつ、なじみの深い2音名前。Ⓒ女性名

名前	画数
陽[12]咲[9]	21
妃[6]沙[7]	13
悠[11]	11
尚[8]	8
久[3]	3

ひさえ
Hisae

●○○

優しくさわやかな3音で構成された、素直な響きの名前。女性らしい印象を与える

名前	画数
緋[14]紗[10]江[6]	30
陽[12]沙[7]恵[10]	29
久[3]恵[10]	13
久[3]依[8]	11
久[3]江[6]	9

ひさこ
Hisako

●○○

明るくさわやかな「ひさ」と、伝統的な止め字「こ」がつくる、和風情緒漂う響き

名前	画数
妃[6]彩[11]子[3]	20
日[4]紗[10]子[3]	17
妃[6]沙[7]子[3]	16
寿[7]子[3]	10
久[3]子[3]	6

ひさの
Hisano

●○○

しとやかな響きの「ひさ」と「の」、両音を合わせた、しっとりした和風の名前

名前	画数
緋[14]沙[7]乃[2]	23
陽[12]早[6]乃[2]	20
妃[6]彩[11]乃[2]	19
日[4]沙[7]乃[2]	13
久[3]乃[2]	5

ひさみ
Hisami

●○○

軽やかな「ひさ」音を、やわらかい「み」音が支えた、優しく知的な印象の名前

名前	画数
飛[9]沙[7]美[9]	25
日[4]紗[10]美[9]	23
久[3]美[9]	12
久[3]泉[9]	12
久[3]実[8]	11

ひさよ
Hisayo

●○○

優しい和風音の「ひさ」と、落ちついた雰囲気をもつ「よ」音の、相性のよい組み合わせ

名前	画数
日[4]紗[10]代[5]	19
妃[6]沙[7]代[5]	18
尚[8]代[5]	13
寿[7]世[5]	12
久[3]代[5]	8

★新人名漢字

ひすい
Hisui ●○○

青色や緑色系の美しい羽根をもつ小鳥の総称、また同色の宝石名を示す、優美な音

名前	総画
斐(12)水(4)	16
日(4)翠(14)	18
妃(6)寿(7)衣(6)	19
緋(14)粋(10)	24
陽(12)翠(14)	26

ひづる
Hizru* ●○○

まとまりのよい響きのなかで、「ひ」音が華やかな存在感を示す、個性的な美しい名前

名前	総画
妃(6)津(9)留(10)	25
飛(9)津(9)琉(11)	29
飛(9)鶴(21)	30
陽(12)鶴(21)	33
緋(14)鶴(21)	35

ひでか
Hideka ●○○

きっぱりした「ひで」音と、可憐な音で人気の止め字「か」の組み合わせが、新鮮に響く

名前	総画
秀(7)花(7)	14
秀(7)香(9)	16
英(8)佳(8)	16
日(4)出(5)夏(10)	19
季(8)歌(14)	22

ひでこ
Hideko ●○○

「ひで」という堅実そうな音に、伝統的な止め字「こ」を続けた、安心感のある名前

名前	総画
ひ(2)で(4)子(3)	9
秀(7)子(3)	10
英(8)子(3)	11
英(8)仔(5★)	13
日(4)出(5)湖(12)	21

ひでみ
Hidemi ●○○

しっかりした「ひで」音と優しい「み」音の連なりが、柔軟ななかにも強さを感じさせる

名前	総画
ひ(2)で(4)み(3)	9
秀(7)美(9)	16
英(8)美(9)	17
日(4)出(5)海(9)	18
日(4)出(5)美(9)	18

ひでよ
Hideyo ●○○

知的な「ひで」音と、奥深い響きの止め字「よ」がつくる、聡明なイメージの名前

名前	総画
秀(7)世(5)	12
秀(7)代(5)	12
英(8)世(5)	13
秀(7)葉(12)	19
英(8)葉(12)	20

ひとえ
Hitoe ●○○

「人」「一」「単」といった多彩な意味をもつ音を含む、しっとりした奥行きのある名前

名前	総画
ひ(2)と(2)え(3)	7
一(1)恵(10)	11
一(1)愛(13)	14
仁(4)恵(10)	14
日(4)登(12)絵(12)	28

ひとみ
Hitomi ●○○

「瞳」と同音。輝きや希望を感じさせるイメージで親しまれる、きれいな響きをもつ名前

名前	総画
一(1)実(8)	9
一(1)美(9)	10
仁(4)海(9)	13
仁(4)美(9)	13
日(4)登(12)海(9)	25

ひなこ
Hinako ●○○

かわいらしさを象徴する「ひな」に、「こ」音を重ねた、伝統的で女の子らしい名前

名前	総画
日(4)奈(8)子(3)	15
妃(6)那(7)子(3)	16
雛(18)子(3)	21
陽(12)奈(8)子(3)	23
緋(14)名(6)子(3)	23

ひなた
Hinata ●○○

日光の当たる場所「日向」を思わせる音で、温もりと光に満ちたイメージをもつ

名前	総画
日(4)向(6)	10
ひ(2)な(5)た(4)	11
陽(12)向(6)	18
緋(14)奈(8)多(6)	28
陽(12)菜(11)多(6)	29

ひなの
Hinano ●○○

伝統的なかわいらしさをもつ「ひな」音に、「の」を重ねた古風な響きが、かえって新しい

名前	総画
日(4)那(7)乃(2)	13
日(4)菜(11)乃(2)	17
雛(18)乃(2)	20
陽(12)奈(8)乃(2)	22
緋(14)奈(8)乃(2)	24

ひびき
Hibiki ●●○

ストレートに「響き」を思わせる。心理面でもシャープな印象を与える、新感覚の名前

名前	総画
ひ(2)び(4)き(4)	10
響(20)	20
響(20)希(7)	27
緋(14)美(9)紀(9)	32
響(20)喜(12)	32

ひふみ
Hifumi ●○○

「一、二、三」の古風な数え方。物事の始まりを意味する、活発なイメージの音でもある

名前	総画
一(1)二(2)三(3)	6
ひ(2)ふ(4)み(3)	9
斐(12)文(4)	16
日(4)芙(7)美(9)	20
緋(14)布(5)美(9)	28

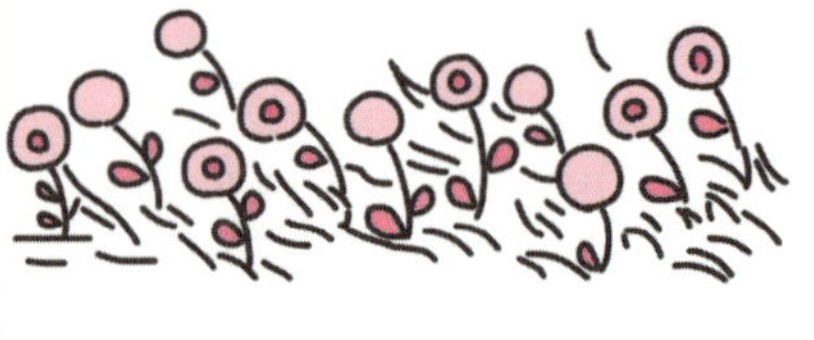

英語圏の人にとっての発音のしやすさの目安 ●●●しやすい ●●○ややしにくい ●○○しにくい

ひみこ
Himiko

●○○

邪馬台国の女王「卑弥呼」と同音。古風で格調高く、エキゾチックな雰囲気がある

名前	画数	総画
ひみこ	2・3・2	7
日美子	4・9・3	16
妃美子	6・9・3	18
陽海子	12・9・3	24
陽美子	12・9・3	24

ひめか
Himeka

●○○

「姫」の同音を、可憐な止め字「か」が受ける。意味、音ともにかわいらしさに満ちた名前

名前	画数	総画
妃佳	6・8	14
姫花	10・7	17
日芽花	4・8・7	19
媛歌	12・14	26
陽芽夏	12・8・10	30

ひめの
Himeno

●●○

しとやかな印象をもつ「ひめ」音と、「の」音のまとまりが愛らしい。
Ⓢ女性名

名前	画数	総画
妃乃	6・2	8
姫乃	10・2	12
媛乃	12・2	14
妃埜★	6・11	17
姫野	10・11	21

ひより
Hiyori

●○○

日本的な優雅な表現で「よい天候」を表す音。優しく穏やかで、風流な響きをもつ

名前	画数	総画
日和	4・8	12
琵★由	12・5	17
陽依	12・8	20
妃頼	6・16	22
緋依	14・8	22

ひらり
Hilary*

●●●

軽やかな3音でまとまりよく構成された、しなやかな身のこなしをイメージさせる名前

名前	画数	総画
ひらり	2・3・2	7
比良璃	4・7・15	26
陽良李	12・7・7	26
緋良莉	14・7・10	31
日羅梨	4・19・11	34

ひろ
Hiro

●●●

控えめな知性を含む「ひ」音と、明るい「ろ」音が、おおらかで親しみやすい響きをつくる

名前	画数	総画
比呂	4・7	11
妃呂	6・7	13
妃路	6・13	19
陽芦★	12・7	19
緋呂	14・7	21

ひろえ
Hiroe

●○○

軽やかな「ひろ」音と、素直な止め字「え」が、のびのびとした元気な女の子を思わせる

名前	画数	総画
弘依	5・8	13
広恵	5・10	15
博江	12・6	18
寛恵	13・10	23
裕絵	12・12	24

ひろか
Hiroka

●○○

はっきりした「か」音が、おおらかな「ひろ」音を引き立てる、まっすぐなイメージの名前

名前	画数	総画
弘花	5・7	12
広佳	5・8	13
広夏	5・10	15
尋佳	12・8	20
緋路花	14・13・7	34

ひろこ
Hiroko

●●○

伝統的な止め字の「こ」が、「ひろ」音のもつ素直な明るさをかわいらしく光らせる

名前	画数	総画
弘子	5・3	8
浩子	10・3	13
尋子	12・3	15
博子	12・3	15
寛子	13・3	16

ひろな
Hirona

●●○

明るい「ひろ」音に、やわらかい「な」音が自然になじみ、女の子らしい余韻をつくる

名前	画数	総画
宏那	7・7	14
宏奈	7・8	15
弘菜	5・11	16
比呂奈	4・7・8	19
寛那	13・7	20

ひろね
Hirone

●●○

明るく素直な「ひろ」音に静かな「ね」音を加えた、初々しさを感じさせる和風の名前

名前	画数	総画
ひろね	2・2・4	8
弘音	5・9	14
比呂峯★	4・7・10	21
尋音	12・9	21
宏嶺	7・17	24

ひろの
Hirono

●○○

おおらかな「ひろ」音に、しっとりした止め字「の」が加わり、和風の趣を醸し出す

名前	画数	総画
宏乃	7・2	9
洋乃	9・2	11
浩乃	10・2	12
裕乃	12・2	14
陽呂乃	12・7・2	21

★新人名漢字

ひろみ
Hiromi

●●○

「ひろ」音のもつ親しみやすい響きと、「み」音のやわらかさがよく合った、なじみ深い名前

名前	画数	総画
ひろみ	2・2・3	7
広美	5・9	14
弘美	5・9	14
宏美	7・9	16
浩美	10・9	19

ひろむ
Hiromu

●●○

明るく活発な「ひろ」音を、まとまりよく収束する「む」の音が新鮮。積極性を秘めた響き

名前	画数	総画
ひろむ	2・2・4	8
浩夢	10・13	23
博夢	12・13	25
妃呂夢	6・7・13	26
緋呂夢	14・7・13	34

ひろよ
Hiroyo

●●○

明るい親しみを感じさせる「ひろ」音に、穏やかな「よ」音が続き、落ちつきをプラス

名前	画数	総画
ひろよ	2・2・3	7
宏代	7・5	12
浩世	10・5	15
裕代	12・5	17
浩葉	10・12	22

ふうか
Fuka

●●●

優しく軽やかな響きをもつ「ふう」に、人気の止め字「か」を添えた、新感覚の名前

名前	画数	総画
風花	9・7	16
風佳	9・8	17
芙卯花	7・5・7	19
風夏	9・10	19
風歌	9・14	23

ふうき
Hookie*

●●○

「ふう」という流れるような音を、シャープな止め字「き」がキレよくまとめる。©女性名

名前	画数	総画
風妃	9・6	15
富季	12・8	20
楓希	13・7	20
風葵	9・12	21
楓綺	13・14	27

ふうこ
Fuko

●●●

新感覚の流れをもつ「ふう」音と、伝統的な止め字の「こ」が、バランスよくなじむ

名前	画数	総画
風子	9・3	12
風光	9・6	15
楓子	13・3	16
風羽子	9・6・3	18
富羽子	12・6・3	21

ふき
Fuki

●●●

早春に地上に現れる花茎が、季節の風物詩として愛される「蕗」と同音。©女性名

名前	画数	総画
蕗	16	16
布貴	5・12	17
富季	12・8	20
風葵	9・12	21
芙輝	7・15	22

ふきこ
Fukiko

●●○

ほっとする穏やかな響きのなかにも、「き」音の秘めた知性が光る、和風情趣漂う名前

名前	画数	総画
布紀子	5・9・3	17
風希子	9・7・3	19
蕗子	16・3	19
楓季子	13・8・3	24
富貴子	12・12・3	27

ふきの
Fukino

●●○

日本的な風情を感じさせる「ふき」と「の」、両音がなじみ、ノスタルジックに響く

名前	画数	総画
布紀乃	5・9・2	16
蕗乃	16・2	18
風季乃	9・8・2	19
富季乃	12・8・2	22
富貴乃	12・12・2	26

ふくこ
Fukuko

●●○

ストレートに「福」を思わせる2音と「こ」音の、なじみ深い響きがかわいらしい

名前	画数	総画
芙久子	7・3・3	13
福子	13・3	16
富久子	12・3・3	18
芙紅子	7・9・3	19
風玖子	9・7・3	19

ふくみ
Hukumi*

●●○

円満なイメージの「ふく」音と、やわらかい「み」音が、自然な温もり感をつくり出す

名前	画数	総画
芙久未	7・3・5	15
二玖海	2・7・9	18
芙久美	7・3・9	19
風来未	9・7・5	21
富美	12・9	21
福美	13・9	22
福海	13・9	22
布久魅	5・3・15	23
芙紅美	7・9・9	25
風玖美	9・7・9	25

英語圏の人にとっての発音のしやすさの目安　●●● しやすい　●●○ ややしにくい　●○○ しにくい

ふじの
Fujino

日本的な響きの「ふじ」「の」がなじみ、りりしくしとやかな大和撫子を思わせる

名前	画数	総画
ふじの	4・3・1	8
冨士乃	11★・3・2	16
富士乃	12・3・2	17
布慈乃	5・13・2	20
藤乃	18・2	20

ふじよ
Fujiyo

日本の最高峰「ふじ」の名称を含む、しとやかな響き。凛とした気品を漂わせる名前

名前	画数	総画
富士世	12・3・5	20
富士代	12・3・5	20
藤代	18・5	23
芙路代	7・13・5	25
芙路葉	7・13・12	32

ふたば
Futaba

幼いものや生命力の象徴ともなる「双葉」と同音。初々しく、純真な印象を与える

名前	画数	総画
二芭	2・7★	9
双羽	4・6	10
二葉	2・12	14
ふたば	4・4・6	14
双葉	4・12	16

ふみ
Fumi

優しくやわらかい、なじみの深い名前。静かな知性を感じさせる、文芸的な音をもつ

名前	画数	総画
文	4	4
史	5	5
ふみ	4・3	7
芙美	7・9	16
歩美	8・9	17

ふみえ
Fumie

親しみやすくやわらかい3音で構成された、ほっとする優しさに包まれた名前

名前	画数	総画
文恵	4・10	14
史恵	5・10	15
布美衣	5・9・6	20
布美絵	5・9・12	26
富実江	12・8・6	26

ふみか
Fumika

「ふみ」音の古風なしなやかさに、可憐な「か」音を加えた、素直で明るいイメージの名前

名前	画数	総画
文佳	4・8	12
文香	4・9	13
郁花	9・7	16
史歌	5・14	19
芙美花	7・9・7	23

ふさ
Fusa

ほっとするような安心感、温かさと優しさに満ちた、古風な響きの親しみやすい名前

名前	画数	総画
ふさ	4・3	7
英	8	8
布沙	5・7	12
布紗	5・10	15
風爽	9・11	20

ふさえ
Fusae

懐かしい印象を与える「ふさ」音と、安心感を含んだ「え」音の、穏やかな組み合わせ

名前	画数	総画
芙冴	7・7	14
房江	8・6	14
風冴	9・7	16
房重	8・9	17
英恵	8・10	18
芙沙永	7・7・5	19
布紗衣	5・10・6	21
芙咲枝	7・9・8	24
布彩絵	5・11・12	28
富紗恵	12・10・10	32

ふさこ
Fusako

なじみ深く温かい響きの「ふさ」に、伝統的な止め字「こ」を合わせた、優しく懐かしい名前

名前	画数	総画
房子	8・3	11
芙早子	7・6・3	16
芙咲子	7・9・3	19
風冴子	9・7・3	19
風爽湖	9・11・12	32

ふさの
Husano*

優しさを感じさせる和風音「ふさ」に、穏やかな「の」音が相性よく連なり、新鮮に響く

名前	画数	総画
ふさの	4・3・1	8
房乃	8・2	10
芙沙乃	7・7・2	16
総乃	14・2	16
布紗乃	5・10・2	17

ふさよ
Fusayo

「ふさ」の優しい古風な響きに、「よ」音がなじみ、静かで奥深い気品を感じさせる

名前	画数	総画
房代	8・5	13
布沙代	5・7・5	17
布紗代	5・10・5	20
風小夜	9・3・8	20
楓紗葉	13・10・12	35

ふじこ
Fujiko

日本の最高峰・富士山で親しまれる「ふじ」の音と、伝統的な止め字「こ」の風雅な名前

名前	画数	総画
不二子	4・2・3	9
富士子	12・3・3	18
藤子	18・3	21
芙滋子	7・12・3	22
富士湖	12・3・12	27

★新人名漢字

ふゆみ
Fuyumi
●○○

軽やかな「ふ」、奥深い「ゆ」、やわらかな「み」。個々の音の優しさが際立って響く

風(9)優(17)美(9)	35
楓(13)夕(3)実(8)	24
風(9)有(6)未(5)	20
布(5)由(5)美(9)	19
冬(5)美(9)	14

ふりる
Friru*
●○○

女の子ならではのかわいらしさをアピールする、華やかでロマンチックな響き。Ⓔフリル

楓(13)梨(11)琉(11)	35
歩(8)莉(10)留(10)	28
芙(7)利(7)瑠(14)	28
風(9)里(7)流(10)	26
芙(7)里(7)琉(11)	25

ふれあ
Furea
●○○

ふわりとした、やわらかいイメージが印象的な、女の子らしい音。Ⓔ(炎が)煌めく

芙(7)玲(9)亜(7)	23
布(5)玲(9)阿(8)	22
芙(7)伶(7)亜(7)	21
布(5)怜(8)亜(7)	20
夫(4)玲(9)亜(7)	20

ふわり
Fuwari
●●○

言葉のもつ意味そのままに、優しくおっとりとした雰囲気の、かわいらしい響きの名前

富(12)和(8)梨(11)	31
歩(8)羽(6)理(11)	25
風(9)和(8)里(7)	24
風(9)羽(6)李(7)	22
ふ(4)わ(3)り(2)	9

べに
Benny*
●●●

伝統的な色彩名「紅」と同音で、「化粧する」の意味ももつ。Ⓒ女性名 Ⓢ女性名の愛称

紅(9)似(7)	16
紅(9)丹(4)	13
紅(9)	9
辺(5)丹(4)	9
辺(5)仁(4)	9

ふみこ
Fumiko
●●○

古風な優しさをもつ「ふみ」音と、伝統的な止め字「こ」の、相性のよい組み合わせ

楓(13)美(9)子(3)	25
富(12)実(8)子(3)	23
風(9)美(9)子(3)	21
扶(7)美(9)子(3)	19
文(4)子(3)	7

ふみの
Fumino
●●○

文芸的な「ふみ」音に、止め字「の」が優しくなじんだ、しっとりした風情をもつ名前

富(12)美(9)乃(2)	23
芙(7)美(9)乃(2)	18
詞(12)乃(2)	14
史(5)乃(2)	7
文(4)乃(2)	6

ふみよ
Fumiyo
●○○

優しい「ふみ」音のもつ、知的で聡明なイメージに、「よ」音が深い奥行きを与える

郁(9)代(5)	14
史(5)代(5)	10
史(5)世(5)	10
文(4)代(5)	9
文(4)世(5)	9

ふゆ
Fuyu
●●●

柔軟な「ふ」音の軽やかさと、「ゆ」音の奥深さがバランスよくなじむ。Ⓒ女性名

風(9)優(17)	26
楓(13)夕(3)	16
芙(7)柚(9)	16
布(5)悠(11)	16
布(5)柚(9)	14

ふゆか
Fuyuka
●○○

やわらかく穏やかな「ふゆ」音に、現代的な明るい止め字「か」を合わせ、さわやかに

楓(13)夕(3)花(7)	23
冬(5)歌(14)	19
冬(5)華(10)	15
冬(5)香(9)	14
冬(5)花(7)	12

ふゆき
Fuyuki
●●○

シャープな「き」音が、静かなまとまりのなかに、芯の強さを感じさせる響きをつくる

芙(7)由(5)紀(9)	21
冬(5)綺(14)	19
布(5)夕(3)紀(9)	17
冬(5)希(7)	12
冬(5)妃(6)	11

ふゆこ
Fuyuko
●○○

しっとりと落ちついた風情をもちながら、芯の強さと、りりしさを秘めた名前

風(9)友(4)子(3)	16
芙(7)由(5)子(3)	15
扶(7)友(4)子(3)	14
布(5)由(5)子(3)	13
冬(5)子(3)	8

英語圏の人にとっての発音のしやすさの目安 ●●● しやすい ●●○ ややしにくい ●○○ しにくい

音から考える

べにお
Benio

●●●

優雅な響きの「べに」と、古風な雰囲気をもつ止め字「お」の、格調高い組み合わせ

名前（画数）	総画
紅9 央5	14
紅9 音9	18
紅9 桜10	19
べ3 に3 緒14	20
紅9 緒14	23

べにか
Benica*

●●●

女性らしい伝統色「べに」に、可憐な音の止め字「か」を添えた、艶やかな響きをもつ名前

名前（画数）	総画
紅9 花7	16
紅9 佳8	17
紅9 香9	18
紅9 夏10	19
紅9 華10	19

へれん
Helen*

●●●

まとまりがよく静かな気品を感じさせる、洋風の名前。DC女性名 F近い音の女性名

名前（画数）	総画
ヘ1 レ1 ン2	4
へ1 れ3 ん2	6
辺5 廉13	18
辺5 蓮13	18
辺5 漣14★	19

ぽえむ
Poem*

●●●

夢を感じさせる音と意味合いをもつ。ロマンチックな響きがかわいらしい。EF詩

名前（画数）	総画
ポ5 エ3 ム2	10
ぽ6 え3 む4	13
帆6 永5 夢13	24
歩8 依8 夢13	29
歩8 恵10 夢13	31

ほしか
Hoshika

●●○

穏やかな響きのなかに夢を秘める「ほし」音に、「か」音が明るくかわいい余韻をプラス

名前（画数）	総画
星9 花7	16
星9 佳8	17
星9 香9	18
星9 夏10	19
星9 歌14	23

ほしな
Hoshina

●●○

「星」を思わせるロマンチックな響きに、かわいい音で人気の止め字「な」を添えて

名前（画数）	総画
星9 那7	16
帆6 士3 奈8	17
星9 奈8	17
保9 科9	18
星9 菜11	20

ほしの
Hoshino

●●○

「ほし」の美しいイメージに、しっとりした「の」音がなじみ、静かな風情を漂わせる

名前（画数）	総画
星9 乃2	11
帆6 志7 乃2	15
保9 枝8 乃2	19
穂15 志7 乃2	24
保9 篠17★	26

ほしよ
Hoshiyo

●●○

「ほし」音のもつロマンチックなイメージが、「よ」音に落ちつき、穏やかな雰囲気を醸す

名前（画数）	総画
星9 世5	14
星9 代5	14
星9 夜8	17
帆6 志7 代5	18
歩8 史5 世5	18

ほずみ
Hozumi

●●○

やわらかく控えめな3音がつくる、穏やかな音のなかで、濁音「ず」の個性が光る

名前（画数）	総画
帆6 澄15	21
穂15 純10	25
穂15 澄15	30
穂15 積16	31
穂15 津9 美9	33

ほたる
Hotaru

●●○

優美な光が日本人に愛される、夏の風物詩「蛍」と同じ音をもつ、風情のある名前

名前（画数）	総画
蛍11	11
ほ5 た4 る3	12
帆6 多6 琉11	23
保9 多6 瑠14	29
穂15 多6 留10	31

ほとり
Hotori

●●○

「水際」の詩的表現と同じ、静けさと潤い感に満ちた音。和風情趣の漂う優雅な名前

名前（画数）	総画
ほ5 と2 り2	9
畔10	10
穂15 斗4 莉10	29
帆6 渡12 璃15	33
穂15 都11 里7	33

ふみ～ほと

★新人名漢字

ほなみ
Honami
●●○

帆 6 浪 10	16
穂 15 波 8	23
帆 6 南 9 海 9	24
歩 8 奈 8 美 9	25
保 9 奈 8 美 9	26

優しく穏やかな3音が、女の子らしいやわらかさをまとった、かわいらしい響きをつくる

ほのみ
Honomi
●●○

ほ 5 の 1 み 3	9
帆 6 乃 2 海 9	17
保 9 乃 2 美 9	20
歩 8 野 11 未 5	24
穂 15 乃 2 実 8	25

やわらかく優しい音のまとまりが、静かな温もりを感じさせる、女の子らしい名前

ほのり
Honori
●●○

ほ 5 の 1 り 2	8
帆 6 乃 2 浬 10★	18
葡 12★ 乃 2 里 7	21
穂 15 乃 2 里 7	24
穂 15 乃 2 莉 10	27

「ほんのり」を思わせる優しい響きのなかで、「り」音が清涼感に満ちた余韻を添える

ほまれ
Homare
●●○

ほ 5 ま 4 れ 3	12
誉 13	13
歩 8 希 7	15
帆 6 稀 12	18
穂 15 稀 12	27

まとまりのよい音が、ストレートに「誉れ」を思わせる、日本的なイメージをもつ名前

まあ
Mah*
●●●

ま 4 あ 3	7
万 3 亜 7	10
茉 8 亜 7	15
真 10 有 6	16
麻 11 亜 7	18

やわらかみのある「ま」音に母音の「あ」が続き、愛称のようなかわいらしい流れをつくる

まあこ
Mako
●●●

ま 4 あ 3 子 3	10
真 10 有 6 子 3	19
真 10 亜 7 子 3	20
麻 11 亜 7 子 3	21
麻 11 亜 7 湖 12	30

愛称のような「まあ」音と、伝統的な「こ」音が親しみやすく響く。Ⓒ女性名

まあさ
Martha*
●●●

麻 11 朝 12	23
麻 11 亜 7 沙 7	25
麻 11 有 6 咲 9	26
真 10 亜 7 紗 10	27
舞 15 亜 7 彩 11	33

上品な洋風の響きで、温かく穏やかなイメージをもつ。ⒺⒸ女性名Ⓘ近い音の女性名

まあや
Maya
●●●

真 10 彩 11	21
真 10 絢 12	22
麻 11 彩 11	22
麻 11 亜 7 矢 5	23
舞 15 綾 14	29

3つの「あ行音」が、優しく愛らしい音のまとまりをつくる。Ⓒ女性名Ⓘ近い音の女性名

まい
Mai
●●●

舞 15	15
真 10 衣 6	16
麻 11 衣 6	17
麻 11 依 8	19
真 10 唯 11	21

簡潔でかわいらしい音。Ⓒ女性名Ⓔ私のⒻⒹ5月Ⓑ「梅」「幸運」に近い音

まいか
Maika
●●○

舞 15 花 7	22
舞 15 佳 8	23
舞 15 華 10	25
麻 11 衣 6 香 9	26
麻 11 依 8 歌 14	33

かわいい音で人気の「まい」に、可憐な止め字「か」を添えて。Ⓢ女性名の愛称Ⓔ雲母

まいこ
Maiko
●●●

舞 15 子 3	18
真 10 衣 6 子 3	19
麻 11 衣 6 子 3	20
真 10 依 8 子 3	21
真 10 泉 9 子 3	22
麻 11 依 8 子 3	22
真 10 唯 11 子 3	24
麻 11 唯 11 子 3	25
麻 11 維 14 子 3	28
磨 16 泉 9 子 3	28

華麗な「まい」音に、伝統的な止め字「こ」を添えた、しなやかな印象の名前。Ⓒ女性名

英語圏の人にとっての発音のしやすさの目安　●●● しやすい　●●○ ややしにくい　●○○ しにくい

まいな
Maina

「まい」と「な」、ともに女の子らしいやわらかな音の組み合わせ。Ⓒ女性名

名前	画数	合計
舞奈	15・8	23
麻衣奈	11・6・8	25
満衣奈	12・6・8	26
真依菜	10・8・11	29
舞衣奈	15・6・8	29

まいは
Maiha

かわいい音で人気の「まい」に、新感覚の止め字「は」を合わせた、個性的な響きの名前

名前	画数	合計
万衣羽	3・6・6	15
舞巴	15・4	19
舞羽	15・6	21
真衣波	10・6・8	24
舞葉	15・12	27

まえ
Mae

明るいやわらかさをもつ「ま」音と、素直な「え」音の、簡潔で個性的なまとまり

名前	画数	合計
万愛	3・13	16
茉恵	8・10	18
真依	10・8	18
真彗	10・11	21
麻恵	11・10	21

まお
Mao

丸みを帯びたようなやわらかい響きで、エキゾチックな雰囲気をもつ女の子らしい名前

名前	画数	合計
茉央	8・5	13
真央	10・5	15
麻央	11・5	16
満桜	12・10	22
真緒	10・14	24

まき
Maki

明るく前向きな「ま」とシャープな「き」音の、簡潔な組み合わせ。Ⓒ女性名Ⓕ密林

名前	画数	合計
万希	3・7	10
槙	14	14
万綺	3・14	17
麻希	11・7	18
真紀	10・9	19
茉貴	8・12	20
真葵	10・12	22
舞季	15・8	23
真輝	10・15	25
真樹	10・16	26

まきえ
Makie

漆工芸の技法のひとつと同じ音。伝統を感じさせる和風情趣を含む。Ⓕ「化粧する」に近い音

名前	画数	合計
牧恵	8・10	18
槙衣	14・6	20
真紀枝	10・9・8	27
麻紀恵	11・9・10	30
真輝江	10・15・6	31

まきこ
Makiko

はっきりした3音で構成された響きが、明るく聡明な印象を与える、なじみ深い名前

名前	画数	合計
牧子	8・3	11
万季子	3・8・3	14
真妃子	10・6・3	19
麻希子	11・7・3	21
舞輝子	15・15・3	33

まきの
Makino

明るく魅力的な「まき」音と、しっとりした和風の止め字「の」が、よいバランスを保つ

名前	画数	合計
牧乃	8・2	10
槙乃	14・2	16
茉紀乃	8・9・2	19
真季乃	10・8・2	20
真喜乃	10・12・2	24

まきよ
Makiyo

まっすぐな「まき」音を、深みのある「よ」音が支えた、強さを秘めた名前。Ⓢ私が化粧する

名前	画数	合計
万綺代	3・14・5	22
真希世	10・7・5	22
磨季代	16・8・5	29
真樹代	10・16・5	31
舞輝代	15・15・5	35

まこ
Mako

明朗な音の組み合わせで、呼びかけやすく親しみのある、簡潔な名前。Ⓒ女性名

名前	画数	合計
茉子	8・3	11
真子	10・3	13
麻子	11・3	14
真湖	10・12	22
麻湖	11・12	23

まこと
Makoto

はっきりした音が意志の強さを感じさせる。日本人の精神性や美徳を表す音でもある

名前	画数	合計
まこと	4・2・2	8
真	10	10
真琴	10・12	22
麻琴	11・12	23
舞琴	15・12	27

まさ
Masa

まっすぐな「ま」音と、さわやかな「さ」音の組み合わせ。Ⓔ近い音の女性名Ⓢ塊

名前	画数	合計
雅	13	13
真咲	10・9	19
真紗	10・10	20
麻紗	11・10	21
舞冴	15・7	22

音から考える

ほな～まさ

★新人名漢字

まさえ
Masae
●○○

「まさ」のまっすぐで前向きな響きを、「え」音が支え、自然に生かしている。Ⓒ女性名

正5 恵10	15
雅13 永5	18
雅13 江6	19
晶12 枝8	20
真10 紗10 枝8	28

まさき
Masaki
●●○

「まさ」音のもつりりしさと、「き」音のキレのよさが引き立て合う、冴えたイメージの名前

真10 咲9	19
雅13 姫10	23
真10 早6 紀9	25
麻11 沙7 希7	25
舞15 紗10 貴12	37

まさこ
Masako
●●○

日本のプリンセス・皇太子妃殿下の名前として海外でも知られる、聡明な印象をもつ名前

雅13 子3	16
真10 砂9 子3	22
真10 彩11 子3	24
麻11 紗10 子3	24
舞15 冴7 子3	25

まさの
Masano
●●○

りりしい「まさ」音に、なめらかな「の」音を合わせ、和風のしとやかさをプラス

匡6 乃2	8
昌8 乃2	10
柾9 乃2	11
雅13 乃2	15
真10 砂9 乃2	21

まさみ
Masami
●●○

きりっとした前向きな「まさ」音に、やわらかい「み」音で、優しい余韻をプラス

万3 沙7 己3	13
万3 沙7 美9	19
雅13 美9	22
麻11 佐7 美9	27
真10 紗10 美9	29

まさよ
Masayo
●○○

しっかりした「まさ」音と、深みのある「よ」音が続き、穏やかな安定感を漂わせる

昌8 世5	13
雅13 代5	18
麻11 沙7 代5	23
真10 紗10 代5	25
雅13 葉12	25

ましろ
Mashiro
●●○

「真っ白」を思わせる、純粋で清楚な印象をもつ音。女の子らしく個性的な名前

ま4 し1 ろ2	7
茉8 白5	13
真10 白5	15
麻11 史5 路13	29
真10 志7 路13	30

ますみ
Masumi
●●○

清潔感のあるなじみ深い音で、芯の強さを秘めた聡明な女性を思わせる名前

真10 純10	20
麻11 純10	21
真10 澄15	25
真10 寿7 美9	26
真10 素10 美9	29

ますよ
Masuyo
●○○

素朴な「ます」音と、大人びた止め字「よ」が、懐かしい響きをつくる。Ⓢ私がもっと～です

万3 寿7 世5	15
真10 寿7 代5	22
真10 素10 代5	25
満12 須12 世5	29
茉8 須12 葉12	32

まち
Machi
●●●

明るく元気な「ま」音と、知的でかわいい「ち」音の組み合わせ。Ⓒ女性名

ま4 ち3	7
万3 智12	15
真10 茅8	18
真10 知8	18
舞15 智12	27

まちか
Machika
●●○

明朗な「ま」、知的な「ち」、可憐な「か」、しっかりした3音が、聡明なイメージをつくる

町7 佳8	15
真10 知8 花7	25
真10 知8 華10	28
真10 智12 佳8	30
真10 智12 香9	31

まちこ
Machiko
●●○

はっきりした明るさをもつ音どうしで構成された、親しみやすい印象を与える名前

町7 子3	10
万3 智12 子3	18
真10 知8 子3	21
真10 智12 子3	25
真10 知8 瑚13	31

まつえ
Matsue
●○○

日本の風景を特色づける樹木名「松」と同じ音を含み、穏やかで格調高い風情をもつ

松8 依8	16
松8 恵10	18
茉8 絵12	20
真10 津9 枝8	27
麻11 都11 衣6	28

英語圏の人にとっての発音のしやすさの目安　●●● しやすい　●●○ ややしにくい　●○○ しにくい

まどか
Madoka

●●○

リズミカルでまとまりのよい名前。雅語的に「丸い」「円満な」を意味する優美な音

名前（画数）	総画
円(4)	4
ま(4)ど(4)か(3)	11
圓(13)★	13
円(4)夏(10)	14
円(4)歌(14)	18

まな
Mana

●●●

「親愛」の意味をもつ、女の子らしい名前。Ⓕ女性名Ⓢ泉の流れ、天からの恵み

名前（画数）	総画
真(10)	10
愛(13)	13
真(10)奈(8)	18
麻(11)奈(8)	19
真(10)菜(11)	21

まなえ
Manae

●○○

素直な響きをもつ止め字「え」を得て、「まな」音の明るい優しさが際立って響く

名前（画数）	総画
真(10)苗(8)	18
麻(11)苗(8)	19
愛(13)絵(12)	25
真(10)奈(8)依(8)	26
麻(11)菜(11)恵(10)	32

まなか
Manaka

●●○

快活で女の子らしい「まな」音と、可憐な響きが人気の止め字「か」の組み合わせ

名前（画数）	総画
真(10)夏(10)	20
愛(13)佳(8)	21
茉(8)那(7)佳(8)	23
愛(13)夏(10)	23
真(10)菜(11)香(9)	30

まなこ
Manako

●●○

優しい響きのなかに、「眼」と同じ音を含む、真摯なニュアンスを漂わせる名前

名前（画数）	総画
愛(13)子(3)	16
茉(8)那(7)子(3)	18
真(10)奈(8)子(3)	21
真(10)南(9)子(3)	22
麻(11)奈(8)子(3)	22

まなみ
Manami

●●○

「まな」音のなめらかさと、やわらかい「み」音がよくなじみ、女の子らしく響く

名前（画数）	総画
真(10)南(9)	19
愛(13)美(9)	22
茉(8)那(7)美(9)	24
真(10)那(7)海(9)	26
真(10)奈(8)美(9)	27

まひる
Mahiru

●○○

のびのびと明るいイメージの「ま」「ひ」を、「る」音が包み込むように、優しくまとめる

名前（画数）	総画
ま(4)ひ(2)る(3)	9
茉(8)比(4)琉(11)	23
真(10)妃(6)留(10)	26
麻(11)比(4)瑠(14)	29
真(10)緋(14)瑠(14)	38

まひろ
Mahiro

●○○

前向きな意志を秘める「ま」音と、のびのびとおおらかな「ひろ」音がバランスよくなじむ

名前（画数）	総画
ま(4)ひ(2)ろ(2)	8
万(3)尋(12)	15
真(10)比(4)呂(7)	21
真(10)妃(6)呂(7)	23
麻(11)裕(12)	23

まほ
Maho

●●●

明るくまじめな「ま」音と、静かな「ほ」音を合わせた、ほっとする優しい響き。Ⓢ美男

名前（画数）	総画
真(10)帆(6)	16
麻(11)帆(6)	17
真(10)保(9)	19
舞(15)歩(8)	23
真(10)穂(15)	25

まほこ
Mahoko

●●○

明るい「ま」、優しい「ほ」、落ちついた「こ」、それぞれの特色が生きた、しとやかな響き

名前（画数）	総画
麻(11)帆(6)子(3)	20
真(10)歩(8)子(3)	21
満(12)帆(6)子(3)	21
真(10)保(9)子(3)	22
麻(11)穂(15)子(3)	29

まみ
Mami

●●●

はっきりした「ま行」の2音からなる、親しみやすい名前。Ⓔ近い音の女性名Ⓢ母

名前（画数）	総画
麻(11)未(5)	16
茉(8)美(9)	17
真(10)実(8)	18
麻(11)美(9)	20
舞(15)美(9)	24

まみえ
Mamie

●○○

「まみ」音の明るくしっかりしたイメージと、「え」音のやわらかさがバランスよく響く

名前（画数）	総画
万(3)美(9)江(6)	18
万(3)美(9)恵(10)	22
茉(8)美(9)枝(8)	25
真(10)美(9)恵(10)	29
舞(15)美(9)江(6)	30

まみか
Mamika

●●○

しっかりした2音「まみ」と可憐な「か」音の連なりが、華やかで明るい響きをつくる

名前（画数）	総画
真(10)美(9)花(7)	26
麻(11)美(9)花(7)	27
真(10)美(9)香(9)	28
真(10)海(9)夏(10)	29
麻(11)実(8)夏(10)	29

★新人名漢字

まゆこ
Mayuko

●●○

しっとりとした2音「まゆ」に、伝統的な止め字「こ」を合わせた、安心感のある名前

名前	総画
麻(11)悠(11)子(3)	25
真(10)結(12)子(3)	25
繭(18)子(3)	21
万(3)結(12)子(3)	18
真(10)夕(3)子(3)	16

まゆな
Mayuna

●●○

純粋な響きの「まゆ」と、やわらかい止め字「な」が、女の子らしい印象をつくる

名前	総画
真(10)優(17)菜(11)	38
麻(11)友(4)菜(11)	26
真(10)由(5)奈(8)	23
真(10)友(4)奈(8)	22
万(3)柚(9)奈(8)	20

まゆの
Mayuno

●●○

かわいい「まゆ」音に、古風な女性を思わせる止め字「の」がなじんだ、しっとりとした響き

名前	総画
真(10)悠(11)乃(2)	23
真(10)祐(9)乃(2)	21
麻(11)由(5)乃(2)	18
真(10)由(5)乃(2)	17
真(10)夕(3)乃(2)	15

まゆみ
Mayumi

●●○

やわらかく女性らしい、まとまりのよい響きで親しまれる名前。同音の樹木もある

名前	総画
真(10)優(17)美(9)	36
麻(11)由(5)実(8)	24
真(10)由(5)美(9)	24
真(10)弓(3)	13
ま(4)ゆ(3)み(3)	10

まゆら
Mayura

●●○

純真な響きの「まゆ」に続く、華やかなイメージの「ら」音が、新鮮な個性を放つ

名前	総画
真(10)優(17)良(7)	34
真(10)裕(12)良(7)	29
真(10)悠(11)良(7)	28
万(3)由(5)良(7)	15
ま(4)ゆ(3)ら(3)	10

まゆり
Mayuri

●●○

人気の音の、多用されない組み合わせ。優しくやわらかな、女の子らしい響きをもつ

名前	総画
真(10)優(17)里(7)	34
麻(11)悠(11)里(7)	29
麻(11)由(5)梨(11)	27
真(10)百(6)合(6)	22
真(10)由(5)利(7)	22

まよ
Mayo

●●●

「ま」の前向きな響きを、「よ」音の落ちつきが支えた、深みを感じさせる名前。Ⓢ5月

名前	総画
麻(11)夜(8)	19
真(10)夜(8)	18
麻(11)世(5)	16
真(10)代(5)	15
万(3)葉(12)	15

まみこ
Mamiko

●●○

はっきりした明るい音で構成された、一途な意志を秘める女の子らしい名前

名前	総画
麻(11)実(8)子(3)	22
真(10)美(9)子(3)	22
真(10)海(9)子(3)	22
茉(8)美(9)子(3)	20
万(3)美(9)子(3)	15

まや
Maya

●●●

和風の艶を秘めた響き。釈迦の生母名と同音。ⒾⒸ女性名Ⓢマヤ(古代文明の名称)

名前	総画
真(10)埜(11★)	21
麻(11)夜(8)	19
真(10)矢(5)	15
麻(11)也(3)	14
マ(2)ヤ(2)	4

まやこ
Mayako

●●○

艶やかな雰囲気の2音「まや」と、伝統的な止め字「こ」が、奥ゆかしい響きをつくる

名前	総画
真(10)椰(13)子(3)	26
真(10)弥(8)子(3)	21
麻(11)矢(5)子(3)	19
真(10)也(3)子(3)	16
万(3)夜(8)子(3)	14

まゆ
Mayu

●●●

生糸の原料となる「繭」と同音。清純でやわらかく、女の子らしいイメージを与える

名前	総画
麻(11)友(4)	15
真(10)由(5)	15
万(3)結(12)	15
万(3)悠(11)	14
万(3)由(5)	8
真(10)優(17)	27
麻(11)柚(9)	20
万(3)優(17)	20
真(10)柚(9)	19
繭(18)	18

まゆか
Mayuka

●●○

「まゆ」と「か」、ともに人気の音どうしの組み合わせ。可憐な初々しさをまとう

名前	総画
真(10)優(17)花(7)	34
真(10)柚(9)香(9)	28
万(3)優(17)佳(8)	28
麻(11)佑(7)香(9)	27
繭(18)花(7)	25

まゆき
Mayuki

●●○

人気の3音の耳新しい組み合わせ。さまざまな印象をもつ、個性的な名前

名前	総画
真(10)有(6)綺(14)	30
舞(15)雪(11)	26
麻(11)有(6)紀(9)	26
真(10)雪(11)	21
真(10)幸(8)	18

英語圏の人にとっての発音のしやすさの目安　●●● しやすい　●●○ ややしにくい　●○○ しにくい

まりか
Marika

●●○

名前（画数）	総画
麻11 理11 佳8	30
麻11 里7 香9	27
真10 里7 夏10	27
莉10 香9	19
万3 里7 香9	19

人気音「まり」と「か」を組み合わせた、明るく可憐な響き。アラビア語で「女王」

まよこ
Mayoko

●●○

名前（画数）	総画
麻11 代5 子3	19
真10 代5 子3	18
真10 世5 子3	18
万3 葉12 子3	18
万3 代5 子3	11

落ちついた和風の音がつくる響きのなかに、明るく一途なひたむきさを秘める名前

まりこ
Mariko

●●○

名前（画数）	総画
舞15 莉10 子3	28
真10 理11 子3	24
麻11 里7 子3	21
鞠17 子3	20
真10 利7 子3	20

明るく弾むような「まり」音と、かわいらしい「こ」音が、愛しさのこもった響きをつくる

まり
Marie*

●●●

名前（画数）	総画
真10 理11	21
茉8 莉10	18
鞠17	17
真10 里7	17
毬11	11

なじみ深く、かわいらしい名前。ⓀⒸ女性名Ⓕ近い音の女性名、夫Ⓢ女性名の愛称

まりさ
Malisa*

●●●

名前（画数）	総画
満12 里7 彩11	30
真10 梨11 咲9	30
麻11 理11 沙7	29
真10 里7 紗10	27
真10 利7 冴7	24

さわやかな「り」音に「さ」音がなじみ、「ま」音のかわいさを引き立てる。Ⓢ女性名

まりあ
Maria

●●●

名前（画数）	総画
真10 莉10 有6	26
真10 利7 亜7	24
鞠17 亜7	24
万3 利7 亜7	17
ま4 り2 あ3	9

「聖母マリア」と同じ、明るさと深い優しさを併せもつ音。ⒺⒻⒹⓈⒾ女性名

まりな
Marina

●●●

名前（画数）	総画
麻11 里7 菜11	29
真10 理11 奈8	29
万3 璃15 菜11	29
満12 里7 奈8	27
茉8 莉10 南9	27

愛らしくさわやかな名前。Ⓢ女性名Ⓔ近い音の女性名、波止場ⒻⒾ「海の」に近い音

まりあん
Marian

●●●

名前（画数）	総画
麻11 理11 庵11★	33
真10 梨11 杏7	28
真10 里7 杏7	24
鞠17 安6	23
万3 莉10 安6	19

明るい響きが弾むようにまとまる、かわいらしい名前。ⒺⓈ女性名Ⓕ近い音の女性名

まりの
Marino

●●●

名前（画数）	総画
万3 莉10 埜11★	24
真10 理11 乃2	23
真10 梨11 乃2	23
満12 里7 乃2	21
鞠17 乃2	19

屈託のない「まり」音に、穏やかな「の」音を添えたかわいらしい響き。Ⓢ女性名、海の

まりい
Mary*

●●●

名前（画数）	総画
真10 梨11 唯11	32
磨16 里7 依8	31
真10 莉10 衣6	26
満12 里7 衣6	25
真10 利7 依8	25

明るい「まり」音に、「い」音が流れを添え、優しい余韻をつくる。ⒺⒻⓀⒸ女性名

まりは
Mariha

●●○

名前（画数）	総画
真10 理11 葉12	33
麻11 理11 波8	30
茉8 莉10 羽6	24
真10 里7 羽6	23
万3 里7 葉12	22

丸みのある「まり」音に、快活な「は」音を添えた、明るく、かわいらしい印象の名前

まりえ
Marie

●●●

名前（画数）	総画
真10 理11 絵12	33
真10 理11 恵10	31
満12 里7 恵10	29
茉8 莉10 江6	24
万3 莉10 江6	19

明るい「まり」音と、素直な「え」音が、自然体の明るさを思わせる。Ⓕ近い音の女性名

まりお
Mario

●●●

名前（画数）	総画
真10 理11 緒14	35
鞠17 緒14	31
麻11 璃15 央5	31
茉8 莉10 央5	23
万3 莉10 桜10	23

かわいらしい響きのなかに、「お」音のもつ気品が静かに漂う。Ⓕ女性名

★新人名漢字

まりや
Maria*
●●●

個性的な止め字「や」が、大人びた女性のイメージをプラス。Ⓕ近い音の女性名

名前	画数
麻(11)里(7)矢(5)	23
真(10)理(11)也(3)	24
真(10)里(7)耶(9)	26
麻(11)理(11)矢(5)	27
真(10)里(7)椰(13)	30

まりら
Marira
●●●

華やかななかにも、円熟した落ちつきを漂わせる、女性らしい名前。Ⓔ女性名

名前	画数
ま(4)り(2)ら(3)	9
莉(10)良(7)	17
麻(11)里(7)良(7)	25
莉(10)羅(19)	29
真(10)里(7)螺(17★)	34

まりりん
Marilyn*
●●●

重なる「り」音が、明るく華やかなイメージを醸す、まとまりのよい名前。ⒺⒻⓈ女性名

名前	画数
鞠(17)琳(12)	29
真(10)里(7)鈴(13)	30
茉(8)莉(10)鈴(13)	31
麻(11)里(7)凜(15★)	33
真(10)理(11)鈴(13)	34

まりん
Marin
●●●

明るくさわやかな、スピード感をもつ音。Ⓒ女性名Ⓔ姓、海のⓈ姓ⒻⒹ海の

名前	画数
万(3)稟(13★)	16
真(10)琳(12)	22
真(10)鈴(13)	23
真(10)凜(15★)	25
舞(15)鈴(13)	28

みあ
Mia
●●●

やわらかく女の子らしい響きの音を合わせた、簡潔な名前。ⒾⓀⒸ女性名Ⓢ私の

名前	画数
み(3)あ(3)	6
弥(8)亜(7)	15
泉(9)亜(7)	16
美(9)亜(7)	16
望(11)有(6)	17

みあき
Miaki
●●○

やわらかく親しみやすい「み」「あ」音の連続を、「き」音がシャープにまとめた名前

名前	画数
未(5)秋(9)	14
美(9)秋(9)	18
美(9)晶(12)	21
美(9)亜(7)紀(9)	25
実(8)有(6)樹(16)	30

みい
Mee*
●●●

「み」音を流れるように受けた「い」音が、繊細な印象を醸し出す。Ⓔ私に、私をⓈ私の

名前	画数
未(5)依(8)	13
実(8)衣(6)	14
美(9)衣(6)	15
海(9)唯(11)	20
美(9)惟(11)	20

みいこ
Miko
●●○

「みい」音の流れを「こ」音が自然に受け、愛称のようにかわいらしく響く。Ⓒ女性名Ⓢ猫

名前	画数
未(5)井(4)子(3)	12
実(8)伊(6)子(3)	17
美(9)依(8)子(3)	20
美(9)惟(11)子(3)	23
美(9)依(8)湖(12)	29

みいな
Mina
●●●

温かい流れをもつ、やわらかい響きの名前。ⒺⒾⓀ女性名Ⓕ近い音の女性名

名前	画数
美(9)以(5)奈(8)	22
海(9)伊(6)南(9)	24
美(9)衣(6)南(9)	24
美(9)衣(6)菜(11)	26
美(9)惟(11)菜(11)	31

みいや
Meya*
●●○

優しい「みい」音の流れを「や」音が生かした、やわらかな余韻をもつ名前。Ⓢマイル

名前	画数
み(3)い(2)や(3)	8
美(9)依(8)矢(5)	22
実(8)衣(6)耶(9)	23
美(9)伊(6)弥(8)	23
美(9)衣(6)椰(13)	28

みう
Miu
●●●

優しい「み」音を、「う」音がかわいらしくまとめた名前。Ⓚ女性名Ⓕ「よりよく」に近い音

名前	画数
み(3)う(2)	5
美(9)卯(5)	14
美(9)羽(6)	15
美(9)雨(8)	17
魅(15)羽(6)	21

英語圏の人にとっての発音のしやすさの目安　●●●しやすい　●●○ややしにくい　●○○しにくい

みうみ Miumi

●○○

女の子らしく、やわらかい響きをもつ「み」と「う」の音で構成された、個性的な名前

名前	総画
美(9)海(9)	18
美(9)洋(9)	18
未(5)羽(6)美(9)	20
実(8)羽(6)美(9)	23
美(9)有(6)深(11)	26

みえ Mie

●●●

「み」音の落ちつきと「え」音の優しさが、和風のやわらかい響きをつくる。Ⓚ女性名

名前	総画
ミ(3)エ(3)	6
美(9)江(6)	15
実(8)枝(8)	16
海(9)依(8)	17
美(9)英(8)	17
美(9)枝(8)	17
海(9)恵(10)	19
美(9)恵(10)	19
美(9)瑛(12)	21
美(9)絵(12)	21

みえこ Mieko

●○○

安定感のある「みえ」音に、伝統的な止め字「こ」を添えた、和風の落ちつきをもつ名前

名前	総画
実(8)枝(8)子(3)	19
美(9)枝(8)子(3)	20
泉(9)映(9)子(3)	21
美(9)恵(10)子(3)	22
美(9)絵(12)子(3)	24

みお Mio

●●●

穏やかで格調高い響きをもつ名前。Ⓚ女性名 Ⓓ百万 Ⓢ私の ⒾⒻ「私の」に近い音

名前	総画
美(9)央(5)	14
澪(16)	16
未(5)緒(14)	19
美(9)桜(10)	19
美(9)緒(14)	23

みおこ Mioko

●●○

しとやかな響きの「みお」に、伝統的な止め字「こ」がなじみ、静かな気品を感じさせる

名前	総画
未(5)央(5)子(3)	13
美(9)央(5)子(3)	17
澪(16)子(3)	19
美(9)於(8)子(3)	20
美(9)緒(14)子(3)	26

みおな Miona

●●○

上品な「みお」音と、かわいらしい音で人気の「な」音が、洋風のしゃれた響きをつくる

名前	総画
未(5)央(5)那(7)	17
澪(16)那(7)	23
澪(16)南(9)	25
美(9)音(9)奈(8)	26
美(9)緒(14)那(7)	30

みおり Miori

●●○

やわらかい「みお」音に添えられた「り」音の余韻が、さわやかな和風の気品を漂わせる

名前	総画
美(9)央(5)莉(10)	24
美(9)桜(10)里(7)	26
美(9)織(18)	27
美(9)緒(14)里(7)	30
美(9)緒(14)莉(10)	33

みか Mika

●●●

ともに優しさと明るさをもつ「み」と「か」を簡潔に合わせた、かわいらしい響き

名前	総画
美(9)加(5)	14
実(8)花(7)	15
実(8)佳(8)	16
美(9)佳(8)	17
美(9)香(9)	18

みかげ Mikage

●●○

「み」音になじむ、大人びた響きの「かげ」が、たおやかな和風情緒を漂わせる

名前	総画
み(3)か(3)げ(5)	11
美(9)景(12)	21
美(9)蔭(14★)	23
美(9)佳(8)夏(10)	27
美(9)歌(14)夏(10)	33

みかこ Mikako

●●○

明るい「み」音に、はっきりした「か」「こ」音を連ねた、一途で積極的なイメージの名前

名前	総画
美(9)加(5)子(3)	17
実(8)花(7)子(3)	18
美(9)佳(8)子(3)	20
美(9)香(9)子(3)	21
美(9)夏(10)湖(12)	31

みかの Mikano

●●○

明るくやわらかい人気音「みか」と、古風な「の」音の組み合わせが、新鮮に響く

名前	総画
美(9)加(5)乃(2)	16
美(9)佳(8)乃(2)	19
美(9)珂(9★)乃(2)	20
美(9)珈(9★)乃(2)	20
美(9)夏(10)乃(2)	21

みかり Micari*

●●○

かわいらしい「みか」音を「り」音で受けた、日本的な風情を感じさせる名前

名前	総画
水(4)花(7)李(7)	18
未(5)香(9)里(7)	21
美(9)雁(12★)	21
海(9)珂(9★)里(7)	25
珠(10)佳(8)利(7)	25
美(9)夏(10)里(7)	26
実(8)果(8)梨(11)	27
美(9)香(9)莉(10)	28
泉(9)夏(10)理(11)	30
美(9)歌(14)璃(15)	38

★新人名漢字

みくる
Mikuru

●●○

新鮮な響きで人気の「みく」に、楽しげな「る」音を加えた、まとまりのよい名前

漢字	画数	総画数
美紅瑠	9・9・14	32
実久瑠	8・3・14	25
美久留	9・3・10	22
美来	9・7	16
未来	5・7	12

みこ
Miko

●●●

ともに女の子らしくかわいい音をもつ「み」と「こ」の、簡潔な組み合わせ。Ⓢ猫

漢字	画数	総画数
美虹	9・9	18
望子	11・3	14
美仔	9・5★	14
美子	9・3	12
海子	9・3	12

みさ
Misa

●●●

「キリスト教の典礼」を表すラテン語に近い、さわやかな音。Ⓚ女性名、美辞

漢字	画数	総画数
美紗	9・10	19
美砂	9・9	18
美沙	9・7	16
美佐	9・7	16
実沙	8・7	15

みさえ
Misae

●○○

澄んだ印象を与える静かな響きのなかに、機敏な知性を秘める、スマートな名前

漢字	画数	総画数
美沙瑛	9・7・12	28
美咲枝	9・9・8	26
海冴恵	9・7・10	26
美佐江	9・7・6	22
美冴	9・7	16

みさお
Misao

●●○

日本人の道徳観念のひとつ、「節操」を表す音。すっきりと清純なイメージをもつ

漢字	画数	総画数
美咲穂	9・9・15	33
美沙緒	9・7・14	30
美砂音	9・9・9	27
美佐桜	9・7・10	26
操	16	16

みさこ
Misako

●●○

しなやかな響きをもつ「みさ」に、女の子らしい伝統的な止め字「こ」が愛らしさを添える

漢字	画数	総画数
美冴子	9・7・3	19
弥沙子	8・7・3	18
実沙子	8・7・3	18
実早子	8・6・3	17
未佐子	5・7・3	15
美瑳子	9・14・3	26
美紗子	9・10・3	22
深沙子	11・7・3	21
海砂子	9・9・3	21
美砂子	9・9・3	21

みき
Miki

●●●

「み」の柔軟性と「き」のシャープさを併せもつ名前。Ⓔ近い音の女性名Ⓢ女性名の愛称

漢字	画数	総画数
未輝	5・15	20
美紀	9・9	18
美希	9・7	16
海希	9・7	16
未来	5・7	12
美樹	9・16	25
実樹	8・16	24
美綺	9・14	23
美貴	9・12	21
美喜	9・12	21

みきえ
Mikie

●○○

「みき」の利発そうな響きを、やわらかい「え」音が引き立てる。Ⓔ近い音の女性名

漢字	画数	総画数
海輝江	9・15・6	30
海貴栄	9・12・9	30
美希絵	9・7・12	28
樹恵	16・10	26
未来枝	5・7・8	20

みきこ
Mikiko

●●○

明るい知性を感じさせる「みき」音を、伝統的な止め字「こ」が、かわいらしくまとめる

漢字	画数	総画数
美樹子	9・16・3	28
美貴子	9・12・3	24
実貴子	8・12・3	23
美希子	9・7・3	19
幹子	13・3	16

みきほ
Mikiho

●●○

はっきりした「みき」音に、ほっとする響きの止め字「ほ」を合わせた、新鮮な響き

漢字	画数	総画数
美起穂	9・10・15	34
海輝帆	9・15・6	30
美貴保	9・12・9	30
実季帆	8・8・6	22
美己歩	9・3・8	20

みきよ
Mikiyo

●○○

理知的な「みき」音に、深い落ちつきのある「よ」音で、和風のしとやかさをプラス

漢字	画数	総画数
美希葉	9・7・12	28
樹代	16・5	21
海希代	9・7・5	21
未紀代	5・9・5	19
幹世	13・5	18

みぎわ
Migiwa

●●○

「水際」を優雅に言い表した「汀」と同音。日本人の詩的な感性を忍ばせる名前

漢字	画数	総画数
美葵羽	9・12・6	27
美際	9・14	23
美極	9・12	21
みぎわ	3・6・3	12
汀	5	5

英語圏の人にとっての発音のしやすさの目安　●●● しやすい　●●○ ややしにくい　●○○ しにくい

みさと
Misato

●●○

やわらかい「み」に、親しみ深い「さと」音を続けた、温もり感のある名前

美9 紗10 登12	美9 都11	美9 郷11	美9 里7	実8 里7
31	20	20	16	15

みさの
Misano

●●○

さわやかな「みさ」音と、しっとりした音の止め字「の」が、バランスよく引き立て合う

美9 砂9 乃2	美9 沙7 乃2	美9 佐7 乃2	海9 佐7 乃2	未5 紗10 乃2
20	18	18	18	17

みさほ
Misaho

●●○

さわやかな「みさ」音に、優しい「ほ」音がよくなじんだ、安らぎに満ちた名前

美9 砂9 穂15	実8 沙7 穂15	実8 早6 穂15	海9 砂9 帆6	み3 さ3 ほ5
33	30	29	24	11

みさよ
Misayo

●○○

すっきりした「みさ」音と、奥深い雰囲気の止め字「よ」が、バランスよくなじむ

美9 佐7 葉12	美9 咲9 代5	実8 紗10 世5	美9 沙7 世5	実8 佐7 代5
28	23	23	21	20

みずえ
Mizue

●○○

みずみずしさと優雅な落ちつきを備えた、きれいな響きの名前。「水彩画」の意味ももつ

美9 津9 栄9	瑞13 絵12	瑞13 枝8	瑞13 江6	水4 依8
27	25	21	19	12

みずき
Mizuki

●●○

潤いのある響きをもつ「みず」音に、「き」のシャープさを加えた、若々しい印象の名前

瑞13 樹16	瑞13 季8	未5 津9 希7	瑞13 妃6	水4 輝15
29	21	21	19	19

みすず
Misuzu

●●○

「篠竹」の異名。やわらかい「み」音が、「すず」音のかわいらしさを際立たせる

美9 鈴13	海9 鈴13	美9 涼11	美9 寿7 々3	実8 紗10
22	22	20	19	18

みずな
Mizna*

●●○

新鮮な響きの「みず」と「な」両音がまとまった、潤い感にあふれたかわいらしい名前

瑞13 菜11	瑞13 南9	瑞13 奈8	瑞13 那7	水4 梛11★
24	22	21	20	15

みずほ
Mizuho

●●○

「みず」の潤い感が、優しい「ほ」音で際立つ。日本の美称「みずほの国」に通じる音

美9 鶴21 浦10	瑞13 穂15	瑞13 歩8	瑞13 帆6	水4 穂15
40	28	21	19	19

みその
Misono

●●○

女性らしい「み」音と上品な「その」音が相まって、神秘的なイメージを醸し出す

美9 薗16★	美9 園13	望11 苑8	美9 苑8	実8 苑8
25	22	19	17	16

みち
Michi

●●●

美しさを象徴する「み」音と、秘めた知性を感じさせる「ち」音の、簡潔な組み合わせ

美9 智12	美9 知8	美9 茅8	路13	倫10
21	17	17	13	10

みちえ
Michie

●●○

明るく知的な印象の「みち」に、素直な「え」音を加えた、しなやかで聡明なイメージの名前

美9 知8 絵12	未5 知8 恵10	満12 恵10	美9 千3 枝8	路13 江6
29	23	22	20	19

みちか
Michika

●●○

可憐な「か」音を得て、「みち」音のもつ潤い感が生き生きと響く。Ⓢ僕の彼女

美9 智12 夏10	美9 知8 歌14	美9 智12 佳8	三3 千3 翔12	三3 千3 花7
31	31	29	18	13

★新人名漢字

みちこ
Michiko

●●○

「み」の愛らしさ、「ち」の知性、「こ」の穏やかさを併せもつ、なじみ深い名前。Ⓢ私の彼

名前	画数	総画
美千子	9・3・3	15
美知子	9・8・3	20
実智子	8・12・3	23
美智子	9・12・3	24
満智子	12・12・3	27

みちの
Michino

●●○

なじみ深い「みち」音に、古風な「の」音がなじみ、たおやかな美しさを感じさせる

名前	画数	総画
道乃	12・2	14
満乃	12・2	14
路乃	13・2	15
美知乃	9・8・2	19
美智乃	9・12・2	23

みちよ
Michiyo

●○○

すっきりした「みち」音と、落ちつきのある「よ」音が、聡明で道徳的な響きをつくる

名前	画数	総画
三千代	3・3・5	11
美千代	9・3・5	17
道代	12・5	17
満世	12・5	17
路代	13・5	18

みちる
Michiru

●●○

まとまりのよいすっきりした響きのなかに、優しくロマンチックな雰囲気を秘めた名前

名前	画数	総画
充留	6・10	16
美千留	9・3・10	22
未知瑠	5・8・14	27
美知留	9・8・10	27
美知琉	9・8・11	28

みつ
Mitsu

●●○

洗練された気品と控えめな艶を思わせる、しっとりした女らしい名前

名前	画数	総画
みつ	3・1	4
光	6	6
美津	9・9	18
美都	9・11	20
美鶴	9・21	30

みつえ
Mitsue

●○○

聡明さを秘める「みつ」音に、素直な「え」音を添えた、上品な魅力を感じさせる名前

名前	画数	総画
光衣	6・6	12
光江	6・6	12
三恵	3・10	13
光枝	6・8	14
光恵	6・10	16
満恵	12・10	22
美津江	9・9・6	24
実都枝	8・11・8	27
美都依	9・11・8	28
美鶴栄	9・21・9	39

みづえ
Mizue

●○○

深い潤い感のあるまとまりのなかで、「づ」音のもつ落ちつきが、芯の強さを思わせる

名前	画数	総画
美都江	9・11・6	26
海津恵	9・9・10	28
美津恵	9・9・10	28
美津絵	9・9・12	30
美鶴江	9・21・6	36

みつき
Mitsuki

●○○

「みつ」音のもつ気品を、止め字「き」のシャープな響きが生かした、高貴な印象の名前

名前	画数	総画
美月	9・4	13
深月	11・4	15
満月	12・4	16
光輝	6・15	21
美津紀	9・9・9	27

みづき
Mizuki

●●○

優しさとキレのよさを併せもつ響き。多用されていない「づ」音が個性を放つ

名前	画数	総画
美月	9・4	13
水津希	4・9・7	20
美津希	9・9・7	25
美津葵	9・9・12	30
美津貴	9・9・12	30

みつこ
Mitsuko

●○○

はっきりした音の組み合わせが、凛とした気品と、穏やかな輝きを感じさせる

名前	画数	総画
光子	6・3	9
美津子	9・9・3	21
実都子	8・11・3	22
望津子	11・9・3	23
美鶴子	9・21・3	33

みつの
Mitsuno

●○○

和風の止め字「の」が、「みつ」音の深みある艶を際立たせる、しとやかな印象の名前

名前	画数	総画
光乃	6・2	8
満乃	12・2	14
蜜乃	14★・2	16
光埜	6・11★	17
美津乃	9・9・2	20

みつほ
Mitsuho

●○○

大人びた女性らしさをもつ「みつ」音に添えた、「ほ」の優しい響きがかわいらしい

名前	画数	総画
光帆	6・6	12
満帆	12・6	18
光穂	6・15	21
美津帆	9・9・6	24
美津保	9・9・9	27

みつみ
Mitsumi

●○○

やわらかな「み」音に挟まれた「つ」音が、適度な緊張感を与える、バランスのよい名前

名前	画数	総画
光美	6・9	15
満望	12・11	23
美津海	9・9・9	27
泉都美	9・11・9	29
未鶴美	5・21・9	35

英語圏の人にとっての発音のしやすさの目安　●●● しやすい　●●○ ややしにくい　●○○ しにくい

みどりこ
Midoriko

●○○

なじみ深い「みどり」に、伝統的な止め字「こ」が一拍を加え、新鮮で格調高い響きをつくる

名前	画数	総画
翠子	14・3	17
碧子	14・3	17
緑子	14・3	17
碧仔★	14・5	19
碧湖	14・12	26

みな
Mina

●●●

やわらかい音どうしが簡潔にまとまった、女の子らしい響き。ⒺⒾ Ⓚ女性名

名前	画数	総画
未奈	5・8	13
海那	9・7	16
美奈	9・8	17
実棚★	8・11	19
美菜	9・11	20

みなえ
Minae

●○○

優しくやわらかい3音で構成された、だれからも好かれる素直さを感じさせる名前

名前	画数	総画
美苗	9・8	17
美那江	9・7・6	22
実奈枝	8・8・8	24
海南恵	9・9・10	28
美菜栄	9・11・9	29

みなこ
Minako

●●○

女の子らしいやわらかな「みな」音に、伝統的な止め字「こ」が、上品な優しさをプラス

名前	画数	総画
汎★子	6・3	9
皆子	9・3	12
美奈子	9・8・3	20
海南子	9・9・3	21
実菜子	8・11・3	22

みなと
Minato

●●○

「港」と同じ音。やわらかい音で構成された、さわやかさと安心感を併せもつ名前

名前	画数	総画
港	12	12
湊★	12	12
未奈都	5・8・11	24
美那都	9・7・11	27
美奈都	9・8・11	28

みなみ
Minami

●●○

やわらかい響きの2つの「み」と、中心の「な」の音が、スムーズなリズムをつくる

名前	画数	総画
南	9	9
海波	9・8	17
美波	9・8	17
美南	9・9	18
美南海	9・9・9	27

みなも
Minamo

●●○

「水面」の詩的な呼称。静かで明るいイメージを漂わせる音で、ロマンチックに響く

名前	画数	総画
みなも	3・5・3	11
皆萌	9・11	20
南萌	9・11	20
美奈茂	9・8・8	25
美奈裳★	9・8・14	31

みつよ
Mitsuyo

●○○

ともにしっとりとした「みつ」音と「よ」音を重ねた、上品な艶を感じさせる響き

名前	画数	総画
光世	6・5	11
満世	12・5	17
美都代	9・11・5	25
美津葉	9・9・12	30
美鶴世	9・21・5	35

みつる
Mitsuru

●○○

はっきりとした音どうしが、明るく心地よいまとまりをつくる、なじみ深い名前

名前	画数	総画
みつる	3・1・3	7
美弦	9・8	17
美鶴	9・21	30
美津瑠	9・9・14	32
美鶴瑠	9・21・14	44

みと
Mito

●●●

美しい印象の「み」音と落ちつきのある「と」音の、新鮮な組み合わせ。Ⓢ「神話」に近い音

名前	画数	総画
美杜	9・7	16
美音	9・9	18
実都	8・11	19
美都	9・11	20
美登	9・12	21

みとり
Mitori

●●○

接頭語的に用いられた「み」音が、個性的な「とり」音のかわいらしさを光らせる

名前	画数	総画
実斗里	8・4・7	19
美斗里	9・4・7	20
美鳥	9・11	20
美登利	9・12・7	28
美都莉	9・11・10	30

みどり
Midori

●●○

草木の色として好まれる「緑」と同音。生き生きと育つ、元気なイメージに満ちた名前

名前	画数	総画
みどり	3・4・2	9
翠	14	14
碧	14	14
美鳥	9・11	20
美登里	9・12・7	28

★新人名漢字

みはる

Miharu

●●○

「み」音が「はる」のもつ晴れやかな明るさを強調する、まとまりのよい和風の響き

表記（画数）	総画
美9 遥12	21
美9 晴12	21
実8 晴12	20
美9 春9	18
未5 晴12	17
海9 波8 瑠14	31
美9 波8 瑠14	31
美9 羽6 瑠14	29
美9 波8 留10	27
実8 羽6 琉11	25

みね

Miné*

●●●

古風でやわらかな、落ちつきを感じさせる組み合わせ。ⓀⒸ女性名 Ⓕ子猫

表記（画数）	総画
美9 嶺17	26
美9 祢9★	18
美9 音9	18
嶺17	17
峰10	10

みねか

Mineka

●●○

しっとりと穏やかなイメージをもつ「みね」音に、明るい止め字「か」の組み合わせが新鮮

表記（画数）	総画
美9 祢9★ 歌14	32
美9 音9 歌14	32
嶺17 夏10	27
峰10 夏10	20
峯10★ 花7	17

みひろ

Mihiro

●○○

愛らしい「み」音と、おおらかな「ひろ」音とを組み合わせた、のびのびとした明るい響き

表記（画数）	総画
未5 妃6 路13	24
美9 尋12	21
実8 裕12	20
美9 浩10	19
美9 央5	14

みねこ

Mineko

●●○

なじみ深い2音「み」「こ」が、たおやかな「ね」音を引き立たせ、気品を漂わせる

表記（画数）	総画
美9 祢9★ 子3	21
美9 音9 子3	21
嶺17 子3	20
峯10★ 子3	13
峰10 子3	13

みふゆ

Mifuyu

●●○

やわらかい「み」音と、凛とした「ふゆ」音が、初々しく可憐なイメージをつくる

表記（画数）	総画
実8 布5 柚9	22
美9 風9 夕3	21
美9 芙7 由5	21
深11 冬5	16
美9 冬5	14

みの

Mino

●●●

親しみ深い「み」音と、古風な「の」音を合わせた、ノスタルジックな響きをもつ名前

表記（画数）	総画
美9 濃16	25
美9 野11	20
深11 乃2	13
美9 乃2	11
海9 乃2	11

みほ

Miho

●●●

優しくやわらかい「み」音と、しとやかな「ほ」音の組み合わせ。Ⓚ女性名

表記（画数）	総画
美9 穂15	24
美9 葡12★	21
美9 保9	18
美9 帆6	15
海9 帆6	15

みのり

Minori

●●○

やわらかく親しみやすい音のまとまりで、穏やかな人柄を思わせる優しい響き

表記（画数）	総画
美9 紀9	18
海9 乃2 里7	18
美9 典8	17
美9 の1 里7	17
実8 乃2 里7	17

みほこ

Mihoko

●●○

優しい気品を感じさせる「みほ」音の愛らしさを、伝統的な止め字「こ」が引き立てる

表記（画数）	総画
美9 穂15 子3	27
美9 歩8 子3	20
実8 保9 子3	20
美9 秀7 子3	19
海9 帆6 子3	18

みはや

Mihaya

●●○

「み」音がかわいらしさを、「はや」音がスピーディーな利発さを表す、印象的な名前

表記（画数）	総画
美9 波8 弥8	25
美9 逸11	20
美9 羽6 矢5	20
美9 隼10	19
美9 早6	15

みまり

Mimari

●●○

「み」音に相性よくなじむ、まろやかな印象を与える「まり」音がかわいらしい

表記（画数）	総画
美9 真10 莉10	29
美9 茉8 莉10	27
美9 鞠17	26
美9 真10 利7	26
美9 莉10	19

英語圏の人にとっての発音のしやすさの目安　●●● しやすい　●●○ ややしにくい　●○○ しにくい

みゆき
Miyuki

●●○

「深く積もった雪」を意味する情緒のある音で、雪の美称でもある。しっとりと優しく響く

名前	総画
幸(8)	8
美(9)幸(8)	17
美(9)雪(11)	20
美(9)由(5)希(7)	21
深(11)雪(11)	22
実(8)有(6)紀(9)	23
美(9)由(5)紀(9)	23
美(9)由(5)姫(10)	24
美(9)由(5)貴(12)	26
美(9)由(5)樹(16)	30

みゆり
Miyuri

●●○

「ゆり」音のもつ清楚でかわいらしい響きを「み」音が光らせる、まとまりのよい名前

名前	総画
美(9)百(6)合(6)	21
実(8)由(5)莉(10)	23
美(9)友(4)梨(11)	24
美(9)有(6)理(11)	26
美(9)悠(11)里(7)	27

みよ
Miyo

●●●

なじみ深いノスタルジックな響きが、親しみやすく、明るく元気な女の子を思わせる

名前	総画
み(3)よ(3)	6
実(8)代(5)	13
海(9)代(5)	14
美(9)世(5)	14
美(9)代(5)	14

みよこ
Miyoko

●●○

親しみやすい「みよ」音と、伝統的な止め字「こ」が、ほっとする懐かしさを漂わせる

名前	総画
み(3)よ(3)子(3)	9
美(9)与(3)子(3)	15
実(8)代(5)子(3)	16
美(9)世(5)子(3)	17
美(9)代(5)子(3)	17

みよし
Miyoshi

●●○

「船の舳先」を意味する音。穏やかで、まとまりのよい和風の響きをもつ

名前	総画
み(3)よ(3)し(1)	7
美(9)好(6)	15
美(9)芳(7)	16
美(9)善(12)	21
美(9)葦(13★)	22

みみ
Mimi

●●●

女の子らしく、かわいい音。ⒺⓀⒸ女性名Ⓢ女性名の愛称Ⓕ幼児語の「猫」に近い音

名前	総画
ミ(3)ミ(3)	6
実(8)々(3)	11
美(9)々(3)	12
海(9)美(9)	18
美(9)海(9)	18

みもり
Mimori

●●○

やわらかく清楚な「み」と「り」の音の間で、適度な重みをもつ「も」音が個性を光らせる

名前	総画
美(9)守(6)	15
深(11)杜(7)	18
美(9)森(12)	21
美(9)茂(8)里(7)	24
美(9)萌(11)里(7)	27

みや
Miya

●●●

穏やかな「み」と「や」の組み合わせが、和風の落ちつきを感じさせる名前。Ⓢマイル

名前	総画
美(9)也(3)	12
美(9)矢(5)	14
美(9)弥(8)	17
美(9)耶(9)	18
海(9)椰(13)	22

みやこ
Miyako

●○○

スマートな落ちつきを感じさせる名前。「首府」の意味ももつ、和風情趣の漂う名前

名前	総画
都(11)	11
美(9)也(3)子(3)	15
美(9)矢(5)子(3)	17
美(9)耶(9)子(3)	21
実(8)椰(13)子(3)	24

みやび
Miyabi

●○○

上品で優美な様子を示す「雅」と同音。日本人の美意識の基本を成す、奥深い名前

名前	総画
み(3)や(3)び(4)	10
雅(13)	13
美(9)也(3)琵(12★)	24
実(8)弥(8)美(9)	25
海(9)椰(13)美(9)	31

みゆ
Miyu

●●●

やわらかな音どうしを組み合わせた、女の子らしい優しさをもつ響き。Ⓕよりよく

名前	総画
美(9)夕(3)	12
実(8)由(5)	13
美(9)由(5)	14
実(8)結(12)	20
美(9)悠(11)	20

みゆう
Miyu

●●●

ギリシャ語のアルファベットの発音にも近い、しなやかな響き。Ⓔ「音楽」に関連する音

名前	総画
海(9)夕(3)	12
海(9)悠(11)	20
美(9)結(12)	21
美(9)湧(12)	21
実(8)優(17)	25

★新人名漢字

みら
Mira

●●●

やわらかく華麗な響きをもつ、新感覚の女性らしい名前。🅔🅚女性名🅢姓🅔「鏡」に近い音

名前	画数
美9 羅19	28
美9 螺17★	26
美9 楽13	22
美9 良7	16
海9 良7	16

みらい
Mirai

●●○

「未来」と同じ明るい音で、ストレートに夢や希望をイメージさせる、かわいい名前

名前	画数
美9 羅19 衣6	34
美9 蕾16★	25
美9 頼16	25
美9 来7	16
未5 来7	12

みらん
Milan*

●●●

艶やかな響きの名前。🅚女性名🅔近い音の女性名、ミラノ(都市名)🅕鳶🅢彼らが見る

名前	画数
美9 蘭19	28
海9 蘭19	28
美9 藍18	27
海9 藍18	27
実8 蘭19	27

みり
Millie*

●●●

「1000分の1」を示す単位と同じ、シャープな音。🅚女性名🅕近い音の女性名

名前	画数
美9 璃15	24
海9 璃15	24
美9 莉10	19
実8 莉10	18
美9 里7	16

みりあ
Millia*

●●●

しゃれた「みり」音に新感覚の止め字「あ」がなじんだ、個性的な響きをもつ名前

名前	画数
美9 理11 安6	26
美9 俐9★ 亜7	25
美9 里7 亜7	23
美9 利7 亜7	23
み3 り2 あ3	8

みりか
Mirika

●●○

かわいらしい響きのなかにも、涼やかな知性を感じさせる、新鮮なイメージの名前

名前	画数
美9 理11 香9	29
海9 莉10 夏10	29
美9 梨11 佳8	28
美9 莉10 花7	26
美9 俐9★ 花7	25

みる
Miru

●●○

やわらかな音の簡潔なまとまりで、新感覚のかわいい響き。🅕🅢1000🅡平和、宇宙

名前	画数
美9 瑠14	23
海9 琉11	20
美9 留10	19
美9 流10	19
実8 留10	18

みるく
Miruku

●●○

「ミルク」と同じ音。コケティッシュなかわいらしい響きをもち、印象に残りやすい

名前	画数
美9 瑠14 紅9	32
美9 琉11 玖7	27
美9 留10 玖7	26
実8 留10 久3	21
み3 る3 く1	7

みれい
Mirei

●●○

「み」と「れい」の音の連なりが、優美でかわいらしい流れをつくる。🅔🅕姓

名前	画数
美9 麗19	28
美9 黎15	24
美9 羚11★	20
美9 玲9	18
美9 怜8	17

みわ
Miwa

●●●

やわらかい「み」音に、和風な響きの「わ」音が自然になじむ、穏やかな印象の名前

名前	画数
美9 輪15	24
美9 和8	17
美9 羽6	15
海9 羽6	15
三3 和8	11

みわこ
Miwako

●●○

なじみ深い、落ちついた和風の音を組み合わせた、格調高いイメージの名前

名前	画数
美9 輪15 子3	27
美9 和8 子3	20
実8 和8 子3	19
美9 羽6 子3	18
三3 和8 子3	14

むつえ
Mutsue

●○○

奥ゆかしい「むつ」音に、素直な「え」音がなじんだ、自然体を思わせる響き

名前	画数
陸11 奥12 江6	29
睦13 絵12	25
睦13 枝8	21
陸11 依8	19
む4 つ1 え3	8

英語圏の人にとっての発音のしやすさの目安　●●● しやすい　●●○ ややしにくい　●○○ しにくい

めいこ
Meiko

●●○

穏やかな「めい」音に、伝統的な止め字「こ」を添えた、しっとりとした響き。Ⓒ女性名

名前	画数	総画
メイコ	2・2・2	6
盟子	13・3	16
芽衣子	8・6・3	17
芽依子	8・8・3	19
芽唯子	8・11・3	22

むつこ
Mutsuko

●○○

親しみやすい音で構成された、優しく親切な、明るい女の子を思わせる名前

名前	画数	総画
むつ子	4・1・3	8
陸子	11・3	14
睦子	13・3	16
夢津子	13・9・3	25
陸奥子	11・12・3	26

めいみ
Meimi

●●○

穏やかな「めい」音の流れを、「み」音がしっかりと支える、落ちついた印象の名前

名前	画数	総画
明美	8・9	17
盟美	13・9	22
芽伊美	8・6・9	23
芽衣美	8・6・9	23
芽依美	8・8・9	25

むつみ
Mutsumi

●○○

やわらかい控えめな3音が、ほっと安心するような、温もりに満ちた響きをつくる

名前	画数	総画
睦	13	13
睦未	13・5	18
睦美	13・9	22
夢津美	13・9・9	31
夢都実	13・11・8	32

めぐ
Meg*

●●●

濁音の適度な重さが安定感を与える、親しみやすくかわいい響き。Ⓔ女性名の愛称

名前	画数	総画
メグ	2・4	6
恵	10	10
芽久	8・3	11
愛	13	13
芽玖	8・7	15

むつよ
Mutsuyo

●○○

しっとりと落ちついた止め字「よ」が、「むつ」音のもつ安心感に相性よくなじむ

名前	画数	総画
むつ代	4・1・5	10
陸代	11・5	16
睦世	13・5	18
睦代	13・5	18
夢津代	13・9・5	27

めぐみ
Megumi

●●○

「恩恵」を表す音。やわらかい「め」「み」が、濁音を包むようにまとめる、なじみ深い名前

名前	画数	総画
めぐみ	2・3・3	8
メグミ	2・4・3	9
恵	10	10
萌	11	11
恵美	10・9	19
芽久美	8・3・9	20
萌久実	11・3・8	22
愛美	13・9	22
芽玖美	8・7・9	24
芽玖泉	8・7・9	24

めぐむ
Megumu

●●○

「恩恵を施す」と同音。収束力のある止め字「む」の個性が光る、しっかりした印象の名前

名前	画数	総画
めぐむ	2・3・4	9
恵	10	10
萌	11	11
恵夢	10・13	23
恵睦	10・13	23

めあり
Mary*

●●●

まとまりのよい、洋風のしゃれた響きをもつ印象的な名前。ⒺⒻ女性名

名前	画数	総画
芽亜李	8・7・7	22
芽亜里	8・7・7	22
芽阿里	8・8・7	23
萌亜莉	11・7・10	28
芽有璃	8・6・15	29

めい
May*

●●●

控えめな印象の2音が、美しい流れをつくる。Ⓔ女性名、5月Ⓒ女性名、梅Ⓑいくつの

名前	画数	総画
芽	8	8
芽伊	8・6	14
芽衣	8・6	14
芽依	8・8	16
芽唯	8・11	19

★新人名漢字

も【Mo】

めもり
Memory*

●●●

温かさとさわやかさを秘めた音をもつ、ロマンチックなイメージの名前。ⒺⒹ思い出

名前	画数	総画
めもり	2・3・2	7
芽百吏	8・6・6	20
芽森	8・12	20
芽萌李	8・11・7	26
芽藻里	8・19・7	34

めり
Mary*

●●●

控えめながら、はっきりした音どうしの組み合わせ。Ⓒ女性名ⒺⒻ近い音の女性名

名前	画数	総画
芽李	8・7	15
芽里	8・7	15
芽理	8・11	19
萌梨	11・11	22
芽璃	8・15	23

めりあ
Melia*

●●●

洋風の「めり」音に、個性的な止め字「あ」が明るい余韻を添える、新感覚の名前

名前	画数	総画
芽吏亜	8・6・7	21
芽里有	8・7・6	21
芽俐亜	8・9★・7	24
芽梨亜	8・11・7	26
芽理亜	8・11・7	26

めりい
Mary*

●●●

クラシカルなイメージのかわいらしい音。Ⓔ女性名、陽気なⒻⒸ女性名Ⓢ女性名の愛称

名前	画数	総画
芽浬衣	8・10★・6	24
芽梨以	8・11・5	24
芽理伊	8・11・6	25
芽李唯	8・7・11	26
芽璃依	8・15・8	31

めりか
Merika

●●○

はっきりした音で構成された新感覚の名前。積極性を感じさせる個性的な響きをもつ

名前	画数	総画
芽李果	8・7・8	23
芽浬花	8・10★・7	25
萌里佳	11・7・8	26
萌里香	11・7・9	27
芽里歌	8・7・14	29

めりさ
Melisa*

●●●

まとまりのよい、エキゾチックでしゃれた響きをもつ、華やかな名前。Ⓢ女性名

名前	画数	総画
芽里咲	8・7・9	24
芽俐沙	8・9★・7	24
芽里彩	8・7・11	26
芽浬紗	8・10★・10	28
芽梨砂	8・11・9	28

めりな
Merena*

●●●

しゃれた洋風音の「めり」に、女の子らしい「な」音を続け、かわいらしさをアピール

名前	画数	総画
芽浬那	8・10★・7	25
芽里菜	8・7・11	26
萌里南	11・7・9	27
萌里菜	11・7・11	29
萌璃奈	11・15・8	34

もえ
Moet*

●●●

おとなしい印象の音を簡潔に合わせた、女の子らしい響き。Ⓕ「自分に」に近い音

名前	画数	総画
萌	11	11
百依	6・8	14
百瑛	6・12	18
茂恵	8・10	18
百愛	6・13	19

もえか
Moeka

●○○

やわらかい「もえ」音に、人気の「か」音を添えて、女の子らしい可憐さをプラス

名前	画数	総画
萌花	11・7	18
萌佳	11・8	19
萌果	11・8	19
萌夏	11・10	21
萌華	11・10	21

もえぎ
Moegi

●○○

「若芽の出た木」また「萌黄」色を指す音。古典的ながらフレッシュな魅力にあふれる

名前	画数	総画
もえぎ	3・3・6	12
萌伎	11・6	17
萌黄	11・11	22
百恵葵	6・10・12	28
百絵黄	6・12・11	29

もえこ
Moeko

●○○

若々しい「もえ」音と、女の子らしい「こ」音の、親しみやすくかわいらしい組み合わせ

名前	画数	総画
萌子	11・3	14
萌仔	11・5★	16
百恵子	6・10・3	19
萌湖	11・12	23
茂映湖	8・9・12	29

もえな
Moena

●●○

かわいい「な」音を得て、「もえ」音のもつ初々しさが、花開くように魅力的に響く

名前	画数	総画
モエナ	3・3・2	8
萌奈	11・8	19
萌南	11・9	20
百依奈	6・8・8	22
萌菜	11・11	22

英語圏の人にとっての発音のしやすさの目安　●●● しやすい　●●○ ややしにくい　●○○ しにくい

もえみ
Moemi

やわらかい音でまとまりよく構成された、みずみずしさを感じさせる名前

名前	画数	総画
萌実	11・8	19
萌美	11・9	20
百枝実	6・8・8	22
萌深	11・11	22
百瑛美	6・12・9	27

もえり
Moeri

初々しい響きの「もえ」に、「り」音が清涼感を加えた、愛らしくさわやかな印象の名前

名前	画数	総画
萌李	11・7	18
萌俐	11・9★	20
萌莉	11・10	21
萌梨	11・11	22
百絵梨	6・12・11	29

もか
Moka

かわいらしさを秘めた音どうしの組み合わせ。コーヒーの名称でもある、しゃれた名前

名前	画数	総画
百果	6・8	14
茂花	8・7	15
百華	6・10	16
茂夏	8・10	18
萌歌	11・14	25

もと
Moto

「お行音」どうしの組み合わせが、素朴な安定感を醸し出す。ⒻⓈⒾオートバイ

名前	画数	総画
素	10	10
茂杜	8・7	15
藻十	19・2	21
萌都	11・11	22
望都	11・11	22

もとえ
Motoe

素直で純朴そうな「もと」音に、優しい「え」音を添えた、安心感を漂わせる名前

名前	画数	総画
元絵	4・12	16
素江	10・6	16
基江	11・6	17
素恵	10・10	20
素絵	10・12	22

もとか
Motoka

温和で落ちついた「もと」音に、「か」音が明るい余韻を与える、現代的な感覚の名前

名前	画数	総画
もとか	3・2・3	8
元花	4・7	11
素花	10・7	17
素佳	10・8	18
基花	11・7	18
素香	10・9	19
素夏	10・10	20
素歌	10・14	24
基歌	11・14	25
茂登夏	8・12・10	30

もとこ
Motoko

「お行音」を母音とする3音の連なりが、落ちついた芯の強さを感じさせる響きをつくる

名前	画数	総画
元子	4・3	7
もとこ	3・2・3	8
素子	10・3	13
基子	11・3	14
茂斗子	8・4・3	15

もとな
Motona

「もと」という穏やかな音に、やわらかい「な」音を合わせた、女の子らしい名前

名前	画数	総画
元菜	4・11	15
素奈	10・8	18
素南	10・9	19
茂斗奈	8・4・8	20
素菜	10・11	21

もとみ
Motomi

しっかりした「もと」音に、やわらかい「み」音が、ほっとする優しさを加える

名前	画数	総画
元美	4・9	13
素実	10・8	18
素海	10・9	19
素美	10・9	19
茂斗美	8・4・9	21

もとよ
Motoyo

落ちついた母音「お」をもつ3音がまとまった、優しく穏やかな人柄をイメージさせる響き

名前	画数	総画
もとよ	3・2・3	8
元代	4・5	9
素世	10・5	15
素代	10・5	15
基代	11・5	16

もな
Mona

モナリザを思わせる、やわらかで女の子らしいしゃれた響き。Ⓒ女性名

名前	画数	総画
モナ	3・2	5
百那	6・7	13
百奈	6・8	14
茂奈	8・8	16
百菜	6・11	17

★新人名漢字

もなみ
Monami
●●○

柔軟な響きをもつ3音が温もり感をもってまとまり、愛らしい。Ⓕ「私の友だち」に近い音

表記	画数	総画
モナミ	3・2・3	8
百波	6・8	14
百南	6・9	15
百奈実	6・8・8	22
萌奈美	11・8・9	28

もにか
Monica*
●●●

聖人アウグスティヌスの賢母名としても知られる、まとまりのよい音。ⒹⓈⒾ女性名

表記	画数	総画
モニカ	3・2・2	7
茂丹花	8・4・7	19
百仁夏	6・4・10	20
茂仁夏	8・4・10	22
萌弐珂	11・6・9★	26

もね
Monet*
●●●

優しく女性らしい音をもつ名前。印象派の著名な画家名と同音。Ⓒ女性名Ⓕ姓、硬貨

表記	画数	総画
モネ	3・4	7
百音	6・9	15
百祢	6・9★	15
百峰	6・10	16
百嶺	6・17	23

もみじ
Momiji
●●○

「紅葉」と同音。新緑も秋の色づいた葉も美しい樹にちなみ、和風情趣をアピール

表記	画数	総画
もみじ	3・3・3	9
モミジ	3・3・5	11
椛	11★	11
紅葉	9・12	21
茂美路	8・9・13	30

もも
Momo
●●●

「数多いこと」を示すかわいい音で、女の子らしい響き。果実名にもある。ⒸⒹ女性名

表記	画数	総画
モモ	3・3	6
百	6	6
李	7	7
桃	10	10
萌々	11・3	14

ももえ
Momoe
●○○

繰り返し音「もも」のかわいらしさを、優しい音の止め字「え」が、さらに強調

表記	画数	総画
百恵	6・10	16
桃衣	10・6	16
百萌	6・11	17
百絵	6・12	18
桃恵	10・10	20

ももこ
Momoko
●●○

人気の「もも」音に添えた、伝統的な止め字「こ」の、クラシカルなイメージが愛らしい

表記	画数	総画
ももこ	3・3・3	9
百子	6・3	9
桃子	10・3	13
萌々子	11・3・3	17
桃瑚	10・13	23

ももな
Momona
●●○

かわいい繰り返し音が人気の「もも」に、やわらかい「な」音の組み合わせが新鮮

表記	画数	総画
百那	6・7	13
百奈	6・8	14
桃那	10・7	17
桃奈	10・8	18
桃菜	10・11	21

ももね
Momone
●●●

しなやかな和風の止め字「ね」が、「もも」音に優しくなじみ、愛らしさを引き立てる

表記	画数	総画
百音	6・9	15
百祢	6・9★	15
李音	7・9	16
桃音	10・9	19
萌々音	11・3・9	23

ももは
Momoha
●●○

繰り返し音がかわいらしい「もも」に、明るい「は」音がさわやかな印象をプラス

表記	画数	総画
ももは	3・3・4	10
李羽	7・6	13
百波	6・8	14
萌々羽	11・3・6	20
桃葉	10・12	22

ももみ
Momomi
●○○

かわいらしくやわらかい響きの3音でまとめられた、女の子らしい優しい名前

表記	画数	総画
百実	6・8	14
百美	6・9	15
李美	7・9	16
桃美	10・9	19
桃魅	10・15	25

ももよ
Momoyo
●○○

かわいらしい印象の「もも」に、深みのある「よ」音を添えて、大人っぽいイメージに

表記	画数	総画
百世	6・5	11
百代	6・5	11
桃代	10・5	15
百葉	6・12	18
桃葉	10・12	22

英語圏の人にとっての発音のしやすさの目安　●●● しやすい　●●○ ややしにくい　●○○ しにくい

もゆ
Moyu

落ちつきのあるやわらかな音どうしで、静かな奥行きを感じさせる。Ⓒ女性名

名前	画数	総画数
もゆ	3・3	6
百柚	6・9	15
萌由	11・5	16
百悠	6・11	17
萌優	11・17	28

もゆる
Moyuru

芽吹く意味の「萌える」を優美に表した音。ゆったりした詩情と情熱を感じさせる

名前	画数	総画数
もゆる	3・3・3	9
萌	11	11
茂由留	8・5・10	23
百由瑠	6・5・14	25
百悠流	6・11・10	27

もりい
Morie*

しとやかで涼やかな響きをもつ、洋風の雰囲気が漂う名前。Ⓒ女性名Ⓔ近い音の男子名

名前	画数	総画数
杜衣	7・6	13
守唯	6・11	17
茂李以	8・7・5	20
森依	12・8	20
萌梨衣	11・11・6	28

やいこ
Yaiko

和風の新鮮な響きのなかに、「い」音が知性と意志の強さを感じさせる。Ⓒ女性名

名前	画数	総画数
矢依子	5・8・3	16
矢唯子	5・11・3	19
弥泉子	8・9・3	20
埜★伊子	11・6・3	20
夜唯子	8・11・3	22

やえ
Yae

「いくつも重なっている」様子を示す、優美な音。たおやかな雰囲気をもつ和風の名前

名前	画数	総画数
八重	2・9	11
弥恵	8・10	18
耶恵	9・10	19
哉恵	9・10	19
弥絵	8・12	20

やえこ
Yaeko

古風な落ちつきを思わせる「やえ」音と、「こ」音が相性よくなじみ、しっとりと響く

名前	画数	総画数
八重子	2・9・3	14
矢江子	5・6・3	14
弥栄子	8・9・3	20
弥重子	8・9・3	20
耶恵子	9・10・3	22

やえの
Yaeno

しとやかなイメージの和風音「やえ」と「の」の連なりが、穏やかな艶を感じさせる

名前	画数	総画数
八重乃	2・9・2	13
矢江乃	5・6・2	13
也恵乃	3・10・2	15
八恵野	2・10・11	23
耶瑛乃	9・12・2	23

やこ
Yako

伝統的な止め字「こ」を、「や」音に簡潔に合わせた、新鮮な響きの名前。Ⓒ女性名

名前	画数	総画数
也子	3・3	6
矢子	5・3	8
哉子	9・3	12
埜★子	11・3	14
椰湖	13・12	25

やすえ
Yasue

温厚そうな「やす」音に、穏やかな「え」音がよくなじんだ、安心感を与える響き

名前	画数	総画数
安恵	6・10	16
保依	9・8	17
康枝	11・8	19
靖衣	13・6	19
寧恵	14・10	24

やすか
Yasuka

飾り気のない、自然体の親しみやすさをもつ「やす」音と、人気の「か」音の組み合わせ

名前	画数	総画数
恭加	10・5	15
泰花	10・7	17
八州夏	2・6・10	18
育夏	8・10	18
泰香	10・9	19
康香	11・9	20
靖花	13・7	20
靖佳	13・8	21
寧花	14・7	21
康歌	11・14	25

★新人名漢字

やすこ
Yasuko
●●○

穏やかな「やす」音と伝統を感じさせる「こ」音の、親しみやすくなじみ深い組み合わせ

保子	9・3	12
泰子	10・3	13
容子	10・3	13
康子	11・3	14
靖子	13・3	16

やすな
Yasuna
●●○

やわらかく親しみやすい3音で構成された、明るく素直な、女の子らしい名前

安奈	6・8	14
泰那	10・7	17
恭奈	10・8	18
靖那	13・7	20
靖奈	13・8	21

やすの
Yasuno
●●○

「やす」という穏やかな音に、古風な「の」音を連ねた、上品でしとやかな名前

保乃	9・2	11
恭乃	10・2	12
泰乃	10・2	12
康乃	11・2	13
靖乃	13・2	15

やすは
Yasuha
●●○

親しみやすい「やす」音に、軽やかな響きの「は」を合わせた、元気なイメージの名前

八州波	2・6・8	16
靖羽	13・6	19
恭葉	10・12	22
泰葉	10・12	22
康葉	11・12	23

やすほ
Yasuho
●●○

「やす」音のもつ素朴な響きに、優しい「ほ」音がなじみ、清楚で穏やかな印象をつくる

泰帆	10・6	16
恭保	10・9	19
康歩	11・8	19
靖保	13・9	22
保穂	9・15	24

やすよ
Yasuyo
●○○

穏やかな「やす」音に、深く落ちついた「よ」音がよくなじむ、まとまりのよい名前

恭代	10・5	15
泰世	10・5	15
康世	11・5	16
康代	11・5	16
靖代	13・5	18

やちほ
Yachiho
●●○

やわらかい「や」、知的な「ち」、優しい「ほ」、それぞれの特性が生きた新鮮な組み合わせ

八千帆	2・3・6	11
八千歩	2・3・8	13
八千穂	2・3・15	20
椰千帆	13・3・6	22
耶知穂	9・8・15	32

やちよ
Yachiyo
●○○

「非常に長い年代」を詩的に言い表す音。日本的な情趣に富んだ、静かな響きが美しい

やちよ	3・3・3	9
八千世	2・3・5	10
八千代	2・3・5	10
八千誉	2・3・13	18
矢知代	5・8・5	18

やや
Yaya
●●●

多用されていない繰り返し音が個性的な、新感覚の名前。同音で「赤ん坊」の意味も

弥々	8・3	11
耶々	9・3	12
耶矢	9・5	14
埜々	11★・3	14
椰々	13・3	16

ややこ
Yayako
●●●

個性的な「やや」音の愛らしさを、「こ」音が引き立てる。「赤ん坊」を示す音でもある

弥々子	8・3・3	14
耶々子	9・3・3	15
弥矢子	8・5・3	16
埜々子	11★・3・3	17
椰々子	13・3・3	19

やよい
Yayoi
●○○

「陰暦3月」の別称。まとまりがよく、温かい和風情緒を感じさせる、なじみ深い響き

やよい	3・3・2	8
也宵	3・10	13
弥生	8・5	13
矢代衣	5・5・6	16
耶葉衣	9・12・6	27

英語圏の人にとっての発音のしやすさの目安　●●● しやすい　●●○ ややしにくい　●○○ しにくい

ゆい
Yui
●●●

やわらかい「ゆ」音と控えめな「い」音が簡潔にまとまった、初々しい響き。Ⓕ8

悠(11) 衣(6)	17
柚(9) 依(8)	17
結(12)	12
唯(11)	11
由(5) 衣(6)	11

ゆいか
Yuika
●●○

可憐な止め字の「か」音が、「ゆい」のもつ初々しい響きを際立たせる、かわいい名前

優(17) 衣(6) 花(7)	30
唯(11) 夏(10)	21
結(12) 佳(8)	20
唯(11) 花(7)	18
由(5) 華(10)	15

ゆいこ
Yuiko
●●○

「ゆい」と「こ」、かわいい両音の組み合わせが、落ちつきをもちつつ若々しく響く

優(17) 以(5) 子(3)	25
悠(11) 依(8) 子(3)	22
結(12) 子(3)	15
唯(11) 子(3)	14
由(5) 衣(6) 子(3)	14

ゆいな
Yuina
●●○

初々しい「ゆい」音と、やわらかい「な」音が相性よくまとまった、かわいらしい響き

結(12) 衣(6) 那(7)	25
唯(11) 菜(11)	22
惟(11) 菜(11)	22
結(12) 奈(8)	20
唯(11) 奈(8)	19

ゆいほ
Yuiho
●●○

おとなしい「ほ」音が、「ゆい」音のかわいらしさを引き立て、可憐な響きをつくる

唯(11) 穂(15)	26
由(5) 衣(6) 穂(15)	26
結(12) 衣(6) 帆(6)	24
結(12) 歩(8)	20
唯(11) 帆(6)	17

ゆいり
Yuiri
●●○

「ゆい」音の初々しさと、涼やかな「り」音が、さわやかな印象をつくり出す。Ⓒ女性名

結(12) 莉(10)	22
唯(11) 理(11)	22
由(5) 依(8) 里(7)	20
唯(11) 李(7)	18
惟(11) 里(7)	18

ゆう
Yu
●●●

やわらかな流れをもつ、優しげな印象の名前。Ⓒ女性名Ⓚ姓Ⓔあなた Ⓕ「目」に近い音

優(17) 羽(6)	23
優(17)	17
悠(11)	11
祐(9)	9
柚(9)	9

ゆうか
Yuka
●●○

「ゆう」というやわらかい響きを、可憐な「か」音が受け止めた、明るい印象の名前。Ⓢ糸蘭

優(17) 香(9)	26
優(17) 加(5)	22
結(12) 佳(8)	20
悠(11) 花(7)	18
柚(9) 香(9)	18

ゆうき
Yuki
●●○

優しさとシャープさを併せもつ。「勇気」と同じ、生命力を感じさせる音。Ⓒ女性名

由(5) 綺(14)	19
柚(9) 季(8)	17
祐(9) 希(7)	16
夕(3) 葵(12)	15
友(4) 紀(9)	13
優(17) 喜(12)	29
結(12) 輝(15)	27
裕(12) 姫(10)	22
結(12) 季(8)	20
有(6) 綺(14)	20

ゆうこ
Yuko
●●○

やわらかい「ゆう」音と、伝統的な止め字「こ」の、優しく落ちついた雰囲気の名前。Ⓒ女性名

優(17) 子(3)	20
裕(12) 子(3)	15
結(12) 子(3)	15
悠(11) 子(3)	14
由(5) 布(5) 子(3)	13

ゆうの
Yuno
●●●

「ゆう」音のもつ穏やかな流れに、しとやかな和風音の「の」が、自然になじむ

優(17) 乃(2)	19
裕(12) 乃(2)	14
悠(11) 乃(2)	13
祐(9) 乃(2)	11
有(6) 乃(2)	8

★新人名漢字

ゆうは
Yuha
●●○

深みのある「ゆう」音と軽やかな「は」音の、バランスのよい組み合わせ。Ⓒ女性名

名前	画数	総画
優葉	17・12	29
優波	17・8	25
遊羽	12・6	18
悠羽	11・6	17
柚杷	9・8★	17

ゆうひ
Yuhi
●●○

なじみ深い「ゆう」音と新感覚の止め字「ひ」が、個性的な響きをつくる。Ⓒ女性名

名前	画数	総画
悠緋	11・14	25
結陽	12・12	24
優妃	17・6	23
結妃	12・6	18
夕陽	3・12	15

ゆうほ
Yuho
●●○

流れるような「ゆう」音に添えた「ほ」が新鮮。ⓀⒸ女性名Ⓔ「UFO」に近い音

名前	画数	総画
悠穂	11・15	26
優帆	17・6	23
友穂	4・15	19
有葡	6・12★	18
祐帆	9・6	15

ゆうみ
Yumi
●●○

穏やかな流れの「ゆう」音と、やわらかい「み」音が優しい印象をつくる。Ⓚ女性名

名前	画数	総画
優美	17・9	26
釉美	12★・9	21
結美	12・9	21
結実	12・8	20
悠海	11・9	20

ゆうゆ
Yuyu
●●○

おとなしい母音「う」を挟む、優しい「ゆ」音の繰り返しが愛らしく響く。Ⓒ女性名

名前	画数	総画
優結	17・12	29
結有	12・6	18
宥柚	9・9	18
有羽由	6・6・5	17
友由	4・5	9

ゆうら
You-ra*
●●○

親しみやすい「ゆう」音に「ら」音を合わせた、華やかな響き。Ⓚ女性名

名前	画数	総画
優羅	17・19	36
結楽	12・13	25
有羅	6・19	25
悠良	11・7	18
宥良	9・7	16

ゆうり
Yuri
●●●

やわらかく、さわやかな印象をもつ名前。Ⓚ女性名、「ガラス」に近い音Ⓒ女性名Ⓓ7月

名前	画数	総画
優梨	17・11	28
裕莉	12・10	22
柚莉	9・10	19
悠里	11・7	18
友理	4・11	15

ゆえ
Yue
●○○

穏やかなやわらかさをもつ音どうしを簡潔に合わせた、静かなイメージの名前

名前	画数	総画
悠絵	11・12	23
柚枝	9・8	17
由瑛	5・12	17
由恵	5・10	15
夕映	3・9	12

ゆえり
Yueri
●○○

しなやかにまとまった音のなかで、穏やかな「え」音が個性的な響きを添える

名前	画数	総画
優江里	17・6・7	30
結恵利	12・10・7	29
友絵梨	4・12・11	27
柚恵里	9・10・7	26
有枝里	6・8・7	21

ゆか
Yuka
●●●

やわらかな「ゆ」音に、かわいらしい「か」音を合わせた、明るく可憐な名前。Ⓢ糸蘭

名前	画数	総画
悠歌	11・14	25
結佳	12・8	20
柚香	9・9	18
友香	4・9	13
有加	6・5	11

ゆかこ
Yukako
●●○

「ゆ」音の優しさと「か」音の明るさを、「こ」音が穏やかさをもってまとめる

名前	画数	総画
裕香子	12・9・3	24
結花子	12・7・3	22
有香子	6・9・3	18
友華子	4・10・3	17
由佳子	5・8・3	16

ゆかり
Yukari
●●○

「縁」と同音の、明るくなじみ深い名前。芳香のある樹木「ユーカリ」にも似た音

名前	画数	総画
結花梨	12・7・11	30
悠雁	11・12★	23
夕夏莉	3・10・10	23
友華里	4・10・7	21
ゆかり	3・3・2	8

ゆき
Yuki
●●●

冬の美しい風物詩「雪」を思わせる音で、落ちついた清純なイメージの名前。Ⓒ女性名

名前	画数	総画
有紀	6・9	15
有希	6・7	13
友紀	4・9	13
雪	11	11
幸	8	8
有綺	6・14	20
遊希	12・7	19
由綺	5・14	19
由貴	5・12	17
友貴	4・12	16

英語圏の人にとっての発音のしやすさの目安　●●● しやすい　●●○ ややしにくい　●○○ しにくい

ゆきえ
Yukie

●○○

素直な印象の「え」音が、「ゆき」音のもつ奥ゆかしい美しさをさらに強調

- 幸[8]枝[8] 16
- 雪[11]江[6] 17
- 倖[10]恵[10] 20
- 友[4]紀[9]依[8] 21
- 友[4]季[8]絵[12] 24

ゆきこ
Yukiko

●●○

「ゆき」音のもつ清純なかわいらしさを、「こ」音が引き立てる、なじみ深い名前

- 幸[8]子[3] 11
- 雪[11]子[3] 14
- 由[5]希[7]子[3] 15
- 有[6]紀[9]子[3] 18
- 祐[9]季[8]子[3] 20

ゆきじ
Yukiji

●○○

奥ゆかしい「ゆき」音に、個性的な止め字「じ」がなじみ、古風で大人びた雰囲気を漂わせる

- 幸[8]路[13] 21
- 夕[3]紀[9]滋[12] 24
- 雪[11]慈[13] 24
- 雪[11]路[13] 24
- 有[6]希[7]路[13] 26

ゆきな
Yukina

●●○

やわらかい音で人気の止め字「な」が、「ゆき」音の秘めるかわいらしさを全面にアピール

- 幸[8]南[9] 17
- 雪[11]那[7] 18
- 夕[3]紀[9]奈[8] 20
- 由[5]紀[9]奈[8] 22
- 雪[11]菜[11] 22

ゆきね
Yukine

●●○

清純な響きの「ゆき」音と、和風の「ね」音が「根雪」を思わせる、風情のある名前

- 幸[8]音[9] 17
- 倖[10]峯[10]★ 20
- 雪[11]音[9] 20
- 雪[11]峰[10] 21
- 友[4]紀[9]音[9] 22

ゆきの
Yukino

●●○

ともに穏やかな「ゆき」と「の」両音が、しっとりした清楚な雰囲気をつくり出す

- 幸[8]乃[2] 10
- 倖[10]乃[2] 12
- 雪[11]乃[2] 13
- 由[5]希[7]乃[2] 14
- 柚[9]季[8]乃[2] 19

ゆきは
Yukiha

●●○

なじみ深い「ゆき」音に、明るく現代的な響きの止め字「は」を合わせて、個性的にアレンジ

- 倖[10]羽[6] 16
- 有[6]希[7]巴[4] 17
- 雪[11]羽[6] 17
- 幸[8]葉[12] 20
- 友[4]紀[9]葉[12] 25

ゆきほ
Yukiho

●●○

純粋な「ゆき」音と、ほっとするような優しい響きの止め字「ほ」で、温もり感を演出

- 倖[10]帆[6] 16
- 夕[3]紀[9]歩[8] 20
- 幸[8]穂[15] 23
- 雪[11]穂[15] 26
- 由[5]紀[9]穂[15] 29

ゆきみ
Yukimi

●●○

日本人の四季に対する感慨の深さを表す「雪見」と同じ、風流で美しい音をもつ名前

- 幸[8]海[9] 17
- 雪[11]弥[8] 19
- 雪[11]美[9] 20
- 由[5]紀[9]美[9] 23
- 夕[3]輝[15]美[9] 27

ゆきよ
Yukiyo

●○○

奥ゆかしい響きの「ゆき」と「よ」を重ねた、優しい思いやりに満ちた名前

- 幸[8]代[5] 13
- 雪[11]代[5] 16
- 有[6]希[7]代[5] 18
- 由[5]輝[15]世[5] 25
- 有[6]紀[9]葉[12] 27

ゆさ
Yusa

●●○

「ゆ」音の深みと「さ」音のさわやかさが、バランスよくなじんだ名前。Ⓒ女性名

- 由[5]沙[7] 12
- 夕[3]紗[10] 13
- 悠[11]咲[9] 20
- 結[12]砂[9] 21
- 優[17]彩[11] 28

ゆさこ
Yusako

●●○

やわらかい「ゆ」音と落ちついた止め字「こ」の間で、さわやかな「さ」音の個性が光る

- 友[4]佐[7]子[3] 14
- 由[5]沙[7]子[3] 15
- 由[5]紗[10]子[3] 18
- 由[5]彩[11]子[3] 19
- 祐[9]冴[7]子[3] 19

★新人名漢字

ゆな
Yuna ●●●

深みのある「ゆ」と明るい「な」、両音の個性を併せもつかわいらしい名前。Ⓚ女性名

漢字（画数）	総画
結12 奈8	20
悠11 奈8	19
祐9 奈8	17
友4 奈8	12
友4 那7	11

ゆの
Yuno ●●●

ローマ神話の「結婚・出産を司る女神」の名前と同じ、優しくしとやかな雰囲気の音

漢字（画数）	総画
裕12 乃2	14
悠11 乃2	13
柚9 乃2	11
有6 乃2	8
友4 乃2	6

ゆふこ
Yufuko ●●○

なじみ深く親しみやすい「ゆ」音と「こ」音の組み合わせに、「ふ」音が個性を光らせる

漢字（画数）	総画
優17 歩8 子3	28
悠11 楓13 子3	27
由5 風9 子3	17
由5 芙7 子3	15
由5 布5 子3	13

ゆほ
Yuho ●●●

深みと温もりを感じさせる音どうしの、新鮮な組み合わせ。Ⓒ女性名Ⓚ男性名

漢字（画数）	総画
結12 穂15	27
優17 歩8	25
由5 穂15	20
有6 帆6	12
友4 歩8	12

ゆま
Yuma ●●●

なじみ深い「ゆ」と「ま」を簡潔に合わせた、エキゾチックなイメージの耳新しい響き

漢字（画数）	総画
悠11 麻11	22
裕12 茉8	20
祐9 真10	19
由5 真10	15
夕3 茉8	11

ゆみ
Yumi ●●●

やわらかい音がなめらかに続く、女の子らしく親しみやすい名前。Ⓚ女性名

漢字（画数）	総画
由5 美9	14
由5 実8	13
友4 美9	13
夕3 美9	12
弓3	3
優17 美9	26
裕12 美9	21
悠11 美9	20
柚9 実8	17
有6 美9	15

ゆず
Yuzu ●●●

和風の香味として親しまれる「柚子」と同じ、簡潔な音が、かわいらしい

漢字（画数）	総画
優17 津9	26
夕3 鶴21	24
由5 津9	14
柚9	9
ゆ3 ず5	8

ゆずか
Yuzuka ●●○

可憐な響きで人気の止め字「か」を合わせ、「ゆず」音のもつかわいらしさをアピール

漢字（画数）	総画
夕3 瑞13 夏10	26
柚9 歌14	23
柚9 香9	18
柚9 佳8	17
柚9 加5	14

ゆずき
Yuzuki ●●○

「ゆず」という愛らしい響きに、「き」音が利発さとシャープなイメージを添える

漢字（画数）	総画
由5 津9 貴12	26
柚9 綺14	23
友4 瑞13 妃6	23
柚9 紀9	18
柚9 季8	17

ゆずな
Yuzuna ●○○

初々しい「ゆず」音と、やわらかく女の子らしい「な」音の、個性的な組み合わせ

漢字（画数）	総画
悠11 瑞13 菜11	35
優17 津9 奈8	34
柚9 菜11	20
柚9 奈8	17
柚9 那7	16

ゆずは
Yuzuha ●○○

「ゆず」と「は」の音がもつ和風のイメージがまとまり、静かな情趣を感じさせる

漢字（画数）	総画
夕3 津9 琶12★	24
由5 津9 波8	22
柚9 葉12	21
柚9 波8	17
柚9 羽6	15

ゆづき
Yuzuki ●●○

「づき」音のもつ深い風情に、「ゆ」音がやわらかさを添える、ロマンチックな響き

漢字（画数）	総画
由5 津9 貴12	26
悠11 月4	15
柚9 月4	13
夕3 月4	7
弓3 月4	7

英語圏の人にとっての発音のしやすさの目安　●●●しやすい　●●○ややしにくい　●○○しにくい

ゆめこ
Yumeko

希望を表す「ゆめ」音と、伝統的な止め字「こ」の、ストレートに愛しさを感じさせる名前

名前	画数	総画
友芽子	4・8・3	15
由芽子	5・8・3	16
夢子	13・3	16
祐芽子	9・8・3	20
悠芽子	11・8・3	22

ゆめの
Yumeno

和風の落ちついた止め字「の」によって、「ゆめ」音の神秘的な雰囲気が強調される

名前	画数	総画
ゆめの	3・2・1	6
友芽乃	4・8・2	14
由芽乃	5・8・2	15
夢乃	13・2	15
柚芽乃	9・8・2	19
悠芽乃	11・8・2	21
遊芽乃	12・8・2	22
夢野	13・11	24
優目乃	17・5・2	24
祐芽埜★	9・8・11	28

ゆめみ
Yumemi

やわらかくロマンチックな響きが、あこがれを胸に抱く、清楚な乙女を思わせる

名前	画数	総画
夢未	13・5	18
夢見	13・7	20
由芽実	5・8・8	21
夢実	13・8	21
夢美	13・9	22

ゆら
Yura

個性的な響きのなかに、穏やかな動きを感じさせる新感覚の名前。Ⓚ女性名

名前	画数	総画
ゆら	3・3	6
友良	4・7	11
由良	5・7	12
夕楽	3・13	16
有羅	6・19	25

ゆみえ
Yumie

素直な「え」音が、やわらかい「ゆみ」音に自然になじんだ、しなやかな響きの名前

名前	画数	総画
弓枝	3・8	11
弓恵	3・10	13
有実枝	6・8・8	22
由弥恵	5・8・10	23
悠美江	11・9・6	26

ゆみか
Yumika

親しみのある「ゆみ」音に、明るい「か」音を合わせた、快活で現代的な響き

名前	画数	総画
弓榎★	3・14	17
友実夏	4・8・10	22
由美香	5・9・9	23
悠美加	11・9・5	25
裕美歌	12・9・14	35

ゆみこ
Yumiko

「ゆみ」と「こ」、かわいらしく親しみやすい両音の、なじみ深い組み合わせ

名前	画数	総画
弓子	3・3	6
友美子	4・9・3	16
由実子	5・8・3	16
由美子	5・9・3	17
悠美子	11・9・3	23

ゆみな
Yumina

やわらかい3音の連なりが、だれからも好かれる優しい女の子をイメージさせる

名前	画数	総画
弓那	3・7	10
由美奈	5・9・8	22
柚実那	9・8・7	24
優未奈	17・5・8	30
裕美菜	12・9・11	32

ゆみほ
Yumiho

女の子らしいやわらかさをもった「ゆみ」音に、穏やかな響きの止め字「ほ」を添えて

名前	画数	総画
弓穂	3・15	18
由美保	5・9・9	23
裕実帆	12・8・6	26
由実穂	5・8・15	28
悠美歩	11・9・8	28

ゆめ
Yume*

ストレートに「夢」を思わせる、ロマンチックな音をもつ、新感覚の名前。Ⓒ女性名

名前	画数	総画
友芽	4・8	12
由芽	5・8	13
夢	13	13
夕萌	3・11	14
柚芽	9・8	17

ゆめか
Yumeka

ロマンチックな「ゆめ」と、明るい「か」音が、希望に満ちた快活な響きをつくる

名前	画数	総画
由芽花	5・8・7	20
夢花	13・7	20
由芽香	5・8・9	22
夢香	13・9	22
夢歌	13・14	27

★新人名漢字

ゆり
Yuri
●●●

清らかな花名と同音。しとやかさと華やかさを併せもつ。Ⓚ女性名、ガラスⒸ女性名Ⓓ7月

由(5)里(7)	12
百(6)合(6)	12
夕(3)莉(10)	13
由(5)莉(10)	15
祐(9)里(7)	16
有(6)理(11)	17
悠(11)里(7)	18
結(12)李(7)	19
祐(9)梨(11)	20
優(17)里(7)	24

ゆりあ
Yuria
●●○

女の子らしい「ゆり」音に、個性的な「あ」音を重ねた、艶やかな響き。Ⓚ女性名Ⓢ姓

ゆ(3)り(2)あ(3)	8
友(4)里(7)亜(7)	18
夕(3)莉(10)阿(8)	21
由(5)梨(11)亜(7)	23
悠(11)里(7)亜(7)	25

ゆりい
Yurie*
●●○

純粋なイメージをもつ「ゆり」に、同系の母音「い」が個性的になじむ。Ⓒ女性名

由(5)利(7)伊(6)	18
百(6)合(6)衣(6)	18
由(5)理(11)衣(6)	22
柚(9)理(11)衣(6)	26
優(17)里(7)衣(6)	30

ゆりえ
Yurie
●○○

清らかな「ゆり」音と、素直な「え」音が、親しみやすくかわいらしい響きをつくる

百(6)合(6)枝(8)	20
由(5)利(7)恵(10)	22
由(5)梨(11)衣(6)	22
友(4)里(7)絵(12)	23
夕(3)梨(11)絵(12)	26

ゆりか
Yurika
●●○

清楚な「ゆり」音に、明るい響きで人気の「か」音を添えた、可憐で華やかな印象の名前

百(6)合(6)花(7)	19
由(5)莉(10)佳(8)	23
由(5)梨(11)佳(8)	24
有(6)理(11)香(9)	26
裕(12)里(7)花(7)	26

ゆりこ
Yuriko
●●○

伝統的な止め字「こ」が、清楚な「ゆり」音を引き立て、純和風の静かな美しさを感じさせる

百(6)合(6)子(3)	15
有(6)莉(10)子(3)	19
柚(9)李(7)子(3)	19
結(12)里(7)子(3)	22
由(5)璃(15)子(3)	23

ゆりな
Yurina
●●○

可憐な「ゆり」音に、明るい「な」音を添えた、社交的な女の子を思わせる名前

由(5)李(7)那(7)	19
柚(9)里(7)名(6)	22
百(6)合(6)菜(11)	23
友(4)璃(15)奈(8)	27
優(17)利(7)菜(11)	35

ゆりの
Yurino
●●○

「ゆり」のきれいな音と、古風な「の」音が、しっとりと落ちついた大和撫子を思わせる

ゆ(3)り(2)乃(2)	7
百(6)合(6)乃(2)	14
友(4)梨(11)乃(2)	17
由(5)梨(11)乃(2)	18
由(5)理(11)乃(2)	18

よう
Yo
●●●

まとまりのよい簡潔な音のなかに、深く穏やかな艶を感じさせる。Ⓒ女性名

遥(12)	12
陽(12)	12
蓉(13)	13
瑶(13)	13
遙(14)★	14

ようか
Yoka
●●●

深みを感じさせる「よう」音を、可憐な「か」音が明るく受け止めた、元気な印象の名前

陽(12)花(7)	19
遥(12)香(9)	21
瑶(13)佳(8)	21
葉(12)夏(10)	22
遙(14)★果(8)	22

ようこ
Yoko
●●●

「オノ・ヨーコ」と同音のため、欧米では特によく知られる、親しみやすい響きの名前

洋(9)子(3)	12
容(10)子(3)	13
葉(12)子(3)	15
遙(14)★子(3)	17
耀(20)子(3)	23

英語圏の人にとっての発音のしやすさの目安　●●● しやすい　●●○ ややしにくい　●○○ しにくい

よりえ
Yorie

●○○

「より」のもつ古風な響きを「え」音が生かした、たおやかなイメージの名前

名前	画数	合計
頼恵	16・10	26
頼江	16・6	22
順英	12・8	20
依絵	8・12	20
依恵	8・10	18

よりか
Yorika

●●○

古風な「より」音と、現代的な明るい止め字「か」が、しゃれたレトロな響きをつくる

名前	画数	合計
依歌	8・14	22
順花	12・7	19
依華	8・10	18
依夏	8・10	18
依花	8・7	15

よりこ
Yoriko

●●○

なじみ深い「より」音と「こ」音の組み合わせ。しっとりと落ちついた和風の雰囲気をもつ

名前	画数	合計
頼子	16・3	19
代莉子	5・10・3	18
順子	12・3	15
代里子	5・7・3	15
依子	8・3	11

らいか
Raika

●●●

ドイツ製カメラの商標名と同音。華やかな響きが、モダンで活動的な雰囲気を漂わせる

名前	画数	合計
蕾香	16★・9	25
蕾花	16★・7	23
礼歌	5・14	19
来佳	7・8	15
礼華	5・10	15

らいむ
Raimu

●●●

夢のある、しゃれた新感覚の名前で、フレッシュなイメージの果実名と同音。Ⓔ菩提樹

名前	画数	合計
蕾夢	16★・13	29
徠夢	11★・13	24
来夢	7・13	20
礼夢	5・13	18
らいむ	3・2・4	9

よしえ
Yoshie

●○○

穏やかな「よし」音と、素直な「え」音の連なりが、落ちつきに満ちた安心感をつくり出す

名前	画数	合計
淑恵	11・10	21
佳恵	8・10	18
由絵	5・12	17
佳枝	8・8	16
芳江	7・6	13

よしか
Yoshika

●●○

なじみの深い「よし」音の温厚なイメージと、明るい「か」音がバランスよくなじむ名前

名前	画数	合計
美歌	9・14	23
佳夏	8・10	18
芦珂	7★・9★	16
芳香	7・9	16
由香	5・9	14

よしき
Yoshiki

●●○

「よし」音の古風な落ちつきに、シャープな止め字「き」を加えた、現代的な響きの名前

名前	画数	合計
淑姫	11・10	21
芳葵	7・12	19
好貴	6・12	18
佳季	8・8	16
佳希	8・7	15

よしこ
Yoshiko

●●○

「よし」と「こ」、誠実で穏やかな印象を与える両音を合わせた、なじみ深い名前

名前	画数	合計
淑子	11・3	14
佳子	8・3	11
芳子	7・3	10
好子	6・3	9
由子	5・3	8

よしの
Yoshino

●●○

ともに古風な落ちつきをもつ、「よし」と「の」とが、相性よくなじむ組み合わせ

名前	画数	合計
淑乃	11・2	13
容乃	10・2	12
佳乃	8・2	10
芳乃	7・2	9
吉乃	6・2	8

よしは
Yoshiha

●●○

落ちついた深みをもつ「よし」音に、軽やかな「は」音が、リズミカルな余韻を添える

名前	画数	合計
淑羽	11・6	17
由葉	5・12	17
芳波	7・8	15
佳羽	8・6	14
美巴	9・4	13

よしみ
Yoshimi

●●○

「よし」音の深い安定感に、やわらかい「み」音がなじみ、まとまりよく優しく響く

名前	画数	合計
佳美	8・9	17
良美	7・9	16
芳美	7・9	16
好美	6・9	15
よしみ	3・1・3	7

★新人名漢字

らいら
Lila*

●●●

薫り高い薄紫色をしたライラックの花をイメージさせる、華やかな名前

頼16 羅19	35
徠11★ 羅19	30
来7 羅19	26
蕾16★ 良7	23
礼5 螺17★	22

らぶ
Rabu

●●○

「ら」音のもつ明るさが、簡潔な響きのなかで生きた、ロマンチックでかわいい名前。Ⓔ愛

羅19 芙7	26
螺17★ 芙7	24
愛13	13
ら3 ぶ6	9
ラ2 ブ3	5

らむ
Ramu

●●○

愛らしさが際立つ、まとまりのよいしゃれた響き。Ⓔ姓、ラム酒Ⓑ行う

羅19 蕪15★	34
羅19 夢13	32
螺17★ 夢13	30
良7 夢13	20
ラ2 ム2	4

らら
Lala*

●●●

華やかな繰り返し音が、クラシカルでかわいらしい。ⒺⒸ女性名Ⓢ女性名の愛称

羅19 良7	26
羅19 々3	22
螺17★ 々3	20
良7 々3	10
ラ2 ラ2	4

らん
Lan*

●●●

同音の花のように、美しい印象をもつ名前。Ⓚ女性名、蘭Ⓒ女性名Ⓢ姓

蘭19	19
藍18	18
漣14★	14
ら3 ん2	5
ラ2 ン2	4

らんこ
Ranko

●●○

「らん」の華麗な響きを、女性らしさを秘めた「こ」音が際立たせる。Ⓒ女性名

蘭19 湖12	31
藍18 湖12	30
蘭19 子3	22
藍18 子3	21
漣14★ 子3	17

りあ
Lea*

●●●

かわいらしい雰囲気のさわやかな2音名前。ⓀⒸ女性名Ⓢ女性名の愛称Ⓔ姓、後ろ

璃15 有6	21
理11 娃9★	20
梨11 阿8	19
莉10 亜7	17
李7 亜7	14

りあん
Leon*

●●●

「り」音のさわやかさが、リズミカルな「あん」音に収束する、個性的な名前。Ⓒ女性名

璃15 杏7	22
梨11 庵11★	22
浬10★ 杏7	17
莉10 安6	16
里7 杏7	14

りい
Lee*

●●●

愛称のように響く、涼やかな流れがかわいらしい。Ⓒ女性名。「莉」は同音名

莉10 唯11	21
浬10★ 依8	18
理11 伊6	17
梨11 衣6	17
李7 依8	15

りいな
Rina

●●○

涼しげな「り」の流れが、「な」音に優しく落ちつく。ⒾⓀⒸ女性名ⒺⒻ近い音の女性名

梨11 衣6 奈8	25
李7 依8 南9	24
俐9★ 衣6 奈8	23
利7 伊6 那7	20
里7 依8 七2	17
璃15 唯11 奈8	34
利7 維14 菜11	32
莉10 唯11 南9	30
里7 依8 菜11	26
理11 伊6 奈8	25

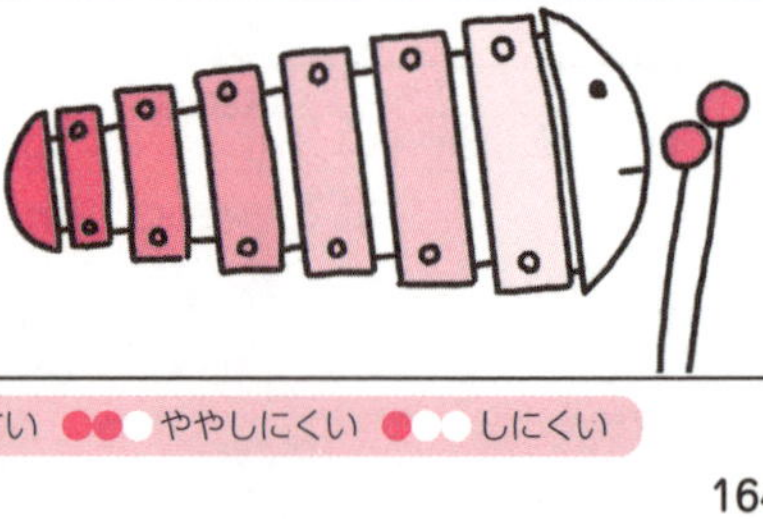

英語圏の人にとっての発音のしやすさの目安　●●● しやすい　●●○ ややしにくい　●○○ しにくい

りおな
Leona*

涼しげな「りお」音に、優しい「な」音がなじんだ、まとまりのよい名前。Ⓔ近い音の女性名

里(7)緒(14)菜(11)	32
璃(15)央(5)那(7)	27
里(7)桜(10)南(9)	26
梨(11)央(5)南(9)	25
理(11)央(5)奈(8)	24

りおん
Rion

スピーディーで清涼感にあふれた、格調高い響きの名前。Ⓒ女性名Ⓕライオン

璃(15)音(9)	24
莉(10)温(12)	22
理(11)苑(8)	19
莉(10)音(9)	19
里(7)音(9)	16

りか
Rika

明るくかわいい音。Ⓕ近い音の女性名Ⓔ「アルコール」に近い音Ⓢおいしい、裕福な女性

莉(10)夏(10)	20
梨(11)佳(8)	19
梨(11)花(7)	18
里(7)香(9)	16
里(7)佳(8)	15

りかこ
Rikako

「り」音がスマートな知性を、「か」と「こ」が快活な積極性を思わせる響きをつくる

理(11)歌(14)子(3)	28
里(7)歌(14)子(3)	24
理(11)香(9)子(3)	23
里(7)佳(8)子(3)	18
吏(6)香(9)子(3)	18

りこ
Riko

女の子らしい止め字「こ」が、「り」音のかわいらしさを強調。Ⓢおいしい、裕福な男性

璃(15)湖(12)	27
璃(15)子(3)	18
理(11)子(3)	14
莉(10)子(3)	13
俐(9★)子(3)	12

りさ
Lisa*

洗練されたさわやかな印象をもつ名前。ⒺⒾⓀⒸ女性名Ⓓ女性名の愛称Ⓢ笑い

梨(11)砂(9)	20
理(11)沙(7)	18
理(11)佐(7)	18
里(7)紗(10)	17
里(7)沙(7)	14

りえ
Rie

「り」の清涼感と、「え」のもつ素直な響きが生きた名前。Ⓕ女性名、結ぶⓀ女性名

李(7)瑛(12)	19
莉(10)枝(8)	18
里(7)栄(9)	16
里(7)枝(8)	15
利(7)依(8)	15
理(11)絵(12)	23
璃(15)江(6)	21
理(11)恵(10)	21
梨(11)恵(10)	21
李(7)絵(12)	19

りえこ
Rieko

落ちつきのある「こ」音が、「りえ」音のスマートな知性を際立たせた、聡明な印象の名前

璃(15)詠(12)子(3)	30
理(11)絵(12)子(3)	26
梨(11)絵(12)子(3)	26
梨(11)恵(10)子(3)	24
莉(10)枝(8)子(3)	21

りえる
Rieru

なじみ深い「りえ」音を、個性的な止め字「る」がスピード感をもってまとめる

莉(10)絵(12)瑠(14)	36
璃(15)江(6)琉(11)	32
莉(10)瑛(12)留(10)	32
理(11)恵(10)留(10)	31
李(7)枝(8)留(10)	25

りお
Rio

涼やかな「り」音と、おとなしい母音「お」の、上品で繊細な組み合わせ。Ⓢ川、私が笑う

璃(15)音(9)	24
莉(10)桜(10)	20
理(11)央(5)	16
梨(11)央(5)	16
里(7)央(5)	12

りおか
Leoca*

繊細で優しい「りお」音と、可憐な「か」音の連なりが、穏やかな気品を漂わせる

理(11)桜(10)華(10)	31
梨(11)緒(14)加(5)	30
莉(10)央(5)香(9)	24
里(7)桜(10)花(7)	24
俐(9★)央(5)花(7)	21

りおこ
Rioko

新感覚の「りお」音と、伝統的な「こ」音の組み合わせ。しゃれたイメージをもつ響き

梨(11)緒(14)子(3)	28
里(7)緒(14)子(3)	24
莉(10)音(9)子(3)	22
李(7)桜(10)子(3)	20
理(11)央(5)子(3)	19

★新人名漢字

りさこ
Risako
●●○

さわやかな「りさ」音に、「こ」音が落ちつきを加えた、聡明なイメージの名前

李(7)沙(7)子(3)	17
里(7)沙(7)子(3)	17
里(7)彩(11)子(3)	21
莉(10)咲(9)子(3)	22
理(11)紗(10)子(3)	24

りさの
Lisano*
●●○

しゃれた洋風音の「りさ」と、しっとりした和風の「の」音が、個性的な響きをつくる

里(7)紗(10)乃(2)	19
梨(11)佐(7)乃(2)	20
理(11)沙(7)乃(2)	20
莉(10)紗(10)乃(2)	22
哩(10★)紗(10)乃(2)	22

りさら
Risara
●●○

涼しげで優しい印象の3音がまとまった、透明感をもったエキゾチックな響きの名前

俐(9★)更(7)	16
梨(11)更(7)	18
里(7)紗(10)良(7)	24
梨(11)早(6)良(7)	24
里(7)沙(7)羅(19)	33

りしる
Rishiru
●○○

控えめの「し」を、明るい「り」と「る」が包み込んだ、個性的な響きの名前

里(7)至(6)留(10)	23
俐(9★)史(5)琉(11)	25
浬(10★)此(6★)琉(11)	27
哩(10★)志(7)留(10)	27
莉(10)志(7)瑠(14)	31

りせ
Risé*
●●○

涼やかな「り」音に、新感覚の止め字「せ」が連なった、スマートな印象の名前。Ⓕ高校

里(7)世(5)	12
理(11)世(5)	16
吏(6)聖(13)	19
利(7)聖(13)	20
璃(15)世(5)	20
莉(10)聖(13)	23
李(7)瀬(19)	26
莉(10)瀬(19)	29
梨(11)瀬(19)	30
理(11)瀬(19)	30

りせこ
Liseko*
●●○

「りせ」というしゃれた音に添えた、深い伝統を思わせる「こ」音が、個性的に響く

り(2)せ(3)こ(2)	7
莉(10)世(5)子(3)	18
梨(11)世(5)子(3)	19
里(7)瀬(19)子(3)	29
莉(10)瀬(19)子(3)	32

りち
Rich*
●●●

ストレートに「理知」を思わせる、涼やかでシャープな音。Ⓒ女性名 Ⓢ女性名の愛称

莉(10)知(8)	18
璃(15)千(3)	18
梨(11)茅(8)	19
理(11)知(8)	19
理(11)智(12)	23

りちの
Richino
●●○

落ちつきのある止め字「の」が、「りち」音のもつ知性を際立たせた、聡明なイメージの名前

浬(10★)千(3)乃(2)	15
里(7)茅(8)乃(2)	17
利(7)智(12)乃(2)	21
莉(10)智(12)乃(2)	24
理(11)智(12)乃(2)	25

りつ
Ritsu
●●○

はっきりした明るい2音が、はつらつとした親しみやすいイメージを与える。Ⓒ女性名

律(9)	9
李(7)津(9)	16
里(7)都(11)	18
莉(10)津(9)	19
璃(15)都(11)	26

りつか
Ritsuka
●●○

快活なイメージをもつ「りつ」「か」の組み合わせが、明るく朗らかな女の子を思わせる

立(5)夏(10)	15
律(9)香(9)	18
立(5)榎(14★)	19
里(7)都(11)香(9)	27
莉(10)津(9)夏(10)	29

りつこ
Ritsuko
●○○

明るく元気な「りつ」音を、「こ」音の安定感が支えた、しっかりした印象の名前

り(2)つ(1)子(3)	6
律(9)子(3)	12
梨(11)津(9)子(3)	23
理(11)津(9)子(3)	23
莉(10)都(11)子(3)	24

りな
Rina
●●●

女の子らしく、現代的な明るい響きをもつ名前。ⒾⓀⒸ女性名Ⓢ女性名の愛称

里(7)奈(8)	15
理(11)名(6)	17
理(11)那(7)	18
梨(11)奈(8)	19
莉(10)菜(11)	21

英語圏の人にとっての発音のしやすさの目安　●●● しやすい　●●○ ややしにくい　●○○ しにくい

りなこ
Rinako

●●○

明るくしなやかな「りな」音に、「こ」音が和風のかわいらしさをプラス

漢字	総画
理(11)菜(11)子(3)	25
梨(11)奈(8)子(3)	22
莉(10)那(7)子(3)	20
利(7)南(9)子(3)	19
里(7)奈(8)子(3)	18

りの
Reno*

●●●

涼しげな響きが印象的。Ⓒ女性名Ⓢ女性名の愛称、麻Ⓘ麻Ⓔリノ(米国ネバダ州の都市名)

漢字	総画
璃(15)乃(2)	17
理(11)乃(2)	13
梨(11)乃(2)	13
莉(10)乃(2)	12
里(7)乃(2)	9

りほ
Riho

●●●

涼やかな「り」と安心感のある「ほ」、女の子らしい2音の組み合わせ。Ⓒ女性名

漢字	総画
理(11)穂(15)	26
莉(10)穂(15)	25
里(7)穂(15)	22
理(11)歩(8)	19
り(2)ほ(5)	7

りほこ
Rihoko

●●○

かわいい2音「りほ」に、伝統的な止め字「こ」を添えた、しとやかな雰囲気の名前

漢字	総画
梨(11)穂(15)子(3)	29
璃(15)保(9)子(3)	27
里(7)穂(15)子(3)	25
李(7)葡★(12)子(3)	22
利(7)帆(6)子(3)	16

りま
Lima*

●●●

簡潔な響きをもつ、エキゾチックな印象の名前。Ⓢリマ(ペルーの首都名)、韻

漢字	総画
梨(11)真(10)	21
里(7)満(12)	19
璃(15)万(3)	18
里(7)真(10)	17
里(7)茉(8)	15

りまこ
Limaco*

●●●

涼やかな「り」、まっすぐな「ま」、かわいい「こ」音の特性を備えた、個性的な名前

漢字	総画
梨(11)真(10)子(3)	24
浬★(10)真(10)子(3)	23
莉(10)真(10)子(3)	23
俐★(9)眞(10)子(3)	22
里(7)麻(11)子(3)	21

りみ
Rimi

●●●

涼しげな「り」音に、やわらかさをもつ「み」音を続けた、初々しくかわいらしい名前

漢字	総画
理(11)美(9)	20
浬★(10)美(9)	19
莉(10)美(9)	19
俐★(9)美(9)	18
梨(11)未(5)	16

りみか
Limica*

●●●

女の子らしい可憐な音の組み合わせで、現代的な明るさと華やかさをもつ響き

漢字	総画
理(11)美(9)夏(10)	30
梨(11)美(9)香(9)	29
莉(10)実(8)花(7)	25
利(7)美(9)果(8)	24
李(7)実(8)香(9)	24

りむ
Limb*

●●●

涼しげな「り」と「む」のつくる簡潔な音が、愛称のような親しみやすさを感じさせる

漢字	総画
璃(15)夢(13)	28
浬★(10)夢(13)	23
莉(10)夢(13)	23
李(7)夢(13)	20
り(2)む(4)	6

りや
Riya

●●●

さわやかな「り」音と、やわらかい「や」音を合わせた、和の雰囲気をもつ響き。Ⓒ女性名

漢字	総画
理(11)弥(8)	19
理(11)矢(5)	16
李(7)耶(9)	16
莉(10)矢(5)	15
莉(10)也(3)	13

りやこ
Riyako

●○○

清楚な「り」音に、和風の印象をもつ「や」「こ」を合わせた、個性的な名前

漢字	総画
俐★(9)椰(13)子(3)	25
理(11)耶(9)子(3)	23
理(11)矢(5)子(3)	19
浬★(10)也(3)子(3)	16
莉(10)也(3)子(3)	16

りよ
Riyo

●●●

涼やかな「り」音と、深みのある落ちつきをもつ「よ」音の、バランスのよい組み合わせ

漢字	総画
莉(10)葉(12)	22
璃(15)代(5)	20
理(11)世(5)	16
梨(11)世(5)	16
莉(10)代(5)	15

★新人名漢字

りりい
Lily*
●●●
ノスタルジックな雰囲気をまとう、愛らしい音。🅕🅘🅒女性名🅔🅓百合

漢字	総画
莉10 里7 衣6	23
梨11 々3 依8	22
理11 々3 衣6	20
莉10 々3 衣6	19
李7 々3 依8	18

りりか
Ririka
●●○
明るくさわやかなイメージをもつ、かわいらしい名前。🅔叙情的な🅢叙情性🅘叙情詩

漢字	総画
莉10 理11 花7	28
理11 々3 香9	23
莉10 々3 香9	22
莉10 々3 花7	20
李7 々3 夏10	20

りりこ
Ririko
●●○
クラシカルな洋風の「りり」音と、伝統的な止め字「こ」の、新鮮な組み合わせ。🅢叙情的な

漢字	総画
莉10 理11 子3	24
凜15★ 々3 子3	21
璃15 々3 子3	21
莉10 里7 子3	20
梨11 々3 子3	17

りるか
Reluca*
●●○
明るく可憐な3音が、弾むようにリズミカルにまとまった、個性的な名前

漢字	総画
浬10★ 瑠14 佳8	32
梨11 琉11 香9	31
莉10 留10 佳8	28
俐9★ 琉11 花7	27
里7 留10 花7	24

りん
Lynn*
●●●
スマートなりりしさと女の子らしさを併せもつ、簡潔な響き。🅔🅚🅒女性名

漢字	総画
凜15	15
綸14	14
鈴13	13
琳12	12
倫10	10

りょう
Leo*
●●○
さわやかな潤いをもって流れる音が、スマートな知性を感じさせる名前。🅢川、私が笑う

漢字	総画
綾14	14
菱11★	11
涼11	11
伶7	7
良7	7

りょうか
Ryoka
●○○
「りょう」のもつ涼しい流れに、明るい止め字の「か」音が、さわやかな広がりをプラス

漢字	総画
嶺17 花7	24
怜8 歌14	22
涼11 佳8	19
亮9 華10	19
良7 香9	16

りょうこ
Ryoko
●○○
潤いを含んだ「りょう」音を、伝統的な止め字「こ」が自然に受け止めた、趣のある名前

漢字	総画
綾14 子3	17
菱11★ 子3	14
涼11 子3	14
亮9 子3	12
良7 子3	10

りよこ
Riyoko
●○○
大人びた落ちつきと知性を感じさせる音で構成された、静かな気品を漂わせる名前

漢字	総画
理11 代5 子3	19
理11 世5 子3	19
梨11 代5 子3	19
里7 代5 子3	15
利7 世5 子3	15

りら
Lira*
●●●
涼しげな響き。イタリア・トルコの通貨単位に近い音。🅚女性名🅢姓、抒情詩🅕ライラック

漢字	総画
莉10 羅19	29
利7 螺17★	24
梨11 良7	18
莉10 良7	17
俐9★ 良7	16

りり
Riri
●●●
涼しげな印象をもつ、スマートでかわいらしい名前。🅕🅒女性名🅢女性名の愛称

漢字	総画
莉10 理11	21
梨11 里7	18
理11 々3	14
梨11 々3	14
里7 々3	10

りりあ
Lillia*
●●●
涼やかな繰り返し音「りり」と、新感覚の止め字「あ」がつくる、個性的な響きが愛らしい

漢字	総画
理11 梨11 亜7	29
梨11 々3 有6	20
莉10 々3 有6	19
俐9★ 々3 亜7	19
李7 々3 亜7	17

英語圏の人にとっての発音のしやすさの目安　●●●しやすい　●●○ややしにくい　●○○しにくい

るう
Roux*

●●●

「る」音の明るさに「う」音のやわらかさが自然になじむ、個性的な響きの名前。Ⓒ女性名

名前	画数	総画
瑠羽	14・6	20
瑠宇	14・6	20
琉有	11・6	17
琉生	11・5	16
留卯	10・5	15

りんか
Rinka

●●●

明るい弾みをもって響く「りん」に、可憐な「か」音を添えた、新感覚のかわいらしい名前

名前	画数	総画
琳歌	12・14	26
綸華	14・10	24
凜★花	15・7	22
鈴香	13・9	22
倫佳	10・8	18

るうな
Luna*

●●●

優しい「るう」音の流れを、「な」音がやわらかく受け止める。Ⓒ女性名Ⓢ月

名前	画数	総画
瑠有那	14・6・7	27
留卯菜	10・5・11	26
琉有奈	11・6・8	25
琉羽奈	11・6・8	25
留羽南	10・6・9	25

りんこ
Rinko

●●○

伝統的な止め字「こ」が、清涼感のある「りん」音のもつかわいらしさを引き立たせる

名前	画数	総画
凜★子	15・3	18
稟★子	13・3	16
鈴子	13・3	16
琳子	12・3	15
倫子	10・3	13

るか
Ruka

●●●

ともに明るい「る」と「か」の音が、快活なかわいらしさを感じさせる。Ⓖ女性名

名前	画数	総画
琉香	11・9	20
留夏	10・10	20
琉佳	11・8	19
琉花	11・7	18
留花	10・7	17
瑠歌	14・14	28
瑠夏	14・10	24
流歌	10・14	24
瑠香	14・9	23
瑠花	14・7	21

るしあ
Lucia*

●●●

明るくまとまりのよい洋風の響きをもつ、かわいらしい名前。Ⓢ女性名

名前	画数	総画
琉志亜	11・7・7	25
琉此★亜	11・6・7	24
留志亜	10・7・7	24
留史阿	10・5・8	23
ルシア	2・3・2	7

るい
Rui

●●○

楽しげな「る」音が、キレのよい「い」音に簡潔にまとまる。ⒺⒻⒸ女性名

名前	画数	総画
瑠唯	14・11	25
瑠衣	14・6	20
琉依	11・8	19
琉伊	11・6	17
留衣	10・6	16

るしな
Lucina*

●●●

まろやかな「る」、しっかり堅実な「し」、愛らしい「な」の、個性的な組み合わせ

名前	画数	総画
流詩南	10・13・9	32
瑠志南	14・7・9	30
留史菜	10・5・11	26
琉志那	11・7・7	25
琉此★奈	11・6・8	25

るいこ
Ruiko

●●○

洋風の響きをもった「るい」音と、伝統的な「こ」音の組み合わせが新鮮に響く

名前	画数	総画
瑠依子	14・8・3	25
留惟子	10・11・3	24
琉衣子	11・6・3	20
琉伊子	11・6・3	20
留衣子	10・6・3	19

るいざ
Louisa*

●●●

まとまりのよい洋風音「るい」が、スマートな印象を与える名前。Ⓢ女性名

名前	画数	総画
瑠以砂	14・5・9	28
琉衣紗	11・6・10	27
琉以咲	11・5・9	25
留衣沙	10・6・7	23
留伊佐	10・6・7	23

★新人名漢字

るな
Luna*
●●●

漢字(画数)	総画
琉11 那7	18
留10 南9	19
琉11 南9	20
留10 菜11	21
瑠14 菜11	25

ローマ神話の月の女神と同じ、気品の漂う美しい名前。ⒺⒾⒸ女性名Ⓢ月

るの
Runo
●●●

漢字(画数)	総画
留10 乃2	12
琉11 乃2	13
瑠14 乃2	16
留10 埜11★	21
瑠14 埜11★	25

明るさと穏やかさを併せもつ簡潔な響き。Ⓕルノー(自動車のメーカー名)に近い音

るみ
Rumi
●●●

漢字(画数)	総画
琉11 未5	16
留10 実8	18
留10 美9	19
瑠14 海9	23
瑠14 美9	23

はつらつと活発な女の子のイメージをもつ、しゃれた明るい音の名前。Ⓚ女性名

るみか
Rumika
●●○

漢字(画数)	総画
流10 美9 河8	27
留10 美9 香9	28
琉11 美9 佳8	28
琉11 美9 夏10	30
瑠14 美9 珂9★	32

なじみの深い「るみ」音を、可憐な音で人気の止め字「か」で、現代風にアレンジ

るみこ
Rumiko
●●○

漢字(画数)	総画
留10 美9 子3	22
琉11 美9 子3	23
瑠14 実8 子3	25
瑠14 美9 子3	26
留10 美9 湖12	31

「るみ」音のかわいらしさを、クラシカルな止め字「こ」が際立たせる、女の子らしい名前

るみの
Lumino*
●●●

漢字(画数)	総画
琉11 水4 乃2	17
留10 美9 乃2	21
琉11 海9 乃2	22
琉11 美9 乃2	22
瑠14 海9 乃2	25

しゃれた「るみ」音と、しっとりした和風の雰囲気をもつ「の」音の、新鮮な組み合わせ

るり
Ruri
●●●

漢字(画数)	総画
ル2 リ2	4
琉11 里7	18
瑠14 里7	21
琉11 璃15	26
瑠14 璃15	29

美しいガラスや宝石を示す「瑠璃」と同音。すっきりと透明感をもって響く。Ⓒ女性名

るりか
Rurika
●●○

漢字(画数)	総画
留10 里7 花7	24
留10 梨11 華10	31
琉11 梨11 香9	31
瑠14 里7 夏10	31
瑠14 璃15 花7	36

「るり」というきれいな音に、「か」音の明るい魅力を加えた、華やかで美しい名前

るりこ
Ruriko
●●○

漢字(画数)	総画
ル2 リ2 子3	7
琉11 李7 子3	21
瑠14 利7 子3	24
瑠14 浬10★ 子3	27
琉11 璃15 子3	29

「るり」の美しい響きに、「こ」音が落ちつきを添えた、清純でしとやかな印象の名前

るりな
Rulina*
●●○

漢字(画数)	総画
瑠14 利7 奈8	29
琉11 梨11 奈8	30
留10 莉10 菜11	31
琉11 璃15 那7	33
琉11 璃15 南9	35

きれいで華やかな「るり」音に、明るい止め字「な」を合わせた、かわいらしい名前

るる
Lulu*
●●●

漢字(画数)	総画
ル2 ル2	4
留10 々3	13
琉11 々3	14
琉11 留10	21
瑠14 琉11	25

弾むような繰り返し音が愛らしい、女の子らしい名前。Ⓒ女性名Ⓢ女性名の愛称

るるか
Luluca*
●●●

漢字(画数)	総画
琉11 々3 佳8	22
留10 々3 夏10	23
琉11 々3 華10	24
瑠14 々3 花7	24
瑠14 々3 香9	26

明るい「る」と「か」の音で構成された、リズミカルでかわいらしい、個性的な名前

るるな
Luluna*
●●●

漢字(画数)	総画
留10 々3 那7	20
留10 々3 奈8	21
琉11 々3 那7	21
琉11 々3 奈8	22
瑠14 々3 菜11	28

楽しげな「る」の繰り返し音と、女の子らしい音の止め字「な」の、新鮮な組み合わせ

英語圏の人にとっての発音のしやすさの目安　●●●しやすい　●●○ややしにくい　●○○しにくい

れい
Lei*
●●●

すっきりとしたきれいな響きをもつ名前。Ⓒ女性名Ⓔ光線Ⓢ王様、法律Ⓘ彼女

麗(19)	19
羚(11★)	11
玲(9)	9
怜(8)	8
礼(5)	5

れいあ
Reia
●●○

理知的な「れい」音に、明るい「あ」音がなじんだ、しゃれた響きの名前。Ⓒ女性名

麗(19)亜(7)	26
玲(9)有(6)	15
怜(8)亜(7)	15
伶(7)有(6)	13
礼(5)有(6)	11

れいか
Reika
●●○

流麗な響きをもつ「れい」と、可憐な「か」音が、美しく華やかなイメージをつくる

澪(16)花(7)	23
玲(9)夏(10)	19
玲(9)香(9)	18
伶(7)香(9)	16
礼(5)佳(8)	13

れいこ
Reiko
●●○

「れい」音が秘める静かな知性を、「こ」音が際立たせた、りりしく聡明な印象の名前

麗(19)子(3)	22
澪(16)子(3)	19
鈴(13)子(3)	16
玲(9)子(3)	12
礼(5)子(3)	8

れいざ
Reiza
●●●

「れい」音の涼やかな流れを、強さをもつ洋風の止め字「ざ」音が受けた、美しい響きの名前

麗(19)沙(7)	26
鈴(13)砂(9)	22
伶(7)紗(10)	17
玲(9)沙(7)	16
礼(5)紗(10)	15

れいな
Reina
●●○

落ちついた知的な「れい」音に、「な」音でやわらかさをプラス。ⓀⒸ女性名Ⓢ女王

麗(19)奈(8)	27
玲(9)菜(11)	20
玲(9)奈(8)	17
伶(7)那(7)	14
礼(5)奈(8)	13

れいみ
Reimi
●●○

涼しげな「れい」音の流れに、やわらかい「み」音が温かな余韻を添える

麗(19)海(9)	28
玲(9)実(8)	17
怜(8)美(9)	17
礼(5)美(9)	14
礼(5)実(8)	13

れいら
Reira
●●○

「ら行」の涼しげな響きが効果的な、シャープな印象の名前。ⒺⒸ女性名

麗(19)羅(19)	38
澪(16)楽(13)	29
玲(9)羅(19)	28
嶺(17)良(7)	24
怜(8)良(7)	15

れお
Leo*
●●●

ラテン語で「しし座」を示す、スピード感と力強さを秘めた音。Ⓔ近い音の女性名

麗(19)桜(10)	29
澪(16)央(5)	21
礼(5)緒(14)	19
伶(7)音(9)	16
礼(5)央(5)	10

れおな
Reona
●●●

やわらかい3音が連なり、優雅で格調高い雰囲気を漂わせる。Ⓔ女性名Ⓢ雌ライオン

麗(19)央(5)菜(11)	35
伶(7)緒(14)菜(11)	32
鈴(13)央(5)奈(8)	26
玲(9)央(5)奈(8)	22
礼(5)央(5)那(7)	17

れな
Rayna*
●●●

優しく女の子らしい音。ⓀⒸ女性名Ⓡレナ(シベリア東部を流れる大河名)に近い音

玲(9)奈(8)	17
伶(7)奈(8)	15
礼(5)南(9)	14
礼(5)奈(8)	13
礼(5)那(7)	12
麗(19)菜(11)	30
麗(19)那(7)	26
鈴(13)奈(8)	21
玲(9)南(9)	18
伶(7)菜(11)	18

★新人名漢字

れの
Reno

●●●

やわらかい両音が、和洋折衷の響きをつくる。Ⓕ姓Ⓢ「トナカイ」に近い音

伶乃	7・2	9
鈴乃	13・2	15
澪乃	16・2	18
蕾★乃	16・2	18
麗乃	19・2	21

れま
Lema*

●●●

華やかで優しい「れ」音と、明るい「ま」音を組み合わせた、個性的な響き。Ⓢ姓、標語

怜真	8・10	18
礼舞	5・15	20
玲麻	9・11	20
澪真	16・10	26
鈴舞	13・15	28

れみ
Remi

●●●

明るくやわらかい2音を組み合わせた、華やかで、しゃれた響きのかわいらしい名前

礼美	5・9	14
玲実	9・8	17
澪美	16・9	25
麗海	19・9	28
麗美	19・9	28

れもん
Remon

●●●

フレッシュなさわやかさを象徴する果実名と同音。ストレートに新鮮なイメージを与える

玲文	9・4	13
怜紋	8・10	18
澪文	16・4	20
鈴紋	13・10	23
麗紋	19・10	29

れんか
Renka

●●○

和歌の一種「恋歌」を示す音。まとまりよく、艶を秘めた美しさを漂わせる名前

恋佳	10・8	18
恋香	10・9	19
廉花	13・7	20
蓮夏	13・10	23
漣★歌	14・14	28

れんこ
Renko

●●○

スピーディーな響きで人気の「れん」に、伝統的な止め字「こ」を合わせた、個性的な名前

恋子	10・3	13
廉子	13・3	16
蓮子	13・3	16
漣★子	14・3	17
簾★子	19・3	22

れんな
Renna

●●●

キレのよい「れん」音に、やわらかい響きが人気の止め字「な」を合わせて。Ⓒ女性名

恋奈	10・8	18
連菜	10・11	21
連梛★	10・11	21
漣★奈	14・8	22
蓮菜	13・11	24

ろうざ
Lausa*

●●●

穏やかな気品を感じさせる、優雅な洋風の響きをもつ名前。Ⓢ女性名、バラ

浪紗	10・10	20
楼砂	13・9	22
楼紗	13・10	23
露沙	21・7	28
露紗	21・10	31

ろうら
Laura*

●●●

軽やかな流れるような「ろう」音が、しとやかで美しいイメージをつくる。Ⓢ女性名の愛称

路羽良	13・6・7	26
露良	21・7	28
瀧★楽	19・13	32
瀧★羅	19・19	38
露羅	21・19	40

ろこ
Roko

●●●

「お行音」のかわいい2音が耳になじみよく続き、愛称のような親しみやすさをもって響く

芦★子	7・3	10
路子	13・3	16
蕗子	16・3	19
露子	21・3	24
露湖	21・12	33

ろざり
Rosary*

●●●

エキゾチックな印象をもつ名前。「十字架」に近い音で、キリスト教にゆかりが深い

芦★紗里	7・10・7	24
蕗沙李	16・7・7	30
蕗沙俐★	16・7・9	32
路紗莉	13・10・10	33
露紗利	21・10・7	38

英語圏の人にとっての発音のしやすさの目安 ●●● しやすい ●●○ ややしにくい ●○○ しにくい

わかの
Wacano*

●●○

上品な「わか」音と、和風の「の」音がしっとりとなじんだ、優美で穏やかな響き

和(8)歌(14)乃(2)	24
和(8)華(10)乃(2)	20
稚(13)乃(2)	15
若(8)乃(2)	10
わ(3)か(3)乃(2)	8

わかば
Wakaba

●●○

ストレートにみずみずしい「若葉」を思わせる、夢や希望に通じる、なじみ深い音

和(8)歌(14)葉(12)	34
稚(13)葉(12)	25
若(8)葉(12)	20
若(8)芭(7★)	15
若(8)羽(6)	14

わかみ
Wacami*

●●○

落ちついた和風の「わか」音と、やわらかい「み」音、みずみずしい連なりが新鮮に響く

和(8)歌(14)美(9)	31
和(8)佳(8)美(9)	25
稚(13)美(9)	22
若(8)美(9)	17
若(8)実(8)	16

わか
Waka

●●○

「和歌」と同音の、優雅で風流な雰囲気の名前。しっとりとした女らしい響きをもつ

和(8)歌(14)	22
和(8)華(10)	18
和(8)香(9)	17
羽(6)花(7)	13
若(8)	8

わこ
Wako

●●●

日本情緒を感じさせる「わ」「こ」両音を簡潔に重ねた、古風な響きのかわいい名前

環(17)子(3)	20
和(8)湖(12)	20
琶(12★)子(3)	15
和(8)子(3)	11
羽(6)子(3)	9

わかえ
Wakae

●○○

素直な響きの止め字「え」が、「わか」音のもつ気品あるイメージを全面にアピール

和(8)歌(14)枝(8)	30
和(8)香(9)恵(10)	27
稚(13)枝(8)	21
若(8)依(8)	16
若(8)江(6)	14

わみ
Wami

●●○

穏やかな響きの「わ」音を、やわらかな「み」音が包んだ、和風の落ちつきをもつ名前

和(8)実(8)	16
和(8)見(7)	15
羽(6)美(9)	15
和(8)巳(3)	11
羽(6)未(5)	11

わかこ
Wakako

●●○

しっとりとした「わか」音に、伝統的な止め字「こ」を加えた、若々しいイメージの名前

和(8)歌(14)子(3)	25
和(8)華(10)子(3)	21
羽(6)香(9)子(3)	18
稚(13)子(3)	16
若(8)子(3)	11

わかな
Wakana

●●○

「春の初めに生える菜」の意味をもつ、和風情趣を醸す、女の子らしい名前

和(8)香(9)那(7)	24
和(8)佳(8)奈(8)	24
羽(6)花(7)菜(11)	24
若(8)菜(11)	19
若(8)奈(8)	16
和(8)歌(14)奈(8)	30
和(8)夏(10)菜(11)	29
羽(6)歌(14)奈(8)	28
和(8)佳(8)菜(11)	27
稚(13)菜(11)	24

★新人名漢字

うしろの音から引く名前一覧

最後の音も、その名前の余韻をつくる大切な要素です。66～173ページの名前について、「うしろの音」ごとにまとめましたので、名づけの際の参考にしてください。

あ

いりあ きりあ くれあ じゅりあ せりあ だりあ のあ ふれあ まあ まりあ みあ みりあ めりあ ゆりあ りあ りりあ るしあ れいあ

い

あい あおい あみい えみい えりい けい さりい せい ぬい のい ひすい まい まりい みい みらい みれい めい めりい もりい やよい ゆい ゆりい りい りりい るい れい

う

ききょう こう みう みゆう ゆう よう りょう るう

え

あきえ あさえ ありえ いくえ いさえ いとえ うたえ うみえ おとえ おりえ かえ かずえ かなえ きえ きくえ きぬえ きよえ きりえ くにえ こずえ ことえ さえ さかえ さきえ さちえ さとえ さなえ しえ しづえ すずえ すみえ そのえ たえ たかえ たまえ たみえ ちえ ちかえ ちづえ てるえ ときえ としえ とみえ ともえ とよえ なえ なおえ なつえ ななえ なみえ のえ のぶえ のりえ はつえ はなえ はるえ ひさえ ひとえ ひろえ ふさえ ふみえ まえ まきえ まさえ まつえ まなえ まみえ まりえ みえ みきえ みさえ みずえ みちえ みつえ みづえ みなえ むつえ もえ もとえ ももえ やえ やすえ ゆえ ゆきえ ゆみえ ゆりえ よしえ よりえ りえ わかえ

お

うしお かお きお さお すなお たお たまお なお なつお ななお ねお べにお まお まりお みお みさお りお れお

か

あいか あえか あきか あさか あすか あにか あやか あゆか ありか いちか うめか えいか えみか えりか おとか おりか きのか きみか きょうか きよか くにか くみか けいか さいか さちか さやか しずか すずか すみか せいか せりか そのか そよか ちか ちよか つねか てるか てんか としか ともか とよか なおか なつか なのか にじか にちか ねねか のどか ののか のぶか のりか はつか はなか はるか ひでか ひめか ひろか ふうか ふみか ふゆか べにか ほしか ほのか まいか まちか まどか まなか まみか まゆか まりか みか みちか みねか みりか めりか もえか もか もとか もにか ももか やすか ゆいか ゆうか ゆか ゆずか ゆみか ゆめか ゆりか ようか よしか よりか らいか りおか りか りつか りみか りょうか りりか りるか りんか るか るみか るりか るるか れいか れんか わか

かげ

ちかげ みかげ

き

あき あさき あつき いつき いぶき かずき かつき かづき きさき こまき こゆき さき さつき さゆき しき たき たまき ちあき ちゆき つばき とき なつき はづき ひびき ふうき ふき ふゆき まき まさき まゆき みあき みき みさき みずき みつき みづき みゆき ゆうき ゆき ゆずき ゆづき よしき

ぎ

あまぎ つむぎ はぎ もえぎ

く

いく きく しずく しるく みく みるく

ぐ

めぐ

こ

あいこ あきこ あこ あさこ あつこ あみこ あやこ あゆこ いくこ いこ いさこ いちこ いつこ うたこ えいこ えこ えつこ えみこ えりこ おぎこ かえこ かおこ かおるこ かこ かずこ かなこ かねこ かのこ かほこ かやこ かよこ きくこ きこ きさこ きみこ きょうこ きよこ きりこ きわこ くにこ

くみこ くらこ けいこ こうこ ここ こまこ さえこ さきこ さこ さちこ さとこ さほこ さやこ さよこ さわこ しずこ しなこ しまこ しゅうこ しゅんこ じゅんこ しょうこ すずこ すまこ すみこ すわこ せいこ せつこ そうこ そのこ たえこ たかこ たきこ たづこ

たまこ たみこ ちいこ ちえこ ちかこ ちこ ちさこ ちずこ ちほこ ちやこ ちりこ つきこ つやこ つゆこ ていこ てつこ てるこ とうこ ときこ とこ としこ とみこ ともこ とよこ とわこ なおこ なかこ なつこ ななこ なほこ なみこ なよこ にじこ ねねこ

のぶこ のりこ はつこ はなこ はるこ ひさこ ひでこ ひなこ ひみこ ひろこ ふうこ ふきこ ふくこ ふさこ ふじこ ふみこ ふゆこ まあこ まいこ まきこ まこ まさこ まちこ まなこ まほこ まみこ まやこ まゆこ まよこ まりこ みいこ みえこ みおこ みかこ

みきこ みこ みさこ みちこ みつこ みどりこ みなこ みねこ みほこ みやこ みよこ みわこ むつこ めいこ もえこ もとこ ももこ やいこ やえこ やこ やすこ ややこ ゆいこ ゆうこ ゆかこ ゆきこ ゆさこ ゆふこ ゆみこ ゆめこ ゆりこ ようこ よしこ よりこ

らんこ りえこ りおこ りかこ りこ りさこ りせこ りつこ りなこ りほこ りまこ りやこ りょうこ りよこ りりこ りんこ るいこ るみこ るりこ れいこ れんこ ろこ わかこ わこ

ご
いちご

さ
あずさ あづさ ありさ いりさ えりさ かずさ きさ

さらさ ちぐさ ちさ つかさ つばさ なぎさ ひさ ふさ まあさ まさ まりさ みさ めりさ ゆさ りさ

ざ
えるざ るいざ れいざ ろうざ

し
とし みよし

じ
もみじ ゆきじ

じゅ
あんじゅ

す
ありす

ず
いすず かず こすず

しず すず ちず みすず ゆず

せ
あやせ いほせ ちせ ちとせ ななせ はつせ りせ

た
ひなた

ち
さち なち まち みち りち

つ
えつ こなつ せつ ちなつ なつ みつ りつ

づ
しづ

で
かえで

と
いと おと けいと こいと こと さと ちさと とと まこと みさと みと みなと もと

な
あきな あすな あずな あやな あゆな ありな あんな いおな いせな いりな ういな うてな えとな えな えりな えるな えれな おりな かずな

かな かやな かりな かるな かんな きょうな けいな さりな さわな しいな じゅな じゅりな じゅんな すずな せいな せな せりな ちな とみな ともな なずな なな にいな のりな はすな はな はるな はんな ひな ひろな ほしな まいな まな まゆな

まりな みいな みおな みずな みな めりな もえな もとな もな ももな やすな ゆいな ゆきな ゆずな ゆな ゆみな ゆりな りいな りおな りな るうな るしな るな るりな るるな れいな れおな れな れんな わかな

に
べに

ね
あいね

あかね あまね あやね いそね かさね かずね きよね ことね しずね すずね たかね ちかね つきね ともね なつね ねね はつね はるね ひろね みね もね ももね ゆきね

の
あきの あけの あさの あつの あやの いくの うの うみの おきの かの

かやの きくの きの きよの さきの しげの しの すずの その たかの たきの ちの つきの なつの ななの のの はなの はまの はるの ひさの ひなの ひめの ひろの ふきの ふさの ふじの ふみの ほしの まきの まさの まゆの まりの みかの みさの

みその みちの みつの みの やえの やすの ゆうの ゆきの ゆの ゆめの ゆりの よしの りさの りちの りの るの るみの れの わかの

は
あきは あげは あやは いろは おとは おりは かずは このは てるは ともは なるは ののは まいは まりは

ももは　やすは　ゆうは　ゆきは　ゆずは　よしは

ば
あおば　ふたば　わかば

ひ
あさひ　はるひ　ゆうひ

び
みやび

ぶ
しのぶ　のぶ　らぶ

ほ
あきほ　あやほ　うみほ　おりほ　かほ　きほ　さきほ　さちほ　さほ　しずほ　しほ　すずほ　たかほ
ちほ　なほ　にじほ　はるほ　まほ　みきほ　みさほ　みずほ　みつほ　みほ　やすほ　やちほ　ゆいほ　ゆうほ　ゆきほ　ゆほ　ゆみほ　りほ

ま
えま　しま　ゆま　りま　れま

み
あいみ　あきみ　あけみ　あさみ　あずみ　あつみ　あづみ　あなみ　あみ
あやみ　あゆみ　いくみ　いさみ　いずみ　いづみ　いほみ　うみ　えいみ　えなみ　えみ　かすみ　かずみ　かつみ　かづみ　かなみ　かよみ　きくみ　きみ　きよみ　くみ　くゆみ　くるみ　ここみ　ことみ　こなみ　このみ　さくみ　さとみ　さなみ　さゆみ　しおみ　しげみ　すずみ
すみ　せなみ　そえみ　そのみ　そらみ　たかみ　たくみ　たつみ　たまみ　たみ　ちえみ　ちなみ　ちふみ　ちよみ　つぐみ　つゆみ　てるみ　としみ　とみ　ともみ　とよみ　なおみ　なごみ　なつみ　ななみ　なほみ　なみ　なりみ　なるみ　のぞみ　ののみ　のりみ　はすみ　はつみ
はなみ　はやみ　はるみ　ひさみ　ひでみ　ひとみ　ひふみ　ひろみ　ふくみ　ふみ　ふゆみ　ほずみ　ほなみ　ほのみ　まさみ　ますみ　まなみ　まみ　まゆみ　みうみ　みつみ　みなみ　みみ　むつみ　めいみ　めぐみ　もえみ　もとみ　もなみ　ももみ　ゆうみ　ゆきみ　ゆみ　ゆめみ
よしみ　りみ　るみ　れいみ　れみ　わかみ　わみ

む
あゆむ　えむ　ひろむ　ぽえむ　めぐむ　らいむ　らむ　りむ

め
あやめ　おとめ　なつめ　ゆめ

も
とも　みなも　もも

や
あや　かや　きはや　さあや　さくや　さや　ちはや　はや
まあや　まや　まりや　みいや　みはや　みや　やや　りや

ゆ
あゆ　こふゆ　ちふゆ　つゆ　なゆ　ふゆ　まゆ　みふゆ　みゆ　もゆ　ゆうゆ

よ
あさよ　いよ　うたよ　えつよ　かずよ　かづよ　かなよ　かよ　きぬよ　きみよ　きよ　くによ　さちよ
さよ　すずよ　すみよ　たかよ　たまよ　たみよ　ちよ　てるよ　としよ　ともよ　なつよ　のぶよ　のりよ　はなよ　はるよ　ひさよ　ひでよ　ひろよ　ふさよ　ふじよ　ふみよ　ほしよ　まきよ　まさよ　ますよ　まよ　みきよ　みさよ　みちよ　みつよ　みよ　むつよ　もとよ　ももよ
やすよ　やちよ　ゆきよ　りよ

ら
あいら　あきら　うらら　かいら　かえら　かずら　きあら　きさら　きよら　きらら　さくら　さら　しいら　せいら　そら　たから　ちゆら　まゆら　まりら　みら　ゆうら　ゆら　らら　らいら　りさら　りら　れいら　ろうら

り
あいり　あかり　あぐり　あめり　あゆり　あんり　いおり　いのり　いまり　えみり　えり　かおり　かほり　かり　きらり　くゆり　こゆり　さおり　さぎり　さほり　さゆり　さより　さり　しえり　しおり　しほり　じゅり　せり　せんり　ちえり　ちゆり　ともり　なたり
のり　ひおり　ひかり　ひより　ひらり　ふわり　ほとり　ほのり　まゆり　まり　みおり　みかり　みとり　みどり　みのり　みまり　みもり　みゆり　みり　めあり　めもり　めり　もえり　ゆいり　ゆうり　ゆえり　ゆかり　ゆり　りり　るり　ろざり

る
いちる　えみる
える　かおる　くゆる　こはる　せしる　ちづる　ちはる　ないる　なる　のえる　はる　ひかる　ひづる　ふりる　ほたる　まひる　みくる　みちる　みつる　みはる　みる　もゆる　りえる　りしる　るる

れ
すみれ　ほまれ

ろ
こころ　ちひろ　ひろ　ましろ　まひろ
みひろ

わ
きわ　さわ　とわ　みぎわ　みわ

ん
あいりん　あん　えれん　かなん　かのん　かりん　かれん　きりん　しおん　じゅん　へれん　まりあん　まりりん　まりん　みらん　らん　りあん　りおん　りん　れもん

音から引く

漢字一覧

「この音に当てる漢字には、どんなものがあるの？」。名前を考えるときに必ず出てくる、そんな疑問にお答えする、音（読み方）から引ける漢字の一覧をご用意しました。五十音順に並んでいるので検索にも便利です。

あ

あ　安6　有6　亜7　阿8　娃9★

ああ　於8

あい　合6　娃9★　挨10★　逢11★　愛13　藍18

あう　会6　合6　逢11★

あえ　饗22★

あお　青8　蒼13　碧14

あおい　青8　葵12

あか　朱6　赤7　明8　紅9　茜9　緋14

あかつき　暁12

あかね　茜9

あかり　明8

あがる　昂8　揚12

あき　日4　文4　右5　旦5　旭6　在6　成6　壮6　見7　旺8　尭8　昂8　昌8　知8　明8　映9　研9　秋9　昭9　信9　亮9　晃10　晄10★　晋10　晟10　哲10　紋10　朗10　菊11　郷11　啓11　章11　紹11　晨11　彬11　瑛12　覚12　暁12　敬12　卿12★　皓12　晶12　陽12　揚12　暉13　義13　煌13★　幌13★　照13　誠13　彰14　聡14　璃15　諒15　謙17　瞭17　顕18　曜18　燿18　麒19★　鏡19　耀20

あきら　旺8　昊8★　爽11　瑛12　景12　惺12★　幌13★　翠14　瞭17　麒19★　耀20　露21

あきらか　叡16　瞭17

あく　空8　明8　渥12

あくる　明8

あけ　旦5　朱6　明8　南9　暁12　緋14

あける　空8　明8

あげる　揚12　擢17★

あさ　元4　日4　旦5　旭6　麻11　滋12　朝12　諒15

あさひ　旭6

あし　芦7★　葦13★

あした　旦5　晨11

あずさ　梓11

あそぶ　遊12

あたか　恰9★

あたたか　温12

あつ　充6　孝7　宏7　孜7★　京8　昌8　忠8　按9★　厚9　重9　春9　純10　淳11　惇11　富11★　涼11　渥12　貴12　晶12　敦12

豊13 幹14★ 徳14 諄15 積16
篤16

あつい　厚9 惇11 渥12 敦12
あづさ　椅12★
あつめる　輯16★
あてる　充6
あま　天4 雨8 海9
あまねし　汎6★ 周8
あめ　天4 雨8
あや　文4 礼5 朱6 英8 采8
郁9 恵10 紋10 彩11 章11
琢11 彬11 絢12 斐12 綺14
彰14 綾14 操16

あやつる　操16
あやめ　菖11
あゆ　鮎16
あゆみ　歩8
あゆむ　歩8
あら　新13
あらた　新13
あり　也3 右5 可5 在6 有6
作7 益10 惟11 照13
ある　在6 有6
あるく　歩8
あわ　沫8★
あわす　合6

あん　安6 杏7 按9★ 案10 晏10
庵11★
あんず　杏7

い

い　以5 伊6 衣6 壱7 委8
依8 泉9 莞10 惟11 唯11
尉11 椅12★ 斐12 意13 葦13★
維14 緯16
いお　庵11★
いおり　庵11★
いかん　奈8
いきおい　勢13

いきる　生5
いく　生5 如6 行6 育8 郁9
活9 幾12
いさ　伊6 沙7 義13 勲15
いさご　砂9
いず　出5 稜13
いずみ　泉9
いずる　出5
いたる　至6 到8 詣13★
いち　一1 市5 壱7 都11
いちご　苺8★
いつ　一1 乙1 逸11
いつき　樹16

★新人名漢字

- いつくしむ　慈13
- いと　糸6　弦8　絃11
- いね　禾5★
- いのる　祈8
- いばら　楚13★
- いま　今4　未5
- いや　未5
- いよいよ　弥8
- いる　要9
- いろ　色6　紅9　彩11
- いろどる　彩11
- いわう　祝9
- いん　音9　馴13★

う

- う　右5　生5　布5　卯5　宇6　羽6　有6　兎7★　佑7　雨8　侑8　胡9
- うい　初7
- うかぶ　汎6★
- うける　稟13★　饗22★
- うさぎ　兎7★
- うすぎぬ　紗10
- うずまき　巴4
- うた　唄10　唱11　詠12　詩13　歌14　謡16
- うたい　謡16
- うたう　歌14　謡16
- うち　裡12★
- うつくし　寵19★
- うつくしい　美9
- うつす　映9
- うつる　映9
- うな　海9
- うね　采8
- うま　午4　宇6
- うみ　海9　洋9
- うめ　梅10
- うやまう　敬12
- うら　裡12★
- うる　閏12★
- うるう　閏12★
- うるおう　潤15
- うるおす　潤15
- うるむ　潤15
- うん　運12

え

- え　永5　衣6　会6　江6　依8　枝8　杷8★　苗8　栄9　柄9　廻9★　重9　恵10　笑10　彗11　瑛12　詠12　絵12　榎14★　慧15

衛16

えい
永5 英8 映9 栄9 営12 瑛12 詠12 影15 鋭15 衛16 叡16

えき
益10

えだ
枝8 幹13 繁16

えつ
悦10 越12

えのき
榎14★

えびす
胡9

えみ
笑10

えむ
笑10

えり
衿9 襟18

えん
円4 苑8 延8 媛12 園13

圓13★ 薗16★ 燕16★ 艶19

お

お
乙1 小3 水4 央5 広5 弘5 生5 壮6 百6 良7 阿8 於8 旺8 弦8 和8 音9 保9 桜10 峯10★ 朗10 紘11 渚11 麻11 緒14 廣15 穂15 輿17★

おう
王4 央5 旺8 欧8 皇9 桜10 庵11★ 凰11★ 煌13★ 鷗22★

おお
多6

おおい
多6

おおとり
凰11★ 鳳14 鵬19

おか
岳8 岡8★

おき
宋7★ 起10

おさ
令5 長8 政9 修10

おす
捺11

おつ
乙1

おと
乙1 己3 呂7 音9 律9 響20

おもい
重9

おもう
思9 惟11

おや
親16

おり
織18

おる
織18

おわる
竣12

おん
苑8 音9 温12 薗16★ 穏16

か

か
日4 可5 加5 禾5★ 圭6 伽7 花7 芳7 河8 果8 佳8 庚8★ 郁9 珂9★ 珈9★ 迦9★ 香9 夏10 華10 鹿11 賀12 歌14 榎14★ 樺14 嘉14 駕15★ 霞17 蘭19 馨20

が
伽7 我7 芽8 賀12 雅13 駕15★

かい
介4 会6 合6 改7 迦9★

★新人名漢字

かい　海9 廻9★ 恢9★ 皆9 桧10★ 絵12 櫂18★
かいり　浬10★
かえで　楓13
かえる　代5
かおり　香9 薫16 馨20
かおる　芳7 郁9 香9 薫16 馨20
かがみ　鏡19
かがやく　煌13★ 輝15 燿18 耀20
かく　此6★ 拡8 格10 覚12 鶴21
がく　岳8 学8 楽13
かげ　景12
かしら　頭16

かける　翔12 駆14 駈15★
かさ　笠11★
かざ　風9
かじ　梶11★ 櫂18★
かしこい　賢16
かず　一1 七2 十2 二2 八2 三3 千3 万3 円4 司5 冬5 会6 多6 年6 壱7 寿7 利7 良7 宗8 知8 法8 和8 計9 紀9 重9 春9 政9 起10 兼10 教11 葛12★ 順12 萬12★ 圓13★ 数13 憲16 積16 麗19

かすみ　霞17
かずら　葛12★
かぜ　風9
かた　才3 名6 兼10 崇11 結12 謙17
かっ　合6
かつ　一1 万3 仔5★ 克7 活9 亮9 桂10 健11 曽11★ 葛12★ 曾12★ 達12 積16
がっ　合6
がつ　月4
かつて　嘗14★
かつみ　克7

かつら　桂10 葛12★
かど　圭6 稜13
かな　協8 奏9
かない　叶5
かなう　叶5
かなでる　奏9
かなめ　要9
かね　周8 宝8 兼10 詠12 統12 鉄13 銀14 錦16 鏡19
かねる　兼10
かのう　叶5 協8
かのえ　庚8★
かば　椛11★ 樺14

かみ　天4　正5　甫7　昇8　神9　省9　卿12★

かもしか　羚11★

かもめ　鷗22★

かや　茅8　草9　萱11★

から　空8　唐10

かり　雁12★

かる　駆14　駈15★　薙16★

かわ　川3　河8

かわる　代5

かん　完7　柑9★　冠9　莞10　栞10　菅11★　貫11　寛13　幹13　斡14★　環17

がん　丸3　元4　雁12★

き

き　己3　木4　生5　伎6　妃6　企6　希7　岐7　玖7　求7　来7　季8　祈8　其8★　枝8　東8　林8　恢9★　紀9　祇9★　起10　姫10　規11　埼11★　基11　章11　逗11★　揮12　幾12　葵12　稀12　貴12　喜12　期12　暉13　綺14　旗14　箕14★　器15　輝15　嬉15　槻15　畿15★　興16　機16　樹16　徽17★　麒19★

ぎ　伎6　技7　宜8　祇9★　埼11★　葵12　義13　麒19★

きく　利7　菊11　掬11★　鞠17

きざし　萌11

きざす　萌11

きずな　絆11★

きた　朔10

きたす　来7

きたる　来7

きつ　桔10★

きぬ　衣6　絹13

きのと　乙1

きみ　王4　公4　仁4　正5　后6　江6　君7　林8　卿12★　鉄13

きゃ　伽7　迦9★

きゅう　久3　弓3　及3　究7　玖7　求7　球11　毬11　鳩13

きよ　心4　玉5　圭6　汐6　斉8　青8　研9　洋9　亮9　浄9　粋10　健11　淑11　淳11　清11　雪11　晴12　陽12　聖13　廉13　静14　潔15　澄15　摩15　磨16　馨20

きよい　清11

きょう　叶5　匡6　共6　杏7　亨7　協8　享8　供8　京8　恰9★

★新人名漢字

きょう 香9 恭10 教11 郷11 経11 梗11★ 喬12 卿12★ 蕎15★ 興16 鏡19 響20 馨20 饗22★

ぎょう 尭8 暁12

きょく 旭6

ぎょく 玉5

きよみ 雪11

きら 晃10

きらめく 煌13★

きり 桐10 霧19

きりん 麟24

きわめる 究7

きん 芹7 近7 金8 欣8 衿9 菫11 琴12 欽12 錦16 檎17★ 襟18

ぎん 菫11 銀14

く

く 久3 公4 勾4★ 玖7 来7 供8 紅9 鳩13 駆14 駈15★ 駒15 鷗22★

ぐ 弘5

くう 空8

くさ 色6 草9

くす 樟15★

くず 葛12★

くすのき 樟15★

くに 州6 宋7★ 邦7 邑7 国8 洲9 晋10 都11

くま 阿8 熊14

くみ 与3

くら 倉10 椋12 蔵15 鞍15★

くらべる 比4

くる 来7

くれ 紅9

くれない 紅9

くろ 黒11

くん 君7 訓10 馴13★ 薫16

け

け 圭6 花7 迦9★ 華10 稀12

げ 夏10 霞17

けい 圭6 佳8 京8 計9 奎9 恵10 桂10 啓11 渓11 経11 蛍11 彗11 景12 敬12 卿12★ 詣13★ 継13 慶15 慧15 稽15★ 憩16 馨20

げい 芸7 詣13★

けさ 祇9★

けつ 桔10★ 結12 潔15

げつ 月4

けん 見7 柑9★ 建9 研9 兼10 萱11★ 健11 絢12 堅12 献13 絹13 権15 憲16 賢16 謙17 顕18

げん 元4 弦8 原10 絃11

こ

こ 己3 三3 子3 女3 小3 木4 仔5★ 来7 胡9 教11 湖12 瑚13 鼓13

ご 心4 午4 胡9 梧11 瑚13 檎17★

こい 恋10

こいしい 恋10

こう 公4 勾4★ 広5 弘5 功5 巧5 后6 江6 考6 好6 光6 亘6 行6 向6 亨7 孝7 更7 宏7 攻7 昂8 庚8★ 幸8 昊8★ 恒9 洸9 恰9★ 厚9 皇9 香9 郊9 紅9 虹9 晃10 晄10★ 浩10 倖10 高10 紘10 恋10 凰11★ 皐11 康11 梗11★ 皓12 港12 煌13★ 幌13★ 滉13 閤14★ 構14 綱14 廣15 鋼16 興16 縞16★ 鴻17 饗22★

ごう 合6 郷11

こえ 声7

こく 克7 国8

こぐ 漕14★

ここ 心4 此6★

ここに 此6★

こころ 心4

こし 輿17★

こずえ 梢11 梶11★ 槙14 槇14★

こと 采8 殊10 琴12 詞12

ことぶき 寿7

この 好6 此6★

このむ 好6

こま 駒15

これ 也3 伊6 此6★ 惟11 維14

ころも 衣6

こん 欣8 衿9 建9

ごん 欣8

さ

さ 二2 小3 左5 早6 佐7 冴7 沙7 作7 砂9 咲9 茶9 紗10 彩11 爽11 朝12 嵯13 瑳14 聡14 積16

さい 才3 仔5★ 采8 栖10★ 彩11 菜11 偲11 棲12★

★新人名漢字

- ざい　在 6
- さいわい　幸 8 / 倖 10 / 禎 13
- さえ　冴 7 / 朗 10
- さえる　冴 7
- さかえ　秀 7 / 栄 9 / 冨 11★ / 富 12 / 潤 15
- さかえる　栄 9
- さかき　榊 14★
- さかん　旺 8 / 昌 8
- さき　先 6 / 早 6 / 作 7 / 咲 9 / 祥 10 / 埼 11★ / 福 13 / 興 16
- さぎ　雀 11★ / 鷺 24★
- さく　作 7 / 咲 9 / 朔 10 / 雀 11★
- さくら　桜 10
- さご　砂 9
- ささ　小 3 / 楽 13 / 篠 17★ / 讃 22★
- さざなみ　漣 14★
- さずく　授 11
- さだ　安 6 / 会 6 / 究 7 / 治 8 / 定 8 / 貞 9 / 晏 10 / 真 10 / 渉 11 / 覚 12 / 節 13 / 禎 13 / 寧 14 / 憲 16
- さち　幸 8 / 征 8 / 祐 9 / 倖 10 / 祥 10 / 葛 12★ / 禄 12 / 禎 13 / 福 13
- さっ　早 6
- さつ　珊 9★ / 颯 14
- さつき　皐 11
- さと　公 4 / 仁 4 / 吏 6 / 邑 7 / 里 7 / 学 8 / 知 8 / 怜 8 / 哲 10 / 敏 10 / 郷 11 / 彗 11 / 都 11 / 理 11 / 覚 12 / 惺 12★ / 達 12 / 智 12 / 聖 13 / 聡 14 / 徳 14 / 慧 15 / 賢 16 / 論 16
- さとい　慧 15
- さとす　諭 16
- さとる　惺 12★
- さね　子 3 / 壱 7 / 実 8 / 翔 12 / 嗣 13 / 積 16
- さます　覚 12 / 醒 16★
- さむい　凜 15 / 凛 15★
- さめ　醒 16★
- さめる　覚 12 / 醒 16★
- さや　清 11 / 爽 11 / 鞘 16★
- さら　更 7
- さらい　杷 8★
- さわ　爽 11
- さわやか　爽 11
- さん　三 3 / 珊 9★ / 撰 15★ / 讃 22★
- さんち　珊 9★

し

- し　子 3 / 巳 3 / 心 4 / 史 5 / 四 5 / 司 5 / 市 5 / 仔 5★ / 矢 5 / 示 5 / 至 6 / 糸 6 / 此 6★ / 孜 7★ / 志 7 / 枝 8 / 祇 9★ / 思 9 / 梓 11 / 偲 11

（し）崇11 彬11 詞12 紫12 資13 詩13 嗣13 錫16★ 薩16★

じ　史5 司5 仔5★ 弐6 治8 祇9★ 時10 滋12 道12 嗣13 慈13 馳13★ 路13

しあわせ　幸8

しい　椎12

しお　汐6 潮15

しおり　栞10

しか　鹿11

しき　布5 色6 式6 織18 識19

じき　直8

しく　滋12

じく　柚9 軸12

しげ　十2 子3 木4 成6 枝8 茂8 重9 草9 恵10 彬11 賀12 滋12 森12 慈13 誉13 維14 蓬14★ 諄15 薫16 樹16 篤16 繁16 穣18

しげる　茂8

しず　康11 惺12★ 靖13 静14 寧14 穏16

しずか　惺12★ 静14

しずく　雫11★ 滴14

しち　七2

しつ　七2

じつ　日4 実8

しな　色6 枝8

しの　忍7 信9 要9 篠17★

しのぐ　凌10 駕15★

しのぶ　忍7 偲11

しま　州6 洲9 嶋14★ 縞16★

しもと　楚13★

しゃ　写5 沙7 砂9 紗10

しゃく　雀11★ 錫16★

じゃく　若8 雀11★

しゅ　朱6 珠10 殊10 修10 須12 楢13★ 趣15 諏15★ 雛18

じゅ　寿7 受8 珠10 樹16

しゅう　収4 州6 舟6 秀7 宗8 周8 秋9 洲9 柊9 祝9 修10 袖10★ 脩11 習11 集12 萩12 嵩13 楢13★ 湫14 輯16★ 繍19★

じゅう　十2 充6 重9

しゅく　祝9 淑11

しゅつ　出5

しゅん　旬6 俊9 春9 洵9 隼10 峻10 竣12 馴13★ 舜13 諄15 駿17 瞬18

じゅん　旬6 洵9 隼10 純10 淳11 惇11 絢12 順12 閏12★ 準13

★新人名漢字

じゅん　馴13★ 潤15 諄15 醇15

しょ　初7 渚11 楚13★ 緒14

じょ　女3 如6 叙9

しょう　小3 生5 正5 匠6 庄6 尚8 昌8 昇8 松8 青8 咲9 昭9 省9 星9 政9 祥10 笑10 章11 紹11 渉11 梢11 菖11 笙11 唱11 清11 晶12 翔12 湘12★ 董12★ 奨13 照13 聖13 楢13★ 彰14 嘗14★ 樟15★ 鞘16★ 醒16★ 篠17★ 繡19★

じょう　丈3 成6 晟10 常11 靖13 嘗14★ 静14 穣18

しょうぶ　菖11

しょく　色6 織18

しらべる　按9★

しる　知8

しるし　印6 瑞13 徽17★

しろ　代5 白5 素10

しろい　皓12

しん　心4 申5 芯7★ 伸7 信9 津9 晋10 真10 晨11 進11 深11 清11 森12 新13 慎13 賑14★ 槙14 榛14 親16

じん　人2 仁4 壬4★ 迅6 尽6 甚9 尋12 稔13

す

す　子3 州6 寿7 宋7★ 洲9 春9 栖10★ 素10 雀11★ 陶11 須12 棲12★ 数13 諏15★

ず　杜7 津9 逗11★ 鶴21

すい　水4 出5 珀9★ 粋10 彗11 椎12 翠14 穂15

ずい　瑞13

すう　崇11 嵩13 数13 雛18

すえ　与3 末5 君7 秀7 季8 淑11 梢11 陶11 梶11★ 葉12

すが　菅11★ 清11

すかす　透10

すき　好6 透10

すぎ　杉7

すく　好6 透10

すぐ　直8

すくう　掬11★ 賑14★

すぐれる　優17

すけ　佐7

すげ　菅11★

すける　透10

すこやか　健11

すず　紗10 涼11 鈴13 錫16★

すすぐ　漱14

- **すすむ**　晋10　進11
- **すずむ**　涼11
- **すずめ**　雀11★
- **すすめる**　進11
- **すな**　沙7　砂9
- **すなお**　忠8　直8　素10　淳11　惇11
- **すばる**　昴9
- **すべる**　統12
- **すます**　澄15
- **すみ**　好6　在6　有6　邑7　宜8　恭10　純10　栖10★　淑11　清11　逗11★　棲12★　統12　遥12　稜13　維14　遙14★　澄15　篤16
- **ずみ**　泉9
- **すみれ**　菫11
- **すむ**　栖10★　棲12★　澄15
- **すもも**　李7
- **すわえ**　楚13★
- **すん**　峻10

せ

- **せ**　世5　瀬19
- **せい**　生5　正5　世5　成6　西6　斉8　征8　青8　省9　星9　政9　栖10★　晟10　彗11　清11　棲12★　惺12★　晴12　聖13　勢13　靖13　誠13　静14　誓14　精14　醒16★　整16
- **せき**　夕3　汐6　隻10　錫16★　積16　績17
- **せち**　節13
- **せつ**　雪11　節13　綴14★　説14
- **せり**　芹7
- **せん**　川3　千3　先6　宣9　茜9　泉9　扇10　船11　撰15★　鮮17　鱒23★
- **ぜん**　善12　然12　撰15★

そ

- **そ**　十2　三3　衣6　征8　素10　曽11★　曾12★　楚13★　想13
- **そう**　双4　庄6　壮6　早6　宋7★　走7　宗8　相9　荘9　奏9　草9　倉10　笙11　崇11　爽11　曽11★　窓11　添11　湘12★　曾12★　湊12★　惣12　創12　装12　奨13　蒼13　想13　颯14　聡14　総14　漕14★　漱14　諏15★　鞘16★　操16　瀧19★
- **ぞう**　曽11★　曾12★

★新人名漢字

- そえ：添11
- そえる：添11
- そく：則9
- そだつ：育8
- そで：袖10★
- そなわる：彬11
- その：苑8 其8★ 圃10★ 園13 薗16★
- そめる：初7
- そら：天4 空8 昊8★ 宙8
- それ：其8★
- そん：尊12 鱒23★

た

- た：十2 多6 汰7 馳13★
- だ：那7 梛11★ 馳13★
- たい：代5 汰7 泰10
- だい：乃2 代5 奈8
- だいだい：橙16★
- たえ：才3 布5 糸6 克7 妙7 紗10
- たか：一1 乙1 才3 子3 女3 万3 王4 公4 天4 比4 立5 宇6 考6 好6 竹6 共6 孝7 良7 岳8 学8 宜8 享8 尭8 空8 昂8 幸8 尚8 卓8 宝8 茂8 香9 荘9 飛9 恭10 高10 峻10 能10 峯10★ 峰10 教11 啓11 皐11 章11 渉11 梢11 崇11 琢11 理11 陸11 貴12 喬12 敬12 尊12 登12 萬12★ 揚12 嵩13 誠13 節13 楚13★ 誉13 稜13 鳳14 賢16 顕18
- たかい：高10 峻10 喬12 嵩13
- たから：宝8
- たき：滝13 瀧19★
- たく：托6★ 卓8 拓8 啄10 琢11 擢17★ 櫂18★
- たくみ：匠6
- たけ：丈3 壮6 竹6 岳8 建9 高10 健11 滝13
- たず：鶴21
- だす：出5
- たすく：佐7
- ただ：一1 公4 矢5 正5 由5 伊6 匡6 江6 考6 旬6 伸7 妙7 斉8 忠8 直8 按9★ 祇9★ 貞9 祥10 真10 粋10 惟11 規11 渉11 唯11 覚12 喬12 董12★ 雅13 資13

（前ページから続く）
禎13 維14 叡16

ただす
正5 匡6 董12★

ただちに
直8

たち
立5

たつ
立5 建9 起10 達12 樹16

たて
立5 達12

たてる
立5 建9

たに
渓11

たね
苗8

たのむ
托6★ 頼16

たま
丸3 玉5 圭6 玖7 珂9★ 珊9★ 珀9★ 玲9 珠10 球11 瑞13 瑶13 碧14 環17

たまき
環17

たみ
民5 在6 彩11 黎15

ため
糸6

たもつ
保9

たゆ
妙7

たよる
頼16

たん
旦5 檀17

だん
檀17

ち

ち
千3 市5 地6 池6 治8 知8 茅8 祐9 智12 道12 稚13 馳13★ 薙16★

ちえ
智12

ちか
丸3 子3 元4 比4 央5 史5 考6 至6 年6 亨7 見7 近7 京8 実8 周8 知8 直8 和8 恒9 信9 時10 峻10 規11 悠11 幾12 尋12 登12 愛13 寛13 慈13 新13 慎13 睦13 静14 誓14 畿15★ 慶15 親16

ちかう
誓14

ちく
竹6 築16

ちゃ
茶9

ちゃく
錫16★

ちゅ
逗11★

ちゅう
中4 仲6 沖7 忠8

ちゅん
椿13

ちょ
緒14

ちょう
丁2 兆6 長8 重9 鳥11 彫11 張11 朝12 超12 跳13 禎13 暢14 蝶15 潮15 澄15 橙16★ 寵19★

ちょく
直8

ちん
椿13

つ

つ
津9 通10 都11 鶴21

★新人名漢字

つい　椎12

ついたち　朔10

ついばむ　啄10

つう　通10

つか　束7

つかさ　司5　吏6　典8

つき　月4　右5　槻15

つぎ　乙1　二2　世5　亜7

づき　月4

つぐ　二2　壬4★　世5　亜7　更7　庚8★　紹11　継13　嗣13　禎13　論16　麗19

つくる　作7

つち　椎12

つづみ　鼓13

つづら　葛12★

つづる　綴14★

つな　卓8　紘10　統12　維14

つね　久3　比4　寿7　法8　恒9　経11　常11　曽11★　庸11　尋12　曾12★　統12　雅13　継13

つばき　椿13

つばめ　燕16★

つぶら　円4　圓13★

つぼみ　蕾16★

つみ　祇9★　摘14　積16

つむ　万3　萬12★　摘14　積16

つもる　積16

つや　釉12★　艶19

つゆ　露21

つよ　健11

つら　糸6　羅19　麗19

つる　弦8　絃11　敦12　鶴21

つれる　連10

て

てい　丁2　汀5　定8　貞9　禎13　綴14★　錫16★　薙16★

でい　祢9★

てき　的8　笛11　摘14　錫16★　擢17★　櫂18★

てつ　哲10　鉄13　綴14★　徹15

てらす　照13

てる　旭6　光6　明8　映9　栄9　珂9★　昭9　昆9★　晃10　晄10★　晟10　瑛12　皓12　晴12　暉13　煌13★　照13　彰14　輝15　燕16★　顕18　曜18　燿18　耀20

でる　出5

てれる　照13

てん　天4　典8　展10　添11　槙14　鱒23★

でん
伝6 鮎16

と

と
十2 年6 百6 兎7★ 杜7 音9 飛9 徒10 敏10 留10 都11 冨11★ 渡12 登12 富12 豊13 聡14

とう
仔5★ 冬5 当6 灯6 忍7 妙7 延8 東8 純10 泰10 透10 桐10 桃10 能10 陶11 逗11★ 萄11★ 塔12 董12★ 統12 登12 道12 嶋14★ 橙16★ 瞳17 櫂18★ 藤18

どう
桐10 萄11★ 堂11 道12 瞳17 藤18

とうとい
尊12

とお
十2 在6 更7 昊8★ 治8 卓8 茂8 深11 野11 埜11★ 達12 遥12 遙14★ 遼15

とおる
亨7 通10

とき
世5 旬6 迅6 季8 其8★ 国8 宗8 怜8 秋9 祝9 春9 則9 時10 朗10 常11 晨11 陸11 暁12 朝12 聡14 稽15★ 讃22★

とぎ
伽7

とく
更7 徳14 篤16

とぐ
研9

とこ
常11

とし
才3 世5 代5 冬5 考6 迅6 年6 亨7 寿7 利7 英8 季8 宗8 斉8 紀9 秋9 俊9 星9 要9 隼10 峻10 敏10 倫10 逸11 健11 淑11 淳11 惇11 捺11 理11 暁12 敬12 智12 禄12 資13 準13 照13 聖13 馳13★ 鉄13 稔13 福13 叡16 穏16 憲16 賢16 繁16 駿17 鏡19

とじる
綴14★

とせ
年6

となう
唱11

とばり
幌13★

とぶ
飛9 跳13

とまる
留10

とみ
宝8 美9 冨11★ 智12 登12 富12 禄12 福13 賑14★ 徳14

とむ
冨11★ 富12

とめ
留10

とめる
留10

とも
丈3 与3 公4 双4 巴4 比4 文4 友4 以5 共6

★新人名漢字

- とも　有6 作7 那7 呂7 供8 幸8 知8 宝8 朋8 茂8 皆9 毘9★ 兼10 流10 倫10 智12 朝12 寛13 義13 誠13 節13 禎13 賑14★ 諄15 興16 鵬19
- ともえ　巴4
- とよ　茂8 晨11 富12 豊13
- とり　鳥11
- とる　采8
- とん　惇11 敦12

な

- な　七2 己3 水4 多6 名6 那7 来7 奈8 林8 南9 菜11 梛11★ 樹16
- ない　乃2 祢9★
- なえ　苗8
- なお　三3 公4 矢5 正5 如6 多6 亨7 君7 作7 実8 若8 尚8 斉8 直8 政9 修10 真10 通10 梗11★ 脩11 野11 埜11★ 董12★
- なおす　直8
- なおる　治8 直8
- なか　心4 水4 央5 祥10 斐12 陽12
- なが　久3 右5 市5 呂7 延8 長8 詠12 遊12 暢14
- ながい　永5 脩11
- ながす　流10
- なぎ　凪6 渚11 梛11★ 薙16★
- なぎさ　汀5 渚11
- なぐ　凪6 薙16★
- なごむ　和8
- なし　梨11
- なす　成6
- なず　摩15
- なつ　夏10 捺11
- なでる　撫15★
- なな　七2
- なの　七2
- なま　生5
- なまず　鮎16
- なみ　比4 甫7 波8 泉9 南9 洋9 浪10 漣14★
- なめる　嘗14★
- なら　楢13★
- ならす　馴13★
- なり　也3 令5 成6 克7 作7

（前ページより）育 8　周 8　斉 8　忠 8　苗 8　音 9　規 11　詞 12　曾 12★　雅 13　勢 13　稔 13　整 16　響 20

なる　匠 6　成 6　完 7　育 8　忠 8　登 12　愛 13　稔 13　燕 16★　親 16

なれ　馴 13★

なわ　苗 8

なん　南 9

なんぞ　胡 9

に

に　二 2　仁 4　弐 6

にい　新 13

にお　匂 4★

にぎやか　賑 14★

にじ　虹 9

にしき　錦 16

にち　日 4

にな　螺 17★

にゃく　若 8

にょ　女 3　如 6

にん　壬 4★　忍 7

ぬ

ぬ　野 11

ぬい　繍 19★

ぬく　擢 17★

ぬの　布 5

ね

ね　子 3　宇 6　音 9　祢 9★　根 10　峯 10★　峰 10　寧 14　嶺 17

ねい　寧 14

ねん　年 6　稔 13　鮎 16

ねんごろ　諄 15

の

の　乃 2　野 11　埜 11★

のう　能 10

のき　宇 6

のぎ　禾 5★

のぞみ　希 7　志 7　望 11

のぞむ　志 7　望 11

のち　后 6

のっと　浬 10★

のどか　和 8　温 12

のばす　伸 7　延 8

のびる　伸 7　延 8

のぶ　一 1　与 3　仁 4　右 5　永 5　布 5　申 5　江 6　亘 6　更 7　伸 7　延 8　宜 8　治 8　房 8　恒 9　重 9　洵 9　叙 9　信 9

★新人名漢字

のぶ
政9 宣9 毘9★ 悦10 展10 惟11 経11 脩11 常11 進11 庸11 喜12 喬12 順12 惣12 董12★ 敦12 揚12 葉12 遥12 圓13★ 寛13 照13 靖13 睦13 総14 暢14 遙14★ 諄15 撰15★ 薫16 整16 櫓19★

のべる
延8 暢14

のぼる
昇8 登12

のり
文4 以5 永5 代5 令5 礼5 考6 至6 舟6 成6 孝7 甫7 利7 里7 学8 宜8 尭8 実8 宗8 周8 昇8 忠8 典8 法8 廻9★ 紀9 祇9★ 祝9 政9 宣9 則9 律9 恭10 修10 哲10 能10 倫10 規11 基11 教11 郷11 啓11 経11 章11 庸11 理11 賀12 幾12 敬12 卿12★ 詞12 順12 尋12 智12 朝12 統12 登12 道12 遥12 愛13 雅13 寛13 義13 準13 慎13 数13 節13 稚13 誉13 路13 徳14 遙14★ 緑14 駕15★ 慶15 稽15★ 範15 憲16 賢16 頼16 謙17

のる
駕15★

は

は
巴4 羽6 芭7★ 波8 杷8★ 華10 琶12★ 葉12 播15★

ば
芭7★

はい
杷8★

ばい
苺8★ 梅10

はえ
栄9

はえる
映9 栄9

はかる
諏15★

はぎ
萩12

はく
伯7 珀9★ 博12

ばく
麦7 博12

はげむ
励7

はし
梁11★

はしばみ
榛14

はじめ
初7 甫7 始8 祝9

はす
芙7 蓉13 蓮13

はせる
馳13★

はた
果8

はたけ
圃10★

はたす
果8

はち
八2

はっ
法8

はつ
初7

音から引く漢字

ばつ　茉8　沫8★

はて　果8

はてる　果8

はと　鳩13

はな　花7　芳7　英8　華10

はね　羽6

はねる　跳13

はは　母5

はま　浜10

はや　迅6　早6　隼10　速10　逸11　駿17

はやい　早6

はやし　林8

はやぶさ　隼10

はらす　晴12

はり　梁11★

はる　元4　日4　立5　令5　会6　合6　花7　治8　青8　知8　東8　明8　春9　昭9　美9　晏10　華10　浩10　時10　敏10　流10　脩11　張11　温12　喜12　晴12　陽12　遥12　斡14★　榛14　遙14★

はるか　永5　悠11　遥12　遙14★　遼15

はれる　晴12

はん　半5　帆6　汎6★　伴7　絆11★　範15　播15★　繁16

ばん　万3　絆11★　萬12★　満12　播15★

ひ

ひ　日4　比4　灯6　妃6　枇8★　飛9　毘9★　桧10★　菊11　斐12　琵12★　葡12★　陽12　緋14

び　枇8★　弥8　毘9★　美9　梶11★　琵12★　葡12★

ひいでる　秀7

ひいらぎ　柊9

ひがし　東8

ひかり　光6　晃10　晄10★　暉13

ひかる　光6　晃10　晄10★　皓12　輝15

ひく　渥12

ひさ　久3　永5　央5　玖7　寿7　学8　尚8　弥8　胡9　恒9　宣9　桐10　能10　留10　常11　冨11★　悠11　喜12　藤18

ひさしい　久3

ひし　菱11★

ひじり　聖13

ひだり　左5

びつ　蜜14★

ひで　一1　禾5★　未5　成6　求7　秀7　英8　季8　幸8　東8

★新人名漢字

ひで　栄(9) 淑(11) 継(13) 嗣(13) 薫(16)

ひと　一(1) 仁(4) 史(5) 民(5) 倫(10)

ひとみ　眸(11) 瞳(17)

ひな　雛(18)

ひのき　桧(10★)

ひびき　響(20)

ひびく　響(20)

ひめ　妃(6) 姫(10) 媛(12)

ひも　紘(10)

ひゃく　百(6) 珀(9★) 碧(14)

びょう　苗(8)

ひろ　丈(3) 央(5) 広(5) 弘(5) 礼(5) 光(6) 先(6) 托(6★) 汎(6★) 完(7) 宏(7) 昊(8★) 拓(8) 弥(8) 明(8) 恢(9★) 洸(9) 厚(9) 宥(9) 洋(9) 浩(10) 紘(10) 泰(10) 展(10) 容(10) 啓(11) 康(11) 都(11) 野(11) 埜(11★) 景(12) 皓(12) 尋(12) 博(12) 裕(12) 寛(13) 滉(13) 豊(13) 嘉(14) 廣(15) 潤(15) 播(15★) 衛(16) 優(17)

ひろい　広(5) 弘(5) 汎(6★) 宏(7) 恢(9★) 浩(10) 滉(13) 廣(15)

ひろし　亘(6)

ひん　彬(11) 稟(13★)

びん　敏(10)

ふ

ふ　二(2) 双(4) 生(5) 布(5) 扶(7) 芙(7) 甫(7) 歩(8) 風(9) 峯(10★) 冨(11★) 富(12) 節(13) 撫(15★)

ぶ　歩(8) 葡(12★) 撫(15★) 舞(15)

ふう　汎(6★) 風(9) 冨(11★) 富(12) 楓(13) 諷(15★)

ふえ　呂(7) 笛(11)

ふか　作(7) 深(11)

ふかい　深(11)

ふかす　更(7)

ふき　蕗(16)

ふく　冨(11★) 福(13)

ふける　更(7)

ふさ　芳(7) 英(8) 弦(8) 房(8) 林(8) 重(9) 宣(9) 絃(11) 幾(12) 滋(12) 惣(12) 葉(12) 聡(14) 総(14) 興(16)

ふさぐ　杜(7)

ふし　節(13)

ふじ　葛(12★) 藤(18)

ふた　二(2) 双(4)

ふち　禄(12)

ふな　舟(6)

ふね　舟(6)

ふみ　文(4) 史(5) 典(8) 郁(9) 紀(9)

- 奎9 美9 章11 詞12
- ふもと　麓19★
- ふゆ　生5 冬5
- ふる　雨8
- ぶん　文4

へ

- へい　枇8★
- へき　碧14
- べに　紅9
- へる　経11

ほ

- ほ　帆6 秀7 甫7 歩8 保9 圃10★ 浦10 葡12★ 穂15
- ほう　方4 汎6★ 亨7 邦7 芳7 宝8 朋8 法8 峯10★ 峰10 逢11★ 萌11 豊13 鳳14 蓬14★ 鵬19
- ぼう　苺8★ 房8 茅8 昴9 萌11 眸11 望11
- ほうき　彗11
- ほがらか　朗10
- ぼく　木4 牧8 睦13
- ほし　星9
- ほじし　脩11
- ほだし　絆11★
- ほだす　絆11★
- ほたる　蛍11
- ほっ　法8
- ほまれ　誉13
- ほめる　讃22★
- ほろ　幌13★
- ほん　汎6★

ま

- ま　万3 茉8 真10 麻11 萬12★ 満12 摩15 磨16
- まい　舞15
- まいる　哩10★
- まう　舞15
- まがり　勾4★
- まき　左5 充6 牧8 巻9 槙14 薪16
- まく　巻9 播15★
- まこと　良7 実8 周8 卓8 洵9 信9 亮9 純10 真10 淳11 惇11 董12★ 慎13 誠13 睦13 諄15 諒15
- まさ　元4 仁4 予4 正5 匡6

★新人名漢字

まさ
旬6 庄6 壮6 多6 完7 求7 甫7 若8 尚8 昌8 征8 和8 栄9 祇9★ 政9 毘9★ 柾9 祐9 修10 真10 晟10 容10 連10 逸11 理11 温12 滋12 晶12 董12★ 道12 雅13 幹13 絹13 聖13 誠13 暢14 諒15 叡16 整16 優17

まさに
祇9★

ます
丈3 加5 昌8 松8 祐9 益10 曽11★ 賀12 滋12 晶12 曾12★ 満12 増14 潤15 錫16★ 鱒23★

また
也3 加5 奎9

またたく
瞬18

まち
市5

まつ
末5 松8 茉8 沫8★ 須12

まど
円4 窓11 圓13★

まどか
円4 圓13★

まな
真10 愛13

まなぶ
学8

まゆ
繭18

まゆみ
檀17

まり
莉10 球11 毬11

まる
丸3 円4 圓13★ 斡14★

まるい
圓13★

まれ
希7 稀12

まろ
丸3

まろやか
圓13★

まわり
周8

まわる
廻9★

まん
万3 萬12★ 満12

み

み
己3 三3 子3 巳3 心4 壬4★ 水4 史5 生5 未5 民5 后6 充6 究7 見7 実8 弥8 海9 皆9 省9 泉9 美9 洋9 益10 珠10 規11 深11 梶11★ 望11 視11 陸11 登12 幹13 誠13 箕14★ 魅15 親16 鏡19

みえる
見7

みお
澪16

みがく
磨16

みかん
柑9★

みき
幹13 樹16

みぎ
右5

みぎわ
汀5

みさ
操16

みさお
貞9 操16

みさき
岬8

読み	漢字（画数）
みず	壬4★ 水4 泉9 瑞13
みずうみ	湖12
みずのえ	壬4★
みせる	見7
みたす	満12
みたみ	民5
みち	礼5 至6 充6 有6 花7 岐7 亨7 芳7 利7 学8 享8 典8 宝8 皆9 信9 律9 修10 峻10 通10 倫10 教11 康11 進11 理11 陸11 順12 惣12 達12 道12 満12 裕12 遥12 義13 路13 総14 遙14★ 慶15 徹15
みちる	満12
みつ	十2 三3 円4 広5 弘5 光6 充6 完7 秀7 実8 苗8 弥8 映9 叙9 則9 美9 益10 恭10 晃10 晄10★ 温12 尋12 満12 圓13★ 照13 慎13 暢14 蜜14★ 廣15 潤15
みつる	光6 在6 充6 満12
みどり	翠14 碧14 緑14
みな	水4 汎6★ 皆9 南9 惣12
みなと	港12 湊12★
みなみ	南9
みね	峯10★ 峰10 嶺17
みの	穣18
みのる	実8 稔13 穣18
みやこ	洛9★ 都11 畿15★
みやび	雅13
みゆき	幸8
みょう	名6 妙7 茅8 明8
みる	三3 見7 省9 箕14★
みん	民5

む

読み	漢字（画数）
む	六4 眸11 陸11 睦13 夢13 霧19
むい	六4
むぎ	麦7
むく	椋12
むすぶ	掬11★ 結12
むつ	六4 陸11 睦13 輯16★
むつぶ	睦13
むつみ	睦13
むね	宗8 梁11★
むら	邑7 紫12
むらさき	紫12

め

読み	漢字（画数）
め	女3 雨8 芽8 苺8★ 梅10

★新人名漢字

め　萌11

めい　名6　芽8　明8　盟13　銘14

めぐみ　恵10　萌11

めぐむ　恵10　愛13

めぐる　廻9★　斡14★

も

も　百6　苺8★　茂8　萌11

もう　苺8★　望11

もえ　萌11

もえる　萌11

もく　木4　睦13

もち　才3　会6　望11　操16

もと　与3　元4　本5　司5　民5　如6　花7　求7　孝7　志7　初7　忍7　扶7　甫7　其8★　宗8　征8　東8　茂8　林8　紀9　泉9　朔10　修10　素10　倫10　規11　基11　喬12　智12　統12　楽13　寛13　幹13　資13　節13　福13　誉13　親16

もとい　基11

もとめる　求7

もみじ　椛11★

もも　百6　李7　桃10

もり　托6★　杜7　森12

もろ　壱7

もん　文4　紋10

や

や　八2　也3　矢5　弥8　夜8　耶9　野11　埜11★　陽12　椰13

やく　益10

やぐら　櫓19★

やさしい　優17

やし　椰13

やす　予4　叶5　安6　考6　求7　那7　育8　協8　庚8★　弥8　夜8　和8　毘9★　保9　要9　晏10　益10　恭10　恵10　祥10　泰10　能10　容10　連10　逸11　健11　康11　庸11　温12　裕12　鳩13　慈13　靖13　誉13　楊13　廉13　静14　徳14　寧14　慶15　撫15★　燕16★　穏16　賢16　錫16★

やすい　安6

やつ　八2

やな　梁11★

やなぎ　柳9　楊13

やまなし　杜7

やわ　和8

ゆ

ゆ：弓3 夕3 水4 友4 由5 有6 佑7 柚9 祐9 悠11 愉12 結12 裕12 遊12 諭16 優17

ゆい：由5 惟11 唯11 結12

ゆう：夕3 友4 右5 由5 有6 佑7 邑7 侑8 柚9 祐9 宥9 脩11 悠11 結12 裕12 釉12★ 遊12 湧12 楢13★ 優17

ゆき：千3 元4 文4 以5 由5 礼5 至6 如6 先6 亨7 孝7 志7 来7 享8 幸8 征8 侑8 起10 恭10 倖10 時10 晋10 通10 透10 敏10 教11 進11 雪11 喜12 敬12 順12 道12 遊12 詣13★ 廉13 維14 潔15 徹15 薫16 鵬19

ゆず：柚9 橙16★

ゆたか：豊13 穣18

ゆみ：弓3

ゆめ：夢13

ゆるす：宥9

よ

よ：与3 予4 四5 世5 代5 余7 於8 昌8 夜8 洋9 晶12 葉12 誉13 輿17★

よい：良7 善12 嘉14 徽17★

よう：八2 洋9 要9 容10 庸11 瑛12 陽12 揚12 葉12 遥12 湧12 蓉13 瑶13 楊13 遙14★ 謡16 曜18 燿18 耀20

よく：可5

よし：女3 与3 元4 仁4 壬4★ 可5 布5 由5 令5 伊6 圭6 好6 合6 至6 如6 成6 君7 孝7 克7 佐7 寿7 秀7 甫7 芳7 利7 良7 英8 佳8 宜8 尭8 欣8 幸8 治8 若8 尚8 昌8 斉8 青8 典8 宝8 弥8 明8 林8 栄9 紀9 香9 俊9 省9 宣9 南9 毘9★ 美9 祐9 亮9 益10 悦10 桂10 時10 殊10 純10 祥10 泰10 哲10 能10 敏10 容10 惟11 啓11 康11 淑11 淳11 陶11 彬11 富11★ 理11

★新人名漢字

よし
椅12★ 温12 賀12 覚12 貴12
喜12 敬12 晶12 善12 達12
董12★ 斐12 富12 禄12 愛13
葦13★ 楽13 幹13 義13 資13
慈13 馴13★ 新13 慎13 誠13
滝13 禎13 福13 豊13 睦13
誉13 廉13 嘉14 静14 徳14
嬉15 慶15 稽15★ 潔15 撫15★
叡16 燕16★ 賢16 整16 頼16
徽17★ 謙17 艶19 寵19★ 麗19
瀧19★ 馨20

よしみ
好6 嘉14 親16

よなげる
汰7

よむ
詠12

よもぎ
蓬14★

より
可5 代5 由5 糸6 利7
依8 宜8 若8 尚8 典8
宣9 保9 時10 賀12 順12
道12 幹13 資13 親16 頼16
麗19

よる
夜8

よろこぶ
欣8

よろず
萬12★

ら

ら
良7 芦7★ 螺17★ 羅19

らい
礼5 来7 萊11★ 頼16 蕾16★

らく
洛9★ 楽13

らん
漣14★ 藍18 蘭19

り

り
合6 吏6 利7 里7 李7
莉10 浬10★ 哩10★ 理11 梨11
裡12★ 璃15

りく
六4 陸11

りち
律9

りつ
立5 律9

りゅ
瀧19★

りゅう
立5 柳9 留10 流10 笠11★
琉11 瑠14

りょ
呂7 芦7★ 鷺24★

りょう
良7 伶7 亮9 凌10 涼11
梁11★ 菱11★ 羚11★ 椋12 量12
稜13 綾14 領14 僚14 遼15
諒15 瞭17 嶺17 瀧19★

りょく
緑14

りん
林8 倫10 琳12 稟13★ 鈴13
凛15 凜15★ 麟24

る

る
留10 流10 琉11 瑠14 瀧19★

るい
類18

れ

れ
礼5 玲9 麗19

れい
令5 礼5 励7 伶7 怜8 玲9 羚11★ 鈴13 黎15 澪16 嶺17 麗19

れん
怜8 恋10 連10 廉13 蓮13 漣14★

ろ

ろ
呂7 芦7★ 路13 蕗16 櫓19★ 露21 鷺24★

ろう
浪10 朗10 稜13 瀧19★ 露21

ろく
六4 鹿11 禄12 緑14 麓19★

ろん
論15

わ

わ
八2 羽6 沫8★ 和8 娃9★ 倭10 琶12★ 楢13★ 環17

わか
王4 若8 新13 稚13

わかい
若8

わく
湧12

わざ
伎6

わざおぎ
伶7

わたり
亘6

わたる
亘6 渡12

わつ
斡14★

わらう
笑10

われ
我7

★新人名漢字

音のイメージから考える名前

名前の音は、「耳からの第一印象」になります。音のもつ具体的なイメージから名づけを考えるのも一案です。

海外にもある名前

ありす	まあさ
あん	まりあ
えりい	めあり
けいと	もにか
さら	りりい
にいな	るしあ
はんな	ろうら

長く人気の名前

あきこ	すみこ
あやこ	たえこ
かずこ	たかこ
きみこ	ちえこ
きょうこ	ともこ
けいこ	まゆみ
さちこ	よしこ

かわいい名前

あい	ちひろ
あこ	なな
うらら	ひな
くるみ	まり
こなつ	めるも
このみ	もも
すず	りん

シャープな名前

きらり	みつき
さえ	みはや
ひびき	みれい
ふうき	ゆうき
ふゆき	ゆずき
まき	るい
みずき	れいら

優しい印象の名前

あかり	ふゆみ
おりえ	ほのか
さとみ	まゆ
しずく	ももな
のどか	ゆう
はるな	ゆうな
ひろみ	ゆみほ

和風な名前

あかね	ふき
あずさ	ふじこ
きわこ	まいこ
こと	やよい
こはる	ゆきの
しず	らんこ
はなこ	わか

ボーイッシュな名前

あきら
あゆむ
いさみ
かずき
じゅん
そら
ちはや
つばさ
なお
なつき
ひかる
まこと
まさき
みつる

個性的な名前

いりな
える
えるざ
かりな
かるな
てるは
ぬい
ひづる
まいは
ましろ
みらん
らいむ
りしる
りりあ

リズミカルな名前

こころ
こすず
ねねか
はるか
ひらり
まどか
まりりん
まりん
みくる
やすは
りえる
りるか
りんか
るるか

現代的な名前

あいり
あやか
おとは
かのん
ここみ
さやか
ななみ
のりか
まりな
みく
みゆ
ゆい
ゆうか
りな

エキゾチックな名前

あいりん
あぐり
いりあ
うてな
えとな
さらさ
さりい
さりな
ないる
まお
まや
ゆま
りあん
りさら

知的な名前

くゆみ
けいか
ちふみ
なぎさ
ひでよ
ふきこ
ふみ
ますみ
まちか
みきこ
みちえ
りかこ
りみか
れいな

おしとやかな名前

あやの
かほり
かれん
こゆき
さゆり
しおり
しずか
しのぶ
つむぎ
はるの
ふみえ
ほのり
みさほ
みふゆ

自然を思わせる名前

あげは
あやめ
あゆ
いずみ
いちご
うみ
かりん
このは
さつき
さなえ
すみれ
ほたる
みどり
ゆうひ

明るい名前

ありさ
いくえ
かおり
かなえ
たかえ
ちあき
ちなつ
なつみ
はるみ
まこ
まりえ
みひろ
ゆかり
ゆめか

COLUMN

「内祝い」

赤ちゃんの誕生祝いをいただいたら、1か月以内を目安に、お返しの品を贈ります。お祝い金の3分の1から半額くらいの品が一般的ですが、いただいた金額に関係なく、すべての人に同じ品をお返ししてもかまいません。

紅白のもちや砂糖などの伝統的な品のほか、タオル、せっけんや入浴剤、キッチン用品といった実用品も人気があります。最近は、内祝い用品のカタログも豊富に用意されているので、早めにもらっておき、ゆっくり楽しみながら選ぶのもよいでしょう。

表書きは「内祝」とし、蝶結びの水引のついたのし紙に、赤ちゃんの名前を入れます。デパートなどから直接配送してもらう場合には、お礼状を持参して同封してもらうか、別便で出すようにしましょう。「時候の挨拶」「誕生祝いのお礼」に続き、「結びの言葉」の前に「贈りものについての感想」や「近況」を具体的に述べると、うれしさが伝わりやすくなります。


新緑の美しい季節となりました。

先日は、長女・萌のために、とてもすてきなベビードレスをお贈りいただき、まことにありがとうございました。

さっそくお七夜のときに着せ、お披露目しましたところ、親戚にも「かわいい」「お姫様みたい」とほめられ、感激いたしました。

萌がもう少し大きくなり、外出できるようになりましたら、改めてご挨拶に伺わせていただきます。

どうぞお体を大切に、お元気でお過ごしください。

まずは取り急ぎ、お礼のみにて失礼いたします。

第4章

こだわり名づけ体験談

こだわり名づけ 体験談

赤ちゃんの名前が決まるまでには、多くのドラマがあります。ここでは名前が決まるまでのエピソードを先輩ママ・パパに聞きました。名づけの際の参考にしてください。

FILE: 1

落合美帆（みほ）ちゃん
OCHIAI Miho

まっすぐに突き進む凛とした女性に！

Comment
人気の音ですが、漢字の当て方に、思い入れが出ていますね。人気名前の上手なアレンジ例です

女の子だから「美」の字を使いたい

妊娠中に女の子だとわかっていたので、出産の何か月も前から、パパとふたりで話し合った結果、思いついたのが「美」という字。「美しく」という意味には、きれいでかわいい女の子になってほしいという願いと、性格的にもまっすぐで凛とした美しさをもっていてほしい、という願いを込めています。私もパパも「美」には文句なしで、まずは1文字が決定しました。

海が好きで、ヨットをイメージ

私もパパも大の海好き。夏ともなれば海に出かけ、泳いだり、ボードに乗ったり。旅行先も海が見えるところが多く、波間にヨットが浮かぶ風景もよく目にしていました。

それで「帆」という字が浮かんできたんです。「美」と合わせて「美帆」。なかなかきれいな名前だなと、パパとも意見が一致。ヨットのように、目標に向かって突き進める人になってほしいと思っています。

FILE: 2

冨田好香（よしか）ちゃん

TONDA Yoshika

8人の意見がまとまり「好香」に決定！

Comment

家族みんなの意見も合わせての名づけは、なかなか難しいもの。縁を感じられたのも決定打ですね

みんなが納得する名前を探し、試行錯誤

子どもの名づけには、パパとママ、それに4人の祖父母、2人の曽祖父母が加わり、二転三転することに。

最初、パパは「朱美」、私は「知花」を提案したのですが、共感を得られず却下…。私が再度、画数を検討しながら、5つ～6つの名前を選び、その中から「好香」に絞りました。

私の好きな「香」の字に、音と画数から「好」を組み合わせたのです。

曽祖母の名前にもあやかって命名

しかし私は出産時、早産で新生児仮死のため救急車で運ばれ、1か月近くも入院することに。そのとき、病弱だといわれながら現在まで長生きしている曽祖母の名前が「よしみ」だということに気づき、これも何かの縁だと思い、「好香」（よしか）に決めました。

もちろん、パパも祖父母も曽祖父母も、みんな賛成してくれました。好香は曽祖母にあやかり、元気に成長しています。

FILE: 3

長谷川恵妃（えひ）アンジェラちゃん

HASEGAWA Ehi Angela

運命の子はまさに天使だった!?

Comment
パパの母国語にうまく漢字を当て、すてきな名前になりました。国際結婚ならではの名づけですね

国際結婚のパパとママ まさに運命の出会い

パパのお国はナイジェリア。私は日本人。国際結婚が増えているとはいっても、日本ではまだまだ珍しいカップル。それで、妊娠がわかったとき、それこそ「運命的な子だ!」って思ったんです。

そしたらパパが、「EHI（エヒ）」はどうだろう? ナイジェリアの母国語で、運命っていう意味なんだよ、というので、「じゃあ、エヒにしよう!」ということに。

我が子の運命は恵まれたお妃様!?

名前を「エヒ」に決めたあとは、日本語で当てる字を考えました。やっぱりすてきな字がいいと、悩んだ末に思いついたのが「恵妃」。読んで字のごとく「恵まれたお妃様のようになりますように!」という意味を込めました。

アンジェラは、その名のとおり、エンジェル、つまり天使の意味。天使のように、お妃様のように、輝かしい存在になってね、と願っています。

FILE: 4

森　直花（なおか）ちゃん

MORI Naoka

音の響きが気に入って直感で決定!

Comment
直感で好きと思えるかどうかは大事なポイントです。女の子らしい音ながら、意外とない響きです

初めての子どもで名づけ本が大助かり

なにしろ初めての子どもだったので、パパとあれこれ悩みました。

自分たちだけでは思いつかず、本屋に行って赤ちゃんの名づけ事典を購入。すみからすみまで熟読し、うんうん唸りながら見つけたのが、「直花」でした。「なおか」という響きに魅かれたんです。「花」という字も、女の子らしくてかわいいし、パパも賛成してくれました。

あるようでない名前がお気に入り

「直花」という名前は、ありそうであまりない名前で、我ながらいい名前をつけたなぁ、と満足しています。

読み方も、そのまま読めばいいだけなので難しくないし。おじいちゃん、おばあちゃんも気に入ってくれて、「なおちゃん」と呼んで、かわいがってくれます。

名前のとおり、まっすぐで素直な、穏やかな女性に育ってほしいと思っています。

FILE: 5

高泉小雪（こゆき）ちゃん

TAKAIZUMI Koyuki

あやうく友人の子どもと同じ名前に!?

Comment

こだわりの「雪」の字を残しつつ、うまくアレンジしましたね。音も漢字もかわいらしい名前です

決めていた名前を急遽キャンセルに

名前の響きと画数から「雪乃（ゆきの）」と名づけるつもりでいました。

ところが、その年の友人からの年賀状に、出産の報告とともに「ゆきの」と名づけたことが書いてあり、ビックリ!! しかもそれを知ったのは、出産1週間前のこと。本当に焦りました。

一から考え直さないといけなかったので、もう頭の中は真っ白という感じでした。

1月生まれだったので、「雪」は外せない

もともと「雪乃」と決めていたのと、冬に生まれたことから、やっぱり「雪」は外せない！ ということになり、使うことにしました。

そして、小さなことからコツコツとがんばる子になってほしい、との願いから「小雪」とつけました。最初は「こゆちゃん」と呼んでいましたが、発音しづらくて「こゆき」と呼ぶように。怒るときだけは「こゆ～っ」と叫んでいます。

FILE: 6

保坂真李茂（まりも）ちゃん

HOSAKA Marimo

身近なものから、かわいい音発見！

Comment

意外性のある個性的な名前ですね。珍しいけれど覚えやすい、すてきな名前です

●●● **家の中を見回してあったものとは？**

「娘の名前、どうしようかな」とあれこれ考えているときにふと目に入ったのが、ずっと育てていたマリモ。

マリモって心が癒されるし、見た目にもかわいいんですよね。何より音がかわいいな、と。女の子の名前になら使えそうな音だし、なかなかないのでは？ そう思い、このひらめきをぜひとも生かすべく、「音はマリモにしよう！」と決めました。

●●● **音は決まったものの、字はどうする？**

字はひらがなでもよかったんですが、総画が悪く、漢字にすることに。それなら私（真由）の1文字「真」を使いたいなと思い、この字を含む吉名を調べると総画数がかなり多いものに…。テストに不利（笑）と悩み、結局パパが知っているお寺に名づけを依頼。お寺も「真」を使うことに大変苦労されたようですが、字面もかわいい名前となり、満足しています！

FILE: 7

森谷美冬（みゆ）ちゃん

MORIYA Miyu

ママの名前を逆に読むユニークな名づけ法！

Comment

名づけ方がユニークですね。親の愛情が感じられるすてきな名前だと思います

●●● **ママの名前をとって「みゆ」に決定**

私の名前が「まゆみ」なので、下から2文字を逆に読んで「みゆ」と名づけることに。自分の名前が気に入っていたので、前々から決めていました。ただ、どんな漢字にするかは、生まれたあとに考えよう、と思い、決めていませんでした。

出産後、いろいろな漢字を思い浮かべながらふと窓の外を見ると、きれいな冬空が広がっていたんです。それで「冬」の字を使うことに。

●●● **先生のアドバイスで漢字の読みは自分流に**

「美冬」は、そのまま読むと「みふゆ」になってしまうので、私がお世話になった母校の国語の先生に相談したんです。すると、名前の読み方に関しては、親が決めれば大丈夫なんだよ、とアドバイスされ、「みゆ」と読ませることにしました。

間違って読まれることもあるけれど、一度説明すればまず覚えてもらえるし、私としても大満足の名前です。

FILE: 8

ガリー沙羅（さら）ちゃん

GALLY Sara

米国人のパパと日本人のママがこだわったことは？

Comment
英語圏でも日本でも違和感のない名前ですね。最近は、日本人の間でも人気の名前です

●●● 日本語でも英語でも読める名前に決定！

国際結婚だった私たち。日本に住んでいることもあって、名づけの条件として考えたのが、日本語でも英語でも違和感のない発音であること。さらに、日本名をローマ字表記したとき英語表記と同じになることでした。アメリカと日本を行き来することも多いので、ヘボン式ローマ字表記の日本のパスポートと、アメリカのパスポートで同じ表記になる名前を探しました。

●●● パパにとって、突飛な名前はダサい？

英語圏では、日本のように名前を創作することはなく、たとえば「ジョン」というような、伝統的な名前から選ぶのが一般的。パパは、突飛な名前をつけるのはダサいと考えていたようで、娘の名前も英語圏で伝統的に使われているものから選びました。

沙羅はローマ字で「Sara（サラ）」。日本でも違和感がないことから、この名前に決めました。漢字には和の趣があるし、気に入っています。

FILE: 9

雨宮凜々子（りりこ）ちゃん

AMAMIYA Ririko

パパとママから託された願いとは!?

Comment
おもしろい名づけ方ですね。「凜々子」という名前は、字面もしゃれていてかわいいと思います

●●●冗談のようなホントの話

パパもママも性格的に「ゆる系」というか、あんまりピシッとしているほうではなかったので、赤ちゃんができたとき、「親がヘナヘナしているから、子どもにはきちんと、凜とした生き方をしてほしい」って思ったんです。

それで、「凜」という漢字を使うことにしました。「凜」を「りん」と読ませる名前も考えたんですけど、少しアレンジしたいなと思いました。

●●●「凜」という字で名前をリサーチ

あれこれ考えているうちに「凜々子」が浮上。響きもかわいいし、「凜」という字も入るから「これだ!」ってことで、決定! ぜひとも、凜として生きていける人になってほしいですね。また最近では、路上に座り込んで飲食するなど、だらしのない人たちが増えてきた世の中なので、そんな中背筋を伸ばしてシャキッと(凜として)生きてほしいと願いました。

FILE: 10

益田唯玖（いく）ちゃん

MASUDA Iku

ママは意味にこだわり、パパは音にこだわった!

Comment
ひとつのアプローチ法で行き詰まったときは、発想転換を。思いがけずよい名前に出合えることも

●●●パパはとことん響きを重視

子どもの名前をつけるとき、私は本人が成長してから名前の意味を知りたがるんじゃないかと思い、漢字の意味を考えてつけたかったんです。

でも、パパはそうではなく、初めから音の響きにこだわっていました。いろいろ話し合ったんですが、パパが譲らず、最後は私が折れて、パパの意見に従うことになりました。今回は譲ってあげようかなと思ったんですよね。

●●●音から考えたり、画数から考えたり

最初に気に入った音の候補を挙げ、それから画数に合った漢字を探しました。でも、なかなか見つからなかったので、今度は画数で漢字を探してから読み方を考えることに。パパの意見を取り入れて決まったのが「唯玖」。あとで「唯玖」にした理由を聞いたら、自分の名前の「進」と「唯」の右側の部分が同じだからとのこと。さりげなく、自分の名前を盛り込んでいたようです。

FILE: 11

菅谷照間（てりま）ちゃん

SUGAYA Terima

ビルマ語の意味を考えて日本語にアレンジ

Comment

ビルマ語の音も、漢字の意味もすてきですね。大きくなったら、ぜひ意味を教えてあげましょう

ビルマ語で、最高にすてきな名前に決定！

ビルマ人のパパと日本人のママの間に生まれた女の子。ビルマ語の音で、日本人の名前としても通用しそうな名前として候補に挙がったのが、「てりま」でした。

「てり」はビルマ語で「幸せ、健康的、お金持ち、レベルが高い」という意味があり、「ま」は女性を表す言葉です。幸せな女性になってもらいたい、という私たち両親の願いを込めました。

赤ちゃんのときは「てりま君」と呼ばれ…

「漢字の名前にしよう」というパパの希望で、江戸時代に詳しい先生に相談。「間を照らす」で、「照間」が候補に挙がり、この字に決めました。

タイの王様の娘にも「てり」がついているとかで、パパも大満足。けれども、「ま」が最後についていると男の子と間違われ、娘の髪がまだ薄かったときは、よく「てりま君」と呼ばれ、「女の子です」と訂正する日々でした。

FILE: 12

梅谷日南子（ひなこ）ちゃん

UMETANI Hinako

ドンデン返しにパパ、ボーゼン!?

Comment
名づけでは予期せぬ事態が発生することも…。でも、温かみのあるすてきな名前ができましたね

気づけば届け出の期日が目前に!

飲食店を経営し、上の子の面倒をみながらの名づけは、予想以上に大変なものでした。全然時間がとれず、気づけば期日は2日後に!

さすがにまずい、ということになり、深夜に帰宅する、睡魔で目も開けていられないパパを起こしての名づけ会議が決行されました。「ふうが」「ひなこ」「かのん」など、なんとか音の候補を絞り込みました。これが徹夜1日目…。

2日連続の徹夜がムダに!?

次は漢字です。パパの目はますます真っ赤に…。画数もよいものをと計算を繰り返し、明け方5時過ぎ「風宇雅」と決定。仮眠をとって6時に起床。しかし、パパが買い出しに出たあと最終確認すると、なんと画数が凶に! あわてて計算し直し「日南子」に変更。パパには事後報告となりました。波乱に富んだ名づけでしたが、かわいい名前が見つかってよかったです。

FILE: 13

ジョンソン安奈（あんな）ちゃん

Johnson Anna

英語圏でOKでも、日本語としてはNG？

Comment
国際結婚ならではのエピソードですね。さすがに二人が決めた名前は、世界に通用する名前です

最初に考えた名前はスペルに問題が!?

英語圏でも日本語でも違和感のない名前として、アメリカ人のパパと日本人のママが考えた名前は「エマ」。

英語圏の名前としてもオーソドックスだったことから「これならアメリカでも違和感がない」と、パパも気に入っていたのですが、英語表記にすると、Emma（エンマ）に。日本語で読むと、閻魔さまのエンマになってしまうことから、あえなく却下。

読んでいた本からあっさり決定!

出産予定日直前まで名前が決められずにいたとき、隣でパパが読んでいた本が、ロシア語版『アンナ・カレーニナ』。「Anna」はスペルとして、英語圏でもOK。発音も英語ではエンナだけど、ロシア語のAは日本語の「あ」に近い、ということで、「安奈」に決まりました。

漢字は女の子らしいものを探して「安」と「奈」を使うことにしました。

FILE: 14

大沼彩乃(あやの)ちゃん

ONUMA Ayano

日本から遠く離れたシンガポールで命名！

Comment

外国にいたおかげで生まれた名前ですね。離れてこそ発見できる魅力というのも、あると思います

四季のない国だから日本を意識して

シンガポールで生を受けた我が子に名前をつけるとき、真っ先に考えたのは「日本は今秋なんだなぁ」ということ。10月に誕生したのですが、四季のないシンガポールには秋の風情もなく、日本の紅葉が無性に恋しくなりました。

おそらくシンガポールにいたからだと思いますが、紅葉の美しい季節にちなんだ名前にしたくなったんです。パパも賛成してくれました。

紅葉の色鮮やかさから漢字を発想

紅葉には色とりどりの美しさがあります。そこで、美しく色をつけるという意味で「彩」という字を使うことに。これに「乃」をつけて「彩乃」としました。彩乃の人生が、いろどり豊かな虹色に輝くものでありますように、との願いを込めました。

画数にこだわった祖父母も「彩乃」には大賛成。日本の美点に改めて気づくことができたし、海外で出産してよかったな、なんて思いました。

FILE: 15

松下采加（あやか）ちゃん

MATSUSHITA Ayaka

幼いお兄ちゃんが名づけ親に!?

Comment
お兄ちゃんが名づけ親とはほほえましいですね。妊娠中のニックネームから発想するのも一案です

「あかちゃん」が「アッちゃん」に!?

「采加」にはお兄ちゃんがいるのですが、私に赤ちゃんができたと知ったときに、まだ小さかったので「あかちゃん」と言えなかったんです。「あかちゃん」の代わりに言っていたのが「アッちゃん」。だんだん大きくなっていく私のおなかに向かって、いつも「アッちゃん」と話しかけていたんです。それを見ていて、妹の名前は「あ」のつくものにしようと思いつきました。

「あ」のつく名前を徹底的に洗い出し

「あ」のつく名前にしようと決めてからは、名づけ事典で「ア行」をすみからすみまで調べました。その中でピンときたのが、「采加」だったんです。「あやか」という読み方もかわいいし、字もちょっと珍しいというか、ありふれた字じゃなかったところがポイントでした。

未来のお兄ちゃんも気に入ってくれたので、パパとふたりでこの名前に決めました。

FILE: 16

鈴木花菜（はな）ちゃん

SUZUKI Hana

花が大好きなママの意見で決定！

Comment
漢字の当て方に個性が光っていますね。字面的にも女の子らしく、バランスのよい名前です

響きのよさと呼びやすさが決め手

私は花に囲まれているだけで幸せな気分になるほどの花好き。もちろん、家の中はいつも花でいっぱい。それでストレートに、響きもよくて呼びやすい、「ハナ」に決定。

それから漢字を考えました。1文字の「花」でもよかったんですが、姓に対して画数がよくなかったので、もう1字加えた「花菜」と「花奈」が候補になりました。最終的にはパパの判断で、「花菜」に決めました。

読み方の説明に苦労するハメに…

みんなに覚えてもらいやすい名前ではあったのですが、「花菜」という字はどうしても「カナ」と読まれてしまうことが多いんですよね。初対面の人には読み方を伝えないと、ちゃんと呼んでもらえません。

しかも、説明するときに「菜の花の菜」と言っているのに、「菜っぱの菜ね」と言われることが多くて、ちょっとせつない…。でも、一度説明すると、たいてい覚えてくれます。

FILE: 17

李　祐莉（ゆうり）ちゃん

RI Yuri

3人そろってジャスミンティー三姉妹

Comment
英語でも発音しやすい音ですね。姉妹の名前の1文字を同じにするというのも、いいアイデアです

英語で発音しやすい響きがポイント!

パパは中華系のシンガポール人。日本人である私と出会ったのは、出張先の香港でした。私が日本に帰国して遠距離恋愛したあと、無事にゴールイン。シンガポールで暮らすことに。中華系やマレー系、インド系など、さまざまな民族が暮らす国際色豊かな国で、私たちの会話も英語。子どもの名前は、英語でも発音しやすいものにしたいと考えていました。

3人の女の子の名前はジャスミンティー!?

最初に生まれた女の子には、響きが気に入って「祐莉（ゆうり）」と名づけました。2番目も女の子。せっかくなので「莉」の字で合わせようと考え、「真莉（まり）」に。3番目も女の子だったので、「沙莉（さり）」にしました。

「莉」は「ジャスミンティー」という意味。つまりうちの娘たちは、「ジャスミンティー三姉妹」といったところでしょうか。

出張先の香港で、中華系シンガポール人のパパと出会い
遠距離恋愛の末ゴールイン! シンガポールで暮らすことに…
さまざまな民族が暮らす国際色豊かな国で、私たちの会話も英語。
子どもの名前は英語でも発音しやすいものがいいな〜
最初に生まれた女の子は響きが気に入って祐莉（ゆうり）にしました。
祐莉〜こっちだよ〜
よちよち
せっかくなので次の子も「莉」をつけようということで…
2番目の女の子は真莉、3番目は沙莉にしました。
沙莉
三女
真莉
次女
祐莉
長女
「莉」はジャスミンティーという意味なので
ジャスミンティー三姉妹!!
ってところでしょうか!?

FILE: 18

タンザニアに暮らすママが考えた名前は？

根本知世（ちせ）ちゃん

NEMOTO Chise

Comment
漢字の組み合わせにすてきな意味を見出し、あやかり名前ながらも新たな魅力を付加していますね

●●● 日本人にスワヒリ語の名前はいまひとつ!?

私たちが決めていたのは、男の子ならパパが、女の子ならママが名づけるということ。上の子は男の子だったのでパパが名づけ、下の娘の名前は私がつけることに。

タンザニアに住んでいたので、スワヒリ語にちなんだ名前も考えてみましたが、なかなか浮かばず、日本語で考えることに。意識したのは、あまりに女の子っぽい名前は避けようということだけでした。

●●● 好きなマンガから主人公の名前を拝借！

たまたま愛読していたマンガに「知世(ちせ)」という小学生の女の子が主人公の話があり、いい名前だなぁと思っていたので、それを拝借しました。女の子らしさがほどよい感じなのも気に入りました。

「知世」には、世界中に生きている人々の暮らしや文化を理解し、何を考え、感じているのかを知ることのできる子、他者と共感できる子に育ってほしいと思っています。

FILE: 19

結婚したときから名前は決まっていた!?

古谷奈月（なつき）ちゃん

FURUYA Natsuki

Comment
なかなかすてきな発想法ですね。こだわりが感じられる、情緒あふれる詩的な名前です

●●● パパの大好きな小説のフレーズが名前に

パパは昔から読書家で、今でも趣味は読書、という大の本好き。結婚したときすでに「もしこの先、女の赤ちゃんが生まれたら、名前は『奈月』だ」と、強く宣言されていました。

理由を聞くと、昔読んだ小説の「奈良の都を照らす月」というフレーズがいたく気に入り、結婚して女の子が生まれたら、「奈月」にするんだと心に決めていたのだそうです。

●●● 結婚して6年後に待望の赤ちゃん誕生！

結婚して6年の歳月が過ぎ、赤ちゃんの名前のことなど忘れていた私でしたが、妊娠を知ったときは大喜び。しかも女の子だとわかったときのパパの喜びようは、表現のしようがないほどでした。

もちろん名前は「奈月」に決定。生まれる前から「なっちゃん、なっちゃん」と語りかけていたので、出産後も違和感なく、「なっちゃん」と呼ぶことができました。

FILE: 20

山本海咲（みさき）ちゃん

YAMAMOTO Misaki

両親同様、海が好きな子に育ってほしい！

Comment

「海」の字からすてきな名前ができました。人気の音を個性的にアレンジして漢字を当てています

●●●パパとママの出会いの場、「海」から発想

私がパパと知り合ったのは、海外のスキューバダイビング・スクール。練習が終わったあとに、ビールを飲みながらワイワイ話をしていたら、けっこう気が合いつきあうことに。デートといえば海に出かけるほどの海好き。

できちゃった結婚だったけど、ふたりとも子どもが大好きで、男の子でも女の子でも「海」という字を使おうね！と盛り上がりました。

●●●女の子に合う名前にしたい

「海」という漢字を使うことは決まったものの、これを女の子らしい名前にすることに頭を悩ませました。私は海も好きだけど、花も好きだったので、「咲く」という字を合わせたらどうかと考え、「海咲（みさき）」という名前が生まれました。

パパやママと同じように、海を好きになってほしい、早くいっしょにスキューバダイビングをしたい、と今から楽しみにしています。

私たちが知り合ったのは海外のスキューバダイビングスクール。
デートといえば海!!
というほど海が好き!!
海が大好きな私たちは
子どもの名前には「海」を使おうね！
と決めていました。
「海」は決まったけど
どうしたら女の子らしくなるかなあ
…あ!!
私、花が好きだから
うんうん
「咲く」を合わせて海咲にしよう!!
というわけで海咲に決定!!
早くいっしょにスキューバダイビングしたいね♥
ねー
バブー

FILE: 21

鹿島佑月（ゆづき）ちゃん

KASHIMA Yuzuki

名前に込められたママの気持ち

Comment
ママの人生観をも反映する、すてきな名づけですね。思いのこもった、かわいらしい名前です

「佑」の字の意味するものは？

「佑」という字には「たすける」という意味があります。私が今までちゃんと生きてこられたのも、赤ちゃんを無事に出産できたのも、家族や友人など、周りの人たちに支えられてきたからです。そういう私を助けてくれた人たちへの感謝、そして生まれてきた子どもにも「人を助けられる心の大きな人に育ってほしい」という思いを込めて、「佑」の字を使うことにしました。

生まれたのは中秋の名月

生まれたのが、ちょうど中秋の名月の夜。まあるいお月様を見て、満月のようにまん丸で欠けがなく、「月」のように優しい輝きを放つ女の子に育ってほしいという願いを込め、「月」という字を選びました。その組み合わせで「佑月」に。妊娠中にいろいろな名前を考えましたが、結局、子どもの顔を眺めながら、夫といっしょに一番しっくりくる名前を選びました。

FILE: 22

カートライト亜海（あみ）ちゃん

CARTWRIGHT Ami

海好きのカップルが選んだ国際的な名前

Comment
英語読みができるうえに、漢字の意味もすてきですね。両親のアイデアに脱帽です

「海」にまつわる名前にしたい！

中華系アメリカ人の夫とは、私がアメリカの西海岸に旅行中に知り合い、つきあうようになりました。紆余曲折を経て、晴れて結婚。その後、夫の仕事の関係で、シンガポールに住むことになりました。

夫も私も海が大好きで、子どもができたら絶対、「海」という字を使った名前にしようね、と早くから話し、盛り上がっていました。

英語圏でも通用する日本語の名前に

英語で発音できる名前にしたかったのに加え、漢字にも意味をもたせたいと考えました。以前から「海」という字をつけることは決めていたので、もう1文字を何にするか、ふたりで意見を出し合い、最終的に、亜細亜（アジア）の海ということで「亜海（あみ）」に決定。ローマ字で「Ami」、英語読みで「エイミィ」。

これなら日本でも海外でも通用する、と満足しています。

第5章

漢字から考える

とびっきりの漢字を探そう！

名前に使える漢字を知り、思いを込めた、あなただけの「こだわりの字」を見つけてください。

漢字はストレートに願いを表す

表意文字である漢字には、一見してその意味が通じるという、優れた特性があります。「優しく明るい子に」「国際社会で活躍する人に」といった、赤ちゃんに対するパパやママの願いを、ストレートに表現する名前をつくりやすいのです。

また、漢字はその成り立ちにおいて多くの変遷を経たものもあり、多岐にわたる意味を含むなど、奥深さを備えています。1つの漢字には1つの物語がある、といってもよいでしょう。名づけの際、漢字のそんな魅力を使わない手はありません。本書では、231ページから、おすすめの漢字800字について、その字のもつ意味やイメージを紹介していますので、参考にしてください。

願いを込めるほかにも、「好きな漢字を赤ちゃんの名前に取り入れたい」「親の名前から1字もらって名づけたい」「本人が書きやすいように、小学校低学年で習う字を使いたい」など、名づけの際に漢字にこだわりをもつ人は、少なくありません。あるいは、先に音を決めておき、そこに漢字を当てはめようと考える人もいるでしょう。

漢字に秘められた物語は、その名前を贈られた赤ちゃんの物語ともなります。パパとママが漢字について知識を深めることは、名づけのためだけでなく、将来、本人に名前の由来を説明してあげる際にも役立ちます。その子自身が、自分の名前を誇りをもって語れるような、すてきな漢字を探し、名づけてあげたいものです。

新人名漢字に注目

名づけに使える漢字には、「常用漢字」と「人名用漢字」があります。２００４年に「新人名漢字」（４９３字）が認定され、「苺」「珈」「杷」など、新たに使用できる漢字が増えました。

これらの新しい漢字は、それまでの名づけには使用されていない、いわば新鮮な文字です。個性的な印象を与える名前をつくるためには、適した字といえるでしょう。

ただし、新人名漢字の中には旧字や俗字、また、名前にはふさわしくないと思われる字も含まれています。意味や正確な表記と合わせて、パソコンで容易に変換できるかどうかも、確認しておいたほうがよいでしょう。

音読み「七」を「シチ」と、音で読む方法。カタカナで表記されています

訓読み「七」を「なな」と、意味を当てて読む方法。送り仮名とともに、ひらがなで表記されています

2 **【七】シチ なな・なの**

意味 ①なな-つ。なな。な。②ななたび。七度。また、幾度も。

名乗り かず。しち。な。なな。

【七音】(しちおん) ①音楽の音階をなす七種の音調。②人が口から発する七種の音声。

【七色】(しちしょく) 七つの色。太陽の光を分解した色。

意味 通常使われている意味に加えて、成り立ちや由来なども解説されています。熟語も名づけのよいヒントとなります

名乗り「七」を「かず」などと読む、名前のための読み方で、1字名として使用できるものも多くあります。辞典によっては、「人名」「人の名」と表記されていることもあります

漢和辞典を参考に

漢字を用いた名前を考える場合に強い味方となるのが、漢和辞典です。漢字の読みや意味、成り立ち、画数など、すべて調べることができます。眺めているうちに、自分では思いつかなかった漢字と出合うこともあるでしょう。

いつも何げなく書いている漢字には、誤って記憶しているものもあるかもしれません。よく調べてみると、元の意味が悪かったということもあります。逆に名前にふさわしい意味をもつ、新たな漢字に出合えることもあるでしょう。読みや意味とともに、必ず正しい字を確認しておきましょう。ヘンやツクリなど、似たような字があるものは、とくに注意が必要です。

止め字から考える

漢和辞典には、膨大な数の漢字が載っています。気に入った漢字を探そうとしても、あれこれと目移りし、迷ってしまうこともあるでしょう。そんなときは、「止め字」から考えるという方法もあります。

「止め字」とは「彩花」の「花」、「真里菜」の「菜」のように、名前を結ぶ文字のことです。あらかじめ使いたい止め字を決めておけば、あとはその字に組み合わせる漢字を見つければよいので、名前を考えやすくなります。最近では、新感覚の止め字も多く見られるようになりました。

まずは、どんな止め字がよいか、考えてみましょう。本書でも、「止め字一覧」（318ページ）で代表的なものを紹介していますので、参考にしてください。

漢字を選ぶポイント

①よい意味をもつ漢字を選ぶ

漢字の成り立ちなどに含まれる、よくない意味を知らずに使ってしまったり、個性的な名前を考えようとするあまり、奇異な字を選んでしまったりすることのないよう注意しましょう。似たような字との書き間違いを避けるためにも、確認が必要です。

②字面（じづら）も考慮する

漢字はその字形により、さまざまな印象を人に与えます。すっきりとした形、穏やかな安心感のある形、美しく華やかな形など、好ましいイメージのものを選びましょう。姓と組み合わせて書いてみると、視覚的に受ける印象がよくわかります。

③人気名前に個性的な漢字を当ててアレンジ

人気名前の「七海」や「美咲」も、「那々未」「実咲」と表記すると、あまり目にしたことのない新鮮な印象の名前になります。つけたい名前の音が決まっている場合には、多用されていない漢字を選ぶのもよいでしょう。

④止め字から考える方法もある

最後に「な」がつく名前がいい、「○花」がいいなど、結びの1字が決まると、組み合わせの候補となる漢字をかなり絞り込め、考えやすくなります。名づけの基本的なテクニックとして、活用してください。

これらの点に注意し、最高の漢字を見つけてください。

漢字を選ぶポイント

最終チェックもしっかりと

名前に用いる漢字が決まったら、漢字を選ぶ過程において調べてきた正しい表記・読み・意味などについて、再度漢和辞典を引き、念入りに確認しましょう。

まずは、実際に姓と合わせて紙に書いてみましょう。全体のバランスや字面など、さまざまな面からチェックできます。また、パソコンに入力してスムーズに変換できるかどうかも、確認しておきたいものです。

この章では、漢字を選ぶ際に参考となる要素を項目ごとにまとめ、実例を挙げながら紹介しています。大切な赤ちゃんの物語をつくる、運命的な字を見つけるよいヒントになれば幸いです。

おすすめ

漢字800

から考える名前

ここでは、おすすめの漢字800字をご紹介します。新人名漢字もおすすめのものを厳選し、収録しています。画数の少ない順に掲載していますので、漢字を選ぶ際の参考にしてください。

232ページ以降の表の見方

- その漢字を使った、名前例を挙げています。読み方は一例です。漢字の右の数字は画数を示します
- 「名乗り」の中で比較的よく使われる読みを入れています
- 漢字
- 画数
- 人名用漢字には人のマークを、新人名漢字には★のマークを入れています

名前例	おもな意味	名乗り	音訓	画数・漢字
壬美9 つぐみ 壬江6 みずえ 壬綺14 みずき 壬穂15 みずほ 壬音9子3 みねこ	もとは糸巻きの形から。人当たりがよいという意味ももつ字	つぐ み みず よし	ジン ニン みずのえ	人 ★ 4 壬

- その漢字のもつ、代表的な意味やイメージを紹介しています
- カタカナは音読み、ひらがなは訓読みを示します

画数・漢字	音訓	名乗り	おもな意味	名前例
1 一	イチ イツ ひと ひとつ	かず かつ たか ただ のぶ ひで	はじめ。優れたもの。無比の、大切な子というニュアンスももつ	一花 7 いちか 一葉 12 いちよう 一蕗 16 いちろ 一実 8 かずみ 一美 9 ひとみ
1 乙	オツ	いつ お おと きのと たか つぎ	伸びきっていない草木の新芽を示す。若い、幼いという意味も	乙香 9 いつか 乙姫 10 いつき 乙子 3 いつこ 乙葉 12 おとは 乙女 3 おとめ
2 七	シチ なな ななつ なの	かず しつ な	多数を表す、縁起のよい字。訓読みの音が女の子らしく、かわいらしい	七瀬 19 ななせ 七海 9 ななみ 七泉 9 ななみ 七瑠美 14 9 なるみ 七琉末 11 5 なるみ
2 十	ジュウ ジッ とお と	かず しげ そ た と みつ	集めてまとめることから、数の多いこと。全部、完全の意味ももつ	千十 3 せんと 十志子 7 3 としこ 十来 7 とらい 十和子 8 3 とわこ 夢十 13 むと
2 人 乃	ダイ ナイ すなわち	の	素直でしとやか、古風なイメージがあり、やわらかい名前になる	彩乃 11 あやの 詩乃 13 しの 乃里江 7 6 のりえ 美乃里 9 7 みのり 悠乃 11 ゆうの
2 二	ニ ふた ふたつ	かず さ つぎ つぐ ふ	一に次ぐもの、並ぶもの。一が重なる縁起のよい字でもある	二千花 3 7 にちか 二千穂 3 15 にちほ 二葉 12 ふたば 二美 9 ふみ 二三四 3 5 ふみよ
2 八	ハチ や やつ やっつ よう	かず わ	分ける。数が多いこと。古来、末広がりで縁起のよい字とされる	美八子 9 3 みやこ 八重 9 やえ 八重子 9 3 やえこ 八寿世 7 5 やすよ 八千代 3 5 やちよ
3 丸	ガン まる まるい まるめる	たま ちか まろ	球形・円形から円満の意味をもち、穏やかで優しいイメージになる	丸美 9 たまみ 丸実 8 たまみ 丸江 6 ちかえ 丸詩亜 13 7 まるしあ 丸代 5 まるよ
3 久	キュウ ク ひさしい	つね なが ひさ	長く続く、変わらない。縁起がよく、ゆったりした印象をもつ字	久仁花 4 7 くにか 久楽良 13 7 くらら 久留美 10 9 くるみ 久泉 9 ひさみ 美久 9 みく
3 弓	キュウ ゆみ	ゆ	しなやかで、何事にもくじけない強さ、明るさを感じさせる	鮎弓 16 あゆみ 真弓 10 まゆみ 弓絵 12 ゆみえ 弓佳 8 ゆみか 弓子 3 ゆみこ

画数・漢字	音訓	名乗り	おもな意味	名前例
3 己	コ、キ、おのれ	おと、な、み	自分自身を表す字であり、深い意味と希望を秘めた名前になる	沙(7)己 さき／夏(10)己 なつき／真(10)沙(7)己 まさき／美(9)己 みき／美(9)紗(10)己 みさき
3 才	サイ	かた、たえ、たか、とし、もち	持ち前の能力、素質。特に知的分野での優れた才能を思わせる字	才花(7) さいか／才莉(10) さいり／才子(3) たえこ／才美(9) としみ／美(9)才 みさ
3 三	サン、み、みつ、みっつ	かず、こ、そ、なお、みる	数が多くある様子も示す。多才で幸多い子にと願いを込めて	三重(9)子(3) みえこ／三希(7) みき／三咲(9) みさき／三千(3)代(5) みちよ／三奈(8)美(9) みなみ
3 子	シ、ス、こ	さね、しげ、たか、ちか、ね、み	幼いもの、小さくかわいらしいものという思いが込められた名前に	晃(10)子 あきこ／亜(7)矢(5)子 あやこ／小(3)夜(8)子 さよこ／耶(9)衣(6)子 やいこ／優(17)子 ゆうこ
3 人 巳	シ、み		もとは胎児の姿から。十二支の六番目、水や知性の神に通じる	千(3)重(9)巳 ちえみ／那(7)巳 なみ／巳智(12)留(10) みちる／巳代(5)子(3) みよこ／瑠(14)巳 るみ
3 女	ジョ、ニョ、ニョウ、おんな、め	こ、たか、よし	ひざまずいている女性の姿を表す、奥ゆかしいイメージの字	彩(11)女 あやめ／絢(12)女 あやめ／乙(1)女 おとめ／想(13)女花(7) そめか／結(12)女菜(11) ゆめな
3 小	ショウ、ちいさい、こ、お	さ、ささ	幼くかわいい、いとしく守るべき存在といったニュアンスをもつ	小鈴(13) こすず／小牧(8) こまき／小枝(8) さえ／小緒(14)里(7) さおり／小百(6)合(6) さゆり
3 丈	ジョウ、たけ	とも、ひろ、ます	大人。健康なこと。しっかり自立した女性となるよう期待して	丈杏(7)奈(8) じょあんな／丈子(3) たけこ／丈乃(2) たけの／丈美(9) ともみ／美(9)丈 みひろ
3 夕	セキ、ゆう	ゆ	日暮れどきの、詩的で美しいイメージを与える、女らしい名前に	七(2)夕香(9) なゆか／美(9)夕 みゆう／夕稀(12) ゆうき／夕奈(8) ゆうな／夕月(4) ゆづき
3 千	セン、ち	かず、ゆき	数多いこと、種類や色が豊富で美しいさまを示す、縁起のよい字	千里(7) ちさと／千鶴(21) ちづる／千歳(13) ちとせ／千夏(10) ちなつ／千尋(12) ちひろ

★新人名漢字

画数・漢字	音訓	名乗り	おもな意味	名前例
3 万	マン バン	かず かつ たか つむ ま	数が多いことを示す縁起のよい字で、すべて、必ずという意味も	万音[9] まのん 万由[5] まゆ 万葉[12] まよ 万莉[10]奈[8] まりな 結[12]万 ゆま
人 3 也	ヤ なり	あり これ また	感嘆や断定を表す。きっぱりとした、すがすがしさを思わせる字	亜[7]也 あや 亜[7]也子[3] あやこ 也美[9] なりみ 茉[8]莉[10]也 まりや 美[9]也子[3] みやこ
3 与	ヨ あたえる	くみ すえ とも のぶ もと よし	力を合わせる。協調性があり、よい友人に恵まれる子にと願って	衣[6]与 いよ 美[9]与香[9] みよか 与志[7]子[3] よしこ 与史[5]美[9] よしみ 莉[10]与子[3] りよこ
4 円	エン まるい	かず つぶら まど まどか まる みつ	穏やか、満ち足りて豊か。円満に進む。やわらかなイメージの字	依[8]円 いまる 円 つぶら 円香[9] まどか 円夏[10] まどか 円美[9] みつみ
4 王	オウ	きみ たか わか	君主や上流の人を指す。尊敬や親愛も表し、優美な印象をもつ	王羅[19] おうら 香[9]王 かお 王歌[14] きみか 珠[10]王 たまお 優[17]王 ゆきみ
4 月	ゲツ ガツ つき	づき	穏やかで神秘的な光を思わせる、ロマンチックな名前になる	詩[13]月 しづき 月佳[8] つきか 菜[11]月 なつき 葉[12]月 はづき 美[9]月 みづき
4 元	ゲン ガン もと	あさ ちか はる まさ ゆき よし	はじめ。万物を成長させる大きな徳。明るく活発な子のイメージ	元歌[14] もとか 元子[3] もとこ 元乃[2] もとの 元美[9] もとみ 元代[5] もとよ
4 公	コウ おおやけ	きみ・く さと たか ただ とも なお	偏らず平等。正しいものを見極める目と、広く優しい心を願って	唯[11]公美[9] いくみ 公恵[10] きみえ 公香[9] きみか 公子[3] きみこ 公実[8] くみ
人★ 4 勾	コウ ク まがる	にお まがり	大切なものを抱きかかえて守る、母親の姿から。慈愛に満ちた字	勾[4]仁[4]子[3] くにこ 勾美[9] くみ 勾美[9]香[9] くみか 勾留[10]実[8] くるみ 美[9]勾仁[4] みくに
4 心	シン こころ	きよ ご ここ し なか み	物事の中央、真ん中。思いやりに満ちた子に、と願いを込めて	心愛[13] ここあ 心奈[8] ここな 心美[9] ここみ 心 こころ 心珠[10] しんじゅ

画数・漢字	音訓	名乗り	おもな意味	名前例
4 仁	ジン ニ	きみ さと のぶ ひと まさ よし	人と親しむこと。常に思いやりを忘れず、温かく人に接する子に	仁花 7 きみか 久仁子 3・3 くにこ 仁唯奈 11・8 にいな 仁美 9 ひとみ 萌仁香 11・9 もにか
人★ 4 壬	ジン ニン みずのえ	つぐ み みず よし	もとは糸巻きの形から。人当たりがよいという意味ももつ字	壬美 9 つぐみ 壬江 6 みずえ 壬綺 14 みずき 壬穂 15 みずほ 壬音子 9・3 みねこ
4 水	スイ みず	お なお なか み みな ゆ	自在に形を変える柔軟性と、人に潤いを与えるような魅力を期待して	晶水 12 あきみ 晴水 12 はるみ 水緒 14 みお 水歌 14 みか 水江 6 みなえ
4 双	ソウ ふた	とも ふ	ふたつ。並ぶ。双葉のイメージから、成長していくものに通じる	双花 7 ともか 双菜 11 ともな 双美 9 ともみ 双恵 10 ふたえ 双葉 12 ふたば
4 天	テン あめ あま	かみ そら たか	大空。最高神や自然界にも通じる。明るくおおらかな子に	天城 9 あまぎ 天音 9 あまね 天海 9 あまみ 天子 3 たかこ 美天 9 みそら
4 日	ニチ ジツ ひ か	あき あさ はる	日の出の勢いや明日への可能性、元気で積極的な子を思わせる字	明日香 8・9 あすか 今日子 4・3 きょうこ 日出美 5・9 ひでみ 日奈子 8・3 ひなこ 日向 6 ひなた
人 4 巴	ハ ともえ うずまき	とも ともえ	水が渦を巻いた形を描いた模様。神秘的な力を秘めたイメージに	巴絵 12 ともえ 巴那 7 ともな 巴奈 8 はな 巴琉子 11・3 はるこ 巴瑠々 14・3 はるる
4 比	ヒ くらべる	たか ちか つね とも なみ	及ぶ。等しい。仲間。親しむ。よい友人に恵まれるよう願って	比沙子 7・3 ひさこ 比那 7 ひな 比美香 9・9 ひみか 比呂実 7・8 ひろみ 由比 5 ゆい
4 文	ブン モン ふみ	あき あや とも のり ゆき	美しい模様、彩り。学問、書物。たおやかで知的な印象の名前に	文乃 2 あやの 文実 8 あやみ 文佳 8 ふみか 文葉 12 ふみよ 玲文 9 れもん
4 木	ボク モク き こ	しげ	空に向かって生長する力、鳥や小動物を守り育てる優しさを期待	木美花 9・7 きみか 木乃葉 2・12 このは 木乃実 2・8 このみ 美木 9 みき 祐木 9 ゆき

★新人名漢字

画数・漢字	音訓	名乗り	おもな意味	名前例
4 友	ユウ とも	ゆ	友人に恵まれ、困っている人に手を差し延べられるような子に	友美9 ともみ 友世5 ともよ 友希7 ゆうき 友菜11 ゆうな 友7里7亜 ゆりあ
4 予	ヨ	まさ やす	与える。ゆとりをもつ。ゆったりとした安心感を意味する字	伊6予 いよ 真10沙7予 まさよ 真10予 まよ 美9予 みよ 莉10予 りよ
4 六	ロク む むっつ むつ むい	りく	もとは穴に覆いをした形を示す。高い土盛り、丘や陸に通じる説もある	香9六璃15 かむり 華10六 かりく 六美9 むつみ 六音9 りくね 六花7 りっか
5 以	イ	とも のり ゆき	用いる。思う。率いるという、積極性を感じさせる意味もある	亜7以子3 あいこ 以佐7美9 いさみ 恵10以子3 えいこ 弐6以菜11 にいな 麻11以 まい
5 右	ウ ユウ みぎ	あき あり つき なが のぶ	尊ぶ、大事にする、穏健な、など好ましい人間性を多く表す字	右羅19々3 うらら 風9右子3 ふうこ 右紀9 ゆうき 由5右子3 ゆうこ 右那7 ゆうな
5 永	エイ ながい	え のぶ のり はるか ひさ	とこしえに、限りなく。縁起のよい字で、ゆったりしたイメージに	永子3 えいこ 永莉10美9 えりみ 永久3子3 とわこ 永重9 ひさえ 美9永子3 みえこ
5 央	オウ	お ちか なか ひさ ひろ	真ん中。頼む。鮮やか。やわらかく、穏やかな気品を感じさせる	志7央里7 しおり 麻11央 まお 美9央 みお 璃15央 りお 麗19央奈8 れおな
5 可	カ	あり よく よし より	よい。美点。認める。多くの可能性を秘めて成長する子にと願って	可澄15 かすみ 可南9子3 かなこ 可恋10 かれん 実8可子3 みかこ 侑8可 ゆか
5 加	カ くわえる くわわる	ます また	増やす。重ねる。プラスになるさまを多く示す、縁起のよい字	加穂15 かほ 加代5 かよ 沙7耶9加 さやか 千3加 ちか 美9加 みか
5 禾 人★	カ のぎ いね	ひで	もとは植物の穂の形から。伸びやかな字体で、豊かな実りも象徴	禾緒14浬10★ かおり 禾奈8 かな 禾美9 ひでみ 美9禾 みか 由5禾里7 ゆかり

画数・漢字	音訓	名乗り	おもな意味	名前例
5 人 叶	キョウ、かなう	かない、かのう、やす	もとは多くの人が声を合わせること。人の和の大切さを意識して	叶 かない／叶美(9) かなみ／叶佳(8) きょうか／叶湖(12) きょうこ／環(17)叶 わかな
5 玉	ギョク、たま	きよ	美しい石。大切なもの。澄んだ心と穏やかな人柄を思わせる	玉香(9) きよか／玉緒(14) たまお／玉希(7) たまき／玉弥(8) たまみ／玉美(9) たまみ
5 広	コウ、ひろい、ひろまる、ひろめる、ひろがる、ひろげる	お、ひろ、みつ	のびのびと明るく、人を受け入れる人間的な広がりも感じさせる	広香(9) ひろか／広湖(12) ひろこ／広美(9) ひろみ／広世(5) ひろよ／舞(15)広 まひろ
5 人 弘	コウ、グ、ひろい	お、ひろ、みつ	広く大きい。心にゆとりがある意味から、おおらかで優しい子に	弘夏(10) ひろか／弘子(3) ひろこ／弘美(9) ひろみ／麻(11)弘 まひろ／美(9)弘 みひろ
5 左	サ、ひだり	まき	助ける、そばにいて支えるという、深い意味を秘めた字	左智(12)子(3) さちこ／左苗(8) さなえ／比(4)左枝(8) ひさえ／真(10)左実(8) まさみ／美(9)左子(3) みさこ
5 史	シ	じ、ちか、ひと、ふみ、み	歴史書。文人。歴史や文学の才能に恵まれた、静かな才女に	史織(18) しおり／史穂(15)里(7) しほり／史恵(10) ふみえ／史香(9) ふみか／史子(3) ふみこ
5 司	シ	かず、じ、つかさ、もと	まつり事をつかさどる。めんどうみがよく、人から慕われる子に	司恵(10)里(7) しえり／司緒(14)莉(10) しおり／司穂(15) しほ／司麻(11) しま／登(12)司子(3) としこ
5 市	シ、いち	ち、なが、まち	人が集まる場所を示す。多くの友人に恵まれるようにと願って	市絵(12) いちえ／市佳(8) いちか／市子(3) いちこ／市穂(15) いちほ／市麻(11)子(3) しまこ
5 人★ 仔	シ、ジ、サイ、こ	かつ、し、とう	小さい子ども。小さくて細かい様子。熱心に励む意味も含む字	彩(11)仔 あやこ／沙(7)紀(9)仔 さきこ／幸(8)仔 さちこ／聖(13)仔 せいこ／結(12)仔 ゆうこ
5 矢	シ、や	ただ、なお	貫く。誓う。正しい。素直な人柄や、まっすぐなさまの象徴にも	亜(7)矢 あや／亜(7)矢子(3) あやこ／紗(10)矢花(7) さやか／美(9)矢 みや／俐(9★)矢子(3) りやこ

★新人名漢字

画数・漢字	音訓	名乗り	おもな意味	名前例
5 出	シュツ スイ でる だす	いず いずる	内から外へ。もとは一歩踏み出す様子を表し、発展性に通じる	出穂15 いずほ 出泉9 いずみ 出美9 いずみ 日4出美9 ひでみ 日4出代5 ひでよ
5 生	セイ ショウ いきる うまれる き なま	いく う お ふ ふゆ み	命。純粋。初初しい。生き生きと、喜びに満ちたイメージをもつ	生穂15 いくほ 生美9 いくみ 夏10生 なつき 真10生子3 まきこ 弥8生 やよい
5 正	セイ ショウ ただしい ただす まさ	かみ きみ ただ なお	まっすぐ。戒める。善悪を見分ける目と、倫理を備えた子に	正羅19 せいら 正江6 まさえ 正妃6 まさき 正美9 まさみ 正代5 まさよ
5 世	セイ セ よ	つぎ つぐ とき とし	人の生涯。時代。神秘的な力に満ちた、命の連なりを連想させる	世奈8 せな 世理11菜11 せりな 智12世 ともよ 美9稀12世 みきよ 美9奈8世 みなよ
5 代	ダイ タイ かわる かえる よ しろ	とし のり より	歴史上の長い時間や人の一生も表し、綿綿と続くイメージをもつ	佳8代 かよ 沙7代 さよ 麻11代子3 まよこ 美9知8代 みちよ 美9奈8代 みなよ
人 5 旦	タン あした あさ	あき あけ	夜明け。明日。朝日のように、明るい笑顔で周囲を照らす子に	旦恵10 あきえ 旦子3 あきこ 旦菜11 あきな 旦帆6 あきほ 旦美9 あさみ
人 5 汀	テイ みぎわ	なぎさ	波打ち際。さわやかな趣のある字で、穏やかな人柄にも通じる	汀香9 ていか 汀子3 ていこ 汀 なぎさ 汀沙7 なぎさ 汀紗10 なぎさ
5 冬	トウ ふゆ	かず とし	雪景色や樹氷、澄んだ空気など、凛とした美しいイメージに	千3冬 ちふゆ 冬子3 ふゆこ 冬美9 ふゆみ 真10冬 まふゆ 美9冬 みふゆ
5 布	フ ぬの	う しき たえ のぶ よし	人や物を温かく包み込む、しなやかな物腰の女性にと願って	布美9 ふみ 布柚9子3 ふゆこ 布悠11子3 ふゆこ 美9布優17 みふゆ 由5布子3 ゆうこ
5 未	ミ	いま いや ひで	まだ。大きな可能性を秘めた未来や、未知の才能を象徴する字	亜7未 あみ 那7未 なみ 奈8未 なみ 未穂15 みほ 未来7 みらい

画数・漢字	音訓	名乗り	おもな意味	名前例
5 民	ミン たみ	ひと み みたみ もと	協調性があり、だれからも好かれる、素直な人柄を思わせる字	亜民7 あみん / 民恵10 たみえ / 民香9 たみか / 民子3 たみこ / 民代5 たみよ
5 由	ユ ユウ ユイ よし	ただ ゆき より	いわれ。正す、助けるという意味も。のびのびと優しい音をもつ	真由10 まゆ / 美由起9 10 みゆき / 由香9 ゆか / 由美9 ゆみ / 由子3 よしこ
5 立	リツ リュウ たつ たてる	たか たち たて はる	しっかりと地に足の着いた、一人前の女性に成長するよう願って	立乃2 たつの / 立美9 たつみ / 立代5 たつよ / 立夏10 りつか / 立子3 りつこ
5 令	レイ	おさ なり のり はる よし	神のお告げ。清らかで美しい意味もあり、すっきりした印象に	真令10 まれい / 令香9 れいか / 令子3 れいこ / 令奈8 れいな / 令美9 れみ
5 礼	レイ ライ	あや のり ひろ みち ゆき れ	感謝や誠意を表す。真心をもって礼を尽くす、清い精神性を期待	礼華10 あやか / 礼子3 れいこ / 礼奈8 れいな / 礼羅19 れいら / 礼音9 れおん
6 安	アン やすい	あ さだ やす	やすらか。穏やかで人に優しく、楽しい家庭を築けるよう願って	安寿7 あんじゅ / 安奈8 あんな / 安莉10 あんり / 安美9 やすみ / 安代5 やすよ
6 伊 (人)	イ これ	いさ ただ よし	もとは天下を治める人。だれからも好かれ、調和をもたらす人に	伊月4 いつき / 伊万里3 7 いまり / 伊代5 いよ / 伊世5 いよ / 舞伊15 まい
6 衣	イ ころも	え きぬ そ	軽やかで美しいイメージをもつ、優しくて女の子らしい名前に	衣里香7 9 えりか / 真衣10 まい / 芽衣子8 3 めいこ / 柚衣9 ゆい / 瑠衣14 るい
6 宇	ウ	うま たか ね のき	大空。すべての空間。万物を受け入れる広く優しい心にも通じる	宇鷺24★ うさぎ / 宇乃2 うの / 宇美9 うみ / 宇絵12 たかえ / 宇子3 たかこ
6 羽	ウ は はね	わ	自由にはばたいていく姿をイメージさせる、やわらかく美しい字	羽衣6 うい / 早羽6 さわ / 羽琉子11 3 はるこ / 美羽9 みう / 美羽子9 3 みわこ

★新人名漢字

画数・漢字	音訓	名乗り	おもな意味	名前例
6 会	カイ エ あう	かず さだ はる もち	集まる、思い当たる、グループなど、人の縁を多く表す奥深い字	一(1)会 かずえ / 会美(9) かずみ / 会実(8) はるみ / 美(9)会 よしえ / 瑠(14)璃(15)会 るりえ
6 (人) 伎	キ ギ わざ		細かい技や細工、技を操る人を示す字。優美な雰囲気を漂わせる	亜(7)伎 あき / 伎音(9) きね / 伎理(11)子(3) きりこ / 実(8)伎 みき / 美(9)伎絵(12) みきえ
6 (人) 匡	キョウ ただす	ただ まさ	助ける。安定感のある落ちついた字体で、しっかりした印象に	匡花(7) きょうか / 匡子(3) きょうこ / 匡奈(8) きょうな / 匡美(9) まさみ / 匡代(5) まさよ
6 共	キョウ とも	たか	分け合う、大切に保持する意味から、友人に恵まれるよう願って	共江(6) ともえ / 共夏(10) ともか / 共子(3) ともこ / 共美(9) ともみ / 共葉(12) ともよ
6 (人) 旭	キョク あさひ	あき あさ てる	昇る朝日。明るい笑顔で周囲を照らし、元気を分け与えられる子に	旭江(6) あきえ / 旭子(3) あきこ / 旭実(8) あきみ / 旭世(5) あきよ / 旭恵(10) てるえ
6 (人) 圭	ケイ たま	か かど きよ け よし	潔い。高貴な印象と安定感を併せもつ、知的ですっきりとした字	亜(7)圭美(9) あけみ / 圭子(3) けいこ / 圭都(11) けいと / 圭恵(10) たまえ / 圭美(9) よしみ
6 后	コウ	きみ のち み	きさき。王侯。崇高な美しさを身にまとった、貴婦人を思わせる	后恵(10) きみえ / 后佳(8) きみか / 后子(3) きみこ / 后代(5) きみよ / 后美(9) こうみ
6 江	コウ え	きみ ただ のぶ	大きな川。緩やかな流れから、穏やかな人柄のイメージに	江里(7)那(7) えりな / 江瑠(14) える / 江恋(10) えれん / 紗(10)江子(3) さえこ / 梨(11)江子(3) りえこ
6 考	コウ かんがえる	たか ただ ちか とし のり やす	思慮深く、慎重なさまを象徴する字。遠くまで進むという意味も	考江(6) たかえ / 考子(3) たかこ / 考音(9) たかね / 考美(9) たかみ / 考実(8) たかみ
6 好	コウ このむ すく	この すみ たか よし よしみ	よい。美しい。慈しむ。人に好感をもたれる、美しい心を期待して	好実(8) このみ / 美(9)好 みよし / 好絵(12) よしえ / 好子(3) よしこ / 好乃(2) よしの

画数・漢字	音訓	名乗り	おもな意味	名前例
6 光	コウ ひかる ひかり	てる ひろ みつ みつる	名誉、恵みを象徴。明るく、人を引きつける魅力の持ち主に	光美 9 てるみ 光海 9 てるみ 光 ひかり 光里 7 ひかり 光子 3 みつこ
人 6 亘	コウ わたる	のぶ ひろし わたり	広がりを示す。多彩な分野で魅力を発揮し、人に親しまれる子に	亘重 9 のぶえ 亘花 7 のぶか 亘子 3 のぶこ 亘美 9 のぶみ 亘代 5 のぶよ
6 合	ゴウ ガッ カッ あう あわす あわせる	あい かい はる よし り	集まる。和らぐ。連れ添う。結ぶ。相手の言葉に応えることから	合子 3 あいこ 小百合 3 6 さゆり 合花 7 はるか 百合恵 6 10 ゆりえ 百合奈 6 8 ゆりな
6 在	ザイ ある	あき あり すみ たみ とお みつる	じっと止まっている。一生懸命な姿勢に通じる、深い意味をもつ	在亜 7 ありあ 在沙 7 ありさ 在須 12 ありす 在菜 11 ありな 在美 9 ありみ
6 至	シ いたる	ちか のり みち ゆき よし	もとは矢が目標まで届くさま。努力と達成をイメージさせる字	至穂 15 しほ 至津流 9 10 しずる 登至子 12 3 としこ 美至 9 みゆき 至恵 10 ゆきえ
6 糸	シ いと	たえ ため つら より	繊細でありながら、ピンと張ったりりしさも感じさせる名前に	糸重 9 いとえ 糸恵 10 いとえ 糸於莉 8 10 しおり 糸瑞 13 しず 糸帆美 6 9 しほみ
人★ 6 此	シ かく ここ ここに この これ		自分に近いものを指す。個性的で多様な意味をもつ名前に	此愛 13 ここあ 此美 9 このみ 此乃芙 2 7 しのぶ 此穂 15 しほ 此穂里 15 7 しほり
6 朱	シュ	あか あけ あや	人目を引く鮮やかな赤い色。太陽や夏、明るい光などの象徴にも	朱嶺 17 あかね 朱音 9 あかね 朱美 9 あけみ 朱華 10 あやか 朱里 7 じゅり
6 州	シュウ す	くに しま	川の中の島。大陸。砂地の柔軟性と、地の安定感を併せもつ字	霞州美 17 9 かすみ 州香 9 くにか 州摩子 15 3 すまこ 州深子 11 3 すみこ 真州巳 10 3 ますみ
6 舟	シュウ ふね ふな	のり	流れに沿うような、しなやかな自然体で物事に対処できる子に	貴舟 12 きふね 舟歌 14 しゅうか 舟子 3 しゅうこ 千舟 3 ちふね 美舟 9 みふね

★新人名漢字

画数・漢字	音訓	名乗り	おもな意味	名前例
6 充	ジュウ あてる	あつ まき み みち みつ みつる	一人前に育つこと。健やかな成長と、満ち足りた人生を意味する	充子(3) みつこ / 充湖(12) みつこ / 充代(5) みつよ / 充与(3) みつよ / 充瑠(14) みつる
6 旬	ジュン	ただ とき まさ	物事の適期。チャンスを生かす才能と、フレッシュな魅力を期待	旬華(10) じゅんか / 旬子(3) じゅんこ / 旬奈(8) じゅんな / 旬菜(11) じゅんな / 旬枝(8) ときえ
6 如	ジョ ニョ	いく なお もと ゆき よし	ほぼ同じくらい。組み合わせにより、奥深く個性的な名前に	如月(4) きさらぎ / 如杏奈(7・8) じょあんな / 如夏(10) もとか / 如美(9) もとみ / 如恵(10) ゆきえ
6 匠	ショウ	たくみ なる	繊細な作業もこなせる、豊かな感性や芸術的な才能を願って	匠子(3) しょうこ / 匠奈(8) しょうな / 匠乃(2) しょうの / 匠恵(10) なるえ / 匠美(9) なるみ
6 庄 (人)	ショウ ソウ	まさ	田舎。のどかで美しい風景のように、人の心を和ませる子に	庄子(3) しょうこ / 庄乃(2) しょうの / 庄恵(10) まさえ / 庄穂(15) まさほ / 庄実(8) まさみ
6 色	ショク シキ いろ	くさ しな	色彩のほかにも形や様子などを表し、美しさにも通じる字	色羽(6) いろは / 色葉(12) いろは / 音(9)色 ねいろ / 緋(14)色 ひいろ / 妃(6)色 ひいろ
6 迅	ジン	とき とし はや	速い。スピード感があり、さわやかなスポーツウーマンのイメージ	迅子(3) としこ / 迅世(5) としよ / 迅香(9) はやか / 迅瀬(19) はやせ / 迅美(9) はやみ
6 成	セイ ジョウ なる なす	あき しげ なり のり ひで よし	成功する、できあがる。落ちついた、責任感の強い大人を象徴	成美(9) しげみ / 成世(5) しげよ / 成子(3) せいこ / 成葉(12) なるは / 成実(8) なるみ
6 汐 (人)	セキ しお	きよ	もとは潮の満ち引きを示す。ロマンチックで優しい印象の名前に	汐香(9) きよか / 汐海(9) きよみ / 汐羅(19) きよら / 汐里(7) しおり / 真(10)汐 ましお
6 先	セン さき	ひろ ゆき	一番前。常に一歩先を行く行動力と、女らしい気配りをもった子に	美(9)先 みさき / 先奈(8) ゆきな / 先菜(11) ゆきな / 先穂(15) ゆきほ / 先美(9) ゆきみ

画数・漢字	音訓	名乗り	おもな意味	名前例
6 壮	ソウ	あき お たけ まさ	盛ん。心身ともに健全で若若しい様子。人を元気づける意味も	壮子3 そうこ、壮代5 たけよ、壮穂15 まさほ、壮美9 まさみ、壮葉12 まさよ
6 早	ソウ サッ はやい はやまる はやめる	さ さき はや	夜明け。速やか。初々しく、さわやかなイメージを与える名前に	早織18 さおり、早紀9 さき、早希7 さき、早智子12・3 さちこ、早苗8 さなえ
6 多	タ おおい	おお かず な なお まさ	優れている。友人や才能など、多くの幸に恵まれるよう願って	多英子8・3 たえこ、多嘉子14・3 たかこ、多紀9 たき、多希7 たき、多美9 たみ
6 人★ 托	タク たのむ	ひろ もり	預ける。定着したさまを表す。信頼関係や安定感を秘めた字	托乃2 たくの、托穂15 たくほ、托帆6 たくほ、托世5 たくよ、托美9 ひろみ
6 竹	チク たけ	たか	しなやかな強さをもつもの、まっすぐ成長するものの象徴にも	竹子3 たかこ、竹乃2 たけの、竹穂15 たけほ、竹美9 たけみ、竹世5 たけよ
6 灯	トウ ひ		ともしび。優しい光を思わせる、穏やかで温かい名前になる	灯湖12 とうこ、灯華里10・7 ひかり、灯佳里8・7 ひかり、灯香琉9・11 ひかる、灯海子9・3 ひみこ
6 人 凪	なぐ なぎ		海上が穏やかなさま。自然の優しさを感じさせる、美しい名前に	凪子3 なぎこ、凪沙7 なぎさ、凪冴7 なぎさ、凪帆6 なぎほ、凪美9 なぐみ
6 弐	ニ	じ	二に準ずる。古風な雰囲気をもった字で、個性的な名前をつくる	久弐花3・7 くにか、弐以奈5・8 にいな、弐志希7・7 にしき、弐千香3・9 にちか、弐智子12・3 にちこ
6 年	ネン とし	かず ちか と とせ	もとは作物が実る期間を示す。時の積み重ねを思わせる字	千年3 ちとせ、年江6 としえ、年恵10 としえ、年子3 としこ、年美9 としみ
6 帆	ハン ほ		大海原を進む帆船の、さわやかで心地よいイメージをもつ名前に	夏帆10 かほ、帆奈8 はんな、帆波8 ほなみ、帆奈美8・9 ほなみ、美帆9 みほ

★新人名漢字

画数・漢字	音訓	名乗り	おもな意味	名前例
6 汎 人★	ハン・ホン フウ ホウ あまねし うかぶ ひろい	ひろ みな	漂う。行き渡る。博愛の心に通じ、豊かな愛情を印象づける字	汎奈8 はんな / 汎恵10 ひろえ / 汎歌14 ひろか / 汎美9 ひろみ / 汎実8 みなみ
6 妃	ヒ	き ひめ	きさき。女神。高貴で優美なイメージの字。気品の漂う名前に	早6妃子3 さきこ / 妃菜11乃2 ひなの / 妃呂7美9 ひろみ / 美9妃 みき / 美9沙7妃 みさき
6 百	ヒャク	お と も もも	音がかわいらしく、数多いことのたとえともなる、縁起のよい字	小3百合6 さゆり / 百波8 もなみ / 百音9 もね / 百恵10 ももえ / 百子3 ももこ
6 名	メイ ミョウ な	かた	自分の存在を知らせる様子を示す。自分の考えを表現できる子に	香9名 かな / 名緒14美9 なおみ / 奈8名恵10 ななえ / 美9名子3 みなこ / 梨11名 りな
6 有	ユウ ウ ある	あ あり すみ とも みち ゆ	持つ。富。親しむ。才能や魅力に恵まれることを期待して	有亜7 ありあ / 有栖10★ ありす / 麻11有美9 まゆみ / 有希7 ゆうき / 有美9 ゆみ
6 吏	リ	さと つかさ	もとは旗印を立てること。役人。スマートな印象の名前になる	沙7緒14吏 さおり / 真10吏子3 まりこ / 吏恵10 りえ / 吏緒14子3 りおこ / 吏紗10 りさ
7 亜	ア	つぎ つぐ	準ずる。アジアの意味ももつ、安定感と美しい印象を与える字	亜希7奈8 あきな / 亜美9 あみ / 亜海9 あみ / 亜梨11沙7 ありさ / 麻11里7亜 まりあ
7 壱	イチ	い かず さね もろ	特に文書上で「一」の代わりに使う。毅然とした強さを秘める字	壱香9 いちか / 壱奈8 いちな / 壱世5 いちよ / 壱子3 かずこ / 羅19壱 らいち
7 伽 人	カ ガ キャ とぎ		話し相手を務める。梵語の音訳から、エキゾチックな印象をもつ	伽織18 かおり / 伽澄15 かすみ / 伽世5 かよ / 伽羅19 きゃら / 夢13伽 ゆめか
7 花	カ はな	け はる みち もと	華やかで美しいもののたとえにも。女の子らしい可憐な名前に	花穂15 かほ / 花鈴13 かりん / 花凜15★ かりん / 優17花 ゆうか / 梨11花 りか

画数・漢字	音訓	名乗り	おもな意味	名前例
7 完	カン	なる ひろ まさ みつ	成し遂げる。大切なものを守る意味もあり、母の強さを思わせる	完菜11 かんな / 完奈8 かんな / 完美9 ひろみ / 完乃2 まさの / 美9完 みかん
7 希	キ	のぞみ まれ	めずらしい。望む。希望に満ちた明るい未来をイメージさせる字	希世5美9 きよみ / 紗10希 さき / 真10希 まき / 夕3希 ゆうき / 由5希乃2 ゆきの
7 岐	キ	みち	枝道。多分野へと広がる道のイメージから、多才さを期待して	岐美9子3 きみこ / 岐和8子3 きわこ / 真10岐 まき / 実8岐 みき / 結12岐 ゆうき
7 究	キュウ きわめる	さだ み	学問を究めること。生き生きと学ぶ、向上心にあふれた才女に	究美9 きわみ / 究恵10 さだえ / 究江6 さだえ / 究子3 さだこ / 究帆6 みほ
7 人 玖	キュウ ク	き たま ひさ	美しい黒い石。豊かさも表し、優雅で新鮮な印象を与える字	衣6玖美9 いくみ / 玖実8子3 くみこ / 玖留10美9 くるみ / 玖実8 たまみ / 美9玖 みく
7 求	キュウ もとめる	き ひで まさ もと やす	自分の夢を、大切に守り育てていく過程も楽しめるよう願って	求美9子3 きみこ / 求理11亜7 きりあ / 実8求 みき / 求子3 もとこ / 求美9 もとみ
7 人 杏	キョウ アン あんず		種子が薬用となる果樹。意味、響きともに女の子らしく愛らしい	杏 あん / 杏樹16 あんじゅ / 杏莉10 あんり / 杏香9 きょうか / 杏子3 きょうこ
7 人 亨	キョウ コウ ホウ たてまつる とおる	ちか とし なお みち ゆき	奉る。すすめる。スマートな字体に、風流な雰囲気をもった字	亨花7 きょうか / 亨子3 きょうこ / 亨奈8 きょうな / 亨美9 なおみ / 亨瑠14 みちる
7 人 芹	キン せり		芳香があり、春の七草として親しまれる。響きがかわいらしい	芹夏10 せりか / 芹香9 せりか / 芹子3 せりこ / 芹那7 せりな / 芹奈8 せりな
7 君	クン きみ	すえ なお よし	号令を出して治める人。優れた人。人の意見を尊重できる子に	君花7 きみか / 君子3 きみこ / 君奈8 きみな / 君世5 きみよ / 祐9君 ゆきみ

★新人名漢字

画数・漢字	音訓	名乗り	おもな意味	名前例
7 見	ケン みる みえる みせる	あき ちか み	会う。目にとめる意味から、気配りやめんどうみのよさを思わせる	明(8)日(4)見 あすみ 瑛(12)見 えいみ 菜(11)見子(3) なみこ 見唯(11) みい 見空(8) みく
7 孝	コウ	あつ たか のり もと ゆき よし	父母を大切にする。いつも感謝の気持ちを忘れない、優しい子に	孝江(6) たかえ 孝子(3) たかこ 孝乃(2) たかの 孝帆(6) たかほ 孝美(9) よしみ
7 更	コウ さら ふける ふかす	つぐ とお とく のぶ	新しくなる、入れ替わる。新鮮な感覚を伴う、きれいな名前に	紀(9)更 きさら 希(7)更 きさら 更 さら 更紗(10) さらさ 更奈(8) さらな
7 (人) 宏	コウ ひろい	あつ ひろ	もとは奥行きのある家。心の広い、明るい子となるよう願って	宏佳(8) ひろか 宏乃(2) ひろの 宏美(9) ひろみ 宏海(9) ひろみ 宏代(5) ひろよ
7 克	コク	かつ かつみ たえ なり よし	困難に打ち勝つ、耐える。成し遂げる。精神的な強さを表す字	克季(8) かつき 克子(3) かつこ 克穂(15) かつほ 克美(9) かつみ 克乃(2) よしの
7 佐	サ	すけ たすく よし	助ける。人から頼りにされ、その信頼に応えることができる子に	佐織(18) さおり 佐奈(8)江(6) さなえ 佐和(8) さわ 佐和(8)子(3) さわこ 美(9)佐希(7) みさき
7 (人) 冴	さ さえ さえる		澄みきった、鮮やか。シャープな感性、知的な美しさを思わせる	冴子(3) さえこ 冴璃(15) さえり 妃(6)冴 ひさえ 真(10)冴 まさえ 美(9)冴 みさえ
7 (人) 沙	サ シャ すな	いさ	水際の砂。ごく微細な、尽きないもの。繊細で美しい印象の字	阿(8)沙美(9) あさみ 有(6)沙 ありさ 沙英(8) さえ 沙希(7) さき 沙里(7)奈(8) さりな
7 作	サク サ つくる	あり さき とも なお なり ふか	働く。行う。人の基本となる作業を表し、温かみを感じさせる	作美(9) さくみ 作志(7) つくし 真(10)作実(8) まさみ 美(9)作子(3) みさこ 莉(10)作子(3) りさこ
7 (人★) 孜	シ	あつ	努め励む。休まず働く。まじめな姿勢を表す、新感覚の名前に	孜子(3) あつこ 孜代(5) あつよ 孜寿(7)子(3) しずこ 孜瑞(13)子(3) しずこ 世(5)孜美(9) よしみ

名前例	おもな意味	名乗り	音訓	画数・漢字
志織18 しおり 志歩8 しほ 志深11 のぞみ 志美9 ゆきみ 与3志美9 よしみ	強い意志をもち、理想に向かって努力できる子にと願って	のぞみ のぞむ もと ゆき	シ こころざす こころざし	7 志
安6寿 あんじゅ 寿里7 じゅり 寿美9 としみ 万3寿美9 ますみ 美9寿々3 みすず	命や長寿を意味する、縁起のよい字。古風な雰囲気の漂う名前に	かず す つね とし ひさ よし	ジュ ことぶき	7 寿
秀子3 しゅうこ 秀佳8 ひでか 秀保9 ひでほ 秀美9 ひでみ 秀世5 ひでよ	もとは稲穂の形。才能に恵まれつつも、謙虚さを忘れない人に	さかえ すえ ひで ほ みつ よし	シュウ ひいでる	7 秀
初江6 はつえ 初音9 はつね 初乃2 はつの 初世5 はつよ 初美9 もとみ	いつまでも初初しく、フレッシュな魅力にあふれた人にと願って	もと	ショ はじめ はじめて はつ うい そめる	7 初
芯珈9★ しんか 芯紅9 しんく 芯子3 しんこ 芯寿7 しんじゅ 真10芯 ましん	物事の根本、本質。精神的な強さとともに、可憐な印象も与える		シン	人★ 7 芯
志7伸 しのぶ 伸枝8 のぶえ 伸花7 のぶか 伸美9 のぶみ 伸世5 のぶよ	まっすぐな瞳と素直な心をもった、明るく健康的な子のイメージ	ただ のぶ	シン のびる のばす	7 伸
宋絵12 くにえ 宋香9 くにか 宋仔5★ くにこ 宋世5 くによ 宋子3 そうこ	伝統と文化を重んじた中国の国名。歴史を感じさせる名前に	おき くに	ソウ ス	人★ 7 宋
汰子3 たいこ 汰恵10 たえ 汰江6 たえ 汰麻11紀9 たまき 汰美9子3 たみこ	洗い流す。選別する。豊かであることも示す、活気にあふれた字		タ タイ よなげる	人 7 汰
佳8那恵10 かなえ 那穂15子3 なほこ 那美9 なみ 美9那 みな 莉10那 りな	美しい。もとは地名・種族名を示し、エキゾチックな雰囲気も	とも やす	ナ ダ	人 7 那
兎 うさぎ 兎希7 とき 兎紀9羽6 ときわ 美9兎 みう 芽8衣6兎 めいと	月に住むロマンチックな伝説と、かわいらしさにあやかって	う	ト うさぎ	人★ 7 兎

★新人名漢字

画数・漢字	音訓	名乗り	おもな意味	名前例
7 人 杜	ト ズ やまなし ふさぐ	もり	神聖な場所。果樹、山梨。静かな知性を感じさせる名前に	沙(7)杜佳(8) さとか 沙(7)杜子(3) さとこ 杜茂(8)子(3) ともこ 杜望(11)美(9) ともみ 美(9)杜 みもり
7 忍	ニン しのぶ しのばせる	しの とう もと	粘り強くこらえる、耐える。美徳を表す、古風な趣のある名前に	忍枝(8) しのえ 忍 しのぶ 忍舞(15) しのぶ 忍花(7) もとか 忍美(9) もとみ
7 人★ 芭	ハ バ		芭蕉。古来薬や織物に利用される。個性的な印象をもつ字	音(9)芭 おとは 芭奈(8) はな 芭奈(8)子(3) はなこ 美(9)芭流(10) みはる 由(5)紀(9)芭 ゆきは
7 麦	バク むぎ		踏まれるほどに強くなる特性をもち、精神力や成長の象徴にも	小(3)麦 こむぎ 津(9)麦 つむぎ 麦香(9) むぎか 麦乃(2) むぎの 麦穂(15) むぎほ
7 扶	フ	もと	手を添えて助ける、守る。行動力を伴った優しさを期待して	扶貴(12)子(3) ふきこ 扶久(3)美(9) ふくみ 扶蕗(16) ふぶき 扶美(9)子(3) ふみこ 扶楊(13) もとよ
7 人 芙	フ はす		芙蓉。蓮。優雅で美しい人のたとえ。アジアのイメージをもつ	芙祢(9★) はすね 芙実(8) ふみ 芙由(5)子(3) ふゆこ 芙蓉(13) ふよう 美(9)芙優(17) みふゆ
7 人 甫	フ ホ はじめ	かみ なみ のり まさ もと よし	もとは平らに広がる苗代。小さな命をはぐくむ力と慈しみを秘める	香(9)甫 かほ 甫実(8)夏(10) ふみか 甫美(9)香(9) ふみか 甫柚(9)子(3) ふゆこ 実(8)甫 みほ
7 邦	ホウ	くに	国。故郷を愛し、いつも感謝の気持ちを忘れない人にと願って	邦依(8) くにえ 邦香(9) くにか 邦帆(6) くにほ 邦実(8) くにみ 美(9)邦 みくに
7 芳	ホウ かんばしい	か かおる はな ふさ みち よし	名誉。優れた人。花や香草のように人の心を癒し、魅了する子に	深(11)芳 みよし 芳江(6) よしえ 芳姫(10) よしき 芳子(3) よしこ 芳美(9) よしみ
7 妙	ミョウ	たえ ただ たゆ とう	上品で美しい。細かく巧み。深い趣とやわらかみを感じさせる	妙子(3) たえこ 妙花(7) たえか 妙湖(12) たえこ 妙恵(10) ただえ 妙羽(6) たゆは

画数・漢字	音訓	名乗り	おもな意味	名前例
人 7 佑	ユウ たすける	ゆ	助ける、かばって保護する。幼いもの、弱いものを慈しむ子に	真10佑 まゆ / 美9佑 みう / 佑子3 ゆうこ / 佑香9 ゆか / 佑香9里7 ゆかり
人 7 邑	ユウ むら	くに さと すみ	領土。田舎。郷土愛に通じる。印象に残りやすい、個性的な字体	邑未5 さとみ / 邑 ゆう / 邑夏10 ゆうか / 邑華10 ゆうか / 邑那7 ゆうな
7 来	ライ くる きたる きたす	き く こ な ゆき	もとは天から授かった麦。天賦の才や未来への希望を感じさせる	来里7寿7 くりす / 真10来子3 まきこ / 美9由5来 みゆき / 未5来 みらい / 佑7来美9 ゆきみ
7 利	リ きく	かず とし のり みち よし より	役に立つ。賢い、優れている。はつらつと活発な子のイメージ	亜7香9利 あかり / 江6利奈8 えりな / 利美9 としみ / 摩15利 まり / 利里7華10 りりか
7 里	リ さと	のり	安定感のある、かわいい字。穏やかで、ゆったりした印象をもつ	絵12美9里 えみり / 里子3 さとこ / 麻11里 まり / 美9里 みさと / 由5里絵12 ゆりえ
人 7 李	リ すもも	もも	かわいい花や果実を思わせる字。エキゾチックで個性的な名前に	李瑚13 ももこ / 麻11李江6 まりえ / 李絵12 ももえ / 李夏10 りか / 梨11李衣6 りりい
7 良	リョウ よい	お かず たか まこと よし ら	よい。賢い。美しい。素直な。あらゆる面で好ましい意味の字	有6良楽13 うらら / 季8良 きら / 紅9良楽13 くらら / 良美9 よしみ / 良仔5★ りょうこ
7 励	レイ はげむ はげます		強い力を込める。力づける。一途な思いで人の支えとなれる子に	美9励 みれい / 励子3 れいこ / 励奈8 れいな / 励美9 れいみ / 励良7 れいら
人 7 伶	レイ わざおぎ	りょう	清い。美しい。音楽や演劇に秀でる意味。芸術的な才能を願って	恵10伶奈8 えれな / 美9伶 みれい / 伶夏10 れいか / 伶衣6子3 れいこ / 伶羅19 れいら
人 7 呂	ロ リョ	おと とも なが ふえ	脊椎。音階。人を支える強さに通じる、古典的な雰囲気をもつ字	智12妃6呂 ちひろ / 千3妃6呂 ちひろ / 比4呂未5 ひろみ / 美9呂 みろ / 呂羽6沙7 ろうざ

★新人名漢字

画数・漢字	音訓	名乗り	おもな意味	名前例
人★ 7 芦	ロ リョ ラ あし		水辺の多年草。しなやかな強さを秘めた、優美な雰囲気の名前に	美芦 9 みろ / 芦子 3 よしこ / 芦美 9 よしみ / 芦湖 12 ろこ / 芦沙里 7 7 ろざり
人 8 阿	ア オ くま おもねる		丘。岸。梵語の音訳でもあり、エキゾチックなイメージをまとう字	阿衣子 6 3 あいこ / 阿季 8 あき / 阿津美 9 9 あつみ / 千阿希 3 7 ちあき / 茉里阿 8 7 まりあ
8 依	エ イ	より	助ける。慈しむ。いつも変わらず素直で、人に優しく接する子に	紗依 10 さより / 麻依 11 まい / 美依子 9 3 みえこ / 萌依 11 もえ / 依子 3 よりこ
8 育	イク そだつ そだてる	なり なる やす	はぐくむ。子どもの健やかな成長を祈る、親の温かい思いを込めて	育江 6 いくえ / 育子 3 いくこ / 育乃 2 いくの / 育美 9 なるみ / 育羽 6 やすは
8 雨	ウ あめ あま	ふる め	静かな風情を思わせる字。隅々まで潤す恩恵のたとえにも	雨祢 9★ あまね / 雨音 9 あまね / 美雨 9 みう / 柚雨仔 9 5★ ゆうこ / 優雨子 17 3 ゆうこ
8 英	エイ	あや とし はな ひで ふさ よし	花。優れた人。美しい。多くの人を引きつける、魅力的な女性に	英子 3 えいこ / 英理奈 11 8 えりな / 華英 10 はなえ / 英美 9 ひでみ / 雪英 11 ゆきえ
人 8 苑	エン オン その		庭園、花園。控えめで洗練された、上品な印象の名前になる	詩苑 13 しおん / 苑香 9 そのか / 苑子 3 そのこ / 苑深 11 そのみ / 美苑 9 みその
8 延	エン のびる のべる のばす	とう なが のぶ	長い道をゆっくり行くことを示す。心にゆとりをもった努力家に	思延 9 しのぶ / 延枝 8 のぶえ / 延夏 10 のぶか / 延美 9 のぶみ / 延与 3 のぶよ
人 8 於	オ ヨ ああ		関係や比較、感嘆を表す。現代的でしゃれたイメージを漂わせる	詩於里 13 7 しおり / 志於吏 7 6 しおり / 奈於美 8 9 なおみ / 真於 10 まお / 美於 9 みお
人 8 旺	オウ さかん	あき あきら お	盛ん。光を四方に放つさま。太陽のように明るい笑顔を期待して	旺菜 11 あきな / 旺美 9 あきみ / 旺花 7 おうか / 麻旺 11 まお / 美旺 9 みお

画数・漢字	音訓	名乗り	おもな意味	名前例
8 河	カ かわ		大きな川。大地に恵みをもたらす、豊かな流れにあやかって	河央里（5・7）かおり / 河菜（11）かな / 河南子（9・3）かなこ / 由河利（5・7）ゆかり / 莉河（10）りか
8 果	カ はたす はてる はて	はた	結果。成就。果実のかわいらしいイメージで、女の子らしい名前に	果苗（8）かなえ / 果歩（8）かほ / 果鈴（13）かりん / 果恋（10）かれん / 実果（8）みか
8 佳	カ	けい よし	美しい。優れた、よい。だれからも好かれる、才色兼備の女性に	佳菜（11）かな / 美佳（9）みか / 裕佳（12）ゆか / 由佳里（5・7）ゆかり / 佳乃（2）よしの
8 芽	ガ め	めい	兆し、はじまり。新たなスタートや健やかな成長を象徴する字	綾芽（14）あやめ / 夏芽（10）なつめ / 芽伊子（6・3）めいこ / 芽倶（10★）めぐ / 芽久美（3・9）めぐみ
8 岳	ガク たけ	おか たか	高くそびえる山の気高い姿は、尊敬すべききもののたとえにも	岳湖（12）たかこ / 岳花（7）たけか / 岳乃（2）たけの / 岳未（5）たけみ / 岳代（5）たけよ
8 学	ガク まなぶ	さと たか のり ひさ みち	知識を得る喜びを知り、人にも分け与えていけるような子に	学江（6）さとえ / 学恵（10）まなえ / 学香（9）まなか / 学美（9）まなみ / 学葉（12）まなよ
8 季	キ	すえ とき とし ひで	季節。幼い。四季や子どもをいとおしむ気持ちを秘めた名前に	亜季子（7・3）あきこ / 季美世（9・5）きみよ / 季林（8）きりん / 由季（5）ゆき / 柚季（9）ゆき
8 祈	キ いのる		敬虔なイメージをもつ字。純粋で清らかな印象の名前に	祈 いのり / 祈世美（5・9）きよみ / 紗祈（10）さき / 麻祈（11）まき / 深祈子（11・3）みきこ
8 人★ 其	キ その それ	とき もと	やや遠いところのものを指す。臨機応変な、順応性を秘めた字	其実子（8・3）きみこ / 其世（5）きよ / 其美（9）そのみ / 眞其子（10・3）まきこ / 美其（9）みその
8 宜	ギ	すみ たか のぶ のり よし より	よろしい。都合がよい。品行方正で落ちついた、才女のイメージ	宜江（6）のぶえ / 宜夏（10）のりか / 実宜（8）みのり / 宜江（6）よしえ / 宜乃（2）よしの

★新人名漢字

画数・漢字	音訓	名乗り	おもな意味	名前例
8 協	キョウ	かな かのう やす	叶う。人と力を合わせて努力し、成果に恵まれるよう願って	協佳8 きょうか 協子3 きょうこ 協湖12 きょうこ 協恵10 やすえ 協葉12 やすは
8 享	キョウ	たか みち ゆき	もてなす。受ける。だれからも愛され、多くの幸運を授かる子に	享香9 きょうか 享子3 きょうこ 享音9 たかね 享乃2 たかの 享絵12 みちえ
8 供	キョウ ク そなえる とも		捧げる、さしあげる。謙虚で献身的な姿勢など、美徳に通じる	供子3 きょうこ 供菜11 きょうな 供絵12 ともえ 供実8 ともみ 美9供 みく
8 京	キョウ ケイ	あつ ちか	都。大きい。伝統的な雅を秘めた、格調高く上品な印象の名前に	希7京 ききょう 京夏10 きょうか 京湖12 けいこ 京子3 けいこ 京奈8 けいな
8 人 堯	ギョウ	あき たか のり よし	高い。豊か。もとは中国の貴人名で、高貴なイメージをもつ字	堯菜11 あきな 堯羽6 あきは 堯絵12 たかえ 堯美9 たかみ 堯花7 のりか
8 人 欣	キン コン ゴン よろこぶ	よし	楽しむ。周囲の人を笑顔にさせる、明るく朗らかな子にと願って	実8欣 みよし 欣枝8 よしえ 欣花7 よしか 欣野11 よしの 欣美9 よしみ
8 空	クウ そら あく あける から	たか	明るく晴れた青空のさわやかさ、元気なイメージにあやかって	青8空 あおぞら 空美9子3 くみこ 空 そら 海9空 みく 美9空 みそら
8 弦	ゲン つる	いと お ふさ	弓のつる。楽器に張った糸。ピンと筋の通った、りりしい子に	弦 いと 詩13弦 しづる 弦代5 つるよ 緋14弦 ひづる 美9弦 みつる
8 人 昂	コウ あがる	あき たか	高まる。周囲の人にも元気を分け与えられるような、明るい子に	昂奈8 あきな 昂穂15 あきほ 昂子3 たかこ 昂美9 たかみ 千3昂 ちあき
8 人★ 庚	コウ かのえ	か つぐ やす	固く芯の通ったさま。やわらかい字体ながら、精神的な強さを表す	庚湖12 こうこ 庚那7 こうな 庚子3 やすこ 庚美9 やすみ 庚世5 やすよ

画数・漢字	音訓	名乗り	おもな意味	名前例
8 幸	コウ さいわい さち しあわせ	たか とも ひで ゆき よし	幸せを願う親の愛情に包まれているような、優しい印象の名前に	幸穂15 さちほ / 幸代5 さちよ / 美9幸 みゆき / 幸江6 ゆきえ / 幸奈8 ゆきな
8 人★ 昊	コウ	あきら そら とお ひろ	明るく高い夏の空。すがすがしい魅力の、元気な子を思わせる字	昊子3 こうこ / 昊仔5★ こうこ / 昊菜11 ひろな / 昊音9 ひろね / 美9昊 みひろ
8 国	コク くに	とき	育った土地への愛着と誇りを常に忘れない、情の深さを願って	国枝8 くにえ / 国花7 くにか / 国子3 くにこ / 国世5 くによ / 美9国 みくに
8 人 采	サイ とる	あや うね こと	選ぶ。彩り。日本的な情趣に富んだ字で、個性的な名前に	采夏10 あやか / 采乃2 あやの / 采音9 ことね / 采葉12 ことは / 采美9 ことみ
8 枝	シ えだ	え き しげ しな	しなやかさを保ちながら大切な役割を担う、存在感のある子に	枝里7子3 えりこ / 枝里7奈8 えりな / 小3枝子3 さえこ / 実8枝 みえ / 瑞13枝 みずえ
8 治	ジ チ おさめる おさまる なおる なおす	さだ とお のぶ はる よし	静める。営む。築く。優しく、落ちつきのある人柄を思わせる字	千3治 ちはる / 治江6 はるえ / 治那7 はるな / 治実8 はるみ / 美9治 みはる
8 実	ジツ み みのる	さね ちか なお のり まこと みつ	本質。真心。豊かな人間性をもち、財にも恵まれるよう願って	実子3 ちかこ / 真10実 まみ / 実夏10 みか / 実野11里7 みのり / 柚9実 ゆみ
8 若	ジャク ニャク わかい もしくは	なお まさ よし より わか	もとは、やわらかい新芽。みずみずしい生命力を感じさせる字	若子3 わかこ / 若紗10 わかさ / 若菜11 わかな / 若奈8 わかな / 若葉12 わかば
8 宗	シュウ ソウ	かず とき とし のり むね もと	本家。祖先。尊ぶ。伝統を重んじる、格調高いイメージをもつ字	宗子3 しゅうこ / 宗湖12 しゅうこ / 宗香9 のりか / 宗花7 むねか / 宗美9 むねみ
8 周	シュウ まわり	あまねし かね ちか なり のり まこと	あまねく行き渡る。礼儀正しく、よく気のつく協調性のある子に	周 あまね / 周子3 しゅうこ / 周湖12 しゅうこ / 周江6 ちかえ / 美9周 みちか

★新人名漢字

画数・漢字	音訓	名乗り	おもな意味	名前例
8 尚	ショウ	たか なお ひさ まさ よし より	高くする。尊ぶ。安定感のある字体で、崇高なイメージをもつ	尚絵12 なおえ／尚子3 なおこ／尚美9 なおみ／尚絵12 ひさえ／尚代5 ひさよ
8 人 昌	ショウ さかん	あき あつ まさ ます よ よし	光り輝く太陽を表す。日光のように、人を温かく包み込む子に	昌奈8 あきな／千3昌 ちあき／昌絵12 まさえ／昌湖12 まさこ／昌美9 まさみ
8 昇	ショウ のぼる	かみ のり	昇る日にあやかり、向上心をもって何事にも取り組むよう願って	昇子3 しょうこ／昇珈9★ のりか／昇奈8 のりな／昇実8 のりみ／美9昇 みのり
8 松	ショウ まつ	ます	節操、繁茂、長寿の象徴ともなる、縁起のよい木。和風の名前に	松恵10 まつえ／松子3 まつこ／松美9 まつみ／松代5 まつよ／松梨11 まつり
8 斉	セイ	きよ ただ とし なお なり よし	整う。等しい。調和する。きちんと落ちついた印象を与える字	斉花7 きよか／斉美9 きよみ／斉子3 せいこ／斉良7 せいら／斉羅19 せいら
8 征	セイ	さち そ まさ もと ゆき	遠方の目標へとまっすぐ進むこと。ひたむきな強さを期待して	征良7 せいら／征実8 まさみ／征子3 ゆきこ／征那7 ゆきな／征美9 ゆきみ
8 青	セイ ショウ あお あおい	きよ はる よし	けがれなく澄みきったイメージの色。明るく、さわやかな子に	青空8 あおぞら／青葉12 あおば／青湖12 せいこ／青奈8 せいな／青海9 はるみ
8 卓	タク	たか つな とお まこと	優れている。高く抜きんでる。豊かな才能に恵まれるよう願って	卓重9 たかえ／卓子3 たかこ／卓世5 たかよ／卓帆6 たかほ／卓美9 たくみ
8 拓	タク	ひろ	困難に屈せず自分の道を開拓していける、強い意志をもつ子に	拓美9 たくみ／拓歌14 ひろか／拓香9 ひろか／拓乃2 ひろの／拓泉9 ひろみ
8 知	チ しる	あき かず さと ちか とも はる	悟る。認める。親しむ。特に、学問の分野における優秀さを表す	早6知 さち／知歌14 ちか／知美9 ともみ／真10知子3 まちこ／末5知流10 みちる

画数・漢字	音訓	名乗り	おもな意味	名前例
8 忠	チュウ	あつ すなお ただ なり なる のり	相手を敬い真心を尽くす、日本古来の美徳でもある格調高い字	忠乃 2 あつの 忠歩 8 あつほ 忠子 3 ただこ 忠美 9 ただみ 忠世 5 ただよ
8 直	チョク ジキ ただちに なおす なおる	すぐ すなお ただ ちか なお	善悪を判断できる澄んだ瞳と、素直で一途な心とを備えた子に	素直 10 すなお 直子 3 なおこ 直美 9 なおみ 奈直 8 ななお 美直 9 みちか
8 典	テン	つかさ のり ふみ みち よし より	貴いふみ、書物。規則。道。礼儀正しく道徳心のある女性に	典花 7 のりか 典子 3 のりこ 典未 5 のりみ 典代 5 のりよ 美典 9 みのり
8 東	トウ ひがし	き はる ひで もと	太陽が昇る方角。夢や希望に満ちた、新たなスタートの象徴にも	東子 3 とうこ 東湖 12 とうこ 東洋子 9 3 とよこ 東洋美 9 9 とよみ 東美 9 はるみ
8 人 奈	ナ ダイ いかん		いかに。なんぞ。バランスがよく、女の子らしい印象を与える字	奈緒 14 なお 奈津美 9 9 なつみ 奈々 3 なな 奈々子 3 3 ななこ 帆奈 6 はんな
8 波	ハ なみ		静かな波音のように人を和ませる、きらめく魅力に満ちた子に	音波 9 おとは 千波留 3 10 ちはる 波流南 10 9 はるな 美波 9 みなみ 百波 6 もなみ
8 人★ 杷	ハ ハイ え さらい		枇杷の実がもつ、かわいらしく東洋的なイメージを生かして	杷路 13 はいじ 杷奈 8 はな 杷菜江 11 6 はなえ 杷留子 10 3 はるこ 百杷 6 ももは
8 人★ 苺	バイ メ ボウ モウ いちご		かわいいイメージで、子株を生み出すさまを表す、縁起のよい字	苺 いちご 春苺 9 はるめ 苺衣子 6 3 めいこ 苺恵 10 もえ 苺花 7 もか
8 人★ 枇	ビ ヒ ヘイ		初夏に明るい色の実を結ぶ果樹、枇杷。朗らかな子を思わせる	麻枇 11 あさひ 枇香理 9 11 ひかり 枇沙恵 7 10 ひさえ 枇名乃 6 2 ひなの 枇蕗 16 ひろ
8 苗	ビョウ なえ なわ	え たね なり みつ	すくすくと育ち、やがて大きな実りをもたらすものを象徴する	花苗 7 かなえ 香苗 9 かなえ 早苗 6 さなえ 沙苗 7 さなえ 苗子 3 みつこ

★新人名漢字

画数・漢字	音訓	名乗り	おもな意味	名前例
8 歩	ホ ブ フ あるく あゆむ	あゆみ	着実に歩む意味から、未来への希望を感じさせる名前に	歩美9 あゆみ / 歩実8 あゆみ / 歩夢13 あゆむ / 史5歩里7 しほり / 美9歩 みほ
8 宝	ホウ たから	かね たか とみ とも みち よし	何よりも子を大切にいとおしむ、親の気持ちが込められた名前に	明8宝 あかね / 宝祢9★ たかね / 宝音9 たかね / 宝子3 とみこ / 宝実8 ともみ
人 8 朋	ホウ とも		もとは一対の貝。仲間。生涯の宝となる友人に恵まれるように	朋江6 ともえ / 朋夏10 ともか / 朋希7 ともき / 朋奈8 ともな / 朋美9 ともみ
8 法	ホウ ハッ ホッ	かず つね のり	規律を守り、常に公平な見方を心がける、年少者に慕われる人に	法江6 のりえ / 法佳8 のりか / 法花7 のりか / 法子3 のりこ / 法代5 のりよ
8 房	ボウ ふさ	のぶ	妻や女性の意味も。実り豊かなさま、充実した様子を思わせる	房江6 のぶえ / 房花7 のぶか / 房伃5★ ふさこ / 房乃2 ふさの / 房代5 ふさよ
人 8 茅	ボウ ミョウ かや	ち	ススキなど穂先の細い植物を総称する、日本画的な趣をもつ字	茅音9 かやね / 茅乃2 かやの / 紗10茅恵10 さちえ / 茅衣6子3 ちいこ / 美9茅子3 みちこ
8 牧	ボク まき		牧場のすがすがしいイメージ、教養を豊かにする意味を併せもつ	多6牧 たまき / 牧江6 まきえ / 牧葉12 まきは / 牧穂15 まきほ / 牧美9 まきみ
人 8 茉	マツ バツ	ま	茉莉、ジャスミン。芳香のように人を癒す、優しさを願って	茉沙7恵10 まさえ / 茉紗10子3 まさこ / 茉美9 まみ / 茉莉10 まり / 由5茉 ゆま
人★ 8 沫	マツ バツ あわ	わ	小さい水の粒や泡。フレッシュな魅力を振りまく、元気な子に	佐7沫子3 さわこ / 美9沫 みわ / 沫可5奈8 わかな / 沫花7那7 わかな / 沫香9葉12 わかば
人 8 弥	ミ ビ いよいよ	ひさ ひろ みつ や やす よし	広く行き渡る。弓の弦を緩める様子を表す、優しい印象をもつ字	美9弥子3 みやこ / 実8弥子3 みやこ / 弥生5 やよい / 弥乃2 よしの / 弥末5 よしみ

画数・漢字	音訓	名乗り	おもな意味	名前例
8 岬	みさき		広々と爽快な風景を連想させる、さわやかで涼しげな名前に	岬江6 みさえ／岬希7 みさき／岬子3 みさこ／岬音9 みさと／岬世5 みさよ
8 明	メイ・ミョウ あかり あかるい あきらか あける・あく あくる	あか あき てる はる ひろ よし	光。賢い。明朗で、だれからも好かれる元気な子のイメージ	明絵12 あきえ／明子3 あきこ／明奈8 あきな／明日4香9 あすか／千3明 ちあき
8 茂	モ しげる	しげ たか とお とも とよ もと	優れる。美しい。豊か。成長していくものを象徴する字でもある	茂子3 しげこ／茂美9 しげみ／都11茂子3 ともこ／茂枝8 もえ／茂音9 もね
8 夜	ヤ よ よる	やす	暗闇で光る月から。ロマンチックな雰囲気をもった名前に	小3夜 さよ／小3夜子3 さよこ／千3夜子3 ちよこ／華10夜 はなよ／美9夜子3 みやこ
人 8 侑	ユウ ウ たすける	ゆき	互いに思いやりをもって助け合える、豊かな人間関係を願って	阿8侑美9 あゆみ／侑香9 ゆうか／侑紀9 ゆうき／侑季8 ゆうき／侑海9 ゆうみ
8 林	リン はやし	き きみ な ふさ もと よし	多くあるさま。人を癒す空間でもある、豊かな自然にあやかって	果8林 かりん／林歌14 りんか／林香9 りんか／林檎17★ りんご／林音9 りんね
人 8 怜	レイ レン	さと とき	賢い。哀れむ。人の痛みを解する、こまやかな感性の持ち主に	美9怜 みれい／怜亜7 れいあ／怜子3 れいこ／怜巴4 れいは／怜羅19 れいら
8 和	ワ オ やわらぐ やわらげる なごむ なごやか	かず ちか のどか まさ やす やわ	穏やか。一致する。日本を示す字でもある。協調性のある子に	和泉9 いずみ／和紗10 かずさ／和美9 かずみ／祈8和 きわ／和歌14奈8 わかな
人★ 9 娃	アイ ア ワ		すっきりと際立って美しいさま。多くの人を魅了する美しい女性に	娃美9 あいみ／娃香9 あいか／娃鈴13 あいりん／娃紀9 あき／乃2娃 のあ
人★ 9 按	アン アツ おさえる しらべる	ただ	一つずつ調べる。慎重を期する作業もこなす、理知的な女性に	按 あん／按寿7 あんじゅ／按南9 あんな／按梨11 あんり／茉8莉10按 まりあん

★新人名漢字

画数・漢字	音訓	名乗り	おもな意味	名前例
9 人 郁	イク	あや か かおる ふみ	文明開化を表す字で、華やかでパワフルなイメージをもつ	郁枝 8 いくえ 郁美 9 いくみ 郁世 5 いくよ 郁子 3 かおるこ 郁香 9 ふみか
9 映	エイ うつる うつす はえる	あき てる みつ	もとは光が照り返す様子。輝くような才能と魅力に満ちた子に	映花 7 えいか 映子 3 えいこ 映莉 10 えり 映理 11 えり 美 9 映 みえ
9 栄	エイ さかえる はえ はえる	え さかえ てる ひで まさ よし	名誉。草木が茂る。すっきりとした末広がりの、縁起がよい字	栄華 10 えいか 栄子 3 えいこ 紗 10 栄子 3 さえこ 栄 さかえ 美 9 栄 みえ
9 音	オン イン おと ね	お と なり	声。便り。言葉。古風でしゃれた趣のある、かわいい名前になる	天 4 音 あまね 音芭 7★ おとは 花 7 音 かのん 美 9 音子 3 みねこ 萌 11 音 もね
9 人★ 珂	カ	たま てる	白メノウ。白色のクツワ貝。自然体の優しい美しさを誇る女性に	珂那 7 かな 珂葉 12 かよ 珂鈴 13 かりん 清 11 珂 さやか 悠 11 珂 ゆか
9 人★ 珈	カ		婦人の髪飾り。大正ロマン的な、華麗でしゃれた印象を与える字	珈緒 14 里 7 かおり 珈奈 8 かな 珈奈 8 絵 12 かなえ 珈穂 15 かほ 美 9 珈 みか
9 人★ 迦	カ カイ キャ ケ		行き合う。人やものとの縁を大切にする、殊勝な才女を思わせる	迦澄 15 かすみ 迦那 7 かな 沙 7 耶 9 迦 さやか 美 9 迦夜 8 みかよ 佑 7 迦 ゆか
9 海	カイ うみ	あま うな み	広く大きいもの。のびのびとした、おおらかなイメージをもつ	朝 12 海 あさみ 奈 8 々 3 海 ななみ 南 9 海江 6 なみえ 海帆 6 みほ 夕 3 海 ゆみ
9 人★ 廻	カイ エ まわる めぐる	のり	めぐらす、返る、元に戻るといった縁起のよい意味を多く示す字	廻衣 6 子 3 えいこ 廻見 7 里 7 えみり 廻夢 13 かいむ 智 12 廻 ちえ 七 2 廻 ななえ
9 人★ 恢	カイ キ ひろい	ひろ	ゆったりと余裕のある様子を示し、精神的なおおらかさに通じる	恢奈 8 かいな 恢恵 10 ひろえ 恢仔 5★ ひろこ 恢菜 11 ひろな 恢美 9 ひろみ

画数・漢字	音訓	名乗り	おもな意味	名前例
9 皆	カイ みな	とも みち	ともに。もとは並んでそろうさま。人と喜びを分かち合える子に	皆菜11 かいな、皆江6 みなえ、皆子3 みなこ、皆実8 みなみ、皆代5 みなよ
9 活	カツ	いく	もとは水が勢いよく流れること。みずみずしいイメージを与える	活恵10 いくえ、活子3 いくこ、活美9 かつみ、活世5 かつよ、活代5 かつよ
9 人★ 柑	カン ケン みかん		蜜柑の一種。オレンジ色の実は、明るくかわいい子を思わせる	柑奈8 かんな、柑菜11 かんな、柑那7 かんな、美柑9 みかん、蜜柑14★ みかん
9 紀	キ	かず とし のり ふみ もと よし	はじめ。筋道。年代。歴史の重みと、未来への希望を感じさせる	紀華10 のりか、紀実8 のりみ、紀世5 のりよ、美紀9 みき、由紀5 ゆき
9 人★ 祇	ギ・キ シ ジ くにつかみ ただ まさに	けさ つみ のり まさ	国津神。ひたすらに。一途な思いを秘めた、慎み深い女の子に	麻祇11 あさぎ、祇美9 きみ、祇世5 ただよ、祇子3 まさこ、祇実8 まさみ
9 人 衿	キン コン えり		えりもと。結ぶ。きれいな印象の字。重要な部分のたとえにも	衿佳8 えりか、衿奈8 えりな、沙衿7 さえり、千衿3 ちえり、萌衿11 もえり
9 人 奎	ケイ また	ふみ	古くは長さや星座も示す。安定感のある字で、落ちついた印象に	奎花7 けいか、奎子3 けいこ、奎菜11 けいな、奎奈8 けいな、奎香9 ふみか
9 建	ケン コン たてる たつ	たけ	しっかり立つ。人を送り出し、また迎える温かい空間のイメージ	建子3 たけこ、建乃2 たけの、建美9 たけみ、建実8 たけみ、建世5 たつよ
9 研	ケン とぐ	あき きよ	磨く。豊かな感性をもって自分を高めていく、努力家を思わせる	研子3 あきこ、研奈8 あきな、研代5 あきよ、研江6 きよえ、研美9 きよみ
9 人 胡	コ ゴ ウ なんぞ えびす	ひさ	大きく覆う。外来のものも意味し、エキゾチックなイメージも	胡々3 ここ、胡々美3 9 ここみ、胡由紀5 9 こゆき、胡依8 こより、雪胡11 ゆきこ

★新人名漢字

画数・漢字	音訓	名乗り	おもな意味	名前例
9 恒	コウ	ちか つね のぶ ひさ	いつまでも変わらない。初心を忘れない、穏やかな人にと願って	恒子3 つねこ 恒絵12 ひさえ 恒美9 ひさみ 恒泉9 ひさみ 恒世5 ひさよ
人 9 洸	コウ	ひろ	水が湧き出るさま。ほのか。澄んだ美しい魅力をたたえた子に	千3洸 ちひろ 洸香9 ひろか 洸乃2 ひろの 洸美9 ひろみ 真10洸 まひろ
人★ 9 恰	コウ あたかも	あたか きょう こう	ぴったりと。才能を存分に生かせる道を見出せるよう願って	恰子3 きょうこ 恰音9 きょうね 恰奈8 こうな 恰乃2 こうの 恰美9 こうみ
9 厚	コウ あつい	あつ ひろ	深い。豊か。こまやか。人の痛みを理解できる、情の厚い子に	厚江6 あつえ 厚子3 あつこ 厚穂15 あつほ 厚実8 あつみ 厚葉12 あつよ
9 皇	コウ オウ		偉大な開祖、王。神。スマートな字体で、優美な印象の名前に	皇花7 おうか 皇羅19 おうら 皇子3 こうこ 皇実8 こうみ 美9皇 みおう
9 香	コウ キョウ か かおり かおる	たか よし	フレッシュな感覚を伴う字。人を癒す特性にもあやかって	愛13香 あいか 香織18 かおり 香奈8 かな 沙7耶9香 さやか 美9香 みか
9 紅	コウ ク べに くれない	あか いろ くれ	濃い赤色。あでやかな。女性や美しいさま、炎を表す華麗な字	紅美9 くみ 紅羽6 くれは 紅子3 べにこ 美9紅 みく 紅葉12 もみじ
人 9 虹	コウ にじ		彩りが豊かで美しい様子のたとえともされる、詩的な印象の字	七2虹 ななこ 虹花7 にじか 虹子3 にじこ 美9虹 みこ 優17虹 ゆうこ
9 砂	サ シャ すな	いさご さご	さらさらとした心地よさに通じる。数限りないもののたとえにも	砂枝8 さえ 砂紀9 さき 砂貴12 さき 砂槻15 さつき 美9砂 みさ
9 咲	さく	さ さき ショウ	笑う、喜ぶ。きれいな花を思わせる、明るく優しいイメージの字	咲子3 さきこ 咲美9 さくみ 千3咲 ちさき 美9咲 みさき 梨11咲 りさ

名前例	おもな意味	名乗り	音訓	画数・漢字
沙7珊 さざん / 珊季8 さつき / 珊輝15 さつき / 珊瑚13 さんご / 珊后6 さんご	七宝の一つ、珊瑚。大自然が生んだ宝のように、美しく元気な子に	たま	サン サツ サンチ	人★ 9 珊
秋子3 あきこ / 秋菜11 あきな / 秋奈8 あきな / 秋穂15 あきほ / 千3秋 ちあき	紅葉をはじめ、情趣に富んだ季節。しっとりと落ちついた印象も	とき とし	シュウ あき	9 秋
亜7洲花7 あすか / 香9洲美9 かすみ / 洲々3子3 すずこ / 洲真10子3 すまこ / 真10洲美9 ますみ	川の中の島。大陸。周囲の人に流されない、自立した女性に	くに	シュウ ス す しま	人 9 洲
柊花7 しゅうか / 柊香9 しゅうか / 柊子3 しゅうこ / 柊奈8 しゅうな / 柊 ひいらぎ	日本では節分に飾る木として親しまれ、クリスマスのイメージも		シュウ ひいらぎ	人 9 柊
七2重 ななえ / 三3重子3 みえこ / 八2重 やえ / 八2重子3 やえこ / 梨11重 りえ	縁が重なる、努力を重ねる、大切にするといった、縁起のよい字	あつ かず しげ のぶ ふさ	ジュウ チョウ え おもい かさねる かさなる	9 重
祝歌14 のりか / 祝帆6 のりほ / 祝美9 のりみ / 祝世5 のりよ / 美9祝 みのり	神に仕えるもの。祈りや喜びなど、神聖で縁起のよい意味をもつ	とき のり はじめ	シュク シュウ いわう	9 祝
俊華10 しゅんか / 俊江6 としえ / 俊子3 としこ / 俊美9 としみ / 俊世5 としよ	優れる。冷静に判断し、機敏に対応できる才女を思わせる名前に	とし よし	シュン	9 俊
小3春 こはる / 茅8春 ちはる / 春花7 はるか / 春海9 はるみ / 美9春 みはる	芽吹く、花が咲くなど、華やかで心地よいイメージに満ちた季節	あつ かず す とき	シュン はる	9 春
志7洵 しのぶ / 洵 じゅん / 洵子3 じゅんこ / 洵南9 じゅんな / 洵花7 のぶか	等しい。もとは渦巻く水の様子を示す。人に潤いを与える子に	のぶ まこと	ジュン シュン まことに	人 9 洵
叙佳8 のぶか / 叙子3 のぶこ / 叙江6 みつえ / 叙希7 みつき / 叙瑠14 みつる	順序だてて展開する、述べる。きちんとした格調高い印象をもつ	のぶ みつ	ジョ	9 叙

★新人名漢字

漢字から考える

9画

画数・漢字	音訓	名乗り	おもな意味	名前例
9 昭	ショウ	あき てる はる	照り輝く。もとは日光を示す明るい要素をもち、安定感も備える	昭子3 あきこ / 昭葉12 あきは / 昭穂15 あきほ / 昭美9 あきみ / 昭代5 てるよ
9 信	シン	あき しの ちか のぶ まこと みち	真心。あかし。互いに信頼し合える、よい人間関係を願って	信歩8 しのぶ / 信子3 のぶこ / 信美9 のぶみ / 信世5 のぶよ / 美9信 みのぶ
9 津	シン つ	ず	港。潤う。人が集まる憩いの場から、安らぎのイメージに通じる	志7津代5 しずよ / 奈8津 なつ / 菜11津 なつ / 美9津代5 みつよ / 梨11津子3 りつこ
9 省	セイ ショウ かえりみる はぶく	かみ み みる よし	わきまえる。常に謙虚な心をもって、静かに自分を見つめる子に	省子3 せいこ / 省江6 よしえ / 省花7 よしか / 省乃2 よしの / 省美9 よしみ
9 星	セイ ショウ ほし	とし	清らかで美しい印象をもつ、ロマンチックな字。輝く魅力を期待	星子3 せいこ / 星湖12 せいこ / 七2星 ななせ / 星歌14 ほしか / 星南9 ほしな
9 政	セイ ショウ まつりごと	おさ かず なお のぶ のり まさ	正す。自分の意見をしっかりもち、間違いを正していける子に	政奈8 せいな / 政江6 まさえ / 政子3 まさこ / 政乃2 まさの / 政美9 まさみ
9 宣	セン	のぶ のり ひさ ふさ よし より	述べる。自己主張できる強さを秘めた、スマートな名前になる	宣江6 のぶえ / 宣子3 のぶこ / 宣佳8 のりか / 美9宣 みのり / 宣乃2 よしの
人 9 茜	セン あかね	あか	夕焼けの赤色。染料となる草。しっとりとした情趣に満ちた字	茜 あかね / 茜嶺17 あかね / 茜音9 あかね / 茜里7 あかり / 茜理11 せんり
9 泉	セン いずみ	い ずみ なみ み みず もと	潤い豊かで、さわやかなイメージをもつ字。生命の源の象徴にも	泉 いずみ / 和8泉 いずみ / 叶5泉 かなみ / 泉奈8 せんな / 望11泉 のぞみ
9 荘	ソウ	たか	厳かなさま。すらりと整った様子も表し、優美な印象の名前に	荘子3 そうこ / 荘梛11★ そうな / 荘音9 たかね / 荘美9 たかみ / 荘良7 たから

画数・漢字	音訓	名乗り	おもな意味	名前例
9 奏	ソウ かなでる	かな	成し遂げる。美しい音楽のように人の心を和ませる、優しい子に	奏江6 かなえ / 奏子3 かなこ / 奏美9 かなみ / 奏芽8 かなめ / 奏世5 かなよ
9 草	ソウ くさ	かや しげ	青々とした爽快感や強い生命力、野に咲く花の可憐さを思わせる	草乃2 かやの / 草歌14 そうか / 草香9 そうか / 草奈8 そうな / 千3草 ちぐさ
9 則	ソク	とき のり みつ	決まり。模範。多くの人に慕われる、品行方正な才女にと願って	則江6 のりえ / 則佳8 のりか / 則子3 のりこ / 則世5 のりよ / 美9則 みのり
9 茶	チャ サ		日本の伝統文化である茶道の、静かに澄んだ趣にあやかって	亜7茶子3 あさこ / 茶都11 さと / 茶々3 ちゃちゃ / 日4茶美9 ひさみ / 美9茶 みさ
9 貞	テイ	さだ ただ みさお	古風でしとやかなイメージが漂う。いつも道徳心を忘れない子に	貞江6 さだえ / 貞美9 さだみ / 貞世5 さだよ / 貞香9 ていか / 貞子3 ていこ
9 南	ナン ナ みなみ	あけ なみ みな よし	暖かく花や果実が豊富、穏やかな人柄など、よいイメージに通じる	香9南子3 かなこ / 那7南 ななみ / 南穂15 なほ / 真10南美9 まなみ / 美9南江6 みなえ
人★ 9 祢	ネ デイ	ない	霊廟。神職にも通じる。祖先を敬い文化を重んじる、謙虚な子に	朱6祢 あかね / 天4祢 あまね / 琴12祢 ことね / 祢緒14 ねお / 美9祢 みね
人★ 9 珀	ハク ヒャク	すい たま	琥珀、神秘的なイメージをもつ宝飾品。澄んだ魅力を思わせる	琥12★珀 こはく / 瑚13珀 こはく / 珀子3 たまこ / 珀美9 たまみ / 珀亜7 はくあ
9 飛	ヒ とぶ とばす	たか	空を舞う鳥のイメージから、未来への希望や自由を連想させる	飛鳥11 あすか / 飛雁12★ ひかり / 飛奈8 ひな / 飛万3里7 ひまり / 飛美9子3 ひみこ
人★ 9 毘	ビ ヒ	てる とも のぶ まさ やす よし	そばにいて助ける。梵語の音訳で、エキゾチックな趣もまとう字	毘香9莉10 ひかり / 毘沙7絵12 ひさえ / 毘美9花7 ひみか / 毘美9 よしみ / 流10毘衣6 るびい

★新人名漢字

画数・漢字	音訓	名乗り	おもな意味	名前例
9 美	ビ うつくしい	とみ はる ふみ み みつ よし	よい。立派な。麗しい。清らかな美しさを感じさせる、人気の字	美花7 みか 美樹16 みき 美知8瑠14 みちる 美月4 みつき 悠11美 ゆうみ
9 風	フウ フ かぜ かざ		趣。自由でさわやかなイメージ。現代的な雰囲気をもった名前に	風音9 かざね 風花7 ふうか 風歌14 ふうか 風子3 ふうこ 風美9 ふみ
9 保	ホ たもつ	お やす より	もとは子どもを守り育てること。深い愛情や温もりの伝わる字	奈8保子3 なおこ 真10保 まほ 美9保 みほ 保恵10 やすえ 保美9 やすみ
人 9 昴	ボウ すばる		秋を代表する星座、六連星。ロマンチックなイメージの名前に	夏10昴 かほ 昴 すばる 昴乃2花7 ほのか 麻11昴 まほ 美9昴 みほ
人 9 柾	まさ		まっすぐな木目。素直に、まっすぐ成長する姿にも通じる字	柾子3 まさこ 柾奈8 まさな 柾乃2 まさの 柾美9 まさみ 柾代5 まさよ
人 9 耶	ヤ		感情を表す助詞。エキゾチックな雰囲気の、個性的な名前になる	亜7耶 あや 香9耶子3 かやこ 摩15耶 まや 美9耶 みや 耶々3子3 ややこ
人 9 柚	ユウ ジク ゆず	ゆ	芳香が邪気をはらうとされる果実、柚子。かわいらしい名前に	芙7柚香9 ふゆか 柚 ゆず 柚香9 ゆずか 柚季8 ゆずき 柚実8 ゆみ
人 9 祐	ユウ たすける	さち ち まさ ます ゆ よし	天の助け。福、幸い。大きな力に守られて、健やかに育つように	亜7祐美9 あゆみ 沙7祐美9 さゆみ 祐香9 ゆうか 祐子3 ゆうこ 祐乃2 よしの
人 9 宥	ユウ ゆるす	ひろ	もとは広い家を表す。人を受け入れ包み込む、温かい心を願って	美9宥 みひろ 宥香9 ゆうか 宥子3 ゆうこ 宥那7 ゆうな 宥乃2 ゆうの
9 洋	ヨウ	うみ きよ なみ ひろ み よ	大海。広く大きいさま。おおらかで健康的な子にと願いを込めて	南9洋 ななみ 洋花7 ひろか 洋奈8 ひろな 洋海9 ひろみ 洋子3 ようこ

画数・漢字	音訓	名乗り	おもな意味	名前例
9 要	ヨウ、いる	かなめ、しの、とし、やす	肝心なところ。落ちついた印象の字。人をまとめる能力も期待	要芽8 かなめ、要絵12 としえ、要美9 としみ、要代5 やすよ、要子3 ようこ
人★ 9 洛	ラク	みやこ	もとは中国の川名。都・洛陽から日本の京都を指す優美な意味も。	洛 みやこ、洛亜7 らくあ、洛花7 らくか、洛歌14 らくか、洛南9 らくな
9 律	リツ、リチ	おと、のり、みち	もとは一筋の道。自分を律する精神力を備えた、ひたむきな子に	律江6 おとえ、律流10 みちる、律歌14 りつか、律香9 りつか、律子3 りつこ
9 柳	リュウ、やなぎ		強い風もしなやかに受け流す、自然体の優れた柔軟性を期待して	柳 やなぎ、柳美9 やなみ、柳佳8 りゅうか、柳歌14 りゅうか、柳子3 りゅうこ
人 9 亮	リョウ、あきらか	あき、かつ、きよ、まこと、よし	はっきりしている。真実。助ける。明るく活発な子を思わせる	亮菜11 あきな、亮乃2 あきの、亮葉12 あきは、亮美9 あきみ、亮子3 りょうこ
人 9 玲	レイ	たま、れ	透き通った宝玉。光り輝くさま。澄んだ清らかな心をもつ子に	玲子3 たまこ、玲華10 れいか、玲羅19 れいら、玲緒14 れお、玲実8 れみ
人★ 10 挨	アイ		そばに近寄ることから、挨拶の意味へ。礼節の精神に通じる字	挨花7 あいか、挨香9 あいか、挨祢9★ あいね、挨羅19 あいら、挨莉10 あいり
人 10 晏	アン、おそい	さだ、やす、はる	静かに落ちついているさま。ほっと安心感を与える名前になる	晏 あん、晏珠10 あんじゅ、晏那7 あんな、晏璃15 あんり、美9晏 びあん
10 益	エキ、ヤク	あり、ます、み、みつ、やす、よし	役に立つ、不足分を埋めるなど、縁起のよい意味を多くもつ字	益栄9 ますえ、益実8 ますみ、益姫10 みつき、益代5 みつよ、益流10 みつる
10 悦	エツ	のぶ、よし	喜ぶ。慕う。多くの喜びを見つけ、人と分かち合っていける子に	悦子3 えつこ、悦江6 よしえ、悦歌14 よしか、悦乃2 よしの、悦美9 よしみ

★新人名漢字

画数・漢字	音訓	名乗り	おもな意味	名前例
10 桜	オウ さくら	お	春の代名詞ともなる日本の国花。愛国心や国際感覚にも通じる	桜 さくら／桜子(3) さくらこ／万(3)桜 まお／美(9)桜 みお／美(9)桜里(7) みおり
10 夏	カ ゲ なつ		大きい、盛んという意味も。快活で明るいイメージが好まれる	彩(11)夏 あやか／綾(14)夏 あやか／千(3)夏 ちなつ／夏芽(8) なつめ／美(9)夏 みか
10 華	カ ケ はな	は はる	美しく咲きそろった花。人を引きつける、華やかな魅力の女性に	華緒(14)里(7) かおり／華音(9) かのん／華絵(12) はなえ／華代(5) はなよ／史(5)華 ふみか
10 人★ 桧	カイ ひのき	ひ	すがすがしい香りのする木。和風のりりしさを感じさせる名前に	桧奈(8) かいな／桧羅(19) かいら／桧李(7) かいり／桧紗(10)江(6) ひさえ／桧文(4)美(9) ひふみ
10 人 莞	カン い		もとは丸い管状の草。まろやか。穏やかで素直な人柄を願って	莞菜(11) かんな／莞奈(8) かんな／莞乃(2) かんの／万(3)莞 まい／美(9)莞 みかん
10 人 栞	カン しおり		手引き。文学的、芸術的な雰囲気が漂う、美しい名前をつくる字	栞奈(8) かんな／栞香(9) しおか／栞祢(9★) しおね／栞 しおり／美(9)栞 みかん
10 起	キ おきる おこる おこす	おき かず たつ ゆき	始める。周囲に流されず、自分の考えで行動を起こせる子に	起美(9)子(3) きみこ／紗(10)起 さき／美(9)起 みき／美(9)由(5)起 みゆき／侑(8)起 ゆうき
10 人★ 桔	キツ ケツ		桔梗、秋の七草の一つ。可憐な美しさと野に咲く強さを併せもつ	桔梗(11★) ききょう／桔京(8) ききょう／桔華(10) きつか／桔香(9) きつか／桔代(5) きつよ
10 恭	キョウ うやうやしい	すみ たか のり みつ やす ゆき	敬う。慎む。敬意をもって人に接し、また人から慕われる人に	恭花(7) きょうか／恭子(3) きょうこ／恭恵(10) やすえ／恭穂(15) やすほ／恭美(9) やすみ
10 恵	ケイ エ めぐむ	あや しげ めぐみ やす	慈しむ。恩を施す。情け。人間の根本的な優しさを意味する字	恵実(8)夏(10) えみか／恵蓮(13) えれん／多(6)恵子(3) たえこ／恵 めぐみ／佳(8)恵 よしえ

画数・漢字	音訓	名乗り	おもな意味	名前例
人 10 桂	ケイ かつら	かつ よし	中国の伝説で、月の中にある木。格調高くロマンチックな名前に	桂香9 けいか / 桂子3 けいこ / 桂那7 けいな / 桂乃2 よしの / 桂美9 よしみ
10 兼	ケン かねる	かず かた かね とも	二つのものを併せもつこと。いっしょに。多分野での活躍を願って	亜7兼 あかね / 兼深11 かねみ / 兼実8 かねみ / 兼代5 かねよ / 兼世5 ともよ
人 10 晃	コウ あきらか	あき きら てる ひかり ひかる みつ	光る、輝く。いつも明るく朗らかな、だれからも好かれる子に	晃子3 あきこ / 晃芭7★ あきは / 晃代5 あきよ / 晃羽6 てるは / 晃帆6 てるほ
人★ 10 晄	コウ あきらか	あき てる ひかり ひかる みつ	光が四方に広がるさま。明るく輝くような笑顔の子にと願って	晄子3 あきこ / 晄奈8 あきな / 晄美9 あきみ / 晄代5 あきよ / 晄 ひかる
人 10 浩	コウ おおきい ひろい	はる ひろ	多い、豊か。ゆったりと、おおらかな優しい子のイメージ	浩枝8 ひろえ / 浩華10 ひろか / 浩奈8 ひろな / 浩乃2 ひろの / 浩美9 ひろみ
人 10 倖	コウ さいわい	さち ゆき	古風な雰囲気をもつ字。多くの愛情に恵まれ、幸せに育つように	倖穂15 さちほ / 倖世5 さちよ / 美9倖 みゆき / 倖菜11 ゆきな / 倖乃2 ゆきの
10 高	コウ たかい たか たかまる たかめる	たけ	優れている。立派な。高みをめざす向上心と、品性を感じさせる	高江6 たかえ / 高子3 たかこ / 高嶺17 たかね / 高穂15 たかほ / 高美9 たかみ
人 10 紘	コウ ひも	つな ひろ	つなぐ。大きい。果てしなく続くことを意味する、縁起のよい字	千3紘 ちひろ / 紘歌14 ひろか / 紘奈8 ひろな / 紘海9 ひろみ / 麻11紘 まひろ
人 10 紗	サ シャ うすぎぬ	すず たえ	しなやかで繊細なイメージの字。気品を感じさせる名前に	亜7紗美9 あさみ / 更7紗 さらさ / 麻11紗美9 まさみ / 美9紗 みさ / 理11紗 りさ
人 10 朔	サク ついたち	きた もと	月が一周して元の位置に戻った様子を示す、ロマンチックな字	朔美9 さくみ / 朔代5 さくよ / 朔夏10 もとか / 朔子3 もとこ / 朔葉12 もとは

★新人名漢字

画数・漢字	音訓	名乗り	おもな意味	名前例
10 時	ジ とき	ちか はる ゆき よし より	移り行く月日。過去から綿々と続く、未来への可能性を思わせる	時恵10 ときえ 時江6 ときえ 時榎14★ ときか 時子3 ときこ 時羽6 ときわ
10 珠	シュ	じゅ たま み	真珠や宝石など美しいもの、大切なもののたとえにもされる字	珠里7 しゅり 珠枝8 たまえ 珠緒14 たまお 珠美9 たまみ 真10珠 まじゅ
10 殊	シュ こと	よし	普通と違って特別に。美しさや優秀さが際立つさまに通じる	殊子3 ことこ 殊乃2 ことの 殊羽6 ことは 殊美9 ことみ 真10殊 まこと
10 修	シュウ シュ おさめる おさまる	おさ なお のり まさ みち もと	もとは、すらりとした形に整えること。スマートな印象の名前に	修美9 おさみ 修花7 しゅうか 修香9 しゅうか 修子3 しゅうこ 修奈8 のりな
10 人★ 袖	シュウ そで		人そのものを示す意味にも多用される字で、個性的な名前に	袖夏10 しゅうか 袖花7 しゅうか 袖子3 しゅうこ 袖奈8 しゅうな 袖美9 そでみ
10 人 隼	シュン ジュン はやぶさ	とし はや	スピードや機敏な身のこなしのたとえともされる、スマートな字	隼花7 しゅんか 隼子3 じゅんこ 隼那7 じゅんな 千3隼 ちはや 隼美9 はやみ
10 人 峻	シュン スン たかい きびしい	たか ちか とし みち	そびえ立つ山のような、凛とした美しさをもつ女性にと願って	峻子3 たかこ 峻奈8 たかな 峻音9 たかね 峻穂15 たかほ 峻美9 たかみ
10 純	ジュン	あつ すみ とう まこと よし	美しく澄んだ瞳と、素直で清らかな心をもつ女性にと願って	香9純 かすみ 純 じゅん 純子3 じゅんこ 純鈴13 すみれ 真10純 ますみ
10 祥	ショウ	さき さち ただ なか やす よし	喜びの兆しも意味する、縁起のよい字。優雅な印象の名前になる	祥帆6 さちほ 祥美9 さちみ 祥世5 さちよ 祥子3 しょうこ 祥乃2 よしの
10 笑	ショウ わらう えむ	え えみ	優しいほほえみで人の気持ちを和ませ、だれからも好かれる子に	笑美9 えみ 笑里7 えみり 笑瑠14 えみる 千3笑 ちえみ 美9笑 みえ

画数・漢字	音訓	名乗り	おもな意味	名前例
10 人 晋	シン すすむ	あき くに ゆき	もとは2本の矢が進む様子。何事にも前向きで、積極的な子に	晋枝8 くにえ 晋歌14 くにか 晋子3 くにこ 晋穂15 くにほ 晋美9 くにみ
10 真	シン ま	さだ ただ なお まこと まさ まな	本物。純粋な。正しい。立派な。肯定的で前向きな意味の字	恵10真 えま 真琴12 まこと 真耶9 まや 真理11菜11 まりな 由5真 ゆま
10 粋	スイ	きよ ただ	混じりけがない。純粋で美しい意味に通じ、風流な様子も表す	粋依8 きよえ 粋花7 きよか 粋歌14 きよか 粋羽6 きよは 粋美9 きよみ
10 人★ 栖	セイ サイ すむ	す すみ	鳥の巣。自分のすみかで憩う様子から、穏やかなイメージをもつ	有6栖 ありす 来7栖 くるす 栖美9江6 すみえ 栖子3 せいこ 栖羅19 せいら
10 人 晟	セイ ジョウ	あき てる まさ	明るく立派なさま。笑顔と行動力で人を導く、魅力的なリーダーに	晟奈8 あきな 晟穂15 あきほ 晟美9 あきみ 晟代5 あきよ 晟子3 せいこ
10 素	ソ ス	しろ すなお もと	ありのまま。白い絹地を意味する、純粋な美しさを感じさせる字	素乃2子3 そのこ 素代5香9 そよか 素良7 そら 素恵10 もとえ 素羽6 もとは
10 泰	タイ	とう ひろ やす よし	大きい、広い。人の心を和ませるような、ゆったりとした人柄に	泰枝8 やすえ 泰子3 やすこ 泰羽6 やすは 泰美9 やすみ 泰代5 やすよ
10 人 啄	タク ついばむ		つつく。こつこつ努力を積み重ね、目標を達成するさまに通じる	啄祢9★ たかね 啄江6 たくえ 啄帆6 たくほ 啄美9 たくみ 啄実8 たくみ
10 通	ツウ ツ とおる とおす かよう	なお みち ゆき	初心を忘れず、まっすぐな意志で、筋道の通った言動のとれる子に	亜7通美9 あつみ 香9通代5 かつよ 通枝8 みちえ 通香9 みちか 通歩8 みちほ
10 哲	テツ	あき さと のり よし	賢い、道理に明るい。聡明で人に慕われる、人格者を思わせる字	哲美9 さとみ 哲子3 てつこ 哲代5 てつよ 哲夏10 のりか 哲乃2 よしの

★新人名漢字

画数・漢字	音訓	名乗り	おもな意味	名前例
10 展	テン	のぶ ひろ	発達する、成長していくという、未来への可能性を感じさせる字	展子(3) のぶこ / 展恵(10) ひろえ / 展佳(8) ひろか / 展実(8) ひろみ / 美(9)展 みのぶ
10 透	トウ すく すかす すける	すき ゆき	純粋でけがれのない心を象徴する字で、美しい印象の名前に	透子(3) とうこ / 美(9)透 みゆき / 透夏(10) ゆきか / 透乃(2) ゆきの / 透海(9) ゆきみ
人 10 桐	トウ ドウ きり	ひさ	まっすぐな木目が、素直さを思わせる。和風の美しさをもつ字	桐花(7) きりか / 桐子(3) きりこ / 桐乃(2) きりの / 桐葉(12) きりは / 沙(7)桐 さぎり
10 桃	トウ もも		実や花の愛らしいイメージが好まれる、春の暖かさを感じさせる字	桃香(9) ももか / 桃子(3) ももこ / 桃乃(2) ももの / 桃葉(12) ももは / 桃世(5) ももよ
10 能	ノウ	たか とう のり ひさ やす よし	できる。物事をなしうる力。豊かな才能に恵まれるよう願って	能佳(8) のりか / 能里(7)子(3) のりこ / 能美(9) のりみ / 能子(3) よしこ / 能乃(2) よしの
10 梅	バイ うめ	め	早春を告げ、安産や結婚を祝う縁起のよい花。古くから愛される	梅香(9) うめか / 梅花(7) うめか / 梅子(3) うめこ / 小(3)梅 こうめ / 由(5)梅 ゆめ
10 姫	ひめ	き	女子の美称。貴人の娘。小さくて愛らしいもののたとえにも	姫咲(9) きさき / 姫佳(8) ひめか / 姫乃(2) ひめの / 美(9)姫 みき / 由(5)姫美(9) ゆきみ
10 敏	ビン	さと と とし はる ゆき よし	すばやい。賢い。何事も手際よくこなせる、よく気のつく子に	敏花(7) さとか / 千(3)敏 ちさと / 敏恵(10) としえ / 敏子(3) としこ / 敏美(9) としみ
人★ 10 圃	ホ はたけ	その	苗を栽培する菜園。健やかな成長や豊かな実りを思わせる字	歌(14)圃 かほ / 圃夏(10) そのか / 圃子(3) そのこ / 真(10)圃 まほ / 美(9)圃 みその
人★ 10 峯	ホウ フ みね	お たか ね	もとは左右から来て中央で出会うこと。豊かな人間関係を願って	綾(14)峯 あやね / 峯子(3) みねこ / 美(9)峯子(3) みねこ / 峯葉(12) みねは / 琉(11)峯 るみね

画数・漢字	音訓	名乗り	おもな意味	名前例
10 峰	ホウ　みね	たか　ね	悠然とした姿にあやかって、大きな優しさと慈しみをもつ人に	紅(9)峰 あかね／花(7)峰子(3) かねこ／峰美(9) たかみ／峰歌(14) みねか／雪(11)峰 ゆきね
10 紋	モン	あき　あや	織地の模様。光で変わる光沢のように、多彩な魅力の持ち主に	紋歌(14) あやか／紋子(3) あやこ／紋音(9) あやね／紋乃(2) あやの／紋芽(8) あやめ
10 容	ヨウ	ひろ　まさ　やす　よし	もとは大きな家を表す。人を受け入れる、広い心にも通じる	容花(7) ひろか／容菜(11) ひろな／容美(9) ひろみ／容世(5) まさよ／容子(3) ようこ
10 莉（人）	リ	まり	茉莉、ジャスミン。芳香のように人を和ませ、愛される子に	亜(7)花(7)莉 あかり／亜(7)莉紗(10) ありさ／恵(10)莉歌(14) えりか／茉(8)莉 まり／莉緒(14)奈(8) りおな
10 浬（人★）	リ　かいり　のっと		海上の距離単位、海里。ゆったりしたイメージと、旅情をもつ字	亜(7)浬佐(7) ありさ／真(10)浬奈(8) まりな／美(9)乃(2)浬 みのり／浬音(9) りおん／浬夏(10) りか
10 哩（人★）	リ　マイル		遥かな風景や、大きな夢を胸に秘めた旅人をイメージさせる	杏(7)哩 あんり／絵(12)美(9)哩 えみり／江(6)哩子(3) えりこ／芽(8)哩 めり／哩奈(8) りな
10 留	リュウ　ル　とめる　とまる	と　とめ　ひさ	とどまる。久しい、緩やか。安定感のある字で、現代的な名前に	玖(7)留美(9) くるみ／美(9)智(12)留 みちる／留音(9) るね／留実(8) るみ／留美(9)子(3) るみこ
10 流	リュウ　ル　ながれる　ながす	とも　はる	長く延び広がる意味を含む。さわやかで軽快な印象の名前に	花(7)緒(14)流 かおる／波(8)流美(9) はるみ／路(13)流 みちる／流宇(6) るう／流美(9)子(3) るみこ
10 凌（人）	リョウ　しのぐ		困難を乗り越える。美しい氷。どんなときも、凛と美しい人に	凌夏(10) りょうか／凌歌(14) りょうか／凌花(7) りょうか／凌子(3) りょうこ／凌奈(8) りょうな
10 倫	リン	とし　とも　のり　ひと　みち　もと	秩序。人の道。人を敬い道徳を重んじる、まじめな印象の字	歌(14)倫 かりん／倫世(5) ともよ／麻(11)倫 まりん／倫代(5) みちよ／倫子(3) りんこ

★新人名漢字

画数・漢字	音訓	名乗り	おもな意味	名前例
10 恋	レン こう こい こいしい		明るく華やかなイメージをもつ字。人目を引く魅力の持ち主に	恵10恋 えれん 佳8恋 かれん 恋子3 こいこ 恋 れん 恋花7 れんか
10 連	レン つらなる つらねる つれる	まさ やす	続く。仲間。生涯の友に恵まれるように。個性的な名前になる	依8連 えれん 花7連 かれん 連子3 まさこ 連美9 やすみ 連菜11 れんな
10 浪	ロウ	なみ	水の流れるさま。清らかな美しさと、自由な精神性の象徴にも	智12浪 ちなみ 那7浪 ななみ 浪恵10 なみえ 美9浪 みなみ 浪漫14 ろまん
10 朗	ロウ ほがらか	あき お さえ とき	すっきりと晴れた空のように、明るくさわやかな子にと願って	朗恵10 あきえ 朗子3 あきこ 朗奈8 あきな 朗穂15 あきほ 朗代5 あきよ
11 人★ 庵	アン オウ いおり いお		文人、茶人の雅号にも用いられる字。落ちついた趣のある名前に	庵寿7 あんじゅ 庵奈8 あんな 唯11庵 いあん 美9庵 びあん 李7庵 りあん
11 人 惟	イ ユイ おもう これ	あり ただ のぶ よし	よく考える。分別があり、自らの考えで判断できる子にと願って	真10惟 まい 美9惟 みい 惟子3 ゆいこ 惟那7 ゆいな 惟美9 よしみ
11 逸	イツ	とし はや まさ やす	優れる。するりと抜け出る。しなやかで美しい才女を思わせる字	逸恵10 いつえ 逸子3 いつこ 逸美9 いつみ 逸花7 はやか 逸実8 はやみ
11 人★ 凰	オウ コウ おおとり		神の使いとされる鳥、鳳凰。気品のある、縁起のよい名前になる	凰花7 おうか 凰希7 おうき 凰奈8 おうな 凰羅19 おうら 美9凰 みおう
11 人★ 椛	かば もみじ		美しい樹木は、あでやかに成長する女性の姿をイメージさせる	椛奈8 かな 椛保9 かほ 風9椛 ふうか 椛 もみじ 由5椛 ゆか
11 人★ 菅	カン ケン かや すげ	すが	しなやかな強さをもつ草。人々に親しまれ役立つ力にあやかって	菅乃2 かやの 菅奈8 かんな 菅子3 すがこ 菅代5 すがよ 美9菅 みかん

画数・漢字	音訓	名乗り	おもな意味	名前例
11 規	キ	ただ ちか なり のり み もと	決まり。正す。年少者の模範となる、しっかりとした女性に	規美(9)代(5) きみよ／早(6)規 さき／沙(7)規江(6) さきえ／規子(3) のりこ／美(9)規 みき
人★ 11 埼	キ さき	ぎ	海や湖を望む岬。明るい光や風など、自然の恵みを思わせる字	輝(15)埼 きさき／埼美(9)江(6) きみえ／埼子(3) さきこ／真(10)埼 まき／美(9)埼 みさき
11 基	キ もと もとい	のり	はじめ。よりどころ。積み重ねを大切に、人から慕われる女性に	真(10)基子(3) まきこ／美(9)基 みき／基子(3) もとこ／基音(9) もとね／基乃(2) もとの
11 菊	キク	あき ひ	秋を代表する花。慎み深く落ちついた、たおやかな美しさをもつ	菊枝(8) きくえ／菊香(9) きくか／菊乃(2) きくの／菊美(9) きくみ／小(3)菊 こぎく
人★ 11 掬	キク すくう むすぶ		両手で優しく包むように弱いものを守り慈しむ、愛情豊かな子に	掬枝(8) きくえ／掬花(7) きくか／掬子(3) きくこ／掬乃(2) きくの／掬美(9) きくみ
11 球	キュウ たま	まり	丸い美玉。欠けるところのない形から、完璧や安定のたとえにも	球恵(10) たまえ／球緒(14) たまお／球子(3) たまこ／球亜(7) まりあ／球奈(8) まりな
人 11 毬	キュウ まり		日本の伝統文化に通じる、かわいらしく個性的な名前に	毬亜(7) まりあ／毬恵(10) まりえ／毬子(3) まりこ／毬奈(8) まりな／毬鈴(13) まりりん
11 教	キョウ おしえる おそわる	かず こ たか のり みち ゆき	自ら学んで得た知識を、広く人に分け与えることができる子に	教香(9) きょうか／教江(6) のりえ／教子(3) のりこ／教穂(15) のりほ／教美(9) のりみ
11 郷	キョウ ゴウ	あき さと のり	素直で温かい気持ちになる、ノスタルジックな雰囲気をもつ字	郷花(7) きょうか／郷恵(10) さとえ／郷美(9) さとみ／茅(8)郷 ちさと／千(3)郷 ちさと
人 11 菫	キン ギン すみれ		広く愛される可憐な花。高貴な色名でもあり、女性らしい名前に	菫花(7) きんか／菫香(9) きんか／菫 すみれ／菫礼(5) すみれ／菫子(3) すみれこ

★新人名漢字

画数・漢字	音訓	名乗り	おもな意味	名前例
11 啓	ケイ	あき たか のり ひろ よし	開く。教える。助ける。年少者から慕われる才女を思わせる字	啓香9 けいか 啓子3 けいこ 啓夏10 ひろか 啓江6 よしえ 啓美9 よしみ
11 渓	ケイ	たに	谷川。明るくさわやかな印象の名前をつくる、潤い感に満ちた字	渓子3 けいこ 渓音9 けいと 渓奈8 けいな 渓菜11 けいな 渓乃2 けいの
11 経	ケイ キョウ へる	つね のぶ のり	織物の縦糸。筋道、道理。まっすぐでひたむきな心の持ち主に	経子3 きょうこ 経花7 けいか 経美9 つねみ 経代5 つねよ 経恵10 のぶえ
11 蛍	ケイ ほたる		夏の美しい景物として古来愛され、真摯な生き方の象徴にも	蛍夏10 けいか 蛍子3 けいこ 蛍都11 けいと 蛍奈8 けいな 蛍 ほたる
11 健	ケン すこやか	かつ きよ たけ つよ とし やす	心身ともに健康に育つ、元気で明るい子のイメージを端的に表す	健江6 きよえ 健美9 たけみ 健代5 たけよ 健恵10 やすえ 健子3 やすこ
人 11 絃	ゲン いと	お つる ふさ	楽器の糸、弦。美しい音楽を奏でる、優美さと強さを併せもつ字	絃香9 いとか 絃子3 いとこ 絃乃2 いとの 絃美9 ふさみ 美9絃 みつる
人 11 皐	コウ	さつき たか	もとは白い光のさす台地。スマートで明るい印象を与える名前に	皐 こう 皐月4 さつき 皐音9 たかね 皐美9 たかみ 皐葉12 たかよ
11 康	コウ	しず ひろ みち やす よし	和らぐ。健やか。安定したさま。人の心を和ませる子にと願って	康音9 しずね 康絵12 やすえ 康子3 やすこ 康波8 やすは 康世5 やすよ
人★ 11 梗	コウ キョウ	なお	芯が硬いこと。また、可憐な花を咲かせる秋の七草の一つ、桔梗	桔10★梗 ききょう 梗歌14 きょうか 梗子3 きょうこ 梗奈8 きょうな 梗美9 こうみ
11 彩	サイ いろどる	あや いろ さい たみ	美しい模様。艶。光。華やかな魅力を放つ女性をイメージさせる	彩夏10 あやか 彩子3 あやこ 彩名6 あやな 彩葡12★ あやほ 美9彩 みさ

画数・漢字	音訓	名乗り	おもな意味	名前例
11 菜	サイ、な		菜の花。春に咲く黄色い花の、明るく健康的なイメージが人気	菜緒14 なお／菜々3 なな／菜美9 なみ／新13菜 にいな／真10莉10菜 まりな
人 11 梓	シ、あずさ		版木となる樹木。しとやかで上品な、女らしい印象をもつ字	梓 あずさ／梓織18 しおり／梓緒14里7 しおり／梓苑8 しおん／梓穂15 しほ
人 11 偲	シ、サイ、しのぶ		人を思う。励まし合う。思いやりと思慮深さとを秘めた名前に	偲緒14里7 しおり／偲 しのぶ／偲穂15 しほ／偲麻11 しま／世5偲美9 よしみ
人★ 11 雫	しずく		水滴。周囲の人に潤いをもたらすような子にと願いを込めて	雫 しずく／雫玖7 しずく／雫音9 しずね／雫葉12 しずは／雫穂15 しずほ
人★ 11 雀	ジャク、シャク、サク、すずめ	さぎ、す	無邪気なかわいらしさを思わせる字。小躍りして喜ぶさまも表す	孔4雀 くじゃく／雀 すずめ／雀美9子3 すみこ／雲12雀 ひばり／美9雀々3 みすず
人 11 脩	シュウ、ユウ、ほじし、ながい	なお、のぶ、はる	整える。正す。自ら手本となることで人を導く、秀麗な子に	脩子3 しゅうこ／脩美9 なおみ／脩代5 はるよ／脩香9 ゆうか／脩菜11 ゆうな
11 淑	シュク	きよ、すえ、すみ、とし、ひで、よし	もとは水が澄んでいるさま。上品で美しい女性の姿を思わせる字	淑恵10 としえ／淑香9 よしか／淑子3 よしこ／淑乃2 よしの／淑美9 よしみ
人 11 淳	ジュン、すなお	あつ、きよ、とし、まこと、よし	情に厚いこと。豊か。いつも思いやりをもって人に接する子に	淳恵10 あつえ／淳香9 あつか／淳美9 あつみ／淳子3 じゅんこ／淳奈8 じゅんな
人 11 惇	ジュン、トン、あつい	あつ、すなお、とし、まこと	ゆったりと落ちついているさま。穏やかで誠実な人柄を表す	惇花7 じゅんか／惇子3 じゅんこ／惇奈8 じゅんな／惇菜11 じゅんな／惇美9 としみ
人 11 渚	ショ、なぎさ	お、なぎ	波打ち際、水際。さわやかでロマンチックなイメージの名前に	渚夏10 なぎか／渚 なぎさ／渚砂9 なぎさ／渚帆6 なぎほ／美9渚 みお

★新人名漢字

画数・漢字	音訓	名乗り	おもな意味	名前例
11 章	ショウ	あき あや き たか のり ふみ	明らか。物事の秩序や、節目ごとのけじめを重んじる意味にも	章江 6 あきえ / 章子 3 あきこ / 章菜 11 あきな / 章穂 15 あきほ / 章代 5 あきよ
11 紹	ショウ	あき つぐ	つなぐ。受け継ぐ。久しく続くという、縁起のよい意味をもつ	紹絵 12 あきえ / 紹葉 12 あきは / 紹穂 15 あきほ / 紹美 9 あきみ / 紹子 3 しょうこ
11 渉	ショウ	さだ たか ただ	広く見聞きする。あらゆることから学びとる、豊かな感性を期待	渉代 5 さだよ / 渉子 3 しょうこ / 渉奈 8 しょうな / 渉乃 2 たかの / 渉江 6 ただえ
人 11 梢	ショウ こずえ	すえ たか	枝先。しなやかでありつつ、ピンと伸びたりりしさも感じさせる	梢 こずえ / 梢枝 8 こずえ / 梢花 7 しょうか / 梢子 3 しょうこ / 梢乃 2 たかの
人 11 菖	ショウ しょうぶ	あやめ	菖蒲、芳香があり邪気をはらうとされる。心身ともに健康に	菖花 7 あやか / 菖 あやめ / 菖蒲 13★ あやめ / 菖子 3 しょうこ / 菖乃 2 しょうの
人 11 笙	ショウ ソウ		深い音色を奏でる、雅楽用の管楽器。優雅な和風の雰囲気をもつ	笙夏 10 しょうか / 笙子 3 しょうこ / 笙奈 8 しょうな / 笙乃 2 しょうの / 笙美 9 しょうみ
11 唱	ショウ となえる	うた となう	もとは明白にものを言うこと。自信をもって発言できる子に	唱恵 10 うたえ / 唱子 3 うたこ / 唱代 5 うたよ / 唱湖 12 しょうこ / 唱乃 2 しょうの
11 常	ジョウ つね とこ	とき のぶ ひさ	長く続く意味から、変わらない物事や道理、永遠を示す奥深い字	常夏 10 つねか / 常子 3 つねこ / 常美 9 つねみ / 常代 5 つねよ / 常世 5 ひさよ
人 11 晨	シン あした	あき とき とよ	生気に満ちた早朝を指す。澄んだ空気など、さわやかなイメージ	晨子 3 あきこ / 晨羽 6 あきは / 千 3 晨 ちあき / 晨夏 10 とよか / 晨泉 9 とよみ
11 進	シン すすむ すすめる	のぶ みち ゆき	進歩や上達を表す字。生き生きとしたエネルギーに満ちた名前に	進歩 8 のぶほ / 進恵 10 みちえ / 進子 3 ゆきこ / 進路 13 ゆきじ / 進南 9 ゆきな

画数・漢字	音訓	名乗り	おもな意味	名前例
11 深	シン ふかい ふかまる ふかめる	とお ふか み	こまやか。優れている。充分。奥ゆかしい美しさを感じさせる字	愛(13)深 あいみ / 深花(7) みか / 深咲(9) みさき / 深冬(5) みふゆ / 深雪(11) みゆき
人 11 彗	スイ セイ ケイ エ ほうき	さと	彗星のロマンチックなイメージと、神秘的な美しさを秘める字	彗実(8) えみ / 彗子(3) さとこ / 彗美(9) さとみ / 知(8)彗美(9) ちえみ / 美(9)彗子(3) みえこ
11 崇	スウ	かた し そう たか	荘厳な山の姿にあやかり、気品のある、優雅な美しさを願って	崇恵(10) たかえ / 崇子(3) たかこ / 崇音(9) たかね / 崇歩(8) たかほ / 崇美(9) たかみ
11 清	セイ ショウ きよい きよまる きよめる	きよ しん さや すが すみ	澄んだ水のような清らかな心と、透明感のある美しさを思わせる	清映(9) きよえ / 清子(3) きよこ / 清泉(9) きよみ / 清香(9) せいか / 清羅(19) せいら
11 雪	セツ ゆき	きよ きよみ	白くきれいな様子から、純粋な心や清楚な美しさの象徴ともなる	小(3)雪 こゆき / 美(9)雪 みゆき / 雪子(3) ゆきこ / 雪路(13) ゆきじ / 雪乃(2) ゆきの
人 11 爽	ソウ さわやか	あきら さ さや さわ	すっきりしている。さわやかな笑顔で、だれからも好かれる子に	爽夏(10) さやか / 爽音(9) さやね / 爽羅(19) さら / 美(9)爽 みさ / 理(11)爽 りさ
人★ 11 曽	ソウ ゾウ ソ かつて すなわち なんぞ	かつ つね ます	重なる。増やす。伝統を秘め、子孫繁栄に通じる、縁起のよい字	曽祢(9★) そね / 曽乃(2)子(3) そのこ / 曽良(7) そら / 曽美(9) ますみ / 曽代(5) ますよ
11 窓	ソウ まど		光や風などが通るさわやかな印象。福を呼び込むイメージにも	窓湖(12) そうこ / 窓花(7) まどか / 窓香(9) まどか / 窓夏(10) まどか / 窓佳(8) まどか
人 11 琢	タク	あや たか	磨く。励む。自分を律しつつ努力する、まじめな印象の名前に	琢香(9) あやか / 琢奈(8) あやな / 琢絵(12) たくえ / 琢美(9) たくみ / 琢世(5) たくよ
11 鳥	チョウ とり		愛らしく自由なイメージをもつ。大空にはばたく姿にあやかって	桜(10)鳥 おうどり / 小(3)鳥 ことり / 千(3)鳥 ちどり / 鳥夢(13) どりむ / 美(9)鳥 みどり

★新人名漢字

画数・漢字	音訓	名乗り	おもな意味	名前例
11 笛	テキ ふえ		人を和ませる美しい音色から、芸術的風情をまとった名前に	笛子(3) ふえこ / 笛音(9) ふえね / 笛美(9) ふえみ / 真(10)笛 まふえ / 美(9)笛 みふえ
11 添	テン そえる そう	そえ	付け加える。支える。ありがたいと恐縮する、繊細な心を表す字	添花(7) そえか / 添奈(8) そえな / 添音(9) そえね / 添美(9) そえみ / 添香(9) てんか
11 都	ト ツ みやこ	いち くに さと ひろ	首府。高度な文化や芸術など、華やかなイメージを多くもつ	衣(6)都子(3) いつこ / 沙(7)都 さと / 都美(9) さとみ / 都茂(8)美(9) ともみ / 都 みやこ
11 陶	トウ	す すえ よし	焼きもの。導き教える。打ち解ける。文化的な香りを漂わせる字	陶花(7) とうか / 陶子(3) とうこ / 陶絵(12) よしえ / 陶乃(2) よしの / 陶美(9) よしみ
11 人★ 逗	トウ ズ チュ キ とどまる	すみ	じっと立ち止まる。何事も根気をもってやり遂げる強さを思わせる	亜(7)逗美(9) あずみ / 逗子(3) とうこ / 葉(12)逗希(7) はずき / 美(9)逗江(6) みずえ / 由(5)逗 ゆず
11 人★ 萄	ドウ トウ		葡萄、房状の実をつける。豊かさや子孫繁栄の象徴にも	萄子(3) とうこ / 萄湖(12) とうこ / 葡(12★)萄 ぶどう / 鈴(13)萄 りんどう / 琳(12)萄 りんどう
11 人★ 梛	ナ ダ なぎ		神社の境内に多く見られる木。しなやかで神聖なイメージをもつ	梛月(4) なつき / 梛々(3) なな / 梛美(9) なみ / 里(7)梛 りな / 梨(11)梛 りな
11 人 捺	ナツ おす	とし	もとは、やわらかく押す動作。筆法の一つでもある、個性的な字	知(8)捺 ちなつ / 捺樹(16) なつき / 捺帆(6) なつほ / 捺美(9) なつみ / 捺代(5) なつよ
11 人★ 絆	ハン バン きずな ほだし ほだす		人との縁を大切に、約束を守る真心をもった子にと願いを込めて	絆 きずな / 絆那(7) はんな / 絆菜(11) はんな / 絆奈(8) はんな / 絆美(9) ばんび
11 人★ 梶	ビ ミ かじ	こずえ すえ	梢。舵。和紙の原料となる木。落ちついた印象を与える名前に	梶 こずえ / 梶江(6) みえ / 梶智(12)子(3) みちこ / 梶南(9) みな / 由(5)梶子(3) ゆみこ

画数・漢字	音訓	名乗り	おもな意味	名前例
11 人 彬	ヒン そなわる	あき あや しげ よし	鮮やか。充実している。樹木の並んだ様子を示す字体が、美しい	彬子 3 あきこ 彬世 5 あきよ 彬美 9 しげみ 彬代 5 しげよ 8 知彬 ちあき
11 人★ 冨	フ フウ とむ とみ	あつ さかえ と ひさ ふく よし	満ち足りる。しっとりした安定感のある、優しい雰囲気の名前に	冨希 7 とき 冨紀江 9 6 ときえ 冨萌 11 ともえ 冨羽子 6 3 ふうこ 冨美 9 ふみ
11 人★ 逢	ホウ あう むかえる	あい	よい出会いと人間関係を願って。雰囲気のある、印象的な名前に	逢佳 8 あいか 逢子 3 あいこ 逢奈 8 あいな 逢美 9 あいみ 逢鈴 13 あいりん
11 人 萌	ホウ ボウ きざす もえる	きざし め めぐみ もえ	芽生える。兆候。生命の始まりを意味する、温もりにあふれた字	萌 もえ 萌香 9 もえか 萌美 9 もえみ 萌里 7 もえり 萌奈美 8 9 もなみ
11 人 眸	ボウ ム ひとみ		目を見開いて、よく見るさま。洞察力に優れた、聡明な子に	眸 ひとみ 眸美 9 ひとみ 眸羽亜 6 7 むうあ 眸月 4 むつき 眸津美 9 9 むつみ
11 望	ボウ モウ のぞむ	のぞみ み もち	願い。名声。満月。夢や希望を感じさせる、ロマンチックな字	望 のぞみ 7 希望 のぞみ 望美 9 のぞみ 望緒 14 みお 望月 4 みづき
11 麻	マ あさ	お	しなやかな印象を与えつつ、芯の強さと快活さを秘めた名前に	麻美 9 あさみ 7 志麻 しま 麻衣 6 まい 麻央 5 まお 麻咲 9 まさき
11 野	ヤ の	とお なお ぬ ひろ	ありのまま。常に自然体の、素直で健康的な子を思わせる字	8 茅野 かやの 野乃花 2 7 ののか 野梨美 11 9 のりみ 9 春野 はるの 9 美野 よしの
11 人★ 埜	ヤ の	とお なお ひろ	広く延びた野。自由な精神をもち、のびのびと育つよう願って	4 文埜 あやの 9 咲埜 さきの 13 詩埜 しの 埜々子 3 3 ののこ 9 美埜子 3 みやこ
11 唯	ユイ イ	ただ	一つ。素直、個性的、大切な、といった深い意味を秘めた名前に	唯英 8 ただえ 唯 ゆい 唯香 9 ゆいか 唯奈 8 ゆいな 唯歩 8 ゆいほ

★新人名漢字

画数・漢字	音訓	名乗り	おもな意味	名前例
11 悠	ユウ	ちか はるか ゆ ひさ	久しい。広大な風景や、ゆったりした時の流れを思わせる字	茉悠 8 まゆ 悠香 9 ゆうか 悠紀 9 ゆうき 悠美子 9 3 ゆみこ 悠里乃 7 2 ゆりの
11 庸	ヨウ	つね のぶ のり やす	変わらない。初心を忘れず、常に平静を保てる子にと願って	庸香 9 のぶか 庸花 7 のりか 庸絵 12 やすえ 庸美 9 やすみ 庸子 3 ようこ
11 人★ 萊	ライ		麦に似た草。何事にもくじけない精神力と、生命力を感じさせる	未萊 5 みらい 萊沙 7 らいさ 萊夢 13 らいむ 萊良 7 らいら 萊梨 11 らいり
11 理	リ	たか とし のり まさ みち よし	筋道、道義。悟る。整える。知的でシャープな印象を与える字	枝理花 8 7 えりか 貴理子 12 3 きりこ 理紗 10 りさ 理都子 11 3 りつこ 理々 3 りり
11 人 梨	リ なし		純白の可憐な花のイメージにあやかった、かわいらしい名前に	由香梨 5 9 ゆかり 梨絵 12 りえ 梨歩 8 りほ 梨世 5 りよ 梨々花 3 7 りりか
11 陸	リク	たか とき み みち む むつ	丘、大地。温かい包容力に満ちた、しっかりしたイメージをもつ	陸江 6 たかえ 陸子 3 みちこ 陸美 9 むつみ 明陸 8 めいむ 陸海 9 りくみ
11 人★ 笠	リュウ かさ		忍耐、知恵、思いやりに通じる、古風で静かな雰囲気をもつ字	笠祢 9★ かさね 笠音 9 かさね 美笠 9 みかさ 笠花 7 りゅうか 笠子 3 りゅうこ
11 人 琉	リュウ ル		瑠璃に通じる玉石。美しく洗練された印象の字。新感覚の名前に	未知琉 5 8 みちる 琉夏 10 るか 琉奈 8 るな 琉美香 9 9 るみか 琉璃 15 るり
11 涼	リョウ すずしい すずむ	あつ すず	清い。冷たい水のもつ、純粋でさわやかなイメージにあやかって	涼香 9 すずか 涼那 7 すずな 涼葉 12 すずは 美涼 9 みすず 涼子 3 りょうこ
11 人★ 梁	リョウ はし はり やな	むね	支えや架け橋の意味も。広く文化交流の場でも活躍できる子に	美梁 9 みはし 梁佳 8 りょうか 梁華 10 りょうか 梁子 3 りょうこ 梁菜 11 りょうな

画数・漢字	音訓	名乗り	おもな意味	名前例
11 人★ 菱	リョウ ひし		スマートな印象を与える字。ひし形の実は、富の象徴ともされる	菱亜7 りょうあ 菱夏10 りょうか 菱花7 りょうか 菱子3 りょうこ 菱那7 りょうな
11 人★ 羚	レイ リョウ かもしか		敏捷性や美しさのたとえにも。高貴なイメージの漂う名前に	美9羚 みれい 羚子3 りょうこ 羚香9 れいか 羚美9 れいみ 羚羅19 れいら
11 人 鹿	ロク しか	か	しなやかで優美な姿にあやかり、機敏で魅力的な女性にと願って	鹿乃2 かの 鹿乃2子3 かのこ 鈴13鹿 すずか 美9鹿 みか 裕12鹿梨11 ゆかり
12 人 渥	アク あつい うるおう	あつ ひく	潤う。手厚い。美しい光沢。優しさと美しさを兼ね備えた女性に	渥姫10 あつき 渥子3 あつこ 渥音9 あつね 渥美9 あつみ 渥代5 あつよ
12 人★ 椅	イ	あづさ よし	寄りかかる木。椅子。人をくつろがせる、温かい心を期待して	亜7椅花7 あいか 椅津9希7 いつき 椅世5 いよ 摩15椅 まい 美9椅 みい
12 人 瑛	エイ ヨウ	あき あきら え てる	美しい透明な石。純粋無垢で、気品に満ちた麗人を思わせる字	瑛磨16 えま 瑛璃15 えり 瑛蓮13 えれん 美9瑛 みえ 理11瑛 りえ
12 詠	エイ よむ	うた え かね なが	もとは、ゆったりとした声の流れ。詩的で優雅な印象の名前に	詠恵10 うたえ 詠深11 えみ 早6詠子3 さえこ 多6詠子3 たえこ 理11詠子3 りえこ
12 人 媛	エン ひめ		高貴で上品、しとやか、優美など、あらゆる女性の美点を表す字	媛花7 ひめか 媛子3 ひめこ 媛菜11 ひめな 媛乃2 ひめの 媛世5 ひめよ
12 温	オン あたたか あたたかい あたたまる あたためる	のどか はる まさ みつ やす よし	優しく穏やかで、だれからも好かれる気立てのよい女の子に	温子3 あつこ 依8温 いおん 温花7 はるか 温海9 はるみ 李7温 りおん
12 賀	ガ	か しげ のり ます よし より	祝福や祝い事を意味する縁起のよい字。気品も感じさせる	賀織18 かおり 賀澄15 かすみ 賀世5 かよ 千3賀 ちか 賀乃2 よしの

★新人名漢字

画数・漢字	音訓	名乗り	おもな意味	名前例
12 絵	カイ エ		彩り、模様。豊かな感性と、芸術的センスに恵まれるように	絵美里(9・7) えみり／絵梨香(11・9) えりか／沙絵(7) さえ／花絵(7) はなえ／雪絵(11) ゆきえ
12 覚	カク おぼえる さます さめる	あき さだ さと ただ よし	感知する、記憶する、悟るなど豊かな感性と聡明さを表す字	覚香(9) さとか／覚子(3) さとこ／覚美(9) さとみ／千覚(3) ちさと／美覚(9) みさと
人★ 12 葛	カツ くず かずら つづら	かず かつら さち ふじ	秋の七草の一つ。しなやかで強靭なつるは、精神力のたとえにも	葛希(7) かつき／葛子(3) かつこ／葛乃(2) かつの／葛美(9) かつみ／葛代(5) かつよ
人★ 12 雁	ガン かり		隊列の正確さから、礼儀正しいイメージも。詩情あふれる名前に	亜雁(7) あかり／雁南(9) かりな／飛雁(9) ひかり／美雁(9) みかり／夕雁(3) ゆかり
12 揮	キ		ふるう。指揮や書画を描く意味も。芸術的な才能を思わせる字	亜揮(7) あき／揮絵(12) きえ／芙揮(7) ふき／未揮(5) みき／友揮(4) ゆき
12 幾	キ いく	ちか のり ふさ	近い。兆し。願う。折り目正しく、知的な印象を与える名前に	幾栄(9) いくえ／幾代(5) いくよ／幾久美(3・9) きくみ／美幾(9) みき／柚幾(9) ゆき
人 12 葵	キ ギ あおい		すっきり洗練された品格をもつ字。徳川家の紋としても知られる	葵 あおい／沙葵(7) さき／杜葵(7) とき／雅葵(13) まさき／実葵子(8・3) みきこ
人 12 稀	キ ケ まれ		めったにない様子から、存在感のある、大切なという意味にも	安稀江(6・6) あきえ／沙稀(7) さき／麻稀子(11・3) まきこ／美夕稀(9・3) みゆき／由稀美(5・9) ゆきみ
12 貴	キ たっとい とうとい たっとぶ とうとぶ	あつ たか よし	重んじる。敬う。優雅でスマートな、気品の漂う名前をつくる	貴江(6) きえ／貴美香(9・9) きみか／貴羅(19) きら／貴絵(12) たかえ／貴代(5) たかよ
12 喜	キ よろこぶ	のぶ はる ひさ ゆき よし	人に喜びをもたらし、自身も多くの喜びに恵まれるよう願って	安喜奈(6・8) あきな／喜和子(8・3) きわこ／麻喜(11) まき／美佐喜(9・7) みさき／喜乃(2) よしの

画数・漢字	音訓	名乗り	おもな意味	名前例
12 人 喬	キョウ たかい	たか ただ もと のぶ	もとは高い建物や梢のしなった高い木。優れているさまを表す字	喬花7 きょうか / 喬枝8 たかえ / 喬子3 たかこ / 喬美9 たかみ / 喬代5 たかよ
12 暁	ギョウ あかつき	あき あけ とき とし	日の出のイメージから、まぶしい光や明るい希望を連想させる	暁絵12 あきえ / 暁菜11 あきな / 暁羽6 あきは / 暁美9 あきみ / 暁陽12 あきよ
12 琴	キン こと		しとやかで優美な印象の名前をつくる、古典的な趣に満ちた字	琴絵12 ことえ / 琴音9 ことね / 琴乃2 ことの / 琴美9 ことみ / 真10琴 まこと
12 景	ケイ	あきら かげ ひろ	もとは日光。落ちついた字体に、明るく美しい風景のイメージも	景子3 けいこ / 景都11 けいと / 景奈8 けいな / 千3景 ちかげ / 深11景 みかげ
12 敬	ケイ うやまう	あき たか とし のり ゆき よし	慎む。礼儀正しく、人を敬い、自らも重んじられる人にと願って	敬子3 けいこ / 敬杜7 けいと / 敬奈8 けいな / 敬恵10 たかえ / 敬音9 たかね
12 人★ 卿	ケイ キョウ きみ かみ	あき のり	高貴な身分を示す字。優雅でクラシカルな雰囲気をもつ名前に	卿江6 きみえ / 卿佳8 きみか / 卿与3 きみよ / 卿子3 きょうこ / 卿都11 けいと
12 結	ケツ むすぶ ゆう ゆわえる	かた ゆ ゆい	約束する、実るなどよい関係や結果を意味する、縁起のよい字	亜7結美9 あゆみ / 結葦13★ ゆい / 結花7 ゆうか / 結奈8 ゆうな / 結香9梨11 ゆかり
12 人 絢	ケン あや	じゅん	彩り。色を織り重ねて描いた柄のように、深みのある美しさをもつ	絢波8 あやは / 絢実8 あやみ / 絢女3 あやめ / 絢子3 じゅんこ / 絢菜11 じゅんな
12 湖	コ みずうみ		さわやかな心地よさと神秘性を併せもつ、新感覚の名前に	愛13湖 あいこ / 霧19湖 きりこ / 星9湖 せいこ / 真10湖 まこ / 美9紗10湖 みさこ
12 人 皓	コウ しろい	あき てる ひかる ひろ	月が白く光るさまから、清らかに澄んだ美しさをイメージさせる	皓絵12 てるえ / 皓実8 てるみ / 皓香9 ひろか / 皓子3 ひろこ / 皓瑚13 ひろこ

★新人名漢字

画数・漢字	音訓	名乗り	おもな意味	名前例
12 港	コウ みなと		秩序と安心感をもって多くの人を迎え、和ませられるような人に	港夏10 こうか 港美9 こうみ 港絵12 みなえ 港 みなと 港美9 みなみ
12 詞	シ	こと なり のり ふみ	誓う。詩文。文学的でロマンチックな雰囲気をもつ、個性的な字	詞緒里14 7 しおり 詞遠13 しおん 詞磨16 しま 詞絵12 ふみえ 詞花7 ふみか
12 紫	シ むらさき	むら	古来高貴な色とされ、才色兼備の落ちついた女性を思わせる	紫織18 しおり 紫苑8 しおん 紫紀9 しき 紫帆6 しほ 紫摩15 しま
12 滋	ジ	あさ しく しげ ふさ まさ ます	もとは作物を育てる水。惜しみなく注がれる愛情にも通じる	滋佳8 しげか 滋子3 しげこ 滋深11 しげみ 滋代5 しげよ 滋恵10 まさえ
人 12 萩	シュウ はぎ		秋の七草の一つ。しっとりとした、深く静かな風情をもつ名前に	小萩3 こはぎ 萩重9 はぎえ 萩緒14 はぎお 萩乃2 はぎの 萩穂15 はぎほ
人 12 竣	シュン おわる		すらりと立つ。美しくしなやかな身のこなしを誇る女性に	竣 しゅん 竣香9 しゅんか 竣瑚13 しゅんこ 竣子3 しゅんこ 竣菜11 しゅんな
12 順	ジュン	かず のぶ のり みち ゆき より	もとは自然に流れに乗ること。ゆったりとおおらかで素直な子に	順菜11 じゅんな 順恵10 のりえ 順香9 のりか 順依8 よりえ 順花7 よりか
人★ 12 閏	ジュン うるう	うる	定数から出るもの。天真爛漫な魅力で人を引きつける子にと期待	閏美9 うるみ 閏 じゅん 閏香9 じゅんか 閏湖12 じゅんこ 閏奈8 じゅんな
12 晶	ショウ	あき あつ まさ ます よ よし	澄んだ光が、まばゆくきらめく様子から。純粋な心の象徴にも	晶菜11 あきな 晶子3 しょうこ 千晶3 ちあき 晶美9 まさみ 晶代5 まさよ
人 12 翔	ショウ かける	さね	大空を舞う鳥のイメージから、未来への希望を秘めた名前に	華翔10 かざね 夏翔10 かさね 翔子3 しょうこ 翔奈8 しょうな 美翔9 みさね

画数・漢字	音訓	名乗り	おもな意味	名前例
12 人★ 湘	ショウ ソウ		もとは中国の雄大な川の名前。さわやかな旅情を感じさせる字	湘香9 しょうか 湘子3 しょうこ 湘南9 しょうな 湘波8 しょうは 湘美9 そうみ
12 森	シン もり	しげ	さまざまな生命を育む場所であり、深く大きな温かさを感じさせる	森詩13亜7 しんしあ 森羅19 しんら 美9森 みもり 森衣6 もりい 森香9 もりか
12 尋	ジン たずねる	ちか つね のり ひろ みつ	探し求める。変わらない。クラシカルな字体が新鮮でかわいらしい	千3尋 ちひろ 尋絵12 ひろえ 尋花7 ひろか 尋美9 ひろみ 真10尋 まひろ
12 人 須	ス シュ	まつ	待つ。求める。人から必要とされる、存在感のある子にと願って	亜7利7須 ありす 香9須美9 かすみ 須摩15子3 すまこ 須美9夏10 すみか 真10須美9 ますみ
12 人★ 棲	セイ サイ すむ	す すみ	ゆっくりと休む。生命が憩う場所や様子を表す、温もりを含む字	棲江6 すみえ 棲花7 すみか 棲子3 すみこ 棲那7 せいな 棲良7 せいら
12 人★ 惺	セイ さとる	あきら さと しず しずか	星の光のように、澄んだ心を表す。純真で優しい印象を与える字	惺恵10 さとえ 惺美9 さとみ 惺夏10 しずか 惺羅19 せいら 茅8惺 ちさと
12 晴	セイ はれる はらす	きよ てる はる	澄んだ青空のように人を和ませる、まぶしい笑顔の持ち主に	晴湖12 せいこ 晴羅19 せいら 晴英8 はるえ 晴夏10 はるか 晴美9 はるみ
12 善	ゼン よい	よし	正しい、優れるなどあらゆるよい意味を表す、安定感のある字	満12善 みよし 善枝8 よしえ 善佳8 よしか 善姫10 よしき 善美9 よしみ
12 人★ 曾	ソ ソウ ゾウ かつて すなわち なんぞ	かつ つね なり ます	増やす。世代が重なる。繁栄や発展に通じる、縁起のよい名前に	曾絵12 かつえ 曾子3 そうこ 曾乃2美9 そのみ 曾美9 ますみ 曾世5 ますよ
12 人★ 湊	ソウ あつまる みなと		多くのものが集まるところ。古風な字体のなかに活気を秘める	湊子3 そうこ 湊江6 みなえ 湊 みなと 湊海9 みなみ 湊代5 みなよ

★新人名漢字

画数・漢字	音訓	名乗り	おもな意味	名前例
12 人 惣	ソウ いそがしい	のぶ ふさ みち みな	すべて。深い見識を誇る、静かに落ちついた女性を思わせる字	惣子3 そうこ / 惣江6 ふさえ / 惣美9 ふさみ / 惣緒14 みなお / 惣代5 みなよ
12 創	ソウ		新たにつくる意味から、魅力的な個性に恵まれることを期待して	創子3 そうこ / 創那7 そうな / 創菜11 そうな / 創美9 そうみ / 創乃子2 3 そのこ
12 尊	ソン たっとい とうとい たっとぶ とうとぶ	たか	大切にする。人を敬うと同時に、人からも敬意を払われる子に	尊枝8 たかえ / 尊子3 たかこ / 尊音9 たかね / 尊美9 たかみ / 尊代5 たかよ
12 達	タツ	かつ さと たて とお みち よし	道が通じる、届く、目的が叶うなど、成功や達成を意味する字	達江6 たつえ / 達子3 たつこ / 達乃2 たつの / 達美9 たつみ / 達葉12 たつよ
12 人 智	チ ちえ	さと とし とみ とも のり もと	賢い。正しい判断。知識欲や判断力、機知にも恵まれるように	智笑10 ちえみ / 智春9 ちはる / 智枝8 ともえ / 智美9 ともみ / 麻11智 まち
12 朝	チョウ あさ	さ とき とも のり	澄んだ空気と明るい日差しに満ちあふれた、さわやかなイメージ	朝花7 あさか / 朝佳8 あさか / 朝子3 あさこ / 朝美9 ともみ / 朝葉12 ともよ
12 人 椎	ツイ スイ つち しい		ドングリの木として親しまれる。豊かな自然の力に守られた子に	椎菜11 しいな / 椎奈8 しいな / 椎葉12 しいば / 椎真10 しいま / 椎香9 すいか
12 塔	トウ		もとは梵語の音訳。高い理想や努力の積み重ね、向上心に通じる	塔伽7 とうか / 塔子3 とうこ / 塔虹9 とうこ / 塔乃2 とうの / 塔美9 とうみ
12 人★ 董	トウ ショウ ただす	ただ なお のぶ まこと まさ よし	管理し監督する。大切なもの。落ちついた、安定感のある字体	董子3 とうこ / 董美9 なおみ / 董帆6 のぶほ / 董代5 のぶよ / 美9董 みのぶ
12 統	トウ すべる	かね すみ つな つね のり もと	まとめ治める。すべて。博愛精神で、人を優しく導くリーダーに	統香9 とうか / 統子3 とうこ / 統美9絵12 とみえ / 美9統 みのり / 統実8 もとみ

画数・漢字	音訓	名乗り	おもな意味	名前例
12 登	トウ、ト、のぼる	たか、ちか、とみ、なる、のり、み	努力と向上心をもって、目標に一歩一歩近づくさまを思わせる	千3沙7登（ちさと）、登貴12恵10（ときえ）、登詩13枝8（としえ）、登茂8恵10（ともえ）、美9佐7登（みさと）
12 道	ドウ、トウ、みち	じ、ち、のり、まさ、ゆき、より	人の間違いも正していける、倫理道徳を身につけた人にと願って	道花7（みちか）、道乃2（みちの）、道歩8（みちほ）、道代5（みちよ）、道流10（みちる）
人 12 敦	トン、あつい	あつ、つる、のぶ	手厚い。努める。情に厚く、思いやりをもった社交家にと期待して	敦花7（あつか）、敦奈8（あつな）、敦美9（あつみ）、敦江6（のぶえ）、美9敦（みつる）
人★ 12 琶	ハ	わ	東洋風の響きをもつ弦楽器、琵琶。古式ゆかしい、女性らしい名前に	紅9琶（くれは）、小3琶流10（こはる）、季8琶（ときわ）、美9琶（みわ）、琶子3（わこ）
12 博	ハク、バク	ひろ	多い。得る。豊富な知識を備え、広く人にも分け与えられる子に	千3博（ちひろ）、博江6（ひろえ）、博加5（ひろか）、博子3（ひろこ）、博美9（ひろみ）
人 12 斐	ヒ	あや、い、なか、よし	美しい模様。明らか。華やかで美しく、個性的な印象をもつ字	朝12斐（あさひ）、斐華10（あやか）、斐音9（あやね）、斐紗10（ひさ）、斐路13美9（ひろみ）
人★ 12 琵	ヒ、ビ		弦楽器。美しい音色で、自然体のなかに神秘的なイメージも含む	春9琵（はるひ）、琵沙7子3（ひさこ）、琵奈8（ひな）、琵琶12★（びわ）、結12琵（ゆうび）
12 富	フ、フウ、とむ、とみ	さかえ、と、とよ、よし	満ち足りる。充実。古風で穏やかな雰囲気をもつ、縁起のよい字	紗10富（さとみ）、富香9（とみか）、富子3（とみこ）、富美9香9（ふみか）、富優17子3（ふゆこ）
人★ 12 葡	ブ、ホ、ヒ、ビ		葡萄。伸びる茎と房状の実が子孫繁栄にも通じ、広く好まれる	沙7葡（さほ）、葡萄11★（ぶどう）、葡月4（ほづき）、葡乃2実8（ほのみ）、美9葡（みほ）
人★ 12 萬	マン、バン、よろず	かず、たか、つむ、ま	あらゆる場面で活躍する、多才ぶりを誇る女性にと願いを込めて	萬希7（まき）、萬智12子3（まちこ）、萬奈8（まな）、萬悠11美9（まゆみ）、萬李7（まり）

★新人名漢字

漢字から考える

12画

画数・漢字	音訓	名乗り	おもな意味	名前例
12 満	マン みちる みたす	ばん ます ま みち みつ みつる	いっぱいになる、満ち足りるなど、物心両面の豊かな様子を表す	満州美(6・9) ますみ 満美子(9・3) まみこ 満夕(3) まゆ 満希(7) みつき 満月(4) みづき
12 裕	ユウ	ひろ みち やす ゆ	ゆとり。緩やか。おおらかで、人に対しても寛大な心の持ち主に	裕美(9) ひろみ 真裕美(10・9) まゆみ 裕紀(9) ゆうき 裕子(3) ゆうこ 裕花(7) ゆか
人★ 12 釉	ユウ うわぐすり	つや	陶磁器や漆器の光沢を表す字。文化的な香りの漂う名前に	釉花(7) ゆうか 釉貴(12) ゆうき 釉子(3) ゆうこ 釉音(9) ゆうね 釉里(7) ゆうり
12 遊	ユウ ユ あそぶ	なが ゆき	のびのびと自由な精神で、多くの喜びを見出せるよう願って	風遊子(9・3) ふゆこ 美遊(9) みゆ 遊佳(8) ゆうか 遊南(9) ゆうな 遊海(9) ゆうみ
12 陽	ヨウ	あき きよ なか はる ひ や	太陽のように明るく周囲を照らし、温かく人を包み込める子に	季陽美(8・9) きよみ 春陽(9) はるひ 陽菜子(11・3) ひなこ 陽向(6) ひなた 陽子(3) ようこ
12 揚	ヨウ あげる あがる	あき たか のぶ	もとは太陽が勢いよく昇るさま。明るいエネルギーを感じさせる	揚菜(11) あきな 揚穂(15) あきほ 揚実(8) あきみ 揚美(9) たかみ 揚子(3) ようこ
12 葉	ヨウ は	すえ のぶ ふさ よ	青々としたさわやかなイメージと、豊かな生命力を併せもつ字	乙葉(1) おとは 葉月(4) はづき 葉菜(11) はな 双葉(4) ふたば 万葉(3) まよ
人 12 遥	ヨウ はるか	すみ とお のぶ のり はる みち	遠い。久しい。ゆったりとした、スケールの大きな印象を与える	遥 はるか 遥花(7) はるか 遥那(7) はるな 遥南(9) はるな 遥海(9) はるみ
人 12 湧	ヨウ ユウ わく		透明な水の清らかなイメージと、自然の静かな生命力を秘める字	湧華(10) ゆうか 湧奈(8) ゆうな 湧美(9) ゆうみ 湧子(3) ようこ 湧泉(9) わくみ
人★ 12 裡	リ うら		優れた才能をもちつつも常に謙虚な、思慮深い才媛を思わせる	亜裡砂(7・9) ありさ 江裡花(6・7) えりか 万裡奈(3・8) まりな 裡沙(7) りさ 裡歩(8) りほ

画数・漢字	音訓	名乗り	おもな意味	名前例
人 12 椋	リョウ むく	くら	庭木としても親しまれる樹木名。飾らない、素直で穏やかな子に	椋 りょう、椋香9 りょうか、椋夏10 りょうか、椋子3 りょうこ、椋奈8 りょうな
人 12 琳	リン		澄みきった玉。玉が触れ合う清らかな音。純粋な心を連想させる	愛13琳 あいりん、華10琳 かりん、鞠17琳 まりりん、真10琳 まりん、琳舵11★ りんだ
人 12 禄	ロク さいわい ふち	さち とし とみ よし	幸い、喜び。富、財産。あふれるような喜びに満ちた人生に	禄恵10 さちえ、禄葉12 さちよ、禄美9 としみ、禄歌14 とみか、禄乃2 よしの
13 愛	アイ	ちか なる のり まな めぐむ よし	優しく、愛情豊かな子に育つようにと、いつの時代も好まれる字	愛 あい、愛香9 あいか、愛美9 あいみ、愛里7 あいり、愛花7 まなか
人★ 13 葦	イ あし よし		水辺の風景に趣を加える植物として、古来日本画の題材とされる	葦織18 いおり、葦月4 いつき、由5葦 ゆい、葦乃2 よしの、葦美9 よしみ
13 園	エン その		果樹の畑。豊かな実りの意味に通じ、幸福感に満ちた名前になる	園枝8 そのえ、園香9 そのか、園子3 そのこ、園実8 そのみ、美9園 みその
人★ 13 圓	エン まる まるい まどか まろやか	かず つぶら のぶ まど みつ	かけていない様子を示す、縁起のよい字。古風で穏やかな印象に	圓 まどか、圓香9 まどか、圓美9 まるみ、圓枝8 みつえ、圓子3 みつこ
13 雅	ガ	ただ つね なり のり まさ みやび	奥ゆかしい。美しい。しとやかで、気品ある佳人を思わせる字	雅子3 まさこ、雅奈8 まさな、雅乃2 まさの、雅美9 まさみ、雅世5 まさよ
13 楽	ガク ラク たのしい たのしむ	ささ もと よし	奏でる。喜ぶ。豊かな感性と、多くの喜びに恵まれるよう願って	愛13楽 あいら、清11楽 きよら、久3楽々3 くらら、星9楽 せいら、美9楽 みよし
13 寛	カン	ちか とも のぶ のり ひろ もと	ゆったりしている。慈しむ。いつも穏やかな、広い心の持ち主に	寛菜11 かんな、寛香9 ひろか、寛音9 ひろね、寛美9 ひろみ、万3寛 まひろ

★新人名漢字

画数・漢字	音訓	名乗り	おもな意味	名前例
13 幹	カン みき	えだ まさ み もと よし より	主要な部分。技や才能も示す字。しっかりした印象の名前になる	幹夏(10) みきか 幹代(5) みきよ 幹花(7) もとか 幹子(3) もとこ 幹美(9) もとみ
13 人 暉	キ ひかり	あき てる	四方に広がる光。いつも明るい、輝くような笑顔の子にと願って	沙(7)暉 さき 環(17)暉 たまき 真(10)暉 まき 美(9)暉 みき 由(5)暉奈(8) ゆきな
13 義	ギ	あき いさ とも のり みち よし	正しい。道理。人道のために尽くすこと。日本古来の美徳を表す	美(9)義 みよし 義恵(10) よしえ 義佳(8) よしか 義乃(2) よしの 義美(9) よしみ
13 人 鳩	キュウ ク はと	やす	愛らしいイメージ。平和のシンボルとされ、古風で個性的な名前に	唯(11)鳩美(9) いくみ 鳩留(10)美(9) くるみ 小(3)鳩 こばと 鳩仔(5★) はとこ 鳩子(3) はとこ
13 人★ 詣	ケイ ゲイ いたる もうでる	ゆき	高い境地に至る。謙虚な物腰で人に愛され、成功を収めるように	詣子(3) けいこ 詣杜(7) けいと 詣南(9) けいな 詣香(9) ゆきか 詣奈(8) ゆきな
13 継	ケイ つぐ	つね ひで	つなぐ。続ける。優れた文化や技術の担い手となることを期待して	継花(7) けいか 継子(3) けいこ 継奈(8) けいな 継祢(9★) つぐね 継美(9) つぐみ
13 絹	ケン きぬ	まさ	上品な美しさを備え、しなやかでいて強さを感じさせる女性に	絹江(6) きぬえ 絹香(9) きぬか 絹子(3) きぬこ 絹葉(12) きぬよ 絹美(9) まさみ
13 人 瑚	コ ゴ		七宝の一つ、珊瑚。飾らない、自然のままの美しさを思わせる	亜(7)瑚 あこ 幸(8)瑚 さちこ 珊(9★)瑚 さんご 美(9)瑚 みこ 和(8)瑚 わこ
13 鼓	コ つづみ		雅楽の優美なイメージとともに、勢いをつける意味も併せもつ字	亜(7)鼓 あこ 鼓都(11)美(9) ことみ 鼓 つづみ 真(10)鼓 まこ 美(9)鼓 みこ
13 人★ 煌	コウ オウ かがやく きらめく	あき てる	四方に広がる光。明るく輝くような笑顔で、人を魅了する子に	煌子(3) あきこ 煌奈(8) あきな 煌羅(19) きらら 煌海(9) こうみ 煌美(9) てるみ

画数・漢字	音訓	名乗り	おもな意味	名前例
13 人★ 幌	コウ とばり ほろ	あき あきら	身を挺して大切なものを守る、深い慈しみの心を備えた女性に	幌子3（あきこ） 幌美9（こうみ） 真10幌（まほろ） 麻11幌（まほろ） 美9幌（みほろ）
13 人 滉	コウ ひろい	ひろ	広くて深い水。人に潤いを与える、清らかで美しい人にと願って	滉那7（こうな） 千3滉（ちひろ） 滉恵10（ひろえ） 滉華10（ひろか） 美9滉（みひろ）
13 資	シ	ただ とし もと よし より	もとで。持ち前。助ける。素質や才能も示す。スマートな名前に	資乃2（しの） 資磨16（しま） 資美9（ただみ） 資仔5★（もとこ） 資葉12（もとは）
13 詩	シ	うた	情感にあふれた字で、文学の才能や、優れた感性を期待させる	詩絵12（うたえ） 詩織18（しおり） 詩音9（しおん） 詩乃2（しの） 詩歩8（しほ）
13 嗣	シ	さね じ つぐ ひで	受け継ぐ。文化や伝統を大切に、授かり伝えていけるよう願って	嗣奈8子3（しなこ） 嗣子3（つぐこ） 嗣穂15（つぐほ） 嗣美9（つぐみ） 嗣代5（つぐよ）
13 慈	ジ いつくしむ	しげ ちか やす よし	見返りを求めない、深く大きな愛情を表す。聖母のイメージも	慈子3（しげこ） 慈乃2（しげの） 慈美9（しげみ） 慈代5（しげよ） 仁4慈子3（にじこ）
13 人 嵩	シュウ スウ たかい	たか	重なり合った高い山の様子から。落ちついた静かな印象の名前に	嵩子3（たかこ） 嵩音9（たかね） 嵩美9（たかみ） 嵩代5（たかよ） 嵩良7（たから）
13 準	ジュン	とし のり	もとは平らな水面。穏やかに静まったさまを示す、スマートな字	準花7（じゅんか） 準子3（じゅんこ） 準菜11（じゅんな） 準華10（のりか） 美9準（みのり）
13 人★ 馴	ジュン シュン イン・クン ならす したがう なれる	なれ よし	ルールを守る意味も含み、優れた順応性や道徳心にも通じる	馴香9（じゅんか） 馴子3（じゅんこ） 馴那7（じゅんな） 馴乃2（よしの） 馴美9（よしみ）
13 奨	ショウ ソウ		褒めて力づける。人の長所を認め、育てられる温かい女性に	奨香9（しょうか） 奨子3（しょうこ） 奨那7（しょうな） 奨乃2（しょうの） 奨実8（しょうみ）

★新人名漢字

画数・漢字	音訓	名乗り	おもな意味	名前例
13 照	ショウ、てる、てらす、てれる	あき、あり、とし、のぶ、みつ	いつも元気で、明るく温かく、周囲の人を照らす子にと期待して	照乃[2] あきの／照葉[12] あきは／千[3]照 ちあき／照泉[9] てるみ／照与[3] てるよ
13 新	シン、あたらしい、あらた、にい	あら、ちか、よし、わか	未来への希望や未知の可能性に満ちた、さわやかなイメージの字	新珠[10] しんじゅ／新子[3] ちかこ／新菜[11] にいな／新美[9] にいみ／新奈[8] わかな
13 慎	シン、つつしむ	ちか、のり、まこと、みつ、よし	思慮深く、謙虚な心を忘れない子に。きちんとした印象の名前に	慎子[3] しんこ／慎世[5] ちかよ／慎代[5] のりよ／慎花[7] よしか／慎美[9] よしみ
13 (人) 瑞	ズイ、しるし	たま、みず	美しいイメージときれいな音をもつ。吉兆を意味する、縁起のよい字	瑞絵[12] たまえ／瑞美[9] たまみ／瑞紀[9] みずき／瑞葉[12] みずは／瑞穂[15] みずほ
13 数	スウ、ス、かず、かぞえる	のり	多い、繰り返す、運命など、多岐にわたる意味をもつ奥深い字	数子[3] かずこ／数代[5] かずよ／数香[9] のりか／数葡[12]★ のりほ／美[9]数 みのり
13 聖	セイ	きよ、さと、しょう、とし、ひじり、まさ	知徳が高い。けがれがなく、清らか。純粋な心を象徴する字	聖歌[14] きよか／聖乃[2] きよの／聖美[9] きよみ／聖子[3] せいこ／聖羅[19] せいら
13 勢	セイ、いきおい	なり	自ら進んでいく強い力を表し、大きな力による加護も思わせる	伊[6]勢 いせ／勢羅[19] せいら／勢津[9]子[3] せつこ／千[3]登[12]勢 ちとせ／七[2]勢 なせ
13 (人) 靖	セイ、ジョウ、やすんじる	しず、のぶ、やす	安らか。静か。清い。ほっと人を和ませる、優しく穏やかな子に	靖菜[11] せいな／靖子[3] やすこ／靖葉[12] やすは／靖美[9] やすみ／靖世[5] やすよ
13 誠	セイ、まこと	あき、たか、とも、まさ、み、よし	もとは心と言葉が一致していること。偽りがないこと。真心を忘れない人に	誠花[7] せいか／誠子[3] せいこ／誠帆[6] まさほ／誠美[9] まさみ／誠世[5] まさよ
13 節	セツ、セチ、ふし	さだ、たか、とも、のり、ふ、もと	区切り。ほどよくする。しとやかで、礼儀正しい女性のイメージ	節 せつ／節子[3] せつこ／節音[9] たかね／節美[9] たかみ／節夏[10] のりか

名前例	おもな意味	名乗り	音訓	画数・漢字
楚乃子 2・3 そのこ 楚乃美 2・9 そのみ 楚蘭 19 そらん 楚子 3 たかこ 楚美 9 たかみ	すっきりしたさま。若い枝のような、さわやかな美しさを示す	たか	ソ ショ いばら しもと すわえ	人★ 13 楚
蒼衣 6 あおい 蒼泉 9 あおい 蒼芭 7★ あおば 蒼葉 12 あおば 蒼湖 12 そうこ	草の青色。悠悠と視界の開けた、明るい草原をイメージさせる		ソウ あお	人 13 蒼
想花 7 そうか 想子 3 そうこ 想奈 8 そうな 想乃 2 その 想乃子 2・3 そのこ	考える。イメージ。優れた感性を備えた、思慮深い人にと願って		ソウ ソ	13 想
滝仔 5★ たきこ 滝音 9 たきね 滝美 9 たきみ 滝代 5 たきよ 9 美滝 みよし	勢いよく流れ落ちる水の力と、細かい飛沫の清涼感にあやかって	たけ よし	たき	13 滝
6 早稚代 5 さちよ 稚香 9 ちか 稚奈都 8・11 ちなつ 9 美稚 みち 稚奈 8 わかな	幼い、あどけない。小さくかわいい、いとしいものを端的に示す	のり わか	チ	13 稚
馳花 7 ちか 馳弦 8 ちづる 馳波矢 8・5 ちはや 11 麻馳子 3 まちこ 9 美馳 みち	すがすがしい疾走感のある字。敏捷で機転の利く子となるように	とし	チ ジ タ ダ はせる	人★ 13 馳
跳佳 8 ちょうか 跳子 3 ちょうこ 跳美 9 ちょうみ 跳夏 10 はねか 9 美跳 みはね	喜びの表現を思わせる字で、エネルギーに満ちた名前をつくる		チョウ はねる とぶ	13 跳
椿 つばき 椿希 7 つばき 椿貴 12 つばき 椿芽 8 つばめ 9 美椿 みつば	雪の中で花を咲かせるさまから、忍耐と控えめな美しさの象徴に		チン チュン つばき	人 13 椿
禎江 6 さだえ 禎子 3 さだこ 禎乃 2 さだの 禎実 8 さだみ 禎佳 8 ていか	めでたい印。天より授かる幸運の意味から、天性の才能も示す	さだ さち ただ つぐ とも よし	テイ チョウ さいわい	人 13 禎
鉄美 9 かねみ 鉄恵 10 きみえ 鉄佳 8 きみか 鉄子 3 てつこ 鉄代 5 としよ	鍛えるほど強くなる特質をもち、人の成長過程にもたとえられる	かね きみ とし	テツ	13 鉄

★新人名漢字

画数・漢字	音訓	名乗り	おもな意味	名前例
13 人 稔	ネン ジン みのる	とし なり なる	もとは稲の実が膨らむさま。大きな成果に恵まれるよう願って	稔花(7) としか 稔子(3) としこ 稔美(9) としみ 稔蒲(13★) なるほ 稔梨(11) みのり
13 人 楓	フウ かえで		紅葉の美しさが古来愛される。雅な趣の漂う女の子らしい名前に	楓 かえで 楓佳(8) ふうか 楓子(3) ふうこ 楓美香(9・9) ふみか 楓由子(5・3) ふゆこ
13 福	フク	さき さち とし とみ もと よし	あらゆる幸いを表す、縁起のよい字。落ちつきのある名前に	福葉(12) さちよ 福子(3) ふくこ 福美(9) ふくみ 福泉(9) ふくみ 美(9)福 みさき
13 豊	ホウ ゆたか	あつ と とよ ひろ よし	多くのものに恵まれ、また自らも幸いをもたらす人にと願って	豊美香(9・9) とみか 豊香(9) とよか 豊子(3) とよこ 豊乃(2) とよの 豊美(9) とよみ
13 人 睦	ボク モク むつぶ むつ	ちか のぶ まこと む むつみ よし	穏やかで親しみやすい人柄と、多くの友人に恵まれることを期待	睦音(9) ちかね 睦江(6) むつえ 睦月(4) むつき 睦子(3) むつこ 睦美(9) むつみ
13 夢	ム ゆめ		無限の可能性を感じさせる、ロマンチックな字。かわいらしい名前に	夢湖(12) ゆめこ 夢乃(2) ゆめの 夢美(9) ゆめみ 来(7)夢 らいむ 螺(17★)夢 らむ
13 人 椰	ヤ やし		椰子の木、熱帯産。のびのびとした、明るい南のイメージをもつ	夏(10)椰子(3) かやこ 紗(10)椰 さや 美(9)椰 みや 椰衣子(6・3) やいこ 里(7)椰子(3) りやこ
13 人★ 楢	ユウ シュウ ショウ なら	しゅ わ	実がドングリとして広く親しまれる木。個性的な名前をつくる	美(9)楢 みゆう 楢香(9) ゆうか 楢姫(10) ゆうき 楢菜(11) ゆうな 楢妃(6) ゆうひ
13 誉	ヨ ほまれ	しげ たか のり もと やす よし	たたえる。よい評判。人を褒め、人からも賞賛されるよう願って	佳(8)誉 かよ 都(11)誉 とよ 誉江(6) よしえ 誉志美(7・9) よしみ 誉莉子(10・3) よりこ
13 人 蓉	ヨウ	はす	芙蓉。蓮。天上界のものともされる花。気品ある、優しい女性に	香(9)蓉 かよ 蓉美(9) はすみ 芙(7)蓉 ふよう 蓉夏(10) ようか 蓉子(3) ようこ

画数・漢字	音訓	名乗り	おもな意味	名前例
13 人 瑶	ヨウ たま		もとは美しい玉。きらりと光る個性や才能に恵まれるよう願って	瑶希7 たまき、瑶音9 たまね、瑶美9 たまみ、美9瑶 みよ、瑶子3 ようこ
13 人 楊	ヨウ やなぎ	やす	細腰の美人を象徴する字。しなやかな強さも感じさせる名前に	沙7楊 さよ、楊羽6 やすは、楊葉12 やすは、楊美9 やすみ、楊夏10 ようか
13 人 稜	リョウ ロウ かど	いず すみ たか	二つの面が成す直線。折り目正しく、まじめな才媛を思わせる	稜美9 いずみ、稜花7 すみか、稜礼5 すみれ、稜子3 りょうこ、稜奈8 りょうな
13 人★ 稟	リン ヒン うける		天から授かったものとして、生まれつきの性質や才能に通じる字	花7稟 かりん、真10稟 まりん、稟香9 りんか、稟子3 りんこ、稟那7 りんな
13 鈴	レイ リン すず		澄んだ音色のように、だれからも愛され、人の心を和ませる子に	五4十2鈴 いすず、佳8鈴 かりん、鈴音9 すずね、美9鈴 みすず、鈴花7 れいか
13 廉	レン	きよ やす ゆき よし	私欲をもたない潔さを意味する。清らかな心の持ち主にと願って	絵12廉 えれん、香9廉 かれん、廉波8 やすは、廉歩8 やすほ、廉香9 れんか
13 人 蓮	レン はす		東洋のイメージをもつ、美しい花。仏教で極楽浄土を象徴する	恵10蓮 えれん、花7蓮 かれん、蓮美9 はすみ、蓮泉9 はすみ、蓮夏10 れんか
13 路	ロ じ	のり みち	筋道。正しい。まっすぐひたむきな、素直さを感じさせる名前に	陽12路美9 ひろみ、路花7 みちか、路子3 みちこ、路瑠14 みちる、路美9 ろみ
14 人★ 斡	アツ ワツ カン めぐる	はる まる	太陽や天を表す意味もあり、夢やロマンを秘めた名前になる	斡子3 あつこ、斡乃2 あつの、斡美9 あつみ、斡奈8 かんな、斡代5 はるよ
14 維	イ	これ しげ すみ ただ つな ゆき	結びつける。人の和を大切にし、まとめ役ともなれる人にと願って	維久3美9 いくみ、維知8子3 いちこ、維美9 ただみ、由5維 ゆい、結12維奈8 ゆいな

★新人名漢字

画数・漢字	音訓	名乗り	おもな意味	名前例
14 歌	カ うた うたう		きれいな声でさえずる小鳥のように、いつも明るく元気な子に	歌恵(10) うたえ 歌織(18) かおり 歌穂(15) かほ 千(3)歌子(3) ちかこ 和(8)歌奈(8) わかな
人★ 14 榎	カ えのき	え	多分野で活用される樹木は、健やかな成長の象徴ともされる	榎奈(8) かな 静(14)榎 しずか 晴(12)榎 はるか 美(9)榎 みか 美(9)榎代(5) みかよ
人 14 樺	カ かば		寒地や高原に産し、さわやかでロマンチックなイメージをもつ木	明(8)日(4)樺 あすか 絵(12)梨(11)樺 えりか 樺奈(8) かな 樺代(5) かよ 和(8)樺 わかば
人 14 嘉	カ よい	ひろ よし よしみ	よい。優れる。美しい。あらゆる喜びを意味する、縁起のよい字	嘉江(6) かえ 嘉寿(7)江(6) かずえ 嘉世(5)子(3) かよこ 美(9)嘉 みか 嘉夏(10) よしか
人 14 綺	キ あや		美しい光沢の絹織物。光で変わる輝きが、多彩な魅力を思わせる	綺美(9)子(3) きみこ 綺和(8) きわ 沙(7)綺江(6) さきえ 夏(10)綺 なつき 真(10)綺 まき
人★ 14 箕	キ み	みる	西洋占星術でいう射手座に含まれる、星座区分の意味ももつ字	希(7)箕江(6) きみえ 麻(11)箕子(3) まみこ 美(9)箕 みき 箕佐(7)緒(14) みさお 箕咲(9) みさき
14 銀	ギン	かね	美しい月光や雪景色を連想させる字。静かな輝きを放つ名前に	銀杏(7) いちょう 銀花(7) ぎんか 銀子(3) ぎんこ 琵(12★)銀 びぎん 美(9)銀 みかね
14 駆	ク かける かる		馬を走らせる、速く走るなど、スピード感と生命力を感じさせる字	駆美(9) くみ 駆美(9)子(3) くみこ 駆玲(9)亜(7) くれあ 沙(7)駆美(9) さくみ 芽(8)駆美(9) めぐみ
人★ 14 閤	コウ		閉じ合わさる字体は、高い身分や、しっかり家を守る意味にも	閤 こう 閤子(3) こうこ 閤奈(8) こうな 閤美(9) こうみ 閤芽(8) こうめ
人 14 瑳	サ		鮮やかな白い玉。白い歯を見せて笑うさま。まぶしい魅力に通じる	亜(7)理(11)瑳 ありさ 瑳久(3)羅(19) さくら 瑳耶(9) さや 瑳和(8) さわ 美(9)瑳 みさ

画数・漢字	音訓	名乗り	おもな意味	名前例
14 人★ 榊	さかき		古来、枝葉を神前に供える木。高貴で神聖なイメージをもつ	榊 さかき 榊希7 さかき 榊季8 さかき 榊姫10 さかき 榊輝15 さかき
14 人 颯	サツ ソウ		さっと吹く風。きびきびした様子。フレッシュな感覚の名前に	颯希7 さつき 颯季8 さつき 颯香9 そうか 颯歌14 そうか 颯子3 そうこ
14 緒	ショ チョ お		物事のはじめ。極める。心。繊細で美しいイメージをもった字	香9緒里7 かおり 沙7緒里7 さおり 奈8緒 なお 麻11緒 まお 美9緒 みお
14 彰	ショウ	あき あや てる	顕著。鮮やかな模様。華やかな、才色兼備の女性を思わせる	彰枝8 あきえ 彰奈8 あきな 彰乃2 あきの 彰代5 あきよ 千3彰 ちあき
14 人★ 嘗	ショウ ジョウ かつて なめる こころみる		試す。挑戦し続けることで経験を積み、多くのことを学ぶように	嘗香9 しょうか 嘗花7 しょうか 嘗子3 しょうこ 嘗奈8 しょうな 嘗乃2 しょうの
14 人★ 賑	シン すくう にぎわう にぎわす にぎやか	とみ とも	人を楽しませ元気づける、明るく思いやりのある子にと願って	賑子3 とみこ 賑絵12 ともえ 賑花7 ともか 賑葉12 ともは 賑美9 ともみ
14 人 槙	シン テン こずえ まき		樹木の先端。生垣や庭木、建築材ともなる日本特産の樹木名	槙 こずえ 小3槙 こまき 槙子3 まきこ 槙奈8 まきな 槙葉12 まきは
14 人 榛	シン はしばみ	はる	枝葉の生長が早い木、ハシバミ。すくすくと伸びる姿の象徴にも	千3榛 ちはる 榛絵12 はるえ 榛香9 はるか 榛名6 はるな 榛美9 はるみ
14 人 翠	スイ みどり	あきら	ヒスイのような青緑色。貴婦人を思わせる、澄んだ美しさをもつ字	翠奈8 すいな 妃6翠 ひすい 陽12翠 ひすい 翠 みどり 翠子3 みどりこ
14 静	セイ ジョウ しず しずか しずまる しずめる	きよ ちか やす よし	落ちつきがあり、いつも穏やかにほほえんでいるような子に	静香9 しずか 静子3 しずこ 静那7 しずな 静音9 しずね 静乃2 しずの

★新人名漢字

画数・漢字	音訓	名乗り	おもな意味	名前例
14 誓	セイ ちかう	ちか	神聖な印象を与える。約束を守る、清らかな心を表す名前に	誓子3 せいこ / 誓名6 せいな / 誓羅19 せいら / 誓絵12 ちかえ / 美9誓 みちか
人 14 聡	ソウ	あき さ さと と とき ふさ	賢い。優れている。明らか。素直で理知的な子にと願いを込めて	聡絵12 あきえ / 聡重9 さとえ / 聡花7 さとか / 聡世5 さとよ / 知8聡 ちあき
14 総	ソウ	のぶ ふさ みち	治める、まとめる。よく気がつき、年少者に慕われるリーダーに	総江6 のぶえ / 総恵10 ふさえ / 総子3 ふさこ / 総美9 ふさみ / 総代5 ふさよ
人★ 14 漕	ソウ こぐ		数人で力を合わせて船をこぐ様子から。協調性を象徴する字	漕伽7 そうか / 漕子3 そうこ / 漕南9 そうな / 漕美9 そうみ / 漕瑠14 そうる
人 14 漱	ソウ シュウ すすぐ		口をゆすぐ。神事に際してけがれをはらう、慎み深い姿勢も表す	漱夏10 しゅうか / 漱奈8 しゅうな / 漱美9 しゅうみ / 漱子3 そうこ / 漱乃2 その
人 14 暢	チョウ のべる	なが のぶ まさ みつ	のびのびとする。ゆったりとおおらかに成長するよう願って	志7暢 しのぶ / 暢江6 のぶえ / 暢花7 のぶか / 暢子3 のぶこ / 美9暢 みのぶ
14 摘	テキ つむ	つみ	つまみ取る。選び取る。指し示す。こまやかで繊細な作業を示す	花7摘 かつみ / 香9摘 かつみ / 菜11摘 なつみ / 葉12摘 はつみ / 美9摘 みつみ
人★ 14 綴	テツ テイ つづる とじる	せつ	たおやかな手先の器用さや、優美な詩歌の編纂をイメージさせる	綴美9 つづみ / 綴香9 ていか / 綴奈8 ていな / 綴子3 てつこ / 綴代5 てつよ
人★ 14 嶋	トウ しま		渡り鳥が休む陸地。人を支える、深い慈悲の心を感じさせる字	嶋 しま / 嶋江6 しまえ / 嶋子3 しまこ / 嶋乃2 しまの / 嶋世5 しまよ
14 徳	トク	あつ さと とみ のり やす よし	心や行いが正しく立派なこと。敬意を集め、模範となる人に	徳子3 とくこ / 徳絵12 のりえ / 徳花7 のりか / 美9徳 みのり / 徳乃2 よしの

画数・漢字	音訓	名乗り	おもな意味	名前例
14 寧	ネイ	さだ しず ね やす	穏やか。安らか。人をほっとさせる、温かい笑顔を期待して	寧花7 しずか、貴12寧 たかね、寧々3 ねね、春9寧 はるね、寧子3 やすこ
人 14 緋	ヒ あか	あけ	濃く明るい朱色、鮮やかな赤色。人目を引く魅力を思わせる字	緋美9 あけみ、緋香9里7 ひかり、緋沙7子3 ひさこ、緋奈8乃2 ひなの、緋芽8香9 ひめか
人 14 碧	ヘキ ヒャク みどり	あお たま	濃い藍色、緑がかった青色。宝石や海の美しいイメージをもつ	碧衣6 あおい、碧美9 たまみ、碧泉9 たまみ、碧 みどり、碧子3 みどりこ
人 14 鳳	ホウ おおとり	たか	聖人の兆しとされる想像上の鳥。気高く、神秘的な印象の名前に	鳳江6 たかえ、鳳子3 たかこ、鳳奈8 たかな、鳳祢9★ たかね、鳳美9 たかみ
人★ 14 蓬	ホウ よもぎ	しげ	日本人の郷愁を誘う香りをもつ草。葉は和菓子やもぐさになる	蓬子3 しげこ、蓬乃2 しげの、蓬美9 しげみ、蓬代5 しげよ、蓬 よもぎ
人★ 14 蜜	ミツ ビツ		甘いもの、甘美なことのたとえにも用いられる、かわいらしい字	蜜柑9★ みかん、蜜依8 みつえ、蜜希7 みつき、蜜子3 みつこ、蜜美9 みつみ
人★ 14 遙	ヨウ はるか	すみ とお のぶ のり はる みち	ゆったりとしたイメージに、長く続くという縁起のよい意味ももつ	遙依8 はるえ、遙歌14 はるか、遙南9 はるな、遙妃6 はるひ、遙美9 はるみ
人 14 瑠	リュウ ル		七宝の一つ、瑠璃玉。女の子らしい、きれいな印象の名前になる	香9緒14瑠 かおる、瑠羽6 るう、瑠那7 るな、瑠美9子3 るみこ、瑠璃15花7 るりか
人 14 綾	リョウ あや		美しい絹織物。しなやかな身のこなしと、繊細な心を感じさせる	綾香9 あやか、綾子3 あやこ、綾菜11 あやな、綾乃2 あやの、綾美9 あやみ
14 緑	リョク ロク みどり	のり	青竹や草の色。明るくさわやかな、生き生きしたイメージをもつ	緑夏10 のりか、緑 みどり、緑子3 みどりこ、美9緑 みのり、緑海9 ろくみ

★新人名漢字

画数・漢字	音訓	名乗り	おもな意味	名前例
14 人★ 漣	レン ラン さざなみ	なみ	小さな波。連なって流れるさま。静かで穏やかな風情のある字	恵漣 10 えれん / 華漣 10 かれん / 美漣 9 みなみ / 漣香 9 れんか / 漣菜 11 れんな
15 人★ 駕	ガ カ しのぐ のる	のり	乗り物を操る。貴人の往来を敬う表現。謙譲の美徳を備えた子に	駕依 8 かえ / 駕津美 9 9 かつみ / 駕奈江 8 6 かなえ / 駕帆 6 かほ / 美駕 9 みか
15 輝	キ かがやく	てる ひかる	もとは火の光を示す。明るく華やかで、現代的な印象を与える字	亜輝 7 あき / 玲輝 9 たまき / 輝花 7 てるか / 輝海 9 てるみ / 真輝 10 まき
15 人 嬉	キ たのしむ	よし	多くの喜びに恵まれ、人と楽しみを共有していける子にと願って	嬉久恵 3 10 きくえ / 嬉美江 9 6 きみえ / 眞嬉 10 まき / 嬉花 7 よしか / 嬉美 9 よしみ
15 人 槻	キ つき		弓の材料となる柔軟な強さにあやかり、きりっとした魅力を期待	早槻 6 さつき / 奈槻 8 なつき / 麻槻 11 まき / 美槻 9 みつき / 由槻子 5 3 ゆきこ
15 人★ 畿	キ みやこ	ちか	都に近い領地。雅やかな、伝統文化の香りが漂う名前をつくる	畿美花 9 7 きみか / 真畿 10 まき / 真畿子 10 3 まきこ / 美畿 9 みき / 美由畿 9 5 みゆき
15 人★ 蕎	キョウ		蕎麦。土を選ばず育つ強さをもつ。健やかな成長の象徴にも	蕎花 7 きょうか / 蕎子 3 きょうこ / 蕎奈 8 きょうな / 蕎乃 2 きょうの / 蕎美 9 きょうみ
15 人★ 駈	ク かける かる		馬や車を速く走らせる。害するものを追い払う守りの意味ももつ	唯駈 11 いく / 駈音 9 くおん / 駈仁花 4 7 くにか / 駈美 9 くみ / 駈玲葉 9 12 くれは
15 人 駒	ク こま		子馬。若い元気な馬。明るく生き生きした、活発な子のイメージ	生駒 5 いこま / 駒美 9 くみ / 駒留美 10 9 くるみ / 駒子 3 こまこ / 駒智 12 こまち
15 慶	ケイ	ちか のり みち やす よし	あらゆる吉事に加え、人を祝福する意味もある、縁起のよい字	慶子 3 けいこ / 慶都 11 けいと / 慶奈 8 けいな / 慶歌 14 よしか / 慶美 9 よしみ

画数・漢字	音訓	名乗り	おもな意味	名前例
人 15 慧	ケイ エ さとい	さと	賢い。知恵や才能に恵まれる。もとは心配りを表す、美しい字	慧麻 11 えま 慧美香 9 9 えみか 慧莉奈 10 8 えりな 慧都 11 けいと 慧那 7 けいな
人★ 15 稽	ケイ かんがえる とどめる	とき のり よし	とどまる。熟考するさまから、礼儀正しく穏やかな子にと願って	稽花 7 けいか 稽子 3 けいこ 稽奈 8 けいな 美稽 9 みのり 稽美 9 よしみ
15 潔	ケツ いさぎよい	きよ ゆき よし	すがすがしい。純粋でさっぱりした、さわやかな魅力に通じる	潔花 7 きよか 潔子 3 きよこ 潔乃 2 きよの 潔羅 19 きよら 潔恵 10 よしえ
人 15 廣	コウ ひろい	お ひろ みつ	果てしない。発展させる。古風な印象の字体に向上の意味をもつ	廣恵 10 ひろえ 廣子 3 ひろこ 廣海 9 ひろみ 廣美 9 ひろみ 廣代 5 ひろよ
人★ 15 諏	シュ ス ソウ フウ はかる		もとは意見を集めて選び出すこと。思慮深いイメージをもつ字	亜諏佐 7 7 あずさ 亜利諏 7 7 ありす 絵里諏 12 7 えりす 久利諏 3 7 くりす 諏訪子 11 3 すわこ
15 潤	ジュン うるおう うるおす うるむ	さかえ ひろ ます みつ	光沢。恵み。心豊かで情に厚く、優しさに満ちた女性を思わせる	潤留 10 うるる 潤花 7 じゅんか 潤子 3 じゅんこ 潤依 8 ひろえ 潤歌 14 ひろか
人 15 諄	ジュン シュン ねんごろ	あつ しげ とも のぶ まこと	丁寧に教え諭す。礼儀正しく、めんどうみのよい子にと願って	諄美 9 あつみ 諄奈 8 じゅんな 諄歌 14 ともか 諄江 6 のぶえ 諄子 3 のぶこ
人★ 15 樟	ショウ くす くすのき		香気のある木にあやかって、香り立つような魅力の持ち主に	樟花 7 くすか 樟葉 12 くすよ 樟代 5 くすよ 樟子 3 しょうこ 樟乃 2 しょうの
15 穂	スイ ほ	お	素朴で温かく、かわいらしい印象の字。実り豊かな人生を願って	香穂 9 かほ 奈穂 8 なほ 穂奈美 8 9 ほなみ 瑞穂 13 みずほ 美穂 9 みほ
人★ 15 撰	セン サン ゼン えらぶ	のぶ	目的に合うように選ぶ。書籍の編纂。きっぱりした印象の名前に	撰歌 14 せんか 撰花 7 のぶか 撰子 3 のぶこ 撰美 9 のぶみ 撰世 5 のぶよ

★新人名漢字

画数・漢字	音訓	名乗り	おもな意味	名前例
人 15 蝶	チョウ		大切なもののたとえにも。美しい羽根の優美な姿にあやかって	黄11蝶 きちょう 貴12蝶 きちょう 胡9蝶 こちょう 蝶子3 ちょうこ 蝶々3 ちょうちょう
15 潮	チョウ しお		満ち引きする海水。適したとき。豊かな自然の力を感じさせる字	潮香9 しおか 潮音9 しおね 真10潮 ましお 美9潮 みしお 海9潮 みしお
15 澄	チョウ すむ すます	きよ すみ	透き通って清い。純粋な心の、静かな美しさをたたえた女性に	香9澄 かすみ 澄乃2 きよの 澄歌14 すみか 澄礼5 すみれ 真10澄 ますみ
15 徹	テツ	みち ゆき	貫き通す。周囲の意見に流されない、しっかりした子にと願って	徹子3 てつこ 徹世5 てつよ 徹花7 みちか 徹江6 ゆきえ 徹美9 ゆきみ
15 範	ハン	のり	手本。決まり。落ちついた魅力をもつ、年少者から慕われる女性に	範恵10 のりえ 範絵12 のりえ 範香9 のりか 範奈8 はんな 美9範 みのり
人★ 15 播	ハン ハ バン まく	ひろ	もとは米の種をまくさま。まじめな姿勢を示し、好印象を与える	播奈8 はんな 播子3 ひろこ 播美9 ひろみ 播江6 まきえ 播乃2 まきの
人★ 15 撫	ブ フ なでる	やす よし	優しくかわいがる。温かい視線と、こまやかな愛情を感じさせる	伊6撫 いぶ 花7撫 かなで 香9撫 かなで 撫子3 なでしこ 撫美9 よしみ
15 舞	ブ まう まい		古来、幽玄の趣を表すとされた優美な動き。女性らしく美しい字	衣6舞 いぶ 志7乃2舞 しのぶ 舞香9 まいか 舞子3 まいこ 舞波8 まなみ
15 摩	マ	きよ なず	磨く。日々の積み重ねを大切に努力する、強い向上心を願って	多6摩美9 たまみ 摩衣6 まい 摩奈8美9 まなみ 摩美9 まみ 摩利7奈8 まりな
15 魅	ミ		人の心を引きつけること。個性の光る、神秘的な印象の名前に	麻11魅 あさみ 真10魅 まみ 魅歌14 みか 魅希7 みき 魅也3子3 みやこ

画数・漢字	音訓	名乗り	おもな意味	名前例
人 15 璃	リ	あき	七宝の一つ、瑠璃玉。美しく濃い青色が、純粋な心のイメージに	由5璃子3 ゆりこ／璃加5 りか／璃佐7 りさ／璃々3 りり／瑠14璃子3 るりこ
人 15 遼	リョウ はるか	とお	はるか彼方の天や大河を指す。ロマンチックな名前をつくる字	千3遼 ちはる／遼花7 はるか／遼菜11 はるな／遼美9 はるみ／遼子3 りょうこ
人 15 諒	リョウ まこと	あき あさ まさ	真実。明らか。思いやりがある。だれにでも優しく接する子に	諒菜11 あきな／諒香9 あさか／諒美9 あさみ／諒佳8 りょうか／諒子3 りょうこ
人 15 凜	リン さむい		引き締まって隙のない様子。冴えた感性や美しさを感じさせる	花7凜 かりん／真10凜 まりん／凜香9 りんか／凜子3 りんこ／凜瑚13 りんご
人★ 15 凛	リン さむい		きっぱりとしたさま。りりしさを備えた名前に。「凜」に同じ	恵10凛 えりん／香9凛 かりん／磨16凛 まりん／凛 りん／凛菜11 りんな
人 15 黎	レイ	たみ	くろがね色。薄暗い。やがて来る朝の光、希望を予感させる字	黎 たみ／美9黎 みれい／黎子3 れいこ／黎那7 れいな／黎羅19 れいら
16 緯	イ		織物の横糸。繰り返し行き来して布地をなす、ひたむきさをもつ字	亜7緯 あい／緯鈴13 いすず／緯都11子3 いつこ／真10緯 まい／芽8緯子3 めいこ
16 衛	エイ	え ひろ	特に周りにいて防ぎ守ること。大きな優しさ、慈しみを思わせる	衛子3 えいこ／衛美9 えみ／衛里7奈8 えりな／加5奈8衛 かなえ／花7衛 はなえ
人 16 叡	エイ あきらか	ただ とし まさ よし	さとい。奥深くまで目の利くさま。優れた見識を誇る、賢明な女性に	叡子3 えいこ／叡美9 えいみ／叡恵10 としえ／叡代5 まさよ／叡乃2 よしの
人★ 16 薗	エン オン その		畑や庭。果樹の豊かな実りを思わせる、幸福感にあふれた字	薗恵10 そのえ／薗香9 そのか／薗子3 そのこ／薗美9 そのみ／美9薗 みその

★新人名漢字

画数・漢字	音訓	名乗り	おもな意味	名前例
16 人★ 燕	エン つばめ	てる なる やす よし	安んずる。子育て上手な鳥のさまから、安産や縁結びの象徴にも	燕 つばめ 燕子 3 てるこ 燕美 9 なるみ 萌 11 燕 もえん 燕香 9 やすか
16 穏	オン おだやか	しず とし やす	安らか。落ちついている。人に安心感を与える、心の温かい子に	穏華 10 しずか 穏子 3 しずこ 穏音 9 しずね 穏江 6 やすえ 穏美 9 やすみ
16 人 錦	キン にしき	かね	金糸を織り込んだ絹織物。上品な美しさをもつ、古風な名前に	錦子 3 かねこ 錦美 9 かねみ 千 3 錦 ちかね 錦 にしき 錦姫 10 にしき
16 薫	クン かおる	かおり しげ のぶ ひで ゆき	初夏の若葉の香りを思わせる、心地よくさわやかなイメージの字	薫 かおる 薫子 3 かおるこ 薫美 9 しげみ 深 11 薫 みゆき 薫乃 2 ゆきの
16 憲	ケン	かず さだ とし のり	さとい。おきて。多くの敬意と信頼を寄せられ、模範となる人に	憲絵 12 のりえ 憲佳 8 のりか 憲子 3 のりこ 憲世 5 のりよ 美 9 憲 みのり
16 賢	ケン かしこい	さと たか とし のり やす よし	優れる。富む。優れた知識や才能を備え、活用できるよう願って	賢江 6 さとえ 賢香 9 さとか 賢子 3 さとこ 賢世 5 さとよ 美 9 賢 みさと
16 興	コウ キョウ おこる おこす	き さき ふさ とも	始める。盛んになる。おもしろみ。新たな試みを楽しむ意味にも	興香 9 きょうか 興子 3 きょうこ 興奈 8 きょうな 興恵 10 ともえ 興美 9 ともみ
16 人★ 縞	コウ しま		白い生絹。上品な艶、美しさなど、特性にあやかった魅力を期待	縞 こう 縞恵 10 しまえ 縞子 3 しまこ 縞乃 2 しまの 美 9 縞 みしま
16 人★ 錫	シャク チャク セキ・テキ テイ シ すず	ます やす	やわらかく加工しやすい金属。しなやかな強さを秘めた子に	衣 6 錫 いすず 錫香 9 すずか 錫子 3 すずこ 錫祢 9★ すずね 美 9 錫 みすず
16 樹	ジュ	いつき き しげ たつ な みき	子どもがまっすぐに成長していく姿を象徴する、安定感のある字	杏 7 樹 あんじゅ 樹安 6 じゅあん 樹里 7 じゅり 真 10 樹 まき 美 9 樹 みき

画数・漢字	音訓	名乗り	おもな意味	名前例
16 人★ 輯	シュウ あつめる	むつ	集めて整理する。和らげる。穏やかに人をまとめる魅力を期待	輯佳 8 しゅうか 輯子 3 しゅうこ 輯奈 8 しゅうな 輯美 9 むつみ 輯代 5 むつよ
16 人★ 鞘	ショウ ソウ さや		細い革ひも。刀身の覆い。すらりとシャープなイメージの名前に	鞘 さや 鞘歌 14 さやか 鞘音 9 さやね 鞘美 9 さやみ 鞘子 3 しょうこ
16 親	シン おや したしい したしむ	ちか なる み もと よしみ より	もとは身近に接して見ること。自ら行う意味もある、奥の深い字	親美 9 ちかみ 親実 8 なるみ 親奈子 8 3 みなこ 親那 7 もとな 親葉 12 もとよ
16 人★ 醒	セイ ショウ さます さめる	さめ	澄みきった星の光に心の状態をなぞらえた、ロマンチックな字	醒子 3 しょうこ 醒歌 14 せいか 醒奈 8 せいな 醒穂 15 せいほ 醒良 7 せいら
16 整	セイ ととのえる ととのう	なり のぶ まさ よし	きちんと正すこと。礼儀正しく、まじめで上品な印象を与える	整香 9 せいか 整羅 19 せいら 整子 3 まさこ 整実 8 まさみ 整胡 9 よしこ
16 積	セキ つむ つもる	あつ かず かつ さ さね	積み重ねたものから、たくわえ、広さや大きさ、量を示す意味も	唯積 11 いつみ 花積 7 かつみ 菜積 11 なつみ 穂積 15 ほづみ 美積 9 みつみ
16 操	ソウ みさお あやつる	あや みさ もち	しっかりともつ。固く守る。道徳に長けた、清らかな魅力の女性に	操華 10 あやか 操美 9 あやみ 操芽 8 あやめ 操恵 10 みさえ 操 みさお
16 人★ 薙	テイ シ チ なぎ なぐ かる		江戸時代に武家の婦人がたしなんだ武術。颯爽としたイメージに	薙絵 12 ちえ 薙湖 12 なぎこ 薙沙 7 なぎさ 薙美 9 なぐみ 美 9 薙 みち
16 人 鮎	デン ネン なまず あゆ		清流にすむ、芳香のある淡水魚。愛らしくフレッシュな名前に	鮎 あゆ 鮎香 9 あゆか 鮎子 3 あゆこ 鮎湖 12 あゆこ 鮎美 9 あゆみ
16 人★ 橙	トウ チョウ ゆず だいだい		「だい（代）」を重ねる音が子孫繁栄に通じ、実は正月の飾りにも	橙子 3 とうこ 美 9 橙利 7 みどり 橙香 9 ゆずか 橙希 7 ゆずき 橙那 7 ゆずな

★新人名漢字

画数・漢字	音訓	名乗り	おもな意味	名前例
16 篤	トク	あつ しげ すみ	真心がある。人情が深い。人に優しい、一途な努力家を思わせる	篤子 3 あつこ 篤乃 2 あつの 篤美 9 あつみ 篤世 5 あつよ 篤代 5 しげよ
16 繁	ハン	えだ しげ とし	栄える意味もつ、青々とした草木のエネルギーを感じさせる字	繁香 9 しげか 繁子 3 しげこ 繁美 9 しげみ 繁代 5 しげよ 繁奈 8 はんな
16 磨	マ みがく	きよ	励まし合う。よい友人に恵まれ、ともに努力していけるように期待	江磨 6 えま 詩磨 13 しま 須磨子 12 3 すまこ 磨美 9 まみ 磨友 4 まゆ
16 諭	ユ さとす	さと つぐ	豊富な知識と優れた指導力を誇る、めんどうみのよい女性に	亜諭 7 あゆ 諭子 3 さとこ 諭美 9 さとみ 美諭 9 みゆ 諭里 7 ゆり
16 謡	ヨウ うたい うたう	うた	謡曲。日本の伝統文化に基づく、古風な趣の美しい名前に	謡江 6 うたえ 謡仔 5★ うたこ 謡代 5 うたよ 歌謡 14 かよ 謡子 3 ようこ
16 頼	ライ たのむ たのもしい たよる	のり よし より	人から頼られることを喜びとし、期待に応える実力も備えた人に	紗頼 10 さより 美頼 9 みらい 頼枝 8 よりえ 頼子 3 よりこ 頼羅 19 らいら
人★ 16 蕾	ライ つぼみ		初々しい魅力と花開く未来をイメージさせる、希望に満ちた字	蕾 つぼみ 美蕾 9 みらい 実蕾 8 みらい 蕾香 9 らいか 蕾楽 13 らいら
人 16 澪	レイ みお		水路の道標。潤いと落ちつきを感じさせる、美しい字	澪 みお 澪子 3 みおこ 美澪 9 みれい 澪香 9 れいか 澪良 7 れいら
人 16 蕗	ロ ふき		素朴な温かさをもつ字。フキノトウは古来、早春の風物詩にも	陽蕗 12 ひろ 日蕗美 4 9 ひろみ 蕗子 3 ふきこ 美蕗 9 みろ 蕗美花 9 7 ろみか
人 17 霞	カ ゲ かすみ		主に春に起こる気象。やわらかく神秘的な情趣に満ちた名前に	朝霞 12 あさか 霞 かすみ 春霞 9 はるか 美霞 9 みか 夕霞 3 ゆうか

画数・漢字	音訓	名乗り	おもな意味	名前例
17 環	カン	たま たまき わ	輪形の玉、宝石。巡る。リングは穏やか、円満などよい意味を表す	環那7 かんな 環恵10 たまえ 環 たまき 環樹16 たまき 環美9 たまみ
人★ 17 徽	キ しるし よい	よし	細い組みひもの印。小さく美しいもの。繊細で気高いイメージ	亜7徽17那7 あきな 徽依8 きえ 徽咲9 きさ 徽美9花7 きみか 紗10徽 さき
17 謙	ケン	あき かた のり よし	慎む。敬う。礼儀正しい言葉遣いも示す。謙虚で聡明な女性に	謙子3 あきこ 謙帆6 あきほ 謙美9 あきみ 謙江6 のりえ 謙恵10 のりえ
人★ 17 檎	ゴ キン		林檎。みずみずしい魅力で、だれからも愛される子にと願って	檎花7 きんか 小3檎美9 こごみ 燦17檎 さんご 菜11檎美9 なごみ 林8檎 りんご
人 17 駿	シュン	とし はや	機敏さを思わせる疾走感にあふれた字。際立った才覚を期待して	駿花7 しゅんか 駿那7 しゅんな 駿枝8 としえ 駿子3 としこ 駿美9 としみ
人★ 17 篠	ショウ しの	ささ	横笛や矢柄に用いる細い竹。和風情趣の漂う、優美な名前になる	篠 しの 篠恵10 しのえ 篠舞15 しのぶ 篠美9 しのみ 篠子3 しょうこ
人 17 檀	タン ダン まゆみ		弓の材料となる木の、しなやかな強さと紅葉の美しさにあやかって	檀奈8 たんな 檀花7 まゆか 檀 まゆみ 檀美9 まゆみ 檀浬10★ まゆり
人★ 17 擢	テキ タク あげる ぬきんでる ぬく		卓越した才能と、人目を引く魅力とに恵まれるよう願いを込めて	擢子3 たくこ 擢奈8 たくな 擢穂15 たくほ 擢未5 たくみ 擢美9 たくみ
人 17 瞳	トウ ドウ ひとみ		夢や希望をまっすぐに見つめる、ひたむきな明るさをもつ子に	瞳依8 とうい 瞳花7 とうか 瞳子3 とうこ 瞳 ひとみ 瞳美9 ひとみ
17 優	ユウ やさしい すぐれる	ひろ まさ ゆ	穏やか。人として大切な意味を多く含む、美しく気品のある字	真10優美9 まゆみ 優衣6 ゆい 優花7 ゆうか 優由5 ゆうゆ 優希7 ゆき

★新人名漢字

画数・漢字	音訓	名乗り	おもな意味	名前例
17 (人)★ 輿	ヨ こし	お	もとは皆が力をそろえるさま。古風で優雅な印象で、力強さももつ	加5輿 かよ / 真10輿 まよ / 美9輿 みよ / 輿志7子3 よしこ / 輿里7子3 よりこ
17 (人)★ 螺	ラ にし		幾重にも巻いている様子を表し、永遠や神秘性にも通じる字	愛13螺 あいら / 希7螺々3 きらら / 紗10螺 さら / 美9螺 みら / 螺々3 らら
17 (人) 瞭	リョウ あきらか	あき	はっきりしている。明るい瞳。聡明でさわやかな子を思わせる	瞭奈8 あきな / 瞭帆6 あきほ / 瞭美9 あきみ / 知8瞭 ちあき / 瞭子3 りょうこ
17 (人) 嶺	レイ リョウ みね	ね	澄んだ空気をたたえた静かな山のように、落ちつきのある子に	高10嶺 たかね / 嶺子3 みねこ / 嶺花7 れいか / 嶺奈8 れいな / 嶺良7 れいら
18 襟	キン えり		胸のうちや懐の意味も。個性的な名前をつくる、奥の深い字	襟加5 えりか / 襟花7 えりか / 襟子3 えりこ / 襟菜11 えりな / 千3襟 ちえり
18 顕	ケン	あき たか てる	現われる。目立つ。傑出した才能に恵まれるように願いを込めて	顕子3 あきこ / 顕奈8 あきな / 顕歩8 あきほ / 顕江6 たかえ / 顕美9 たかみ
18 瞬	シュン またたく		星の光がきらめくような魅力を思わせる、ロマンチックな名前に	瞬香9 しゅんか / 瞬子3 しゅんこ / 瞬湖12 しゅんこ / 瞬那7 しゅんな / 瞬奈8 しゅんな
18 (人) 穣	ジョウ ゆたか みのる	しげ みの	穀物が実る。ふくよか。天からの恵みにも通じる、縁起のよい字	穣子3 しげこ / 穣乃2 しげの / 穣美9 しげみ / 穣代5 しげよ / 穣莉10 みのり
18 織	ショク シキ おる	おり	華やかでありつつ繊細な美しさをもつ、しなやかな印象の名前に	織江6 おりえ / 香9織 かおり / 早6織 さおり / 志7織 しおり / 美9織 みおり
18 (人) 雛	スウ シュ ひな		小さい、愛らしい。大切に守るものというニュアンスも秘めた字	雛 ひな / 雛子3 ひなこ / 雛乃2 ひなの / 雛美9 ひなみ / 麻11雛 まひな

画数・漢字	音訓	名乗り	おもな意味	名前例
人★ 18 櫂	トウ タク テキ かい	かじ	舟をこぐ。ゆったりとした風情と、静かなエネルギーを思わせる	櫂那7 かいな／櫂帆6 たくほ／櫂美9 たくみ／櫂代5 たくよ／櫂子3 とうこ
人 18 藤	トウ ドウ ふじ	ひさ	優美な房状の花が、古来愛される。たおやかな美女のたとえにも	藤枝8 ふじえ／藤花7 ふじか／藤子3 ふじこ／藤音9 ふじね／藤乃2 ふじの
18 曜	ヨウ	あき てる	光。輝く天体の総称でもある。無限のロマンを秘めた名前に	曜絵12 あきえ／曜花7 あきか／曜湖12 てるこ／曜美9 てるみ／曜子3 ようこ
人 18 燿	ヨウ かがやく	あき てる	もとは火の光が高く輝くさま。人間的な魅力や輝きも示す字	燿帆6 あきほ／知8燿 ちあき／燿瑛12 てるえ／燿深11 てるみ／燿子3 ようこ
人 18 藍	ラン あい		草の名。深く美しい青が、穏やかで奥ゆかしい女性の姿を思わせる	藍香9 あいか／藍湖12 あいこ／藍留10 あいる／藍子3 らんこ／藍々3 らんらん
人 19 艶	エン つや	よし	色艶が豊かな様子。多くの人を魅了する、華やかな美しさを示す	艶子3 つやこ／艶絵12 よしえ／艶香9 よしか／艶乃2 よしの／艶美9 よしみ
人★ 19 麒	キ ギ	あき あきら	麒麟。聖人や英才のたとえともされる。りりしい才女にと願って	麒麟24 きりん／沙7麒 さき／早6麒子3 さきこ／真10麒 まき／美9麒 みき
19 鏡	キョウ かがみ	あき かね とし み	自らを反省する戒めや手本のほか、澄みきったもののたとえにも	鏡絵12 あきえ／鏡華10 きょうか／鏡子3 きょうこ／鏡美9 としみ／鏡葉12 としよ
人★ 19 繡	シュウ ショウ	ぬい	刺繡。もとは細く引き締めた糸。繊細な美しさを感じさせる字	繡果8 しゅうか／繡子3 しゅうこ／繡湖12 しょうこ／繡乃2 しょうの／繡子3 ぬいこ
19 瀬	せ		激しい急流。勢いよく流れる水の、爽快なイメージをもつ名前に	綾14瀬 あやせ／瀬理11奈8 せりな／千3瀬 ちせ／奈8々3瀬 ななせ／里7瀬 りせ

★新人名漢字

画数・漢字	音訓	名乗り	おもな意味	名前例
19 寵 人★	チョウ	うつくし よし	大切にかわいがること。深い慈しみの心を備えた子にと願って	鼓(13)寵 こちょう / 寵香(9) ちょうか / 寵子(3) ちょうこ / 美(9)寵 みよし / 寵乃(2) よしの
19 鵬 人	ホウ おおとり	とも ゆき	想像上の大きな鳥。優れたもの。神秘的で高貴な印象を与える	鵬佳(8) ともか / 鵬子(3) ともこ / 鵬代(5) ともよ / 美(9)鵬 みゆき / 鵬那(7) ゆきな
19 霧	ム きり		細かく、多く集まったものの意味も。しっとりした風情をもつ字	霧湖(12) きりこ / 霧子(3) きりこ / 霧代(5) きりよ / 沙(7)霧 さぎり / 紗(10)霧 さぎり
19 羅	ラ	つら	網。薄絹の織物。並ぶ。梵語の音訳。エキゾチックなイメージに	愛(13)羅 あいら / 聖(13)羅 せいら / 美(9)羅 みら / 羅夢(13) らむ / 麗(19)羅 れいら
19 蘭 人	ラン	か	美しく香気のある花。優れたもの、佳人のたとえにもされる	亜(7)蘭 あらん / 鈴(13)蘭 すずらん / 美(9)蘭 みらん / 蘭子(3) らんこ / 蘭那(7) らんな
19 麗	レイ うるわしい	かず つぐ つら よし より れ	すっきりと整う。華やかな印象を与える字。人目を引く名前に	美(9)麗 みれい / 麗子(3) れいこ / 麗羅(19) れいら / 麗奈(8) れな / 麗美(9) れみ
19 櫓 人★	ロ やぐら	のぶ	和船をこぐ道具。ゆったりとして、落ちついたイメージの字	日(4)櫓美(9) ひろみ / 美(9)比(4)櫓 みひろ / 美(9)櫓 みろ / 櫓夏(10) ろか / 櫓美(9) ろみ
19 瀧 人★	ロウ ル リョウ ソウ リュ たき	よし	激しく流れ落ちる水の力強さに、崇高な精神性を重ね合わせて	瀧子(3) たきこ / 瀧音(9) たきね / 瀧乃(2) たきの / 瀧世(5) たきよ / 瀧美(9) るみ
19 麓 人★	ロク ふもと		長く連なる山すそ。山を守るものの意味も。深い包容力に通じる	美(9)麓 みろく / 麓映(9) ろくえ / 麓花(7) ろくか / 麓子(3) ろくこ / 麓美(9) ろくみ
20 響	キョウ ひびく	おと なり ひびき	評判が広まる。共鳴する。優れた感性を思わせる、美しい字	響歌(14) おとか / 響花(7) きょうか / 響子(3) きょうこ / 響 ひびき / 響希(7) ひびき

画数・漢字	音訓	名乗り	おもな意味	名前例
人 20 馨	ケイ キョウ かおる	か かおり きよ よし	もとは遠くまで届く強い香り。人を引きつける魅力の持ち主に	馨子 3 けいこ 馨都 11 けいと 馨那 7 けいな 美 9 馨 みか 理 11 馨 りか
人 20 耀	ヨウ かがやく	あき あきら てる	もとは火の光。人の心を和らげる明るさと、温かさを備えた子に	耀奈 8 あきな 耀美 9 あきみ 華 10 耀子 3 かよこ 知 8 耀 ちあき 耀子 3 ようこ
人 21 鶴	カク つる	ず たず つ	細く優美な姿が古来賞され、長寿のたとえにも。縁起のよい字	多 6 鶴 たづ 千 3 鶴 ちづる 飛 9 鶴 ひづる 美 9 鶴 みつる 夕 3 鶴子 3 ゆづこ
21 露	ロ ロウ つゆ	あきら	もとは透けて見えること。潤いや恩恵も表す、透明感のある字	露輝 15 つゆき 露子 3 つゆこ 陽 12 露美 9 ひろみ 露羽 6 沙 7 ろうざ 露美 9 ろみ
人★ 22 鷗	オウ ク かもめ		大空を舞う姿にあやかり、のびのびと自由に育つよう願って	鷗華 10 おうか 鷗翔 12 おうか 鷗李 7 おうり 鷗 かもめ 美 9 鷗 みおう
人★ 22 饗	キョウ あえ うける もてなす	こう	人を楽しませることを喜びとする、明るく社交的な子を思わせる	饗夏 10 きょうか 饗花 7 きょうか 饗子 3 きょうこ 饗奈 8 きょうな 饗美 9 きょうみ
人★ 22 讃	サン ほめる	ささ とき	助ける意味ももつ字。人のために尽力できる、心優しい女性に	讃音 9 ささね 讃瑚 13 さんご 讃花 7 ときか 讃子 3 ときこ 讃和 8 ときわ
人★ 23 鱒	ソン セン テン ます		美しい海魚。夏に川をさかのぼって産卵する。生命力のある字	鱒子 3 ますこ 鱒仔 5★ ますこ 鱒美 9 ますみ 鱒代 5 ますよ 鱒世 5 ますよ
人 24 麟	リン きりん		吉兆とされる想像上の動物、麒麟。高貴なイメージの名前になる	華 10 麟 かりん 万 3 麟 まりん 麟 りん 麟歌 14 りんか 麟子 3 りんこ
人★ 24 鷺	ロ リョ さぎ		白く優美な姿で、古来愛される。和風の情趣を感じさせる名前に	朱 6 鷺 とき 飛 9 鷺美 9 ひろみ 万 3 飛 9 鷺 まひろ 鷺花 7 ろか 鷺美 9 ろみ

★新人名漢字

人気漢字一覧

人気名前にも多く使われる、愛らしいイメージの漢字を、一覧にまとめました。個性の光光る名前となるよう、は工夫してください。「々」は繰り返しを意味する記号ですが、本書では3画の漢字として扱っています。

乃 2	七 2	々 3	千 3	心 4	日 4	月 4	友 4	未 5	由 5
央 5	生 5	加 5	衣 6	羽 6	帆 6	百 6	妃 6	朱 6	花 7
里 7	希 7	那 7	来 7	沙 7	亜 7	杏 7	芯 7★	兎 7★	奈 8
実 8	佳 8	和 8	歩 8	明 8	依 8	茉 8	果 8	空 8	芽 8

弥 8
苺 8★
枇 8★
杷 8★
美 9
香 9
音 9
咲 9
春 9
玲 9
南 9
珀 9★
珊 9★
海 9
夏 10
莉 10
真 10
華 10
桜 10
紗 10
桃 10
姫 10
恵 10
桔 10★
菜 11
彩 11
萌 11
梨 11
理 11
悠 11
唯 11
涼 11
望 11
麻 11
雫 11★
梗 11★
椛 11★
掬 11★
結 12
陽 12
葉 12
遥 12
琴 12
葵 12
晴 12
愛 13
夢 13
楓 13
鈴 13
瑞 13
瑠 14
綾 14
緒 14
凜 15
凛 15★
穂 15
舞 15
璃 15
橙 16★
優 17

★新人名漢字

イメージから引く漢字

ここでは、名づけの参考になりそうな、好ましいイメージをもつ漢字を、画数とともに紹介します。希望に満ちた赤ちゃんの名前にぴったりの1字を探しながら、さまざまなイメージをふくらませてみましょう。

春

芽 8
苺 8★
春 9
咲 9
柳 9
華 10
桃 10
桜 10
菫 11
萌 11
菜 11
温 12
緑 14
霞 17
雛 18

夏

帆 6
波 8
青 8
昊 8★
草 9
南 9
海 9
夏 10
渚 11
涼 11
蛍 11
陽 12
椰 13
碧 14
潮 15

秋

月 4
実 8
紅 9
秋 9
桔 10★
栗 10
梗 11★
菊 11
萄 11★
萩 12
葡 12★
楓 13
稲 14
澄 15
穂 15

冬

冬 5
白 5
正 5
冴 7
柑 9★
柊 9
雪 11
梅 10
詣 13★
新 13
聖 13
睦 13
椿 13
銀 14
凜 15★

気象

温 12	雪 11	氷 5
霜 17	雫 11★	光 6
霞 17	涼 11	雨 8
霧 19	晴 12	虹 9
露 21	陽 12	風 9

風

翔 12	通 10	凪 6
鳶 14★	涼 11	迅 6
颯 14	爽 11	吹 7
舞 15	野 11	風 9
薫 16	遥 12	音 9

光

暉 13	閃 10★	光 6
輝 15	晄 10★	明 8
燿 18	晶 12	昭 9
曜 18	照 13	映 9
耀 20	煌 13★	晃 10

山と大地

埜 11★	峯 10★	里 7
陸 11	峰 10	杜 7
森 12	菜 11	枝 8
幹 13	渓 11	林 8
嶺 17	野 11	草 9

川や水辺

湧 12	河 8	川 3
湖 12	泉 9	水 4
滝 13	風 9	汀 5
瀧 19★	流 10	江 6
瀬 19	透 10	沢 7

海

透 10	青 8	汐 6
渚 11	砂 9	帆 6
湖 12	珊 9★	凪 6
瑚 13	海 9	貝 7
潮 15	浜 10	波 8

★新人名漢字

植物

緑14	芽8	木4
種14	草9	花7
穂15	梢11	枝8
蕾16★	葉12	茎8
樹16	幹13	苗8

鳥

鶴21	鳳14	羽6
鷗22★	燕16★	凰11★
鷲23★	鴨16★	雀11★
鷺24★	翼17	雁12★
鷹24	鶏19	鳩13

動物・虫・魚

蝶15	蛍11	羊6
駒15	羚11★	羽6
鮎16	彪11	辰7
繭18	寅11	兎7★
麒19★	鹿11	竜10

ファッション

維14	紐10★	布5
綿14	紡10	糸6
縞16★	紬11	衣6
繭18	絹13	染9
織18	綾14	紗10

色彩

蒼13	茜9	白5
翠14	茶9	朱6
緑14	桃10	赤7
緋14	黄11	青8
碧14	紫12	紅9

樹木

樺14	桜10	柊9
榎14★	梨11	桐10
橘16	椿13	桂10
檎17★	楓13	桃10
檀17	椰13	梅10

イメージから引く漢字

平和

結12	協8	円4
愛13	架9	平5
衛16	絆11★	安6
穏16	望11	希7
繫19★	許11	和8

世界

唐10	亜7	中4
球11	邦7	世5
韓18★	欧8	伊6
蘭19	英8	印6
露21	界9	米6

天空宇宙

虹9	空8	久3
悠11	昊8★	月4
陽12	夜8	光6
遥12	星9	宇6
煌13★	昴9	宙8

スポーツ

跳13	柔9	弓3
駒15	剣10	走7
操16	毬11	泳8
鞠17	球11	岳8
瞬18	登12	飛9

理数

極12	図7	化4
測12	径8	火4
数13	科9	医7
算14	計9	何7
線15	理11	究7

音楽

鼓13	唱11	曲6
楽13	笙11	弦8
歌14	琴12	奏9
謡16	弾12	律9
響20	揮12	音9

★新人名漢字

止め字一覧

止め字とは、名前を締めくくる文字のことで、「直美」の「美」、「冬香」の「香」などのことです。女の子の代表的な止め字のひとつに「き」がありますが、漢字は「季」「希」「貴」などがあり、それぞれイメージが違います。

あ
安6　亜7　阿8　娃9★

い
衣6　伊6　依8　委8　唯11　椅12★　葦13★　維14　緯16

え
永5　江6　英8　依8　枝8　重9　栄9　映9　恵10　笑10　絵12
慧15

お
央5　生5　於8　音9　緒14

おり
織18

か
禾5★　可5　加5　乎5★　花7　伽7　佳8　果8　河8　茄8　香9
郁9　迦9★　珂9★　珈9★　華10　夏10　歌14　樺14　嘉14　駕15★　霞17

が
芽8　俄9★　峨10★　賀12　雅13　駕15★

き
己3　生5　伎6　気6　希7　来7　岐7　季8　祈8　其8★　祁8★
紀9　祇9★　起10　埼11★　貴12　葵12　稀12　箕14★　輝15　嬉15　槻15
畿15★　樹16　徽17★　麒19★

こ
子3　乎5★　仔5★　胡9　湖12　鼓13　瑚13

さ
小3　左5　早6　佐7　沙7　咲9　紗10　爽11　嵯13　瑳14

すみ
純10　清11　淑11　澄15

せ
世5　勢13　瀬19

ち
千3　知8　茅8　智12　稚13

つ
津9　通10　都11　鶴21

止め字一覧

つき：月4、槻15

と：十2、斗4、杜7、音9、都11、登12

な：七2、名6、那7、奈8、南9、菜11、梛11★

なみ：波8、南9、浪10

ね：子3、音9、祢9★、根10、峰10、嶺17

の：乃2、之3、埜11★、野11、濃16

は：巴4、羽6、芭7★、杷8★、波8、葉12、琶12★

ほ：帆6、歩8、保9、浦10、圃10★、葡12★、蒲13★、穂15

ま：万3、茉8、真10、麻11、満12、摩15、磨16

み：三3、巳3、水4、生5、未5、見7、実8、弥8、美9、泉9、海9、深11、視11、箕14★、魅15

め：女3、芽8

も：百6、茂8、最12、裳14★

や：也3、矢5、弥8、夜8、耶9、野11、埜11★、椰13

ゆ：夕3、由5、有6、佑7、柚9、祐9、悠11、裕12、結12、愉12、遊12、優17

よ：与3、予4、代5、世5、余7、夜8、依8、葉12

ら：良7、楽13、螺17★、羅19

り：里7、利7、李7、俐9★、莉10、浬10★、哩10★、理11、梨11、裡12★、璃15、鯉18

る：留10、流10、琉11、瑠14

わ：和8、倭10、輪15、環17

★新人名漢字

COLUMN

赤ちゃんのお祝い行事③

初節句

3月3日、女の子が初めて迎える桃の節句を「初節句」と呼び、特別に祝います。

伝統的な祝いの品である雛人形は、母方の実家が贈るのが習わしです。最近では住宅事情などの問題もあり、豪華な段飾りにこだわることは少なくなりました。内裏雛だけのものや、コンパクトなケース入りのものなど各種ありますので、前もって希望を伝えておくとよいでしょう。

ただ、雛人形は、女の子1人に1組と考えます。長女のものと同等の品を、次女にも用意するように配慮してください。

ほかに親戚などから祝いの品をいただけるなら、人形やぬいぐるみ、ベビー服、おもちゃなどでも華やかさのあるもの、女の子らしいイメージをもつものをお願いするのが、おすすめです。お節句にふさわしい、かわいらしい菓子などでもよいでしょう。

お返しは、いただいた品の半額が目安です。赤ちゃんの誕生祝いのときと同様に、「内祝」と表書きし、赤ちゃんの名前を入れて蝶結びの水引を掛けます。贈られた品と赤ちゃんがいっしょに写っている写真をお礼状に添え、初節句の様子を知らせると、喜ばれるでしょう。

初節句は、赤ちゃんがお節句の日から数えて3週間以内に誕生した場合には、翌年に行われることもあります。また、「初めて迎えるお正月に羽子板を贈る」「旧暦の8月1日に行う」など、地方によっては、さまざまな「初節句」が見られるところもあります。

漢字から考える さまざまなアプローチ

当てる漢字で名前のイメージはぐっと変わってきます。ここでは、漢字のもつさまざまな表情にスポットを当て、いろいろな観点から用例を集めてみました。字面にこだわりたいとき、発想を転換したいときなどに、ぜひ参考にしてください。

- 漢字1字の名前
- 漢字3字の名前
- やさしい漢字の名前
- 姉妹の名前
- 当て字の名前

漢字1字の名前

すっきりした印象で人気の高い1字名。かわいい名前も多くありますが、漢字のもつイメージが強調されるので、姓とのバランスもよく考えて。新鮮で個性的な名前をと考えるなら、新人名漢字から選ぶのがおすすめです。

漢字	画数	読み
心	4	こころ
友	4	とも ゆう
文	4	ふみ あや
円	4	まどか
叶	5	かな
民	5	たみ
司	5	つかさ
史	5	ふみ ちか
汀	5	みぎわ なぎさ
礼	5	れい あや
灯	6	あかり
好	6	このみ よしみ
早	6	さき
光	6	ひかり こう
杏	7	あんず あん
芳	7	かおり
冴	7	さえ
里	7	さと

漢字	画数	読み
更	7	さら、こう
忍	7	しのぶ
妙	7	たえ
希	7	のぞみ
李	7	もも
苺	8★	いちご
祈	8	いのり
京	8	みやこ
幸	8	さち、ゆき
苑	8	その
宙	8	そら
空	8	そら、たか
季	8	とき、みのり
知	8	とも、ちか
朋	8	とも
和	8	なごみ、のどか
牧	8	まき
岬	8	みさき
侑	8	ゆう、ゆき
泉	9	いずみ
海	9	うみ、かい
香	9	かおり、かおる
奏	9	かな
咲	9	さき
契	9	ちぎり
風	9	ふう
星	9	ほし、あかり
南	9	みなみ

★新人名漢字

笑 10	唄 10	紋 10	玲 9	律 9	柚 9
えみ	うた	あや	れい	りつ	ゆず ゆう
倖 10	桜 10	恋 10	桂 10		
さち ゆき	さくら	こい れん	かつら けい		
彬 11	桃 10	華 10	純 10	栞 10	祥 10
あき あきら	もも	はな	じゅん すみ	しおり	さち よし
絆 11★	掬 11★	菊 11	絃 11	庵 11★	彩 11
きずな	きく	きく	いと	あん いおり	あや
雫 11★	郷 11	梢 11	梗 11★	彗 11	渓 11
しずく	さと	こずえ しょう	こう きょう	けい	けい

- 偲 11　しのぶ
- 紬 11　つむぎ
- 渚 11　なぎさ
- 望 11　のぞみ
- 蛍 11　ほたる　けい
- 祭 11　まつり

- 毬 11　まり
- 都 11　みやこ　さと
- 萌 11　もえ
- 椛 11★　もみじ
- 唯 11　ゆい
- 悠 11　ゆう　はるか

- 雪 11　ゆき　せつ
- 涼 11　りょう　すず
- 羚 11★　れい
- 葵 12　あおい
- 瑛 12　あき
- 斐 12　あや

- 絢 12　あや　じゅん
- 景 12　けい
- 琴 12　こと
- 智 12　とも　ちえ

- 温 12　のどか
- 遥 12　はるか　よう
- 紫 12　むらさき
- 結 12　ゆい　ゆう
- 釉 12★　ゆう
- 愛 13　あい

★新人名漢字

漢字	画数	読み
詩	13	うた ふみ
楓	13	かえで
鼎	13★	かなえ
鈴	13	すず れい
園	13	その
椿	13	つばき
蒔	13	まき
楢	13★	ゆう
蓮	13	れん
稚	13	わか
稟	13★	りん
綾	14	あや
静	14	しずか
寧	14	しずか
嶋	14★	しま
誓	14	ちかい
遙	14★	はるか
槙	14	まき
翠	14	みどり
碧	14	みどり
蓬	14★	よもぎ
綸	14	りん いと
慧	15	さと
潤	15	じゅん
調	15	しらべ
遼	15	はるか
澄	15	すみ
舞	15	まい

漢字	画数	読み
縁	15	ゆかり
凜	15	りん
黎	15	れい たみ
鮎	16	あゆ
憩	16	いこい
樹	16	いつき
薫	16	かおり かおる
錫	16★	すず
薗	16★	その
燕	16★	つばめ
蕾	16★	つぼみ
縫	16	ぬい
澪	16	みお れい
憐	16★	れん
曖	17★	あい
霞	17	かすみ
篠	17★	しの
環	17	たまき
瞳	17	ひとみ
鞠	17	まり きく
優	17	ゆう ひろ
雛	18	ひな
繭	18	まゆ
藍	18	らん
類	18	るい
蘭	19	らん
麗	19	れい うらら
馨	20	かおり

★新人名漢字

漢字3字の名前

目にゆったりと優美な印象を与える3字名ですが、漢字の組み合わせ次第で、古典調にも洋風にも、アレンジできます。つけたい音がある場合には、オリジナリティーに富んだ組み合わせを探してみては。

名前	画数	読み
明日果	8・4・8	あすか
亜美夏	7・9・10	あみか
娃由美	9★・5・9	あゆみ
亜里砂	7・7・9	ありさ
伊都美	6・11・9	いつみ
羽衣奈	6・6・8	ういな
宇未果	6・5・8	うみか
笑美花	10・9・7	えみか
絵美里	12・9・7	えみり
江莉衣	6・10・6	えりい
恵利菜	10・7・11	えりな
桜都羽	10・11・6	おとは
香緒里	9・14・7	かおり
加津実	5・9・8	かつみ
珈奈江	9★・8・6	かなえ
稀代美	12・5・9	きよみ
綺良々	14・7・3	きらら
祈里歌	8・7・14	きりか
玖美香	7・9・9	くみか
久麗亜	3・19・7	くれあ
古都音	5・11・9	ことね
早登美	6・12・9	さとみ
沙耶花	7・9・7	さやか

名前	画数	読み
紗緒莉	10・14・10	さおり
志穂実	7・15・8	しほみ
樹里亜	16・7・7	じゅりあ
栖美鈴	10★・9・13	すみれ
瀬里夏	19・7・10	せりか
多佳世	6・8・5	たかよ
多喜那	6・12・7	たきな
智絵利	12・12・7	ちえり
千香穂	3・9・15	ちかほ
千奈美	3・8・9	ちなみ
都茂奈	11・8・8	ともな
菜々子	11・3・3	ななこ
南々星	9・3・9	ななせ

名前	画数	読み
南美瑚	9・9・13	なみこ
野々香	11・3・9	ののか
羽津季	6・9・8	はづき
巴琉美	4・11・9	はるみ
陽奈乃	12・8・2	ひなの
芙実佳	7・8・8	ふみか
穂奈美	15・8・9	ほなみ
真志帆	10・7・6	ましほ
舞夕妃	15・3・6	まゆき
茉莉良	8・10・7	まりら
美小夜	9・3・8	みさよ
光詩亜	6・13・7	みしあ
深由妃	11・5・6	みゆき
芽里依	8・7・8	めりい
八千穂	2・3・15	やちほ
柚衣花	9・6・7	ゆいか
由希祢	5・7・9★	ゆきね
百合亜	6・6・7	ゆりあ
莉紗子	10・10・3	りさこ
莉々花	10・3・7	りりか
琉美那	11・9・7	るみな
玲美愛	9・9・13	れみあ
芦津子	7★・9・3	ろつこ
和香芭	8・9・7★	わかば

★新人名漢字

やさしい漢字の名前

ここでは、小学校低学年で習う漢字だけを使ってつくった名前を紹介します。本人が早い時期から自分の名前を漢字で書けるようになるというだけでなく、外国人にも比較的わかりやすいという利点があります。

名前	画数	読み
明絵	8 12	あきえ
秋花	9 7	あきか
秋野	9 11	あきの
朝子	12 3	あさこ
明日花	8 4 7	あすか
文音	4 9	あやね
一絵	1 12	いちえ
海	9	うみ
絵里花	12 7 7	えりか
夏小里	10 3 7	かおり
夏南子	10 9 3	かなこ
歌夜	14 8	かよ
京花	8 7	きょうか
今日子	4 4 3	きょうこ
心音	4 9	ここね
小夏	3 10	こなつ
小雪	3 11	こゆき
早知	6 8	さち
五月	4 4	さつき
里子	7 3	さとこ
早雪	6 11	さゆき
早弓	6 3	さゆみ
小百合	3 6 6	さゆり

名前	画数	読み
小夜	3・8	さよ
星歌	9・14	せいか
生子	5・3	せいこ
園花	13・7	そのか
千夏	3・10	ちか
千草	3・9	ちぐさ
千里	3・7	ちさと
千星	3・9	ちせ
千春	3・9	ちはる
千夜子	3・8・3	ちやこ
知花	8・7	ともか
直子	8・3	なおこ
夏生	10・5	なつき

名前	画数	読み
七星	2・9	ななせ
七海	2・9	ななみ
南歩	9・8	なほ
教子	11・3	のりこ
春絵	9・12	はるえ
晴海	12・9	はるみ
日花里	4・7・7	ひかり
風花	9・7	ふうか
冬音	5・9	ふゆね
万南	3・9	まな
万理絵	3・11・12	まりえ
万里花	3・7・7	まりか
三千花	3・3・7	みちか
通子	10・3	みちこ
百絵	6・12	ももえ
友羽	4・6	ゆう
友花里	4・7・7	ゆかり
雪音	11・9	ゆきね
夕月	3・4	ゆづき
友楽	4・13	ゆら
楽々	13・3	らら
理絵	11・12	りえ
里花	7・7	りか
理歩	11・8	りほ

★新人名漢字

姉妹の名前

共通項のある名前は、ほほえましく、かわいらしいもの。子どもたちがお互いに親しみをもつことにもつながります。子どもを複数もちたいという希望があるなら、第1子の名前から意識して、考えておきましょう。

三人姉妹

名前（画数）	読み
佳8 苗8	かなえ
佳8 葉12	かよ
佳8 穂15	かほ
花7 梨11	かりん
柑9★ 奈8	かんな
柚9 季8	ゆずき
日4 花7 里7	ひかり
美9 月4	みづき
星9 奈8	せいな
愛13 美9	まなみ
希7 望11	のぞみ
優17 香9	ゆうか
沙7 月4	さつき
祐9 月4	ゆづき
歌14 月4	かづき
琴12 音9	ことね
彩11 音9	あやね
萌11 音9	もね
琴12 美9	ことみ
和8 奏9	わかな
舞15 子3	まいこ
由5 衣6	ゆい
由5 希7	ゆき
由5 布5	ゆう

二人姉妹

- 小(3)春(9) こはる／小(3)夏(10) こなつ
- 渚(11) なぎさ／澪(16) みお
- 更(7)紗(10) さらさ／麻(11)衣(6) まい
- 涼(11)芭(7★) すずは／風(9)香(9) ふうか
- 紫(12)乃(2) しの／明(8)乃(2) あきの
- 早(6)苗(8) さなえ／美(9)穂(15) みほ
- 純(10)奈(8) じゅんな／愛(13)理(11) あいり
- 瑞(13)希(7) みずき／祥(10)望(11) よしみ
- 美(9)波(8) みなみ／美(9)砂(9) みさ
- 美(9)桜(10) みお／楓(13)美(9) ふみ
- 瑠(14)杏(7) るあん／美(9)良(7)乃(2) みらの
- 茜(9) あかね／葵(12) あおい
- 彩(11)美(9) あやみ／釉(12★)奈(8) ゆうな
- 華(10)奈(8) かな／麗(19)美(9) れみ
- 清(11)佳(8) さやか／澄(15)佳(8) すみか
- 詩(13)織(18) しおり／歌(14)織(18) かおり
- 里(7)虹(9) りこ／里(7)桜(10) りお
- 琉(11)那(7) るな／球(11)希(7) たまき

★新人名漢字

当て字の名前

外国語の音に漢字を当てるなど、独自の読ませ方をする名前を集めてみました。名前においては、漢字の読ませ方は自由ですが、ひねりすぎには、くれぐれも注意してください。素直なセンスの光る名前が理想的です。

名前	画数	読み
大地	3・6	ああす
朝	12	あくる
汎	6★	あまね
天使	4・8	あんじゅ
心花	4・7	いとし
一	1	うの
暁光	12・6	おおろら
囲	7	かこみ
晴天	12・4	からり
喜歌	12・14	きゃろる
緑	14	ぐり
包	5	くるみ
東風	8・9	こころち
響	20	こだま
来波	7・8	さあふ
秋風	9・9	さやか
天	4	しえる
六月	4・4	じゅん
大空	3・8	すかい
雪月花	11・4・7	せつか
小夜音	3・8・9	せれな
青空	8・8	そら
宙	8	そら

当て字の名前

名前	画数	読み
桜実	10・8	ちえり
灯	6	ともり
夢花	13・7	どりか
久遠	3・13	とわ
永遠	5・13	とわ
間	12	なかば
秋雲	9・12	ながれ
聖夜	13・8	のえる
一番	1・12	はじめ
幸	8	はぴい
桜咲	10・9	はる
桃実	10・8	ぴいち
山響	3・20	ひびき

名前	画数	読み
杏実	7・8	ぷらむ
天	4	へぶん
苺	8★	べりい
詩	13	ぽえむ
洋梨	9・11	ぽわれ
海	9	まりん
美栗	9・10	まろん
霧	19	みすと

名前	画数	読み
穂	15	みのり
鏡	19	みら
涼香	11・9	みんと
結	12	むすび
五月	4・4	めい
知己	8・3	もなみ
瑠璃	14・15	らぴす
若葉	8・12	りいふ
自由	6・5	りべる
想詩	13・13	りりか
林檎	8・17★	ぽんむ
葡萄	12★・11★	れざん
円舞	4・15	ろんど

★新人名漢字

COLUMN

赤ちゃんのお祝い行事④

お食い初め

赤ちゃんが、生涯食べるものに不自由しないようにと願うとともに、歯が生え始めるころまで無事に育ったことを祝う儀式が、「お食い初め」です。通常、生後100日目、または120日目に行われます。

実際に赤ちゃんが祝い膳を食べられるわけではありませんので、「養い親」と呼ばれる介添え役の人が赤ちゃんをひざに抱き、食べさせるまねをします。女の子の養い親は、長寿にあやかる意味を込めて、親戚中の最年長の女性に頼むのがしきたりですが、赤ちゃんのおばあちゃんにお願いするのが一般的です。

正式な祝い膳は、赤飯・尾頭つきの焼き魚・吸い物・香の物と、歯が丈夫になるように紅白のもちや勝ち栗、小石などを添えます。メニューには形式的な意味合いも強く、といってすべてをそろえる必要はありませんが、独自の地方色が見られるところもあるので、あらかじめ確認しておくとよいでしょう。

さらに、漆塗りの食器と柳の祝いばしを用いるのが正式ですが、赤ちゃん用の新しい食器を用意し、離乳食のはじめの日としても、よい記念になります。その場合にも、お祝いの意味を込めて、尾頭つきの焼き魚は形だけでも用意したいものです。

また、この日はもともと、白い産着の赤ちゃんが初めて色ものの服に着替えるという日でもありました。つまり、「お色直し」の日も兼ねていたわけです。新しい服を着せて、思いきりドレスアップさせてあげましょう。

第6章

夢を託す
こだわりの名前

名前の由来を話してあげよう

由来やエピソードを語るのも名づけの一環。楽しみに聞く子どもの輝く笑顔は、親へのごほうびです。

自分の一部である名前への関心

「幸せになるように」と、パパやママが名づけに知恵を絞るのも、名前が一生をともにする大切なものだからこそのことです。成長した子が、自分を取り囲むあらゆることについて知りたがるのと同様に、自分自身についても関心をもち、自分にその名前がつけられた理由を知りたがるのも、ごく自然なことといえます。名前の由来をたずねる子どもの瞳は、明るく輝いているはずです。期待に満ちたその瞳に応えられるよう、すてきな名前を考えてあげましょう。

名前の由来から名づけを考えてみる

名前に用いた漢字の意味や成り立ちから説明したり、その名前に込めたパパやママの願いを聞かせたり…、子どもの名前について話すにも、いろいろな方法があります。しっかりした由来は、子どもがパパとママの愛情を感じる端的な要因となり、また、のちに自分自身を言い表すときのよい糸口となります。将来の社会生活で幾度となくある初対面の挨拶ではもちろん、海外で自己紹介するときなどにも、大いに役立つでしょう。また、自分の名前に愛着や自信をもつことにもつながります。

優れた古典や神話をはじめ、日本の伝統文化、自然界や学術の分野にも、名づけのヒントは見出せます。また、イメージや将来像などから発想してもよいでしょう。

本章では、そんなこだわりから考える名前の例を紹介していますので、参考にしてください。

名づけのエピソードは愛情のメッセージ

名前の由来に加えて、パパとママがあれこれと頭を悩ませたり、何冊も本を読んだりしたという名づけ時のエピソードも、いっしょに話してあげましょう。とても楽しい家族のひとときとなるに違いありません。

ママの名前から1字もらった場合などには、おじいちゃんやおばあちゃんの出番ともなります。何世代にもわたる、名前の由来を聞けるかもしれません。

たったひとつ選び抜いて贈った名前の由来とともに語る、こうしたエピソードや奮闘記は、その子をどんなに大切に思っているかを自然に伝える、愛情に満ちたメッセージでもあるのです。

由来にこだわる

古典や神話、仏教の教えはもちろん、自然界も科学技術も、長い歴史の積み重ねによって生まれています。それらを由来にもつことは、名前の中に、その伝統を取り込むことでもあるでしょう。ロマンの香り漂う名前の例を紹介します。

日本の古典から

真 10 秀 7　まほ

古事記

倭（やまと）は国のまほろば　たたなづく青（あを）垣（がき）　山隠（ごも）れる倭（やまと）しうるはし（中巻　倭建命）

古事記・日本書紀をはじめ、各風土記に登場する日本神話の英雄ヤマトタケルノミコトの辞世の歌。東征半ばで最期の地となった伊吹山で、故郷の大和の国をしのんで歌ったもの。「まほろば」は「優れたよいところ」の意味

撫 15★ 子 3　なでしこ

万葉集

なでしこが　その花にもが　朝な朝な　手に取り持ちて　恋ひぬ日なけむ（巻三　四〇八　大伴家持）

「あなたが撫子なら、毎朝手に取って愛でるのに」と妻を思う歌。ナデシコは撫でたいほどに愛くるしい女性を指し、その意味から河原などで可憐な花を咲かせるこの花に、「撫子」の字が当てられた。また、中国から入った「唐撫子（石竹）」と区別する意味で「大和撫子」と呼び、それが日本古来の美しさをもつ女性を指す代名詞となった

茜 9 あかね

万葉集

茜さす　紫野行き　標野（しめの）行き　野守（のもり）は見ずや　君が袖振る（巻一　二〇　額田王）

大海人皇子に「茜色の光に満ちた天智天皇の御領地で、そんなに袖を振ると野守が見るかもしれませんよ」と詠んだ歌。「あかね」は「紫、君、日、照る」などにかかる枕詞。古代から染料として使われてきた、植物のアカネによって染める「茜色」と関係して、照り映えるものを飾る言葉となった

佐 7 保 9 さほ

詞花和歌集

佐保姫の　糸染めかくる　青柳（あをやぎ）を　ふきなみだりそ　春の山かぜ（第一　春　一四　平兼盛）

佐保姫は奈良の佐保山に住むという春をつかさどる女神。織物・染色を得意とし、秋の紅葉をつかさどる竜田姫と相対する。島崎藤村の『若菜集』にも「佐保姫」と題した詩がある。佐保山は桜の名所。うららかな春を感じさせる、優しくしとやかな女の子にと願って

若 8 菜 11 わかな

古今和歌集

君がため　春の野に出でて　若菜摘む　我が衣手に　雪は降りつつ（春上　二一　光孝天皇）

「あなたに差し上げるため、春の野に出かけて若菜を摘む私の袖に、雪が降りかかってくる」という歌。若菜は、早春に生えてくるセリやヨメナなど、食用や薬用になる野草の総称。若菜摘は古くからの日本の行事で、新春に若菜を食べると長生きすると信じられていた。のちに「春の七草」が謳われ、「七草粥」を食べる行事になった

呉 7 羽 6 くれは　綾 14 羽 6 あやは

能楽

呉服　くれは（能楽の曲目）

ある人が呉服（くれは）の里を通りかかったとき、機（はた）を織り、糸を引いている二人の女性（呉羽とり・綾羽とり）に出会う。二人は綾織りの由来と織女・糸女の渡来の史実を語る。呉（くれ）というのは、応神天皇の時代に呉（ご）の国と通交して以来、中国渡来のものを指す言葉で、「呉羽とり」は「呉はたおり」の略。呉の国から来た、綾織物の技術を伝える織女のこと

★新人名漢字

神話の世界から

佐久夜 7 3 8 さくや

日本神話

木花之佐久夜毘売　このはなのさくやひめ（国つ神オオヤマツミの娘）

アマテラス大神から地上につかわされた天つ神ホノニニギノミコトは、笠沙の岬で大変美しいコノハナノサクヤヒメと巡り会い求婚する。この二神からホデリ（海幸）、ホスセリ、ホヲリ（山幸）の神々が誕生する。コノハナノサクヤヒメは富士山の神、火の神として浅間神社の祭神となる

多紀理 6 9 11 たきり

日本神話

多紀理毘売　たきりびめ（アマテラス大神がスサノヲノミコトの剣から生んだ三女神の一人）

古事記・日本書紀によると、三女神はそれぞれ宗像の各宮に鎮座した。最初に生まれ、奥津の宮に鎮座したタキリビメは、のちに出雲系の国つ神・オオクニヌシノミコトと結婚する。タキリビメは福岡県宗像郡の宗像神社の祭神で、今も海の女神・航海安全の守り神とされている

絵留夢 12 10 13 えるむ

アイヌ神話

エルム【elm】（ハルニレの英名。ニレ科の落葉高木）

アイヌ神話では、造化の神が世界をつくったとき、最初に地上に降ろされたのがハルニレ（エルム）の女神。この美しい女神と雷神の間に生まれた子がアイヌの祖となった。また、北欧神話では、神の三兄弟が天地創造ののち、広大な海辺にあった二本の流木に魂を入れ、トネリコの木から男性を、ニレの木から女性をつくったとされる

故事成句から

満帆 12 6 まほ

四字熟語

順風満帆　じゅんぷうまんぱん（物事がすべて順調に進むこと）

舟の進む方向の風（順風）を、帆いっぱいに受けて、滑るように海上を航行する姿。自分の思いどおりに事が進んでいく、気持ちのよい状況を表す言葉

仏教の言葉から

蓮 13 華 10　れんげ

植物名

蓮華（スイレン科の多年草。ハス。夏に香りのある美しい花をつける）

仏法では、西方浄土は神聖な蓮の池とされ、仏教伝来とともに日本でも栽培が始まった。釈迦が生まれて七歩あゆみ、第一声を上げた場所が、蓮の花の中とされる。また、千葉県検見川の土層から大賀博士によって発見された、二千年前の蓮の種が発芽し、その強い生命力が話題になった。レンゲソウは蓮華に似た花をつけることから名がついた。

茶道の言葉から

一 1 会 6　いちえ

茶湯一会集

一期一会　いちごいちえ（一生に一度の出会い。また、そうした出会いをもたらした縁）

茶道の精神を説いた言葉で、「茶会での一会は、一生に一度の出会いと思い、主人も客も誠意を尽くして交わるように」という教えで、人の縁を大切にという意味も。千利休の弟子の山上宗二が自著に記した教えを、井伊直弼が『茶湯一会集（ちゃのゆいちえしゅう）』でたたえた

自然から

翠 14　みどり

色名

翠色（青みの深い緑色）

「翠」はカワセミなど、濃い緑色の美しい羽をもつ鳥のメスを意味する。「翡」はオスを表し、雌雄合わせて「翡翠（ヒスイ）」といい、カワセミ科の鳥の総称となっている。また、「緑の黒髪、艶やかで美しい髪」のことを『源平盛衰記』などでは「翡翠の御髪（みぐし）」と表現している。この鳥の羽の色から、青みの深い緑色の宝石を「ヒスイ」という

襟 18 裳 14★　えりも

岬名

襟裳岬（北海道の東南端に位置するえりも町。日高山脈の先端が太平洋に突き出したように見える岬）

アイヌ語で、突き出た頭を意味する「エンルム」が「エリモ」になったといわれている。岬の沖は千島海流と日本海流が交差するため世界有数の漁場となっている。年間300日も強い風が吹く岬で、ヒット曲『襟裳岬』の舞台として知られ、春から夏にかけては一面に花が咲き乱れる美しいところ。詩的情趣あふれる美しい女の子にと願って

★新人名漢字

里 7 楽 13　りら

植物名

リラ（モクセイ科の落葉低木。ヨーロッパ南東部原産。白や赤紫の花をつける。英名はライラック）

市民によって選ばれた「札幌の木」として有名。寒冷地の街路樹に多く、五月中旬に香りのよい美しい花をつける。「リラの花咲く頃」は、フランスでは一番よい季節とされる。リラはフランス語でも「lilas」、ドイツ語でも「Lila」。アラビア語が起源の言葉といわれ、「青い」という意味。花言葉は「初恋の思い出」

瑠 14 璃 15　るり

鉱物

瑠璃（青色の鉱物。仏教では七宝の一つ）

英語では「ラピスラズリ」といい、青色の鉱物の名前。特に深い紫をおびた色のものは少なく、昔から珍重されてきた。この鉱物からつくった青色の絵の具をヨーロッパでは「ウルトラマリン」、「マドンナブルー」と呼ぶ。日本では「瑠璃」といい、この色を「瑠璃色」という。野鳥のオオルリ、ルリカケスなどは、青い美しい羽の色からこの名がついた

七 2 海 9　ななみ

海

七つの海（全世界の海。中世の帆船時代に、アラビア人がその勢力範囲としたアラビア海、紅海、ペルシャ湾、地中海、大西洋、ベンガル湾、南シナ海を指す）

「七つの海」という言葉は、『ジャングルブック』を書いたノーベル文学賞作家のキプリングが、同名の詩集『The Seven Seas』を世に出してから広く使われるようになった。時代が進み航海海域が広がるにつれ、「七つの海」も変わり、現代では北太平洋、南太平洋、北大西洋、南大西洋、インド洋、北極洋、南極洋を指す

天空のロマンから

七 2 星 9　ななせ

星

七つ星（北斗七星の和名。大熊座の一部で熊の腰から尾にかけて、ひしゃくの形をした七つの星）

北斗七星は、射手座の南斗六星に対してつけられた中国名。日本には、推古天皇の時代に陰陽道や天文暦術とともに、百済（くだら）から伝わった。ずっと輝き続ける聡明な女性に

科学用語から

花音 かのん

花7 音9

楽曲形式

カノン【canon】（ある旋律をほかの声部で、模倣しながら追っていくのを特徴とする楽曲形式）

バロック音楽の名曲、『パッヘルベルのカノン』が特に有名。ヨハン・パッヘルベルは南ドイツのニュルンベルグに生まれ、教会のオルガン奏者・作曲家・教師として活躍した人。「カノン」の曲は、ヒーリングやリラクセーション用にアレンジされ、広く親しまれている

那埜 なの

那7 埜11★

長さの単位

ナノ【nano】（ナノは一〇億分の一の意。1ミクロンより3桁小さい単位がナノメートル。百万分の一ミリ）

ナノテクノロジー、ナノバイオロジーなどという言葉がよく聞かれる。これはナノ単位で加工・計測する超精密技術、極微レベルでDNAやたん白質などの生体高分子物質を研究する生物学のこと。目に見えない小さな世界の奥で、すでに新しい分野が広がっている。限りない可能性を秘めた言葉

登利乃 とりの

登12 利7 乃2

物理学

ニュートリノ【neutrino】（物質を構成する基本粒子である素粒子の一つ。電気的に中性で重さがほとんどゼロの粒子で、あらゆる物質を透過する）

ニュートリノの研究では、2002年にノーベル物理学賞を受賞した小柴昌俊東大特別名誉教授がパイオニア。今後の「地球ニュートリノ」の観測から、新たな「地球科学」が誕生する。未来を思わせる言葉

美莉緒 みりお

美9 莉10 緒14

数の単位

ミリオン【million】（百万）

百万という数を表すほか、「無数の、多数の」という意味もあり「百万ドルの夜景」「ミリオン・セラー」「百万長者＝millionaire」などと使われる。語源はラテン語のマイルから。ローマ時代の距離の測定は1マイルが千歩だったので、それを千倍にしたという意味。現代では「億万長者＝billionaire」が普通になったが、昔からスケールの大きいことを表す言葉

★新人名漢字

イメージから考える

「こんな女の子になってほしい!」という両親の願いを託した名前例。そのイメージとマッチした漢字を組み合わせて、現代的な名前から、クラシカルな響きをもつ名前まで、84例を挙げてみました。

幸せな

健康で愛情に恵まれ、思い描く夢も叶うように

画数	名前	読み	意味
11 8	深幸	みゆき	幸せに包まれたすばらしい人生であるように
9 8	祐実	ゆうみ	力を尽くしたあとは、天の助けに恵まれるようにと願って
10 8	倖歩	ゆきほ	自身の努力を怠らずに歩み、幸運をつかめるように
10 15	祥穂	さちほ	幸せの兆しが詰まった穂。実り多き人生を歩めるように

明るく元気な

いつも笑顔で前向きな女性であるようにと願って

画数	名前	読み	意味
12 12	満喜	まき	喜びにあふれた楽しい人生を送れるようにと願って
10 16	夏樹	なつき	明るい太陽を浴びて元気に繁る夏の木々にあやかって
10 12	晃湖	あきこ	湖面に輝く日の光のように、いつも明るく朗らかな子に
12 13	晴楽	せいら	晴れ渡った空のように、明るく楽しい毎日が送れるように

さわやかな

心洗われる印象を残す、すてきな女性になるよう期待して

画数	名前	読み	意味
10 14★	夏漣	かれん	夏の川辺の漣のように、静かで清々しい魅力を備えた子に
15 3 12	璃々湖	りりこ	青く輝く湖のように、凛としたさわやかさのある子に
12 7	朝希	あさき	希望に満ちた朝の空気。毎日が新鮮な喜びであるように
11 2	爽乃	さわの	涼やかな風が吹き抜けるような、清々しさを備えた子に

忍耐強い

夢を実現するため、エネルギーを注ぎ続けられる子に

名前	画数	読み	意味
冬芽	5・8	ふゆめ	夢を叶える力を内に秘めた、辛抱強い子にと願って
忍芙	7・7	しのぶ	泥中から花を咲かせる芙蓉(ハス)のようにと願って
柚葉	9・12	ゆずは	実るまで年月がかかる柚のように、忍耐力を備えた子に
鮎望	16・11	あゆみ	速い流れにも負けず、希望をもって突き進める子に

活発な

これからの時代、女の子もさらに広い世界で活躍を!

名前	画数	読み	意味
羽乃	6・2	うの	イタリア語で「1」。いつも、一番に飛び立つ活発な子に
育海	8・9	いくみ	明るく丈夫に育ち、将来は海を越えて活躍するように
万尋	3・12	まひろ	広い世界に関心を向け、大きくはばたくように
真帆	10・6	まほ	希望に向かって帆を張り、まっすぐ進む元気な子に

未来に向かって

小さな体に宿る未来が、やがて大きく花開くことを祈って

名前	画数	読み	意味
明日花	8・4・7	あすか	大きな夢が花開く日が必ず来ることを祈って
海埼	9・11★	みき	海に突き出す岬のように、進取の気概をもつ子に
未来瑠	5・7・14	みくる	未来が宝石のように光り輝くようにと願って
光蕾	6・16★	みらい	光り輝く大きな花を、咲かせられるようにと祈って

聡明な

どんな分野でも活躍できる、知的で心美しい女性となるように

名前	画数	読み	意味
聡美	14・9	さとみ	素直で賢い女性に成長するよう願って
英深	8・11	えいみ	英知に優れ、奥深い魅力を備えた女性となるように
理世	11・5	りせ	物事の理をわきまえた、知的な美しさあふれる女性に
智怜	12・8	ちさと	知性に恵まれ、細やかな感性をはぐくむ人にと願って

希望に燃えて

胸はずませてはばたく先の、大きな望みが叶うように

名前	画数	読み	意味
早希	6・7	さき	早くから希望をもって着実に歩んでゆけるよう願って
真祈	10・8	まき	将来の希望が、豊かに実ることを祈って
結望	12・11	ゆうみ	夢も希望も、自身の努力で実を結ぶようにと願って
稀波	12・8	きわ	すばらしい波をとらえる、チャンスに強い子にと願って

しっかりした

判断力と行動力を併せもつ、優れた女性をめざして

名前	画数	読み	意味
律子	9・3	りつこ	筋の通った考え方で、信頼される女性となるように
唯香	11・9	ゆいか	自分の考えをしっかりもった、自立した女性にと願って
晃美	10・9	あきみ	的確な判断のできる子に成長するように
徹子	15・3	てつこ	信念をもって行動する、意志の強い子にと願って

★新人名漢字

親しみやすい

飾らない人柄で、だれからも愛される女性にと願って

素乃香	10・2・9	そのか	素直で、だれからもかわいがられる女の子に
風花	9・7	ふうか	風にそよぐ花のように、さりげなく心を和ませる子に
温花	12・7	はるか	だれにでも、温かい心で接することのできる子に
愛佳	13・8	まなか	才色兼備で愛嬌のある、みんなから好かれる子に

優しい

やわらかな心配りで人に接することができる女性に

咲和子	9・8・3	さわこ	花がほころぶような笑顔で、みんなの心を和ませる子に
万優	3・17	まゆ	何に対してもあふれるような優しさをもつ子に
寧々花	14・3・7	ねねか	丁寧な気配りで、人に接することができる子に
安里	6・7	あんり	一緒にいると心安らぐような、優しさのある子に

穏やかな

静かで落ちついた雰囲気のある、広い心の持ち主に

芙悠	7・11	ふゆ	早朝の水面に開花する芙（ハス）のように美しい人に
南々枝	9・3・8	ななえ	素直にのびのびと、広い心をもつ子となるように
珂南子	9★・9・3	かなこ	「珂」は南海の白い巻き貝。のびやかな子にと願って
莉苑	10・8	りおん	ジャスミンの花のように、気品とやすらぎを備えた子に

輝くような

すてきな笑顔と澄んだ心で、これからずっと輝き続けるように

娃輝	9★・15	あき	知性あふれる魅力的な女性に成長するように
瑠示亜	14・5・7	るしあ	深い輝きを秘めた、賢く美しい女性にと願って
琉南	11・9	るな	南の島の美しい宝石のように、すてきな笑顔の輝く子に
瑛美	12・9	えいみ	水晶のように、美しく澄んだ心をもった子に育つように

かわいい

心はずむような、愛らしさにあふれる女の子にと願って

雛乃	18・2	ひなの	かわいらしい微笑みをいつまでも忘れないようにと祈って
美蕾	9・16★	みらい	蕾のような可憐さを備えた、輝かしい未来を思わせる子に
桃花	10・7	ももか	桃の花のように、美しく健やかに成長するよう祈って
陽彩	12・11	ひいろ	太陽の七色の光のように、多才な輝きに満ちた子に

美しい

知性とセンスを磨き、個性的な美しさをもつ女性に

美珈	9・9★	みか	「珈」は女性の髪飾り。奥ゆかしい美しさを備えた女性に
美咲	9・9	みさき	花咲くように美しく、周囲が和むような女性に
雅姫	13・10	まさき	雅やかな美しさを感じさせる、しとやかな女性に
麗華	19・10	れいか	整った美しさを備えた、華のある女性に成長するように

清楚な

すっきりと清々しい、新鮮な魅力をもった子にと願って

名前	画数	読み	意味
早雪	6・11	さゆき	初雪のように、控え目で清らかな雰囲気をもった女の子に
百合娃	6・6・9★	ゆりあ	野の百合のように、清らかで美しい女性に育つように
咲埜子	9・11★・3	さやこ	自然のままの美しさがにじみ出る、野の花のような人に
美楚乃	9・13★・2	みその	楚（ノバラ）のように、素朴な美しさを備えた子に

女性らしい

愛らしく細やかな心配りで、周囲を和ませる子に

名前	画数	読み	意味
鈴乃	13・2	すずの	鈴の音のように、愛らしく心和ませる女性にと願って
愛美	13・9	あいみ	周囲のだれからも愛される、明るい子にと願って
恵莉佳	10・10・8	えりか	静かに咲く花のように、美しく聡明な人に
詩織	13・18	しおり	詩的な雰囲気をもつ、優しい女の子に

日本的な

伝統を深く理解し、日本の魅力を世界に発信できる女性に

名前	画数	読み	意味
安寿賀	6・7・12	あすか	恵まれた健やかな日々が長寿へと続き、祝福される人生を
美邦	9・7	みくに	美しい自然や文物に抱かれて健やかに育つようにと願って
千鶴歌	3・21・14	ちづか	日本情緒をもつ鶴のように、優雅な女性に成長するように
桔梗	10★・11★	ききょう	秋を彩る桔梗のような、気品ある美しさをもつ女性に

ロマンチックな

詩的な雰囲気と、キラキラした瞳をもった、愛らしい女の子に

名前	画数	読み	意味
夢歌	13・14	ゆめか	夢をはぐくむことが、人生の大きな力となるように
星羅	9・19	せいら	いつも心に星空のような輝きを、と願って
留希亜	10・7・7	るきあ	輝くような希望を胸に抱き、明るく生きる子にと願って
詩桜里	13・10・7	しおり	詩的な世界に遊ぶ、感性豊かな女性にと願って

素直な

何事にも、やわらかな心で向き合うことのできる、純真な子に

名前	画数	読み	意味
直美	8・9	なおみ	いつも素直な心で人に接し、好かれる子にと願って
素花	10・7	もとか	飾らない素のままの心で、物事を感じ取れる子に
真由	10・5	まゆ	真実に従って、いつも素直に生きる子にと願って
純果	10・8	あやか	自然に学び素直に生きて、思うことを成し遂げる子に

華やかな

周囲まで明るくなるような、輝く魅力を備えた女性に

名前	画数	読み	意味
寿利娃	7・7・9★	じゅりあ	幸せに恵まれ、美しく輝く女性であるようにと祈って
蘭子	19・3	らんこ	誇り高く気品のある女性に成長するように
桐華	10・10	きりか	桐の花のように香り高く、知性と品格のある女性に
麗奈	19・8	れいな	健康的で瑞々しい輝きを放つ女性にと願って

★新人名漢字

将来像から考える

将来はこんなふうに活躍してほしい！　あこがれの職業に就いたわが子の姿をイメージして、その仕事に託された心・技・体を漢字に織り込んだ名前45例を挙げました。

看護師

温かく優しい心遣いで、多くの人を助けられるように

名前	画数	読み	意味
心深	4・11	ここみ	健康な日々を取り戻すまで、温かく見守れる人に
博愛	12・13	ひろえ	だれにでも、優しく接することのできる子に
慈美	13・9	しげみ	深い慈しみの心をもって看護に当たる人に

保育士

子どもに好かれる、優しく温かい女性にと願って

名前	画数	読み	意味
育望	8・11	いくみ	子どもたちとともに、仕事を通じて成長できるように
真優	10・17	まゆ	いつも優しく子どもたちを見守れる人となるように
掬愛	11★・13	きくえ	たくさんの愛を掬って、子どもたちに注げる女性に

パティシエール

技とセンスを生かし、幸せを届けられる人に

名前	画数	読み	意味
杏梨	7・11	あんり	美しい果物のように、お菓子に彩りを添えられる人に
恵夢	10・13	えむ	夢のようなお菓子を届けられる、創造性を期待して
流美香	10・9・9	るみか	その甘く流れる香りで、安らぎを与えられる人に

料理研究家

心と体に働きかける、とびきりの料理のつくり手に

名前	画数	読み	由来
世理菜	5 11 11	せりな	世界中の料理を学び、その魅力を広められる人に
幸与	8 3	ゆきよ	料理を通して、人に幸せを届けられる人に
温香	12 9	はるか	心も体も温まるような、愛ある料理を提供できる人に

美容師

人の美点を引き出し、元気にしてあげられる人に

名前	画数	読み	由来
美巴留	9 4 10	みはる	「巴」は渦を巻く形の意。美の旋風を巻き起こせる人に
美喜	9 12	みき	美しさを引き出すことが喜びとなるように
恵琉珈	10 11 9★	えるか	「琉」は宝石、「珈」は髪飾り。自在に美を生み出す人に

フライトアテンダント

快適な空の旅を支え、世界の人々をつなぐ存在に

名前	画数	読み	由来
天那	4 7	あまな	遥かな大空を駆けめぐり、輝かしく活躍する人に
依空美	8 8 9	いくみ	美しい大空で、自分の力を充分に発揮できるように
美羽耶	9 6 9	みはや	よく学び、いつか美しい羽をもつ日が訪れるように

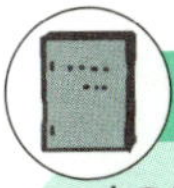

女優

人の心に感動を呼び起こす、輝かしい存在に

名前	画数	読み	由来
伶良	7 7	れいら	演技の才能を、最高の形で表現できる日を願って
美蘭	9 19	みらん	蘭の花のように、美しくあでやかで華のある子に
綺羅	14 19	きら	演劇や映画の世界の、輝く星となるよう願って

バレリーナ

あこがれの舞台で、華麗に舞う姿を期待して

名前	画数	読み	由来
舞楽	15 13	まいら	表現力を身につけ、踊りの楽しさを伝えられる人に
美姫	9 10	みき	高度な技と美しい演技で、舞台の華となるように
麗佳	19 8	れいか	華やかな舞台で、多くの人を魅了するプリマに

教師

子どもたちを、賢くのびやかに育てられるような存在に

名前	画数	読み	由来
深諭	11 16	みさと	子どもたちと深い心のつながりをもち、教え導く人に
陽路乃	12 13 2	ひろの	子どもたちが歩む道を、太陽のように照らせる人に
脩希	11 7	ゆうき	子どもの未来を信じ、地道な努力を重ねられる人に

★新人名漢字

アナウンサー

正確な情報を、確かな言葉で広く伝える人に

名前	画数	読み	意味
明音	8・9	あかね	はっきりした発音で、確実に真実を伝えられる人に
真詞	10・12	まこと	美しい日本語で、多くの人に真実を伝えられる人に
瞭子	17・3	りょうこ	明瞭な言葉で、大切なことを広く伝える人に

弁護士

知識と経験を生かし、真心を込めて人を支える存在に

名前	画数	読み	意味
冴	7	さえ	着眼点の冴えが、見事な弁護につながるように
律子	9・3	りつこ	積み上げた知識で、筋道を立てた弁護ができる人に
真佐恵	10・7・10	まさえ	真実の声を聞き、人を助けられる存在に

アーティスト

豊かな感性で、すばらしい作品をつくり出す人に

名前	画数	読み	意味
迦漣	9★・14★	かれん	新たな着想が、いつも「漣」のように寄せてくるように
絢美	12・9	あやみ	「絢」は美しい織物の模様。華やかで深みのある人に
夢泉	13・9	ゆめみ	夢やアイデアが、次々と生まれることを祈って

医師

先端技術を学ぶ一方で、心の通う医療をめざして

名前	画数	読み	意味
仁美	4・9	ひとみ	常に思いやりの心を忘れず、診療に当たる人に
篤子	16・3	あつこ	深い真心をもって、患者に接する医師に
叶恵	5・10	かなえ	快方に向かう希望を、多くの人に与えられる存在に

ミュージシャン

多くの人の心に響く曲を生み出す人に

名前	画数	読み	意味
伶澪	7・16	れみお	航跡のように、人の心に広がる名曲をつくれる人に
理莉音	11・10・9	りりお	詩も曲も書ける多才な音楽家にと願って
琉詩亜	11・13・7	るしあ	宝石のような輝く感性で、すてきな詩を紡ぎ出す人に

薬剤師

薬学の知識を通して、人々を助けられる存在に

名前	画数	読み	意味
安珠	6・10	あんじゅ	薬は神聖な小さな「珠」。患者に安心を届けられる人に
康恵	11・10	やすえ	みんなの健康を支える存在になれるよう祈って
理葉子	11・12・3	りよこ	植物に薬効を求めた先人に学び、研究に励む人に

第7章

画数から考える

姓名判断で考える

画数を意識することで、候補となる漢字が絞られます。姓名判断を上手に利用しましょう。

姓名判断と画数

姓名判断というと、「名前の画数によってその人の運勢を占うもの」と思われがちです。「大切な赤ちゃんのために、幸運を運んでくれる名前に…」と願うのはごく自然なことですが、姓名判断の利用価値は、それだけではありません。姓名判断では、姓に合わせて名前の画数を割り出していくため、漢字・ひらがな・カタカナという膨大な数の候補となる文字から、名づけに適したものを絞り込むことができるのです。

姓によって、名前の文字や組み合わせに制限が生まれるということは、逆にいえば、個人では思いつくのが難しかった名前をつくれる可能性が高いということです。姓名判断、つまり画数は、実はとても有用な、名づけの基本テクニックともいえるのです。

画数の数え方

漢字には、旧字や新字、俗字といったものがあり、画数の数え方も姓名判断の流派によって異なってきます。本書では、以下の2点を前提として、画数について述べていきます。

①名前は公認の字体で

名前に使用できる漢字は、常用漢字と人名用漢字だけですが、この中には旧字や俗字も多く含まれています。「亞（旧字体）」「國（旧字体）」「桧（俗字）」などがそうです。

2004年に人名用漢字が大幅に追加され、その中にも俗字や異体字をもつものが多く含まれていました。ある意味で、従来の漢字の秩序が崩れてしまった感もありますが、「公式な文字」であることは間違いないので、画数についてもそのままの字体で数えることとします。

②姓は日常使用している字体で

常用漢字や人名用漢字に含まれない文字も、姓には使われています。また、「斉藤」「斎藤」「齋藤」のように、複数の表記をもつ姓や、「檜山」「桧山」といった正字と俗字、両方の表記がある姓もあります。

画数は、使用頻度が高ければ高いほど、その人に強く作用すると考えられます。普段書いている姓の文字の画数を、数えてください。

旧字体漢字の扱いについて

新人名用漢字の見直しのほか2004年には戸籍法施行規則の改正により「人名用漢字許容字体（旧字体205字）」の枠も取り外されました。従来は、「旧字体で教育を受けた世代がいる間は、例外的に使用を認める」というスタンスでしたが、旧字体もまた常用漢字や人名用漢字と同様の扱いになったということです。これにより「恵」と「惠」、「真」と「眞」といった新字体と旧字体とを分ける意味も失われたといえるでしょう。

名前の画数については、あくまでも「公認の文字」の「字体どおりの画数を数える」ことが原則です。旧字体の中には、パソコンなどで入力する際、正しく表示されないものも少なくありません。これらの漢字の画数を数えるには、法務省発表による字体や本書を参考にして、計算してください。

また、なじみの深い漢字でも、「くさかんむり」や「しんにゅう」のように、画数の数え方に複数のケースがある部首をもつものもあります。本書では、あくまで字体どおりの画数を数える、という考え方で計算していますので、さまざまな考え方を混同しないよう注意してください。

姓名の5部位

姓名判断の基本となる「五格」。まずは各部位の意味を知るところから始めましょう。

5つの部位

姓名判断では、姓名を「五格」と呼ばれる5つの部位に分けて考え、部位ごとの合計画数によって運勢を判断します。「天格」「人格」「地格」「外格」「総格」からなる「五格」は、それぞれに意味をもっています。

次ページに例とともにまとめましたので、ご参照ください。

ただし、五格の中でも、姓の合計画数である「天格」は直接運勢に作用することはなく、吉凶を判断する要素にはなりません。実際に使われるのは、ほかの4つの部位となります。このうち「人格」と「総格」については、多くの姓名判断の流派で同じ考え方をしています。それだけ重視されている部位だといえ、名づけの際にも優先して考えたいところです。

「五格すべてが吉数となる名前をつけたい」と思うのも親心ですが、かなりの難題です。重要な「人格」と「総格」に的を絞って考えてみてもよいでしょう。また、女の子は結婚によって将来姓が変わることも多いので、「地格」を吉数とするように考えてもよいでしょう。

「どうしても五格を吉数に」とこだわるあまり、期限内に名前が決まらなかったり、パパやママのセンスからかけ離れた、不本意な名づけとなってしまったりしては本末転倒です。優先する部位を決めて考えるなど、姓名判断を上手に取り入れるようにしましょう。

五格の基本とは

姓名判断では、漢字一つひとつの画数に吉凶があるわけではありません。姓名を「五格」という5つの部位に分け、その部位ごとの合計画数によって見ていきます。五格とは、以下に挙げた要素をいいます。

小 3
室 9
悠 11
季 8

天格 12
人格 20
地格 19
外格 11＝31－20
総格 31＝3＋9＋11＋8

天格
姓の合計画数

生まれつきの天運を表しますが、姓名判断では、その人の資質を伸ばしていくためのものと考えられており、判断材料には用いません

人格
姓の最後の文字と、名の最初の文字の合計画数

性格・才能などを表し、一生を通じての運勢に影響します

地格
名の合計画数

主として出生時から中年期に至るまでの運勢を司ります

外格
総格から人格を引いた画数

対外関係に作用し、「人格」を補う働きをもちます。外格が「0」になる場合には、人格の数で代用します

総格
姓名の合計画数

一生の運勢に影響するとともに、中年期以降の社会運を司ります

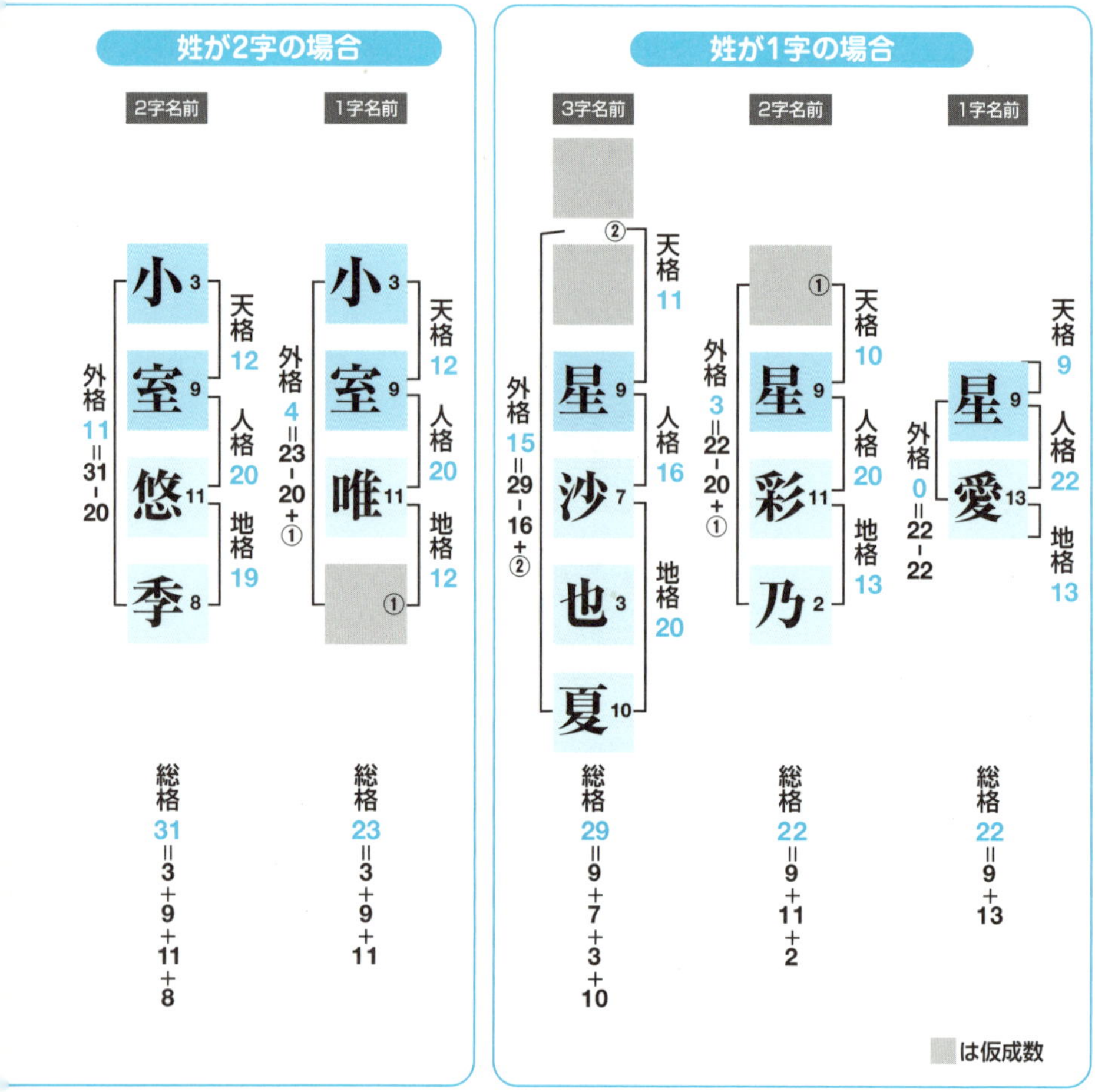

「仮成数」について

五格の数え方は、姓と名の文字数によって変わってきます。姓と名の文字数が違う場合には、多い文字数から少ない文字数を引いた数値「仮成数」を出して数えます。

1字姓の例で見てみましょう。「星彩乃」は、1字姓と2字名の組み合わせなので、2－1＝1となり、仮成数は①です。「星沙也夏」なら3字名なので、3－1＝2で、仮成数は②となります。こうして出した仮成数を、文字数の少ないほう（この場合は、姓）に加えて計算します。

2字姓や3字姓についても、その計算方法を具体的な例とともに上の表に示してあります。次ページの「五格の考え方」と合わせて、参考にしてください。

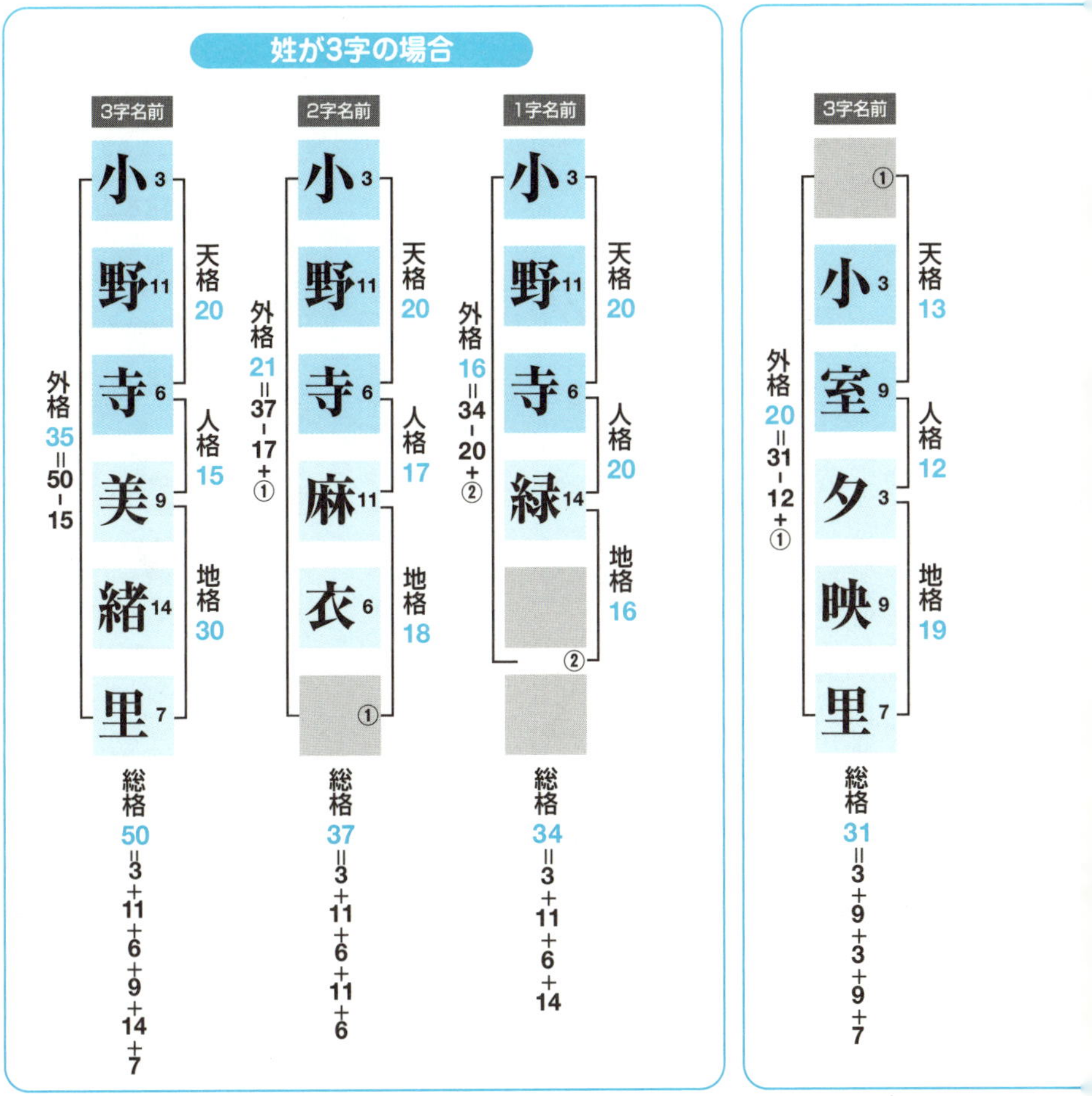

五格の考え方

●**天格**…姓を構成する文字の合計画数。「1字姓2字名」や、「2字姓3字名」のように、姓よりも名の文字数が多い場合には、「仮成数」を加えて計算します。

●**人格**…姓の最後の1字と、名の最初の1字の、2文字の合計画数です。

●**地格**…名を構成する文字の合計画数。「2字姓1字名」や、「3字姓2字名」のように、名よりも姓の文字数が多い場合には、「仮成数」を加えて計算します。

●**外格**…総格から人格を引いた数。姓と名の文字数が異なる場合、「仮成数」を加えて計算します。

●**総格**…姓名を構成する、すべての文字の合計画数。仮成数は用いません。

画数による運勢

人格・地格・外格・総格の数理（画数）を、以下に当てはめて見ていきます。数理は1に始まり、81に終わります。女の子の場合、結婚で姓が変わることがあるので、地格にウエイトをおいて考えるとよいでしょう。

◎ 吉の画数
○ 半吉の画数
△ あまりすすめられない画数

1画 ◎
魅力ある強運ガール

幸運の女神に導かれ、幸せな人生を送ります。1は最大の吉数で、どんな夢でも叶う画数。11、21、31、41、など、1のつく画数には共通して、幸運のパワーが宿っています。

2画 △
クヨクヨしがちな性格

物事が決められない優柔不断なところがあり、やや消極的。友人関係に恵まれず、苦労する可能性も。健康運が弱く、とくに内臓の病気には要注意。明るく意志の強い配偶者を選ぶと吉。

3画 ◎
みんなに好かれる人気者

穏やかな性格で、周りの人からの信頼が厚く、チャンスに恵まれます。リーダーシップもあり、目上の人や同僚からも慕われ、思いどおりの人生に。結婚運にも恵まれます。

4画 △
自信過剰のカラ回り人生

自己主張が強すぎて、孤立無援になりがち。ただし、親の温かい愛情と適切なアドバイスで、夢を実現できる、自立した女性になる可能性もあります。病気やケガに要注意。

5画　◎

魅力的なプリティーガール

大胆さと繊細さを併せもち、同性からも異性からも慕われる人気者。困難な事態にも、思わぬ強さを発揮して突破する可能性あり。家庭運、子ども運にも恵まれ、健康で長生きします。

6画　◎

天賦の才でハッピー人生

生まれながらに天性の徳をもち、有形無形の恵みを受けて、あらゆる場面でチャンスに恵まれます。お金に困ることもなく、平穏で落ちついた、幸せな人生を送るでしょう。

7画　◎

自分の意見をもった才媛

周囲に流されない自立した考えをもつ女性。行動力もあり、同性からも異性からも尊敬される存在になります。協調性を身につければ、さらに魅力アップ。結婚運はドラマチックかも。

8画　◎

抜群の知性と行動力

頭脳明晰で意志が強く、粘り強く物事に取り組む忍耐力があります。たとえ困難なことがあっても、大成すること間違いなし。周囲の人からの信頼も厚く、異性にも好かれるでしょう。

9画　△

体の弱い薄幸のヒロイン

努力が報われにくい運気で、心労の多い人生です。熱しやすく冷めやすいタイプなので、仕事は地道なものより水商売的なもののほうが吉。家庭運や健康運には恵まれないでしょう。

10画　△

マイナス思考の損な性格

内向的でマイナス思考が強いため、なかなか運が上がらない損な性格。ただし、忍耐強さがとりえで、一発逆転のチャンスあり。プラス思考に切りかえれば、運気が上向く可能性も。

11画　◎

凛とした強さで幸運に

すべてのことが思いどおりに運ぶ吉祥運の持ち主。すくすくと伸びやかに成長し、穏やかさのなかに強い意志をもち、チャンスをモノにします。結婚運もよく、幸せな人生です。

12画 △

理想が高すぎ挫折の兆し

理想は高いものの、力が及ばず、挫折するタイプ。主役をめざすより、なくてはならない脇役に徹するほうがよさそう。自己顕示欲が強いので、人間関係には苦労するかもしれません。

13画 ◎

華麗明敏で情熱的な女性

才知に優れ、感受性も豊か。困難にぶつかっても克服できるパワーがあり、浮沈の多い業界でも成功します。激しい性格ですが、家庭運は吉。地味で実直な男性がお似合いです。

14画 △

意志と裏腹の逆境人生

上昇志向が強いわりに、運気が弱く、チャンスに恵まれない人生に。そのぶん、反骨精神が強く、世の中の不正に立ち向かう人物になる可能性も。几帳面すぎて他人に厳しいのが難点。

15画 ◎

笑いの絶えない幸せな人生

温厚で包容力があり、自分だけでなく、周りの人たちをも幸せにする福寿の運気。人がよすぎるところもありますが、円満で波乱のない、愛情に恵まれた人生となるでしょう。

16画 ◎

不運も幸運に変える女性

穏やかで人に慕われる吉運の持ち主。原石が磨かれて、光り輝く宝石になる可能性大。不運さえも幸運に変える強さがあり、家庭運も良好。健康にも恵まれますが、中年以降は過労に注意。

17画 ◎

有能なキャリアウーマン

頭脳明晰で意志が強く、着実にキャリアを積み重ねることのできる成功者。やや情に薄い面があり、冷たい印象も。人の意見に耳を傾ける柔軟さを身につければ、対人関係も良好に。

18画 ◎

信念のある自立した女性

強い意志と実行力があり、困難なことがあっても乗り越えるパワーをもっています。冷静で打算的なところもあり、人間関係に問題が生じることも。とくに恋愛に打算は禁物。

19画 △

運が安定しない人生

バイタリティーのある才媛で、周囲からも期待されますが、予期せぬ障害で不遇に終わるおそれも。繊細さと鋭い直感をもつ半面、移り気なところもあります。結婚運はいまひとつ。

20画 △

突然のピンチに要注意

忍耐強さがあるものの、なかなか努力が報われない薄幸運。病気や災難にあいやすく、つらい人生になるかも。勤勉さが強みなので、地道な生涯設計を。他人のうまい話には要注意。

21画 ◎

夢が叶う強運の持ち主

財力や名声を手に入れる素質あり。家庭に入るより、外で働くほうが運はさらに上昇します。あらゆる分野で活躍できますが、とくにクリエイティブな分野で才能が開花します。

22画 △

器用貧乏で挫折の兆し

才能があっても、中途半端になりやすい器用貧乏。根はまじめで辛抱強いので、ヤケにならずに努力すれば、運が必ず上向きます。気分屋なところがあり、交友関係にヒビが入ることも。

23画 ◎

情熱的なシンデレラガール

意志が強く、激しい性格の持ち主。波乱含みの人生ですが、困難を乗り越え、最後には成功を手に入れます。短気な面もあるので、結婚相手には、穏やかで冷静沈着な男性がいいでしょう。

24画 ◎

仕事も恋愛も絶好調

静かで穏やかなイメージですが、内なる情熱や行動力を備えた大吉運の人。マイペースで仕事をこなし、頭角を現します。また、人を引きつける魅力があり、恋愛も充実しているでしょう。

25画 ◎

勝者の余裕をもつこと

鋭い感性と才能に恵まれています。ただ、個性が強く、人に合わせることは苦手です。周囲への気遣いを心がければ、さらなる飛躍も可能です。人と張り合わず、心に余裕をもちましょう。

26画 △
波瀾万丈の希有な運勢

両極端な運勢の持ち主で、うまくいけば絶好調の人生、ひとつ間違えば悲劇のヒロインとなる可能性も。どちらにしても波乱含みの生涯を送りそう。結婚相手には、温和で堅実な男性を。

27画 ○
努力次第で才能開花

才能と意志の強さをもっているものの、自信過剰で努力を怠りがち。人間性を磨き、信頼される人物になれば、豊かな人生を送れるでしょう。浮気っぽいので、結婚運はイマイチ。

28画 △
波乱に満ちた人生に

極端に明暗を分ける変動の激しい運気。内向的で頑固な面があり、人間関係に難あり。突然の災難や配偶者との生別・死別など、苦労が絶えませんが、ときに幸運に恵まれるチャンスも。

29画 ○
高望みしない人生が吉

才知に優れ、成功する暗示がありますが、理想が高すぎて損をする可能性も。自分が思うほど不運ではないことに気づけば、幸せに暮らせます。感情の起伏を抑えれば、人間関係も良好に。

30画 △
試練を糧に幸運な人生に

温和なイメージですが、内在するパワーが爆発して大業を成し遂げることも。さまざまな試練が訪れますが、克服するだけの力量があり、うまく対処すれば、幸運に恵まれるでしょう。

31画 ◎
理性的で温和な人気者

知力や誠実さ、行動力のすべてが備わった大吉運。人柄のよさで周りからの信頼も厚く、困難に遭遇しても着実に成功を手に入れます。仕事にも家庭にも恵まれた幸せな人生となります。

32画 ◎
慕われる慈愛の持ち主

才知に富み、人に好かれる素直な性格で、目上の人や意外な人からの援助や協力が得られる吉祥運。宝くじなどが当たる運のよさもあり、愛に満ちた人生を送ることができます。

33画 ◎
敏腕のビジネスウーマン

頭脳明晰で行動力もあり、ビジネスの世界で実力を発揮する隆盛運の持ち主。短気で忍耐力に欠けるところがやや難。配偶者には、仕事に理解のある男性を選びましょう。

34画 △
孤独が似合う薄幸の人

理知的で沈着冷静なイメージがあるものの、内面は複雑で、行動も一貫性に欠く面があり、孤独になりがち。自分を表現できる趣味や生きがいとの出合いで、安定した精神生活も可能です。

35画 ◎
幸運の女神に守られた吉運

だれからも愛され、信頼される性格の持ち主。知的なセンスで才能を発揮し、安定した地位を獲得します。芸術方面で芽を出す暗示も。私生活は円満で、平穏な家庭を築くでしょう。

36画 ○
怖いもの知らずの無鉄砲

義理人情に厚いアネゴ肌で、困っている人は放っておけないタイプ。ただし、性格の激しさが波乱を招くことも多く、安定した生活は難しそう。忍耐力を養うことがカギ。

37画 ◎
勤勉さが実を結ぶ才媛

幸運の持ち主で、とくに人生の後半は実り多いものに。コツコツと努力すれば周りの協力も得られ、確実に成功を収めます。協調性を大事にすれば、さらなる飛躍が期待できます。

38画 ○
精神力が成功のカギ

生まれつき芸術や特殊技能の才能があり、名声を得る可能性があります。優柔不断なところがありますが、目標に向かって努力すれば、周囲からの援助もあり、必ず報われるでしょう。

39画 ◎
苦労の末にある栄光

厳しいビジネスの世界で頭角を現し、男性と伍して仕事をこなします。安定した吉運ではなく、かなりの波乱もありますが、そうした苦労が開運につながり、栄光へ導きます。

40画 才におぼれて波乱の人生

△

優れた才能をもちながらも、自意識過剰で人徳が薄く、浮き沈みの多い人生になりがち。友情をはぐくみ、人との信頼を築くことを覚えれば、周囲からの協力も得られ、運も向上します。

41画 花も実もある人生に

◎

社会に出て仕事にチャレンジするもよし、家庭に入って良妻賢母となるもよし。どういう道を選んでも順調に事が運ぶ人生です。柔和で誠実な人柄が人望を集めるでしょう。

42画 嫉妬深さにご用心

○

何でもソツなくこなす器用な人で、ひとつのことに専念すると成功します。やや神経質で嫉妬深いのが玉にキズ。度を超すと人から嫌われることに。信頼できる人との友情を大切に。

43画 色恋沙汰による波乱も

△

才能を伸ばせば、成功の道があるにもかかわらず、意志の弱さから横道にそれがち。異性にも弱く、色恋沙汰で人生が狂うことも。堅実で信頼できる友人をもてば、人生も順調に。

44画 奉仕の心で不運をカバー

△

内向的な性格で、優柔不断なところがあり、思いどおりにならない人生に。他人の忠告を素直に聞き、見返りを求めないボランティア精神をもって、運勢を向上させましょう。

45画 苦難に負けないしっかり者

◎

人生の苦難を乗り切る芯の強さをもち、それが魅力となって人に頼られる存在に。最後には目的を達成し、願いが叶います。晩婚ですが、よき伴侶に恵まれ、幸せな一生となります。

46画 人をサポートすれば吉

△

数奇な運命の持ち主。思いきったことをして成功することもあれば、破滅に陥ることも。仕事でも家庭でも、補佐役に徹し、表には出ないほうが万事うまくいきます。

47画 ◎

公私ともに恵まれた人生

感受性が豊かで、だれからも好かれる性格。生まれもった才能を開花させるチャンスもあり、すべてが好転する大吉運です。結婚生活も円満で、穏やかで幸せな生涯となるでしょう。

48画 ◎

有能で温和な人気者

才気に富み、温かみのある人柄で人気者に。有能で責任感があるので、秘書やサポート役がぴったり。仕事でも家庭でも、万事ソツなくこなし、平穏な日々を送れます。

49画 △

感情の抑制が必要

激しい気性で、怒りに任せての言動が運命を狂わせることも。落差の大きい人生となりがち。周りの人との友情を深め、対人関係を大切にすることが、運気を向上させるコツ。

50画 ○

山あり谷ありの人生

順調と不調の気運が交互にやってくる半吉運。運が上向いてきたら、次の不調期に備える心構えが肝心。とくに最後の段階で失敗することが多いので、要注意。家庭での不和の暗示あり。

51画 ○

お人よしもほどほどに

お金に執着があり、欲を出しすぎて思わぬ不運にあうことも。温和で周りから重宝がられる半面、安易に頼まれごとを受けてしまうことも多いので、きっぱり断る姿勢も大切に。

52画 ◎

仕事も家庭も順風満帆

物事を見通す感性や独創的な発想力があり、仕事でも家庭でも自分らしさを発揮し、充実した人生を送れるでしょう。作家や画家など、クリエイティブな仕事で成功する可能性あり。

53画 ○

気分のムラに気をつけて

外見は明るそうに見えても、内面は複雑で繊細な心の持ち主。気分にムラがあって短気なところがネック。幸運を手に入れるには、この性格を意識的に変える努力が必要です。

54画 △
努力が実らない人生に
努力をしても報われないことが多く、意固地になりがち。自分を過小評価せず、自信をもつことが大切。また、他人との和を大切にし、脇役に徹するほうが運気が安定します。

55画 △
嫉妬心もほどほどに
神経質で消極的なところがあり、なかなか運気が向上しません。嫉妬心が強すぎて人間関係に波風が立ちやすいので、心が落ちつくような趣味や生きがいをもつとよいでしょう。

56画 △
運を天に任せる人生
体力がなく、意志も弱いのでチャンスを逃しがち。その場の状況に押し流される運命に。人情味に欠ける点や猜疑心を反省し、人間関係を良好にする努力を。中年以降の病気に注意。

57画 ◎
年を経るたび輝く人生に
困難ののちに幸運に恵まれるという吉数。的確に対処できる判断力と忍耐力で、どんな仕事も最後までやり通し、試練を乗り越えるパワーがあります。晩年に向かって繁栄する運気です。

58画 ◎
あとになるほど幸運が
若いうちは下積みや苦労がありますが、それらを糧にして、後半大きく飛躍します。ピンチをチャンスに変えられる人です。家庭運にも恵まれ、中年以降、幸福と成功をつかみとります。

59画 △
寂しい人生になりそう
あまり幸運な人生とはいえず、一度手に入れたものを、失ってしまう暗示があります。粘り強さをもてば、運気がよくなる可能性も。身内や愛する人たちを失う危険性もあります。

60画 △
つらい境遇になりがち
マイナス思考が強く、なかなか前に進めません。何をやってもうまくいかず、ますます泥沼に。意識して前向きに生きる努力をしてみましょう。自分が変われば、周りも変化します。

61画 △
高慢さが逆境を招きがち

行動力や才能、知性にも恵まれていますが、上から人を見るようなところがあります。そのため、思わぬ反撃にあって、苦境に立たされることも。謙虚さを心がけましょう。

62画 △
志半ばで挫折しがち

若いときはよくても、晩年は思いどおりにならない運気。温和な一方で突然激高する二面性があり、人を遠ざけることに。自分の感情を抑え、信頼を得られるよう努力しましょう。

63画 ◎
素直な性格で人気者に

天与の恵みに満ちた吉祥運。だれからも好かれる穏やかな性格で、信頼も厚く、自分の人生を切り開く強さももっています。人もうらやむ幸せな家庭をもち、恵まれた一生となります。

64画 △
愛情運の薄い人生

家庭的な愛情に恵まれない薄幸運。物事を悪くとり、人を信用しないところがあるため、なかなかチャンスに恵まれません。協調性を身につけ、人間関係に配慮すれば協力者も現れます。

65画 ◎
包容力豊かな魅力ある女性

穏やかで寛大な心をもち、人をまとめる力をもっています。自然と周囲から尊敬される存在に。交友関係も幅広く、健康運も良好。結婚運もよく、理想的な家庭を築きます。

66画 △
度重なる苦労で悲観的に

夢に向かって努力するものの思わぬ障害にあい、孤立無援に。だんだん内向的になっていきますが、地道な努力を続ければ、協力者も得られます。あまり丈夫ではないので、健康に注意。

67画 ◎
ビジネス界で頭角を現す

才知に優れ、的確な状況判断もできるシャープな感覚は、男性にもひけをとりません。組織の中でも、上からは引き立てられ、下からも慕われてトントン拍子に出世できるでしょう。

68画 ◎
無限の可能性を秘めた才媛

恵まれた才能と勤勉さで自分の能力を磨き、社会で活躍する力をもっています。どんな仕事でも成功しますが、とくに学問や文芸の分野での可能性を秘めています。結婚運も良好。

69画 △
気力不足で不安定な人生

パワー不足で、物事に対しての意欲に欠ける面があります。思わぬ災難も多く、思うように成果が上がりません。多くを望まず、コツコツと努力し、生活することが大切。体調に注意を。

70画 △
不幸続きの受難運

内向的で人づきあいが苦手。職場でも孤立しがちで、成果もイマイチ。チームプレーは向かないので、仕事選びは慎重に。身内との別離や、病気、生活苦など苦難続きの人生の暗示。

71画 ○
平穏で無難な人生

才能はあってもパワー不足で失速しがち。無理をせず、身の丈に合った生活をすれば無難な人生となるでしょう。財運には縁遠いので、ほどほどの生活の中に幸せを見出すことが大切。

72画 ○
ガラスの心をもった女性

繊細で思い悩むことの多い性格。一念発起しても、気弱さがじゃまして失敗することに。信頼できる人にアドバイスを求め、周りの人の助けを得ながら動くとうまくいきます。

73画 ○
若いころより晩年が吉

誠実な人柄で楽天的。少々の失敗にめげない明るさが長所で、人に好かれます。目上の人からの引き立ても受け、晩年に向かうにつれ運が上昇します。健康運もよく、家庭的にも安定します。

74画 △
うつろな人生になりがち

生きる意欲に欠ける半面、人には虚勢を張るため、信頼できる仲間に恵まれません。いざというときに助けてもらえず、寂しい境遇に。常に自分を顧み、思いやりの心を養いましょう。

75画 △
冒険は失敗のもと
温和で親しみやすく、だれからも好かれる人柄で、人間関係に悩むことはありません。分不相応なことに挑むと失意を招きますが、男性運はよく、恵まれた家庭生活が送れるでしょう。

76画 △
劣等感から不安定な人生に
思慮分別に欠けるところがあり、内向的で協調性がないため、友人もできにくい運勢。事がうまく運ばず、さらに意固地になりがち。自分自身への劣等感から、不安定な人生となりそう。

77画 ○
理解者の出現で吉運に
吉運と凶運が交錯し、人生の前半が幸福なら、後半は不幸に。どっちに転ぶかは自分次第ですが、よき理解者との出会いで心に余裕をもつことができれば、幸運に恵まれます。

78画 ○
夫選びが幸運のカギ
有能で誠実な人柄ですが、消極的で意志の弱い面があり、なかなか才能を生かせません。不安定な境遇に陥りがちですが、結婚相手に明朗快活な男性を選ぶと、運が向上します。

79画 △
不安定な性格で不運に
意志が弱く、目標が定まらないため、行ったり来たりの人生になりがち。優柔不断で、周囲の人の信頼も得られません。ただし、水商売などでは成功する可能性があります。

80画 △
浮き沈みの激しい人生
裏表のある性格で孤立無援になりがち。積極性や活動的なところがなく、社会にうまく順応できません。まず自分が生きやすい環境を探すことが、安定への第一歩となります。

81画 ◎
最高の幸運を手に
「9」と「9」の交錯がここで終わり、初めの「1」に戻るので、1画と同じ霊運をもちます。吉祥発展する力強い運気をもち、幸せで恵まれた人生が送れるでしょう。

「姓別 吉数リスト」と「画数別 名前リスト」の使い方

●姓別 吉数リスト
（374～399ページ）

3・6
大江
大竹
大西
川合
久米
小池
姓の画数と例
なし
1字名前
1・5
2・4
1・14
2・13
5・10
7・8
10・5
11・4
12・3
1・15
2・14
11・5
12・4
1・22
2・21
5・18
9・14
10・13
11・12
15・8
18・5
19・4
9・15
10・14
11・13
12・12
19・5
2字名前
2・(4)
1・(14)
2・(13)
2・(14)
5・(11)
9・(14)
10・(13)
11・(12)
12・(11)
5・(19)
7・(17)
10・(14)
11・(13)
12・(12)
15・(9)
15・(17)
18・(21)
3字名前

姓の画数の組み合わせ
（例は3画・6画）

姓の例
代表的なものを例に挙げました

1字名前の吉数

2字名前の吉数
（合計画数の少ないものから順に並んでいます）

3字名前の吉数
（　）内は下の2文字を合計したものです。
（7）であれば、「1画・6画」でも「2画・5画」でも、合計が7になればOKです

●画数別 名前リスト
（400～431ページ）

名の合計画数

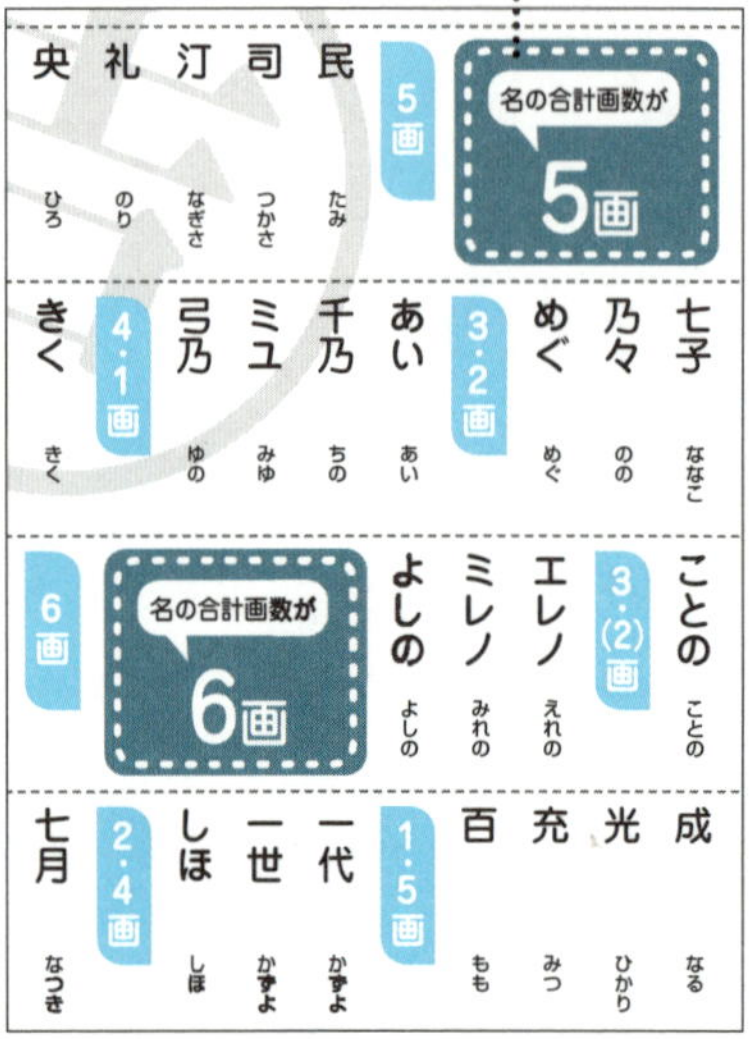
名の合計画数が
5画
5画
民 たみ
司 つかさ
汀 なぎさ
礼 のり
央 ひろ
七子 ななこ
乃々 のの
めぐ めぐ
3・2画
あい あい
千乃 ちの
ミユ みゆ
弓乃 ゆの
4・1画
きく きく
ことの ことの
3・(2)画
エレノ えれの
ミレノ みれの
よしの よしの
名の合計画数が
6画
6画
成 なる
光 ひかり
充 みつ
百 もも
1・5画
一代 かずよ
一世 かずよ
しほ しほ
2・4画
七月 なつき

使い方の例

例：大西さんが2字名の吉名をつけたい場合

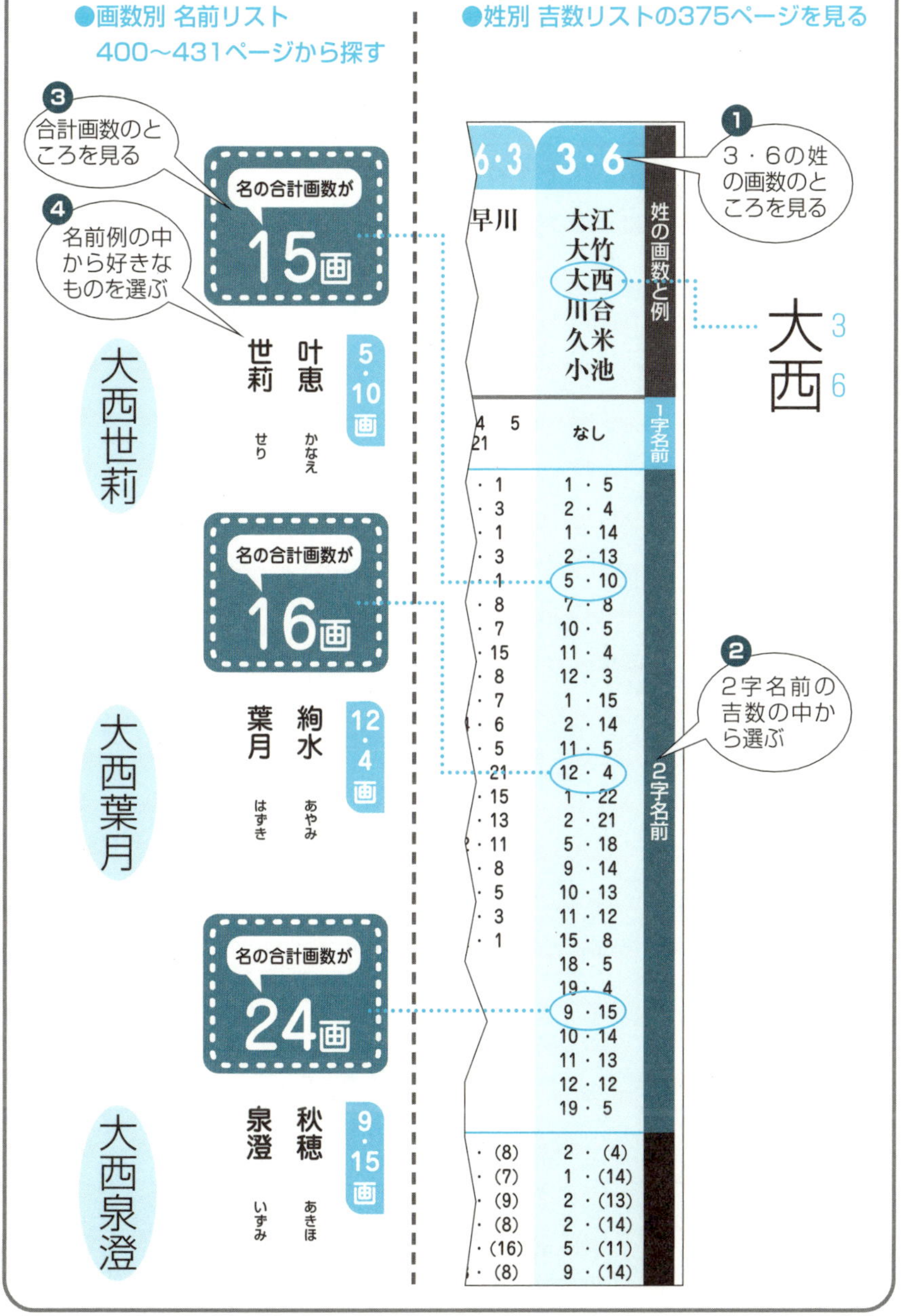

●画数別 名前リスト
400〜431ページから探す
●姓別 吉数リストの375ページを見る
❶ 3・6の姓の画数のところを見る
❷ 2字名前の吉数の中から選ぶ
❸ 合計画数のところを見る
❹ 名前例の中から好きなものを選ぶ
6・3
3・6
姓の画数と例
早川
大江
大竹
大西
川合
久米
小池
大西
3
6
1字名前
なし
2字名前
名の合計画数が
15画
5・10画
叶恵 かなえ
世莉 せり
大西世莉
名の合計画数が
16画
12・4画
絢水 あやみ
葉月 はずき
大西葉月
名の合計画数が
24画
9・15画
秋穂 あきほ
泉澄 いずみ
大西泉澄
1・5
2・4
1・14
2・13
5・10
7・8
10・5
11・4
12・3
1・15
2・14
11・5
12・4
1・22
2・21
5・18
9・14
10・13
11・12
15・8
18・5
19・4
9・15
10・14
11・13
12・12
19・5
2・(4)
1・(14)
2・(13)
2・(14)
5・(11)
9・(14)

	3·5·4	3·5	3·4	3·3·9	3·3	2·10	2·4	1·10
姓の画数と例	小田切	上田 大石 大田 川田 山本 山田	大井 大内 大友 川井 川内 土井	大久保 川久保 小久保	及川 大川 小川 川口 山口 山下	入倉 二宮	八木	一宮
1字名前	なし	なし	なし	6　9　16 22	なし	5　6　23	2　7　12 17	なし
2字名前	2・2 1・4 3・2 2・4 4・2 3・9 4・8 4・16 11・9 12・8 13・7 14・6 1・22 7・16 9・14 11・12 14・9 17・6 19・4 21・2	3・2 1・12 10・3 11・2 1・14 2・13 3・12 10・5 11・4 12・3 13・2 1・15 2・14 3・13 11・5 12・4 13・3 1・22 10・13 11・12 20・3 10・14 11・13 20・4 3・22 10・15 11・14	1・5 2・4 3・3 4・2 1・15 2・14 3・13 4・12 11・5 12・4 13・3 14・2 2・15 12・5 2・22 9・15 11・13 12・12 14・10 19・5 21・3 3・22 4・21 11・14 12・13 13・12 21・4	2・8 4・6 6・10 7・9 8・8 6・11 7・10 8・9 9・8 16・1 2・18 4・16 12・8 14・6 16・4 4・18 6・16 8・14 12・10 14・8 16・6 6・18 7・17 8・16 14・10 15・9 16・8	5・2 8・3 2・13 3・12 5・10 10・5 12・3 13・2 2・15 3・14 4・13 5・12 12・5 13・4 14・3 15・2 3・15 4・14 5・13 13・5 14・4 15・3 3・22 4・21 5・20 10・15 12・13	1・4 1・5 3・3 5・1 5・6 6・5 7・4 8・3 7・6 8・5 5・16 6・15 7・14 8・13 15・6 1・22 7・16 8・15 14・9 22・1 3・22 6・19 11・14 14・11 21・4 22・3	4・3 7・4 1・14 2・13 4・11 9・6 11・4 12・3 14・1 1・16 2・15 3・14 4・13 11・6 12・5 13・4 14・3 2・16 3・15 4・14 12・6 13・5 14・4 2・23 3・22 4・21 9・16	1・4 3・2 1・5 1・6 3・4 5・2 1・12 3・10 6・7 7・6 8・5 11・2 1・20 5・16 6・15 7・14 11・10 14・7 15・6 1・23 7・17 8・16 14・10 22・2
3字名前	4・(7) 3・(10) 4・(9) 4・(17) 12・(9) 13・(8) 14・(7) 7・(16) 13・(10) 14・(9) 2・(23) 9・(16) 9・(24) 17・(16) 20・(13) 19・(16) 20・(15)	2・(3) 3・(2) 6・(7) 2・(13) 3・(12) 6・(9) 2・(14) 3・(13) 6・(17) 13・(11) 6・(19) 11・(14) 12・(13) 13・(12) 16・(9) 10・(21) 16・(17)	2・(4) 3・(3) 4・(2) 1・(7) 2・(14) 3・(13) 4・(12) 11・(7) 11・(13) 12・(12) 4・(21) 11・(14) 12・(13) 13・(12) 14・(11) 11・(21) 12・(20)	7・(9) 9・(7) 6・(11) 7・(10) 8・(9) 6・(12) 7・(11) 8・(10) 9・(9) 6・(18) 7・(17) 12・(12) 14・(10) 15・(9) 14・(18) 15・(17) 7・(26)	3・(2) 3・(4) 2・(13) 3・(12) 4・(11) 3・(14) 4・(21) 5・(20) 12・(13) 13・(12) 14・(11) 12・(21) 13・(20) 22・(11) 14・(21) 15・(20) 22・(13)	1・(12) 3・(10) 5・(8) 3・(18) 11・(10) 13・(8) 3・(20) 5・(18) 11・(12) 13・(10) 15・(8) 5・(20) 11・(14) 15・(10) 11・(22) 13・(20) 15・(18)	2・(3) 3・(2) 2・(5) 1・(14) 2・(13) 3・(12) 2・(15) 3・(22) 4・(21) 11・(14) 12・(13) 13・(12) 11・(22) 12・(21) 21・(12) 13・(22) 14・(21)	1・(4) 1・(5) 3・(3) 8・(5) 5・(16) 6・(15) 7・(14) 8・(13) 3・(21) 5・(19) 8・(16) 11・(13) 13・(11) 15・(9) 14・(23) 15・(22) 21・(16)

	3·9·5	3·9	3·8·10	3·8·5	3·8	3·7	3·6·3	3·6
姓の画数と例	久保田	大泉 久保 小泉 小畑 土屋 山城	大河原 小河原 小松原	大和田 小和田	上松 大坪 大沼 小林 小松 山岸	上杉 上村 大沢 大谷 川村 三谷	小早川	大江 大竹 大西 川合 久米 小池
1字名前	なし	なし	3 11 14	1 16 19	なし	なし	3 4 5 13 21	なし
2字名前	1·3 2·2 1·5 2·12 3·11 6·8 10·4 11·3 12·2 3·12 10·5 11·4 12·3 13·2 6·10 8·8 11·5 10·12 11·11 12·10 20·2 2·22 6·18 12·12 13·11 16·8 20·4	2·3 2·4 4·2 6·5 7·4 8·3 9·2 8·5 9·4 6·15 7·14 8·13 9·12 16·5 2·21 8·15 9·14 15·8 4·21 7·18 12·13 15·10 22·3 23·2	1·3 3·1 1·9 1·11 3·9 6·6 11·1 1·13 3·11 5·9 8·6 11·3 13·1 7·9 11·5 13·3 15·1 1·19 8·12 11·9 14·6 1·23 3·21 11·13 13·11 21·3 23·1	1·4 2·3 1·6 2·5 3·4 2·13 3·12 10·5 11·4 12·3 3·13 10·6 11·5 12·4 13·3 6·11 8·9 11·6 12·5 13·4 16·1 2·21 10·13 11·12 18·5 19·4 20·3	3·2 3·3 3·4 5·2 3·10 5·8 8·5 9·4 10·3 3·18 7·14 8·13 9·12 13·8 16·5 17·4 3·21 9·15 10·14 16·8	1·4 1·5 4·2 4·3 8·3 9·2 9·4 10·3 11·2 1·14 10·5 11·4 8·13 9·12 11·10 16·5 17·4 18·3 1·22 8·15 9·14 10·13 11·12 18·5 4·21 10·15 11·14	3·1 2·3 4·1 3·3 5·1 4·8 5·7 5·15 12·8 13·7 14·6 15·5 2·21 8·15 10·13 12·11 15·8 18·5 20·3 22·1	1·5 2·4 1·14 2·13 5·10 7·8 10·5 11·4 12·3 1·15 2·14 11·5 12·4 1·22 2·21 5·18 9·14 10·13 11·12 15·8 18·5 19·4 9·15 10·14 11·13 12·12 19·5
3字名前	1·(5) 2·(4) 3·(3) 1·(6) 2·(13) 3·(12) 10·(5) 3·(13) 10·(6) 12·(6) 11·(13) 11·(20) 12·(19) 18·(13) 19·(12) 10·(25) 12·(23)	2·(11) 4·(9) 6·(7) 2·(19) 4·(17) 12·(9) 14·(7) 2·(21) 4·(19) 6·(17) 12·(11) 14·(9) 6·(19) 12·(13) 16·(9) 12·(21) 14·(19)	1·(10) 5·(6) 6·(5) 7·(4) 3·(13) 6·(10) 5·(13) 6·(12) 8·(10) 11·(7) 3·(21) 11·(13) 14·(10) 5·(26) 7·(24) 11·(20)	3·(5) 1·(14) 2·(13) 3·(12) 8·(7) 10·(5) 2·(14) 3·(13) 10·(6) 3·(14) 10·(7) 11·(6) 8·(13) 10·(13) 11·(12) 3·(22) 11·(14)	3·(2) 3·(3) 3·(4) 7·(14) 8·(13) 9·(12) 10·(11) 3·(21) 5·(19) 7·(17) 10·(14) 13·(11) 15·(9) 16·(21) 17·(20) 23·(14)	4·(7) 4·(9) 6·(7) 4·(11) 6·(9) 4·(17) 14·(7) 4·(19) 6·(17) 9·(14) 14·(9) 4·(21) 6·(19) 14·(11) 16·(9) 14·(17) 17·(14)	3·(8) 4·(7) 4·(9) 5·(8) 5·(16) 13·(8) 14·(7) 8·(15) 15·(8) 3·(22) 10·(15) 13·(12) 10·(23) 18·(15) 21·(12) 20·(15) 21·(14)	2·(4) 1·(14) 2·(13) 2·(14) 5·(11) 9·(14) 10·(13) 11·(12) 12·(11) 5·(19) 7·(17) 10·(14) 11·(13) 12·(12) 15·(9) 15·(17) 18·(21)

名前例は400〜431ページ参照

	3・10	3・10・3	3・11	3・11・6	3・12	3・13	3・14	3・15
姓の画数と例	上原 大宮 小倉 小原 川島 小島	小宮山	上野 大崎 小野 川崎 小堀 山崎	小野寺	大賀 大隈 小椋 川越 小森 千葉	大園 大滝 大溝 川路 山路	大熊 大関 川端 小暮 小関 山際	大蔵 大槻 小幡 三輪
1字名前	なし	5 15 21	なし	1 5 11 15 19	なし	なし	なし	なし
2字名前	1・2 1・4 3・2 3・5 5・3 6・2 1・10 3・8 6・5 7・4 8・3 3・15 5・13 6・12 8・10 13・5 14・4 15・3 3・21 6・18 11・13 14・10 21・3 22・2	2・3 3・2 4・1 3・4 4・3 5・2 4・11 5・10 12・3 13・2 14・1 5・11 12・4 13・3 14・2 15・1 13・4 14・3 15・2 2・21 4・19 5・18 12・11 13・10 20・3 21・2 22・1	2・15 4・13 5・12 7・10 12・5 13・4 14・3 4・14 5・13 6・12 10・8 13・5 14・4 13・8 2・21 5・18 10・13 13・10 20・3 21・2 4・21 5・20 10・15 12・13 13・12 20・5 21・4	1・3 2・2 2・3 2・10 9・3 10・2 11・1 5・10 7・8 9・6 12・3 1・16 7・10 9・8 11・6 15・2	3・3 4・2 3・5 4・4 5・3 6・2 3・13 4・12 6・10 11・5 12・4 13・3 3・14 4・13 5・12 13・4 3・15 4・14 5・13 6・12 13・5 3・21 4・20 9・15 11・13 12・12 19・5	2・13 3・12 5・10 10・5 11・4 12・3 2・14 3・13 4・12 11・5 12・4 2・15 3・14 4・13 5・12 12・5 8・13 11・10 18・3 19・2 2・21 3・20 8・15 10・13 11・12 18・5 19・4	1・5 2・4 3・3 4・2 2・5 3・5 1・14 2・13 3・12 7・8 10・5 11・4 1・15 2・14 3・13 4・12 11・5 3・15 4・14 10・8 2・22 3・21 4・20 9・15 10・14 11・13 21・3	1・2 1・4 2・3 3・2 1・5 2・4 3・3 1・12 10・3 1・14 2・13 3・12 10・5 6・15 8・13 9・12 16・5 17・4 18・3 1・22 2・21 3・20 8・15 9・14 10・13 18・5 20・3
3字名前	1・(4) 5・(13) 6・(12) 3・(21) 5・(19) 7・(17) 11・(13) 13・(11) 15・(9) 11・(21) 13・(19) 15・(17) 21・(11) 14・(21) 15・(20) 21・(14) 22・(13)	4・(4) 5・(3) 3・(12) 4・(11) 5・(10) 10・(5) 4・(12) 5・(11) 5・(12) 10・(11) 3・(20) 12・(11) 13・(10) 3・(22) 5・(20) 13・(12) 14・(11)	6・(12) 7・(11) 2・(19) 10・(11) 12・(9) 2・(21) 4・(19) 10・(13) 12・(11) 14・(9) 4・(21) 5・(20) 6・(19) 12・(13) 13・(12) 14・(11) 10・(21)	1・(4) 2・(3) 7・(4) 2・(11) 5・(10) 7・(10) 10・(7) 2・(19) 10・(11) 11・(10) 12・(9) 2・(23) 7・(18) 15・(10) 7・(25) 9・(23) 15・(17)	5・(11) 3・(14) 4・(13) 5・(12) 6・(11) 4・(14) 5・(13) 6・(12) 3・(21) 4・(20) 11・(13) 12・(12) 13・(11) 11・(21) 12・(20) 19・(13) 20・(12)	2・(3) 3・(2) 3・(4) 2・(13) 3・(12) 4・(11) 2・(14) 3・(13) 4・(12) 5・(11) 3・(14) 2・(21) 3・(20) 12・(11) 4・(21) 5・(20) 12・(13)	2・(4) 3・(3) 4・(2) 1・(7) 1・(14) 2・(13) 3・(12) 4・(11) 2・(14) 3・(13) 4・(12) 11・(7) 7・(17) 10・(14) 11・(13) 21・(14) 23・(12)	2・(3) 3・(2) 2・(4) 3・(3) 6・(7) 2・(13) 3・(12) 6・(9) 6・(11) 8・(9) 10・(7) 8・(13) 9・(12) 10・(11) 2・(21) 6・(17) 9・(14)

4・5	4・4	4・3	4・2・12	3・19	3・18	3・17	3・16	
今田 井本 内田 太田 片平 木田	井手 井戸 今井 木内 木戸 木元	井上 今川 木下 中川 中山 水口	五十嵐	大瀬 川瀬 山瀬	大藤 大藪 大類 工藤 小藤	大磯 小磯 小嶺 川鍋	大館 大橋 小橋 丸橋 土橋 三橋	姓の画数と例
2 6 12 16	7 17	4 10 14	3 5 6 13 19 21 23	なし	なし	なし	なし	1字名前
2・4 3・3 3・4 6・1 2・13 3・12 6・9 8・7 11・4 12・3 13・2 2・14 3・13 12・4 13・3 2・21 3・20 6・17 10・13 11・12 12・11 16・7 19・4 20・3 3・21 10・14 11・13	4・1 1・7 1・12 2・11 11・2 12・1 1・14 2・13 3・12 4・11 11・4 12・3 13・2 14・1 2・14 3・13 4・12 12・4 13・3 14・2 2・21 11・12 12・11 21・2 11・13 12・12 21・3	2・4 3・3 4・2 5・1 2・14 3・13 4・12 5・11 12・4 13・3 14・2 15・1 3・14 13・4 3・21 12・12 13・11 15・9 21・3 22・2 4・21 5・20 8・17 12・13 13・12 14・11 22・3	4・1 5・1 3・4 6・1 3・11 4・10 5・9 6・8 13・1 1・14 4・11 5・10 6・9 9・6 11・4 1・16 3・14 6・11 9・8 11・6 13・4 5・18 6・17 9・14 12・11 13・10 19・4	6・5 5・8 2・13 5・10 12・3 13・2 2・15 4・13 5・12 12・5 13・4 14・3 2・21 5・18 13・10 18・5 20・3 4・21 5・20 12・13 13・12 20・5 22・3	3・8 6・5 7・4 3・13 6・10 13・3 14・2 3・15 5・13 6・12 13・5 14・4 15・3 3・21 6・18 14・10 19・5 21・3	1・2 1・4 1・10 6・5 7・4 8・3 1・12 8・5 1・14 7・8 4・13 7・10 14・3 15・2 1・20 6・15 7・14 8・13 16・5 18・3 4・21 7・18 15・10 20・5 22・3	1・4 2・3 1・5 2・4 1・12 5・8 8・5 9・4 1・15 2・14 8・8 5・13 8・10 15・3 16・2	2字名前
3・(3) 2・(13) 3・(12) 3・(13) 6・(10) 10・(6) 11・(12) 12・(11) 13・(10) 6・(18) 8・(16) 11・(13) 12・(12) 13・(11) 16・(8) 6・(26) 16・(16)	3・(2) 7・(6) 3・(12) 4・(11) 7・(8) 3・(13) 4・(12) 7・(16) 7・(18) 12・(13) 13・(12) 14・(11) 12・(19) 13・(18) 19・(12) 7・(26) 17・(16)	3・(3) 4・(2) 2・(6) 3・(13) 4・(12) 5・(11) 2・(16) 5・(13) 10・(8) 12・(6) 12・(12) 13・(11) 5・(20) 12・(13) 13・(12) 14・(11) 15・(10)	3・(2) 4・(2) 3・(10) 4・(9) 3・(12) 4・(11) 5・(10) 6・(9) 5・(12) 4・(17) 6・(15) 9・(12) 11・(10) 12・(9) 4・(19) 12・(11) 13・(10)	2・(9) 4・(7) 2・(11) 4・(9) 6・(7) 2・(13) 6・(9) 2・(21) 4・(19) 6・(17) 12・(11) 14・(9) 6・(19) 12・(13) 13・(12) 16・(9) 16・(19)	7・(4) 3・(13) 5・(11) 7・(9) 5・(13) 6・(12) 7・(11) 3・(21) 5・(19) 7・(17) 13・(11) 15・(9) 14・(17) 17・(14) 19・(12)	4・(7) 7・(4) 4・(9) 6・(7) 4・(11) 6・(9) 8・(9) 4・(17) 7・(14) 8・(13) 14・(7) 4・(21) 6・(19) 8・(17) 14・(11) 16・(9) 15・(17)	1・(4) 2・(3) 2・(4) 1・(12) 2・(11) 2・(14) 5・(11) 7・(9) 9・(7) 5・(13) 7・(11) 9・(9) 16・(17) 19・(14) 21・(12)	3字名前

名前例は400〜431ページ参照

	4·13	4·12	4·11	4·10	4·9	4·8	4·7	4·6
姓の画数と例	犬飼 中園 中溝 日置	犬塚 木場 戸塚 中塚 中森 水落	今野 内野 木崎 木曽 中野 日野	井原 片倉 木島 中島 中根 中原	今泉 今津 木津 中津 中畑 仁科	天沼 今岡 片岡 中居 中岡 中林	今尾 今村 井村 内村 木村 水谷	今西 中地 中西 丹羽 日向 日吉
1字名前	4 20 22	5 23	2 6 10 20 22	7 23	2 4 12 22	5 23	4 6 10 14	5 7 15
2字名前	2·4 3·3 4·2 5·1 3·4 4·4 5·3 2·13 3·12 4·11 8·7 11·4 12·3 2·14 3·13 4·12 5·11 12·4 4·14 11·7 3·21 4·20 5·19 10·14 11·13 12·12 22·2	1·14 3·12 4·11 6·9 11·4 12·3 13·2 3·13 4·12 5·11 12·4 13·3 3·14 4·13 5·12 6·11 13·4 1·20 9·12 12·9 19·2 20·1 3·20 4·19 9·14 11·12 12·11	5·1 4·4 5·3 6·2 7·1 2·14 4·12 5·11 7·9 12·4 13·3 14·2 4·13 5·12 6·11 14·3 4·14 5·13 6·12 7·11 14·4 4·20 5·19 10·14 12·12 13·11 20·4	1·2 3·14 5·12 14·3 15·2 5·13 6·12 7·11 11·7 14·4 15·3 1·20 7·14 8·13 14·7 3·20 6·17 11·12 14·9 21·2 22·1 5·20 6·19 8·17 11·14 21·4 22·3	2·1 2·3 4·1 4·4 6·2 7·1 2·9 4·7 7·4 8·3 9·2 4·14 6·12 7·11 9·9 14·4 15·3 16·2 4·20 7·17 12·12 15·9 22·2 23·1	3·2 3·3 5·1 7·4 8·3 9·2 10·1 9·4 10·3 7·14 8·13 9·12 10·11 17·4 3·20 9·14 10·13 16·7 5·20 8·17 13·12 16·9 23·2	1·4 4·1 4·2 4·3 6·1 1·12 4·9 6·7 9·4 10·3 11·2 1·20 4·17 8·13 9·12 10·11 14·7 17·4 18·3 4·20 10·14 11·13 17·7	1·4 2·3 2·4 5·1 9·2 10·1 1·12 2·11 9·4 1·14 2·13 11·4 12·3 7·14 9·12 10·11 17·4 19·2 2·21 9·14 10·13 11·12 12·11 19·4 5·20 11·14 12·13
3字名前	3·(3) 4·(2) 2·(6) 5·(3) 2·(13) 3·(12) 4·(11) 5·(10) 3·(13) 4·(12) 5·(11) 2·(16) 5·(13) 8·(10) 12·(6) 12·(12) 22·(13)	3·(2) 4·(3) 3·(12) 4·(11) 5·(10) 3·(13) 4·(12) 5·(11) 6·(10) 4·(13) 9·(8) 3·(20) 4·(19) 13·(10) 5·(20) 6·(19) 13·(12)	6·(10) 4·(13) 5·(12) 6·(11) 7·(10) 5·(13) 6·(12) 7·(11) 4·(20) 5·(19) 12·(12) 13·(11) 14·(10) 12·(20) 13·(19) 20·(12) 21·(11)	6·(12) 7·(11) 8·(10) 3·(18) 11·(10) 13·(8) 3·(20) 5·(18) 11·(12) 13·(10) 15·(8) 5·(20) 6·(19) 7·(18) 13·(12) 14·(11) 15·(10)	2·(3) 7·(11) 8·(10) 12·(6) 4·(20) 6·(18) 8·(16) 12·(12) 14·(10) 16·(8) 6·(26) 12·(20) 14·(18) 16·(16) 16·(19) 22·(13) 23·(12)	5·(6) 3·(10) 5·(8) 7·(6) 3·(18) 5·(16) 13·(8) 3·(20) 5·(18) 7·(16) 13·(10) 15·(8) 7·(18) 13·(12) 7·(26) 13·(20) 15·(18)	4·(2) 1·(6) 4·(3) 1·(12) 8·(13) 9·(12) 10·(11) 11·(10) 4·(20) 6·(18) 8·(16) 11·(13) 14·(10) 16·(8) 11·(26) 17·(20) 18·(19)	5·(6) 5·(8) 7·(6) 5·(10) 7·(8) 5·(16) 5·(18) 7·(16) 10·(13) 15·(8) 5·(20) 7·(18) 15·(10) 5·(26) 15·(16) 18·(13) 15·(20)

姓の画数と例	5・6	5・5	5・4	5・3	5	4・18	4・16	4・14
姓の例	加地 末次 末吉 古池 古庄 本多	石田 市田 北田 田辺 永田 平本	石井 立木 田中 玉井 玉木 平井	石川 加山 北上 田口 立川 平山	北 平	井藤 木藤 五藤 内藤	中橋 水橋 元橋	井熊 井関 今関 木暮 日暮 比嘉
1字名前	2 5 7 10 12	6	2 4 7 12 14	5 10 15	1 3 6 8 11 13 16 18	15 17 23	5 15 17	7 17 23
2字名前	2・3 5・1 1・6 5・2 1・12 2・11 5・8 7・6 10・3 11・2 12・1 1・20 2・19 5・16 9・12 10・11 11・10 15・6 18・3 19・2 5・19 11・13 12・12 18・6	2・1 2・3 3・2 3・3 1・6 2・6 6・2 3・8 8・3 2・11 3・10 11・2 2・13 3・12 12・3 13・2 3・18 8・13 13・8 18・3 19・2 3・20 10・13 13・10 6・19 12・13 13・12	3・3 4・2 7・1 2・13 3・12 4・11 7・8 9・6 12・3 13・2 14・1 3・13 4・12 13・3 14・2 3・20 4・19 7・16 11・12 12・11 13・10 17・6 20・3 21・2 4・20 11・13 12・12	4・1 2・6 2・11 3・10 12・1 2・13 3・12 4・11 5・10 12・3 13・2 14・1 3・13 4・12 5・11 13・3 14・2 15・1 3・20 12・11 13・10 22・1 12・12 13・11 22・2 5・20 12・13	1・2 1・5 2・4 1・7 2・6 3・5 6・2 6・5 1・12 3・10 6・7 8・5 11・2 1・15 2・14 6・10 10・6 11・5 12・4 1・17 2・16 3・15 6・12 8・10 11・7 12・6 13・5	7・4 6・7 3・12 6・9 13・2 14・1 3・14 5・12 6・11 13・4 14・3 15・2 3・20 6・17 14・9 19・4 21・2 5・20 6・19 13・12 14・11 21・4 23・2	1・4 2・3 2・9 7・4 8・3 9・2 1・12 2・11 9・4 1・14 2・13 8・7 5・12 8・9 15・2 16・1 1・20 2・19 7・14 8・13 9・12 17・4 19・2 5・20 8・17 16・9 21・4	1・2 2・1 1・4 2・3 3・2 4・1 2・4 3・3 4・2 1・12 2・11 9・4 10・3 11・2 1・14 2・13 3・12 4・11 11・4 3・14 10・7 7・14 9・12 10・11 2・21 11・12 21・2
3字名前	1・(5) 2・(5) 1・(12) 2・(11) 2・(19) 9・(12) 10・(11) 11・(10) 12・(9) 5・(19) 7・(17) 9・(15) 12・(12) 15・(9) 11・(26) 12・(25) 18・(19)	6・(5) 1・(12) 6・(7) 8・(5) 6・(9) 8・(7) 6・(15) 6・(17) 8・(15) 11・(12) 6・(19) 8・(17) 16・(9) 6・(25) 16・(15) 19・(12) 18・(17)	4・(2) 3・(12) 4・(11) 1・(15) 4・(12) 7・(9) 4・(19) 11・(12) 12・(11) 7・(17) 9・(15) 12・(12) 13・(11) 14・(10) 7・(25) 13・(19) 17・(15)	8・(5) 4・(11) 5・(10) 8・(7) 4・(12) 5・(11) 5・(12) 8・(9) 10・(7) 8・(15) 12・(11) 8・(17) 14・(11) 15・(10) 8・(25) 18・(15) 21・(12)	1・(5) 2・(4) 3・(3) 3・(5) 2・(9) 6・(5) 8・(5) 1・(15) 2・(14) 3・(13) 10・(6) 2・(16) 3・(15) 12・(6) 10・(22) 11・(21) 13・(19)	3・(8) 5・(6) 3・(10) 5・(8) 7・(6) 3・(12) 7・(8) 3・(20) 5・(18) 7・(16) 13・(10) 15・(8) 7・(18) 13・(12) 14・(11) 17・(18) 23・(12)	2・(3) 1・(10) 5・(6) 5・(8) 7・(6) 5・(10) 7・(8) 9・(6) 5・(12) 7・(10) 5・(16) 8・(13) 9・(12) 5・(20) 7・(18) 15・(10) 16・(16)	2・(3) 3・(2) 3・(3) 4・(2) 2・(11) 3・(10) 7・(6) 3・(12) 4・(11) 7・(8) 11・(6) 2・(19) 3・(18) 9・(12) 10・(11) 11・(10) 7・(16)

名前例は400〜431ページ参照

	5・7	5・8	5・9	5・10	5・11	5・12	5・14	5・15
姓の画数と例	石坂 市村 北沢 北村 田村 平尾	石岡 北岡 末松 平岩 平岡 平沼	石垣 石神 氷室 布施 古畑 本城	石原 市原 加納 田原 長島 永原	石黒 石崎 石野 占部 北野 本郷	石塚 石森 甲斐 加賀 平塚 本間	石関 石綿 古関 田熊 田端 本領	田幡
1字名前	4 6	5 10	2 4 7 23	6 22	2 5 7	4 6 20	2 4	17
2字名前	1・2 4・1 4・2 1・10 8・3 9・2 10・1 1・12 10・3 11・2 1・20 8・13 9・12 10・11 11・10 18・3 4・19 10・13 11・12 17・6 6・19 9・16 14・11 17・8	3・2 5・3 7・1 3・8 5・6 8・3 9・2 10・1 5・13 7・11 8・10 10・8 15・3 16・2 17・1 5・19 8・16 13・11 16・8 23・1	2・1 8・3 9・2 4・13 6・11 7・10 9・8 14・3 2・16 6・12 7・11 8・10 12・6 15・3 2・19 8・13 15・6 4・19 7・16 12・11 15・8 22・1 6・19 7・18 12・13 22・3 23・2	3・3 5・1 5・3 6・2 7・1 3・13 5・11 6・10 8・8 13・3 14・2 15・1 5・12 6・11 7・10 15・2 5・13 6・12 7・11 8・10 15・3 5・19 6・18 11・13 13・11 14・10 21・3	2・13 4・11 5・10 7・8 12・3 13・2 14・1 4・12 5・11 6・10 13・3 14・2 4・13 5・12 6・11 7・10 14・3 2・19 10・11 13・8 20・1 4・19 5・18 10・13 12・11 13・10 20・3	3・3 4・2 5・1 4・3 5・2 5・3 6・2 3・12 4・11 5・10 9・6 12・3 13・2 3・13 4・12 5・11 6・10 13・3 5・13 6・12 12・6 4・20 5・19 6・18 11・13 13・11 23・1	2・3 3・2 4・1 3・3 4・2 1・12 2・11 3・10 7・6 10・3 11・2 3・13 4・12 10・6 2・16 7・11 10・8 17・1	2・3 3・2 3・8 8・3 9・2 10・1 1・12 2・11 3・10 10・3 2・13 3・12 9・6 1・16 6・11 9・8 16・1 1・20 2・19 3・18 8・13 9・12 10・11 18・3 6・19 17・8 22・3
3字名前	6・(5) 4・(9) 6・(7) 8・(5) 4・(17) 6・(15) 14・(7) 4・(19) 6・(17) 8・(15) 14・(9) 8・(17) 14・(11) 8・(25) 14・(19) 16・(17) 18・(15)	3・(2) 7・(11) 8・(10) 9・(9) 5・(19) 7・(17) 9・(15) 13・(11) 15・(9) 7・(25) 13・(19) 15・(17) 17・(15) 9・(26) 10・(25) 17・(18) 23・(12)	7・(11) 8・(10) 9・(9) 2・(19) 4・(17) 12・(9) 14・(7) 4・(19) 6・(17) 12・(11) 14・(9) 6・(19) 7・(18) 8・(17) 14・(11) 15・(10) 16・(9)	7・(9) 5・(12) 6・(11) 7・(10) 8・(9) 6・(12) 7・(11) 8・(10) 5・(19) 6・(18) 13・(11) 14・(10) 15・(9) 13・(19) 14・(18) 21・(11) 14・(19)	4・(11) 5・(10) 6・(9) 4・(12) 5・(11) 6・(10) 7・(9) 5・(12) 6・(11) 10・(7) 4・(17) 4・(19) 5・(18) 14・(9) 6・(19) 7・(18) 14・(11)	4・(2) 3・(5) 3・(12) 4・(11) 5・(10) 6・(9) 4・(12) 5・(11) 6・(10) 3・(15) 11・(7) 5・(19) 6・(18) 12・(12) 13・(11) 12・(19) 23・(12)	3・(2) 1・(5) 4・(2) 1・(12) 2・(11) 3・(10) 4・(9) 1・(15) 4・(12) 7・(9) 9・(7) 3・(15) 7・(11) 9・(9) 11・(7) 7・(26) 18・(15)	2・(9) 6・(5) 1・(12) 6・(7) 8・(5) 6・(9) 8・(7) 10・(5) 6・(15) 9・(12) 10・(11) 6・(19) 8・(17) 10・(15) 16・(9) 6・(26) 17・(15)

姓別　吉数リスト

姓の画数	6・5・3	6・5	6・4	6・3	6	5・19	5・18	5・16
姓の画数と例	宇田川	池田 江田 江本 庄司 吉田 吉本	池内 伊丹 糸井 竹内 西井 安井	有川 池上 江川 江口 竹下 西川	旭 池 芝 仲 西 向	市瀬 加瀬 広瀬	加藤	石橋 市橋 古館 古橋 本橋
1字名前	3　4　21	2　6　10 12　20	7　14	2　4　12 14　15　22	1　5　7 11　15　17 18	なし	14	2　16

2字名前

6・5・3	6・5	6・4	6・3	6	5・19	5・18	5・16
3・1	3・2	3・2	4・2	1・4	5・6	6・2	1・2
2・5	1・5	4・1	5・1	5・6	2・11	7・1	2・1
3・4	2・5	4・2	3・5	7・4	5・8	3・13	1・10
4・3	6・1	2・5	3・12	9・2	12・1	5・11	5・6
4・6	1・12	3・5	4・11	1・14	2・13	6・10	8・3
5・5	2・11	2・9	5・10	5・10	12・3	13・3	9・2
4・13	3・10	4・7	8・7	9・6	13・2	14・2	5・11
5・12	6・7	9・2	10・5	10・5	5・12	15・1	8・8
8・9	8・5	2・11	13・2	11・4	6・11	5・13	15・1
12・5	11・2	3・10	14・1	1・16	14・3	6・12	2・16
13・4	12・1	4・9	4・12	2・15	2・19	7・11	5・13
14・3	2・19	3・12	5・11	5・12	5・16	15・3	7・11
2・21	3・18	4・11	14・2	7・10	13・8	17・1	8・10
3・20	6・15	13・2	15・1	10・7	18・3	5・19	15・3
4・19	10・11	14・1	4・19	11・6	4・19	6・18	16・2
10・13	11・10	2・19	5・18	12・5	5・18	13・11	17・1
12・11	12・9	3・18	8・15	15・2	12・11	14・10	5・19
14・9	16・5	4・17	12・11	1・17	13・10	21・3	8・16
18・5	19・2	9・12	13・10	2・16	22・1	23・1	16・8
20・3	20・1	11・10	14・9	11・7	4・20	5・20	21・3
22・1	6・18	12・9	18・5	12・6	5・19	6・19	23・1
	12・12	14・7	21・2	2・23	6・18	7・18	
	13・11	19・2	22・1	5・20	12・12	13・12	
	19・5	4・19	5・19	9・16	13・11	14・11	
		7・18	12・12	10・15	14・10	15・10	
		13・12	13・11	11・14	16・8	17・8	
		14・11	14・10	19・6	22・2	23・2	

3字名前

6・5・3	6・5	6・4	6・3	6	5・19	5・18	5・16
10・(7)	2・(4)	7・(4)	4・(11)	1・(4)	4・(11)	3・(5)	1・(10)
4・(14)	1・(6)	2・(11)	5・(10)	2・(3)	5・(10)	5・(11)	2・(9)
5・(13)	3・(4)	7・(6)	5・(11)	1・(14)	6・(9)	6・(10)	1・(15)
8・(13)	2・(11)	7・(8)	8・(8)	2・(13)	6・(11)	7・(9)	5・(11)
2・(21)	3・(10)	9・(6)	10・(6)	9・(6)	2・(19)	3・(15)	7・(9)
3・(20)	3・(18)	7・(14)	12・(11)	10・(5)	4・(17)	6・(12)	9・(7)
10・(13)	10・(11)	7・(16)	13・(10)	9・(9)	12・(9)	7・(11)	7・(11)
13・(10)	11・(10)	9・(14)	8・(16)	2・(23)	14・(7)	5・(19)	8・(10)
3・(22)	12・(9)	12・(11)	10・(14)	9・(16)	4・(19)	6・(18)	9・(9)
12・(13)	13・(8)	7・(18)	13・(11)	10・(15)	5・(18)	7・(17)	5・(19)
13・(12)	6・(18)	9・(16)	14・(10)	11・(14)	6・(17)	13・(11)	7・(17)
10・(21)	8・(16)	7・(24)	15・(9)	12・(13)	12・(11)	14・(10)	9・(15)
18・(13)	10・(14)	17・(14)	8・(24)	10・(23)	13・(10)	15・(9)	15・(9)
12・(21)	13・(11)	20・(11)	14・(18)	19・(14)	14・(9)	6・(19)	5・(26)
13・(20)	16・(8)	9・(26)	15・(17)	12・(23)	5・(19)	7・(18)	16・(15)
20・(13)	11・(26)	17・(18)	18・(14)	19・(16)	6・(18)	13・(12)	19・(12)
21・(12)	12・(25)	19・(16)	21・(11)	18・(21)	12・(12)	14・(11)	

名前例は400～431ページ参照

	6·12·10	6·12	6·11	6·10	6·9	6·8	6·7	6·6
姓の画数と例	伊集院	安達 有賀 江間 江森 宅間 西塚	安部 宇野 江崎 西郷 竹野 吉崎	安倍 有馬 池原 寺島 名倉 西脇	会津 安彦 池畑 西海 西垣 米津	伊東 寺岡 仲松 名取 西岡 吉岡	有村 池沢 池谷 竹村 寺尾 伏見	有吉 安西 江守 寺西 吉池 吉江
1字名前	なし	5　6　23	4　6　7 14　20　22	5　7　15 23	2　6　16 22	7　10　17 23	4　10	5　12
2字名前	1・4 3・2 1・6 3・4 5・2 1・16 3・14 5・12 11・6 13・4 15・2 6・14 7・13 8・12 14・6 15・5 6・18 8・16 11・13 22・2	3・2 4・1 4・2 5・1 5・2 3・10 4・9 6・7 11・2 12・1 3・12 4・11 5・10 6・9 13・2 5・12 6・11 12・5 3・18 4・17 6・15 9・12 11・10 12・9 19・2 4・19 13・10	4・2 5・1 2・5 5・2 6・1 6・2 7・1 4・11 5・10 6・9 10・5 13・2 14・1 4・12 5・11 6・10 7・9 14・2 6・12 7・11 13・5 5・19 6・18 7・17 12・12 13・11 14・10	3・12 5・10 6・9 8・7 13・2 14・1 5・11 6・10 7・9 14・2 15・1 5・12 6・11 7・10 8・9 15・2 3・18 11・10 14・7 5・18 6・17 11・12 13・10 14・9 21・2 22・1 6・19	2・1 4・2 6・2 7・1 4・12 6・10 7・9 9・7 14・2 15・1 6・11 7・10 8・9 16・1 6・12 7・11 8・10 9・9 16・2 6・18 7・17 9・15 12・12 14・10 15・9 22・2 23・1	9・2 5・12 7・10 8・9 10・7 15・2 16・1 3・15 7・11 8・10 9・9 13・5 16・2 3・18 9・12 10・11 16・5 5・18 8・15 13・10 16・7 7・18 8・17 10・15 13・12 15・10 23・2	1・2 4・1 1・7 6・2 1・10 4・7 6・5 9・2 10・1 1・17 6・12 8・10 9・9 11・7 16・2 17・1 6・18 9・15 14・10 17・7	1・2 2・1 1・5 5・1 1・10 2・9 9・2 10・1 1・12 2・11 11・2 12・1 2・19 9・12 10・11 11・10 12・9 19・2 5・18 11・12 12・11 18・5 7・18 10・15 15・10 18・7
3字名前	1・(6) 5・(6) 6・(5) 6・(7) 7・(6) 8・(5) 3・(14) 11・(6) 3・(21) 5・(19) 7・(17) 11・(13)	3・(10) 5・(8) 4・(11) 5・(10) 6・(9) 9・(6) 6・(11) 9・(8) 11・(6) 3・(18) 4・(17) 11・(10) 12・(9) 13・(8) 5・(18) 9・(14) 12・(11)	2・(6) 4・(4) 4・(11) 5・(10) 6・(9) 7・(8) 2・(14) 5・(11) 6・(10) 7・(9) 10・(6) 2・(16) 4・(14) 7・(11) 13・(11) 14・(10) 5・(26)	5・(10) 6・(9) 7・(8) 5・(11) 6・(10) 7・(9) 8・(8) 6・(11) 7・(10) 13・(8) 5・(18) 6・(17) 15・(8) 7・(18) 8・(17) 15・(10) 5・(26)	7・(9) 8・(8) 6・(11) 7・(10) 8・(9) 9・(8) 7・(11) 8・(10) 9・(9) 6・(18) 7・(17) 14・(10) 15・(9) 16・(8) 14・(18) 15・(17) 7・(26)	8・(10) 9・(9) 10・(8) 3・(18) 5・(16) 13・(8) 5・(18) 7・(16) 13・(10) 15・(8) 7・(18) 8・(17) 9・(16) 15・(10) 16・(9) 5・(26) 13・(18)	4・(4) 4・(14) 9・(9) 10・(8) 6・(18) 8・(16) 10・(14) 14・(10) 16・(8) 6・(26) 8・(24) 14・(18) 16・(16) 18・(14) 9・(26) 10・(25) 18・(17)	7・(4) 5・(8) 7・(6) 5・(16) 7・(14) 5・(18) 7・(16) 9・(14) 15・(8) 9・(16) 15・(10) 7・(26) 9・(24) 15・(18) 17・(16) 19・(14) 9・(26)

	7·3·4	7·3	7	6·19	6·18	6·16	6·14	6·13
姓の画数と例	佐々井 佐々木	芥川 尾上 坂口 佐川 杉山 辰巳	沖 坂 沢 角 谷 伴	成瀬 早瀬 安瀬	安藤 伊藤 江藤	安積 池橋 竹橋 寺橋	池端 江端	安楽 伊勢 有働 竹腰
1字名前	なし	5　14　15 22	1　6　8 11　16　17 18	6　12　14 16　20　22	7　15　17 23	2　15　17 23	4　17	2　4　5 12　20　22
2字名前	2・2 1・6 2・5 3・4 3・7 4・6 3・14 4・13 7・10 11・6 12・5 13・4 1・22 2・21 3・20 9・14 11・12 13・10 17・6 19・4 21・2	2・1 4・1 2・4 5・1 3・4 4・4 3・8 5・6 3・10 5・8 4・11 5・10 14・1 3・18 4・17 5・16 12・9 13・8 15・6 5・18 12・11 13・10 14・9 15・8 8・17 14・11 15・10	1・5 4・4 6・2 4・7 6・5 1・15 4・12 6・10 9・7 10・6 11・5 10・7 11・6 6・12 8・10 11・7 14・4 16・2 4・20 8・16 9・15 18・6 8・17 9・16 10・15 11・14 18・7	4・2 5・1 2・5 5・2 6・1 6・2 4・12 5・11 6・10 14・2 4・19 5・18 6・17 12・11 13・10 14・9 16・7 18・5 22・1	3・5 6・2 6・5 3・10 6・7 3・12 5・10 6・9 13・2 14・1 7・10 15・2 3・18 6・15 14・7 5・18 6・17 13・10 14・9 5・19 6・18 7・17 13・11 14・10 15・9 17・7 23・1	1・2 2・1 1・10 2・9 9・2 1・12 2・11 8・5 5・10 8・7 2・15 5・12 7・10 8・9 15・2 16・1 5・18 8・15 16・7 21・2 7・18 8・17 15・10 16・9 23・2	3・2 4・1 2・9 4・7 9・2 10・1 2・11 3・10 4・9 11・2 3・12 4・11 10・5 2・15 7・10 10・7 2・19 3・18 4・17 9・12 10・11 11・10 19・2 7・18 10・15 18・7 23・2	3・2 4・1 4・2 5・1 2・11 3・10 4・9 8・5 11・2 12・1 4・12 5・11 11・5 3・15 8・10 11・7
3字名前	4・(7) 3・(14) 12・(6) 7・(14) 2・(21) 9・(14) 12・(11) 2・(23) 11・(14) 12・(13) 9・(22) 17・(14) 20・(11) 11・(22) 12・(21) 19・(14) 20・(13)	4・(7) 3・(10) 8・(5) 8・(7) 10・(5) 5・(16) 8・(13) 8・(15) 10・(13) 13・(10) 8・(17) 10・(15) 8・(23) 18・(13) 10・(25) 18・(17) 20・(15)	1・(5) 1・(15) 10・(6) 4・(13) 6・(11) 8・(9) 11・(6) 4・(14) 9・(9) 8・(16) 4・(21) 6・(19) 10・(15) 11・(14) 14・(11) 16・(9) 10・(22)	2・(4) 2・(6) 4・(4) 2・(14) 5・(11) 6・(10) 5・(18) 6・(17) 12・(11) 13・(10) 14・(9) 6・(26) 14・(18) 16・(16) 18・(14)	7・(6) 5・(10) 6・(9) 7・(8) 7・(10) 3・(18) 5・(16) 13・(8) 5・(18) 6・(17) 7・(16) 13・(10) 14・(9) 15・(8) 6・(18) 7・(17) 13・(11)	5・(6) 7・(4) 5・(8) 7・(6) 5・(10) 9・(6) 5・(18) 7・(16) 9・(14) 15・(8) 7・(18) 8・(17) 9・(16) 15・(10) 16・(9) 9・(26) 19・(16)	7・(4) 2・(11) 7・(6) 7・(8) 9・(6) 3・(14) 7・(10) 9・(8) 11・(6) 3・(18) 4・(17) 7・(14) 10・(11) 7・(18) 9・(16) 7・(25) 18・(14)	2・(4) 2・(11) 3・(10) 4・(9) 5・(8) 2・(14) 5・(11) 8・(8) 10・(6) 2・(16) 4・(14) 8・(10) 10・(8) 12・(6) 8・(25) 19・(14) 22・(11)

名前例は400～431ページ参照

	7·10	7·9	7·8	7·7	7·6	7·5	7·4	7·3·12
姓の画数と例	折原 辛島 児島 坂倉 佐原 杉原	赤津 赤星 坂巻 更科 花柳	赤沼 赤松 杉岡 杉林 花岡 別府	赤坂 尾沢 志村 谷沢 花形 村尾	赤池 坂西 佐竹 沢地 住吉 谷地	足立 児玉 坂田 沢田 杉本 角田	坂井 坂元 沢井 杉戸 花井 村井	佐久間
1字名前	6 7 14 15 22	2 7 15 16 23	10 16 17	4 10 17	2 5 10 12	6 12 20	2 4 7 12 14 20	なし
2字名前	5・1 1・6 3・4 6・1 7・1 1・14 5・10 6・9 7・8 11・4 14・1 5・11 6・10 7・9 8・8 15・1 1・17 7・11 8・10 14・4 6・18 7・17 8・16 13・11 14・10 15・9 23・1	4・11 6・9 7・8 9・6 14・1 6・10 7・9 8・8 15・1 6・11 7・10 8・9 9・8 16・1 4・17 12・9 15・6 6・17 7・16 12・11 14・9 15・8 22・1 7・18 8・17 9・16 14・11	5・1 7・1 5・11 7・9 8・8 10・6 15・1 3・14 7・10 8・9 9・8 13・4 16・1 7・11 8・10 9・9 10・8 17・1 7・17 8・16 10・14 13・11 15・9 16・8 23・1	6・1 6・11 8・9 9・8 11・6 16・1 1・17 4・14 8・10 9・9 10・8 14・4 17・1 4・17 10・11 11・10 17・4 6・17 9・14 14・9 17・6 8・17 9・16 11・14 14・11 16・9 17・8	2・1 1・4 2・6 7・1 1・10 2・9 5・6 7・4 10・1 1・17 2・16 7・11 9・9 10・8 12・6 17・1 7・17 10・14 15・9 18・6	2・1 1・4 2・4 1・10 2・9 3・8 10・1 2・11 3・10 12・1 3・18 10・11 11・10 12・9 13・8 20・1 6・17 12・11 13・10 19・4 8・17 11・14 16・9 19・6	1・4 4・1 2・4 1・6 3・4 2・11 3・10 4・9 7・6 9・4 12・1 3・18 4・17 7・14 11・10 12・9 13・8 17・4 20・1 7・17 13・11 14・10 20・4	3・7 4・6 5・5 6・4 1・14 3・12 5・10 9・6 11・4 13・2 3・14 4・13 5・12 11・6 12・5 13・4 1・22 3・20 9・14 11・12 13・10 19・4 21・2
3字名前	5・(3) 5・(10) 6・(9) 7・(8) 8・(7) 6・(10) 7・(9) 8・(8) 3・(15) 5・(13) 8・(10) 11・(7) 8・(16) 11・(13) 14・(10) 15・(9) 14・(17)	6・(9) 7・(8) 8・(7) 6・(10) 7・(9) 8・(8) 9・(7) 7・(10) 6・(17) 7・(16) 15・(8) 8・(17) 9・(16) 15・(10) 16・(9) 14・(17) 15・(16)	8・(8) 9・(7) 7・(10) 8・(9) 9・(8) 10・(7) 8・(10) 9・(9) 10・(8) 7・(17) 8・(16) 15・(9) 16・(8) 15・(17) 16・(16) 8・(25) 16・(17)	8・(10) 9・(9) 10・(8) 11・(7) 4・(17) 6・(15) 14・(7) 6・(17) 8・(15) 14・(9) 8・(17) 9・(16) 10・(15) 16・(9) 6・(25) 14・(17) 16・(15)	5・(3) 2・(9) 5・(13) 10・(8) 11・(7) 7・(17) 9・(15) 11・(13) 15・(9) 7・(25) 15・(17) 17・(15) 19・(13) 10・(25) 11・(24) 12・(23) 19・(16)	6・(5) 6・(7) 8・(5) 6・(15) 8・(13) 6・(17) 8・(15) 10・(13) 10・(15) 16・(9) 8・(25) 10・(23) 16・(17) 18・(15) 20・(13) 10・(25) 11・(24)	3・(3) 2・(5) 4・(3) 3・(10) 4・(9) 4・(17) 11・(10) 12・(9) 13・(8) 14・(7) 7・(17) 9・(15) 11・(13) 14・(10) 12・(25) 13・(24) 14・(23)	3・(8) 4・(7) 5・(6) 5・(8) 6・(7) 1・(14) 9・(6) 4・(13) 6・(11) 11・(6) 9・(14) 12・(11) 11・(14) 12・(13) 12・(23) 20・(15) 21・(14)

姓の画数と例	8	7·19	7·18	7·16	7·15	7·12	7·11	7·10·3
姓の例	東 岡 岸 所 林 牧	貝瀬 佐瀬 村瀬	近藤 佐藤 志鎌 谷藤 兵藤	村橋 杉橋	沢幡 志摩 花輪	赤塚 坂間 佐賀 志賀 杉森 花塚	沖野 尾崎 坂崎 佐野 杉崎 村野	吾孫子 利根川
1字名前	3　5　7 8　13　15 16　17　23	5　6　22	6　7　14 23	2　16	2　10　17	4　5　6 12　20	5　6　7 14	なし
2字名前	3·2 3·10 7·6 8·5 3·12 5·10 9·6 10·5 13·2 9·7 10·6 5·12 10·7 3·20 7·16 8·15 13·10 16·7 7·17 8·16 10·14 17·7 3·22 9·16 10·15 13·12 23·2	4·1 2·4 5·1 6·1 2·9 5·6 2·11 4·9 5·8 12·1 4·11 5·10 6·9 14·1 4·17 5·16 12·9 13·8 20·1	5·1 3·4 6·1 7·1 5·11 6·10 7·9 15·1 5·18 6·17 7·16 13·10 14·9 15·8 17·6 19·4	2·6 7·1 2·14 5·11 7·9 8·8 15·1 1·17 2·16 7·11 8·10 9·9 17·1 7·17 8·16 15·9 16·8 23·1 7·18 8·17 9·16 15·10 16·9 17·8 19·6 21·4	2·1 1·10 2·9 3·8 10·1 2·11 3·10 9·4 1·14 6·9 9·6 1·16 3·14 6·11 8·9 9·8 16·1 6·17 9·14 17·6 22·1 8·17 9·16 16·9 17·8	1·4 4·1 5·1 3·10 4·9 5·8 9·4 12·1 5·11 6·10 12·4 1·17 4·14 9·9 12·6	4·1 5·1 2·11 4·9 5·8 7·6 12·1 4·11 5·10 6·9 7·8 14·1 6·11 7·10 13·4 4·17 5·16 7·14 10·11 12·9 13·8 20·1 5·18 6·17 7·16 12·11 14·9	2·3 5·7 2·13 8·7 10·5 12·3 2·15 3·14 4·13 10·7 12·5 14·3
3字名前	9·(6) 10·(5) 3·(13) 10·(6) 8·(9) 7·(16) 8·(15) 3·(21) 5·(19) 8·(16) 9·(15) 13·(11) 3·(22) 9·(16) 10·(15) 8·(23) 9·(22)	2·(9) 4·(7) 4·(9) 5·(8) 6·(7) 2·(13) 5·(10) 6·(9) 4·(17) 5·(16) 6·(15) 12·(9) 13·(8) 14·(7) 6·(25) 14·(17) 16·(15)	3·(3) 3·(5) 5·(3) 3·(13) 6·(10) 7·(9) 6·(17) 7·(16) 13·(10) 14·(9) 15·(8) 7·(25) 15·(17) 17·(15) 19·(13)	5·(3) 7·(9) 8·(8) 9·(7) 2·(16) 5·(13) 8·(10) 9·(9) 7·(17) 8·(16) 9·(15) 15·(9) 16·(8) 8·(17) 9·(16) 15·(10) 16·(9)	6·(5) 6·(7) 8·(5) 6·(9) 8·(7) 10·(5) 2·(15) 8·(9) 10·(7) 6·(17) 8·(15) 10·(13) 8·(17) 10·(15) 16·(9) 10·(25) 20·(15)	1·(5) 3·(3) 3·(10) 4·(9) 5·(8) 6·(7) 1·(15) 3·(13) 6·(10) 9·(7) 3·(15) 5·(13) 9·(9) 11·(7) 9·(24) 20·(13)	5·(8) 6·(7) 2·(13) 6·(9) 7·(8) 10·(5) 2·(15) 4·(13) 10·(7) 4·(17) 5·(16) 6·(15) 12·(9) 13·(8) 6·(17) 7·(16) 10·(13)	5·(6) 5·(8) 8·(7) 10·(7) 5·(16) 13·(8) 14·(7) 3·(22) 5·(20) 10·(15) 8·(24) 10·(22) 12·(20) 14·(18) 18·(14) 13·(24) 15·(22)

名前例は400〜431ページ参照

8・9	8・8	8・7・3	8・7	8・6	8・5	8・4	8・3	
青柳 和泉 金城 河津 長屋 若狭	岩波 岡林 国松 長岡 坂東 松岡	長谷川	岩村 岡谷 金沢 河村 長尾 松坂	岡安 河合 河西 国安 国吉 長江	岩永 岡田 岡本 河田 松永 松本	岩井 金井 国分 斉木 坪内 松井	青山 阿川 金子 河上 岸川 東山	姓の画数と例
なし	なし	3 5 13 14 15 21	なし	なし	なし	なし	なし	1字名前
2・5 4・3 2・13 6・9 7・8 8・7 12・3 6・10 7・9 8・8 9・7 2・16 8・10 9・9 15・3 7・17 8・16 9・15 14・10 15・9 16・8	5・10 7・8 8・7 10・5 7・9 8・8 9・7 7・10 8・9 9・8 10・7 5・16 8・13 13・8 16・5 7・16 8・15 10・13 13・10 15・8 16・7 8・17 9・16 10・15 15・10 16・9 17・8	3・2 4・1 4・2 5・1 2・5 5・2 5・9 12・2 13・1 8・7 10・5 13・2 14・1 2・15 8・9 10・7 12・5 15・2 2・21 4・19 8・15 14・9 15・8 18・5 21・2 22・1	1・5 1・7 1・15 6・10 8・8 9・7 11・5 1・16 4・13 8・9 9・8 10・7 14・3 1・17 8・10 9・9 10・8 11・7 1・23 8・16 9・15 11・13 14・10 16・8 17・7	2・5 2・9 2・15 7・10 9・8 10・7 12・5 2・16 5・13 9・9 10・8 11・7 15・3 5・16 11・10 12・9 18・3 7・16 10・13 15・8 18・5 9・16 10・15 12・13 15・10 17・8 18・7	2・3 1・7 3・5 1・10 2・9 3・8 6・5 8・3 1・17 2・16 3・15 8・10 10・8 11・7 13・5 1・23 8・16 11・13 16・8 19・5	2・3 1・5 3・3 1・10 2・9 3・8 4・7 3・10 4・9 4・17 11・10 12・9 13・8 14・7 7・16 13・10 14・9 20・3 2・23 9・16 12・13 17・8 20・5	2・3 3・3 2・5 4・3 3・10 4・9 5・8 8・5 10・3 4・17 5・16 8・13 12・9 13・8 14・7 18・3 8・16 14・10 15・9 21・3	2字名前
6・(9) 7・(8) 8・(7) 9・(6) 7・(9) 8・(8) 9・(7) 6・(12) 9・(9) 2・(22) 8・(16) 9・(15) 12・(12) 15・(9) 16・(8) 7・(24) 9・(26)	7・(8) 8・(7) 9・(6) 7・(9) 8・(8) 9・(7) 10・(6) 8・(9) 5・(16) 7・(14) 9・(12) 7・(16) 8・(15) 3・(22) 9・(16) 10・(15) 5・(26)	2・(3) 3・(2) 3・(3) 4・(2) 3・(10) 5・(10) 8・(9) 3・(18) 4・(17) 5・(16) 12・(9) 13・(8) 3・(20) 5・(18) 13・(10) 14・(9) 15・(8)	9・(7) 10・(6) 8・(9) 9・(8) 10・(7) 11・(6) 9・(9) 10・(8) 11・(7) 8・(16) 9・(15) 16・(8) 6・(26) 16・(16) 17・(15) 9・(24) 17・(16)	2・(16) 9・(9) 10・(8) 11・(7) 12・(6) 5・(16) 7・(14) 7・(16) 9・(14) 15・(8) 2・(23) 9・(16) 10・(15) 11・(14) 5・(26) 7・(24) 15・(16)	1・(4) 2・(22) 8・(16) 10・(14) 12・(12) 16・(8) 6・(26) 8・(24) 10・(22) 16・(16) 18・(14) 20・(12) 11・(24) 12・(23) 13・(22) 19・(16) 20・(15)	7・(4) 7・(6) 7・(14) 9・(12) 7・(16) 9・(14) 11・(12) 2・(23) 11・(14) 7・(26) 9・(24) 11・(22) 17・(16) 19・(14) 21・(12) 11・(24) 12・(23)	3・(4) 4・(9) 5・(8) 5・(16) 12・(9) 13・(8) 14・(7) 2・(22) 8・(16) 10・(14) 12・(12) 15・(9) 13・(24) 14・(23) 15・(22) 21・(16) 22・(15)	3字名前

	9	8・19	8・18	8・16	8・14	8・12	8・11	8・10
姓の画数と例	泉 城 畑 星 南 柳	岩瀬 長瀬 若瀬	阿藤 斉藤 松藤 武藤	板橋 松橋	岩熊 長嶋 松嶋	阿曾 岩淵 岩間 金森 若葉 若森	阿部 板野 岩崎 岡部 河野 服部	青島 雨宮 板倉 河原 長島 松原
1字名前	6　7　8 15　16　23	なし	なし	なし	なし	なし	なし	なし
2字名前	2・4 4・2 2・5 2・6 4・4 6・2 8・7 9・6 2・14 4・12 6・10 9・7 12・4 14・2 6・17 7・16 8・15 9・14 16・7 2・22 4・20 7・17 8・16 9・15 12・12 14・10 22・2	2・3 5・3 2・16 5・13 13・5 4・17 5・16 6・15 12・9 13・8 14・7 16・5 18・3 2・23 12・13 16・9 18・7 20・5 22・3	3・3 3・8 6・5 3・10 5・8 6・7 5・10 6・9 7・8 5・16 6・15 13・8 14・7	5・3 8・3 5・8 8・5 2・13 5・10 7・8 8・7 2・15 7・10 8・9 9・8 5・16 8・13 16・5 7・16 8・15 15・8 16・7 7・17 8・16 9・15 15・9 16・8 17・7 19・5 21・3	1・10 2・9 3・8 4・7 3・10 4・9 10・3 2・13 7・8 10・5 1・16 2・15 4・13 7・10 9・8 10・7 7・16 10・13 18・5 2・23 9・16 10・15 17・8 18・7	1・10 3・8 4・7 6・5 3・10 4・9 5・8 6・7 5・10 6・9 12・3 1・16 4・13 9・8 12・5 4・17 5・16 6・15 11・10 12・9 13・8 9・16 12・13 20・5	2・3 4・9 5・8 6・7 10・3 6・10 7・9 13・3 2・16 5・13 10・8 13・5	1・5 3・3 3・10 5・8 6・7 8・5 5・10 6・9 7・8 8・7 1・16 7・10 8・9 14・3 5・16 6・15 8・13 11・10 13・8 14・7 6・17 7・16 8・15 13・10 14・9 15・8
3字名前	2・(4) 2・(13) 4・(11) 9・(6) 2・(14) 2・(21) 4・(19) 7・(16) 8・(15) 9・(14) 12・(11) 14・(9) 2・(22) 8・(16) 9・(15) 15・(9) 9・(23)	2・(4) 4・(2) 2・(6) 4・(4) 2・(16) 4・(14) 6・(12) 12・(6) 5・(16) 6・(15) 12・(9) 13・(8) 14・(7) 2・(23) 13・(12) 16・(9)	3・(8) 5・(6) 5・(8) 6・(7) 7・(6) 3・(12) 6・(9) 7・(8) 5・(16) 6・(15) 7・(14) 13・(8) 14・(7) 5・(26) 7・(24) 15・(16) 17・(14)	5・(8) 7・(6) 1・(14) 7・(8) 8・(7) 9・(6) 2・(15) 9・(8) 5・(16) 7・(14) 7・(16) 8・(15) 9・(14) 15・(8) 8・(16) 9・(15) 15・(9)	7・(4) 1・(12) 7・(6) 1・(14) 7・(8) 9・(8) 10・(7) 11・(6) 7・(16) 9・(14) 11・(12) 2・(23) 9・(16) 10・(15) 11・(14) 11・(24) 21・(14)	1・(4) 1・(12) 4・(9) 5・(8) 6・(7) 1・(14) 3・(12) 9・(6) 5・(12) 5・(16) 9・(12) 12・(9) 13・(8) 9・(16) 11・(14) 9・(23) 20・(12)	4・(2) 4・(9) 5・(8) 6・(7) 7・(6) 2・(14) 4・(12) 7・(9) 10・(6) 2・(16) 4・(14) 6・(12) 10・(8) 12・(6) 7・(26) 10・(23) 21・(12)	1・(4) 1・(12) 1・(14) 3・(12) 6・(9) 7・(8) 8・(7) 3・(14) 5・(12) 8・(9) 5・(16) 6・(15) 7・(14) 7・(16) 8・(15) 11・(12) 14・(9)

名前例は400〜431ページ参照

	9・3	9・4	9・5	9・6	9・7	9・8	9・9	9・10
姓の画数と例	秋山 荒川 香山 砂川 洞口 皆川	秋月 荒井 垣内 柏木 春日 畑中	秋田 柿本 神永 神田 荘司 柳生	秋吉 秋好 香西 春名 星名 室伏	相沢 泉谷 柿沢 神村 染谷 津坂	浅岡 浅沼 信岡 室岡 柳岡 柳沼	浅海 浅香 神津 草柳 神保 前畑	秋庭 浅原 神原 春原 星島 前原
1字名前	なし	なし	なし	なし	なし	なし	なし	なし
2字名前	3・2 2・4 4・2 2・9 3・8 4・7 5・6 4・9 5・8 5・16 12・9 13・8 14・7 15・6 8・15 14・9 15・8 21・2 2・23 3・22 10・15 13・12 18・7 21・4	1・2 1・4 3・2 1・7 2・6 4・4 2・9 3・8 4・7 7・4 9・2 2・16 3・15 4・14 9・9 11・7 12・6 14・4 1・23 2・22 9・15 12・12 17・7 20・4	1・2 3・8 3・14 8・9 10・7 11・6 13・4 2・16 3・15 6・12 10・8 11・7 12・6 6・15 12・9 13・8 19・2 1・22 8・15 11・12 16・7 19・4 3・22 10・15 11・14 13・12 16・9	2・4 1・7 2・6 1・15 2・14 7・9 9・7 10・6 12・4 1・16 2・15 9・8 10・7 11・6 15・2 2・16 9・9 10・8 11・7 12・6 1・23 2・22 9・15 10・14 15・9 17・7 18・6	1・7 1・14 6・9 8・7 9・6 11・4 1・15 8・8 9・7 10・6 1・16 8・9 9・8 10・7 11・6 6・15 14・7 17・4 8・15 9・14 14・9 16・7 17・6 9・16 10・15 11・14 16・9	3・4 5・2 3・12 7・8 8・7 9・6 13・2 7・9 8・8 9・7 10・6 3・15 9・9 10・8 16・2 8・16 9・15 10・14 15・9 16・8 17・7	2・4 4・2 4・9 6・7 7・6 9・4 6・9 7・8 8・7 9・6 2・15 8・9 9・8 15・2 6・15 7・14 9・12 12・9 14・7 15・6 7・16 8・15 9・14 14・9 15・8 16・7	1・4 3・2 1・12 5・8 6・7 7・6 11・2 1・15 7・9 8・8 14・2 3・15 6・12 11・7 14・4
3字名前	8・(5) 8・(13) 10・(11) 2・(21) 8・(15) 10・(13) 12・(11) 2・(23) 3・(22) 12・(13) 8・(25) 10・(23) 12・(21) 18・(15) 20・(13) 22・(11) 12・(23)	2・(3) 3・(15) 4・(14) 7・(11) 2・(22) 3・(21) 9・(15) 11・(13) 7・(25) 9・(23) 17・(15) 19・(13) 21・(11) 12・(23) 13・(22) 14・(21) 21・(14)	11・(6) 3・(15) 10・(8) 11・(7) 12・(6) 6・(15) 8・(13) 8・(15) 10・(13) 2・(23) 3・(22) 10・(15) 11・(14) 12・(13) 6・(25) 8・(23) 16・(15)	2・(14) 9・(7) 10・(6) 2・(15) 9・(8) 10・(7) 11・(6) 10・(8) 11・(7) 12・(6) 9・(15) 10・(14) 7・(25) 17・(15) 18・(14) 10・(23) 18・(15)	1・(14) 8・(7) 9・(6) 10・(5) 1・(15) 8・(8) 9・(7) 10・(6) 9・(8) 6・(15) 8・(13) 8・(15) 9・(14) 10・(13) 10・(15) 11・(14) 14・(11)	7・(8) 8・(7) 9・(6) 10・(5) 8・(8) 9・(7) 10・(6) 7・(11) 10・(8) 9・(15) 10・(14) 13・(11) 16・(8) 8・(23) 9・(22) 10・(21) 10・(25)	2・(3) 2・(11) 2・(13) 4・(11) 7・(8) 8・(7) 9・(6) 2・(15) 4・(13) 6・(11) 6・(15) 7・(14) 8・(13) 14・(7) 2・(21) 8・(15) 12・(11)	1・(5) 3・(3) 5・(8) 6・(7) 7・(6) 8・(5) 1・(15) 3・(13) 5・(11) 8・(8) 3・(15) 5・(13) 7・(11) 11・(7) 8・(25) 11・(22) 22・(11)

	10・5	10・4	10・3	10	9・18	9・16	9・12	9・11
姓の画数と例	恩田 桐生 倉田 倉本 夏目 浜田	酒井 桜木 陣内 高井 浜中 速水	浦上 兼子 桐山 高山 浜口 真下	桂 郡 島 秦 浜 原	海藤 後藤 首藤 洲鎌	草薙 美濃 前橋 柳橋	相葉 風間 草場 柘植 南雲 室賀	浅野 柿崎 神崎 狩野 神部 星野
1字名前	2　6　10 16　20	2　4　7 17	2　4　5 10　12　20 22	1　3　5 6　7　8 11　13　15	なし	なし	なし	なし
2字名前	3・3 1・7 2・6 3・5 1・15 2・14 3・13 8・8 10・6 11・5 13・3 2・15 3・14 10・7 11・6 12・5 3・15 10・8 11・7 12・6 13・5 1・23 10・14 11・13 16・8 18・6 19・5	2・1 4・7 4・13 9・8 11・6 12・5 14・3 3・15 4・14 7・11 11・7 12・6 7・14 13・8 14・7 20・1 1・22 2・21 9・14 12・11 17・6 20・3 2・23 3・22 11・14 12・13 17・8	2・1 2・3 4・1 2・6 3・5 5・3 3・8 4・7 5・6 8・3 10・1 3・15 4・14 5・13 10・8 12・6 13・5 15・3 2・22 3・21 10・14 13・11 18・6 21・3	1・2 1・4 3・2 1・5 1・10 1・12 3・10 6・7 11・2 1・14 3・12 11・4 13・2 1・20 11・10 14・7 1・22 3・20 6・17 11・12 13・10 21・2 3・22 11・14 13・12 21・4 23・2	3・2 6・2 3・15 6・12 14・4 5・16 6・15 7・14 13・8 14・7 15・6 17・4 19・2 3・22 13・12 17・8 19・6 21・4 23・2	2・4 1・6 5・2 1・7 2・6 1・15 2・14 7・9 8・8 9・7 1・22 7・16 8・15 9・14 15・8 16・7 17・6 19・4 21・2	1・2 3・8 4・7 5・6 9・2 1・15 4・12 9・7 12・4 3・15 4・14 6・12 9・9 11・7 12・6 1・23 9・15 12・12 20・4	2・9 4・7 5・6 7・4 4・9 5・8 6・7 7・6 6・9 7・8 13・2 2・15 5・12 10・7 13・4 5・16 6・15 7・14 12・9 13・8 14・7 2・23 10・15 13・12 21・4
3字名前	3・(5) 2・(14) 3・(13) 10・(6) 3・(14) 10・(7) 11・(6) 11・(7) 12・(6) 10・(14) 11・(13) 6・(26) 8・(24) 18・(14) 19・(13) 11・(22) 19・(14)	4・(14) 11・(7) 12・(6) 7・(14) 9・(12) 2・(21) 9・(14) 11・(12) 3・(22) 4・(21) 11・(14) 12・(13) 13・(12) 7・(24) 9・(22) 17・(14) 19・(12)	3・(2) 4・(14) 5・(13) 8・(10) 2・(22) 3・(21) 10・(14) 12・(12) 14・(10) 8・(24) 10・(22) 12・(20) 18・(14) 20・(12) 13・(22) 14・(21) 22・(13)	1・(4) 1・(5) 3・(3) 1・(14) 5・(16) 6・(15) 7・(14) 8・(13) 7・(16) 14・(9) 3・(22) 11・(14) 14・(11) 13・(22) 14・(21) 21・(14) 22・(13)	3・(3) 3・(5) 5・(3) 3・(15) 5・(13) 7・(11) 6・(15) 7・(14) 13・(8) 14・(7) 3・(22) 14・(11)	1・(5) 1・(6) 2・(5) 1・(7) 2・(6) 1・(15) 2・(14) 5・(11) 8・(8) 9・(7) 2・(21) 8・(15) 9・(14) 15・(8) 7・(25) 9・(23) 17・(15)	3・(8) 1・(15) 3・(13) 5・(11) 9・(7) 3・(15) 4・(14) 5・(13) 11・(7) 12・(6) 3・(21) 9・(15) 11・(13) 13・(11) 6・(25) 9・(22) 20・(11)	2・(3) 2・(11) 5・(8) 2・(13) 10・(5) 4・(13) 6・(11) 10・(7) 6・(15) 7・(14) 10・(11) 13・(8) 2・(23) 10・(15) 12・(13) 10・(22) 21・(11)

名前例は400～431ページ参照

	10·13	10·12	10·11	10·10	10·9	10·8	10·7	10·6
姓の画数と例	梅園 能勢 宮腰 宮路	鬼塚 座間 高須 高塚 能登 馬淵	浦崎 荻野 桑野 高梨 浜崎 宮部	荻原 倉島 栗栖 高倉 高原 宮脇	財津 島津 高城 高柳 根津 宮城	梅林 島岡 高岡 根岸 浜岡 浜松	梅沢 梅村 梅谷 唐沢 倉沢 高杉	桑名 高安 浜地 浜名 宮地 宮西
1字名前	2 10 12 22	23	2 4 10 12 14 20	5 15	2 4 6 12 14 16 22	5 7 15 17 23	4 6 14 16	2 5 7 15 17
2字名前	2·14 3·13 5·11 8·8 10·6 11·5 3·15 4·14 5·13 10·8 11·7 12·6 2·22 3·21 10·14 11·13 18·6 19·5 2·23 3·22 4·21 10·15 11·14 12·13 18·7 19·6 22·3	3·8 4·7 5·6 6·5 5·8 6·7 12·1 1·14 4·11 9·6 12·3 3·14 4·13 6·11 9·8 11·6 12·5 1·22 9·14 12·11 20·3 3·22 4·21 11·14 12·13 19·6 20·5	2·1 4·7 5·6 6·5 10·1 2·14 5·11 10·6 13·3 4·14 5·13 7·11 10·8 12·6 13·5 2·22 10·14 13·11 21·3	3·8 5·6 6·5 8·3 5·8 6·7 7·6 8·5 1·14 7·8 8·7 14·1 3·14 6·11 11·6 14·3 6·15 7·14 8·13 13·8 14·7 15·6 3·22 11·14 14·11 22·3	2·3 4·1 2·11 6·7 7·6 8·5 12·1 2·14 8·8 9·7 15·1 4·14 7·11 12·6 15·3	3·3 5·1 5·8 7·6 8·5 10·3 7·8 8·7 9·6 10·5 3·14 9·8 10·7 16·1 7·14 8·13 10·11 13·8 15·6 16·5 8·15 9·14 10·13 15·8 16·7 17·6	1·5 1·6 4·3 6·1 1·7 1·14 4·11 8·7 9·6 10·5 14·1 1·15 8·8 9·7 10·6 11·5 4·14 10·8 11·7 17·1 1·23 9·15 10·14 11·13 16·8 17·7 18·6	1·14 2·13 7·8 9·6 10·5 12·3 1·15 2·14 9·7 10·6 11·5 2·15 9·8 10·7 11·6 12·5 7·14 15·6 18·3 9·14 10·13 15·8 17·6 18·5 2·23 10·15 11·14
3字名前	2·(14) 3·(13) 4·(12) 4·(14) 5·(13) 8·(10) 11·(7) 2·(22) 3·(21) 4·(20) 10·(14) 11·(13) 12·(12) 3·(22) 4·(21) 5·(20) 12·(13)	1·(10) 1·(12) 3·(10) 3·(12) 9·(6) 3·(20) 9·(14) 11·(12) 13·(10) 3·(22) 4·(21) 5·(20) 12·(13) 13·(12) 9·(26) 13·(22) 23·(12)	7·(4) 2·(14) 4·(12) 6·(10) 10·(6) 4·(14) 5·(13) 6·(12) 12·(6) 2·(22) 4·(20) 10·(14) 12·(12) 14·(10) 5·(26) 7·(24) 10·(21)	1·(4) 3·(2) 1·(10) 1·(12) 3·(10) 6·(7) 1·(14) 3·(12) 3·(14) 5·(12) 8·(13) 11·(10) 14·(7) 3·(22) 11·(14) 13·(12) 11·(21)	2·(4) 4·(2) 6·(7) 7·(6) 8·(5) 2·(14) 4·(12) 6·(10) 9·(7) 4·(14) 6·(12) 8·(10) 12·(6) 7·(26) 9·(24) 12·(21)	3·(2) 3·(10) 3·(12) 5·(10) 9·(6) 10·(5) 5·(12) 7·(10) 10·(7) 7·(14) 8·(13) 9·(12) 3·(20) 9·(14) 10·(13) 13·(10) 13·(26)	1·(5) 1·(14) 8·(7) 9·(6) 10·(5) 9·(7) 10·(6) 4·(14) 6·(12) 8·(10) 4·(20) 10·(14) 14·(10) 10·(21) 11·(20) 9·(26) 11·(24)	1·(4) 1·(14) 2·(13) 9·(6) 10·(5) 2·(14) 9·(7) 10·(6) 10·(7) 9·(14) 10·(13) 5·(20) 11·(14) 12·(13) 15·(10) 9·(22) 10·(21)

	11·6	11·5	11·4	11·3·7	11·3	11	10·17	10·16
姓の画数と例	菊地 菊池 鳥羽 細江 堀江	麻生 掛布 梶田 笹本 野末 深田	黒木 斎木 笹井 野元 堀内 望月	野々村	掛川 陰山 亀山 菊川 野口 堀川	乾 梶 郷 笹 菅 堀	真鍋	鬼頭 倉橋 栗橋 高橋 根橋 馬橋
1字名前	なし	なし	なし	4　11　14 16	なし	5　6　7 13　21	4　6　14 20	5　7　15
2字名前	1・5 2・4 2・5 5・2 1・7 2・6 1・14 2・13 5・10 9・6 10・5 11・4 2・14 9・7 10・6 11・5 12・4 5・13 11・7 12・6 2・22 10・14 11・13 12・12 17・7 18・6 19・5	3・5 1・14 2・13 3・12 8・7 10・5 11・4 13・2 2・14 3・13 10・6 11・5 12・4 3・14 10・7 11・6 12・5 13・4 8・13 16・5 19・2 1・22 10・13 11・12 16・7 18・5 19・4	2・4 4・2 1・7 2・6 3・5 4・4 2・14 3・13 4・12 9・7 11・5 12・4 14・2 3・14 4・13 11・6 12・5 13・4 4・14 11・7 12・6 13・5 14・4 2・22 11・13 12・12 17・7	4・6 8・2 9・1 4・8 6・6 9・3 10・2 11・1 4・10 6・8 8・6 11・3 6・10 8・8 10・6 14・2 4・16 10・10 11・9 14・6 17・3 18・2 4・20 6・18 8・16 14・10 16・8	5・6 3・14 4・13 5・12 10・7 12・5 13・4 15・2 4・14 5・13 8・10 12・6 13・5 14・4 8・13 2・21 3・20 10・13 13・10 18・5 21・2 3・22 4・21 5・20 12・13 13・12 18・7	2・4 4・2 2・5 5・2 6・7 7・6 4・17 5・16 6・15 7・14 14・7 2・22 4・20 7・17 10・14 12・12 14・10 20・4 22・2	4・1 1・5 1・7 7・1 4・14 7・11 15・3 6・15 7・14 8・13 14・7 15・6 16・5 18・3 20・1 4・21 14・11 18・7 20・5 22・3	2・3 1・5 5・1 1・6 2・5 5・6 8・3 2・11 5・8 7・6 8・5 1・14 2・13 7・8 8・7 9・6 7・14 8・13 15・6 16・5
3字名前	1・(5) 2・(4) 2・(13) 9・(6) 10・(5) 10・(6) 7・(11) 9・(9) 12・(6) 5・(19) 11・(13) 12・(12) 15・(9) 10・(21) 11・(20) 10・(25) 12・(23)	1・(4) 2・(3) 1・(6) 2・(13) 3・(12) 10・(5) 3・(13) 10・(6) 11・(6) 8・(13) 10・(11) 12・(9) 10・(13) 11・(12) 2・(23) 12・(13) 13・(12)	3・(5) 4・(4) 3・(13) 4・(12) 4・(13) 11・(6) 12・(6) 11・(13) 12・(12) 7・(25) 9・(23) 19・(13) 20・(12) 12・(21) 20・(13) 21・(12) 12・(25)	1・(10) 4・(7) 6・(10) 9・(7) 8・(10) 9・(9) 11・(7) 6・(18) 14・(10) 6・(25) 8・(23) 10・(21) 14・(17)	12・(6) 8・(13) 10・(11) 2・(21) 3・(20) 10・(13) 12・(11) 2・(23) 4・(21) 5・(20) 12・(13) 13・(12) 14・(11) 8・(23) 10・(21) 18・(13) 20・(11)	2・(5) 4・(3) 2・(11) 4・(9) 7・(6) 2・(19) 5・(16) 6・(15) 7・(14) 10・(11) 12・(9) 2・(22) 5・(19) 10・(14) 13・(11) 14・(23) 21・(16)	1・(4) 1・(5) 4・(2) 1・(7) 4・(4) 4・(14) 6・(12) 8・(10) 7・(14) 8・(13) 14・(7) 4・(21) 15・(10)	1・(4) 1・(5) 2・(4) 5・(6) 7・(6) 8・(5) 1・(14) 2・(13) 5・(10) 8・(7) 9・(6) 7・(14) 8・(13) 9・(12) 5・(26) 7・(24) 9・(22)

名前例は400〜431ページ参照

11·19	11·18	11·13	11·12	11·11	11·10	11·8	11·7	
清瀬 黒瀬 野瀬 深瀬 梁瀬	斎藤 進藤	淡路 設楽 鳥飼	笠間 菊間 黒須 鹿間 鳥越 野間	清野 黒野 黒部 紺野 野崎 堀部	笠原 梶原 鹿島 清原 菅原 清家	猪俣 亀岡 黒岩 菅沼 常松 盛岡	逸見 魚住 梶田 粕谷 亀谷 清沢	姓の画数と例
なし	なし	なし	なし	なし	なし	なし	なし	1字名前
2・5 5・2 4・7 5・6 6・5 2・13 5・10 13・2 4・13 5・12 12・5 13・4 4・14 5・13 6・12 12・6 13・5 14・4 16・2	3・5 6・2 3・13 6・10 14・2 5・13 6・12 13・5 14・4 3・20 13・10 17・6 19・4 21・2	3・10 8・5 11・2 2・13 3・12 8・7 10・5 11・4 5・12 8・13 11・10 19・2 2・21 3・20 10・13 11・12 18・5 19・4 2・22 3・21 10・14 11・13 12・12 18・6 19・5 20・4 22・2	3・13 4・12 6・10 9・7 11・5 12・4 4・14 5・13 6・12 11・7 12・6 13・5 3・21 4・20 11・13 12・12 19・5 20・4 3・22 4・21 5・20 11・14 12・13 13・12 19・6 20・5 23・2	4・7 5・6 6・5 7・4 6・7 7・6 2・13 5・10 10・5 13・2 4・13 5・12 7・10 10・7 12・5 13・4 2・21 10・13 13・10 21・2 4・21 5・20 12・13 13・12 20・5 21・4	1・2 1・10 5・6 6・5 7・4 3・13 6・10 11・5 14・2 5・13 6・12 8・10 11・7 13・5 14・4 3・21 11・13 14・10 22・2	3・2 3・10 7・6 8・5 9・4 3・13 9・7 10・6 5・13 8・10 13・5 16・2	1・4 1・5 4・2 6・7 8・5 9・4 11・2 1・14 8・7 9・6 10・5 11・4 4・13 10・7 11・6 8・13 9・12 11・10 14・7 16・5 17・4 9・14 10・13 11・12 16・7 17・6 18・5	2字名前
2・(3) 2・(5) 4・(3) 2・(9) 5・(6) 6・(5) 2・(13) 4・(11) 6・(9) 4・(13) 5・(12) 6・(11) 5・(13) 6・(12) 12・(6)	3・(3) 3・(5) 5・(3) 3・(13) 5・(11) 7・(9) 5・(13) 6・(12) 7・(11) 3・(20) 14・(9)	5・(3) 2・(11) 8・(5) 2・(13) 3・(12) 4・(11) 10・(5) 4・(13) 5・(12) 8・(13) 10・(11) 2・(21) 3・(20) 10・(13) 11・(12) 12・(11) 3・(21)	3・(13) 4・(12) 5・(11) 5・(13) 6・(12) 9・(9) 12・(6) 3・(21) 4・(20) 5・(19) 11・(13) 12・(12) 13・(11) 4・(21) 5・(20) 6・(19) 13・(12)	2・(9) 2・(11) 4・(9) 4・(11) 10・(5) 2・(21) 4・(19) 10・(13) 12・(11) 14・(9) 4・(21) 5・(20) 6・(19) 12・(13) 14・(11) 10・(25) 14・(21)	5・(6) 6・(5) 7・(4) 3・(13) 5・(11) 7・(9) 5・(13) 6・(12) 7・(11) 3・(21) 5・(19) 11・(13) 13・(11) 15・(9) 6・(25) 8・(23) 11・(20)	3・(3) 7・(6) 8・(5) 3・(13) 5・(11) 7・(9) 10・(6) 5・(13) 7・(11) 9・(9) 8・(25) 10・(23) 13・(20)	1・(4) 1・(5) 4・(9) 4・(11) 6・(9) 9・(6) 10・(5) 4・(13) 6・(11) 8・(9) 11・(6) 8・(13) 9・(12) 10・(11) 4・(19) 10・(13) 14・(9)	3字名前

姓の画数と例	12・9	12・8	12・7	12・6	12・5	12・4	12・3	12
姓の画数と例	植草 森泉 森垣 森屋 湯浅 結城	朝岡 飯沼 勝沼 須長 富岡 森岡	飯尾 植村 奥沢 奥谷 曾我 森谷	落合 勝亦 喜多 喜名 椎名 渡会	飯田 奥田 須永 塚本 森本 渡辺	朝井 奥井 森井 森内 森木 森元	奥山 景山 勝川 森口 森下 湯川	奥 勝 堺 巽 堤 森
1字名前	2 4 12 14 16	5 15 17	4 6 14 16	5 7 15 17	6 16 20	2 7 17	2 10 20 22	1 3 5 6 11 13 21 23
2字名前	2・1 2・9 6・5 7・4 8・3 4・12 7・9 12・4 15・1 6・12 7・11 9・9 12・6 14・4 15・3 4・20 12・12 15・9 23・1	5・6 7・4 8・3 10・1 7・6 8・5 9・4 10・3 3・12 9・6 10・5 5・12 8・9 13・4 16・1 8・13 9・12 10・11 15・6 16・5 17・4 5・20 13・12 16・9	1・4 4・1 1・5 1・12 4・9 8・5 9・4 10・3 4・12 10・6 11・5 6・12 9・9 14・4 17・1	1・4 2・3 1・5 2・4 7・6 9・4 10・3 2・13 9・6 10・5 11・4 12・3 5・12 11・6 12・5 2・19 9・12 10・11 12・9 15・6 17・4 10・13 11・12 12・11 17・6 18・5 19・4	1・5 2・4 3・3 1・6 3・5 2・13 3・12 6・9 10・5 11・4 12・3 3・13 10・6 11・5 12・4 13・3 6・12 12・6 13・5 1・23 3・21 11・13 12・12 13・11 18・6 19・5 20・4	2・13 3・12 4・11 9・6 11・4 12・3 14・1 3・13 4・12 11・5 12・4 13・3 4・13 11・6 12・5 13・4 14・3 9・12 17・4 20・1 2・21 11・12 12・11 17・6 19・4 20・3 2・23	3・3 5・1 2・6 3・5 4・4 5・3 3・13 4・12 5・11 10・6 12・4 13・3 15・1 4・13 5・12 12・5 14・3 5・13 12・6 13・5 14・4 15・3 3・21 12・12 13・11 18・6 20・4	1・2 3・2 4・2 1・10 9・2 1・12 3・10 9・4 11・2 1・20 5・16 9・12 11・10 19・2 1・22 3・20 9・14 11・12 13・10 19・4 21・2 3・22 9・16 13・12 19・6 20・5 23・2
3字名前	6・(5) 7・(4) 4・(12) 6・(10) 8・(8) 6・(12) 7・(11) 8・(10) 2・(22) 4・(20) 6・(18) 12・(12) 14・(10) 16・(8) 7・(24) 9・(22) 12・(19)	3・(2) 3・(8) 3・(10) 5・(8) 8・(5) 3・(12) 5・(10) 3・(18) 9・(12) 10・(11) 13・(8) 3・(22) 5・(20) 7・(18) 13・(12) 15・(10) 13・(19)	1・(4) 1・(5) 4・(2) 1・(12) 8・(5) 4・(12) 6・(10) 8・(8) 6・(12) 8・(10) 10・(8) 9・(24) 11・(22) 14・(19)	1・(4) 2・(3) 1・(5) 2・(4) 5・(8) 5・(10) 7・(8) 10・(5) 5・(12) 2・(19) 9・(12) 10・(11) 11・(10) 5・(18) 11・(12) 12・(11) 15・(8)	1・(5) 2・(4) 3・(3) 3・(12) 10・(5) 6・(10) 8・(10) 10・(8) 6・(18) 12・(12) 13・(11) 16・(8) 11・(20) 12・(19) 13・(18) 11・(24) 13・(22)	1・(4) 2・(3) 3・(2) 2・(5) 3・(12) 4・(11) 4・(12) 7・(10) 11・(10) 11・(12) 12・(11) 13・(10) 3・(22) 13・(12) 14・(11) 11・(20) 12・(19)	4・(2) 3・(5) 4・(4) 5・(3) 4・(12) 5・(11) 5・(12) 2・(22) 12・(12) 13・(11) 8・(24) 10・(22) 20・(12) 21・(11) 13・(20) 21・(12) 22・(11)	4・(9) 12・(9) 4・(19) 9・(14) 12・(11) 3・(22) 4・(21) 6・(19) 9・(16) 12・(13) 11・(22) 12・(21) 19・(14) 20・(13) 13・(22) 19・(16) 20・(15)

名前例は400〜431ページ参照

13・4	13・3	13	12・18	12・16	12・12	12・11	12・10	
新井 碓井 鈴木 照井 蓮井 福井	愛川 塩川 滝口 新山 福山 溝口	楠 園	須藤	棚橋 富樫	飯塚 奥間 越智 萱場 椎葉 番場	飯野 奥崎 勝部 萩野 森崎 渡部	朝倉 飯島 蛯原 曾根 森島 森脇	姓の画数と例
なし	なし	3 5 8 11 18	5 7 15 17	5 7 17	23	2 10 12 14 22	15 23	1字名前
1・5 2・4 3・3 4・2 2・5 4・4 3・12 4・11 7・8 11・4 12・3 13・2 4・12 11・5 12・4 13・3 14・2 7・11 13・5 14・4 2・22 4・20 12・12 13・11 14・10 19・5 21・3	4・4 5・3 3・12 4・11 5・10 10・5 12・3 13・2 4・12 5・11 12・4 13・3 14・2 5・12 12・5 13・4 14・3 15・2 10・11 18・3 3・20 12・11 13・10 18・5 20・3 21・2 3・22	3・2 2・6 3・5 4・4 4・7 5・6 2・16 3・15 4・14 8・10 11・7 12・6 2・22 4・20 8・16 10・14 12・12 18・6 19・5 20・4 22・2	3・4 6・1 5・6 6・5 7・4 3・12 6・9 14・1 5・12 6・11 13・4 14・3 5・13 6・12 7・11 13・5 14・4 15・3 17・1	2・1 1・4 2・3 1・6 2・5 2・9 5・6 7・4 8・3 1・12 2・11 7・6 8・5 9・4 5・12 8・9 16・1 1・23 5・19 15・9 19・5 21・3 23・1	1・12 4・9 9・4 12・1 3・12 4・11 9・6 1・20 9・12 12・9 20・1 3・20 4・19 11・12 12・11 19・4 20・3 1・23 3・21 4・20 11・13 12・12 13・11 19・5 20・4 21・3 23・1	7・1 4・12 5・11 7・9 10・6 12・4 13・3 5・13 6・12 7・11 12・6 13・5 14・4 4・20 5・19 12・12 13・11 20・4 21・3 2・23 4・21 5・20 6・19 12・13 14・11 20・5 21・4	5・6 6・5 7・4 8・3 1・12 7・6 8・5 3・12 6・9 11・4 14・1 5・12 6・11 8・9 11・6 13・4 14・3 3・20 11・12 14・9 22・1 5・20 6・19 13・12 14・11 21・4 22・3	2字名前
2・(4) 3・(3) 4・(2) 1・(7) 4・(11) 9・(7) 7・(11) 9・(9) 11・(7) 7・(17) 13・(11) 14・(10) 12・(19) 13・(18) 14・(17) 12・(23) 14・(21)	2・(3) 3・(2) 3・(4) 4・(11) 5・(10) 5・(11) 8・(9) 10・(7) 10・(11) 12・(9) 2・(21) 12・(11) 13・(10) 2・(23) 4・(21) 14・(11) 15・(10)	4・(4) 5・(3) 2・(16) 3・(15) 4・(14) 5・(13) 12・(6) 2・(22) 3・(21) 8・(16) 10・(14) 11・(13) 10・(22) 11・(21) 18・(14) 19・(13) 12・(23)	3・(2) 3・(4) 3・(8) 6・(5) 7・(4) 3・(12) 5・(10) 7・(8) 5・(12) 6・(11) 7・(10) 6・(12) 7・(11)	1・(4) 2・(3) 2・(5) 1・(10) 7・(4) 1・(12) 2・(11) 5・(8) 8・(5) 5・(12) 7・(10) 9・(8) 2・(22) 5・(19) 16・(8)	1・(10) 1・(12) 3・(10) 3・(12) 4・(11) 5・(10) 5・(12) 6・(11) 9・(12) 11・(10) 3・(20) 4・(19) 11・(12) 12・(11) 13・(10) 4・(20) 12・(12)	4・(12) 5・(11) 6・(10) 6・(12) 7・(11) 10・(8) 2・(22) 4・(20) 5・(19) 6・(18) 12・(12) 13・(11) 14・(10) 5・(20) 6・(19) 7・(18) 14・(11)	1・(10) 3・(8) 1・(12) 3・(10) 5・(8) 5・(10) 5・(12) 3・(20) 5・(18) 11・(12) 13・(10) 15・(8) 5・(20) 6・(19) 15・(10) 11・(24) 15・(20)	3字名前

姓の画数	13・5	13・7	13・8	13・10	13・11	13・18	14	14・3
姓の画数と例	蒲田 楠本 滝本 豊田 福田 福永	塩谷 新里 新谷 滝沢 福沢 福村	新居 殿岡 新妻 蓮沼 福岡 豊岡	嵯峨 塩浜 豊島 福家 福島 福留	塩崎 塩野 園部 遠野 豊崎 新堀	遠藤 新藤	榎 境 榊 嶋 関	稲川 熊川 関川 関口 徳山 増山
1字名前	なし	なし	なし	なし	なし	なし	1 3 7 11 17 18 21 23	4 14 15 20 22
2字名前	1・2 1・4 2・3 3・2 1・5 2・4 3・3 1・12 10・3 11・2 3・12 10・5 11・4 12・3 13・2 6・11 12・5 13・4 10・11 11・10 13・8 16・5 1・22 11・12 12・11 13・10 20・3	1・2 1・4 1・10 6・5 8・3 9・2 1・12 8・5 9・4 10・3 11・2 4・11 10・5 11・4 6・11 9・8 14・3 1・20 9・12 10・11 11・10 16・5 17・4 18・3 6・19 14・11 17・8	3・8 7・4 8・3 9・2 5・11 8・8 13・3 7・11 8・10 10・8 13・5 15・3 16・2 5・19 13・11 16・8	5・11 6・10 8・8 11・5 13・3 14・2 6・12 7・11 8・10 13・5 14・4 15・3 5・19 6・18 13・11 14・10 21・3 22・2 3・22 5・20 6・19 7・18 13・12 14・11 15・10 21・4 22・3	2・11 5・8 10・3 4・11 5・10 10・5 6・11 7・10 12・5 2・19 10・11 13・8 4・19 5・18 12・11 13・10 20・3 21・2 2・22 4・20 5・19 12・12 13・11 14・10 20・4 21・3 22・2	3・3 3・5 5・3 6・2 5・11 6・10 13・3 14・2 5・12 6・11 7・10 13・4 14・3 15・2 3・18 13・8 17・4 19・2	7・4 9・2 1・16 2・15 3・14 11・6 1・17 2・16 3・15 4・14 11・7 7・14 9・12 17・4 19・2 1・22 7・16 9・14 11・12 17・6 18・5 19・4 21・2 2・23 3・22 9・16 10・15	2・4 3・3 4・2 5・1 3・4 4・4 5・3 4・11 5・10 8・7 12・3 13・2 14・1 5・11 12・4 13・3 14・2 15・1 8・10 14・4 15・3 3・21 5・19 13・11 14・10 15・9 22・2
3字名前	2・(3) 3・(2) 2・(4) 3・(3) 6・(7) 6・(9) 6・(11) 8・(9) 10・(7) 10・(11) 11・(10) 12・(9) 6・(17) 12・(11) 13・(10) 16・(23) 18・(21)	4・(7) 4・(9) 6・(7) 4・(11) 6・(9) 10・(7) 4・(17) 10・(11) 11・(10) 14・(7) 4・(21) 6・(19) 14・(11) 16・(9) 9・(23) 11・(21) 14・(18)	7・(4) 5・(11) 7・(9) 9・(7) 7・(11) 8・(10) 9・(9) 3・(21) 5・(19) 7・(17) 13・(11) 15・(9) 8・(23) 10・(21) 13・(18)	5・(11) 6・(10) 7・(9) 7・(11) 8・(10) 11・(7) 3・(21) 5・(19) 6・(18) 13・(11) 14・(10) 15・(9) 6・(19) 7・(18) 8・(17) 14・(11) 15・(10)	4・(9) 4・(11) 5・(10) 6・(9) 6・(11) 7・(10) 2・(19) 10・(11) 12・(9) 2・(21) 4・(19) 5・(18) 12・(11) 13・(10) 14・(9) 5・(19) 13・(11)	3・(3) 5・(3) 5・(11) 6・(10) 7・(9) 6・(11) 7・(10) 3・(18) 14・(7)	11・(6) 2・(16) 3・(15) 4・(14) 7・(14) 10・(11) 2・(21) 7・(16) 9・(14) 10・(13) 2・(23) 3・(22) 4・(21) 9・(16) 10・(15) 11・(14) 9・(22)	3・(3) 4・(2) 2・(6) 5・(10) 2・(16) 8・(10) 10・(8) 12・(6) 2・(22) 4・(20) 8・(16) 14・(10) 5・(26) 13・(18) 14・(17) 13・(22) 15・(20)

名前例は400〜431ページ参照

	14・4	14・5	14・7	14・9	14・10	14・11	14・12	15・3
姓の画数と例	稲毛 榎戸 緒方 熊井 増井 綿引	稲本 榎本 熊本 嶋田 関本 徳永	稲見 稲村 熊坂 関沢 種村 増村	稲垣 漆畑 関屋 徳重 鳴海	漆原 熊倉 関根 徳島 増島 箕浦	綾部 綾野 熊崎 熊野 境野 綿貫	稲富 稲葉 稲場 嘉陽 雑賀	影山 横川 横山
1字名前	7 14 17	2 6 12 16 20	4 10 14 16	2 12 14 16 22	7 15 23	6 7 10 12 14 20 22	5 6	5 14 15
2字名前	1・2 2・1 1・4 2・3 3・2 4・1 2・4 3・3 4・2 2・11 11・2 12・1 4・11 11・4 12・3 13・2 14・1 7・10 4・17 11・10 12・9 14・7 17・4 19・2 2・21 12・11 21・2	1・4 2・3 3・2 2・4 3・3 2・11 3・10 6・7 10・3 11・2 12・1 6・10 12・4 13・3 1・17 8・10 11・7 16・2	1・2 1・10 4・7 8・3 9・2 10・1 6・10 9・7 14・2 1・17 8・10 9・9 11・7 14・4 16・2 17・1 1・23 6・18 14・10 17・7	6・10 7・9 9・7 12・4 14・2 7・11 8・10 9・9 14・4 15・3 16・2 6・18 7・17 14・10 15・9 22・2 23・1 2・23 4・21 6・19 7・18 8・17 14・11 15・10 16・9 22・3 23・2	1・10 3・10 6・7 11・2 5・10 6・9 8・7 11・4 3・18 11・10 14・7 5・18 6・17 13・10 14・9 21・2 22・1 1・23 3・21 5・19 6・18 13・11 14・10 15・9 21・3 22・2 23・1	2・4 4・2 5・1 4・3 5・2 6・1 4・4 5・3 6・2 7・1 5・11 6・10 7・9 12・4 13・3 14・2 2・21 4・19 5・18 6・17 12・11 13・10 14・9 20・3 21・2 22・1	1・4 3・2 4・1 3・3 4・2 5・1 3・4 4・3 5・2 6・1 1・10 9・2 3・10 4・9 9・4 11・2 12・1 4・11 5・10 6・9 11・4 12・3 13・2 11・10 12・9 19・2 20・1	2・1 2・3 3・2 4・1 3・3 4・2 5・1 3・10 10・3 12・1 5・10 12・3 13・2 14・1 8・9 4・17 5・16 12・9 13・8 15・6 18・3 3・20 5・18 13・10 14・9 15・8 22・1
3字名前	3・(2) 3・(3) 4・(2) 7・(6) 7・(8) 9・(6) 7・(10) 9・(8) 11・(6) 4・(17) 11・(10) 12・(9) 13・(8) 7・(16) 13・(10) 14・(9) 17・(22)	2・(3) 3・(2) 3・(3) 3・(10) 6・(10) 8・(8) 10・(6) 2・(16) 8・(10) 10・(8) 12・(6) 11・(22) 13・(20) 16・(17)	1・(10) 6・(10) 8・(8) 10・(6) 8・(10) 9・(9) 10・(8) 4・(20) 6・(18) 8・(16) 14・(10) 16・(8) 9・(22) 11・(20) 14・(17)	6・(10) 7・(9) 8・(10) 9・(9) 12・(6) 2・(22) 4・(20) 6・(18) 7・(17) 8・(16) 14・(10) 15・(9) 16・(8) 7・(18) 8・(17) 9・(16) 16・(9)	5・(8) 5・(10) 6・(9) 7・(8) 7・(10) 8・(9) 3・(18) 11・(10) 13・(8) 3・(20) 5・(18) 6・(17) 13・(10) 14・(9) 15・(8) 6・(18) 14・(10)	4・(2) 4・(3) 2・(6) 5・(3) 6・(10) 7・(9) 10・(6) 5・(18) 6・(17) 7・(16) 13・(10) 14・(9) 6・(26) 10・(22) 12・(20) 14・(18)	3・(2) 3・(3) 4・(2) 4・(3) 3・(10) 4・(9) 5・(8) 5・(10) 6・(9) 9・(6) 3・(18) 4・(17) 5・(16) 11・(10) 12・(9) 13・(8) 5・(26)	4・(2) 5・(8) 8・(5) 8・(7) 10・(5) 2・(15) 8・(9) 10・(7) 2・(19) 4・(17) 5・(16) 12・(9) 13・(8) 14・(7) 8・(15) 14・(9) 15・(8)

	16・5	16・4	16・3	16	15・10	15・7	15・5	15・4
姓の画数と例	鴨田 橋田 繁田 橋田 橋立 橋本	薄井 橋爪	鮎川 鴨川 鴨下 橘川 館山 築山	橘 橋 壇 黛	駒宮 横倉 横島 横浜 輪島	駒形 駒沢 駒村 潮来 横尾 横沢	潮田 蔵田 慶田 駒田 権田 横田	駒井
1字名前	2 10 12 16 20	4 12 17	2 4 5 12 14 20 22	1 5 7 8 15 16 17 21 23	6 7 14 22 23	10 17	12	2 4 12 14 20
2字名前	1・2 2・1 2・9 3・8 6・5 10・1 1・15 8・8 11・5 1・17 2・16 3・15 10・8 11・7 13・5 16・2 1・23 3・21 8・16 16・8 19・5	3・2 4・1 2・9 3・8 4・7 9・2 4・9 11・2 12・1 7・8 13・2 14・1 1・16 2・15 9・8 12・5 2・19 4・17 12・9 13・8 14・7 19・2 20・1 2・23 4・21 9・16 17・8	3・2 4・1 4・2 5・1 4・9 5・8 8・5 12・1 8・8 14・2 15・1 2・16 3・15 10・8 13・5	1・4 1・14 5・10 8・7 9・6 1・15 2・14 9・7 5・12 7・10 5・16 7・14 9・12 15・6 16・5 17・4 19・2 9・14 16・7 17・6 19・4 21・2 2・23 5・20 9・16 19・6 21・4	3・3 5・1 1・6 5・2 6・1 5・3 6・2 7・1 6・10 7・9 8・8 13・3 14・2 15・1 1・22 3・20 5・18 6・17 7・16 13・10 14・9 15・8 21・2 22・1	1・2 1・10 8・3 9・2 10・1 4・9 10・3 11・2 6・9 9・6 14・1 1・16 8・9 9・8 11・6 14・3 16・1 1・22 6・17 14・9 17・6 8・17 9・16 16・9 17・8	2・3 3・2 3・8 8・3 10・1 3・10 10・3 11・2 12・1 6・9 12・3 13・2 1・16 8・9 11・6 16・1 1・20 3・18 11・10 12・9 13・8 18・3 19・2 20・1 3・22 8・17 16・9	2・3 3・2 4・1 3・3 4・2 3・10 4・9 7・6 11・2 12・1 7・9 13・3 14・2 1・17 2・16 9・9 12・6 17・1
3字名前	3・(8) 2・(14) 8・(8) 10・(6) 2・(16) 3・(15) 10・(8) 11・(7) 12・(6) 2・(22) 6・(18) 8・(16) 10・(14) 16・(8) 11・(20) 13・(18) 16・(15)	7・(4) 7・(6) 7・(8) 9・(6) 9・(8) 3・(18) 7・(14) 13・(8) 14・(7) 3・(22) 7・(18) 9・(16) 11・(14) 12・(20) 14・(18) 17・(15) 13・(24)	2・(4) 5・(8) 2・(14) 8・(8) 10・(6) 2・(16) 3・(15) 4・(14) 10・(8) 12・(6) 13・(20) 15・(18) 18・(15)	1・(4) 2・(3) 1・(14) 2・(13) 9・(6) 1・(15) 2・(14) 5・(16) 7・(14) 8・(13) 2・(21) 9・(14) 2・(23) 9・(16) 9・(22) 15・(16) 16・(15)	1・(5) 1・(7) 3・(5) 1・(15) 7・(9) 8・(8) 6・(17) 7・(16) 8・(15) 14・(9) 15・(8) 7・(25) 11・(21) 13・(19) 15・(17)	4・(7) 6・(5) 4・(9) 6・(7) 8・(5) 8・(7) 10・(7) 4・(19) 6・(17) 8・(15) 14・(9) 4・(21) 8・(17) 9・(16) 10・(15) 14・(21) 18・(17)	6・(5) 6・(7) 8・(5) 6・(9) 8・(7) 8・(9) 10・(7) 2・(19) 6・(15) 12・(9) 6・(19) 8・(17) 10・(15) 16・(9) 11・(21) 13・(19) 16・(16)	3・(2) 1・(5) 4・(2) 4・(9) 1・(15) 7・(9) 9・(7) 2・(16) 3・(15) 9・(9) 11・(7) 12・(21) 14・(19) 17・(16)

名前例は400〜431ページ参照

	18・8	18・7	18・5	18・4	17・11	17・10	17・7	17・5
姓の画数と例	鯉沼 難波 藤枝 藤岡 藤沼 藤林	鵜沢 鎌形 藤尾 藤沢 藤谷 藤村	織田 織本 鎌田 藤田 藤本	藤井 藤木 藪内	磯崎 磯野 磯部 鴻巣 霜鳥	鮫島 篠原	磯貝 磯村 磯谷 篠沢	磯田 磯辺 輿石 霜田 鍋田
1字名前	なし	なし	なし	なし	4　5　7 20	5　6　14	17	2　10
2字名前	3・3 5・6 8・3 7・6 8・5 10・3 8・7 9・6 10・5 7・14 8・13 15・6 16・5	1・5 1・6 4・3 1・7 1・15 9・7 10・6 11・5 4・19 6・17 8・15 9・14 10・13 16・7 17・6 18・5	3・5 1・15 2・14 3・13 10・6 11・5 13・3 1・17 3・15 11・7 12・6 13・5 1・23 3・21 10・14 11・13 18・6 19・5 2・23 6・19 8・17 10・15 11・14 12・13 18・7 19・6 20・5	4・7 7・6 1・14 2・13 9・6 12・3 2・15 3・14 4・13 11・6 12・5 14・3 2・21 4・19 9・14 17・6 20・3 2・23 4・21 11・14 12・13 19・6 20・5	2・1 4・1 6・1 4・7 5・6 7・4 10・1 5・8 6・7 7・6 12・1 2・15 10・7 13・4 2・22 4・20 6・18 10・14 20・4	1・4 5・1 1・7 7・1 3・15 11・7 14・4 1・20 3・18 5・16 6・15 7・14 13・8 14・7 15・6 3・22 5・20 7・18 11・14 21・4	4・7 6・7 9・4 8・7 9・6 11・4 14・1 9・8 10・7 11・6 16・1 6・15 14・7 17・4 1・22 8・15 9・14 16・7 17・6 4・20 6・18 8・16 9・15 10・14 16・8 17・7 18・6	2・1 3・8 10・1 6・7 12・1 1・14 8・7 11・4 1・16 2・15 3・14 10・7 11・6 13・4 16・1 1・22 3・20 8・15 16・7 19・4 3・22 10・15 11・14 18・7 19・6
3字名前	5・(6) 7・(4) 7・(6) 8・(5) 3・(12) 9・(6) 10・(5) 3・(18) 5・(16) 7・(14) 8・(13) 9・(12) 5・(26) 9・(22) 13・(18) 15・(16) 17・(14)	1・(5) 4・(2) 1・(6) 4・(4) 4・(12) 10・(6) 9・(14) 10・(13) 11・(12) 6・(26) 10・(22) 14・(18) 16・(16) 18・(14)	3・(5) 2・(14) 3・(13) 10・(6) 2・(16) 6・(12) 12・(6) 2・(22) 6・(18) 8・(16) 10・(14) 11・(13) 12・(12) 3・(22) 11・(14) 12・(13) 13・(12)	7・(4) 1・(12) 7・(6) 1・(14) 2・(13) 3・(20) 7・(16) 9・(14) 11・(12) 7・(18) 9・(16) 11・(14) 12・(13) 13・(12) 9・(26) 17・(18) 21・(14)	2・(3) 2・(5) 4・(3) 4・(7) 5・(6) 6・(5) 6・(7) 7・(6) 2・(15) 4・(13) 10・(7) 5・(19) 7・(17) 10・(14)	1・(5) 3・(3) 1・(7) 3・(5) 5・(3) 3・(15) 5・(13) 11・(7) 6・(15) 7・(14) 8・(13) 14・(7) 6・(19) 8・(17) 11・(14)	6・(5) 6・(7) 8・(5) 1・(14) 8・(7) 9・(6) 10・(5) 10・(7) 11・(6) 4・(17) 6・(15) 14・(7) 4・(19) 6・(17) 8・(15) 9・(14) 9・(15)	6・(5) 6・(7) 8・(5) 1・(14) 10・(5) 6・(17) 8・(15) 10・(13) 2・(23) 6・(19) 8・(17) 10・(15) 11・(14) 12・(13) 12・(23) 16・(19) 20・(15)

	21・4	19・7	19・4	19	18・12	18・11	18・10	18・9
姓の画数と例	露木	瀬尾 瀬良	鏑木 鯨井 瀬戸	鏡	鯉淵 額賀 藤塚 藤間 藤森 藪塚	鵜野 藤掛 藤崎 藤野	鎌倉 藤倉 藤島 藤浪 藤原	藤城 藤咲 藤巻 藤屋
1字名前	なし	なし	なし	5 6 13 16 18	なし	なし	なし	なし
2字名前	2・4 3・3 4・2 3・4 4・3 4・4 2・14 4・12 12・4 13・3 14・2 3・20 7・16 9・14 11・12 12・11 13・10 19・4 20・3 21・2	1・4 1・5 4・2 1・6 6・5 9・2 1・12 8・5 9・4 11・2 1・14 9・6 10・5 11・4 1・20 8・13 9・12 16・5 17・4	4・4 2・14 3・13 4・12 11・5 12・4 14・2 2・16 4・14 12・6 13・5 14・4 2・22 4・20 11・13 12・12 19・5 20・4 3・22 7・18 9・16 11・14 12・13 13・12 19・6 20・5 21・4	2・4 4・2 6・7 2・14 4・12 6・10 12・4 14・2 2・16 4・14 6・12 12・6 13・5 14・4 16・2	1・6 4・3 4・7 5・6 6・5 1・14 9・6 12・3 3・14 4・13 11・6 12・5 1・17 3・15 4・14 5・13 11・7 12・6 13・5	2・6 5・3 2・14 10・6 13・3 4・14 5・13 12・6 13・5 2・21 4・19 6・17 10・13 20・3	1・6 5・6 6・5 8・3 6・7 7・6 8・5 3・14 11・6 14・3 1・23 3・21 5・19 7・17 11・13 21・3	2・3 2・6 4・14 12・6 15・3 2・19 4・17 6・15 7・14 8・13 14・7 15・6 16・5 2・23 4・21 6・19 8・17 12・13 22・3
3字名前	3・(3) 4・(2) 4・(3) 1・(15) 3・(13) 7・(9) 4・(19) 12・(11) 13・(10) 14・(9) 7・(25) 9・(23) 13・(19) 17・(15) 19・(13) 21・(11)	1・(4) 1・(5) 4・(3) 6・(5) 1・(12) 8・(5) 4・(11) 10・(5) 4・(17) 6・(15) 8・(13) 9・(12) 10・(11) 6・(25) 10・(21) 14・(17) 16・(15)	3・(5) 4・(4) 1・(15) 3・(13) 4・(12) 3・(15) 7・(11) 3・(21) 7・(17) 9・(15) 11・(13) 12・(12) 13・(11) 4・(21) 12・(13) 13・(12) 14・(11)	2・(3) 2・(4) 2・(11) 4・(9) 2・(14) 5・(11) 2・(16) 4・(14) 5・(13) 12・(6) 12・(21) 14・(19) 18・(15) 20・(13) 22・(11)	1・(4) 3・(2) 1・(6) 3・(4) 5・(6) 6・(5) 1・(14) 3・(12) 9・(6) 3・(14) 4・(13) 5・(12) 11・(6) 4・(14) 5・(13) 6・(12) 12・(6)	2・(4) 4・(2) 2・(6) 4・(4) 2・(14) 4・(12) 10・(6) 2・(16) 4・(14) 5・(13) 6・(12) 12・(6) 5・(18) 7・(16) 10・(13)	1・(4) 3・(2) 1・(6) 3・(4) 5・(6) 6・(5) 7・(4) 1・(12) 7・(6) 8・(5) 3・(14) 5・(12) 11・(6) 6・(18) 8・(16) 11・(13)	2・(4) 4・(2) 2・(6) 4・(4) 2・(16) 4・(14) 6・(12) 12・(6) 7・(14) 8・(13) 9・(12) 7・(18) 9・(16) 12・(13)

名前例は400〜431ページ参照

吉名がすぐに引ける 画数別 名前リスト

名の合計画数が1画

1画
- 乙 おと

名の合計画数が2画

2画
- 九 ここの
- 七 なな

名の合計画数が3画

3画
- 夕 ゆう
- 弓 ゆみ

1・2画
- 一乃 いちの
- のい のい
- レン れん

2・1画
- いく いく
- りつ りつ
- りの りの

名の合計画数が4画

4画
- 文 あや
- 心 こころ
- 巴 ともえ
- 円 まどか
- 友 ゆう

1・3画
- 乙子 いつこ
- 乙女 おとめ
- 一子 かずこ

2・2画
- こと こと
- 七乃 なの
- ユリ ゆり

3・1画
- せつ せつ
- その その
- みの みの

名の合計画数が5画

5画
- 民 たみ
- 司 つかさ
- 汀 なぎさ
- 礼 のり
- 央 ひろ
- 史 ふみ
- 冬 ふゆ

1・4画
- 一日 かずひ
- 一予 かずよ
- つき つき

2・3画
- 了子 さとこ
- 七子 ななこ
- 乃々 のの
- めぐ めぐ

3・2画
- あい あい
- 千乃 ちの
- ミユ みゆ
- 弓乃 ゆの

4・1画
- きく きく
- はつ はつ
- ホノ ほの

1・(4)画
- ノイル のいる
- のの子 ののこ
- レリン れりん

2・(3)画
- カレン かれん
- ことの ことの

3・(2)画
- エレノ えれの
- ミレノ みれの
- よしの よしの

名の合計画数が6画

6画
- 灯 あかり
- 旭 あさひ
- 安 あん
- 糸 いと
- 妃 きさき
- 圭 けい
- 好 このみ
- 汐 しお
- 成 なる
- 光 ひかり
- 充 みつ
- 百 もも

1・5画
- 一代 かずよ
- 一世 かずよ
- しほ しほ

2・4画
- 七月 なつき
- 二巴 ふたば
- リホ りほ

3・3画
- 才子 としこ
- 久子 ひさこ
- もえ もえ

姓に合う名前の吉数は374〜399ページでチェック

4・2画
- 月乃 つきの
- 文乃 ふみの
- まり まり

5・1画
- ゑつ えつ
- なつ なつ
- ほの ほの

1・(5)画
- のりみ のりみ
- 一二三 ひふみ
- レミナ れみな

2・(4)画
- このみ このみ
- てつ子 てつこ
- りつ子 りつこ

3・(3)画
- みのり みのり
- ミレイ みれい
- ゆめの ゆめの

4・(2)画
- きくの きくの
- はつの はつの

名の合計画数が 7画

7画
- 杏 あん
- 冴 さえ
- 里 さと
- 忍 しのぶ
- 芹 せり
- 妙 たえ
- 寿 とし
- 利 とし
- 希 のぞみ
- 花 はな
- 初 もと
- 李 もも

1・6画
- 乙江 おとえ
- のぶ のぶ
- 一衣 ひとえ

2・5画
- 了世 あきよ
- 七仔★ ななこ
- 乃生 のい

3・4画
- ミホ みほ
- 弓月 ゆづき
- 夕月 ゆづき

4・3画
- 文子 あやこ
- 公子 きみこ
- 月子 つきこ
- 斗子 とこ
- 巴子 ともこ
- 元子 もとこ
- 友子 ゆうこ

5・2画
- 旦乃 あけの
- 礼乃 あやの
- 卯乃 うの
- 史乃 ふみの

6・1画
- 羽乙 はお

1・(6)画
- くみか くみか
- しづか しづか
- 一七予 ひなよ
- 一乃予 ひのよ

2・(5)画
- アリサ ありさ
- 七三乃 なみの
- 八也乃 ややの

3・(4)画
- サユリ さゆり
- 千七乃 ちなの
- ゆりこ ゆりこ

4・(3)画
- ホナノ ほなの
- ホマレ ほまれ
- まりの まりの

名の合計画数が 8画

8画
- 周 あまね
- 歩 あゆみ
- 苺★ いちご
- 祈 いのり
- 茅 かや
- 佳 けい
- 幸 さち
- 苑 その
- 空 そら
- 宙 そら
- 宝 たから
- 季 とき
- 朋 とも
- 苗 なえ
- 直 なお
- 波 なみ
- 和 のどか
- 典 のり
- 英 はな
- 房 ふさ
- 芽 めい
- 明 めい
- 若 わか

1・7画
- 一花 いちか
- 一呉 いちご
- 一見 かずみ

2・6画
- 七帆 なほ
- 乃江 のえ

3・5画
- 千冬 ちふゆ
- 千世 ちよ
- 久代 ひさよ
- 万由 まゆ
- 夕由 ゆうゆ
- 弓仔★ ゆみこ

4・4画
- 五月 さつき
- 文月 ふづき

5・3画
- 功子 いさこ
- 永子 えいこ
- 叶子 かのこ
- 仔々★ ここ
- 民子 たみこ
- 弘子 ひろこ
- 冬子 ふゆこ
- 立子 りつこ
- 礼子 れいこ

6・2画
- 朱乃 あけの
- 宇乃 うの
- 羽乃 うの
- 成乃 しげの

★新人名漢字

7・1画

吉乃　よしの
花乙　かお
芭乙★　はお

1・(7)画

のりな　のりな
一斗子　ひとこ
フミホ　ふみほ

2・(6)画

うらら　うらら
七三子　なみこ
二三子　ふみこ

3・(5)画

キリ子　きりこ
千七巳　ちなみ
万三乃　まさの

4・(4)画

はるの　はるの
ホノミ　ほのみ
まりん　まりん

5・(3)画

ゑつこ　えつこ
なつひ　なつひ
ほのり　ほのり

名の合計画数が9画

9画

娃★　あい
茜　あかね
映　あき
秋　あき
按★　あん
泉　いずみ
海　うみ
音　おと
香　かおり
郁　かおる
栄　さかえ
咲　さき
信　しの
洵　じゅん
星　せい
紀　のり
春　はる
洋　ひろ
貞　みさお
南　みなみ
廻★　めぐ
宥　ゆう
柚　ゆず
律　りつ
玲　れい

名の合計画数が10画

10画

晏　あん
悦　えつ
桜　さくら
倖　さち
祥　さち
栞　しおり
紗　すず
純　すみ
夏　なつ
華　はな
晃　ひかり
紘　ひろ
峰　みね
恵　めぐみ
素　もと
桃　もも
倫　りん

1・9画

乙香　おとか
一咲　かずさ
一音　かずね
一美　ひとみ

2・8画

七奈　なな
八弥　やや

3・7画

千花　ちか
千里　ちさと
千寿　ちず

4・6画

心衣　ここえ
月江　つきえ
友衣　ともえ
日向　ひなた
双羽　ふたば
文名　ふみな
友妃　ゆうひ

5・5画

玉代　たまよ
史世　ふみよ
正世　まさよ
未央　みお
礼央　れお

6・4画

伊予　いよ
衣予　きぬよ
有月　ゆづき

8・2画

明乃　あけの
育乃　いくの
侑乃　うの
茅乃　かやの
朋七　ともな
奈入　ないる
幸乃　ゆきの
佳乃　よしの

9・1画

香乙　かお
美乙　みお

名の合計画数が11画

11画

梓　あずさ
彩　あや
菖　あやめ
庵★　いおり
絃　いと
菊　きく
梢　こずえ
郷　さと
爽　さわ
雫★　しずく
偲　しのぶ
涼　すず
菫　すみれ
淑　とし
渚　なぎさ
捺　なつ
望　のぞみ
眸　ひとみ
毬　まり
蛍　ほたる
都　みやこ

姓に合う名前の吉数は374～399ページでチェック

萌 もえ
唯 ゆい
雪 ゆき
羚★ れい

1・10画

一華 いちか
一恵 かずえ

2・9画

入娃★ いりあ
七重 ななえ
七虹 ななこ
七星 ななせ
乃娃★ のあ
二咲 ふさ
八重 やえ

3・8画

小波 こなみ
小牧 こまき
小夜 さよ
千明 ちあき
千佳 ちか
千奈 ちな
千波 ちなみ
也実 なりみ
之依 のい
也英 やえ
夕波 ゆうは
夕茉 ゆま
弓奈 ゆみな
弓歩 ゆみほ

4・7画

天花 てんか
友芭★ ともは
日花 にちか
比呂 ひろ
水希 みずき

5・6画

卯汐 うしお
史妃 しき
世衣 せい
民江 たみえ
永江 ひさえ
由衣 ゆい

6・5画

伊世 いよ
伊代 いよ
衣代 いよ
多央 たお
旭代 てるよ
年代 としよ
光世 みつよ
光代 みつよ
百代 ももよ
安仔★ やすこ

7・4画

花月 かつき
花予 かよ
沙月 さつき
冴月 さつき
伶文 れもん

8・3画

歩子 あゆこ
育子 いくこ
育巳 いくみ
委子 いこ
英子 えいこ
佳子 かこ
果子 かこ
和子 かずこ
和与 かずよ
周子 かねこ
佳也 かや
茅子 かやこ
京子 きょうこ
幸子 さちこ
茂子 しげこ
苑子 そのこ
季子 ときこ
知子 ともこ
尚子 なおこ
直子 なおこ
奈々 なな
宜子 のりこ
房子 ふさこ
茉子 まこ
昌子 まさこ
実々 みみ
明子 めいこ
茂々 もも
弥子 やこ
弥々 やや
依子 よりこ
怜子 れいこ
若子 わかこ

9・2画

郁乃 いくの
香乃 かの
紀乃 きの
虹乃 にじの
星七 ほしな
美乃 みの
玲七 れいな

10・1画

真乙 まお
哩乙★ りお

1・(10)画

一早心 いさこ
しほな しほな

2・(9)画

七有三 なゆみ
八江子 やえこ

3・(8)画

千代子 ちよこ
万世子 まよこ

4・(7)画

心乃未 このみ
木乃未 このみ
水七央 みなお
水七未 みなみ
不二代 ふじよ
文夕心 ふゆこ

5・(6)画

以久子 いくこ
永久子 とわこ

6・(5)画

早千乃 さちの
多万乃 たまの

7・(4)画

沙十乃 さとの
那乙子 なおこ

名の合計画数が 12画

12画

葵 あおい
晶 あき
葛★ かずら
雁★ かり
琴 こと
富 とみ
智 とも
朝 とも
萩 はぎ

★新人名漢字

晴 はる
遥 はる
尋 ひろ
裕 ひろ
満 みちる
港 みなと
湊★ みなと
結 ゆう
琳 りん
塁 るい

1・11画

一琉 いちる
乙都 おと

2・10画

乃流 ないる
乃浬★ のり

4・8画

木実 このみ

天河 てんか
日和 ひより
円佳 まどか
元果 もとか

5・7画

永那 えな
加寿 かず
世那 せな
世里 せり
玉希 たまき
布沙 ふさ
冬花 ふゆか
未来 みき
未那 みな
由花 ゆか
由希 ゆき
由伽 よしか
礼亜 れいあ

6・6画

有早 ありさ
糸江 いとえ
色羽 いろは
多江 たえ
光江 みつえ
百名 ももな
有羽 ゆう
行帆 ゆきほ
百合 ゆり

9・3画

娃子★ あいこ
娃弓★ あゆみ
郁子 いくこ
音女 おとめ
香子 かこ
珂子★ かこ
哉子 かなこ

奏子 かなこ
紀子 きこ
洸子 こうこ
胡々 ここ
虹子 ここ
咲子 さきこ
科子 しなこ
姿子 しなこ
品子 しなこ
柊子 しゅうこ
侶子★ ともこ
南々 なな
音々 ねね
祢々★ ねね
宣子 のぶこ
春巳 はるみ
風子 ふうこ
風弓 ふゆみ

美久 みく
泉子 みこ
美子 みこ
美千 みち
皆子 みなこ
南子 みなこ
美々 みみ
美也 みや
美夕 みゆう
耶々 やや
要子 ようこ
律子 りつこ
亮子 りょうこ

10・2画

紗乃 すずの
素乃 その
浜乃 はまの
紘乃 ひろの

恭乃 やすの
留乃 るの

11・1画

麻乙 まお
理乙 りお

名の合計画数が13画

13画

愛 あい
楓 かえで
煌★ こう
鈴 すず
摂 せつ
節 せつ
園 その
椿 つばき

聖 ひじり
圓★ まどか
路 みち
雅 みやび
睦 むつみ
夢 ゆめ
楽 らく
稚 わか

1・12画

一葵 いつき
乙葉 おとは
一喜 かずき
一葉 かずは

2・11画

二菜 にな
乃唯 のい

3・10画

小夏 こなつ

小浪 こなみ
才華 さいか
小桜 さお
千恵 ちえ
千紗 ちさ
千夏 ちなつ
千浪 ちなみ
千隼 ちはや
久恵 ひさえ
万恵 まえ
万記 まき
夕夏 ゆか
弓真 ゆま
夕哩★ ゆり

4・9画

天城 あまぎ
天音 あまね
公香 きみか

姓に合う名前の吉数は374〜399ページでチェック

- 心美　ここみ
- 友香　ともか
- 友美　ともみ
- 仁美　ひとみ
- 日南　ひな
- 文香　ふみか
- 円香　まどか
- 元美　もとみ
- 友保　ゆほ

5・8画

- 加奈　かな
- 史苑　しおん
- 四季　しき
- 史歩　しほ
- 世奈　せな
- 玉枝　たまえ
- 史佳　ふみか
- 史夜　ふみよ

- 冬実　ふゆみ
- 未知　みち
- 由茉　ゆま
- 礼実　れみ

6・7画

- 朱里　あかり
- 在花　ありか
- 安寿　あんじゅ
- 安里　あんり
- 伊吹　いぶき
- 江里　えり
- 此★呂　ころ
- 多希　たき
- 凪沙　なぎさ
- 帆那　はんな
- 妃呂　ひろ
- 光希　みつき
- 百亜　もあ

- 有花　ゆうか
- 有希　ゆうき
- 好希　よしき

7・6画

- 亜伊　あい
- 邦江　くにえ
- 阪★江　さかえ
- 孝江　たかえ
- 杜羽　とわ
- 那帆　なほ
- 杜衣　もりい
- 芳妃　よしき
- 利江　りえ
- 李早　りさ

8・5画

- 采伃★　あやこ
- 歩生　あゆみ
- 委世　いよ

- 佳央　かお
- 和世　かずよ
- 佳世　かよ
- 幸世　さちよ
- 知冬　ちふゆ
- 知代　ちよ
- 知世　ともよ
- 典世　のりよ
- 英世　はなよ
- 英伃★　ひでこ
- 英代　ひでよ
- 房代　ふさよ
- 茉央　まお
- 牧世　まきよ
- 茉白　ましろ
- 芽生　めい
- 弥伃★　やこ
- 弥生　やよい

- 幸代　ゆきよ
- 佳未　よしみ

9・4画

- 浅水　あさみ
- 泉月　いつき
- 香月　かづき
- 咲文　さあや
- 南月　なつき
- 風友　ふゆ
- 美月　みづき
- 柚月　ゆづき

10・3画

- 朗子　あきこ
- 唄子　うたこ
- 悦子　えつこ
- 恵万　えま
- 笑子　えみこ
- 兼子　かねこ

- 恭子　きょうこ
- 桐子　きりこ
- 倖子　さちこ
- 祥子　さちこ
- 紗弓　さゆみ
- 修子　しゅうこ
- 峻子　しゅんこ
- 隼子　じゅんこ
- 純子　すみこ
- 紗子　たえこ
- 珠子　たまこ
- 哲子　てつこ
- 時子　ときこ
- 夏己　なつみ
- 浪子　なみこ
- 華子　はなこ
- 浩子　ひろこ
- 真子　まこ

- 真夕　まゆ
- 真弓　まゆみ
- 峰子　みねこ
- 峯★子　みねこ
- 素子　もとこ
- 桃子　ももこ
- 莉也　りや
- 莉々　りり
- 倫子　りんこ
- 恋子　れんこ
- 倭子　わこ

11・2画

- 麻乃　あさの
- 彩七　あやな
- 掬★乃　きくの
- 菊乃　きくの
- 清乃　きよの
- 梓乃　しの

- 曽★乃　その
- 埜★乃　のの
- 野乃　のの
- 毬乃　まりの
- 悠乃　ゆうの
- 梨乃　りの
- 琉乃　るの

12・1画

- 琴乙　ことお
- 智乙　ともお

1・(12)画

- 一沙世　いさよ
- 一十恵　ひとえ

2・(11)画

- 十和子　とわこ
- 七歩子　なほこ
- 八枝子　やえこ
- 八千歩　やちほ

★新人名漢字

3・(10)画

- 久良子 くらこ
- 小寿々 こすず
- そよ花 そよか
- 千沙子 ちさこ
- 千寿子 ちずこ
- 千李子 ちりこ
- 千里子 ちりこ
- 三千花 みちか
- 夕芙子 ゆふこ
- 弓芽乃 ゆめの

4・(9)画

- 木の実 このみ
- 比呂乃 ひろの

5・(8)画

- 加世子 かよこ
- 由以子 ゆいこ
- 由布子 ゆふこ

6・(7)画

- 早七代 さなよ
- 早代乃 さよの
- 帆乃加 ほのか

7・(6)画

- 亜夕子 あゆこ
- 寿々子 すずこ
- 芙久子 ふくこ

8・(5)画

- 佳乃子 かのこ
- 季久乃 きくの
- 茉也乃 まやの

名の合計画数が 14画

14画

- 綾 あや
- 寧 しず
- 静 しずか
- 滴 しずく
- 鳴 なる
- 暢 のぶ
- 槙 まき
- 蜜★ みつ
- 翠 みどり
- 碧 みどり
- 緑 みどり
- 綸 りん

1・13画

- 一瑚 いちご
- 一愛 ひとえ

2・12画

- 七絵 ななえ
- 二葉 ふたば
- 八瑛 やえ

3・11画

- 小捺 こなつ
- 小雪 こゆき
- 千野 ちの
- 千雪 ちゆき
- 久野 ひさの
- 万悠 まゆ

4・10画

- 天莉 あめり
- 友恵 ともえ
- 仁恵 ひとえ
- 元恵 もとえ

5・9画

- 永津 えつ
- 世津 せつ
- 玉美 たまみ
- 弘香 ひろか
- 広美 ひろみ
- 弘美 ひろみ
- 布柚 ふゆ
- 冬香 ふゆか
- 冬海 ふゆみ
- 由美 ゆみ
- 礼香 れいか
- 礼美 れみ

6・8画

- 朱実 あやみ
- 有果 ありか
- 安奈 あんな
- 衣茉 えま
- 妃京 ききょう
- 好実 このみ
- 此幸★ こゆき
- 早季 さき
- 早苗 さなえ
- 早波 さなみ
- 早夜 さや
- 多英 たえ
- 多実 たみ
- 旭枝 てるえ
- 名歩 なほ
- 成実 なるみ
- 弐奈 にいな
- 汎奈★ はんな
- 妃奈 ひな
- 妃依 ひより
- 充歩 みつほ
- 充実 みつみ
- 百波 もなみ
- 百果 ももか
- 百奈 ももな
- 有実 ゆみ
- 有芽 ゆめ
- 吏依 りえ

8・6画

- 枝江 しえ
- 苑衣 そのえ
- 知早 ちはや
- 知羽 ともは
- 直江 なおえ
- 波江 なみえ
- 実有 みゆう
- 芽有 めあり
- 芽衣 めい
- 茂有 もあ
- 弥衣 やえ

10・4画

- 華予 はなよ
- 夏月 なつき
- 真文 まふみ

11・3画

- 麻子 あさこ
- 彩女 あやめ
- 逸子 いつこ
- 菊子 きくこ
- 啓子 けいこ
- 埼子★ さきこ
- 郷子 さとこ
- 偲万 しま
- 惇子 じゅんこ
- 梢子 しょうこ
- 雪子 せつこ
- 爽子 そうこ
- 崇子 たかこ
- 球子 たまこ
- 陶子 とうこ
- 菜千 なち
- 捺子 なつこ
- 菜々 なな
- 埜々★ のの

姓に合う名前の吉数は374〜399ページでチェック

野々 のの
麻也 まや
麻与 まよ
毬子 まりこ
萌子 もえこ
基子 もとこ
萌々 もも
惟子 ゆいこ
唯子 ゆいこ
梨子 りこ
理子 りこ
涼子 りょうこ

12・2画

暁乃 あきの
絢乃 あやの
貴乃 きの
紫乃 しの
絢七 じゅんな
智乃 ちの
晴乃 はるの
裕乃 ひろの

13・1画

瑞乙 みずお

名の合計画数が 15画

15画

潮 うしお
澄 すみ
黎 たみ
舞 まい
縁 ゆかり
凜 りん

1・14画

一歌 いちか
一瑠 いちる

2・13画

七夢 ななむ
七誉 ななよ
乃愛 のえ

3・12画

上葉 あげは
小陽 こはる
千晶 ちあき
千陽 ちあき
千絵 ちえ
千景 ちかげ
千湖 ちこ
千智 ちさと
千須 ちず
千遥 ちはる
千尋 ちひろ
千裕 ちひろ
之詠 のえ
万智 まち
万尋 まひろ
万葉 まよ
夕陽 ゆうひ
弓雁★ ゆかり

4・11画

心深 ここみ
月野 つきの
斗萌 ともえ
友菜 ともな
文野 ふみの
水都 みと
友梨 ゆり

5・10画

加恵 かえ
可純 かすみ
叶恵 かなえ
加倫 かりん
史記 しき
世莉 せり
民恵 たみえ
広恵 ひろえ
正恵 まさえ
礼紋 れもん

6・9画

朱音 あかね
朱美 あけみ
有美 あみ
有迦★ ありか
有珂★ ありか
有咲 ありさ
安南 あんな
糸重 いとえ
伊紀 いのり
宇美 うみ
羽美 うみ
江虹 えこ
江津 えつ
衣映 きぬえ
衣栄 きぬえ
圭香 けいか
此★美 ここみ
好美 このみ
此★春 こはる
早紀 さき
汐海 しおみ
多紀 たき
多泉 たみ
多美 たみ
旭美 てるみ
光美 てるみ
成美 なるみ
羽祇★ はぎ
早美 はやみ
帆南 はんな
光栄 みつえ
百音 もね
百祢★ もね
百香 ももか
百柚 もゆ
有紀 ゆき
吏娃★ りあ
羽奏 わかな

7・8画

亜依 あい
亜実 あみ
杏奈 あんな
壱果 いちか
初奈 ういな
花波 かなみ
花並 かなみ
希和 きわ
来実 くるみ
希依 けい
沙知 さち
佐波 さわ
志茉 しま
芹佳 せりか
芹奈 せりな
汰於 たお
初枝 はつえ
初実 はつみ
花枝 はなえ
秀佳 ひでか
秀実 ひでみ
芳実 よしみ
李苑 りおん
里奈 りな
里茉 りま

★新人名漢字

良佳 りょうか

8・7画

歩来 あゆな
和希 かずき
和沙 かずさ
和芭★ かずは
果那 かな
季玖 きく
季沙 きさ
知玖 しるく
茅沙 ちさ
朋花 ともか
知那 ともな
知見 ともみ
朋里 ともり
尚見 なおみ
奈沙 なずな
奈那 なな
英花 ひでか
阜希★ ふき
実希 みき
実玖 みく
実良 みら
芽玖 めぐ
芽里 めり
茂亜 もあ
幸那 ゆきな
依花 よりか
怜亜 れいあ
怜那 れいな
怜良 れいら

9・6画

娃光★ あいみ
海江 うみえ
紀早 きさ
虹糸 こいと
虹羽 こう
咲衣 さきえ
砂羽 さわ
侶名★ ともな
南帆 なほ
虹帆 にじほ
信江 のぶえ
春妃 はるひ
海衣 みい
美衣 みい
美羽 みう
美有 みう
美早 みはや
海帆 みほ
美守 みもり
美好 みよし
柚妃 ゆうき
柚江 ゆずえ

10・5画

唄代 うたよ
悦代 えつよ
荻★仔★ おぎこ
祥代 さちよ
紗矢 さや
紗代 さよ
純加 すみか
栖★世 すみよ
高代 たかよ
珠央 たまお
珠世 たまよ
敏代 としよ
夏央 なつお
華代 はなよ
真白 ましろ
真世 まよ
倫代 みちよ
素世 もとよ
桃世 ももよ
恭世 やすよ
泰世 やすよ
莉世 りせ
莉代 りよ
連仔★ れんこ

11・4画

菊水 きくみ
埼★予 きよ
皐月 さつき
菜月 なつき
麻文 まあや
深月 みつき
梨予 りよ

12・3画

朝子 あさこ
温子 あつこ
敦子 あつこ
絢子 あやこ
斐女 あやめ
詠子 うたこ
瑛子 えいこ
絵子 えこ
越子 えつこ
萱★子 かやこ
喜久 きく
喬子 きょうこ
椋子 くらこ
敬子 けいこ
湖々 ここ
智巳 さとみ
滋巳 しげみ
萩子 しゅうこ
晶子 しょうこ
翔子 しょうこ
晴子 せいこ
湊★子 そうこ
貴子 たかこ
塔子 とうこ
登々 とと
富子 とみこ
智子 ともこ
順子 のぶこ
皓子 ひろこ
結子 ゆいこ
葉子 ようこ
陽子 ようこ
琳子 りんこ
塁子 るいこ
琶★子 わこ

13・2画

聖乃 きよの
慈乃 しげの
詩乃 しの
鈴乃 すずの
聖七 せいな
雅乃 まさの
靖乃 やすの
夢七 ゆめな
夢乃 ゆめの

14・1画

歌乙 かお
静乙 しずお

1・(14)画

乙海加 おみか
乙哩★予 おりよ

2・(13)画

十三恵 とみえ
七三華 なみか
二千夏 にちか
乃斗香 のどか

姓に合う名前の吉数は374～399ページでチェック

名の合計画数が 16画

3・(12)画
久仁枝 くにえ
久美子 くみこ
小百合 さゆり
千砂子 ちさこ
千由良 ちゆら
千百合 ちゆり
千代花 ちよか
万美子 まみこ
万柚子 まゆこ
万由良 まゆら
三津子 みつこ
夕沙仔★ ゆさこ
よし埜★ よしの

4・(11)画
日実子 ひみこ
日弥子 ひみこ
文美乃 ふみの

水比芦★ みひろ

5・(10)画
卯良々 うらら
永里子 えりこ
代里子 よりこ

6・(9)画
安佐乃 あさの
伊乃里 いのり
江伊子 えいこ
早夕妃 さゆき
朱寿乃 すずの
多江子 たえこ
妃沙乃 ひさの
百衣子 もえこ
百合子 ゆりこ

7・(8)画
亜早乃 あさの
亜矢子 あやこ

花代子 かよこ
希今日 ききょう
沙代子 さよこ
利矢子 りやこ
利代子 りよこ
里代子 りよこ

8・(7)画
果矢乃 かやの
奈々予 ななよ
実千予 みちよ

9・(6)画
珂也子★ かやこ
紀久子 きくこ
美也子 みやこ

10・(5)画
紗也乃 さやの
素乃子 そのこ
真千乃 まちの

16画
鮎 あゆ
樹 いつき
薫 かおる
薗★ その
蕾★ つぼみ
縫 ぬい
澪 みお
操 みさお

1・15画
乙穂 いつほ
一慧 ひとえ

2・14画
乃瑠 ないる

乃維 のい

3・13画
小鈴 こすず
千瑞 ちず
千勢 ちせ
千聖 ちせ
千歳 ちとせ
千誉 ちよ
万鈴 まりん
万稟★ まりん
三鈴 みすず

4・12画
天葵 あまぎ
文葉 あやは
木葉 このは
天翔 てんか
友葉 ともよ
双葉 ふたば

水絵 みずえ
六湖 むつこ

5・11画
永麻 えま
永理 えり
古都 こと
永望 ひさみ
広野 ひろの
弘埜★ ひろの
由逗★ ゆず
由菜 ゆな
由埜★ ゆの
由萌 ゆめ
由梨 ゆり
由理 ゆり
礼椰★ れな

6・10画
安純 あずみ

在恵 ありえ
有恵 ありえ
有栖★ ありす
安珠 あんじゅ
衣紗 いすず
早莉 さり
此恵★ しえ
多恵 たえ
多笑 たえ
多桜 たお
凪紗 なぎさ
成留 なる
妃粋 ひすい
妃夏 ひめか
帆浪 ほなみ
充留 みちる
光恵 みつえ
充恵 みつえ

百笑 もえ
百恵 ももえ
百華 ももか
安華 やすか
有莉 ゆり
好恵 よしえ
吏恵 りえ

7・9画
亜美 あみ
杏南 あんな
克美 かつみ
花保 かほ
希胡 きこ
希咲 きさ
君珂★ きみか
玖美 くみ
言祢★ ことね
言美 ことみ

★新人名漢字

冴音 さお
沙紀 さき
作美 さくみ
里美 さとみ
沙南 さなみ
佐耶 さや
志衿 しえり
志紀 しき
志津 しづ
志保 しほ
寿南 じゅな
寿美 すみ
芹香 せりか
孝美 たかみ
利美 としみ
杜海 とみ
那津 なつ
那海 なみ

伸映 のぶえ
初栄 はつえ
初香 はつか
初虹 はつこ
初音 はつね
初泉 はつみ
寿栄 ひさえ
秀香 ひでか
秀美 ひでみ
芙美 ふみ
里映 りえ
里音 りおん
里虹 りこ
里耶 りや
伶泉 れみ

8・8画

青波 あおば
歩果 あゆか

歩実 あゆみ
育実 いくみ
英佳 えいか
英茉 えま
和枝 かずえ
佳波 かなみ
果歩 かほ
佳弥 かや
果林 かりん
季於 きお
季実 きみ
京奈 きょうな
季林 きりん
茂実 しげみ
青佳 せいか
苑果 そのか
苑実 そのみ
知茄 ちか

茅奈 ちな
知歩 ちほ
季依 としえ
朋佳 ともか
朋奈 ともな
直佳 なおか
奈苗 ななえ
典佳 のりか
典実 のりみ
尚実 ひさみ
英実 ひでみ
英枝 ふさえ
茉季 まき
昌実 まさみ
茉知 まち
茉歩 まほ
実阿 みあ
実於 みお

実果 みか
実苑 みその
実奈 みな
実歩 みほ
実和 みわ
茂波 もなみ
依枝 よりえ
怜佳 れいか
若枝 わかえ
若奈 わかな

9・7画

娃花★ あいか
娃良★ あいら
秋花 あきか
娃君★ あきみ
泉吹 いぶき
衿那 えりな
音花 おとか

音芭★ おとは
香里 かおり
紅亜 くれあ
咲良 さら
砂里 さり
思希 しき
風花 ふうか
海亜 みあ
美亜 みあ
美玖 みく
美佐 みさ
美沙 みさ
美冴 みさえ
美里 みさと
美杜 みと
美芳 みよし
海来 みらい
美来 みらい

美李 みり
柚里 ゆうり
祐李 ゆうり
柚李 ゆり
玲亜 れいあ

10・6画

唄江 うたえ
華衣 かえ
華尽 かつき
夏帆 かほ
祥帆 さちほ
紗帆 さほ
純江 すみえ
晃羽 てるは
敏江 としえ
夏江 なつえ
真妃 まき
真名 まな

泰帆 やすほ
浬帆★ りほ

11・5画

彩世 あやせ
彩加 さいか
都乎★ とこ
都仔★ とこ
麻央 まお
麻代 ましろ
深冬 みふゆ
望由 みゆ
萌由 もゆ
康代 やすよ
雪世 ゆきよ
悠未 ゆみ
梨世 りせ
理世 りせ
梨矢 りや

姓に合う名前の吉数は374〜399ページでチェック

名の合計画数が
17画

12・4画
- 梨代　りよ
- 理代　りよ

12・4画
- 朝日　あさひ
- 絢水　あやみ
- 紫月　しづき
- 富斗　とと
- 朝水　ともみ
- 琶★月　はづき
- 葉月　はづき
- 晴日　はるひ
- 斐水　ひすい
- 陽文　ひふみ
- 遊月　ゆづき

13・3画
- 愛子　あいこ
- 葦★子　いこ
- 詩子　うたこ
- 鉄子　かねこ
- 鼓子　ここ
- 禎子　さちこ
- 舜子　しゅんこ
- 詢子　じゅんこ
- 鈴子　すずこ
- 聖子　せいこ
- 誠子　せいこ
- 節子　せつこ
- 園子　そのこ
- 滝子　たきこ
- 瑞子　たまこ
- 馳★子　ちこ
- 照巳　てるみ
- 豊々　とと
- 豊子　とよこ
- 稔々　ねね
- 福子　ふくこ
- 楓夕　ふゆ
- 雅子　まさこ
- 雅与　まさよ
- 幹子　みきこ
- 路子　みちこ
- 睦子　むつこ
- 盟子　めいこ
- 源子　もとこ
- 椰子　やこ
- 椰々　やや
- 夢子　ゆめこ
- 蓉子　ようこ
- 楽々　らら
- 蓮子　れんこ
- 稚子　わかこ

14・2画
- 斡★乃　あつの
- 綺乃　きの
- 榛乃　はるの
- 槙乃　まきの
- 箕★乃　みの
- 寧乃　やすの
- 瑠乃　るの

15・1画
- 舞乙　まお
- 璃乙　りお

1・(15)画
- 一千賀　いちか
- 乙美羽　おみは

2・(14)画
- 七生重　なおえ
- 八重仔★　やえこ

3・(13)画
- そよ夏　そよか
- 千恵子　ちえこ
- 千笑子　ちえこ
- 千江里　ちえり
- 千波矢　ちはや
- 千世実　ちよみ
- 千代実　ちよみ
- 万里衣　まりい
- 三恵子　みえこ

4・(12)画
- 友香子　ゆかこ
- 友紀子　ゆきこ
- 友希代　ゆきよ

5・(11)画
- 以呂巴　いろは
- 布紀乃　ふきの
- 布実子　ふみこ
- 矢代衣　やよい
- 由芽子　ゆめこ

6・(10)画
- 安久利　あぐり
- 安沙子　あさこ
- 安弥乃　あやの
- 衣玖子　いくこ
- 伊万里　いまり
- 早希子　さきこ
- 早矢加　さやか
- 多加代　たかよ
- 多希子　たきこ
- 有芙子　ゆふこ

7・(9)画
- 亜伊子　あいこ
- 沙江子　さえこ
- 冴帆子　さほこ
- 寿々江　すずえ
- 里々衣　りりい

8・(8)画
- 佳矢子　かやこ
- 佳代子　かよこ
- 知永子　ちえこ
- 奈加子　なかこ
- 奈未子　なみこ
- 奈代子　なよこ
- 実以子　みいこ

9・(7)画
- 紀代乃　きよの
- 美井子　みいこ
- 美千予　みちよ

10・(6)画
- 恵三子　えみこ
- 夏之子　かのこ
- 紗千子　さちこ
- 紗也子　さやこ
- 真千子　まちこ
- 真也子　まやこ
- 莉也子　りやこ
- 莉々子　りりこ

17画
- 霞　かすみ
- 鴻　こう
- 環　たまき
- 翼　つばさ
- 瞳　ひとみ
- 檀　まゆみ
- 鞠　まり
- 嶺　みね
- 優　ゆう

1・16画
- 一蕾★　いちれ
- 乙樹　いつき
- 乙磨　おとま

★新人名漢字

2・15画

乃慧 のえ
乃舞 のぶ

3・14画

小槙 こまき
千榎★ ちか
千歌 ちか
千種 ちぐさ
千榛 ちはる
弓榎★ ゆみか

4・13画

心路 こころ
文瑚 ふみこ

5・12画

央湖 なかこ
弘絵 ひろえ
布貴 ふき
史絵 ふみえ
由貴 ゆうき
由葡★ ゆうほ
由絵 よしえ

6・11画

伊都 いと
有埜★ うの
江麻 えま
江理 えり
早雪 さゆき
汐理 しおり
羽菜 はな
光眸 ひろむ
光鳥 みとり
百菜 もな
百萌 ももえ
有麻 ゆま
好野 よしの
吏理 りり

7・10画

亜栗 あぐり
亜純 あずみ
杏浬★ あんり
花莉 かり
希恵 きえ
邦恵 くにえ
言恵 ことえ
沙恵 さえ
沙桐 さぎり
更紗 さらさ
孝恵 たかえ
寿笑 としえ
那笑 なえ
初恵 はつえ
初華 もとか
李恵 ももえ
邑莉 ゆうり
来夏 らいか
里桜 りお
里夏 りか

8・9画

明香 あきか
明虹 あきこ
明海 あけみ
明美 あけみ
阿泉 あみ
阿柚 あゆ
育海 いくみ
果南 かなん
佳音 かのん
季咲 きさき
国栄 くにえ
佳香 けいか
佳南 けいな
幸保 さちほ
苑香 そのか
苑泉 そのみ
苑美 そのみ
卓美 たくみ
拓海 たくみ
拓美 たくみ
知秋 ちあき
知迦★ ちか
知珂★ ちか
知草 ちぐさ
知咲 ちさ
知南 ちなみ
知春 ちはる
承美 つぐみ
直美 なおみ
奈美 なみ
斉美 なりみ
延虹 のぶこ
典栄 のりえ
典虹 のりこ
法美 のりみ
波城 はぎ
英珂★ ひでか
英香 ひでか
房重 ふさえ
歩南 ほなみ
松栄 まつえ
茉美 まみ
実耶 みや
実柚 みゆ
茂娃★ もあ
怜泉 れい
怜南 れな
怜美 れみ
和香 わか
若南 わかな
和奏 わかな

9・8画

秋枝 あきえ
秋奈 あきな
秋実 あきみ
栄実 えいみ
香枝 かえ
香苗 かなえ
奏夜 かなよ
珂夜★ かや
紀和 きわ
咲枝 さえ
咲弥 さや
星河 せいか
俊実 としみ
虹歩 にじほ
紀佳 のりか
春枝 はるえ
春奈 はるな
星奈 ほしな
柾実 まさみ
美雨 みう
美英 みえ
美枝 みえ
美佳 みか
海季 みき
美祈 みき
美怜 みさと
美苑 みその
美弦 みつる
美奈 みな
美苗 みなえ
美波 みなみ
美典 みのり
美弥 みや
美幸 みゆき

姓に合う名前の吉数は374〜399ページでチェック

10・7画
- 海夜 みよ
- 美和 みわ
- 柚季 ゆずき
- 柚枝 ゆずき
- 柚実 ゆみ
- 玲奈 れいな
- 晃芭★ あきは
- 晏寿 あんじゅ
- 梅花 うめか
- 浦良 うらら
- 恵那 えな
- 夏寿 かず
- 桐亜 きりあ
- 桂花 けいか
- 恵杜 けいと
- 恋杜 こいと
- 栞利 しおり
- 紗伽 すずか
- 晟那 せいな
- 素良 そら
- 夏来 なつき
- 能亜 のあ
- 真来 まき
- 真佐 まさ
- 素花 もとか
- 桃花 ももか
- 恭花 やすか
- 恭那 やすな
- 泰那 やすな
- 恭芭★ やすは
- 莉花 りか
- 莉更 りさら
- 莉良 りら
- 留里 るり
- 恋花 れんか

11・6画
- 麻江 あさえ
- 麻妃 あさひ
- 彩羽 あやは
- 清衣 すみえ
- 崇江 たかえ
- 捺衣 なつえ
- 菜帆 なほ
- 菜有 なゆ
- 埜衣★ のえ
- 麻衣 まい
- 麻有 まゆ
- 毬安 まりあん
- 深宇 みう
- 萌有 めあり
- 萌伎 もえぎ
- 基江 もとえ
- 悠有 ゆうゆ
- 雪羽 ゆきは
- 淑江 よしえ

12・5画
- 晶仔★ あきこ
- 朝代 あさよ
- 詠代 うたよ
- 越世 えつよ
- 賀仔★ かこ
- 葵乎★ きこ
- 喜代 きよ
- 貴世 きよ
- 智冬 ちふゆ
- 智世 ちよ
- 朝世 ともよ
- 晴代 はるよ
- 遥代 はるよ
- 陽世 はるよ
- 斐史 ひふみ
- 道代 みちよ
- 満代 みつよ

13・4画
- 愛心 あいこ
- 詩月 しづき
- 睦月 むつき

14・3画
- 綾子 あやこ
- 歌子 うたこ
- 歌之 かの
- 嘉与 かよ
- 聡子 さとこ
- 静子 しずこ
- 寧子 しずこ
- 嶋子★ しまこ
- 蔣子★ しょうこ
- 颯子 そうこ
- 綴子★ てつこ
- 寧々 ねね
- 肇子 はつこ
- 総子 ふさこ
- 箕子★ みこ
- 蜜子★ みつこ
- 翠子 みどりこ
- 碧子 みどりこ
- 緑子 みどりこ
- 銘子 めいこ
- 模子 もこ
- 僚子 りょうこ
- 綸子 りんこ

15・2画
- 澄乃 すみの
- 璃乃 りの
- 凛乃★ りの

16・1画
- 薫乙 ゆきお
- 澪乙 れお

2・(15)画
- 二千翔 にちか
- 乃々絵 ののえ

3・(14)画
- 小由紀 こゆき
- 千彩子 ちさこ
- 万李亜 まりあ
- 三津代 みつよ

4・(13)画
- 今日香 きょうか
- 水那江 みなえ
- 日菜乃 ひなの
- 友梨乃 ゆりの

5・(12)画
- 加寿代 かずよ
- 可南子 かなこ
- 加祢子★ かねこ
- 史津子 しずこ
- 史南子 しなこ
- 世津子 せつこ
- 田津子 たづこ
- 布美子 ふみこ
- 未央那 みおな
- 由宇帆 ゆうほ
- 由香子 ゆかこ
- 由希代 ゆきよ
- 由美子 ゆみこ

6・(11)画
- 安矢羽 あやは
- 伊紅乃 いくの
- 伊千佳 いちか
- 伊茅子 いちこ
- 有多代 うたよ
- 此乃美★ このみ
- 早知子 さちこ

★新人名漢字

朱実子 すみこ
多英子 たえこ
多佳子 たかこ
多久実 たくみ
多実子 たみこ
妃奈子 ひなこ
妃奈之 ひなの
帆乃海 ほのみ
百々奈 ももな
有未帆 ゆみほ

7・(10)画

亜矢未 あやみ
伽寿子 かずこ
玖良子 くらこ
志寿子 しずこ
李花子 りかこ
里沙子 りさこ
利里子 りりこ

8・(9)画

茅衣子 ちいこ
知伊子 ちいこ
奈帆子 なほこ
実乃里 みのり
実羽子 みわこ
弥衣子 やいこ
怜乙奈 れおな

9・(8)画

香代子 かよこ
虹乃羽 このは
美加子 みかこ
美千代 みちよ
美代子 みよこ
耶以子 やいこ

10・(7)画

紗千予 さちよ
紗矢乃 さやの

11・(6)画

菜々子 ななこ
萌々子 ももこ
理々子 りりこ

名の合計画数が 18画

18画

藍 あい
雛 ひな
繭 まゆ
類 るい

1・17画

一檎★ いちご
一螺★ かずら

2・16画

二澪 にれい

乃薫 のゆき

3・15画

千穂 ちほ
万輝 まき
万璃 まり
弓穂 ゆみほ

4・14画

日歌 にちか
巴瑠 はる
友歌 ゆか

5・13画

功瑚 いさこ
永夢 えむ
央夢 ひろむ
由愛 よしえ
礼夢 らいむ

6・12画

有須 ありす

衣葉 きぬよ
早絢 さあや
多喜 たき
光絵 てるえ
光葉 てるは
羽葵 はぎ

7・11画

亜野 あや
杏菜 あんな
杏理 あんり
佑深 うみ
伽野 かの
希埼★ きさき
沙彩 さあや
里深 さとみ
更彩 さらさ
沙理 さり
志逗★ しず

志都 しづ
寿深 としみ
杜都 とと
杜萌 ともえ
希望 のぞみ
秀望 ひでみ
良眸 らむ
李都 りつ

8・10画

明莉 あかり
明笑 あきえ
育恵 いくえ
祈浬★ いのり
和恵 かずえ
和紗 かずさ
果恋 かれん
径華 けいか
苑恵 そのえ

知恵 ちえ
茅華 ちか
茅夏 ちなつ
知夏 ちなつ
季恵 ときえ
朋笑 ともえ
奈桜 なお
尚恵 なおえ
尚華 なおか
法恵 のりえ
典夏 のりか
茉桜 まお
茉純 ますみ
茉恵 まつえ
茉莉 まり
実恵 みえ
芽浬★ めり
茂夏 もか

幸恵 ゆきえ
佳夏 よしか
依恵 よりえ
怜紋 れもん

9・9画

娃香★ あいか
秋映 あきえ
娃咲★ あさき
海音 あまね
郁美 いくみ
勇美 いさみ
海映 うみえ
栄香 えいか
映海 えみ
音栄 おとえ
重祢★ かさね
奏美 かなみ
香音 かのん

姓に合う名前の吉数は374〜399ページでチェック

紀美	きみ
紅美	くみ
胡春	こはる
咲美	さくみ
咲保	さほ
星香	せいか
星南	せいな
玲美	たまみ
侶★美	ともみ
南津	なつ
紀香	のりか
春海	はるみ
春美	はるみ
風海	ふみ
紅音	べにお
保科	ほしな
美娃★	みあ
美秋	みあき
美泉	みい
泉映	みえ
美香	みか
美紀	みき
美虹	みこ
美咲	みさき
美津	みつ
南音	みなと
皆美	みなみ
美音	みね
美祢★	みね
美春	みはる
美保	みほ
海美	みみ
美海	みみ
海耶	みや
美玲	みれい
廻★美	めぐみ
柚香	ゆうか
宥柚	ゆうゆ
柚泉	ゆみ
俐★耶	りや
玲香	れいか

10・8画

晟奈	あきな
純実	あつみ
梅佳	うめか
梅果	うめか
恵波	えなみ
夏於	かお
栞奈	かんな
桐枝	きりえ
恵奈	けいな
紗英	さえ
祥枝	さちえ
哲枝	さとえ
悟実	さとみ
紗苗	さなえ
紗依	さより
珠奈	じゅな
紗奈	すずな
素尚	すなお
素直	すなお
栖★佳	せいか
時枝	ときえ
夏芽	なつめ
展枝	のぶえ
紘枝	ひろえ
真依	まい
真於	まお
真茅	まち
真知	まち
真奈	まな
真歩	まほ
真夜	まや
恵実	めぐみ
桃枝	ももえ
桃奈	ももな
恭佳	やすか
晏果	やすか
莉阿	りあ
莉枝	りえ
莉於	りお
莉知	りしる
浬★奈	りな
倫佳	りんか
留奈	るな

11・7画

惇希	あつき
庵★寿	あんじゅ
惟冴	いさえ
渓花	けいか
淳那	じゅんな
清良	せいら
埜★亜	のあ
野亜	のあ
埜★芙	のぶ
麻沙	まさ
麻冴	まさえ
麻那	まな
毬那	まりな
毬良	まりら
深那	みな
望里	みり
萌里	めり
萌花	もえか
基花	もとか
唯花	ゆいか
徠★花	らいか
梨亜	りあ
理良	りら
琉利	るり
琉里	るり
羚★那	れいな

12・6画

暁江	あきえ
暁帆	あきほ
揚羽	あげは
温妃	あつき
覚江	さとえ
紫帆	しほ
智江	ちえ
朝凪	ともな
遥江	はるえ
尋江	ひろえ
満帆	まほ
森衣	もりい
結衣	ゆい
遊羽	ゆうは
順江	よりえ

13・5画

詩世	うたよ
詩代	うたよ
絹世	きぬよ
絹代	きぬよ
照代	てるよ
稔生	ねお
楓由	ふゆ
夢未	ゆめみ

14・4画

歌月	かつき
箕★月	みづき

15・3画

勲子	いさこ
慶子	けいこ
慧子	さとこ

★新人名漢字

醇子 じゅんこ
澄子 すみこ
槻子 つきこ
徹子 てつこ
範子 のりこ
舞子 まいこ
諒子 りょうこ
璃々 りり
凜子★ りんこ
黎子 れいこ

16・2画

篤乃 あつの
興乃 おきの
繁乃 しげの
錫乃★ すずの

17・1画

霞乙 かお
篠乙★ しのと
嶺乙 れいと

2・(16)画

乃々夢 ののむ
乃里香 のりか

3・(15)画

千夏仔★ ちかこ
万由華 まゆか

4・(14)画

巴椰子★ はなこ
友花里 ゆかり

5・(13)画

加恵子 かえこ
矢知代 やちよ
由紗子 ゆさこ
由莉子 ゆりこ
由梨乃 ゆりの

6・(12)画

安以里 あいり
有耶子 あやこ
伊久美 いくみ
伊津子 いつこ
衣乃莉 いのり
江津子 えつこ
早来未 さくみ
早佑未 さゆみ
早百合 さゆり
早代里 さより
多津子 たづこ
多美子 たみこ
羽真乃 はまの
妃美子 ひみこ
妃代里 ひより
帆乃夏 ほのか
有姫乃 ゆきの

7・(11)画

亜早代 あさよ
亜実子 あみこ
亜夕実 あゆみ
希代江 きよえ
希和子 きわこ
沙茅子 さちこ
冴和子 さわこ
志奈子 しなこ
寿々奈 すずな
寿茉子 すまこ
寿和子 すわこ
那未江 なみえ
芙小夜 ふさよ
佑妃世 ゆきよ
李枝子 りえこ
李於子 りおこ
利奈子 りなこ
里奈子 りなこ
里々果 りりか

8・(10)画

阿佐子 あさこ
英利子 えりこ
佳那子 かなこ
佳那与 かなよ
祈里子 きりこ
知布由 ちふゆ
奈那子 ななこ
実佐子 みさこ
弥寿子 やすこ

9・(9)画

珈也名★ かやな
紀玖乃 きくの
風羽子 ふうこ
美羽子 みわこ
柚李乃 ゆりの

10・(8)画

桜妃乃 おきの
紗千世 さちよ
真以子 まいこ
真矢子 まやこ
真由子 まゆこ

11・(7)画

菜々予 ななよ
菜夕心 なゆこ
麻友子 まゆこ
麻七未 まなみ

12・(6)画

喜久子 きくこ
智也子 ちやこ
登与子 とよこ
富久子 ふくこ
富士子 ふじこ

15・(3)画

璃乙七 りおな
璃乙乃 りおの

名の合計画数が 19画

19画

麗 うらら
瀧★ たき

名の合計画数が 20画

20画

響 おと
馨 かおり

1・19画

一羅 かずら
乙羅 たから
乙蘭 たから

2・18画

二雛 にひな
乃藍 のらん

4・16画

円樹 えんじゅ
心樹 しんじゅ

5・15画

史慧 しえ
由璃 ゆり
由嬉 よしき

6・14画

有摘 あつみ
宇稲 ういな
江漣★ えれん
早緒 さお
多緒 たお
羽瑠 はる
百歌 ももか

姓に合う名前の吉数は374～399ページでチェック

画数別　名前リスト

7・13画

花蓮 かれん
初聖 はつせ
花愛 はなえ
来睦 らいむ
来夢 らいむ
良夢 らむ
李愛 りえ
里楽 りら

8・12画

青葉 あおば
明琶★ あきは
依登 いと
依湖 えこ
果瑛 かえ
季葡★ きほ
苑絵 そのえ
茅晶 ちあき
知景 ちかげ
周湖 ちかこ
茅葉 ちよ
朋葉 ともは
奈裕 なゆ
治葉 はるよ
英湖 ひでこ
茉朝 まあさ
茉絢 まあや
茉詠 まえ
茉詞 まこと
昌葉 まさよ
実陽 みはる
実結 みゆ
茂絵 もえ
茂湖 もこ
茂結 もゆ
幸葉 ゆきは
幸葡★ ゆきほ
佳絵 よしえ
佳貴 よしき
若葉 わかば

10・10画

晏哩★ あんり
晏莉 あんり
笑真 えま
笑留 えみる
恵莉 えり
恵連 えれん
華真 かさね
華珠 かず
恭夏 きょうか
桂夏 けいか
倖恵 さちえ
栖★華 すみか
高恵 たかえ
珠桜 たまお
展夏 てんか
浪恵 なみえ
姫華 ひめか
紘華 ひろか
真紗 まさ
真純 ますみ
真莉 まり
倫恵 みちえ
素恵 もとえ
素笑 もとえ
祥恵 よしえ
莉紗 りさ
莉真 りま
流莉 るり

11・9画

麻美 あさみ
淳美 あつみ
彩香 あやか
彩祢★ あやね
清香 きよか
清音 きよね
清海 きよみ
清泉 きよみ
清美 きよみ
蛍飛 けいと
郷美 さとみ
都美 さとみ
彩保 さほ
爽香 さやか
爽南 さわな
梓津 しづ
都紀 とき
菜音 なお
菜砂 なずな
望海 のぞみ
望美 のぞみ
規珂★ のりか
教香 のりか
逸美 はやみ
窓珈★ まどか
毬泉 まりい
深紅 みく
萌香 もえか
萌祇★ もえぎ
萌美 もえみ
萌俐★ もえり
萌音 もね
康珂★ やすか
惟香 ゆいか
悠虹 ゆうこ
悠南 ゆうな
悠飛 ゆうひ
雪映 ゆきえ
雪美 ゆきみ
悠海 ゆみ
淑香 よしか
淑美 よしみ
梨香 りか
理香 りか
梨咲 りさ
理美 りみ
涼香 りょうか
琉珂★ るか
琉珈★ るか
琉美 るみ

12・8画

晶奈 あきな
晶歩 あきほ
絢奈 あやな
絢芽 あやめ
絵奈 えな
敬佳 けいか
敬奈 けいな
湖季 こずえ
詞実 ことみ
椎奈 しいな
紫苑 しおん
順奈 じゅんな
惺★奈 せいな
智佳 ちか
智弦 ちづる
朝果 ともか
朝波 ともは
登和 とわ
富和 とわ
温佳 のどか
裕佳 ひろか
富実 ふみ
道佳 みちか

★新人名漢字

満実 みつみ
裕依 ゆい
裕季 ゆうき
結実 ゆみ
結芽 ゆめ

13・7画

愛花 あいか
聖良 きよら
鈴那 すずな
園花 そのか
新那 にいな
瑞希 みずき
夢見 ゆめみ
鈴花 れいか
稚那 わかな

14・6画

碧羽 あおば
綸衣 いとえ
歌江 うたえ
嘉名 かな
聡江 さとえ
榛名 はるな
寧江 やすえ
寧羽 やすは
瑠伊 るい
瑠名 るな

15・5画

嬉央 きお
輝世 てるよ
舞代 まよ

16・4画

鮎水 あゆみ
薗日★ そのか
橙巴★ ゆずは

17・3画

瞭子 あきこ
駿子 しゅんこ
瞳子 とうこ
嶺々 ねね
鞠子 まりこ
嶺子 みねこ
優子 ゆうこ
螺々★ らら
環子 わこ

18・2

雛乃 ひなの
繭乃 まゆの

名の合計画数が 21画

21画

櫻 さくら
鶴 つる

1・20画

一耀 いちよ
乙耀 たかよ

2・19画

七瀬 ななせ
乃瀬 のせ

3・18画

千雛 ちひな
夕藍 ゆうらん

4・17画

心優 ここゆ
比優 ひゆう

5・16画

未橙★ みゅうず
未澪 みれい

6・15画

有澄 あずみ
羽潮 うしお
早槻 さつき
此穂★ しほ
多嬉 たき
名魅 なみ
有穂 ゆうほ
有慧 ゆえ

7・14画

花摘 かつみ
花綸 かりん
志稲 しいな
初歌 はつか
李緒 りお

8・13画

歩睦 あゆむ
果瑞 かず
和瑚 かずこ
国誉 くによ
幸瑚 さちこ
周瑚 しゅうこ
青瑚 せいこ
奈稚 なち
尚誉 ひさよ
実椰 みや
実誉 みよ

9・12画

海葵 あまぎ
娃結★ あゆ
郁絵 いくえ
郁湖 いくこ
音葉 おとは
香湖 かこ
香陽 かよ
紀琳 きりん
咲葡★ さきほ
思絵 しえ
星湖 せいこ
南絵 なみえ
南愉 なゆ
虹湖 にじこ
紀湖 のりこ
春絵 はるえ
春湖 はるこ
春陽 はるひ
風遊 ふゆ
海陽 みあき
泉晶 みあき
美椅★ みい
美瑛 みえ
海翔 みか
海景 みかげ
泉景 みかげ
美景 みかげ
美葵 みき
美喜 みき
美極 みぎわ
美琴 みこと
美智 みち
美登 みと
美富 みと
海遥 みはる
美晴 みはる
海尋 みひろ
美森 みもり
美愉 みゆ
美裕 みゆう
美葉 みよ
耶瑛 やえ
耶湖 やこ
宥琶★ ゆうは
祐須 ゆず
柚貴 ゆずき
柚葉 ゆずは

姓に合う名前の吉数は374〜399ページでチェック

10・11画

- 恵菜　えな
- 恵麻　えま
- 恵深　えみ
- 華埜★　かの
- 桔★梗★　ききょう
- 紗彩　さあや
- 朔埜★　さくや
- 紗梨　さり
- 珠梨　じゅり
- 夏萌　なつめ
- 浜埜★　はまの
- 真麻　まあさ
- 真彩　まあや
- 真清　まきよ
- 真埼★　まさき
- 真雪　まゆき
- 真理　まり
- 桃菜　ももな
- 泰埜★　やすの
- 莉都　りつ
- 莉野　りの
- 浬★麻　りま

11・10画

- 麻華　あさか
- 唯純　いずみ
- 絃恵　いとえ
- 掬★笑　きくえ
- 清恵　きよえ
- 埼★恵　さきえ
- 郷恵　さとえ
- 涼恵　すずえ
- 涼夏　すずか
- 淑恵　としえ
- 野莉　のり
- 深流　みる
- 萌笑　もえみ
- 康恵　やすえ
- 唯莉　ゆいり
- 淑華　よしか
- 理恵　りえ
- 琉夏　るか

12・9画

- 暁海　あきみ
- 暁美　あけみ
- 朝香　あさか
- 朝海　あさみ
- 幾美　いくみ
- 瑛珈★　えいか
- 瑛美　えいみ
- 詠美　えいみ
- 瑛南　えなみ
- 絵美　えみ
- 葛★美　かつみ
- 葵咲　きさき
- 喜保　きほ
- 喜美　きみ
- 貴美　きみ
- 景虹　けいこ
- 景南　けいな
- 琴音　ことね
- 琴祢★　ことね
- 琴泉　ことみ
- 琴美　ことみ
- 湖南　こなみ
- 湖春　こはる
- 須美　すみ
- 貴音　たかね
- 敬泉　たかみ
- 智秋　ちあき
- 智栄　ちえ
- 智草　ちぐさ
- 登美　とみ
- 富美　とよみ
- 葉祇★　はぎ
- 葉南　はな
- 陽映　はるえ
- 遥香　はるか
- 遥飛　はるひ
- 晴美　はるみ
- 遥海　はるみ
- 遥美　はるみ
- 陽泉　はるみ
- 媛香　ひめか
- 博美　ひろみ
- 富香　ふうか
- 結紀　ゆうき
- 釉★美　ゆうみ
- 裕美　ゆみ
- 遥虹　ようこ
- 善美　よしみ
- 順香　よりか
- 琳珂★　りんか

13・8画

- 愛佳　あいか
- 愛実　あいみ
- 詩夜　うたよ
- 数奈　かずな
- 幹奈　かんな
- 絹枝　きぬえ
- 鈴佳　すずか
- 靖佳　せいか
- 聖奈　せな
- 稔枝　としえ
- 新奈　にいな
- 楓佳　ふうか
- 福弥　ふくみ
- 楓実　ふみ
- 雅季　まさき
- 瑞枝　みずえ
- 瑞歩　みずほ
- 睦枝　むつえ
- 幹果　もとか
- 靖奈　やすな
- 夢実　ゆめみ
- 鈴果　りんか
- 稚枝　わかえ

14・7画

- 歌那　かな
- 寧花　しずか
- 静良　せいら
- 徳花　のりか
- 裳★亜　もあ
- 裳★那　もな
- 瑠花　るか
- 瑠那　るな

15・6画

- 勲江　いさえ
- 輝先　きさき
- 輝帆　きほ
- 輝羽　きわ
- 舞衣　まい
- 舞羽　まいは
- 魅羽　みう
- 魅江　みえ

16・5画

- 憲世　のりよ
- 操代　みさよ
- 澪央　れお
- 澪未　れみ

17・4画

- 霞月　かづき
- 優日　ゆうひ
- 優月　ゆづき

★新人名漢字

18・3画
- 藍子　あいこ
- 顕子　あきこ
- 雛子　ひなこ
- 藤子　ふじこ
- 繭子　まゆこ
- 繭夕　まゆゆ
- 類子　るいこ

19・2画
- 瀬七　せな
- 瀧★乃　るの
- 麗七　れいな
- 麗乃　れの

20・1画
- 耀乙　あきお
- 馨乙　かお

2・(19)画
- 七海恵　なみえ

3・(18)画
- 小波留　こはる
- 小穂子　さほこ
- 千娃★紀　ちあき
- 千栄美　ちえみ
- 千枝莉　ちえり
- 千佳夏　ちかげ
- 千紅咲　ちぐさ
- 千波留　ちはる
- 千風柚　ちふゆ
- 万沙埜★　まさの
- 夕美南　ゆみな

4・(17)画
- 心奈美　こなみ
- 仁伊菜　にいな
- 日出葉　ひでよ
- 日芽香　ひめか
- 友利恵　ゆりえ

5・(16)画
- 可珈★里　かがり
- 世里南　せりな
- 布紗衣　ふさえ
- 布美伽　ふみか
- 末那美　みなみ
- 矢世唯　やよい
- 由香里　ゆかり
- 由起江　ゆきえ
- 由寿珈★　ゆずか

6・(15)画
- 有衣香　あいか
- 安満子　あみこ
- 安芽李　あめり
- 有友菜　あゆな
- 衣知冴　いちご
- 衣帆美　いほみ
- 宇伊南　ういな
- 衣莉以　えりい
- 衣里佳　えりか
- 江怜那　えれな
- 早希歩　さきほ
- 早来弥　さくや
- 早智子　さちこ
- 早里依　さりい
- 多禾★恵　たかえ
- 多賀子　たかこ
- 多葵子　たきこ
- 多喜子　たきこ
- 多真世　たまよ
- 弐滋子　にじこ
- 灯加留　ひかる
- 百々葉　ももよ
- 有夏伃★　ゆかこ
- 百合珂★　ゆりか
- 百合香　ゆりか
- 有里奈　ゆりな

7・(14)画
- 亜希良　あきら
- 亜寿花　あすか
- 亜寿沙　あずさ
- 亜由美　あゆみ
- 亜里寿　ありす
- 希世★祢　きよね
- 希代美　きよみ
- 来未虹　くみこ
- 来友留　くゆる
- 玖伶亜　くれあ
- 冴都子　さとこ
- 佐奈江　さなえ
- 沙野子　さやこ
- 沙有季　さゆき
- 沙由美　さゆみ
- 沙羽奈　さわな
- 志菜子　しなこ
- 杜代美　とよみ
- 那都子　なつこ
- 芙貴乃　ふきの
- 扶実江　ふみえ
- 利都子　りつこ
- 李都子　りつこ
- 里菜子　りなこ

8・(13)画
- 阿衣李　あいり
- 明日香　あすか
- 阿仁珂★　あにか
- 於杜江　おとえ
- 果桜子　かおこ
- 佳寿妃　かずき
- 茅江利　ちえり
- 知夏子　ちかこ
- ★杷麻乃　はまの
- 歩史奈　ほしな
- 実恵子　みえこ
- 実有里　みゆり
- 侑莉子　ゆりこ

9・(12)画
- 娃★美子　あみこ
- 泉久映　いくえ
- 映泉子　えみこ
- 香保子　かほこ
- 香耶子　かやこ
- 虹十恵　ことえ
- 砂保子　さほこ
- 砂耶子　さやこ
- 咲由希　さゆき
- 洲々香　すずか
- 南津子　なつこ
- 南海子　なみこ
- 風美子　ふみこ
- 美以那　みいな
- 海映子　みえこ
- 美映子　みえこ
- 海香子　みかこ
- 美夏乃　みかの
- 美妃衣　みきえ
- 海希代　みきよ
- 美砂子　みさこ
- 美沙世　みさよ
- 美南子　みなこ
- 海祢★子　みねこ
- 美音子　みねこ
- 海也美　みやび
- 美百合　みゆり
- 柚香子　ゆかこ
- 柚咲子　ゆさこ

10・(11)画
- 夏枝子　かえこ

姓に合う名前の吉数は374〜399ページでチェック

- 華名代 かなよ
- 紗弥子 さやこ
- 紗和子 さわこ
- 栖和子★ すわこ
- 通弥子 つやこ
- 真知子 まちこ
- 真比呂 まひろ
- 真弥子 まみこ
- 哩奈子★ りなこ
- 莉夜子 りよこ
- 留実子 るみこ

11・(10)画

- 麻久里 あぐり
- 梓那子 しなこ
- 菜花子 なかこ
- 埜乃佳★ ののか
- 野々花 ののか
- 野芙子 のぶこ
- 麻佐子 まさこ
- 萌々那 ももな
- 梨里子 りりこ
- 琉李子 るりこ

12・(9)画

- 喜早子 きさこ
- 稀吏子 きりこ
- 喜羽子 きわこ
- 登羽子 とわこ
- 愉伊子 ゆいこ

13・(8)画

- 嵯矢子 さやこ
- 椰千世 やちよ

14・(7)画

- 嘉矢乃 かやの
- 綺代乃 きよの

15・(6)画

- 摩也子 まやこ
- 凛々子★ りりこ

16・(5)画

- 樹久乃 きくの
- 磨千乃 まちの

18・(3)画

- 観乙七 みおな
- 観乙乃 みおの

名の合計画数が22画

22画

- 鷗★ かもめ

4・18画

- 天繭 あまゆ
- 月観 つきみ
- 水藍 みらん
- 友観 ゆうみ

6・16画

- 安曇 あづみ
- 伊蕗 いぶき

10・12画

- 荻湖★ おぎこ
- 桂湖 けいこ
- 紗登 さと
- 純琥★ じゅんこ
- 透湖 とうこ
- 夏葵 なつき
- 夏湖 なつこ
- 華葉 はなよ
- 真葵 まき
- 真湖 まこ
- 真琴 まこと
- 真結 まゆ
- 恭絵 やすえ
- 泰葉 やすは

11・11画

- 淳野 あつの
- 掬★埜★ きくの
- 彩都 さと
- 涼菜 すずな
- 涼野 すずの
- 麻菜 まな
- 深雪 みゆき
- 望淑 みよし
- 萌黄 もえぎ
- 萌望 もえみ
- 萌梨 もえり
- 萌都 もと
- 萌菜 もな
- 康菜 やすな
- 唯菜 ゆいな
- 惟梨 ゆいり
- 雪埜★ ゆきの
- 雪野 ゆきの
- 理彩 りさ
- 理菜 りな
- 理麻 りま
- 理埜★ りや
- 琉菜 るな
- 琉埜★ るの
- 琉野 るの

12・10画

- 暁華 あきか
- 朝夏 あさか
- 瑛恋 えれん
- 喜恵 きえ
- 喜紗 きさ
- 喜倭 きわ
- 景夏 けいか
- 琴恵 ことえ
- 湖夏 こなつ
- 貴恵 たかえ
- 智紘 ちひろ
- 瑛恵 てるえ
- 晴恵 はるえ
- 遥華 はるか
- 満桜 まお
- 結華 ゆいか
- 釉華★ ゆうか
- 陽華 ようか

14・8画

- 綾佳 あやか
- 綾奈 あやな
- 聡実 さとみ
- 静佳 しずか
- 碧季 たまき
- 寧佳 やすか
- 寧奈 やすな
- 瑠奈 るな

16・6画

- 鮎光 あゆみ
- 縫伊 ぬい
- 縫衣 ぬい
- 操江 みさえ
- 操帆 みさほ

20・2画

- 響七 きょうな
- 燿乃 ようの

名の合計画数が23画

23画

- 鑑 かがみ
- 鱒★ ます

1・22画

- 一鷗★ いちお

★新人名漢字

乙鷗★ おく

2・21画

七鶴 なつる
乃鶴 のづる

3・20画

千耀 ちあき
千馨 ちか

4・19画

水蘭 みらん
友藻 ゆうも

5・18画

史襟 しえり
史織 しおり

6・17画

安優 あゆ
百霞 ももか
百優 もゆ
有優 ゆうゆ

7・16画

亜樹 あき
杏樹 あんじゅ
花穏 かのん
希樹 きき
沙樹 さき
沙頼 さより
志薗★ しおん

8・15画

佳璃 かり
茅穂 ちほ
奈慧 なえ
奈槻 なつき
奈穂 なほ
英慧 はなえ
歩澄 ほずみ
実穂 みほ
侑嬉 ゆき

9・14画

映瑠 える
音歌 おとか
紀緒 きお
砂緒 さお
紀榎★ のりか
飛翠 ひすい
洸歌 ひろか
紅緒 べにお
美緒 みお
美際 みぎわ
海駆 みく
美瑳 みさ
皆裳★ みなも
美榛 みはる
柚歌 ゆずか
亮歌 りょうか
玲緒 れお

10・13画

笑夢 えむ
夏楊 かよ
倖誉 さちよ
純鈴 すみれ
素楽 そら
華瑚 はなこ
真愛 まなえ
真鈴 まりん
恵夢 めぐむ
桃瑚 ももこ
流葦★ るい

11・12画

麻葉 あさよ
彩湖 あやこ
彩葉 いろは
彩絵 さえ
涼湖 すずこ
淑葉 としよ
都渡 とと
菜絵 なえ
菜結 なゆ
野絵 のえ
野葡★ のぶ
麻貴 まき
麻琴 まこと
麻裕 まひろ
毬琳 まりりん
萌葵 もえぎ
梨絵 りえ

12・11画

暁埜★ あけの
朝野 あさの
敦深 あつみ
絵都 えつ
絵麻 えま
瑛梨 えり
葵埜★ きの
景都 けいと
湖都 こと
滋野 しげの
紫都 しづ
紫麻 しま
達望 たつみ
智逗★ ちず
智菜 ちな
葉琉 はる
陽菜 はるな
遥埜★ はるの
晴望 はるみ
斐菜 ひな

13・10画

詩恵 うたえ
愛留 える
絹恵 きぬえ
禎恵 さちえ
聖華 せいか
園夏 そのか
愛恵 まなえ
愛華 まなか
瑞恵 みずえ
睦恵 むつえ
椰宵 やよい
夢夏 ゆめか
夢華 ゆめか
鈴夏 りんか
蓮夏 れんか

14・9画

緋音 あかね
緋美 あけみ
綾音 あやね
綾美 あやみ
歌音 かのん
歌耶 かや
綺咲 きさき
静紅 しずく
寧保 しずほ
誓香 せいか
鳴海 なるみ
徳珈★ のりか
徳泉 のりみ
肇美 はつみ
蜜★保 みつほ
裳★栄 もえ
裳★音 もね
模祢★ もね
綸都 りんか
瑠美 るみ

15・8画

鞍★奈 あんな

姓に合う名前の吉数は374～399ページでチェック

潤奈 じゅんな
澄夜 すみよ
黎枝 たみえ
輝依 てるえ
輝波 てるは
穂波 ほなみ
舞奈 まな
舞弥 まや
璃佳 りか
璃知 りしる
璃奈 りな
凛★佳 りんか

16・7画

鮎那 あゆな
鮎里 あゆり
樹那 じゅな
澪那 れいな
澪良 れいら

17・6画

瞭帆 あきほ
霞帆 かほ
鞠衣 まりい
鞠百 まりも
優妃 ゆうひ
優有 ゆうゆ

18・5画

藤代 ふじよ
繭央 まお

19・4画

霧心 きりこ
麗水 れいみ
麗文 れもん

20・3画

馨子 かおるこ
響子 きょうこ
鐘子 しょうこ

21・2画

鶴七 つるな
鶴乃 つるの

22・1画

疊乙 あきお
鷗★乙 おうき

2・(21)画

七美瑛 なみえ
二紅湖 ふくこ

3・(20)画

久有瑠 くゆる
久琉海 くるみ
小都映 ことえ
寸実葉 すみよ
三都美 みつみ
夕夏莉 ゆかり

4・(19)画

井都実 いづみ
仁唯奈 にいな
日紗美 ひさみ
友紀恵 ゆきえ

5・(18)画

以茅留 いちる
可南海 かなみ
加穂子 かほこ
史唯良 しいら
布多葉 ふたば
未知恵 みちえ
未知夏 みちか
矢慧子 やえこ
由美保 ゆみほ

6・(17)画

安玖莉 あぐり
安紗希 あさき
安寿紗 あずさ
安柚奈 あゆな
伊咲実 いさみ
衣津実 いづみ
伊都江 いとえ
伊歩美 いほみ
伊路巴 いろは
羽美枝 うみえ
江美奈 えみな
朱理安 じゅりあ
糸瑠久 しるく
多佳音 たかね
多真希 たまき
名於美 なおみ
名保実 なほみ
帆多琉 ほたる
百奈美 もなみ
有紀奈 ゆきな
有紀実 ゆきみ
百合埜★ ゆりの
吏緒子 りおこ

7・(16)画

亜桜衣 あおい
亜珈★里 あかり
亜希栄 あきえ
亜紀那 あきな
亜紗灯 あさひ
亜沙美 あさみ
亜逗★未 あずみ
花沙祢★ かさね
希沙紀 きさき
希代埜★ きよの
玖仁絵 くにえ
沙馳★子 さちこ
佐誉子 さよこ
佐世理 さより
沙良砂 さらさ
沙莉衣 さりい
佐和奈 さわな
志菜仔★ しなこ
寿利娃★ じゅりあ
那衣留 ないる
芭★留妃 はるひ
芙玲亜 ふれあ
良衣夏 らいか
李以菜 りいな
里愛子 りえこ
里至留 りしる
李里香 りりか

8・(15)画

阿佐実 あさみ
明日菜 あすな
委央莉 いおり
依里阿 いりあ
佳須子 かずこ
佳都予 かづよ
佳弥那 かやな
季琶★子 きわこ
知江美 ちえみ
知津江 ちづえ
奈生恵 なおえ
奈央夏 なおか
茉央莉 まおり
茉沙夜 まさよ
茉比琉 まひる
実葉子 みよこ
茂由留 もゆる
弥詠子 やえこ

9・(14)画

娃★由泉 あゆみ
紀美世 きみよ
紀代香 きよか
紀代祢★ きよね

★新人名漢字

洲美代　すみよ
南央海　なおみ
風悠子　ふゆこ
美惟子　みいこ
美伎和　みぎわ
海久琉　みくる
洋砂代　みさよ
美都子　みつこ
美奈江　みなえ
美菜子　みなこ
美羽弥　みはや
泉埜子★　みやこ
美由俐★　みゆり
柚衣奈　ゆいな
柚萌子　ゆめこ

10・(13)画

桜杜羽　おとは
紗恵子　さえこ
紗也夏　さやか
紗里衣　さりい
真紗子　まさこ
真由奈　まゆな
真由実　まゆみ
真夕莉　まゆり
真莉子　まりこ
莉以奈　りいな
莉華子　りかこ
莉里衣　りりい
留莉子　るりこ

11・(12)画

惟久美　いくみ
爽亜矢　さあや
爽百合　さゆり
都美子　とみこ
菜津子　なつこ
菜保子　なほこ
野之香　ののか
麻美子　まみこ
麻耶子　まやこ
麻由希　まゆき
麻夕美　まゆみ
野泉子　やいこ
悠風子　ゆふこ
悠海子　ゆみこ
梨保子　りほこ

12・(11)画

喜実子　きみこ
喜和子　きわこ
棲和子★　すわこ
智委子　ちいこ
智英子　ちえこ
智佳子　ちかこ
智弥子　ちやこ
登茂子　ともこ
琵砂乃★　ひさの

13・(10)画

愛久里　あぐり
鼓々呂　こころ
嵯也花　さやか
夢見子　ゆみこ

14・(9)画

隠岐乃　おきの
嘉江子　かえこ
緋那乃　ひなの
瑠伊子　るいこ

15・(8)画

舞千世　まちよ
舞矢子　まやこ
璃央子　りおこ
璃世子　りよこ
璃々加　りりか
凛々加★　りりか

名の合計画数が 24画

1・23画

一鑑　かずみ
乙鑑　つぐみ

2・22画

七鴎★　なお
十鴎★　みつぐ

3・21画

千鶴　ちづる

4・20画

天耀　たかよ
友欄　ゆらん

5・19画

正羅　せいら
末麗　みれい
礼羅　れいら

6・18画

衣織　いおり
圭織　かおり
早織　さおり
至織　しおり

7・17画

孝嶺　たかね
初嶺　はつね
芙優　ふゆ
李曖★　りあ
利螺★　りら

8・16画

果穏　かのん
実澪　みれい

9・15画

秋穂　あきほ
泉澄　いずみ
香澄　かすみ
香槻　かづき
紀穂　きほ
咲穂　さきほ
虹穂　にじほ
美影　みかげ
泉輝　みき
美槻　みつき
美穂　みほ
美璃　みり
美黎　みれい
美輪　みわ
保穂　やすほ
柚嬉　ゆずき

10・14画

夏漣★　かれん
紗綾　さあや
紗緒　さお
晟歌　せいか
夏歌　なつか
素歌　もとか
流歌　るか
留榎★　るか
連榎★　れんか

11・13画

爽楽　あきら
淳瑚　あつこ
菖蒲★　あやめ
彩椰　さや
彩楽　さら
爽瑚　さわこ
笙鼓　しょうこ
麻聖　まきよ
麻椰　まや
深愛　みえ
深聖　みきよ

姓に合う名前の吉数は374〜399ページでチェック

画数別 名前リスト

- 深楽 みら
- 徠★夢 らいむ

12・12画

- 暁湖 あきこ
- 暁葉 あきは
- 朝絵 あさえ
- 朝湖 あさこ
- 朝陽 あさひ
- 斐琥★ あやこ
- 絢葉 あやは
- 湖渡 こと
- 琴絵 ことえ
- 智景 ちかげ
- 智晴 ちはる
- 瑛葉 てるよ
- 富湖 とみこ
- 智絵 ともえ
- 陽湖 はるこ
- 陽順 ひより
- 尋湖 ひろこ
- 結葵 ゆうき
- 喜貴 よしき

13・11画

- 愛理 あいり
- 葦★涼 いすず
- 詩菜 しいな
- 詩埜★ しの
- 馴★菜 じゅんな
- 鈴鹿 すずか
- 蒔野 まきの
- 愛深 めぐみ
- 夢埜★ ゆめの
- 夢野 ゆめの
- 楽眸 らむ
- 鈴埜★ れの
- 稚菜 わかな

14・10画

- 緒留 おとめ
- 歌恋 かれん
- 静夏 しずか
- 暢恵 のぶえ
- 総恵 ふさえ
- 裳★華 もか
- 嘉恵 よしえ

15・9画

- 勲美 いさみ
- 輝紅 きく
- 輝砂 きさ
- 澄栄 きよえ
- 慧美 さとみ
- 潮美 しおみ
- 澄香 すみか
- 輝海 てるみ
- 穂科 ほしな
- 舞香 まいか
- 舞咲 まさき
- 璃音 りおん
- 璃虹 りこ
- 璃津 りつ
- 璃保 りほ
- 璃海 りみ
- 璃美 りみ

16・8画

- 鮎佳 あゆか
- 錫★枝 すずえ
- 薗★枝 そのえ
- 縫依 ぬい
- 澪奈 みおな
- 頼佳 よりか

17・7画

- 環那 かんな
- 鞠良 まりら
- 優希 ゆうき
- 優寿 ゆず
- 優利 ゆり

18・6画

- 藍吏 あいり
- 織江 おりえ

19・5画

- 麗世 りせ
- 羅加 れいか

20・4画

- 馨月 かつき
- 耀予 てるよ

21・3画

- 櫻子 さくらこ
- 露子 つゆこ

22・2画

- 疊乃 あきの
- 讃★乃 さの

23・1画

- 鑑乙 みお
- 巖乙 みねお

2・(22)画

- 十珠絵 とみえ
- 七稀紗 なきさ
- 乃依瑠 のえる
- 乃瑛留 のえる

3・(21)画

- 千紗都 ちさと
- 千都留 ちづる
- 千葉耶 ちはや
- 千悠莉 ちゆり
- 万里裳★ まりも
- 夕風湖 ゆふこ
- 夕美葡★ ゆみほ

4・(20)画

- 巴都音 はつね
- 巴流夏 はるか
- 比香梨 ひかり
- 比菜美 ひなみ
- 比紗恵 ひさえ
- 壬★鈴沙 みれさ

5・(19)画

- 史唯奈 しいな
- 未紗保 みさほ
- 由希絵 ゆきえ
- 由希琶★ ゆきは
- 由実菜 ゆみな
- 世里絵 よりえ

6・(18)画

- 安緒巴 あおば
- 安芸野 あきの
- 安純奈 あずな
- 有津美 あづみ
- 安耶祢★ あやね
- 有柚香 あゆか
- 安由夢 あゆむ
- 伊知留 いちる
- 衣津紀 いつき
- 伊津美 いづみ
- 伊保美 いほみ
- 衣茉莉 いまり
- 伊麻里 いまり
- 宇多葉 うたよ
- 江莉奈 えりな
- 妃早稀 きさき
- 妃梨亜 きりあ
- 早奈恵 さなえ
- 早穂子 さほこ
- 朱美重 すみえ
- 多香祢★ たかね
- 多紅美 たくみ
- 多津美 たつみ

★新人名漢字

多摩子　たまこ
多魅子　たみこ
妃佳留　ひかる
百仁歌　もにか
有花梨　ゆかり
有望花　ゆみか

7・(17)画

亜織乃★　あきの
亜逗名★　あずな
亜津季　あつき
亜李紗　ありさ
花瑞水　かずみ
希美佳　きみか
希莉亜　きりあ
沙希恵　さきえ
佐奈美　さなみ
沙耶佳　さやか
志於美　しおみ

志桜里　しおり
寿美佳　すみか
寿美怜　すみれ
那奈栄　ななえ
芙美枝　ふみえ
利緒子　りおこ
里歌子　りかこ
里紗良　りさら

8・(16)画

阿寿香　あすか
明寿南　あずな
阿矢埜★　あやの
委紗衣　いさえ
英浬衣★　えりい
佳寿音　かずね
季公絵　きくえ
季楽々　きらら
知柚利　ちゆり

奈々勢　ななせ
歩奈実　ほなみ
茉亜砂　まあさ
茉美花　まみか
実央梨　みおり
実季枝　みきえ
芽亜俐★　めあり
芽玖美　めぐみ
芽浬衣★　めりい
芽哩伊★　めりい
芽梨以　めりい
侑希美　ゆきみ
和夏江　わかえ
和香芭★　わかば

9・(15)画

泉芦波★　いろは
香津妃　かつき
紀代恵　きよえ

津香早　つかさ
南帆海　なほみ
南海江　なみえ
南葉子　なよこ
海亜季　みあき
美央莉　みおり
美寿枝　みずえ
美津衣　みつえ
美南江　みなえ
美茂里　みもり
美友梨　みゆり
美葉子　みよこ
耶素代　やすよ
柚実那　ゆみな

10・(14)画

恵都子　えつこ
笑津世　えつよ
恵理子　えりこ

夏寿冴　かずさ
記美世　きみよ
素麻子　すまこ
素埜子★　そのこ
素世郁　そよか
真亜沙　まあさ
真衣奈　まいな
真衣波　まいは
真菜子　まなこ
真海加　まみか
真里杏　まりあん
真理子　まりこ
留唯子　るいこ
留里花　るりか

11・(13)画

惟千留　いちる
彩斗海　さとみ
都由実　つゆみ

菜央枝　なおえ
麻衣花　まいか
麻以奈　まいな
麻奈加　まなか
麻友香　まゆか
麻里江　まりえ
萌李衣　めりい
梨笑子　りえこ
梨央奈　りおな

12・(12)画

喜久美　きくみ
稀世良　きよら
紫央里　しおり
須美子　すみこ
智保子　ちほこ
登紀子　ときこ
渡海子　とみこ
葉津子　はつこ

琵沙代★　ひさよ
富礼亜　ふれあ
満咲子　みさこ
結珂子★　ゆかこ
結美子　ゆみこ

13・(11)画

詩奈子　しなこ
詩茉子　しまこ
想乃香　そのか
豊実子　とみこ
楓夕果　ふゆか

14・(10)画

樺那子　かなこ
緋那子　ひなこ
箕沙子★　みさこ

15・(9)画

舞衣子　まいこ
凛那乃★　りなの

璃帆子　りほこ

16・(8)画

樹千世　きちよ
樹衣七　じゅいな
樹乃衣　じゅのい

名の合計画数が 25画

2・23画

二鑑　つぐみ
七鑑　ななみ

3・22画

三鷗★　みく
夕灘★　ゆうな

4・21画

日顧　かこ
日露　ひろ

姓に合う名前の吉数は374～399ページでチェック

5・20画
卯耀 うよう
未護 みもり
礼響 れおと

6・19画
安蘭 あらん
早霧 さぎり
光蘭 みらん

7・18画
花藍 かあい
花織 かおり
希織 きおり
沙織 さおり
佐織 さおり
冴雛 さひな
沙藍 さらん
佐藍 さらん
志織 しおり

8・17画
明嶺 あかね
采嶺 あやね
和嶺 かずね
京霞 きょうか
歩優 ふゆ
茉優 まゆ

9・16画
香積 かづみ
咲樹 さき
風薫 ふうか
紅穏 べにお
美薫 みか
美樹 みき
美薗★ みその
美濃 みの
美諭 みゆ
美頼 みらい
美澪 みれい
海澪 みれい

10・15画
晃穂 あきほ
桜舞 おうぶ
華澄 かすみ
夏穂 かほ
華凜 かりん
夏凜★ かりん
祥穂 さちほ
倖穂 さちほ
紗穂 さほ
珠璃 しゅり
夏輝 なつき
夏穂 なつほ
真輝 まき
真澄 ますみ
真凜★ まりん
真論 まろん

11・14画
彩歌 あやか
彩樺 あやか
彩嘉 あやか
埼★緒 きお
彩綾 さあや
彩維 さい
菜緒 なお
菜摘 なつみ
麻綾 まあや
麻緒 まお
麻綺 まき
毬歌 まりか
毬裳★ まりも
麻綸 まりん
萌歌 もえか
萌樺 もえか
萌嘉 もえか
悠歌 ゆうか
悠樺 ゆうか
悠綺 ゆうき
理緒 りお
梨樺 りか
琉嘉 るか

12・13画
絵夢 えむ
絵蓮 えれん
貴愛 きえ
喜鈴 きりん
椎楽 しいら
紫園 しおん
晴楽 せいら
智歳 ちとせ
智誉 ともよ
陽路 ひろ
博瑚 ひろこ
博夢 ひろむ

13・12画
詩絵 うたえ
詩葉 うたよ
愛満 えま
数琶★ かずは
絹絵 きぬえ
詩満 しま
稚景 ちかげ
照絵 てるえ
照葉 てるは
蒔葉 まきよ
路絵 みちえ
幹絵 もとえ
源葉 もとよ
靖瑛 やすえ
靖葉 やすは

14・11画
綾菜 あやな
綺菜 あやな
綾野 あやの
嘉菜 かな
綺理 きり
竪★菜 じゅな
静菜 せいな
榛菜 はるな
瑠唯 るい
瑠袈 るか
瑠菜 るな
瑠梨 るり
瑠理 るり

15・10画
慶華 けいか
潤華 じゅんか
輝恵 てるえ
穂純 ほずみ
穂夏 ほなつ
魅紗 みさ
璃恵 りえ
璃紗 りさ
璃真 りま
璃莉 りり
凜★夏 りんか

16・9画
鮎美 あゆみ
繁美 しげみ
錫★音 すずね
薗★海 そのみ
薗★美 そのみ
樹美 たつみ
憲珂★ のりか
磨保 まほ
磨美 まみ

★新人名漢字

- 磨耶 まや
- 磨俐★ まり
- 頼珂★ よりか
- 澪香 れいか

17・8画

- 徽依★ きえ
- 篠歩★ しのぶ
- 環於 たまお
- 穂波 ほなみ
- 鞠阿 まりあ
- 鞠果 まりか
- 鞠奈 まりな
- 優佳 ゆうか
- 優奈 ゆうな
- 優歩 ゆうほ

18・7画

- 藍花 あいか
- 藍良 あいら
- 藍里 あいり
- 繭花 まゆか
- 繭良 まゆら
- 繭李 まゆり

19・6画

- 瀧江★ たきえ
- 麗名 れいな

20・5画

- 響加 きょうか
- 耀仔★ ようこ

21・4画

- 露水 つゆみ
- 櫻壬★ ようみ

22・3画

- 疊子 あきこ
- 穰巳 しげみ

23・2画

- 顯乃 あきの
- 鑑七 みな

2・(23)画

- 乃愛留 のえる
- 乃哩夢★ のりむ

3・(22)画

- 小真喜 こまき
- 夕喜恵 ゆきえ

4・(21)画

- 比華理 ひかり
- 日登美 ひとみ

5・(20)画

- 以都美 いづみ
- 加都海 かつみ
- 古都美 ことみ
- 左環子 さわこ
- 世莉夏 せりか
- 布美野 ふみの
- 由愛李 ゆえり
- 由貴弥 ゆきみ
- 由瑞花 ゆずか

6・(19)画

- 安栖美★ あずみ
- 有梨枝 ありえ
- 伊佐絵 いさえ
- 伊珠洲 いすず
- 江都奈 えとな
- 江美留 えみる
- 衣流咲 えるざ
- 早和菜 さわな
- 多香恵 たかえ
- 百恵美 もえみ
- 有美恵 ゆみえ
- 百合愛 ゆりえ

7・(18)画

- 亜珈祢★ あかね
- 亜紗佳 あさか
- 亜津泉 あつみ
- 亜津海 あづみ
- 亜麻希 あまぎ
- 亜美虹 あみこ
- 亜耶南 あやな
- 似砂美 いさみ
- 花寿菜 かずな
- 花津海 かづみ
- 花琉那 かるな
- 希美虹 きみこ
- 玖礼愛 くれあ
- 佐喜江 さきえ
- 沙夜莉 さより
- 冴李惟 さりい
- 佐里菜 さりな
- 沙里菜 さりな
- 志野芙 しのぶ
- 志摩子 しまこ
- 芙路代 ふじよ
- 芙有湖 ふゆこ
- 芙里琉 ふりる
- 里桜奈 りおな
- 里穂子 りほこ

8・(17)画

- 阿寿紗 あずさ
- 於梨江 おりえ
- 佳緒子 かおこ
- 季良浬★ きらり
- 知友楽 ちゆら
- 奈津於 なつお
- 奈津芽 なつめ
- 奈之歌 なのか
- 茉須代 ますよ
- 茉友楽 まゆら
- 茉莉杏 まりあん
- 茉莉花 まりか
- 実留玖 みるく
- 芽里華 めりか
- 和歌子 わかこ
- 和佳南 わかな
- 和香奈 わかな

9・(16)画

- 栄都代 えつよ
- 栄美里 えみり
- 咲紅良 さくら
- 砂由梨 さゆり
- 南々瑚 ななこ
- 風玖美 ふくみ
- 美亜紀 みあき
- 美委奈 みいな
- 美季和 みぎわ
- 美知佳 みちか
- 美通江 みづえ
- 美津希 みづき
- 美那海 みなみ
- 美奈茂 みなも
- 美波弥 みはや
- 海里珂★ みりか
- 美里香 みりか
- 美俐花★ みりか
- 柚里娃★ ゆりあ

10・(15)画

- 笑玲名 えれな
- 夏里奈 かりな
- 紗千絵 さちえ
- 紗智子 さちこ
- 真砂江 まさえ
- 真素世 ますよ
- 真奈花 まなか
- 真有香 まゆか
- 真佑季 まゆき
- 真李依 まりえ

姓に合う名前の吉数は374〜399ページでチェック

留実花 るみか

11・(14)画
惟彩子 いさこ
爽代香 そよか
都萌子 ともこ
麻稀乃 まきの
麻比流 まひる
麻佑那 まゆな
麻利亜 まりあ
萌仁華 もにか
理彩子 りさこ
琉理子 るりこ

12・(13)画
絵里衣 えりい
喜利江 きりえ
智華子 ちかこ
智友紀 ちゆき
智有里 ちゆり

智世佳 ちよか
智莉子 ちりこ
斐那多 ひなた
陽与莉 ひより

13・(12)画
瑚々美 ここみ
勢津子 せつこ
稚泉子 ちいこ
稚百合 ちゆり

14・(11)画
歌奈子 かなこ
嘉弥子 かやこ

15・(10)画
畿★良々 きらら
輝良々 きらら
舞亜子 まあこ
璃那子 りなこ
璃里子 りりこ

16・(9)画
樹里七 じゅりな
磨有子 まゆこ

18・(7)画
顕可乃 あかの
藍左乃 あさの
繭矢乃 まやの

20・(5)画
耀七与 かなよ
馨与七 かよな

22・(3)画
讃★乙乃 さおの

名の合計画数が 31画

5・(26)画
以磨哩★ いまり

加哩★樹 かりき
由維湖 ゆいこ
由輝菜 ゆきな

6・(25)画
安綺菜 あきな
有璃紗 ありさ
伊瀬名 いせな
衣瀬名 いせな
江理緒 えりお
江瑠菜 えるな
朱美澪 すみれ
多賀楽 たから
百絵夢 もえむ

7・(24)画
亜輝珂★ あきか
亜輝海 あきみ
亜璃砂 ありさ
希代羅 きよら

8・(23)画
奈緒美 なおみ
奈瑠美 なるみ
茉唯葉 まいは
茉都絵 まつえ
実裕理 みゆり
弥知穂 やちほ

9・(22)画
泉保聖 いほせ
香穂里 かほり
思穂利 しほり
美緒奈 みおな
美加霞 みかげ
美紀瑚 みきこ
美紗登 みさと
美寿穂 みずほ
美奈裳★ みなも
美葉留 みはる

10・(21)画
夏瑞奈 かずな
珠洲絵 すずえ
能恵琉 のえる
真喜重 まきえ
真樹代 まきよ
真美絵 まみえ
真莉萌 まりも

11・(20)画
彩梨香 さりか
都夏紗 つかさ
都萌海 ともみ
菜梨海 なりみ
菜琉海 なるみ
麻亜椰 まあや
麻須実 ますみ
麻里鈴 まりりん
萌瑠百 めるも

12・(19)画
絵美留 えみる
須磨子 すまこ
智恵美 ちえみ
智裕里 ちゆり

13・(18)画
愛笑果 あえか
瑚南津 こなつ

14・(17)画
緒輝乃 おきの
歌哉奈 かやな
綺良莉 きらり
瑠美佳 るみか
瑠里夏 るりか

15・(16)画
畿★海花 きみか
嬉美那 きみな
摩哩★名 まりな

16・(15)画
樹恵可 きえか
磨哩★世 まりよ

17・(14)画
穂成実 ほなみ
優江奈 ゆえな

18・(13)画
観恵子 みえこ
観珂★予 みかよ

19・(12)画
瀬栄子 せえこ
瀬里加 せりか

20・(11)画
馨央吏 かおり
馨名央 かなお
鐘那水 かなみ
馨七海 かなみ
響沙予 きさよ

★新人名漢字

名の合計画数が 32画

6・(26)画
名歌湖	なかこ
百詠歌	もえか

7・(25)画
亜樹保	あきほ
志衣羅	しいら
芙綺埜★	ふきの
里緒菜	りおな

8・(24)画
波津輝	はづき
芽流棠★	めるも

9・(23)画
栄璃果	えりか
香恵夢	かえむ
紀沙樹	きさき
紅瑠美	くるみ
風爽湖	ふさこ
風澪亜	ふれあ
美都絵	みつえ
美登理	みどり

10・(22)画
恵理唯	えりい
珠璃亜	じゅりあ
真理萌	まりも

11・(21)画
都夜瑚	つやこ
菜唯流	ないる
菜野華	なのか
麻紀絵	まきえ
悠里歌	ゆりか

12・(20)画
絵留紗	えるざ
貴葉佳	きよか
紫保梨	しほり
智都栄	ちづえ
智菜津	ちなつ
智由璃	ちゆり
智利瑚	ちりこ
渡世魅	とよみ
琶都美★	はつみ

13・(19)画
詩逗歩★	しずほ
楓沙葉	ふさよ
楓美華	ふみか
楽以歌	らいか

14・(18)画
維理亜	いりあ
嘉津美	かづみ
歌里菜	かりな
瑠美珂★	るみか
瑠璃子	るりこ

15・(17)画
輝夏里	きなり
璃衣梛★	りいな

16・(16)画
樹莉有	じゅりあ
磨美花	まみか

17・(15)画
環花奈	わかな
環喜子	わきこ

18・(14)画
藍有奈	あゆな
観栄可	みえか
観華予	みかよ

19・(13)画
瀬里名	せりな
麗伊沙	れいさ
麗央奈	れおな

20・(12)画
馨名江	かなえ
馨那代	かなよ
馨音子	かねこ

21・(11)画
露加江	ろかえ
露美七	ろみな
露美乃	ろみの
露令安	ろれあん

名の合計画数が 33画

7・(26)画
沙愉歌	さゆか
志穂理	しほり
寿裡維★	じゅりい
里嘉湖	りかこ

8・(25)画
依帆瀬	いほせ
依梨維	えりい
知登勢	ちとせ
奈都歌	なつか
茉莉凛★	まりりん
芽理維	めりい
芽理歌	めりか

9・(24)画
茜貴絵	あきえ
美樹枝	みきえ
美咲穂	みさほ
美優希	みゆき

10・(23)画
恵美瑠	えみる
華菜絵	かなえ
真理絵	まりえ
真理琳	まりりん

11・(22)画
麻璃杏	まりあん
深瑳英	みさえ
琉璃花	るりか

12・(21)画
瑛麻哩★	えまり
裕寿歌	ゆずか

13・(20)画
愛結実	あゆみ
詩瑞玖	しずく
詩都栄	しづえ
詩琉紅	しるく

14・(19)画
緒都佳	おとか
歌哩音★	かりね

15・(18)画
摩阿紗	まあさ
摩裡安★	まりあん

16・(17)画
璃嵯仔★	りさこ
樹莉那	じゅりな
磨須世	ますよ

17・(16)画
環華名	わかな

18・(15)画
礎埜壬★★	そのみ
観基予	みきよ

19・(14)画
瀬伊奈	せいな
霧都子	むつこ

20・(13)画
馨那江	かなえ
馨里名	かりな

21・(12)画
鶴哉子	つやこ
露令亜	ろれあ

姓に合う名前の吉数は374～399ページでチェック

22・(11)画
- 鷗★朱加 おすか
- 讃★有可 さゆか

名の合計画数が 35画

9・(26)画
- 海満歌 うみか
- 香瑞楽 かずら
- 珂★鶴代 かづよ
- 美逗★輝 みずき

10・(25)画
- 恵理歌 えりか
- 華夏輝 かなき
- 真瑳野 まさの

11・(24)画
- 麻須葉 ますよ
- 麻優良 まゆら
- 悠璃南 ゆりな

12・(23)画
- 智絵梨 ちえり
- 智葉琉 ちはる
- 葉瑠香 はるか
- 琶★瑠美 はるみ

13・(22)画
- 誉哩★瑛 よりえ
- 誉理深 よりみ
- 詩真湖 しまこ

14・(21)画
- 維津満 いつみ
- 歌音葉 かねは
- 歌流菜 かるな
- 瑠美湖 るみこ

15・(20)画
- 穂埜★香 ほのか
- 摩哩★華 まりか
- 摩璃乎★ まりこ
- 璃映琉 りえる

16・(19)画
- 樹海夏 きみか
- 樹理奈 じゅりな
- 磨由歌 まゆか

17・(18)画
- 霞津音 かづね
- 優莉佳 ゆりか
- 環華奈 わかな

18・(17)画
- 騎里夏 きりか
- 鎖凛★乃 さりの
- 繭莉冴 まりさ

19・(16)画
- 瀬伊夏 せいか
- 瀬里香 せりか
- 羅位香 らいか

20・(15)画
- 馨那枝 かなえ
- 馨奈妥 かなだ

21・(14)画
- 露美代 ろみよ
- 露々椰★ ろろな
- 露々菜 ろろな

22・(13)画
- 鑄華子 いかこ
- 鑄吏那 いりな
- 讃★有希 さゆき

23・(12)画
- 鱒★南子 まなこ
- 鱒★美子 まみこ
- 鱒★耶子 まやこ
- 鑑真乃 みまの
- 鑑也香 みやか

名の合計画数が 37画

11・(26)画
- 菜鼓夢 なごむ
- 梨瑛樺 りえか
- 理沙羅 りさら

12・(25)画
- 絵衣羅 えいら
- 絵梨歌 えりか

13・(24)画
- 愛生羅 あきら
- 愛優花 あゆか
- 瑚嶺沙 これさ

14・(23)画
- 維瑠美 いるみ
- 歌緒美 かおみ
- 綺優妃 きゆき

15・(22)画
- 穂悠理 ほゆり
- 舞稀恵 まきえ
- 凛★喜恵 りきえ
- 凛★梨菜 りりな

16・(21)画
- 樹舞帆 きまほ
- 樹美葉 きみよ
- 樹理華 きりか
- 磨莉都 まりと

17・(20)画
- 徽★楽李 きらり
- 瞳美菜 とみな
- 優貴奈 ゆきな
- 優美菜 ゆみな

18・(19)画
- 繭南夏 まなか
- 繭夕薫 まゆか
- 観千薫 みちか
- 観里湖 みりこ

21・(16)画
- 躍茅奈 やちな
- 露実於 ろみお
- 露美花 ろみか

22・(15)画
- 鑄紗矢 いさや
- 鷗★水菜 おみな
- 讃★夏生 さかき

23・(14)画
- 鱒★伊奈 まいな
- 鱒★伊実 まいみ
- 鱒★早実 まさみ
- 鑑可南 みかな
- 鑑圭奈 みかな
- 鑑万理 みまり

名の合計画数が 39画

13・(26)画
- 愛優美 あゆみ
- 暉沙羅 きさら
- 楓優香 ふゆか

16・(23)画
- 薫菜満 かなみ
- 樹瑠香 きるか
- 磨彩絵 まさえ

17・(22)画
- 優凛★花 ゆりか
- 環華葉 わかば

18・(21)画
- 観夏菜 みかな
- 観菜恵 みなえ

★新人名漢字

ひらがなの画数表

ん 2	わ 3	ら 3	や 3	ま 4	は 4	な 5	た 4	さ 3	か 3	あ 3
゛ 2	ゐ 3	り 2		み 3	ひ 2	に 3	ち 3	し 1	き 4	い 2
゜ 1		る 3	ゆ 3	む 4	ふ 4	ぬ 4	つ 1	す 3	く 1	う 2
	ゑ 5	れ 3		め 2	へ 1	ね 4	て 2	せ 3	け 3	え 3
	を 4	ろ 2	よ 3	も 3	ほ 5	の 1	と 2	そ 3	こ 2	お 4

カタカナの画数表

ン 2	ワ 2	ラ 2	ヤ 2	マ 2	ハ 2	ナ 2	タ 3	サ 3	カ 2	ア 2
゛ 2	ヰ 4	リ 2		ミ 3	ヒ 2	ニ 2	チ 3	シ 3	キ 3	イ 2
゜ 1		ル 2	ユ 2	ム 2	フ 1	ヌ 2	ツ 3	ス 2	ク 2	ウ 3
	ヱ 3	レ 1		メ 2	ヘ 1	ネ 4	テ 3	セ 2	ケ 3	エ 3
	ヲ 3	ロ 3	ヨ 3	モ 3	ホ 4	ノ 1	ト 2	ソ 2	コ 2	オ 3

第8章

知っておきたい決まり事

出生届の出し方

赤ちゃんが生まれたら、必ず「出生届」を提出しましょう。ここでは届け出に関する注意点をまとめました。

届け出期間は2週間

赤ちゃんは、届け出によって初めて戸籍を取得します。日本では、戸籍を得ることで、基本的な権利が憲法により保障されるので、赤ちゃん1人に1枚、決められた期間内に、間違いのないよう届け出てください。

出生届は、赤ちゃんが生まれた日を1日目と数え、14日目が届け出期限となります。たとえば、11月20日に生まれた場合、誕生が午前2時でも、午後11時30分でも、20日が1日目、21日が2日目です。そして、提出期限となる14日目は、12月3日ということになります。

もし、14日目が土・日・祝日や年末年始など、役所の休みに当たった場合は、休み明けの日まで期限が延長されます。出生届は、休日や時間外であっても受け付けてはもらえますが、戸籍担当者が出勤してきてからの審査となるため、記入事項に不備があった場合は再度出向かなくてはなりません。

また、出生届を提出した際に「出生届出済証明書」に捺印してもらわなくてはならないため（次ページ参照）、いずれにせよ再度役所へ行く必要が生じ、二度手間になってしまいます。できるだけ、正規の時間帯に届けるようにしましょう。

出生届を提出するときの注意事項

提出する場所

次のいずれかに提出します。

①赤ちゃんが生まれた地
②親が住民登録をしている地
③父親か母親の本籍地
④父親か母親の滞在地

里帰り出産のママや出張中のパパが届け出る場合にも、その地の役所に届け出れば、居住地の住民基本台帳に記載され、赤ちゃんは両親の戸籍に入ります。

届け出る人

出生届に署名・捺印する「届出義務者」は、その順位が法律によって以下のように定められており、戸籍にも名前が残ります。

第1順位　**赤ちゃんの母親、または父親**
第2順位　**同居している家族**
第3順位　**出産に立ち会った医師、または助産師**
第4順位　**そのほか、出産に立ち会った者**

(実際に、役所の窓口に提出する人は、だれでもかまいません)

※ただし、次のような場合には、父親ではなく母親が第1順位の届出義務者となります。
①出生前に離婚した場合
②父親が海外に滞在中、長期にわたり出張中、または行方不明の場合
③出生前、または届出期間中に父親が死亡した場合

届け出のとき必要なもの

①出生届

市区町村の役所や出張所のほか、病院や産院にもあり、右半分は出産に立ち会った医師や助産師が記入する「出生証明書」になっています。退院までに記入してもらえるよう、早めにお願いしておきましょう。

②母子健康手帳

出生届を提出したことを証明する「出生届出済証明書」がついています。届け出をしたときに、捺印してもらいましょう。

また、母子健康手帳内か、手帳とともに渡される書類の中に「新生児出生通知書」があります。必要事項を記入して、居住地の保健所宛に送りましょう。送付することによって、赤ちゃんの定期健診や育児相談などの行政サービスを受けられるようになります。

③印鑑

認印でもかまいませんが、朱肉を用いないスタンプタイプの印鑑は使えません。提出前に捺印してあっても、記入事項に誤りがあった場合には訂正印が必要となるため、必ず持参しましょう。

出生届の書き方

出生届は公の書類。不備があっては受理はされません。とくに以下のポイントに注意しましょう。

楷書で、しっかりていねいに書く

いつも書き慣れている住所や自分の名前などは、つい安易に書いてしまいがちですが、普段よりもゆっくりときれいな字で書くように心がけましょう。

とくに、赤ちゃんの名前は、出生届に書かれたものが戸籍の原本に記載されるので、新旧の字体、点の有無などまで、はっきりとわかるように細心の注意を払って記入します。用紙をあらかじめコピーして、練習しておくのもよいでしょう。

出生届の各項目はどう書く？

以下に出生届の項目ごとに注意点を挙げておきますので、参考にしてください。

①父母との続き柄

まず、法的な婚姻関係にある夫婦間に生まれた赤ちゃんなら「嫡出子」、内縁関係のカップルやシングルマザーの場合は「嫡出でない子」の欄をチェックします。このとき「嫡出でない子」としても、父親が認知し、のちに結婚した場合には「嫡出子」とされることもありますが、変更された経緯も記録として戸籍に残ります。

次に、性別の欄をチェックし、前の空欄に第1子であれば「長」と記入します。第1子と同性の第2子は「次」と考えがちですが、「二」と書かなくてはならないので、注意しましょう。

第3子以降も、同性の場合には「三」「四」と順に数字をふりますが、性別が異なる子は、「長」から同様に始めます。たとえば、「女・女・

男・女・男」の順で生まれた場合、「長女・二女・長男・三女・二男」のように、性別ごとの序列になります。

②世帯主

赤ちゃんの親が世帯主なら、「世帯主との続き柄」は「子」となります。夫婦ふたりと子どもの家庭では、通常パパかママが世帯主となりますが、おじいちゃん・おばあちゃんと同居している場合には、祖父母が世帯主であることも多いので、必ず確認しておきましょう。世帯主がおじいちゃん・おばあちゃんの場合には、続き柄は「孫」ではなく「子の子」となるので、注意が必要です。

③本籍地

戸籍の置いてあるところが本籍地です。現住所と異なることを知らずにいる人もわりと多いようです。あらかじめ戸籍謄本や本籍地記載の住民票で確認するか、役所で調べてもらうことを、おすすめします。

「筆頭者の氏名」には、戸籍の筆頭に記載されている人の氏名を書きます。

④年月日は元号で

「父母の生年月日」「同居を始めたとき」の欄の年数は、西暦ではなく「昭和○年」「平成○年」と、元号で記入します。

以上の点に注意して記入したら、書き間違いや記入漏れがないか、次ページの記入例を参考に、よく見直しましょう。

とくに、赤ちゃんの名前は、「ヘン」や「ツクリ」までしっかり確認してください。何か不明な点があるときは、役所に相談するとよいでしょう。

世帯主がおじいちゃん
おばあちゃんの場合、
「世帯主との続き柄」は
「子の子」って
書くんだ
孫
ほー
世帯主

出生届の書き方例

記入の注意

- 鉛筆や消えやすいインクで書かないでください。
- 黒のボールペンまたは黒インクでお願いします。
- 町田市に届けをする場合は1通でけっこうです。
  なお、他の市区町村に届出をする場合は届出先にお問い合わせください。
- 子の名は、常用漢字、人名用漢字、かたかな、ひらがなで書いてください。
- よみかたは、戸籍には記載されません。
  住民票の処理上必要ですから書いてください。
- □には、あてはまるものに☑のようにしるしをつけてください。

届出人の署名欄は届出書をお持ちになる方ではなく、法律上の届出義務者が自署してください。（第一順位は父または母です。）

→ 筆頭者の氏名には、戸籍のはじめに記載されている人の氏名を書いてください。

子が生まれた日からかぞえて14日以内に、次のいずれかの市区町村長に届け出をしてください。
①子の本籍地 ②届出人の所在地 ③出生地

届け出られた事項は、人口動態調査（統計法に基づく指定統計第5号，厚生労働省所管）にも用いられます。

→ 子の父または母が、まだ戸籍の筆頭者となっていない場合は、新しい戸籍がつくられますので、この欄に希望する本籍を書いてください。

◎ 母子手帳と届出人の印をご持参ください。

◎ 連絡先の記入は忘れないでください。

届出人の連絡先	
☎ 自宅	(　　)
勤務先	(　　)

出生証明書

<table>
<tr><td></td><td>子の氏名</td><td colspan="2"></td><td>男女の別</td><td>1男　2女</td></tr>
<tr><td></td><td>生まれたとき</td><td colspan="4">平成　年　月　日　午前 午後　時　分</td></tr>
<tr><td rowspan="3">(10)</td><td rowspan="3">出生したところ及びその種別</td><td>出生したところの種別</td><td colspan="3">1病院　2診療所　3助産所
4自宅　5その他</td></tr>
<tr><td>出生したところ</td><td colspan="3">番地
番　号</td></tr>
<tr><td>(出生したところの種別1～3)
施設の名称</td><td colspan="3"></td></tr>
<tr><td>(11)</td><td>体重及び身長</td><td colspan="2">体重　グラム</td><td colspan="2">身長　センチメートル</td></tr>
<tr><td>(12)</td><td>単胎・多胎の別</td><td colspan="4">1単胎　2多胎（　子中第　子）</td></tr>
<tr><td>(13)</td><td>母の氏名</td><td colspan="2"></td><td>妊娠週数</td><td>満　週　日</td></tr>
<tr><td>(14)</td><td>この母の出産した子の数</td><td colspan="4">出生子（この出生子及び出生後死亡した子を含む）　人
死産児（妊娠満22週以後）　胎</td></tr>
<tr><td>(15)</td><td>1医師
2助産師
3その他</td><td colspan="4">上記のとおり証明する。
平成　年　月　日
（住所）
番地
番　号
（氏名）　印</td></tr>
</table>

記入の注意

← 夜の12時は「午前0時」、昼の12時は「午後0時」と書いてください。

← 体重及び身長は、立会者が医師又は助産婦以外の者で、わからなければ書かなくてもかまいません。

← この母の出産した子の数は、当該母又は家人などから聞いて書いてください。

← この出生証明書の作成者の順序は、この出生の立会者が例えば医師・助産婦ともに立ち会った場合には医師が書くように1、2、3の順序に従って書いてください。

出　生　届

平成 ○ 年 11 月 23 日届出

長 殿

受理 平成 年 月 日 第 号		発送 平成 年 月 日	
送付 平成 年 月 日 第 号		長 印	

書類調査	戸籍記載	記載調査	調査票	附票	住民票	通知

(1)	生まれた子	子の氏名（よみかた）	たかはし もも か／氏 高橋　名 百花／父母との続き柄 ☑嫡出子 □嫡出でない子（長 □男 ☑女）
(2)	生まれた子	生まれたとき	平成 ○ 年 11 月 20 日 ☑午前 □午後 10 時 15 分
(3)	生まれた子	生まれたところ	東京都新宿区信濃町 30 番地 番 号
(4)	生まれた子	住所（住民登録をするところ）	東京都文京区音羽1丁目26 番地 番 号／世帯主の氏名 高橋信明／世帯主との続き柄 子
(5)	生まれた子の父と母	父母の氏名 生年月日（子が生まれたときの年齢）	父 高橋信明 ○ 年 5 月 22 日（満 28 歳）／母 高橋由梨子 ○ 年 9 月 18 日（満 26 歳）
(6)	生まれた子の父と母	本籍（外国人のときは国籍だけを書いてください）	東京都文京区音羽1丁目26 番地 番／筆頭者の氏名 高橋信明
(7)	生まれた子の父と母	同居を始めたとき	平成 ○ 年 9 月（結婚式をあげたとき、または、同居を始めたときのうち早いほうを書いてください）
(8)	生まれた子の父と母	子が生まれたときの世帯のおもな仕事と	□1. 農業だけまたは農業とその他の仕事を持っている世帯 □2. 自由業・商工業・サービス業等を個人で経営している世帯 ☑3. 企業・個人商店等（官公庁は除く）の常用勤労者世帯で勤め先の従業者数が1人から99人までの世帯（日々または1年未満の契約の雇用者は5） □4. 3にあてはまらない常用勤労者世帯及び会社団体の役員の世帯（日々または1年未満の契約の雇用者は5） □5. 1から4にあてはまらないその他の仕事をしている者のいる世帯 □6. 仕事をしている者のいない世帯
(9)	生まれた子の父と母	父母の職業	（国勢調査の年…　年…の4月1日から翌年3月31日までに子が生まれたときだけ書いてください）父の職業／母の職業
	その他		

届出人	
資格	☑1. 父 □母 □2. 法定代理人（　） □3. 同居者 □4. 医師 □5. 助産婦 □6. その他の立会者 □7. 公設所の長
住所	（4）欄に同じ 番地 番 号
本籍	（6）欄に同じ 番地 番／筆頭者の氏名（6）欄に同じ
署名	高橋信明 印 ○ 年 5 月 22 日生

事件簿番号	

こんなときは、どうするの？

名前に関する手続きで、思わぬアクシデントが起こることも。知っておくとあわてずに済む情報です。

提出期限までに名前が決まらなかったら

赤ちゃんの名前の欄に「未定」と書いて期限内に提出し、名前が決まったら「追完届」を出します。この場合、戸籍に名前の届け出が遅れたことが、記録として掲載されます。

病気や事故、自然災害などで届け出が遅れた場合には、「戸籍届出期間経過通知書」を出生届とともに提出しましょう。簡易裁判所に「正当な理由である」と認められれば、「遅れた」ことは記されません。

ただし、「記入に手間取ってしまった」「忙しくて出しにいけなかった」「人に頼んでおいたのに忘れられてしまった」など、自己都合の理由では、正当な理由とは認められません。届出義務者は3万円以下の過料を支払わなくてはならないので、気をつけましょう。

一度届け出た名前は変えられるの？

一度届け出た名前は、原則として変更できません。

戸籍法に「正当な事由によって名前を変更しようとする者は、家庭裁判所の許可を得て、その旨を届け出なければならない」と定められており、この場合、裁判を起こすしかありません。申請しても却下されるケースのほうが多く、それだけ名づけには慎重を期する必要があるということです。「書き間違えた」「画数がいい名前に変えたい」などの理由では、まず変更できません。ただし、「亞」を「亜」にするといった旧字体から新字体への変更、「桧」を「檜」にするといった、俗字から正字への変更は可能です。

海外で出産したら

次の３つの書類を、日本大使館や公使館、領事館に届け出る必要があります。

①出生届

②出産に立ち会った医師による出生証明書、または外国官公庁の発行した出生登録証明書

③②の和訳

①の用紙は、届け出先に備えてあります。提出期限は出生後３か月となっているので、その間に帰国する予定なら、帰国後に国内で届け出てもよいでしょう。

長期滞在の場合は、現地の役所にも届け出ます。国によって必要書類や注意点が異なってきますので、必ず大使館などに確認してください。海外での出産では、とくに赤ちゃんの「国籍」に注意しなくてはなりません。アメリカ・カナダ・ブラジルなど「出生地を国籍とする」国では、出生後３か月を過ぎると、赤ちゃんの日本国籍は失われてしまいます。国籍を維持するためには、出生届の「その他」欄に「日本国籍を留保する」と明記のうえ、「届出人」が署名・捺印して提出する必要があります。

国際結婚も同様で、「国籍留保届」を提出することにより、赤ちゃんは両親の国籍をもちます。どちらの場合も、規定の年齢に達したとき、子どもが自分の意思で国籍を選択することになります。

シングルマザーの場合

赤ちゃんは母親の戸籍に入り、母親の姓を名乗ります。父親が自分の子どもと認めた場合には、「認知届」を父母いずれかの本籍地、または住民票のある地の役所に提出します。認知届が受理されたあとの取り消しは、まず不可能といってよいほど難しくなります。よく話し合ったうえで提出してください。

出産のときにもらえるお金

出産にかかった費用を補ってくれる制度として、「出産育児一時金」と「出産手当金」があります。

「出産育児一時金」について

健康保険加入者であれば、赤ちゃん1人につき一律35万円、双子なら70万円が給付されます。双子以上の場合には、請求用紙に医師により「多産」と記入された証明書が必要です。

父親が社会保険、母親が国民保険に加入している場合には、どちらか一方からのみの給付となります。社会保険なら社会保険事務所か健康保険組合へ、国民保険なら市区町村の役所へ、次の3つを持参して申請してください。期限は、出産した日から2年以内です。

①健康保険証
②母子健康手帳
③印鑑

ただし、社会保険からの給付には、以下の条件があるので注意が必要です。

①退職後、6か月以内の分娩であること
②退職前に、継続して1年以上社会保険に加入していること

また、国民健康保険も、保険料を滞納していると給付されないことがあるので、気をつけましょう。

この「出産育児一時金」は、妊娠85日以上の死産や流産にも適用されます。

給与を補填する「出産手当金」

社会保険の被保険者のために、出産や育児中の給与を保障するものです。あくまでも被保険者本人のみへの保障制度で、配偶者は対象となりませんので、注意してください。

産前42日（多胎妊娠の場合は、産

前98日まで可能）と産後56日の計98日のうち、休暇をとった日数分が対象となり、支給金額は標準報酬日額の3分の2です。申請は、社会保険事務所か健康保険組合へ、本人が次の3つを持参して行います。期限は、出産した日から2年以内となっています。

①健康保険証

②医師か助産師による出生証明書

③印鑑

もし、会社から出産手当金よりも多い金額が支給されるのであれば、給付はされません。支給があっても額が少ない場合は、そのぶんを差し引いた額の給付となります。

被保険者の資格がなくなっても、退社後6か月以内の出産であれば、適用される場合があるので、問い合わせてみるとよいでしょう。

出産育児一時金の手続きの流れ

勤務先や市区町村により多少の違いがありますので、詳しくは直接問い合わせてください。

国民健康保険加入者

↓

住んでいる市区町村の役所で書類をもらう

↓

社会保険加入者（または被扶養者）

↓

勤め先の総務か管轄の社会保険事務所で書類をもらう

↓

出産

↓

産院で提出書類の出産証明欄に記入してもらう。このとき、文書料がかかる場合もある。提出先によっては、市区町村長が証明することもでき、この場合は費用がかからないので、確認するとよい

↓

（国民健康保険加入者）住んでいる市区町村の役所へ提出

（社会保険加入者）勤め先の総務か、社会保険事務所へ提出。郵送でよい場合もある

↓

申請後、2週間～2か月後に指定口座に振り込まれる

健康保険が使えるとき

妊娠・出産にかかった費用でも、保険が適用されるケースがあります。対象となるか確認しましょう。

医療処置が必要な場合保険が適用される

　健康保険は、あくまでも病気の治療を対象とするものなので、健診や普通分娩など、医療処置を必要としなかった妊娠や出産には適用されません。何らかのトラブルがあって、治療や投薬が必要となった場合のみ、適用されることになります。

　たとえば、「つわり」でも点滴や入院が必要なほど重症な場合には、「重症妊娠悪阻」となり保険が適用されます。ほかに保険の対象となる妊娠中の代表的な症例としては、「子宮頸管無力症」「妊娠高血圧症候群」「切迫流産」「流産」「前期破水」「切迫早産」「早産」などが挙げられます。また、「合併症」や「各種疾患」の場合や、通常は保険の対象にならない超音波検査も、「逆子」「前置胎盤」などの検査では適用されることがあります。

　同様に、入院中や出産時に際しても、医療処置が行われれば、保険が適用されます。「止血のための点滴」「微弱陣痛による陣痛促進剤使用」「帝王切開」「吸引分娩」「鉗子分娩」「死産」などのほか、持病のため普通分娩が困難な人に行われる「無痛分娩の麻酔」にも、適用されます。また、赤ちゃんが新生児集中治療室に入った場合にかかった費用も、保険適用の範囲内です。健康保険がきくかどうかで、退院時に支払う額は大きく変わります。産院の窓口で、あらかじめ確認しておくとよいでしょう。

高額療養費の払い戻し制度

　保険が適用される症状において、

同じ月内に同じ医療機関に自己負担限度額を超えた医療費を支払った場合には、さらに「高額療養費」の対象となります。これは、いったん全額を自己負担で支払い、あとから組合など健康保険の発行機関に請求して、自己負担限度額の超過分を払い戻してもらう制度です。

自己負担限度額は、収入によって異なり、申請時期は受診日の翌月1日から2年以内と定められているので、注意しましょう。

ほかに、所得税を納めている家庭の1年間の合計医療費が10万円を超えた場合に、申告すると税金が戻ってくる「医療費控除（確定申告）」制度もありますが、出産育児一時金や高額療養費で補填される金額を引いた額での申請となるので、気をつけてください。

出産にかかる費用

健診費	妊娠は病気ではないので、基本的に自費診療になります。健診は初診以降、順調ならば12週までは月に1回、その後は2週間に1回となり、36週を過ぎると1週間に1回になります。1回にかかる費用は病院によって違いますが、4,000円～5,000円くらいです。したがって、出産までに健診費だけで、約70,000円かかることになります。
入院費 分娩費等	出産時にかかる費用は病院によって違います。おおよそ30万円～45万円かかるといわれています。おもな内訳は入院料、分娩費、検査・処置・薬剤料、文書料、材料費、新生児管理保育料などで、それぞれ出産時の状況や赤ちゃんの状態、入院日数などで変わってきます。
出産準備費用	家族が1人増えるわけですから、衣類や家具、寝具など必要なものが出てきます。ベビーベッド、ベビー布団、肌着、洋服、ミルク・ほ乳瓶・消毒グッズ、おむつ、お風呂用品など、すべて新しく買いそろえると、思いのほか出費がかさみます。生後3か月くらいまでの必需品を考えた場合、母乳か粉ミルクか、布おむつか紙おむつかでも違ってきますが、新品でそろえると、10万円前後かかるようです。
その他の出費	出産前後にかかる費用としては、里帰りの交通費、内祝い、出生通知などの費用があります。また、お宮参りの衣装費や会食費、初節句も自分で買いそろえるとなると、ある程度まとまった費用がかかるのを、覚悟しておいたほうがよいでしょう。

出生通知とお礼状

パパやママが思う以上に赤ちゃんを見守ってくれている人は多いもの。感謝の気持ちを素直に伝えて。

書き方と文例

　赤ちゃんの誕生は、周囲の人みんなの喜びであり、その成長を祝うイベントも、同様に楽しみとなります。出生通知やお祝いへのお礼状は、いわば赤ちゃんに寄せられた愛情に対する返礼でもあるのです。心を込めて、早めに出しましょう。出生通知は1か月以内、お礼状は品物をいただいてから1週間以内が目安です。

　出生通知は、はがきを用いるのが一般的ですが、お礼状は、通常封書で送ります。「時候の挨拶」に続けて、「お祝いをいただいたお礼」を述べ、「お祝いの品に対する具体的な感想やエピソード」、できれば「近況報告」なども添えて、「結びの言葉」とするとよいでしょう。

　次ページに文例を挙げましたので、参考にしてください。

命名
瞳ちゃん
zz…
いい名前になってよかったね

◎出生通知の文例

▼「赤ちゃん誕生！」

○年○月○日の○時○分、身長○cm・体重○kgの女の子が生まれました。広い世界で活躍する大和撫子に…と願って、日本を代表する花の名から「咲良（さくら）」と名づけました。どうぞよろしくお願いします。

▼「はじめまして。『咲良（さくら）』です」

誕生した日：○年○月○日　身長：○cm　体重：○kg　待望の娘が誕生し、大喜びの新米パパと、早くも寝不足気味のママに、育児のご指南をお願いいたします。

▼「新しい家族が増えました」

○年○月○日、身長○cm・体重○kgの女の子が誕生しました。笑顔が花のような「咲良（さくら）」です。よろしくお願い申し上げます。

◎出産祝いへのお礼状

▼仲人ご夫妻へ

新緑の美しい季節となりました。先日は、長女・萌（もえ）のために、とてもすてきなベビードレスをお贈りいただき、まことにありがとうございました。

さっそくお七夜のときに着せ、お披露目しましたところ、親戚にも「かわいい」「お姫様みたい」とほめられ、感激いたしました。

萌がもう少し大きくなり、外出できるようになりましたら、改めてご挨拶に伺わせていただきたいと思います。

どうぞお体を大切に、お元気でお過ごしください。

まずは取り急ぎ、お礼のみにて失礼いたします。

◎初節句祝いへのお礼状

▼親戚へ

日ごとに暖かさも増すころとなりました。

本日、すばらしい雛飾りが届きました。どうもありがとうございました。優佳（ゆうか）も愛らしいお人形を一目で気に入ったようで、しきりに手を叩いては喜んでいます。一生の宝物として、毎年大切に飾らせていただきます。

暖かくなりましたら、ぜひ遊びにいらしてください。何のおもてなしもできませんが、優佳の笑顔を見ていただくことを楽しみに、親子3人でお待ちしております。みなさま、どうぞお元気で。

取り急ぎ書中にて、お礼申し上げます。

●著者
田宮規雄（たみや　のりお）
昭和26年、広島県生まれ。占術研究歴は25年を越え、その守備範囲は広い。現在、中国開運占術学会を主宰、後進の指導にあたる一方、現代的なセンスを生かして名づけにも意欲的に取り組んでいる。日本占術協会会員。
著書に『赤ちゃんのしあわせ名前事典』(ベネッセ)、『21世紀にはばたく赤ちゃんの名前』『21世紀にはばたく男の子の名前』『21世紀にはばたく女の子の名前』『世界にはばたく赤ちゃんの名前』(高橋書店）他がある。命名、吉数リストのデータ・サービス（いずれも有料）なども行っている。
＜連絡先＞
〒116-0013　東京都荒川区西日暮里1-59-23松本ビル3F
TEL 03-5615-3101　ホームページ http://tamiya.chu.jp

執筆協力	柳元順子、大熊祥子、田島　薫、乾みさこ、丸茂千草、横垣久恵、大沼淳子、庄司そのみ、佐久間真弓、土井弘美
本文デザイン	加藤啓子
DTP	阿部五十鈴、加藤啓子、吉村桂子、占部恵子
本文イラスト	ふわふわ。り☆、なるひ、Igloo*dining*、コダイラヒロミ
編集協力	大熊祥子、柳元順子、中山継夫、天満すみ子、岡田志穂、岡田創、丸茂菜摘、田中雄、(株)トプコ　井手晃子、坂井謙介

世界にはばたく
女の子の名前

著　者　田宮規雄
発行者　高橋秀雄
編集者　山本佳津江
印刷所　東京印書館
発行所　**高橋書店**
〒112-0013
東京都文京区音羽1-26-1
電話 03-3943-4525(販売)／03-3943-4529(編集)
FAX 03-3943-6591(販売)／03-3943-5790(編集)
振替 00110-0-350650

ISBN978-4-471-02105-4